中国共产党百年奋进研究丛书

国家出版基金项目
NATIONAL PUBLICATION FOUNDATION

上海市哲学社会科学规划办公室
上海市中国特色社会主义理论体系研究中心　组编

中国法治现代化道路的探索

郝铁川 著

上海人民出版社

丛书前言

"领导我们事业的核心力量是中国共产党。"自中国共产党诞生以来，中国大地经历了翻天覆地的历史性变化。中国人民选择了中国共产党，并在党的领导下选择了社会主义。经过长期艰苦卓绝的奋斗，完成了新民主主义革命和社会主义革命，实现了中华民族从"任列强欺凌"到站起来的伟大飞跃；新中国成立以来，特别是改革开放以来，中国共产党带领人民建设中国特色社会主义，使中国大踏步赶上时代，实现了中华民族从站起来到富起来的伟大飞跃；在新时代，中国共产党团结带领人民坚持和发展中国特色社会主义，推动中华民族伟大复兴取得历史性成就，迎来了从富起来到强起来的伟大飞跃。正是中国共产党的领导，中国人民走社会主义道路，从根本上解决了中华民族复兴和中国现代化面临的历史性课题。有了中国共产党，中国人民就有了思想上、政治上的"主心骨"，就有了团结奋斗、勇往直前的指路明灯、核心力量。各族人民跟着中国共产党就能凝聚成不可战胜的磅礴力量，朝着中华民族伟大复兴的奋斗目标奋勇前进。100年来，中国共产党为了实现中华民族伟大复兴的历史使命，无论是顺境还是逆境，无论是弱小还是强大，都初心不改，矢志不渝。历史和现实雄辩地证明，没有中国共产党就没有中国劳苦大众的翻身解放，就没有社会主义新中国，就没有中华民族的伟大复兴。一百年来，中国共产党为实现国家富强、民族振兴、人民幸福和人类文明进步事业作出的伟大历史贡献永远铭记史册。

站在历史的交汇点，中国共产党带领中国各族人民以习近平新时代中国特色社会主义思想为指导，统筹社会革命和自我革命，始终坚持马克思主义在意识形态领域的指导地位、勇担民族复兴历史大任、扎根广大人民群众、坚持以人民为中心、依靠人民从容应对面临的复杂严峻的挑战和问题。在带领人民进行伟大社会革命的同时，不断进行伟大的自我革命，引导党自身在具有许多新的历史特点的伟大斗争中经受住执政考验、改革开放考验、市场经济考验和外部环境考验，化解精神懈怠、能力不足、脱离群众、消极腐败的危险，始终保持党的先进性和纯洁性，始终与人民心连心，始终走在时代前列，赢得新时代执政党自我净化、自我完善、自我革新、自我提高的新胜利，再次创造出人类发展史上划时代的发展奇迹。

为隆重庆祝中国共产党成立100周年，表达上海理论界对中国共产党领导人民创造的丰功伟绩和宝贵精神财富的高度认同，以及对中国共产党无比深厚的情感；为帮助广大干部群众深入学习中国共产党历史，深入学习贯彻中国共产党宝贵历史经验，深入学习领会中国共产党人不倦探索取得的理论创新成果，在中共上海市委宣传部领导下、上海市哲学社会科学规划办公室以委托课题方式，与上海市中国特色社会主义理论体系研究中心联合组织了"人民至上·中国共产党百年奋进研究丛书"（以下简称"丛书"）的研究和撰写。参加"丛书"研究撰写的是本市哲学社会科学相关领域的著名专家学者。"丛书"由上海人民出版社编辑出版。

"丛书"围绕的主题是系统研究、深刻阐释、正确总结中国共产党领导中国人民百年奋斗历程、伟大成就、历史经验和光辉思想。"丛书"分领域、分战线总结论述中国共产党在领导中国人民夺取新民主主义革命胜利、建立新中国，进行"一化三改造"、建立社会主义经济制度和社会主义赖以发展的物质基础，实行改革开放，开创、坚持和发展中国特色社会主义，全面建成小康社会、开启全面建设社会主义现代化国家新征程形成的理论、路线、重大方针政策和重大战略部署。其中涉及中国共产党的现代化建设思想、治国理政思想、法治思想、制度建设思想、统一战线理论、宣传思想、理论创新、革命精神、群众观和群众路线，涉及党的经济建设思想、政治建设思想、文化建设思想、社会建设思想、生态文明建设思想、科学技术思想、教育思想、"三农"思想、军队和国防建设思想、自身建设思想、国际观等。"丛书"主要有以下特点：

第一，注重以史为据、史论紧密结合，论从史出。"丛书"的每一部论著研究的历史跨度都是百年，每一部论著都努力把历史思维贯彻在整个研究撰写工作中，力求呈现厚重的历史感，做到真正熟悉并实事求是对待所承担研究撰写领域的党的百年历史。研究者首先致力于学习历史、熟悉历史、梳理历史，钻研党的理论、方针、政策的发展史，广泛收集和整理文献，大量地、充分地掌握历史资料，认真总结百年取得的弥足珍贵的历史经验，把握历史进程和规律。在对历史的认真学习、梳理中，去做好中国共产党百年研究系列课题这篇大文章。

第二，注重阐释中国共产党所坚守的以人民为中心的根本立场。中国共产党为人民而生、因人民而兴，始终坚持以人民为中心，把为中国人民谋幸福、为中华民族谋复兴作为初心使命，坚持全心全意为人民服务的根本宗旨，始终代表最广大人民利益。"丛书"作者牢记人民立场是马克思主义的根本政治立场。人民至上、一切为了人民、一切依靠人民是中国共产党的价值理念和认识世界、改造世界的根本要求。可以说，"丛书"的每一种，都致力于揭示中国共产党之所以能历经百年始终保持先进性、始终走在时代前列、团结带领人民创造历史伟业的真谛，这就是中国共产党始终把人民立场作为根本立场，把为人民谋幸福作为根本使命，坚持全心全意为人民服务的根本宗旨，始终保持同人民群众的血肉联系。无论是革命、建设，还是改革，奋进新时代，归根到底都是为了让人民过上好日子。正如习近平总书记强调："为人民谋幸福，是中国共产党人的初心。我们要时刻不忘这个初心，永远把人民对美好生活的向往作为奋斗目标。"研究、撰写"丛书"的专家学者领悟了这一精神，紧紧把握中国共产党全心全意为人民服务的根本宗旨，致力于生动诠释中国共产党的使命之所在、价值之所在、生命之所在，生动诠释新时代中国共产党领导人民建设中国特色社会主义的根本追求。

第三，注重历史逻辑与理论逻辑相统一、思想性与现实针对性相统一。以高度的理论自觉和理论自信研究分析中国共产党百年历史，自觉把习近平新时代中国特色社会主义思想引领贯穿于研究撰写的全过程，用马克思主义立场观点方法观察和解读中国共产党百年历史各种现象，回应现实提出的重大理论和实践问题，揭示蕴含其中的规律，从总结、提炼与升华历史经验中加深对中国共产党理论创新成果的认识，对中国革命、建设、改革的规律性认识，对中国共产党坚持真理、修正错误的政治思想品格的认识。坚持问题导向，立足解决今天的问题去回顾总结历史，注入新的认识、新的观点、新的内容。在理论逻辑与历史逻辑相统一、思想性与现实针对性相统一上进行新探索，取得新成绩。

第四，注重把握时代需求、聆听时代声音、回应时代呼唤。"丛书"坚持问题导向，认真研究相关领域中国共产党执政面临的重大而紧迫的理论和实践问题，用联系的发展的眼光看历史、看现实、看问题，增强时代性、战略性、系统性思维。历史是时代的产物，百年系列研究的成果也是时代产物，"丛书"的研究撰写不是就历史讲历史，不是停留在历史叙述层面，而是努力体现新时代的新要求，回答新问题。

第五，注重以宽广的世界眼光观察研究中国共产党百年发展历史。百年来，中国共产党的每个时期都与世界有千丝万缕的关系，都是在特定的国际环境和国际形势下的历史活动。因此，"丛书"每一种的研究撰写都力求体现宽广的世界眼光，都力求紧密联系特定历史时期世界形势和变化特点研究并展示中国共产党的思想及实践。特别是世界正经历百年未有之大变局，"丛书"作者研究中国共产党百年历史经验，力求放在中国共产党历史活动的世界背景中分析考察。

在这方面，"丛书"做出了可喜的努力。

第六，注重追求读者喜欢的呈现形式。从众多鲜活的事实以及历史和现实的比较中，把中国共产党在领导革命、建设和改革历史长河中为中国人民谋幸福、为中华民族谋复兴、为人类社会谋大同的马克思主义政党品格和初心使命写充分，使其跃然纸上。以"观点鲜明、逻辑严谨、文风朴实、形式清新"的风格，呈现思想，贡献智慧，也是"丛书"努力的方向和探索解决的问题。理论读物如何在保证内容正确的前提下写得清新活泼，吸引广大读者，使广大读者看得懂、用得上，"丛书"研究撰写在这方面也进行了有益的尝试。

"丛书"组织者、作者满怀对中国共产党的无限深情，深刻认识到，中国共产党百年来，领导人民创造了伟大历史，铸就了伟大精神，形成了宝贵经验，创造了中华民族发展史的伟大奇迹，开辟了人类社会进步史上的新纪元，伟大成就举世瞩目，无与伦比。他们把写好"丛书"看成是一种崇高的责任，表示要笔力奋起，写出充分反映中国从站起来、富起来迈向强起来这一历史进程中中国共产党坚强领导的绚丽书篇，为以史明理、以史增信、以史崇德、以史育人、以史资政做有益的工作。帮助读者深刻认识历史和人民选择中国共产党、选择社会主义道路、选择改革开放、选择马克思主义的客观必然性；深刻认识坚持党的全面领导、坚持和发展中国特色社会主义的极端重要性；深刻认识中国共产党坚持马克思主义在我国意识形态领域指导地位的极端重要性；深刻认识中国共产党百年之后的历史方位、历史使命和对世界历史发展的重要作用，为庆祝中国共产党百年华诞留下浓墨重彩的一笔。

"丛书"的问世，离不开中共上海市委常委、宣传部部长，上海市习近平新时代中国特色社会主义思想研究中心主任，上海市中国特色社会主义理论体系研究中心主任周慧琳的关心和支持；离不开市委宣传部副部长、上海市习近平新时代中国特色社会主义思想研究中心常务副主任、上海市中国特色社会主义理论体系研究中心常务副主任徐炯的具体指导。市委宣传部理论处陈殷华、薛建华、俞厚未，上海市哲学社会科学规划办公室李安方、吴诤、王云飞、徐逸伦、张师慧、徐冲、董卫国，上海市中国特色社会主义理论体系研究中心李明灿等具体策划、组织；上海人民出版社政治与理论读物编辑中心鲍静、罗俊等同志为"丛书"出版付出了辛勤劳动。

"现在，我们比历史上任何时期都更接近中华民族伟大复兴的目标，比历史上任何时期都更有信心、有能力实现这个目标。"希望"丛书"的问世，能够使广大读者对领导我们事业前进的核心力量中国共产党，对我们正在推进的中国特色社会主义伟大事业，对指导我们思想的理论基础马克思主义，对新中国创造彪炳史册的人间奇迹、大踏步赶上时代的壮丽史诗，对我们生活的时代和世界，认识得更加深入，领悟得更加准确，更加坚定道路自信、制度自信、理论自信、文化自信。这是"丛书"组织者、作者的心愿。

目　录

目 录

绪　论

"为有牺牲多壮志，敢教日月换新天。"中国共产党自从成立之日起，就立志要把中国由一个半封建、半殖民地国家建设成为一个社会主义现代化强国，实现中华民族的伟大复兴。法治现代化是中国现代化事业中的一个重要组成部分，中国共产党在革命、建设和改革开放各个时期，都积极探索符合国情的法治现代化道路，经历了从新民主主义法制思想到社会主义法制思想、再到中国特色社会主义法治思想的演变，摆脱了全盘苏化和全盘西化两种思潮、道路的干扰，走出了一条马克思主义中国化的，即把马克思主义法治理论与中国实际相结合的中国法治道路。中国共产党人的法治心路历程，在追求法治现代化的发展中国家中颇具代表性，其经验为发展中国家实现法治现代化提供了中国智慧和中国方案，非常值得学界研究。

过去编写或学习中国共产党历史，常常把党史写成或读成一部"路线斗争史""军事斗争史"等，这样是不够全面的，因为中国共产党的历史，还是一部一代又一代的中国共产党人为中国人民争取民主、法治、权利的历史，民主、法治、人权始终是中国共产党人高举的旗帜。有人说，在近代，"救亡压倒了启蒙"，但这不是中国共产党的历史，因为中国共产党人从来都是一边探索中国特色的民主、法治、人权保障的道路，一边竭尽全力地使中国人民站起来、富起来和强起来，这两者密切结合，相辅相成，何曾分开过？

在成为全国性的执政党之前，中国共产党不仅发表过大量的法律主张的宣言、决议等，同时还在自己领导的革命根据地制定了大量的法律。所以，1949年2月，《中共中央关于废除国民党的六法全书与确定解放区的司法原则的指示》才会说"在人民新的法律还没有系统地发布以前，应该以共产党的政策以及人民政府与人民解放军所发布的各种纲领、法律、命令、条例、决议作依据。目前在人民的法律还不完备的情况下，司法机关的办事原则，应该是：有纲领、法律、命令、条例、决议规定者，从纲领、法律、命令、条例、决议之规定；无纲领、法律、命令、条例、决议规定者，从新民主主义的政策"；1949年4月，《华北人民政府为废除国民党的六法全书及一切反动法律的训令》才会说"人民的法律，已经有了解放区人民相当长期的统治经验，有的已经研究好，写在人民政府、人民解放军发布的各种纲领、法律、条例、命令、决议等规定里，有的正在创造……用全副精神来学习马列主义—毛泽东思想的国家法律观，学习新民主主义的政策、纲领、法律、命令、条例、决议，来收集与研究人民自己的统治经验，制作出新的较完备的法律来"。①

正是因为中国共产党的领导人非常重视革命法制传统，董必武同志才会说："大家知道，在过去国内革命战争的各个时期，各个革命根据地，在党的统一领导下，制定了许多代表人民意志和符合革命利益的政策法令。尽管它们形式上较为简单，而且不可避免地带有地方性，但是它们有力地保障和促进了革命事业的发展。不仅如此，它们并且是我们现在人民民主法制的萌芽。"②董必武还说："人民政法工作和军事工作、经济工作、文教工作一样，在党中央和毛主席领导下，从民主革命到社会主义革命，逐步积累起丰富的经验，形成了自己的优良传统。这就是服从党的领导、贯彻群众路线、结合生产劳动、为党和国

---

① 张希坡编著：《革命根据地法律文献选辑》（第一辑），中国人民大学出版社2017年版，第1页。

② 董必武：《进一步加强人民民主法制，保障社会主义建设事业》，载《董必武法学文集》，法律出版社2001年版，第340页。

家的中心工作服务。这十分鲜明地概括了我们人民政法工作的优良传统。"① 早在 1940 年，毛泽东同志就说道："'没有适当形式的政权机关，就不能代表国家。中国现在可以采取全国人民代表大会、省人民代表大会、县人民代表大会、区人民代表大会直到乡人民代表大会的系统，并由各级代表大会选举政府。'新中国的诞生，为中国人民把这一构想付诸实践奠定了前提、创造了条件。"② 胡锦涛同志说："中国共产党从成立之日起就以实现人民当家作主为己任。以毛泽东同志为主要代表的中国共产党人，创造性地把马克思主义国家学说同中国具体实际结合起来，在带领人民为推翻三座大山而浴血奋战的同时，对建立新型人民民主政权及其组织形式进行了长期探索和实践。从第一次国内革命战争时期的罢工工人代表大会和农民协会到第二次国内革命战争时期的工农兵代表苏维埃，从抗日战争时期的参议会到解放战争后期和建国初期各地普遍召开的各界人民代表会议，都是我们党为实现人民民主而进行的探索和创造。我们党深刻总结出中国近代政治发展的历程和建立新型人民民主政权的实践，得出了一个重要结论，这就是：新民主主义革命胜利后建立的政权，只能是工人阶级领导的、以工农联盟为基础的人民民主专政；同这一国体相适应的政权组织形式，只能是民主集中制的人民代表大会制度。"③ 习近平同志说："中国共产党领导中国人民取得革命胜利后，国家政权应该怎样组织？国家应该怎样治理？这是一个关系国家前途、人民命运的根本性问题。经过实践探索和理论思考，中国共产党人找到了答案。"④

诚然，中国共产党在探索中国革命、建设和改革的征途上，也曾有过失误、走过弯路，但党诚心诚意为中国人民争取民主、法治和人权的初心始终没有改

---

① 董必武：《实事求是地总结经验，把政法工作做得更好》，载《董必武法学文集》，法律出版社 2001 年版，第 423—424 页。

② 习近平：《在庆祝全国人民代表大会成立六十周年大会上的讲话》，《求是》2019 年第 18 期。

③ 胡锦涛：《在首都各界纪念全国人民代表大会成立 50 周年大会上的讲话》，《光明日报》2004 年 9 月 16 日。

④ 习近平：《在庆祝全国人民代表大会成立六十周年大会上的讲话》，《求是》2019 年第 18 期。

变。如同 1945 年 4 月 20 日党的六届七中全会通过的《关于若干历史问题的决议》总结三次"左"倾错误教训时所说的那样："我们否定各次'左'倾路线的错误时，同时要牢记和实行毛泽东同志'对于任何问题应取分析态度，不要否定一切'的指示。应当指出：犯了这些错误的同志们的观点中，并不是一切都错了，他们在反帝反封建、土地革命、反蒋战争等问题上的若干观点，同主张正确路线的同志们仍然是一致的。"①

习近平同志说，历史是最好的教科书。学习党史、国史，是坚持和发展中国特色社会主义、把党和国家各项事业继续推向前进的必修课，而且必须修好。②中国共产党百年法律思想和实践的历史是中国共产党历史的重要组成部分，是我们全面依法治国、建设社会主义法治国家的重要智力支撑，是我们每一位有志于推进中国特色社会主义法治事业的法律人的必修课，我们必须把它学好、用好、延续好。

一、中国共产党关于法治思考与实践的历史演进

目前的党史著作普遍都是按照时间顺序和不同内容，把中国新民主主义革命历史划分为：中国共产党成立的五四运动时期、大革命时期、土地革命时期、抗日战争时期、解放战争时期；把中国社会主义建设的历史划分为：中华人民共和国的成立和向社会主义过渡的实现（1949 年—1956 年 9 月）、中国社会主义建设的全面展开和对中国建设社会主义道路的艰辛探索（1956 年 9 月—1966 年 5 月）、"文化大革命"的内乱和林彪、江青两个反革命集团的覆灭（1966 年 5 月—1976 年 10 月）、在徘徊中前进和实现伟大的历史转折（1976 年 10 月—1978 年 12 月）等。③此后的历史分期，权威的著作尚未言及。

① 《关于若干历史问题的决议》，《毛泽东选集》第三卷，人民出版社 1991 年版，第 990 页。
② 习近平：《在中共中央政治局第七次集体学习时的讲话》，《光明日报》2013 年 6 月 25 日。
③ 中共中央党史研究室著、中共党史出版社 2011 年出版的《中国共产党历史》就是这样划分的，它的依据是中共中央《关于建国以来党的若干历史问题的决议》的分期方法。

本书没有采用上述叙事方法，原因主要是，本书不是以个体人物思想为中心的思想史著作，而是以党的集体思想为中心的法治史著作，因此，采用最新的《中国共产党章程》的如下分期方法比较妥帖：

以毛泽东同志为主要代表的中国共产党人，把马克思列宁主义的基本原理同中国革命的具体实践结合起来，创立了毛泽东思想。毛泽东思想是马克思列宁主义在中国的运用和发展，是被实践证明了的关于中国革命和建设的正确的理论原则和经验总结，是中国共产党集体智慧的结晶。在毛泽东思想指引下，中国共产党领导全国各族人民，经过长期的反对帝国主义、封建主义、官僚资本主义的革命斗争，取得了新民主主义革命的胜利，建立了人民民主专政的中华人民共和国；新中国成立以后，顺利地进行了社会主义改造，完成了从新民主主义到社会主义的过渡，确立了社会主义基本制度，发展了社会主义的经济、政治和文化。

十一届三中全会以来，以邓小平同志为主要代表的中国共产党人，总结新中国成立以来正反两方面的经验，解放思想，实事求是，实现全党工作中心向经济建设的转移，实行改革开放，开辟了社会主义事业发展的新时期，逐步形成了建设中国特色社会主义的路线、方针、政策，阐明了在中国建设社会主义、巩固和发展社会主义的基本问题，创立了邓小平理论。邓小平理论是马克思列宁主义的基本原理同当代中国实践和时代特征相结合的产物，是毛泽东思想在新的历史条件下的继承和发展，是马克思主义在中国发展的新阶段，是当代中国的马克思主义，是中国共产党集体智慧的结晶，引导着我国社会主义现代化事业不断前进。

十三届四中全会以来，以江泽民同志为主要代表的中国共产党人，在建设中国特色社会主义的实践中，加深了对什么是社会主义、怎样建设社会主义和建设什么样的党、怎样建设党的认识，积累了治党治国新的宝贵经验，形成了"三个代表"重要思想。"三个代表"重要思想是对马克思列宁主义、毛泽东思想、邓小平理论的继承和发展，反映了当代世界和中国的发展变化对党和国家工作的新要求，是加强和改进党的建设、推进我国社会主义自我完善和发展的强大理论武器，是中国共产党集体智慧的结晶，是党必须长期坚持的指导思想。始终做到"三个代表"，是我们党的立党之本、执政之基、力量之源。

十六大以来，以胡锦涛同志为主要代表的中国共产党人，坚持以邓小平理论和"三个代表"重要思想为指导，根据新的发展要求，深刻认识和回答了新形势下实现什么样的发展、怎样发展等重大问题，形成了以人为本、全面协调可持续发展的科学发展观。科学发展观是同马克思列宁主义、毛泽东思想、邓小平理论、"三个代表"重要思想既一脉相承又与时俱进的科学理论，是马克思主义关于发展的世界观和方法论的集中体现，是马克思主义中国化重大成果，是中国共产党集体智慧的结晶，是发展中国特色社会主义必须长期坚持的指导思想。

十八大以来，以习近平同志为主要代表的中国共产党人，顺应时代发展，从理论和实践结合上系统回答了新时代坚持和发展什么样的中国特色社会主义、怎样坚持和发展中国特色社会主义这个重大时代课题，创立了习近平新时代中国特色社会主义思想。习近平新时代中国特色社会主义思想是对马克思列宁主义、毛泽东思想、邓小平理论、"三个代表"重要思想、科学发展观的继承和发展，是马克思主义中国化最新成果，是党和人民实践经验和集体智慧的结晶，是中国特色社会主义理论体系的重要组成部分，是全党全国人民为实现中华民族伟大复兴而奋斗的行动指南，必须长期坚持并不断发展。在习近平新时代中国特色社会主义思想指导下，中国共产党领导全国各族人民，统揽伟大斗争、伟大工程、伟大事业、伟大梦想，推动中国特色社会主义进入了新时代。

上述党章对党史的叙述方法，一是每个时代都有主要代表人物，承认党的领袖在历史上的重要作用；二是强调是一个集体，是一代共产党人的集体行动，这与封建社会以皇帝为中心的历史叙述方法截然不同。从上述党章的五段表述可知，用毛泽东、邓小平、江泽民、胡锦涛、习近平等同志为主要代表的一代代中国共产党人所作的集体决定（党的决议、通过的报告、发布的文件等）来叙述党的历史，这也是撰写党史的一种方法。本书采用这样的叙述方法，可以清楚地看到一代代中国共产党人对法治所作的思考与实践，并看到其中既一脉相承、又与时俱进的发展脉络。

二、中国共产党关于法治思考与实践的主要内容

哪些内容可以列入中国共产党法治思想与实践的范围呢？我觉得，必须从中国共产党的历史特点和中国近代的社会变迁出发，写出一些中国独有的内容：

（一）法律的社会形态更替问题

马克思主义认为，法律有奴隶社会、封建社会、资本主义社会和社会主义社会四种社会形态的区别，这是资产阶级法律理论所不认可的。中国共产党的法律思想与实践，则离不开法律的社会形态更替的研究。因为中国共产党一经成立，就面临着推动以下几个社会形态更替的历史使命：

1. 把半殖民地半封建社会的法律制度转变为新民主主义法制

鸦片战争一声炮响，把中国由一个主权独立的封建社会拖入了半殖民地半封建社会。中华民族面临两大任务，一是捍卫国家主权独立，赶走西方列强；二是国家由弱变强，实现现代化。概而言之，就是推翻帝国主义、封建主义、官僚资本主义三座大山，实现由农业社会到工业社会的现代化。从地主阶级的清末法制改革，到康有为、孙中山的资产阶级法制变革，都没有成功。十月革命一声炮响，给我们送来马克思主义，随即诞生了中国共产党，中国社会和革命为之面貌一新。经过大革命和土地革命时期的艰难探索，到了抗日战争时期，

以毛泽东同志为代表的中国共产党人创立了新民主主义理论，指出了把半殖民地半封建社会引向新民主主义社会、再到社会主义的独立富强道路，利用党的领导、武装斗争和统一战线三大法宝，通过农村包围城市、最后武装夺取政权的途径，破解了此前地主阶级改革派、资产阶级各阶层无力破解的反帝反封建反官僚资本主义的历史难题，最终创造了人类社会第一个中国特色的新民主主义法制形态。这是中国共产党人对发展中国家如何独立富强贡献的第一个中国方案。

没有革命的理论，就不会有革命的行动。从党的一大到六大，中国革命长期遭受全盘苏化的影响。全盘苏化的表现，一是把苏联的经验神圣化，二是把共产国际和斯大林的指示神圣化。不管是陈独秀的右倾机会主义和抗战初期王明的右倾机会主义，还是 1927 年 8 月至 1934 年三次"左"倾机会主义、特别是危害最大的王明"左"倾教条主义，都是受到全盘苏化很大影响的产物。如果不摆脱全盘苏化，中国革命不知道还要在黑暗中摸索多久。习近平同志指出："在新民主主义革命时期，我们党一开始想走苏联那样的城市中心暴动的道路，实践证明这条道路走不通"，① "过去不能搞全盘苏化，现在也不能搞全盘西化或者其他什么化"。②

以毛泽东为主要代表的中国共产党人反对全盘苏化，坚持马克思主义中国化，把马克思主义的普遍真理和中国实际相结合，从而在中国革命的实践中产生了马克思主义中国化的毛泽东思想，"马克思列宁主义的普遍真理一经和中国革命的具体实践相结合，就使中国革命的面目为之一新，产生了新民主主义的整个历史阶段"。③ 新民主主义理论是毛泽东思想的重要组成部分，它是破除全盘苏化、实现马克思主义中国化的产物。例如：

---

① 习近平：《论中国共产党历史》，中央文献出版社 2021 年版，第 16 页。
② 习近平：《关于坚持和发展中国特色社会主义的几个问题》，《求是》2019 年第 6 期。
③ 《论联合政府》，《毛泽东选集》第三卷，人民出版社 1991 年版，第 1093 页。

在中国革命性质问题上，新民主主义理论反对共产国际和斯大林曾经主张的中国革命是反对资产阶级的社会主义革命，认为苏俄十月革命是社会主义革命，而中国革命是中国共产党领导的资产阶级民主革命。

在中国革命对象问题上，新民主主义理论反对共产国际和斯大林曾经主张的资产阶级同帝国主义、封建主义都是革命的对象，以及不加区别地消灭地主和富农的过激打击政策。认为资产阶级可以分为民族资产阶级和大资产阶级两部分，民族资产阶级是团结的对象，它具有革命和妥协两性，要支持它的革命性，防止它的妥协性。"民族资产阶级在现阶段上，有其很大的重要性。我们还有帝国主义站在旁边，这个敌人是很凶恶的。中国的现代工业在整个国民经济上的比重还很小。现在没有可靠的数目字，根据某些材料来估计，在抗日战争以前，现代工业产值不过只占全国国民经济总产值的百分之十左右。为了对付帝国主义的压迫，为了使落后的经济地位提高一步，中国必须利用一切于国计民生有利而不是有害的城乡资本主义因素，团结民族资产阶级，共同奋斗。我们现在的方针是节制资本主义，而不是消灭资本主义。但是民族资产阶级不能充当革命的领导者，也不应当在国家政权中占主要的地位。民族资产阶级之所以不能充当革命的领导者和所以不应当在国家政权中占主要地位，是因为民族资产阶级的社会经济地位规定了他们的软弱性，他们缺乏远见，缺乏足够的勇气，并且有不少人害怕民众。"[①] 大资产阶级是革命的对象，但在抗战时期民族矛盾成为主要矛盾的时候，大资产阶级中的某些集团可以分化出来，成为既团结、又斗争的对象。地主阶级是革命的对象，但在抗战时期他们中的一部分愿意抗战，可以成为统一战线联合的开明绅士。

在中国革命的动力问题上，新民主主义理论反对共产国际和斯大林曾经主张的中国革命动力只来源于工人阶级、农民阶级和小资产阶级，民族资产阶级

---

① 《论人民民主专政》，《毛泽东选集》第四卷，人民出版社 1991 年版，第 1479 页。

等"中间势力"是"最危险的势力",而认为中国革命的动力是中国共产党领导的工农联盟为基础的人民群众,"人民是什么?在中国,在现阶段,是工人阶级,农民阶级,城市小资产阶级和民族资产阶级"。[①]人民群众不仅包括民族资产阶级,也包括抗战时期一切愿意抗日的各阶级、各阶层集团,在解放战争时期的土地改革中,也要注意不伤害中农利益,对地主、富农的土地要平分,但对其工商业企业则要保护。

在中国革命道路问题上,新民主主义理论反对共产国际和斯大林曾经主张的以城市工人起义为中心、一省或数省率先取得革命胜利的苏俄十月革命模式,认为中国革命必须按照中国半殖民地半封建社会的国情,走农村包围城市、最后武装夺取政权的道路,中国革命是无产阶级领导的农民革命。

在中国革命的统一战线问题上,新民主主义理论反对共产国际和斯大林曾经主张的统一战线只能是"下层统一战线",即与农民、小资产阶级组成的统一战线,除此之外都是革命打击的对象。在国共合作统一战线中,要让国民党掌握革命的领导权。新民主主义理论认为不仅要搞"下层统一战线",也要和一切可以团结的人搞统一战线,发展进步势力,争取中间势力,孤立顽固势力,特别是对民族资产阶级更要积极争取,因为中国革命毕竟是反帝反封建的民主革命,而不是社会主义革命。在统一战线中,共产党一要保持独立性,二要争取领导权。

在中国革命阶段问题上,新民主主义理论反对共产国际和斯大林曾经主张的中国革命要把资产阶级民主革命不间断地发展为社会主义革命,"毕其功于一役",两个阶段并为一个阶段。认为"中国共产党领导的整个中国革命运动,是包括民主主义革命和社会主义革命两个阶段在内的全部革命运动;这是两个性质不同的革命过程,只有完成了前一个革命过程才有可能去完成后一个革命过

[①] 《论人民民主专政》,《毛泽东选集》第四卷,人民出版社1991年版,第1475页。

程。民主主义革命是社会主义革命的必要准备，社会主义革命是民主主义革命的必然趋势。而一切共产主义者的最后目的，则是在于力争社会主义社会和共产主义社会的最后的完成"。①

从某种意义上来说，中国革命史是马克思主义中国化的过程，是反对全盘苏化的结果。如果中国共产党人把共产国际和斯大林的某些指示神圣化，把苏联经验绝对化，中国革命不知道还要在黑暗中徘徊多久。我们这样说，并不是全盘否定共产国际和斯大林同志对中国革命的积极作用，毛泽东和周恩来都曾经说过共产国际对中国革命的作用是"两头好，中间坏"，都承认斯大林同志对中国革命做出过许多正确的指示和巨大的帮助。今天我们总结过去全盘苏化的沉痛教训，是为了更好地坚持马克思主义中国化的正确原则，更好地有的放矢地对待马克思主义，"'的'就是中国革命，'矢'就是马克思列宁主义。我们中国共产党人所以要找这根'矢'，就是为了要射中国革命和东方革命这个'的'的。这种态度，就是实事求是的态度。'实事'就是客观存在着的一切事物，'是'就是客观事物的内部联系，即规律性，'求'就是我们去研究。我们要从国内外、省内外、县内外的实际情况出发，从中引出其固有的而不是臆造的规律性，即找出周围事变的内部联系，作为我们行动的向导"。② 一句话，就是为了更好地坚持解放思想、实事求是、与时俱进的思想路线。

毛泽东同志说过："指导一个伟大的革命运动的政党，如果没有革命理论，没有历史知识，没有对于实际运动的深刻的了解，要取得胜利是不可能的。"③ 新民主主义理论是指导中国革命的正确理论，有了它的指引，中国革命才会走向胜利。

---

① 《中国革命与中国共产党》，《毛泽东选集》第二卷，人民出版社 1991 年版，第 646 页。
② 《改造我们的学习》，《毛泽东选集》第三卷，人民出版社 1991 年版，第 759 页。
③ 《中国共产党在民族战争中的地位》，《毛泽东选集》第二卷，人民出版社 1991 年版，第 521 页。

2. 把新民主主义法制转变为社会主义法制

新民主主义法制的任务是消灭帝国主义压迫、封建地主阶级的剥削以及与前两者相互勾结的官僚资本主义的压榨,在此任务完成之后,再把中国引上社会主义道路,这又是一种史无前例的法制的社会形态更替。中国共产党人 1953 年提出了党在过渡时期的总路线,明确规定从中华人民共和国成立,到生产资料私有制的社会主义改造,这是一个过渡时期。党在过渡时期的总路线和总任务,是要在一个相当的时期内,基本上实现国家工业化和对农业、手工业、资本主义工商业三大生产资料私有制的社会主义改造,简称"一体两翼"和"一化三改"。

中国的农业合作化运动,实行的是农民自愿原则,采用示范、说服和国家帮助的方法使农民自愿联合起来,国家对个体手工业的社会主义改造一般都经过手工业生产小组、手工业供销生产合作社和手工业生产合作社三个阶段,因地制宜,按照不同手工业者容易接受的形式,由低级到高级、由小到大、由简单到复杂。国家坚持自愿互利原则,力求把合作社办得对生产者、国家和消费者三方面都有利;对资本主义工商业的改造,是通过国家资本主义的途径实现的,1953 年至 1955 年夏这一阶段,实行的是国家资本主义初级形式,主要是在工业中采用委托加工、订货、统购统销,在商业中委托经销、代销等。从1955 年下半年到 1956 年这一阶段,实行了高级形式的国家资本主义手段,即个别企业的公私合营和全行业的公私合营,前者是半社会主义性质的企业,社会主义经济与资本主义经济在企业内部联系与合作,利润分配实行"四马分肥"(即:国家规定私营企业和公私合营企业全年盈余按以下四方面分配:国家税金约为 30%,企业公积金约为 10%—30%,职工福利奖金约为 5%—15%,股东红利、董事、经理、厂长的酬金约为 25%);后者完全是社会主义性质的企业。

中国这样一个人口众多、经济落后、发展不平衡的发展中国家,在如此短的时间里就顺利完成了对个体农业、手工业和资本主义工商业的社会主义改造，是史无前例、难能可贵的。社会主义基本制度的建立，为当代中国一切发展进步奠定了政治前提和制度基础，也是人类法制史上法制变迁的一个首创和奇迹。

（二）中国特色社会主义制度体系的构建问题

党的十九届四中全会《中共中央关于坚持和完善中国特色社会主义制度　推进国家治理体系和治理能力现代化若干重大问题的决定》提出，"中国特色社会主义制度是党和人民在长期实践探索中形成的科学制度体系"，《决定》从 13 个方面阐释了这一制度体系。

以毛泽东同志为主要代表的中国共产党人在新民主主义革命时期的革命根据地，就开始了人民当家作主的一系列政治制度的探索，从大革命和土地革命时期照搬苏联模式的苏维埃共和国，到抗日战争时期摆脱全盘苏化的"三三制"政权结构、多种所有制经济并行等新民主主义制度的建立；从大革命和抗战时期的国共两度合作的政党制度模式到解放战争时期形成新的中国共产党领导的多党合作与政治协商制度的初步形成；从大革命时期最初根据共产国际要求建立工人阶级和乡村贫农、城市小资产阶级联合的社会下层统一战线，到抗日战争形成中国共产党领导以工农联盟为基础，发展进步势力、争取中间势力、孤立顽固势力，联合一切愿意抗日的力量，建成最广泛的抗日民族统一战线，再到中共夺取政权后继续坚持和发展统一战线；从大革命时期曾经主张照搬苏联联邦制模式，解决中国汉族和少数民族的关系，到解放战争时期领导内蒙人民建立自治政府（1947 年 4 月），实行少数民族集中居住地区的自治制度，中国共产党人先后创立了以人民代表大会为主体、由人民代表大会作为国家机关体系的核心、实行人民当家作主的国家政权组织形式；人民政治协商制度；中国共产党领导的多党合作与政治协商制度；民族区域自治制度；基层群众自治制度等。后三者都是中国共产党创造的中国特色基本政治制度。

以邓小平同志为主要代表的中国共产党人根据 1957 年到"文化大革命"时

期我国政治体制暴露出来的一些缺陷和计划经济体制向市场经济体制转变的新要求，开始了在坚持四项基本原则基础上的社会主义制度自我完善性质的政治经济文化体制改革。1992 年，他在南方谈话中说，恐怕再有 30 年的时间，我们才会在各方面形成一整套更加成熟、更加定型的制度。在这个制度下的方针、政策，也将更加定型化。党的十四大提出："在九十年代，我们要初步建立起新的经济体制，实现达到小康水平的第二步发展目标。再经过二十年的努力，到建党一百周年的时候，我们将在各方面形成一整套更加成熟更加定型的制度。"党的十五大、十六大、十七大都对制度建设提出明确要求。以江泽民同志为主要代表的中国共产党人提出了建立培育和发展社会主义市场经济体制的法律制度，依法治国、建设社会主义法治国家，尊重和保障人权等；以胡锦涛同志为主要代表的中国共产党人提出了科学执政、民主执政和依法执政，落实科学发展观着重于保障民生和构建和谐社会的法律制度等。

党的十八大以来，我们党把制度建设摆到更加突出的位置，强调全面建成小康社会，必须以更大的政治勇气和智慧，不失时机深化重要领域改革，坚决破除一切妨碍科学发展的思想观念和体制机制弊端，构建系统完备、科学规范、运行有效的制度体系，使各方面制度更加成熟更加定型。党的十八届三中全会首次提出"推进国家治理体系和治理能力现代化"这个重大命题，并把"完善和发展中国特色社会主义制度、推进国家治理体系和治理能力现代化"确定为全面深化改革的总目标。党的十八届四中全会审议通过了《中共中央关于全面推进依法治国若干重大问题的决定》，提出全面推进依法治国，总目标是建设中国特色社会主义法治体系，建设社会主义法治国家。这就是在中国共产党领导下，坚持中国特色社会主义制度，贯彻中国特色社会主义法治理论，形成完备的法律规范体系、高效的法治实施体系、严密的法治监督体系、有力的法治保障体系，形成完善的党内法规体系，坚持依法治国、依法执政、依法行政共同推进，坚持法治国家、法治政府、法治社会一体建设，实现科学立法、严格执法、公正司法、全民守法，促进国家治理体系和治理能力现代化。实现这个总目标，必须坚持中国共产党的领导，坚持人民主体地位，坚持法律面前人人平等，坚持依法治国和以德治国相结合，坚持从中国实际出发。党的十八届五中全会进一步强调，"十三五"时期要实现"各方面制度更加成熟更加定型，国家治理体系和治理能力现代化取得重大进展，各领域基础性制度体系基本形成"。

党的十九大作出到 21 世纪中叶把我国建成富强民主文明和谐美丽的社会主义现代化强国的战略安排，其中制度建设和治理能力建设的目标是：到 2035 年，"各方面制度更加完善，国家治理体系和治理能力现代化基本实现"；到 21 世纪中叶，"实现国家治理体系和治理能力现代化"。党的十九届二中、三中全会分别就修改宪法与深化党和国家机构改革作出部署，在制度建设和治理能力建设上迈出了新的重大步伐。党的十九届三中全会指出："我们党要更好领导人民进行伟大斗争、建设伟大工程、推进伟大事业、实现伟大梦想，必须加快推进国家治理体系和治理能力现代化，努力形成更加成熟更加定型的中国特色社会主义制度。"

最后，到了 2019 年 10 月，党的十九届四中全会通过了《中共中央关于坚持和完善中国特色社会主义制度　推进国家治理体系和治理能力现代化若干重大问题的决定》(以下简称《决定》)，对中国共产党成立以来制度建设中的重要成果进行了梳理，提出了中国特色社会主义制度包括根本制度、基本制度和重要制度三个组成部分，它们共有党的领导和经济、政治、文化、社会、生态文明、军事、外事等 13 个方面制度。

《决定》构建了中国特色社会主义的四梁八柱。它准确把握我国国家制度和国家治理体系的来龙去脉、演进方向和规律，突出坚持和完善党的领导制度，抓住了国家治理的关键和根本；突出守正创新、开拓进取，彰显了中国特色社会主义制度自信；突出系统集成、协同高效，体现了强烈的问题导向和鲜明的实践特色。它回答了"坚持和巩固什么、完善和发展什么"这个重大政治问题，既阐明了必须牢牢坚持的重大制度和原则，又部署了推进制度建设的重大任务和举措，坚持根本制度、基本制度、重要制度相衔接，统筹顶层设计和分层对接，统筹制度改革和制度运行，体现了总结历史和面向未来的统一、保持定力和改革创新的统一、问题导向和目标导向的统一，在推动各方面制度更加成熟更加定型、把我国制度优势更好转化为国家治理效能方面迈出了重要的一步。

（三）从严管党治党的主要方式：思想建党、组织整党、制度治党和反腐护党

党的十八届四中全会通过的《关于全面推进依法治国若干重大问题的决定》提出，"依法执政，既要求党依据宪法法律治国理政，也要求党依据党内法规管党治党"。这是颇具中国特色的理论命题，这就是说，在中国，党规是法治体系的组成部分，依规治党也是依法执政的组成部分。因此，研究中国共产党的法制思想与实践，应该把中国共产党的从严治党思想纳入其中，这与中国共产党是纪律严明的政党、是唯一执政党和长期执政党的国情分不开。

一部中国共产党党史，从一个角度来看，就是党不断从思想、组织、制度和反腐方面强身健体的从严管党治党的历史。思想建党、组织整党、制度治党和反腐护党是中国共产党从严治党的基本内容和经验。

1. 思想建党

2019 年 5 月 31 日，习近平在"不忘初心、牢记使命"主题教育工作会议上明确提出要坚持思想建党、理论强党，坚持学思用贯通、知信行统一。思想建党、理论强党，是中国共产党历史经验的深刻总结。2018 年 5 月 4 日，在纪念马克思诞辰 200 周年大会上，习近平再次强调，思想建党、理论强党是中国共产党历经艰难困苦而不断壮大的一个重要原因。回顾党的历史，思想建党主要采取了如下三种主要方式：

第一，批评与自我批评。1929 年 12 月举行的中国共产党红军第四军第九次代表大会，即"古田会议"，开创了我们党运用批评与自我批评、开展集中学习活动、进行思想建党的先河。毛泽东同志 1945 年 4 月 24 日在中国共产党第七次全国代表大会上所作的政治报告《论联合政府》中概括了中国共产党在长期革命斗争中形成的三大作风：理论和实践相结合的作风，和人民群众紧密地联系在一起的作风以及自我批评的作风，并指出这是中国共产党区别于其他政党的显著标志。三大优良作风的提出，标志着中国共产党思想建党学说体系达到了完备和成熟。

第二，通过总结党的重大历史事件，分清是非，对全党进行思想教育。1945 年 4 月，党的六届七中全会通过的《关于若干历史问题的决议》（以下简称《决议》），是我们党第一次对党的历史经验作出的系统总结。《决议》总结了党从成立到抗日战争全面爆发这一时期，特别是党的六届四中全会至遵义会议这一时期正反两方面的斗争经验，对党内若干重大历史问题，尤其是六届四中全会至遵义会议期间中央的领导路线问题，作了正式总结，开创了我们党用党史进行思想建党的先河。

第三，忆苦思甜。1947 年 9 月 28 日，毛泽东批转东北民主联军第 3 纵队诉苦教育的经验报告，并提出了具体要求。随后，全军部队普遍开展了以"诉苦""三查"为中心内容的整军运动，诉苦就是诉旧社会和反动派所给予劳动人民之苦，"三查"就是查阶级、查工作、查斗志。"三整"就是整顿组织、整顿思想、整顿作风。"三查"与"三整"结合起来进行，边查边整。通过查整，达到提高思想觉悟，增强团结，纯洁和巩固部队，改进工作作风及提高工作效率的目的。由此开创了通过忆苦思甜方式进行思想建党的先河。

2. 组织整党

所谓组织整党，即整顿党的组织。整党的任务是统一思想，整顿作风，加强纪律，纯洁组织。整党与整风的区别在于，整风主要是整顿党内特别是各级领导机关和领导干部的思想工作作风，而整党则除了整顿思想工作作风外，还要进行组织整顿，纯洁党的队伍。整党的方针和做法同整风有相同之处，也有不同之处。整党整风都要贯彻执行"团结—批评—团结"的方针，都要以学习文件、提高思想作基础。但是一般说来，整风除特别突出的问题外，不对党员作组织处理，而整党则要讨论并决定对不合格党员的处理问题，借以纯洁党的组织。

延安整风时期审干工作的出发点即是上述整党目标。审查干部是抗战时期中国共产党为保持组织的巩固和队伍的纯洁而开展的一项重要工作。早在 1939 年 8 月 25 日，中共中央政治局《关于巩固党的决定》即提出，为巩固党，必须详细审查党员成分，清刷混入党内的异己分子、投机分子以及敌探奸细，首先是审查各级干部，保证干部的忠实可靠。1940 年 8 月 1 日，中共中央又在《关于审查干部问题的指示》中强调指出，干部的品质是否纯洁和干部的工作是否分配恰当，对于保障党的路线的执行具有决定意义。特别是在复杂的斗争环境中，对于干部的审查、考察与教育，成为巩固党的一项重要工作。在全党普遍整风运动期间，中共中央各部委和延安的一些机关、学校开展了审查干部的工作。一般说来，这在党的队伍迅速扩大，国民党顽固派加紧特务活动的情况下，是必要的。但是，在审查干部中对敌情做出过分的估计，把审干工作主要视为除奸、反特斗争，并把一些干部思想上、工作上的缺点错误或历史上尚未弄清楚的问题，轻易地怀疑为政治问题以致反革命问题，采取"逼、供、信"的错误方法，因而不可避免地出现了以"抢救运动"为代表的反特斗争严重扩大化的错误。8 月 15 日，中共中央通过《关于审查干部的决定》，重申审查干部必须坚持"首长负责"等九条方针，10 月 9 日，毛泽东又指示要坚持"一个不杀，大部不抓"的原则。经过许多努力，审干工作的错误得到抑制。[1]

组织整党是我们党加强组织建设、增强党性的一种方式。解放战争开始后，随着革命形势的根本变化，土地改革的深入以及党的队伍不断发展壮大，针对中国共产党出现的组织不纯、作风不纯、思想不纯的问题，各解放区于 1947 年

---

[1] 中共中央党史研究室：《中国共产党历史》第一卷（1921—1949）下册，中共党史出版社 2011 年版，第 622—623 页。

冬开始了整党运动。这次整党运动，坚持"惩前毖后，治病救人"的方针，对党员进行批评和自我批评，分三个阶段进行了"三查""三整"。在党和群众的共同努力下，整党运动于 1949 年春相继结束，并取得了很大的成功。在整党运动中，开除了一些犯有严重错误的腐化堕落分子，教育了成千上万的基层党员，纯洁了各地的党组织；党的干部队伍建设得到加强。新中国成立后，我们党主要经历了三次整党运动。分别是 1951 年至 1954 年的整党运动、1969 年至 1971 年的整党建党运动和 1983 年至 1987 年的整党运动。整党的任务是统一思想，整顿作风，加强纪律，纯洁组织。整党的步骤，一般是从中央到基层组织，自上而下、分期分批地整顿。整顿党的组织有两种情况，一是整顿党的基层组织，如 1951 年到 1954 年进行的整顿党的基层组织运动；二是对从党的领导机关到基层组织的各级组织的整顿，如 1983 年到 1987 年在全党范围内自上而下分批分期进行的全面整党。

3. 制度治党

在制度治党方面，主要有如下几种措施：

（1）始终把民主集中制作为制度治党的根本制度。中国共产党始终重视党的制度建设，它的核心是民主集中制的坚持与完善。党的一大就讨论了党的组织原则和组织机构问题，通过了《中国共产党党纲》和《中国共产党的第一个决议》，成为党的制度建设的起点。党的二大通过的《中国共产党章程》第一次初步表述了民主集中制的思想，民主集中制从此成为我们党的根本制度；党的七大把"四个服从"作为民主集中制的基本条件写进了党章；党的八大科学阐明了民主集中制的科学内涵，并丰富了它的基本内容；党的十一届六中全会决议指出，根据"文化大革命"的教训和党的现状，必须把党建设成为具有健全的民主集中制的党；党的十二大恢复并发展了民主集中制的内容；党的十四届四中全会指出"民主集中制是科学的合理的有效率的制度"，并提出要"进一步贯彻执行民主集中制这一党的根本组织制度和领导制度"；党的十七大报告明确提出"要以健全民主集中制为重点加强制度建设";党的十八大报告提出"要坚持民主集中制,健全党内民主制度体系"。改革开放以来党的制度建设始终围绕健全民主集中制来进行,就是在坚持民主集中制这个根本制度下完善具体制度,并通过建立健全相应的保障制度,确保根本制度和具体制度的贯彻落实。

(2)把增强党性制度化。1941年7月1日,在中国共产党成立20周年之际,中共中央政治局首次通过《中央关于增强党性的决定》(以下简称《决定》),以文件的形式要求全党同志加强锻炼党性,提高党性,培养党性,增强党性,使全党统一意志、行动和纪律。这是党的历史上第一个以增强党性为主题的中央决定。《决定》指出,"巩固党的主要工作是要求全党党员,尤其是干部党员更加增强自己党性的锻炼,把个人利益服从于全党的利益,把个别党的组成部分的利益服从于全党的利益,使全党能够团结得像一个人一样"。

由《决定》开始,党性的概念开始更加广泛地进入了党的建设领域。毛泽东1942年4月20日在中央学习组作报告时高度评价这个文件,他说,在我们党的历史上,全面的、全党范围的、经过中央领导的对整个干部进行的内部教育,过去还很少。从去年7月中央关于增强党性的决定开始,我们才全体从上而下地一致注意了这个问题,这个意义非常之大。

从此,增强党性成为我党建设的一个重要任务。2015年12月11日,习近平同志在全国党校工作会议上的讲话指出,各级党校要把党性教育作为教学的主要内容,深入开展理想信念教育、党的宗旨教育,深入开展党史国史教育、革命传统教育,深入开展道德品行教育、法治思维教育、反腐倡廉教育,把党章和党规党纪学习教育作为党性教育的内容。[1]

(3)从组织架构上规定党的一元化领导。为了适应残酷的战争环境,解决

---

[1] 习近平:《论中国共产党历史》,中央文献出版社2021年版,第8—9页。

抗日根据地党政军民关系中某些不协调的现象，加强党的集中统一领导，1942年9月1日，中共中央政治局作出《关于统一抗日根据地党的领导及调整各组织间关系的决定》。决定指出："根据地党的领导的统一与一元化，应当表现在每个根据地有一个统一的领导一切的党的委员会。"这里所说的统一领导，是指党从政治上对政权、军队、民众团体等一切其他组织的领导，是指大政方针的领导。决定规定：中央代表机关（中央局、分局）及各级党委（区党委、地委）为各地区的最高领导机关，统一对各地区党政军民工作的领导。中央代表机关及区党委、地委的决议、决定和指示，同级政府的党团、军队的军政委员会、政治部和民众团体的党团及党员，都必须无条件执行。各级单位严格执行民主集中制，下级服从上级，全党服从中央。为了加强中央的集中统一领导，中共中央政治局于1943年3月作出决定，毛泽东为中央政治局主席和中央书记处主席，毛泽东、刘少奇、任弼时组成中央书记处，根据中央政治局决定的方针处理日常工作，中央书记处讨论问题，主席有最后决定权。

从此在相当长的一个时期内，加强党的集中统一领导成为党的一项重要工作。

（4）建立请示报告制度。1948年以后，中共中央连续发出指示，要求在全党各级组织中建立请示报告制度。并且具体规定，各中央局和中央分局由书记负责，每两个月向中央和中央主席作一次综合报告。报告内容包括该区军事、政治、土地改革、整党、经济、宣传和文化等各项活动的动态，活动中发生的问题和倾向，对于这些问题和倾向的解决方法。6月5日，中共中央又规定在宣传工作中实行请示报告制度，要求凡带有全国性或全党性问题的言论，如各项政策口号、号召、对敌军敌占区人民的传单、布告等，凡内容不同于中央现行政策、指示者，均应事先向中央请示。8月14日，中央又发出《关于严格执行报告制度的指示》。请示报告制度的建立，对于加强党的集中统一领导，进一步统一党的意志和纪律，活跃党内民主生活，保证党的路线方针政策的正确贯彻执行，起了重大作用，为党夺取和掌握全国政权作了重要的政治思想和组织准备。①

从此，请示报告制度成为中国共产党纪律建设的一个重要内容。习近平2013年7月11日至12日在河北省调研指导党的群众路线教育实践活动时的讲话指出，西柏坡是革命圣地，这里是立规矩的地方。1948年9月，中央政治局在这里召开扩大会议，强调要建立请示报告制度，党的下级组织的代表大会、委员会及代表会议的重要决议，必须呈报党的上级组织批准以后方准执行；各级党的领导机关，必须将不同意见的争论，及时地、真实地向上级报告，其中重要的争论必须报告中央。会议还强调要继续克服某种程度上存在着的成分不纯、思想不纯、作风不纯的不良现象。正是这项制度的建立和执行，有力地推进了党的作风和纪律建设，为全党统一意志、统一行动提供了有力保证。②2019年2月，中共中央印发了《中国共产党重大事项请示报告条例》，并在关于印发该条例的通知中指出，请示报告制度是我们党的一项重要政治纪律、组织纪律、工作纪律，是执行民主集中制的有效工作机制，对于坚决维护习近平同志党中央的核心、全党的核心地位，坚决维护党中央权威和集中统一领导，保证全党团结统一和行动一致，具有重要意义。制定出台《条例》，有利于提高重大事项请示报告工作制度化、规范化、科学化水平。

4. 反腐护党

所谓反腐护党，就是指通过反腐败、清洗违纪违法的党员，捍卫党的先进性和纯洁性。中国共产党人为共产主义理想信念、国家富强、民族振兴、人民幸福不懈奋斗的历史，也是党规党纪、党内监督制度以及纪检监察机构奠基、探索和不断发展完善的历史，是党的监督执纪工作不断推进加强的历史。1927

---

① 中共中央党史研究室：《中国共产党历史》第一卷（1921—1949）下册，中共党史出版社2011年版，第768—769页。

② 习近平：《论中国共产党历史》，中央文献出版社2021年版，第23—24页。

年 4 月 27 日，中国共产党第五次全国代表大会首次选举产生第一个中央纪律检查机构中央监察委员会（中央纪委前身），开了我们党有专门组织、有党规可依、有制度设计，规范性地开展监督执纪工作的先河。此后几十年间，党的中央纪检监察机构经过中央审查委员会、中央党务委员会、中央监察委员会、中央纪律检查委员会等数次历史演变逐步发展完善，确保了从严治党工作不断取得新的成效。从中共一大在南湖红船通过《中国共产党党纲》，到党的十九大修改的新《中国共产党章程》；从 1926 年党内第一个反腐文件《坚决清洗贪污腐化分子》通告发布，到 2018 年《中华人民共和国监察法》的制定；从 1925 年党内巡视和监督制度初步形成，到近年来巡视全覆盖，充分证明守纪律、讲规矩是中国共产党一以贯之的根本要求。2018 年 3 月正式成立的国家监察委员会，在党的纪律建设史和国家机构改革史上具有里程碑意义。

中国共产党监督执纪的历史，也是一部从严管党治党的历史。为建设一个坚强的无产阶级政党和新型人民军队，"三湾改编"催生"三大纪律，六项注意"，古田会议确立"思想建党、政治建军"，瑞金革命根据地掀起惩治贪腐的红色风暴，陕甘宁边区喊出建设"廉洁政府"的口号。延安时期，党依靠严明的纪律，既把张国焘等分裂党的分子和叛徒开除出党，也处决了黄克功、肖玉璧等曾经屡建战功的蜕化变质分子。在全国胜利即将到来之时，以毛泽东为主要代表的中国共产党人庄严提出"两个务必"，迎着曙光"进京赶考"，率领不吃百姓一个苹果和露宿街头的胜利之师，接管了一个又一个城市。成为执政党之后，为适应新形势新任务新变化，中国共产党把拒腐防变作为巩固执政地位的大事，通过整党、整风等一系列举措，加强纪律建设，强化监督执纪。党的八大和八届二中全会，进一步提出从思想教育和制度建设两方面加强党的建设，加强党的监督执纪工作，领导全国人民全面开展社会主义建设。党的十一届三中全会后，我国进入改革开放新时期，从严管党治党面临新的形势和任务，党的十二大以来，从严管党治党工作随着社会主义现代化建设事业的推进而不断发展。党的十八大以来，以习近平同志为核心的党中央坚持反腐高压态势，重拳出击查处了一大批腐败分子，开创了全党风清气正的新局面，从严管党治党工作迈上了新台阶。党的十九大以来，以习近平新时代中国特色社会主义思想为指导，党中央以不歇脚、不松劲、不停步的决心，推进全面从严治党向纵深发展。①

（四）中共革命纲领从"反帝反封"到推翻"帝国主义、封建主义和官僚资本主义"三座大山的演变问题

孙中山先生虽然是中国革命的先行者，但他不是明确提出反帝反封革命纲领的第一人，首先提出这一革命纲领的是中国共产党人。

1922 年 6 月 15 日，中国共产党中央执行委员会就在《中国共产党对于时局的主张》中提出了这一纲领。② 这份文件第一条即属于反帝条款："改正协定关税制，取消列强在华各种治外特权。清偿铁路借款，完全收回管理权。"1922 年 7 月 16 日至 23 日，党的二大通过的《大会宣言》进一步提出"推翻国际帝国主义的压迫，达到中华民族完全独立"（第二条）。

在 1924 年以前，孙中山先生没有明确地提出反对帝国主义的主张。孙中山先生是 1923 年在共产国际帮助下才接受反帝反封民主革命纲领的。到了 1924 年 1 月，孙中山主持起草并为国民党第一次全国代表大会所通过的《中国国民党第一次全国代表大会宣言》，基本接受了共产国际关于民族主义的新解释。《中国国民党第一次全国代表大会宣言》指出，"国民党之民族主义，其目的在使中国民族得自由独立于世界"，"其所恃为后盾者，实为多数之民众，若知识阶级、若农夫、若工人、若商人是也。盖民族主义对于任何阶级，其意义皆不外免除帝国主义之侵略"。

---

① 中国监察学会反腐倡廉历史研究会编著：《中国共产党监督执纪史话》，中国方正出版社 2019 年版，第 1—3 页。

② 张希坡编著：《革命根据地法律文献选辑》（第一辑），中国人民大学出版社 2017 年版，第 3—4 页。

可以说，没有共产国际和中国共产党的帮助，孙中山是没有勇气明确提出反帝纲领的。

反帝反封的革命纲领何时变成了反帝反封反官僚资本主义、推翻三座大山了呢？1948 年 4 月 1 日，毛泽东在晋绥干部会议上的讲话中提出："全党同志必须紧紧地掌握党的总路线，这就是新民主主义革命的路线。新民主主义的革命，不是任何别的革命，它只能是和必须是无产阶级领导的，人民大众的，反对帝国主义、封建主义和官僚资本主义的革命"，"无产阶级领导的，人民大众的，反对帝国主义、封建主义和官僚资本主义的革命，这就是中国的新民主主义的革命，这就是中国共产党在当前历史阶段的总路线和总政策"。[①]

为什么要把官僚资本主义增列为中国革命的对象呢？毛泽东在中共中央 1947 年 12 月 25 日至 28 日在陕北米脂县杨家沟召集的会议上所作报告《目前形势和我们的任务》中，给了答案。主要有如下两个原因：

第一，蒋介石统治集团在抗战胜利后已堕落为出卖国家民族利益、充当美帝国主义在华代理人的反革命势力。毛泽东指出，蒋介石所发动的内战，是一个在美帝国主义指挥之下的反对中国民族独立和中国人民解放的反革命战争。以蒋介石为首的中国反动派，和日本帝国主义的走狗汪精卫一模一样，充当美帝国主义的走狗，将中国出卖给美国，发动战争，反对中国人民，阻止中国人民解放事业的前进。因此，从蒋介石发动反革命战争的一天起，我们就说，我们不但必须打败蒋介石，而且能够打败他。[②]

第二，蒋、宋、孔、陈大家族垄断了国民经济的命脉，堕落为全国最大的垄断资本家集团。毛泽东指出，蒋、宋、孔、陈四大家族，已经集中了价值达一百万万至二百万万美元的巨大财产，垄断了全国的经济命脉。这个垄断资本，

[①] 毛泽东：《在晋绥干部会议上的讲话》，《毛泽东选集》第四卷，人民出版社 1991 年版，第 1313 页，第 1316—1317 页。

[②] 毛泽东：《目前我们的形势和任务》，《毛泽东选集》第四卷，人民出版社 1991 年版，第 1245 页。

和国家政权结合在一起，成为国家垄断资本主义。这个垄断资本主义，同外国帝国主义、本国地主阶级和旧式富农密切地结合着，成为买办的封建的国家垄断资本主义。这就是蒋介石反动政权的经济基础。这个国家垄断资本主义，不但压迫工人农民，而且压迫城市小资产阶级，损害中等资产阶级。这个国家垄断资本主义，在抗日战争期间和日本投降以后，达到了最高峰，它替新民主主义革命准备了充分的物质条件。这个资本，在中国的通俗名称，叫做官僚资本。这个资产阶级，叫做官僚资产阶级，即是中国的大资产阶级。①

不难看出，之所以把官僚资本主义增列为革命对象，是因为以蒋、宋、孔、陈为代表的大资产阶级随着抗日战争的结束，他们原来的抗战积极作用不复存在，完全成为美帝国主义在华利益的维护者和欺压包括民族资产阶级在内的中国人民的公敌，所以成为中国革命的对象。

（五）中国土地所有制变革问题

土地所有制不管是在中国革命时期，还是在建设和改革时期，都是中国共产党人必须面对的重大问题，但中国共产党人都出色地交出了优异的答卷。

1. 革命年代的土地所有制问题是围绕统一战线的扩大与巩固来展开的

中国革命的中心问题是夺取政权，建立工人阶级领导的、以工农联盟为基础的人民民主专政。革命的领导阶级是无产阶级，但由于中国是一个半殖民地半封建社会，无产阶级的人口数量在四亿总人口中不足一亿，毛泽东在《中国革命与中国共产党》中指出，中国无产阶级中，现代产业工人约有二百五十万至三百万人，城市小工业和手工业的雇佣劳动者和商店店员约有一千二百万人。而农民在全国总人口中大约占百分之八十；其中贫农，连同雇农在内，约占农村人口百分之七十；中农在中国农村人口中约占百分之二十；富农约占农村人口百分之五左右（连地主一起共约占农村人口百分之十）。显而易见，中国工人

---

① 毛泽东：《目前我们的形势和任务》，《毛泽东选集》第四卷，人民出版社 1991 年版，第 1253—1254 页。

阶级如果不与贫下中农结成革命联盟，是不可能战胜强大的帝国主义和封建主义势力的，是不可能完成资产阶级民主革命任务的。

因此，根据共产国际关于中国共产党必须领导工人阶级，建立与社会下层（贫下中农、城市小资产阶级）联合的统一战线的指示，党的二大通过的大会宣言就明确提出中共要"使工人和贫农与小资产阶级建立民主主义的联合战线"。八七会议后，中共中央就以斗争口号形式提出了没收与分配土地问题。1927 年11 月 28 日颁布了《中国共产党土地问题党纲草案》（以下简称《草案》），作为党的土地纲领草案。经过 1927 年年底至 1928 年年初的讨论，中共中央正式制定土地纲领《中央通告第 37 号——关于没收土地和建立苏维埃》（以下简称《通告》）。不管是《草案》，还是《通告》，它们解决土地所有制问题的办法，全都是照搬苏联，其要点有二：一是所有土地归国家所有，实行土地国有制；二是国家把土地分配给农民使用，农民对土地没有所有权，只有使用权。

毛泽东同志较早发现中央所照搬的苏联土地改革方案不符合中国国情。他制定的《井冈山土地法》没有完全执行《通告》，而是采取了一些灵活的政策。随着实践的发展，他逐渐走出了一条符合实际的土地革命道路。1929 年 4 月，毛泽东主持制定了江西兴国县《土地法》。根据中共六大决议，将井冈山土地法中规定的没收一切土地改为没收一切公共土地及地主阶级的土地。这是一个重大的原则性修改。同年 7 月，中共闽西第一次代表大会通过的《土地问题决议案》也规定自耕农的田地不没收，并提出"抽多补少"的原则。古田会议以后，红四军主力回师赣南，1930 年 2 月红四军前委在江西吉安召开地方和军队联席会议，并通过了一部《土地法》。次年 2 月，毛泽东按中共中央决定，指示各级政府发一布告，说明过去分好了的田（实行抽多补少，抽肥补瘦了的），即算分定；得田的人，即由他管所分得的田，这田由他私有，别人不得侵犯；租借买卖，由他自主；田中出产，除交土地税与政府外，均归农民所有。这样，又改变了《井冈山土地法》中关于土地所有权属于政府而不属于农民，农民只有使用权，禁止土地买卖的规定。经过实践中的反复摸索，终于形成了一套比较完备，符合中国农村实际情况的土地制度改革方案。①

抗日战争时期我党提出的减租减息政策也是出于扩大统一战线的需要。1926年7月，中国共产党在上海召开了党的四届三中全会，会上所作的《农民运动决议案》中就提出了"二五"减租等口号，中国共产党在土地革命时期、全国解放战争时期和新中国成立初期的土改运动中都曾利用过"二五"减租这个策略口号。抗日战争时期，由于中日民族矛盾上升为当时的主要矛盾，为团结一切阶级，包括地主阶级共同抗日，中国共产党提出减租减息政策。减租减息政策是中国共产党的抗日民族统一战线政策的重要组成部分。1942年1月28日，中共中央《关于各抗日根据地土地政策的决定》指出，承认农民是抗日与生产的基本力量，故党的政策是扶助农民，减轻地主的封建剥削，实行减租减息，保证农民的人权、参政权、地权、财权，借以改善农民的生活，提高农民抗日与生产的积极性；同时也承认地主的大多数是有抗日要求的，一部分开明绅士是赞成民主改革的，故党的政策仅仅是辅助农民减轻封建剥削，而不是消灭封建剥削。所以，实行减租减息之后，又必须实行交租交息，保障地主的人权、参政权、地权、财权，借以联合地主阶级一致抗日。承认资本主义生产方式是中国现时比较进步的生产方式，而资产阶级、特别是小资产阶级和民族资产阶级是中国比较进步的社会成分与政治力量；富农的生产方式是带有资本主义性质的富农，是农村中的资产阶级，是抗日与生产的不可缺少的力量，所以党的政策不是削弱资本主义与资产阶级，不是削弱富农阶级与富农生产，而是在适当地改善工人生活条件之下，同时奖励资本主义生产与联合资产阶级，奖励富农生产与联合富农。这些规定体现了抗日民族统一战线条件下民族斗争和阶级斗争的一致性。减租减息具有改良和革命双重性。它对封建土地制度只是

---

① 本书编写组：《中国共产党历史上的1000个为什么》（上），中共党史出版社2006年版，第121—124页。

进行初步改革，不剥夺地主对土地的所有权，对地主阶级的封建剥削只是加以限制和削弱，并不彻底消灭。对于农民的生活状况只是适当加以改善，而不是彻底使他们摆脱被压迫被剥削的境地。所以，减租减息具有不彻底的改良性质。通过减租减息，为将来深入进行土地革命做好了必要的准备。①

解放战争初期我党提出的解决土地问题的《五四指示》还是出于巩固统一战线的需要。从1945年8月抗战结束到1946年11月国民党召开所谓"国大"、关闭国共谈判大门的这一年多里，中国共产党实施了两手抓的策略，一是做好战争的准备，由减租减息到逐步实现"耕者有其田"，满足贫下中农对土地所有权的需求，为自卫战争作好必要的人力、财力保证；二是尽力争取和平，与国民党建立联合的民主政府，为此要继续努力巩固原在抗战时期结成的统一战线，争取中小地主、开明绅士、民族资产阶级、抗日人士等站在共产党的立场一边，形成新的统一战线。

1946年5月4日中共中央发布《关于土地问题的指示》（以下简称《五四指示》）就体现了这一精神。《五四指示》指出，在广大群众要求下，我党应坚决拥护群众从反奸、清算、减租、减息、退租、退息等斗争中，从地主手中获得土地，实现耕者有其田。解决土地问题的方式，一是没收分配大汉奸土地；二是减租之后，地主自愿出卖土地，而佃农则有优先权买得此种土地；三是由于在减租后保障了农民的佃权，地主乃自愿给农民七成或八成土地，求得抽四二成或三成土地自耕；四是在清算租息、清算霸占、清算负担及其他无理剥削中，地主出卖土地给农民来清偿负欠。《五四指示》指出，农民用上述各种方式取得土地，就基本上解决了农村土地问题。这对抗战时期的减租减息政策虽然有重要的改变，但并不是全部改变，因为并没有全部废止减租政策。这就是说，《五四指示》的基本精神虽然是要发动农民进行土地改革，普遍地变更土地

---

① 本书编写组：《中国共产党历史上的1000个为什么》（上），中共党史出版社2006年版，第367—368页。

关系，消灭农村中的封建剥削，解决土地问题，但是解决的方式除对大汉奸的土地直接没收分配外，一般并不像土地革命时期那样直接没收地主土地分配给农民，而是通过反奸、清算、减租、减息、退租、退息的方式，从地主手中获得土地。这就说明，《五四指示》所主张的是通过反奸、清算、减租、减息、退租、退息方式所进行的有限度的土地改革，是从抗战时期的减租减息政策向彻底的土地改革政策转变的一个过渡性政策，而不是直接没收地主阶级土地分配给农民的彻底的土地改革。《五四指示》的提出，标志着党的土地政策从抗日时期的削弱封建剥削向变革封建土地关系，废除封建剥削制度的过渡。

但当国民党关闭和谈大门、发动全面内战之后，争取贫下中农的支持成为最主要的迫切任务，因此，1947年9月13日中国共产党全国土地会议通过了《中国土地法大纲》，同年10月10日公布施行。规定废除封建剥削土地制度，实行耕者有其田。没收地主的土地财产，征收富农多余的土地财产；废除一切祠堂、庙宇、寺院、学校、机关团体的土地所有权和乡村在土地改革以前的一切债务；以乡或村为单位统一分配土地，数量上抽多补少，质量上抽肥补瘦，所有权归农户所有。山林、水利、芦苇地、果园、池塘、荒地等可分土地按标准分配；大森林、大水利工程、大矿山、大牧场、大荒地、湖泊归政府管理。土改前的土地契约、债约一律缴销；工商业者的财产及其他营业受法律保护，不受侵犯。本法公布前已平均分配的地区，农民不要求重分，可不重分。这个大纲在分配土地时，允许中农保有高于贫农的土地量，并分给地主同样的一份土地。既适应了农民的愿望，巩固了后方，又为中华人民共和国成立后进行的土地改革提供了经验。经过土改运动，大约在一亿六千万人口的地区消灭了封建剥削制度，一亿多农民分得了土地。土地改革的胜利，激发了农民革命和生产的积极性，促进了解放区生产的发展，也改善了他们的生活。广大农民普遍掀起了参军参战和支援前线的热潮，并且积极参加民兵、出民工，支援前线。解放区广大农民群众的大力支援，是人民解放战争迅速取得胜利的一个可靠保证。

1950 年 6 月 30 日，中央人民政府根据全国解放后的新情况，颁布了《中华人民共和国土地改革法》，它规定废除地主阶级封建剥削的土地所有制，实行农民的土地所有制。同年起，没收地主的土地，分给无地或少地的农民耕种，同时也分给地主应得的一份，让他们自己耕种，自食其力，借以解放农村生产力，发展农业生产，为新中国的工业化开辟道路。规定了没收、征收和分配土地的原则和办法。

总之，中国共产党在民主革命时期解决土地问题的目标是消灭封建剥削制度，具体策略是围绕统一战线、夺取政权的需要而逐步展开的。

2. 中国共产党在社会主义建设时期把农民土地私有制转化为集体所有制的农业合作化，是围绕农业先支持工业化，把农业国变成一个工业国的目标而展开的

1953 年 6 月，党中央提出了党在过渡时期的总路线，即：要在一个相当长的时期内，基本实现国家工业化和对农业、手工业、资本主义工商业的生产资料私有制的社会主义改造。过渡时期总路线的实质就是"一体两翼"和"一化三改"。实现工业化是总路线的主体，实现农业、手工业和资本主义工商业的社会主义改造是总路线的两翼，主体和两翼是不可分割的整体。毛泽东把解决农业落后工业这个突出矛盾，放到很高的战略地位来看待，认为无论是为满足工业化对商品粮和工业原料的需求，扩大工业化所需的国内销售市场，还是通过商品交换，主要从农业方面积累工业化和农业技术改造的资金，都必须尽快地实现农业合作化。

3. 中国共产党在社会主义改革开放时期实行的我国农村集体经济组织家庭承包经营为基础、统分结合的双层经营体制，是计划经济体制转变为市场经济体制的需求

计划经济体制曾经在新中国的历史上起过积极的作用，但改革开放后，党

和人民认识到了商品经济是人类社会不可逾越的阶段，因此，逐渐开始了向市场经济体制的转变。萌芽于 20 世纪 60 年代、流行于 70 年代末、90 年代载入我国宪法的农村家庭承包经营为基础、统分结合的双层经营体制，则是这一转变的"第一只报春的燕子"。

1982 年 1 月 1 日，中共中央批转《全国农村工作会议纪要》，指出农村实行的各种责任制，包括小段包工定额计酬，专业承包联产计酬，联产到劳，包产到户、到组，包干到户、到组，等等，都是社会主义集体经济的生产责任制；1983 年中央下发文件，指出联产承包制是在党的领导下中国农民的创造，是马克思主义农业合作化理论在中国实践中的新发展；1991 年 11 月，党的十三届八中全会通过《中共中央关于进一步加强农业和农村工作的决定》，提出把以家庭联产承包为主的责任制、统分结合的双层经营体制作为我国乡村集体经济组织的一项基本制度长期稳定下来，并不断充实完善。

家庭联产承包责任制解放了劳动力，为市场经济的发展提供了劳动力。包产到户、包干到户，打破了大锅饭，调动了农民的积极性，提高了劳动生产率，被土地束缚的农村剩余劳动力就解放出来了，这些剩余的劳动力可以自由劳动。这些剩余的劳动力为民营经济和三资企业的出现和发展提供了不可或缺的条件。因此从某种意义上说，家庭联产承包责任制的实行创造了经济发展过程中重要的投入要素——自由流动的劳动力，也为我国后来的市场化和工业化进程创造了劳动力。

家庭联产承包责任制提高了劳动生产率，节约了土地，促使资本和一部分土地等重要生产要素进入市场，这些要素根据稀缺性和要素价格自由流动，合理配置资源，为市场经济的发展提供了活力。

1980 年 5 月 31 日，邓小平同志在同胡乔木和邓力群的谈话中指出，实行包产到户的地方，经济的主体现在还是生产队。可以肯定，只要生产发展了，农村的社会分工和商品经济发展了，低水平的集体化就会发展到高水平的集体化。邓小平明确提出要"使农村的商品经济大大发展起来"。[①] 如果没有农村农业领域的农村家庭承包经营为基础、统分结合的双层经营体制，我国的市场经济体制不可能建立，市场经济不可能发展起来。

1993年3月29日第八届全国人民代表大会第一次会议通过宪法修正案，把家庭联产承包责任制作为农村集体经济组织的基本形式确定下来；还将社会主义市场经济确定为国家的基本经济体制，并对相关内容作了修改。

4. 探索农民共同富裕的制度保障

市场经济是一种能力经济，人的能力有大小，资源禀赋有差异，所以，市场经济的发展必然带来农村一部分地区和一部分农民先富起来，但中国共产党人的最终目标是要实现共同富裕。2004年9月，胡锦涛同志在党的十六届四中全会提出，在工业化初始阶段，农业支持工业、为工业提供积累是带有普遍性的趋向；但在工业化达到相当程度后，工业反哺农业、城市支持农村，实现工业与农业、城市与农村协调发展，也是带有普遍性的趋向。在2004年年底召开的中央经济工作会议上，胡锦涛同志明确提出：中国现在总体上已到了以工促农、以城带乡的发展阶段。党的十六届五中全会通过的《中共中央关于制定国民经济和社会发展第十一个五年规划的建议》明确提出，要"建立以工促农、以城带乡的长效机制"。"两个趋向"的科学判断，拉开了中国实现农民共同富裕的大幕。中共中央办公厅、国务院办公厅于2015年11月2日印发了《深化农村改革综合性实施方案》，方案指出，到2020年，农村各类所有制经济尤其是农村集体资产所有权、农户土地承包经营权和农民财产权的保护制度更加完善，新型农业经营体系、农业支持保护体系、农业社会化服务体系、农业科技创新体系、适合农业农村特点的农村金融体系更加健全，城乡经济社会发展一体化体制机制基本建立，农村社会治理体系和农村基层组织制度更加完善，农

[①] 中共中央文献研究室编：《邓小平年谱（一九七五——一九九七）》（上），中央文献出版社2004年版，第641—642页。

民民主权利得到更好保障，农业农村法律法规进一步完善并加强，农村基层法治水平进一步提高，农业现代化水平和农民生活水平进一步提升，农村经济社会发展更具活力。这实质上是进一步探索实现农民共同富裕的制度保障。

（六）建立社会主义市场经济体制

传统经济学理论，包括西方经济学理论和马克思经济学理论，都不认为社会主义能搞市场经济。西方经济学理论认为，商品交换和市场经济都是建立在私有制基础上的，社会主义国家只要坚持搞公有制，就不能搞市场经济。马克思、恩格斯曾设想，在消灭了资本主义私有制以后，未来社会将不存在商品货币关系。指出，一旦社会占有了生产资料，商品生产将被消除，而产品对生产者的统治也将随之消除。列宁则更加明确地指出，只要还存在着市场经济，只要还保持着货币权力和资本力量，世界上任何法律也无力消灭不平等和剥削，只有实行巨大的社会化的计划经济制度，同时把所有的土地、工厂、工具的所有权交给工人阶级，才能消灭一切剥削。正是在这些理论的指导下，在相当长的历史时期，社会主义国家都无一例外地建立和实行了计划经济体制。

中国共产党人较早地探索市场经济体制和社会主义制度的结合问题。1956年9月在党的八大会议上，党肯定了陈云同志提出的"三个主体，三个补充"思想，即：国家与集体经营、计划生产和国家市场是主体，一定范围内国家领导的个体经营、自由生产和自由市场作为补充。

1978年，以党的十一届三中全会召开为标志，我国走上了改革开放的道路，实施的改革方针政策实际上是以市场为取向。1979年11月，邓小平同志在会见外宾时指出："我们有些经济制度，特别是企业的管理、企业的组织这些方面，受苏联影响比较大。这些方面资本主义国家先进的经营方法、管理方法、发展科学的方法，我们社会主义应该继承。说市场经济只存在于资本主义社会，只有资本主义的市场经济，这肯定是不正确的。社会主义为什么不可以搞市场经济，这个不能说是资本主义。我们是计划经济为主，也结合市场经济，但这是社会主义的市场经济。"①

1982 年 9 月党的十二大报告提出有系统地进行经济体制改革的任务，并提出允许对部分产品的生产和流通不做计划，由市场来调节。虽然党的十二大报告的提法仍然是以计划经济为主，市场只是作为补充，但这是第一次在党的文件中提到"市场"，为下一步突破奠定了基础。

1984 年 10 月，党的十二届三中全会通过了《中共中央关于经济体制改革的决定》，要求尊重价值规律，并创造性地提出了"社会主义商品经济""有计划的商品经济"的概念，回答了长期困扰社会主义改革的理论问题，使经济体制改革向社会主义市场经济的方向迈出了重要的一步。

在与党的十二届三中全会同时召开的中共中央顾问委员会第三次全体会议上，邓小平同志高度评价了《中共中央关于经济体制改革的决定》。他说："我的印象是写出了一个政治经济学的初稿，是马克思主义基本原理和中国社会主义实践相结合的政治经济学……这次经济体制改革的文件好，就是解释了什么是社会主义，有些是我们老祖宗没有说过的话，有些新话。"②1985 年 10 月 23 日，邓小平同志在回答外国媒体提问时进一步指出："社会主义和市场经济之间不存在根本矛盾"，"只搞计划经济会束缚生产力的发展。把计划经济和市场经济结合起来，就更能解放生产力"。③

1987 年 10 月，党的十三大报告提出，必须以公有制为主体，大力发展有计划的商品经济。创造性地提出了商品经济的充分发展，是社会经济发展不可逾越的阶段，是实现生产社会化、现代化必不可少的基本条件的重大理论命题。

---

① 中共中央文献研究室编：《邓小平年谱（一九七五——一九九七）》（上），中央文献出版社 2004 年版，第 580—581 页。

② 邓小平：《在中央顾问委员会第三次会议上的讲话》，《邓小平文选》第三卷，人民出版社 1993 年版，第 83 页。

③ 中共中央文献研究室编：《邓小平年谱（一九七五——一九九七）》（下），中央文献出版社 2004 年版，第 1090—1091 页。

还指出了国家调节市场，市场引导企业。

1992 年年初，邓小平同志发表南方谈话。他说："计划多一点还是市场多一点，不是社会主义与资本主义的本质区别。计划经济不等于社会主义，资本主义也有计划；市场经济不等于资本主义，社会主义也有市场。计划和市场都是经济手段。社会主义的本质，是解放生产力，发展生产力，消灭剥削，消除两极分化，最终达到共同富裕。"[①] 在社会主义市场经济经过十几年的摸索成长即将瓜熟蒂落却又因种种原因面临极大风险、大多数人思想迷茫、国内外局势错综复杂的关键时刻，邓小平同志指明了发展社会主义市场经济的改革方向。

1992 年 10 月，党的十四大明确提出我国经济体制改革的目标是建立社会主义市场经济体制。1993 年 3 月 29 日第八届全国人民代表大会第一次会议通过宪法修正案，将社会主义市场经济确定为国家的基本经济体制，并对相关内容作了修改。

1993 年 11 月，党的十四届三中全会通过了《中共中央关于建立社会主义市场经济体制若干问题的决定》，进一步明确了社会主义市场经济体制改革的主要内容。

2013 年 11 月，党的十八届三中全会通过的《中共中央关于全面深化改革若干重大问题的决定》指出，"经济体制改革是全面深化改革的重点，核心问题是处理好政府和市场的关系，使市场在资源配置中起决定性作用和更好发挥政府作用"。在市场主体方面，《决定》提出积极发展混合所有制经济，推动国有企业完善现代企业制度；在尊重市场主体的平等地位方面，《决定》提出"国家保护各种所有制经济产权和合法利益，保证各种所有制经济依法平等使用生产要素、公开公平公正参与市场竞争、同等受到法律保护"；在尊重并发挥价值规律作用方面，《决定》要求进一步破除各种形式的行政垄断，"加快形成企业自主

---

① 邓小平：《在武昌、深圳、珠海、上海等地的谈话要点》，《邓小平文选》第三卷，人民出版社 1993 年版，第 373 页。

经营、公平竞争，消费者自由选择、自主消费，商品和要素自由流动、平等交换的现代市场体系，着力清除市场壁垒，提高资源配置效率和公平性"；在法治建设方面，《决定》提出建设法治政府和服务型政府，推进法治中国建设。

（七）社会主义基本经济制度 [①]

马克思关于未来社会的设想是在批判资本主义制度的基础上提出的，他指出社会主义具有三大特征：第一，生产资料全部由社会占有（公有）；第二，生产要素由社会中心统一调配（计划调节）；第三，消费品在共产主义低级阶段实行按劳分配，而进入共产主义高级阶段则实行按需分配。在理论逻辑上，以上三大特征以生产资料公有制为支点，彼此相互依存，是马克思为未来社会构造的科学制度体系。

苏联是世界上第一个社会主义国家。20 世纪 50 年代初，苏联科学院经济研究所编辑出版了《政治经济学教科书》，该教科书根据苏联的经济建设实践对社会主义经济模式作了概括，即"社会主义经济 = 公有制 + 计划经济 + 按劳分配"，这个概括被理论界称为"苏联模式"。

以毛泽东同志 1956 年撰写的《论十大关系》为标志，中国共产党人对包括所有制问题在内的苏联模式开始了批判性地思考，踏上了探索符合中国国情的社会主义建设道路。

1. 关于所有制结构的变革

我国的社会主义所有制改革是从农村土地集体所有制开始的。1978 年 3 月 5 日五届全国人大第一次会议通过的《宪法》第 7 条第 1 款规定，农村人民公社经济是社会主义劳动群众集体所有制经济，现在一般实行公社、生产大队、生产队三级所有，而以生产队为基本核算单位。生产大队在条件成熟的时候，可以向大队为基本核算单位过渡。这就表明，把土地分给以家庭为单位的农民

---

① 王东京：《社会主义基本经济制度是伟大创造》，《经济日报》2019 年 11 月 14 日；洪银兴：《社会主义基本经济制度的创新和优势》，《红旗文稿》2020 年第 1 期。

经营，是违反当时规定的。从 1958 年人民公社化以来，"包产到户"是常被质疑和批判的。1978 年 11 月 24 日晚上，安徽省凤阳县凤梨公社小岗村 18 位农民召开秘密会议，制定了一份不到百字的包干保证书。其中最主要的内容有三条：一是分田到户；二是不再伸手向国家要钱要粮；三是如果干部坐牢，社员保证把他们的小孩养活到 18 岁。1980 年 5 月 31 日，邓小平在一次谈话中公开肯定小岗村"大包干"的做法。1982 年 1 月 1 日，中国共产党历史上第一个关于农村工作的一号文件正式出台，明确指出包产到户、包干到户都是社会主义集体经济的生产责任制。此后，中国政府不断稳固和完善家庭联产承包责任制，鼓励农民发展多种经营，使广大农村地区迅速摘掉贫困落后的帽子，逐步走上富裕的道路，中国因此创造令世人瞩目的用 7% 的土地养活世界上 22% 人口的奇迹。

改革开放伊始，党和政府就颁布了一系列鼓励个体经济发展的文件。个体经济具有生产资料和劳动成果归个人所有、劳动者以自己的劳动为基础两个特征。1980 年 8 月，中共中央颁布《关于转发全国劳动就业会议文件的通知》，1982 年 12 月，五届全国人大第五次会议把发展和保护个体经济写入《宪法》。1987 年 8 月国务院发布《城乡个体工商户管理暂行条例》；1999 年 3 月通过的《中华人民共和国宪法修正案》，规定了"在法律规定范围内的个体经济、私营经济等非公有制经济，是社会主义市场经济的重要组成部分"（第 11 条）。把个体经济的地位提高到了新的高度。

1984 年 10 月召开的党的十二届三中全会之后，我们党开始对工商业领域的所有制进行改革，主要从两方面展开：一是国有企业实行所有权与经营权分离，推行承包制、股份制（公司制）、混合所有制改革，不断创新公有制实现形式；二是改革所有制结构，鼓励、支持、引导非公有制经济发展。

1988 年 4 月 12 日第七届全国人民代表大会第一次会议通过宪法修正案。一是在第 11 条增加规定"国家允许私营经济在法律规定的范围内存在和发展。

私营经济是社会主义公有制经济的补充。国家保护私营经济的合法权利和利益，对私营经济实行引导、监督和管理"。这就使得私营经济合法化了；二是删去第10条第4款中不得出租土地的规定，增加规定"土地的使用权可以依照法律的规定转让"。

1993年11月，党的十四届三中全会进一步指出，必须坚持以公有制为主体、多种经济成分共同发展的方针；党的十五大第一次明确提出，公有制为主体、多种所有制经济共同发展，是我国社会主义初级阶段的一项基本经济制度。

1999年3月15日第九届全国人民代表大会第二次会议通过宪法修正案，明确规定"国家在社会主义初级阶段，坚持公有制为主体、多种所有制经济共同发展的基本经济制度，坚持按劳分配为主体、多种分配方式并存的分配制度"。将国家对个体经济和私营经济的基本政策合并修改为"在法律规定范围内的个体经济、私营经济等非公有制经济，是社会主义市场经济的重要组成部分"。"国家保护个体经济、私营经济的合法的权利和利益。国家对个体经济、私营经济实行引导、监督和管理。"

社会主义基本经济制度极大地推动了生产力的发展。第一，多种所有制经济的存在促进了不同所有制之间的竞争。尤其是促使公有制经济在竞争中改革自身的体制、有进有退，完善公有制的实现形式，国有企业普遍亏损的现象得到了逆转。公有制经济的竞争力、创新力、控制力和抗风险能力得到大大增强。第二，公有制和非公有制分别在各自见长的领域发挥独特的制度优势。非公有制经济主要在竞争性领域，追求利润目标，公有制经济主要在公益性和自然垄断性领域，在公益性和公平性方面的目标更为明显。第三，混合所有制成为基本经济制度的基本实现形式，以公有制为主体多种所有制经济在同一个企业内共同发展。国有制企业可以在产权交易中吸引非国有资本进入做强做优做大。非国有资本可以参股控股国有企业。这就为各类企业增强活力提供了资本动力。

改革开放40多年来，我国经济发展能够创造中国奇迹，公有制经济和非公有制经济都作出了重大贡献。发展民营经济充分动员了民间资本，现在民营经济贡献了 50% 以上的税收，60% 以上的国内生产总值，70% 以上的技术创新成果，80% 以上的城镇劳动就业，90% 以上的企业数量。

2. 关于分配制度的变革

邓小平同志在 1985 年 10 月 23 日会见美国时代公司组织的美国高级企业家代表团时说，一部分地区、一部分人可以先富起来，带动和帮助其他地区、其他的人逐步达到共同富裕。邓小平 1986 年 3 月 28 日在会见新西兰总理朗伊时说，我们的政策是让一部分人、一部分地区先富起来，以带动和帮助落后的地区，先进地区帮助落后地区是一个义务。

1997 年党的十五大提出，把按劳分配和按生产要素分配结合起来；1999 年 3 月 15 日第九届全国人民代表大会第二次会议通过宪法修正案，明确规定"国家在社会主义初级阶段，坚持公有制为主体、多种所有制经济共同发展的基本经济制度，坚持按劳分配为主体、多种分配方式并存的分配制度"。

党的十六大提出，要确立劳动、资本、技术和管理等生产要素按贡献参与分配的原则。党的十八大以来，我们党多次强调要坚持"按劳分配为主体、多种分配方式并存"的分配制度。

党的十九届四中全会将按劳分配为主体、多种分配方式并存和社会主义市场经济体制上升为社会主义基本经济制度，是我们党的重大理论创新。这表明中国特色社会主义经济制度经过 40 多年改革实践的检验已经基本定型。

实践证明，按劳分配为主体、多种分配方式并存的制度明显地具有四大优势：一是在劳动还是谋生手段条件下，坚持多劳多得、少劳少得，不劳动者不得食，提高了劳动效率。二是在各种生产要素属于不同所有者的条件下，生产要素参与收入分配可充分动员和激励属于不同要素所有者的要素投入，让一切创造社会财富的源泉充分涌流。三是要素报酬不只是取决于各种要素的投入，还取决于要素的贡献，以及各种要素市场的供求，党的十九届四中全会又进一步明确由市场评价各种要素的贡献，按贡献决定要素报酬。这种分配机制既促进了企业对要素的有效组合，提高了全要素生产率，又促进了贡献大的优质要素的供给，尤其是明确知识、技术和数据的贡献及相应的报酬推动了创新及创新成果的应用。基于这种分配制度，一切创造财富的劳动、知识、技术、管理、资本和数据的活力竞相迸发，充分释放了发展经济的潜力。四是随着生产力水平的提高，在要素报酬的分配结构中逐渐增加一线劳动者劳动收入，按劳分配就成为逐步实现共同富裕的制度保证。在初次分配阶段就要处理好公平和效率的关系，提高劳动报酬在初次分配中的比重。为此需要建立企业职工工资正常增长机制和支付保障机制，实现劳动报酬和劳动生产率的提高同步增长。在再分配阶段更要讲公平，健全税收、社会保障和转移支付等再分配机制以防止收入差距的进一步扩大。

3. 社会主义市场经济体制

邓小平同志是推动我国建立社会主义市场经济体制的总设计师。1962 年 7 月，邓小平同志在接见出席中国共青团三届七中全会全体同志时指出："生产关系究竟以什么形式为最好，恐怕要采取这样一种态度，就是哪种形式在哪个地方能够比较容易比较快地恢复和发展农业生产，就采取哪种形式；群众愿意采取哪种形式，就应该采取哪种形式……在生产关系上不能完全采取一种固定不变的形式，看用哪种形式能够调动群众的积极性就采用哪种形式。"[①]1979 年 11 月，邓小平同志在会见外宾时指出，说市场经济只存在于资本主义社会，只有资本主义的市场经济，这肯定是不正确的。社会主义为什么不可以搞市场经济，这个不能说是资本主义。我们是计划经济为主，也结合市场经济，但这是社会主义的市场经济。1992 年邓小平在南方谈话中指出，计划多一点还是市场多一点，不是社会主义与资本主义的本质区别。计划经济不等于社会主义，资本主

---

① 《怎样恢复农业生产》，《邓小平文选》第一卷，人民出版社 1993 年版，第 323 页。

义也有计划；市场经济不等于资本主义，社会主义也有市场。计划和市场都是经济手段。

1992 年召开的党的十四大明确提出，我国经济体制改革的目标是建立社会主义市场经济体制。1999 年 3 月 15 日第九届全国人民代表大会第二次会议通过宪法修正案，明确将"发展社会主义市场经济"写进宪法；将国家对个体经济和私营经济的基本政策合并修改为"在法律规定范围内的个体经济、私营经济等非公有制经济，是社会主义市场经济的重要组成部分"。

进入新时代以来，我国社会主义市场经济体制不断得以完善。党的十八届三中全会通过的《中共中央关于全面深化改革若干重大问题的决定》明确提出，使市场在资源配置中起决定性作用和更好发挥政府作用。

社会主义市场经济体制，是社会主义制度同市场经济的有机结合。有机结合的方式就是在市场对资源配置起决定性作用时更好发挥政府作用。其制度优势不只是一般市场经济理论所讲的在克服两极分化、外部性和宏观失衡等方面的市场失灵，还体现社会主义的制度要求，显示社会主义优越性。一是具有集中力量办大事的能力，国家的重大基础设施项目、跨地区建设项目可以在制度上举全国之力得以完成。二是虽然我国发展市场经济起步晚，但依靠社会主义的制度优势建设市场，市场经济水平会更高，包括建设高标准的完善的市场体系、完善的公平竞争制度，规范的竞争秩序，以公平为原则的产权保护制度。三是社会主义市场经济要求宏观调控有度，基于有度的宏观调控，宏观调控的着力点在科学的宏观调控方式，能够有效调控市场，防范系统性金融风险。

党的十九届四中全会明确指出公有制为主体、多种所有制经济共同发展，按劳分配为主体、多种分配方式并存的分配制度，以及社会主义市场经济体制这三方面的制度共同构成我国的基本经济制度，它既有解放和发展社会生产力的制度优势，又彰显社会主义优越性的制度优势，必将成为我国建设社会主义现代化强国的制度保证。

（八）中国人权保障事业的进步

早在 1922 年，按照党的二大精神，党在北京、广州、上海、山东和江西等地成立了"争取人权同盟"，京汉铁路大罢工中，针对军阀吴佩孚的血腥镇压，响亮地提出了"为自由而战，为人权而战"的口号。1935 年 8 月 1 日，红军在长征途中，中共驻共产国际代表团根据共产国际第七次代表会议上有关在各国建立反法西斯统一战线的精神要求，起草了《为抗日救国告全体同胞书》即"八一宣言"。宣言明确提出了"为人权自由而战"的口号。制定专门保障人权的法律，是抗日战争时期中国共产党的一项重大决策，是各个抗日民主根据地法制建设的一条重要历史经验。在抗战中期各施政纲领确保人权的原则指导下，几乎所有根据地都制定了保障人权条例。如 1940 年 11 月《山东省人权保障条例》，1941 年 11 月《冀鲁豫边区保障人民权利暂行条例》，1942 年 2 月《陕甘宁边区保障人权财权条例》，1942 年 11 月《晋西北保障人权条例》，1943 年《渤海区人权保障条例执行规则》。这些人权条例的公布和执行，在我国人民民主法制史上揭开了用法律保障人权的新篇章。各抗日民主政权的保障人权条例主要包括两方面的内容，一是规定了人权的法律概念，二是规定了保障人权的重要措施。

新中国成立后，各个方面的人权保障事业得到了长足的发展。自 1991 年以来，国务院新闻办定期就人权状况发表白皮书。通过大量数据和事实，全面介绍中国在促进与保障公民各项基本人权方面作出的努力和取得的成就，以增进国际社会对中国人权状况的了解。人权白皮书直观具体地总结了当代中国的人权状况，叙述了中国人权事业发展的基本进程，以及在人权领域取得的主要成就，成为记录中国人权事业发展的重要编年史资料。

2019 年发布的《为人民谋幸福：新中国人权事业发展 70 年》白皮书指出，70 年前，在中国共产党的领导下，中国人民实现了翻身解放和当家作主。新中国成立 70 年，是中华民族迎来从站起来、富起来到强起来的 70 年；新中国成立 70 年，是中国人民各项基本权利日益得到尊重和保障的 70 年；新中国成立 70 年，是中国不断为世界人权事业发展作出贡献的 70 年。自 1949 年以来，新中国人权事业发展大体经历了三个时期。第一个时期：1949 年新中国成立，确立了社会主义基本制度，完成了中国历史上最为广泛而深刻的社会变革，为中国人权事业发展奠定了根本政治前提和制度基础。第二个时期：1978 年实行改革开放，成功开辟了中国特色社会主义道路，极大地解放和发展了社会生产力，人民生存权、发展权和各项基本权利不断得到更好保障，中国人权事业得到大发展。第三个时期：2012 年中共十八大召开，中国特色社会主义进入新时代，在习近平新时代中国特色社会主义思想指引下，坚持以人民为中心的发展思想，大力保障和改善民生，加强人权法治保障，中国人权事业得到全面发展。

在中国各项人权事业所取得的成就中，最令人称颂的是消除中国的绝对贫困人口。2021 年 2 月 25 日，习近平总书记庄严宣告：我国脱贫攻坚战取得了全面胜利，现行标准下 9899 万农村贫困人口全部脱贫，832 个贫困县全部摘帽，12.8 万个贫困村全部出列，区域性整体贫困得到解决，完成了消除绝对贫困的艰巨任务。这是人类减贫史上的壮举，是将"生存权和发展权作为首要的基本人权"的中国特色人权观的最生动诠释，更是世界人权史上的发展奇迹。

在整个脱贫攻坚进程中，始终坚持中国共产党的领导，充分发挥各级党委总揽全局、协调各方的领导作用，实施"中央统筹、省负总责、市县抓落实"的管理体制，严格执行脱贫攻坚一把手负责制，中西部 22 个省份党政主要负责同志向中央签署脱贫攻坚责任书、立下"军令状"。以强大的政治保障和科学有效的治理体系为基础，以精准扶贫精准脱贫为基本方略，依托于"六个精准""五个一批"，中国最终如期完成了艰巨的脱贫攻坚任务。

脱贫攻坚的全面胜利有力助推了世界人权事业的发展进程。中国提前 10 年实现联合国 2030 年可持续发展议程的减贫目标，并作为国际减贫事业的重要组成部分，直接加速了国际减贫进程和 2030 年可持续发展议程目标的实现。中国脱贫攻坚的全面胜利证明了中国减贫方案的有效性，表明减贫模式和人权发展道路选择的内生性本质，从而为广大发展中国家推进减贫事业提供了新样本、新经验，丰富了人权理念、人权文化和人权发展路径。[①]

三、中国共产党关于法治思考与实践的基本结论

（一）必须把中国共产党建设成为一个永葆先进性和纯洁性，不断提高执政能力和领导水平，不断增强抵御风险和拒腐防变能力的马克思主义政党

办好中国的事情，关键在党。中国特色社会主义最本质的特征是中国共产党领导，中国特色社会主义制度的最大优势是中国共产党领导。坚持和完善党的领导，是党和国家的根本所在、命脉所在，是全国各族人民的利益所在、幸福所在。

1. 坚持党的全心全意为人民服务的宗旨

人民立场是中国共产党的根本政治立场，是马克思主义政党区别于其他政党的显著标志。我们要坚信党的根基在人民、党的力量在人民，坚持一切为了人民、一切依靠人民，充分发挥广大人民群众积极性、主动性、创造性，不断把为人民造福事业推向前进。

如何坚持党的全心全意为人民服务的宗旨？

第一，通过人民民主的制度化、法律化，支持人民当家作主，把党的主张与人民意志相统一。正如邓小平所强调的那样，为了保障人民民主，必须加强法制，必须使民主制度化、法律化，使这种制度和法律不因领导人的改变而改变，不因领导人的看法和注意力的改变而改变。

第二，既不做人民群众的命令主义者，也不做落后群众的尾巴主义者，坚持顺应人民正确要求和改造群众落后思想的有机统一。

---

① 郑若瀚：《脱贫攻坚：中国人权事业发展的伟大实践》，《人民日报》2021 年 4 月 1 日第 11 版。

中国共产党是中国工人阶级和中华民族的先锋队，既然是先锋队，那就一方面不能脱离人民群众，变成一群孤独无援的人，另一方面也不能落后于人民群众的思想，成为人民群众中落后意识的代表，先锋队变成了落后队。

第三，当党的具体主张与人民的要求不一致时，或暂时搁置，进一步研究；或吸纳人民群众的合理意见；或做一下群众的思想工作，使其理解和赞成党的主张。

2. 坚持党的民主集中制这一根本组织原则

民主集中制就是我们党的根本组织原则，又是宪法所规定的国家机构的组织原则和活动方式，坚持好党内民主集中制是落实好国家政治生活中的民主集中制原则的基础。我们党从一开始就是按照民主集中制原则建立起来的。在长期的革命、建设和改革实践中，党坚持不懈地丰富发展民主集中制的理论和实践，依靠和通过民主集中制，集中全党的智慧力量，不断从胜利走向胜利。党的历史反复证明：什么时候民主集中制坚持得好，党就风清气正、充满生机活力，党的事业就蓬勃发展；什么时候民主集中制受到破坏，党内矛盾和问题就会滋生蔓延，党的风气就会受到损害，党的事业就会遭遇挫折。习近平同志指出，坚持民主集中制是保证党的创造力、凝聚力、战斗力，保证党的团结统一的重要法宝，要严格执行党章关于民主集中制的各项规定。① 坚持民主集中制基础上的民主，可以防止专制主义；坚持民主集中制基础上的集中，则可以防止无政府主义。

3. 坚持马克思主义的中国化、时代化、大众化，不断进行理论创新，用先进的理论指引人民行动

马克思主义只有植根于中国的土壤，不断推进马克思主义中国化，才能焕发出强大的生命力。十月革命一声炮响，给我们送来了马克思列宁主义。中国共产党自成立之日起，就把马克思主义写在自己的旗帜上，坚持把马克思主义

---

① 仲祖文：《坚持民主集中制》，《求是》2015 年第 19 期。

基本原理与中国具体实际和时代特征相结合，创造性地把马克思主义运用于中国革命、建设和改革实践，不断推进马克思主义中国化。马克思主义中国化的第一个成果——毛泽东思想，使我们摆脱了全盘苏化的影响，使中国人民站了起来；在建设和改革年代，邓小平理论、"三个代表"重要思想、科学发展观和习近平新时代中国特色社会主义思想，一次次推进马克思主义的中国化，使中国人民从站起来到富起来和强起来。

只有人民才是创造世界的真正动力。马克思主义只有被广大人民群众所掌握，不断推进马克思主义大众化，才能产生出无穷的力量。理论只有为群众所掌握，才能变成物质力量，才能发挥改变世界的作用。推进马克思主义大众化不仅是马克思主义的理论品格和本质要求，而且是我们党带领人民推进中国特色社会主义伟大事业的内在需要。

4. 坚持科学执政、民主执政和依法执政的统一

科学执政要求尊重少数人的意见，因为真理往往一开始掌握在少数人手里；民主执政要求我们要把少数人开始掌握的真理通过宣传、交流，转变为多数人的共识；依法执政要求我们把多数人的民主共识法律化，做到不因领导人的改变而改变，不因领导人的态度和方法的改变而改变。

（二）既不全盘西化，也不全盘苏化，走中国特色社会主义法治道路

习近平同志在《求是》杂志 2019 年第 7 期发表的《关于坚持和发展中国特色社会主义的几个问题》一文中指出，过去不能搞全盘苏化，现在也不能搞全盘西化或者其他什么化。笔者认为这不仅是对中国共产党民主法律思想的深刻思考，更是对未来坚持全面依法治国正确方向的一种深刻阐释和宣示。

在党的历史上，陈独秀右倾机会主义和此后瞿秋白、李立三的"左"倾错误，特别是王明的"左"右倾错误都与盲目信奉苏联模式，把共产国际及其代表、斯大林的话神圣化有关；而最后指引中国革命取得胜利的毛泽东思想则是思想解放、实事求是，不全盘苏化，坚持马克思主义中国化的产物。新中国成立

后的头七年，我们照搬了苏联模式，出现了很多问题，从毛泽东同志发表《论十大关系》，到最后邓小平创立中国特色社会主义理论、开辟中国特色社会主义道路，彻底摆脱全盘苏化，中国的社会主义事业才欣欣向荣、蒸蒸日上。

中国的经济进步难以和它的政治制度相分割。中国以民主集中制为核心，由人民代表大会制度、中共领导的多党合作与政治协商制度、民族区域制度、基层群众自治制度、一国两制等构成的政治制度对中国的经济进步发挥了巨大的推动作用，这是采行以分权制衡制为核心，由多党竞争制、议会内阁制、三权分立等构成的西方政治体制难以取得的成效。

历史已得出这样的结论：人类民主法治现代化道路多种多样，每条道路都需要一个长期的过程，西方民主法治不是放之四海而皆准的唯一模式。

中国必须走中国特色社会主义法治道路。中国特色社会主义法治道路本质上是中国特色社会主义道路在法治领域的具体体现。中国特色社会主义法治道路的核心要义有三：一是坚持党的领导；二是坚持中国特色社会主义制度；三是贯彻中国特色社会主义法治理论。这三个方面，规定和确保了中国法治建设的内在属性和前进方向。

（三）坚持党的领导、人民当家作主和依法治国的有机统一

党的领导、人民当家作主与依法治国有着不可分割的逻辑统一关系。党的领导意味着国家的统一、民族的团结和社会的稳定，这是人民当家作主、依法治国的前提条件和根本保证；人民当家作主是党执政的宗旨，是检验党是否做到处处时时代表人民的一种程序制度。而人民当家作主通过坚持党的领导避免了人民利益的碎片化，因为党整合了人民内部不同利益群体的利益最大公约数；依法治国和依规治党相结合、执纪和执法相贯通是党长期执政的制度保证。党的领导、人民当家作主是依法治国实现良法善治的基础。一句话，党通过支持人民当家作主，实现了人类历史上第一次多数人对极少数人的统治；党领导人民当家作主通过依法治国防止了无政府主义的产生，实现了良法善治。

第一章　以毛泽东同志为主要代表的中国共产党人的法制思想与实践（上）

——新民主主义法制思想的形成和发展

新民主主义法制思想是中国共产党在新民主主义革命和建设时期的法制思想。中国新民主主义革命时期始于 1919 年五四运动，结束于新中国成立。从法治的角度而言，这一时期主要解决的问题是如何以既不同于西方资本主义、又不同于苏联社会主义的新民主主义法制，代替近代半封建半殖民地社会的法制。

第一节　党在大革命时期"外争主权、内争权利"的思想与实践

鸦片战争一声炮响，把中国由一个独立的封建国家变成了一个半殖民地半封建国家。"半殖民地"表现为中国在对外关系中虽然仍保持着独立国家的形式，但实际上已被纳入不平等条约体系，国家的主权遭到严重破坏，辛亥革命前的清朝政府沦为"洋人的朝廷"，辛亥革命后，大大小小的军阀实际上成为帝国主义侵略者的代理人。"半封建"表现为虽然中国的资本主义有所发展，但封建剥削制度不但依旧保持着，而且同买办资本主义和高利贷资本的剥削结合在一起，

在社会经济生活中占据明显优势。外国资本—帝国主义和本国封建主义的联合压迫，严重地阻碍着中国的社会发展，成为民族灾难和人民痛苦的根源。

为了救亡图存，中华民族面临两大历史任务：一是求得民族独立和人民解放；二是实现国家繁荣富强和人民富裕。前者要求国人高举起反帝的旗帜，废除帝国主义国家与清朝政府签订的一系列不平等条约，争取国家主权和领土完整，完成民族解放的任务；后者要求国人高举起反封建反官僚资本主义的旗帜，争取政治、经济、文化、社会等各方面的权利，完成民主革命的任务。

任何一种法律理论的背后都有政治因素的制约。中国共产党从一大到六届七中全会期间，逐步形成了外争国家主权，内争人民权利，尤其是贫苦农民土地所有权的法律思想框架，外争国家主权是反帝的需要，内争人民权利，尤其是让贫苦农民获得土地所有权是反封建反官僚资本主义的需要。

一、党的一大确立了依章建党和依规治党的思想

（一）依章建党：《中国共产党第一个纲领》的产生

中国共产党第一次全国代表大会于 1921 年 7 月 23 日至 31 日在上海法租界和浙江嘉兴南湖召开。大会的中心议题是正式建立中国共产党。大会讨论并通过了党的根本大法——《中国共产党第一个纲领》，计有十四条，它是党的第一个正式文献，也奠定了我党依规治党的基础。[①] 其主要内容如下：

1. 中国共产党的纲领如下：（1）以无产阶级革命军队推翻资产阶级，由劳动阶级重建国家，直至消灭阶级差别。（2）采用无产阶级专政，以达到阶级斗争的目的——消灭阶级。（3）废除资本私有制，没收一切生产资料，如机器、土地、厂房、半成品等，归社会所有。（4）联合第三国际。

2. 中国共产党采取苏维埃的形式，把工农劳动者和士兵组织起来，宣传共

---

① 中共中央党史研究室：《中国共产党历史》第一卷（1921—1949）上册，中共党史出版社 2011 年版，第 68—69 页。

产主义，承认社会革命为我党的首要政策。

3. 凡接受我党的纲领和政策，愿意忠于党，不分性别、国籍，经过一名党员介绍，均可成为我们的同志；但在加入我党之前，必须断绝同反对我党纲领之任何党派的关系。

4. 党的地方委员会的财政、出版和政策都应受中央执行委员会的监督和指导。

5. 除为现行法律所迫或征得党的同意外，任何党员不得担任政府官员或国会议员，但士兵、警察、文职雇员不受此限。

6. 党的纲领需经全国代表大会三分之二的代表通过修正案时方可修改。

党章是党的根本大法。《中国共产党第一个纲领》兼有党纲和党章的内容表明我们党自成立之日起，就有着严格的政治纪律、组织纪律。这一纲领表明，此时中国共产党的法律思想是一种无产阶级革命的法律思想，奋斗目标是建立像苏联那样的社会主义政治、经济、文化制度，特别是要建立人民代表大会制度（苏维埃，俄语意即"代表会议"或"委员会"，其实就是人民代表大会制度）。中国共产党是一个立志实现社会主义、共产主义的马克思主义政党，但马克思主义产生于发达资本主义社会，是对整个人类历史发展规律的总结。在中国这样一个半殖民地半封建社会的东方大国，如何把马克思主义的基本原理同中国革命的具体实践正确地结合起来，搞清楚民主革命与社会主义革命的区别和联系，制定出符合国情的民主革命法治理论，这需要一个探索过程。因此，党的一大纲领还未触及中国所面临的实际问题。

（二）依规治党：中国共产党的第一个决议的产生

党的一大通过了《关于当前实际工作的决议》（中国共产党的第一个决议），主要内容如下：

1. 工会工作必须坚持党的领导。党主要通过成立工会、利用工会开展工作。

2. 宣传工作必须遵守党的纪律。党出版的刊物和发表的文章应该遵守党的方针和决定。任何出版物，无论是中央的或地方的，均不得刊登违背党的原则、政策和决议的文章。

3. 党要创办工人学校，加强对工人的政治培训，提高工人的觉悟，使他们认识到成立工会的必要。

4. 党要成立专门研究政治、形势、马列理论、工人运动等内容的机构，加强党的理论研究。研究的成果应定期发表。应特别注意中国工人运动问题。

5. 中国共产党对现有其他政党，应采取独立的进取的政策。只维护无产阶级的利益，不同其他党派建立任何关系。

6. 党中央委员会应每月向第三国际报告工作。

这一决议强调了宣传工作有纪律，强调了工会工作必须坚持党的领导，强调了必须加强对工人的政治培训，这些纪律要求对后来党的建设都产生了重要影响。当然，党毕竟刚刚成立，政治经验还是有限的。上述决议尚存在一定的不足，主要表现为没有统一战线的思想，如规定"不同其他党派建立任何关系"。

党的一大通过的上述文件，表明中国共产党自从成立之日起，就是建立在一个清晰的章程基础上、有着严明纪律的无产阶级政党，依章建党、依规治党是它的鲜明标志，它完全不同于中国其他缺乏统一信仰、严明纪律的政党。"中国产生了共产党，这是开天辟地的大事变。"①

二、党的二大前后创立了近代第一个外争主权、内争权利的法律思想体系

（一）《中国共产党对于时局的主张》提出了反帝反封的纲领

过去曾有人说，党的二大提出了反帝反封的纲领。其实，二大之前的1922年6月15日，中国共产党中央执行委员会就在《中国共产党对于时局的主张》

---

① 《毛泽东选集》第四卷，人民出版社1991年版，第1514页。

中提出了这一纲领。[①] 该文件主要内容如下：

中国共产党是无产阶级的前锋军，为无产阶级奋斗、为无产阶级革命的党。但是在无产阶级未能获得政权以前，以中国政治经济的现状，以历史进化的过程，无产阶级在目前最切要的工作，还应该联络民主派共同对封建式的军阀革命，以达到军阀覆灭能够建设民主政治为止。我们目前奋斗的目标，并非单指财政公开、澄清选举等行政问题，乃以下列各项为准则：

1. 改正协定关税制，取消列强在华各种治外特权。清偿铁路借款，完全收回管理权。

2. 肃清军阀，没收军阀官僚的财产，将他们的田地分给贫苦农民。

3. 采用无限制的普通选举制。

4. 保障人民结社、集会、言论、出版自由权，废止治安警察条例及压迫罢工的刑律。

5. 承认妇女在法律上与男子有同等的权利，制定保护童工女工的法律及一般工厂卫生工人保险法。

6. 改良司法制度。废止死刑，实行废止肉刑。

这份文件强调，上述要求绝不是在军阀势力之下可以用妥协的方法请求得来的；中国共产党的方法是要邀请国民党等革命的民主派及革命的社会主义各团体开一个联席会议，在上列原则的基础上，共同建立一个民主主义的联合战线，向军阀继续战争；因为这种联合战争，是解放我们中国人民受列强和军阀两重压迫的战争，是中国目前必要的不可避免的战争。

这份文件中的第1、2条属于反帝反封条款，第3、4、11条属于保障人民政治权利条款，第5、6、7、8、10条属于保障民生条款，第9条属于刑法主张。这就构建了党的外争人民主权、内争人民权利的法律思想框架。

---

① 张希坡编著：《革命根据地法律文献选辑》（第一辑），中国人民大学出版社2017年版，第3—4页。

（二）《中国共产党第二次全国代表大会宣言》初步形成了外争主权、内争权利的法律思想体系

1922 年 7 月 16 日至 23 日，党的二大通过的大会宣言提出，中国共产党是中国无产阶级政党。它的目的是要组织无产阶级，用阶级斗争的手段，建立劳农专政的政治，铲除私有财产制度。渐次达到一个共产主义的社会。中国共产党为工人和贫农的目前利益计，引导工人们帮助民主主义的革命运动，使工人和贫农与小资产阶级建立民主主义的联合战线。

这份宣言和前述中国共产党中央执行委员会《中国共产党对于时局的主张》初步形成了中国共产党人外争国家主权、内争人民权利的法律思想框架，其中团结小资产阶级、民族资产阶级的统一战线主张，重视解放妇女、男女平等主张，等等，都极具中国民主革命特色。当然，不足之处是还带有全盘苏化痕迹。

（三）党的二大首次提出了统一战线的思想

党的二大通过了《关于"民主的联合战线"的议决案》，对建立统一战线的必要性和如何建立统一战线，首次作了阐述。

关于建立统一战线的必要性，决议案指出，人类的发展历史表明，无产阶级有必要联合资产阶级共同消灭封建势力。中国无产阶级在半殖民地半封建社会更有必要联合资产阶级消灭封建军阀。但这只是联合与援助，决不是投降附属与合并，因为民主派不是代表无产阶级为无产阶级利益而奋斗的政党。

决议案强调，我们认定民主的革命固然是资产阶级的利益，而于无产阶级也是有利益的。因此我们共产党应该出来联合全国革新党派，组织民主的联合战线，以扫清封建军阀推翻帝国主义的压迫，建设真正民主政治的独立国家为职志。我们应该号召全国工人、农民在本党旗帜之下去加入此种战争。我们须告诉他们：此种战争虽不能完全解除工人、农民的痛苦，但却是使工人、农民到达权力之路的第一步。同时又须告诉他们：无产阶级加入此种战争，不是为了资产阶级民主派的利益，乃是为了无产阶级自己眼前所必须的自由而加入此

种战争，所以无产阶级在战争中不可忘了自己阶级的独立组织。

（四）共产党员到北洋政府国会任职须严格遵守党的纪律

党的二大通过的《关于议会行动的决案》按照第三国际第二次大会所通过的原则，对中共党员参加当时的北洋政府国会主要作了如下规定：

1. 国会候选人名单，由中央执行委员会提出；省会、市会、县会候选人名单，由区及地方执行委员会协同提出，经中央执行委员会批准；中央执行委员会认为所提全体或一、二人不能胜任时，令区及地方执行委员会改提。

2. 候选人资格决不限于什么"学识"和"经验"，应尽情提出本党中最勇敢最有革命精神的劳动者。

3. 本党国会议员，绝对受中央执行委员会的监督和指挥；省会、市会、县会议员绝对受中央执行委员会特派员和区及地方执行委员会监督和指挥；一切重大政治问题，由中央执行委员会授以方略。本党议员之个人及团体（共产党议会团体）绝对不得自主。国会议员各项的演说稿，须预先交由中央执行委员会审定；省会、市会、县会议员各项的演说稿，须预先交中央特派员和区及地方执行委员会审正。

4. 本党一切议员须利用议员不可侵犯的身份权，参与议会外一切群众运动和违法的组织。每次示威运动发生，本党议员必为示威行列的领袖，跑在群众的前面。

5. 本党议员必须常常保持与群众的直接接触，每年必须到选举他的区域往返几次，召集选民开种种会议，演说政治、经济、国际等情形及访察群众的新要求。他们在议会中的演说稿，必须用一切工人、农人、妇孺都能懂解能动听的文字，常常汇印成小册子，散布于城市与乡村。

6. 本党议员不受中央执行委员会监督或违犯中央执行委员会方针时，立即撤销其委员资格，并开除出党。

中国共产党出于开展统一战线工作的需要，同意自己的党员进入北洋政府国会，但必须严格服从党的命令。这份决定应是我党首份指导、约束党员议员的纪律规则，表明我们党一开始就注重依规治党。

与党的一大纲领不同的是，二大纲领不再提"消灭资本家私有制""推翻资本家阶级的政权"等涉及资产阶级的内容，而把革命的目标集中在了反帝、反封建两项，并且提出了与国民党等资产阶级政党、团体、人士结成统一战线的主张。

中国共产党人构建的外争主权、内争权利的法律思想体系，在中国近代史上是首创。在 1924 年以前，孙中山先生没有明确地提出反对帝国主义的主张。孙中山先生是 1923 年在共产国际帮助下才接受反帝反封民主革命纲领的。11 月 28 日，在有"孙逸仙博士代表团"全体成员参加的共产国际执行委员会会议上通过了修改后的《关于中国民族解放运动和国民党问题的决议》。在决议的第 3、4、5 条中，共产国际执委会主席团对如何解释中国革命发展新阶段的三民主义，阐述了自己的观点。共产国际执委会主席团认为，"民族主义的含义是，既要消灭外国帝国主义的压迫，也要消灭本国军阀制度的压迫"。到了 1924 年 1 月，孙中山主持起草并为国民党第一次全国代表大会所通过的《中国国民党第一次全国代表大会宣言》，基本接受了共产国际关于民族主义的新解释。

《中国国民党第一次全国代表大会宣言》通过之后，孙中山在大会上作了《对于中国国民党宣言旨趣之说明》的发言，他说："此次我们通过宣言，就是从新担负革命的责任，就是计划彻底的革命。终要把军阀来推倒，把受压的人民完全来解放，这是关于对内的责任。至对外的责任，有要反抗帝国侵略主义，将世界受帝国主义所压迫的人民来联络一致，共同动作，互相扶助，将全世界受压迫的人民都来解放。我们有此宣言，决不能又蹈从前之覆辙，做到中间又来妥协。以后应当把妥协调和的手段一改打消，并且要知道，妥协是我们做彻底革命的大错。所以今天通过宣言之后，必须大家努力前进，有始有终，来做彻底成功的革命！"[1]

中国共产党是 1922 年提出反帝反封建的民主革命纲领，孙中山先生及其国民党则是 1924 年 1 月才提出反帝反军阀主张的，而且，孙中山及其国民党在共产国际和中国共产党人的帮助下才鼓起反帝之勇气、坚定反帝之立场的。因此，中国共产党外争主权、内争权利的法律思想体系是中国近代史上的首创。

三、党的三大首次提出较为全面的政治、经济、文化、社会等权利主张

（一）中共党员加入国民党后必须保持政治和组织上的独立性

1923 年 1 月 12 日共产国际执委会作出决议，提出中国唯一重大的民族革命集团是国民党，因而国共合作是必要的，中共党员留在国民党内是适宜的。中共当前的具体任务是组织教育工人群众，建立工会；促使国民党和苏维埃俄国联合共同进行反对帝国主义的斗争；支持国民党的正确政策，反对国民党与中国军阀勾结，但绝对不能与它合并。该决议成为中共"三大"制定革命统一战线策略的依据。

1923 年 6 月，党的三大通过《关于国民运动及国民党问题的议决案》，[2]按照共产国际关于中国共产党同中国国民党进行合作的指示，共产党员应以个人身份加入国民党，但加入国民党后，仍要坚持共产党组织的独立性，并须努力从国民党左派中吸收真有阶级觉悟的革命分子，扩大我们的组织。加入国民党的共产党员，必须严格遵守下列规定：第一，在政治上保持共产党人不和帝国主义、军阀妥协的形象。第二，克服国民党高高在上、脱离人民等种种不良倾向。第三，共产党党员及青年团团员在国民党阵营中的言语行动都必须团结一致。

---

[1] 张希坡编著：《革命根据地法律文献选辑》（第一辑），中国人民大学出版社 2017 年版，第 226 页。

[2] 本书编委会主编：《中国共产党历届代表大会全纪录——"一大"到"十七大"》，中共党史出版社 2007 年版，第 91—92 页。

（二）首次提出党要争取的政治、经济、文化、社会等权利

大会通过的《中国共产党党纲草案》[①]（最后需报共产国际批准）提出了党在现阶段最小限度的党纲，首次全面提出争取政治、经济、文化、社会等权利主张：

1. 实行无限制的普遍选举，选举期当在休假日；

2. 保障人民集会、结社、言论、出版之自由权，废止治安警察条例及压迫罢工的刑律；

3. 公私法上男女一律平权；

4. 平民须有建议权、罢官权、撤回代表权及废止法律权；

5. 中央、地方重要的国家职员须民选；

6. 实行都市和乡村自治；

7. 实行义务教育，教育与宗教绝对分离。全国教育经费应严重保证。教员应享受年功加俸；

8. 到了一定年龄应享受养老年金；

9. 改良司法，废止肉刑及死刑，免除一切诉讼手续费；

10. 供给并改良都市贫民之住宅，规定限制房租的法律；

11. 限制一切日常消费品的最高价额；

12. 规定限制田租的法律，承认佃农协会有议租权；

13. 废除包工制，承认工会的团体契约制（工会议定雇用条件）；

14. 实行八小时工作制；

15. 禁止做日工者续做夜工，每星期应有三十六小时以上的继续休息；

16. 女工与男工之工资待遇一律平等，生产期前后六星期之休息，不扣工资；

---

① 张希坡编著：《革命根据地法律文献选辑》（第一辑），中国人民大学出版社 2017 年版，第 5—6 页。

17. 禁止雇佣十四岁以下的童工；

18. 十四岁至十八岁者每日工作不得过六小时；

19. 工厂卫生及劳动条件以法律规定，由国家设立监查机关监督执行，但工人有权参与之；

20. 制定强迫的劳工保险法（灾病死伤的抚恤等），工人有参与办理保险事项之权，救济失业之工人。

这份草案是中国共产党早期法律思想，尤其是为人民各种权利而奋斗的一份宣言书，体现了中国共产党注重依法保障人民各种权利的法治思维。"公私法上男女一律平权"一条提到了公法和私法，可知中国共产党人的法学造诣之深；"供给并改良都市贫民之住宅"、"工厂卫生及劳动条件以法律规定，由国家设立监查机关监督执行，但工人有权参与之"等主张，今日看来也十分先进，可知中国共产党人的法律主张富有远见。

1923 年 7 月，中国共产党中央执行委员会发表的《中国共产党第二次对于时局之主张》，提出要召开新的国民会议代替北洋政府的旧国会。中国共产党人首先主张由负有国民革命使命的国民党，出来号召全国的商会、工会、农会、学生会及其他职业团体，推举多数代表，在适当地点召开国民会议。若是国民党不能担此重任，则应由民间组织发动民众召开国民会议。[①]

1924 年 11 月，中国共产党中央执行委员会发表了《中国共产党第四次对于时局的主张》，[②] 再次强调，为全民族的解放，为被压迫的兵士、农民、工人、小商人及知识阶级的利益，中共将向国民政府及国民会议提出目前最低限度的要求：

1. 废除一切不平等条约。第一重要是收回海关。改协定关税制为国定关税

---

① 中央档案馆编：《中共中央文件选集》第 1 册（1921—1925），中共中央党校出版社 1982 年版，第 130—133 页。

② 张希坡编著：《革命根据地法律文献选辑》（第一辑），中国人民大学出版社 2017 年版，第 6—7 页。

制。这是全民族对外的经济解放之唯一关键。

2. 废止治安警察条例及罢工刑律，保障人民集会、结社、出版、言论、罢工之无限制的自由权。这是人民对内的政治解放之唯一关键。

3. 军阀之祸，罪在最少数高级军官。失业入伍的兵士们所受压迫与困苦，与其他一切平民等；今后旅、团司令部用应采用委员制，军饷公开。兵士退伍，须给以土地及农具，或他种确实可靠的生活。

4. 规定最低限度的租额，取消田赋正额以外的附加捐及陋规，建立农民协会及武装自卫的组织，这都是农民目前急迫的要求。

5. 实行 8 小时工作制。年节、星期日及各纪念日之休假，最低限度的工资之规定，废除包工制，工厂卫生改良，工人补习教育之设施，工人死伤保险法之规定，限制童工之年龄及工作时间，女工妊孕前后之优待，这都是工人目前最低限度的要求。

6. 限制都市房租加租及建设劳动平民之住屋。

7. 各城市、乡镇之厘金、牙税及其他正杂捐税，在国库收入无多，而小本经营商者则因之重感困苦，宜一切废止。

8. 废止盐税、米税，以裕平民生计。

9. 增加海关进口税，整理国有企业之收入，征收遗产税，征收城市土地税，用作补助退伍兵士、失业贫农及推广教育之经费。

10. 国家预算中，不得将教育经费移作别用，并应指定特种收入，如收回庚子赔款等，为实行小学免费，优待小学教员及推广平民教育之用。

11. 妇女在政治上、法律上、经济上、教育上、社会地位上，均应与男子享平等权利。

这份声明有两大特点：一是扩大统一战线，尽可能地维护一切可以团结的群体的利益；二是注重人们的民生方面的权利，紧紧抓住了当时民不聊生的社会现实问题，凸显了共产党人全心全意为人民服务的宗旨。

党的三大以来的决定，丰富了党的外争主权、内争权利的思想，主要表现为：一是我们党非常注意在统一战线中严格遵守党纪，保持党的独立性，不允许利用统一战线追求个人升官发财。二是我们党重视统一战线范围的扩大，从原来无产阶级要联合小资产阶级，现在发展到还要联合资产阶级，团结军队中普通士兵、失业知识分子统一战线思想又向前迈进了一步。三是我们党注重把合法斗争与武装起义两种方式相结合。四是我们党非常重视依法维护民众各种民生权利，如"失业入伍的兵士们所受压迫与困苦，与其他一切平民等"，"规定最低限度的租额，取消田赋正额以外的附加捐及陋规，谋农产品和他种生活必需的工业品价格之均衡"，"女工妊孕前后之优待"，"限制都市房租加租及建设劳动平民之住屋"，等等，这体现了共产党人努力团结一切可以团结的力量的统一战线思想，通过关注社会绝大多数人的利益需求，唤起社会大众的共鸣，然后聚集反帝反封建的力量。

四、党的四大构建了统一战线思想的框架

（一）党的领导与工农联盟是统一战线的基础

1925 年 1 月召开的党的四大，对党在当时要解决的一些基本问题作了阐述和回答：

1. 无产阶级必须在统一战线中居于领导地位

大会通过的《对于民族革命运动之议决案》[1]明确指出，无产阶级的政党参加民族运动，不是附属资产阶级而参加，乃以自己阶级独立的地位与目的参加。越是上层阶级越富于妥协性，因此中国的民族革命运动，必须是最革命的无产阶级有力的参加，并且取得领导地位，才能够得到胜利。

---

[1]　本书编委会主编：《中国共产党历届代表大会全纪录——"一大"到"十七大"》，中共党史出版社 2007 年版，第 125—131 页。

但是，该决议案对无产阶级应该如何去争夺和实现领导权，大会没有作出具体的回答。

2. 工农联盟问题是统一战线的基础

大会通过的《对于农民运动的议决案》^①阐明了农民是无产阶级同盟军的原理，强调如果不发动农民起来斗争，无产阶级的领导地位和中国革命的成功是不可能取得的。

3. 打击右派、争取中派、扩大左派是统一战线的基本方针

在总结和国民党建立统一战线经验的基础上，确定了党同国民党关系的基本方针是：打击右派，争取中派，扩大左派。但大会对政权和武装问题的重要性还缺乏认识。^②

4. 要反对在统一战线问题上"左"、右倾两种错误

"左"倾错误是，反对加入国民党，甚至反对参加国民革命，以为这是和资产阶级妥协，使我们的党变成黄色。右倾错误的表现：一是以为我们既然以国民运动为中心工作，便应集全力于国民党的工作，不必同时进行我们党的工作；二是以为我们既然加入多阶级的国民党做国民运动，便只好采取劳资调协的政策，不便鼓动阶级争斗；三是以为我们应该帮助整个的国民党，不必助长左、右派之分裂。纠正"左"、右倾错误，是中国共产党当下重要的任务。^③

这表明，共产党领导、工农联盟为基础、反帝反封建的统一战线等新民主主义革命思想的关键点，都被我们党抓住了。但对武装斗争的极端重要性还缺乏认识。

---

① 李忠杰、段东升主编：《中国共产党第四次全国代表大会档案文献选编》，中共党史出版社 2014 年版，第 18—20 页。

② 中共中央党史研究室：《中国共产党历史》第一卷（1921—1949）上册，中共党史出版社 2011 年版，第 126 页。

③ 本书编委会主编：《中国共产党历届代表大会全纪录——"一大"到"十七大"》，中共党史出版社 2007 年版，第 125—131 页。

（二）呼吁取消领事裁判权和外国在华驻兵

在党的四大通过的《中国共产党第四次全国代表大会宣言》[①]中，党号召工人、农民、学生、手工业者等赶快组织起来，努力促成国民会议的召开；赶快组织大示威运动反对外舰驶入中国内地，要求外兵不得驻扎在我们的领土以内，取消一切领事裁判权。

（三）注重保障妇女权利和发展女性党员

在党的四大通过的《对于妇女运动之议决案》[②]中，党提出妇女运动口号应是："男女社会地位平等"，"男女教育平等"（一切教育机关为女子开放），"男女职业平等"，"结婚离婚自由"，"反对大家庭制度"，"打破奴隶女性的礼教"，"反抗良妻贤母主义的女子教育"，"女子应有财产权与承继权"，"女子应有参政权"，"男女工资平等"，"赞助劳工妇女"，"保护母性（生产期前后休息六星期不扣薪资）"。这里首次提出的"结婚离婚自由""打破奴隶女性的礼教""女子应有财产权与承继权"等"女子应有的权利"，细化了上述《中国共产党党纲草案》提出的"公私法上男女一律平权"主张。

为了更好开展妇女运动，该决议案还特别提出了三条措施：

1. 各地党部应注意发展女党员，因为在宗法社会关系未曾打破的中国，女党员担任妇女运动确有许多便利。

2. 各地党部亟应设立妇女部，使妇女运动有专门负责的机关。

3. 各地党部应特别注意妇女党员关于妇女运动之理论方面的指导和训练。

（四）提出党的最低限度共同政纲

1926 年 7 月 12 日，中国共产党中央执行委员会扩大会议发表了《中国共

---

① 张静如主编，赵勇民、李颖副主编：《中国共产党全国代表大会史丛书（从一大到十七大）》第 2 册，万卷出版公司 2012 年版，第 48—50 页。

② 李忠杰、段东升主编：《中国共产党第四次全国代表大会档案文献选编》，中共党史出版社 2014 年版，第 23—24 页。

产党第五次对于时局的主张》，[①] 提出了最低限度的共同纲领，包括反帝、反封建和保障民生三个方面。在反帝方面的内容主要是：废除《辛丑条约》及其他不平等条约；收回海关，改协定税制为国定税制，收回会审公堂，废除领事裁判权；各国撤退驻华海陆军；收回租界及租借地（如旅顺、大连湾、威海卫等）。在反封建方面的内容是：解除直奉两系军阀的武装，并没收其财产分给老弱不能继续服务的兵士及失业游民；禁止军警拉夫、封船、扣车及强住民房、学校；禁止非军人犯罪交军法裁判；停止预征钱粮、征收陋及一切苛捐杂税；实行省长民选、县长民选，承认妇女的选举权、被选举权及一切法律上和男子同等的权利；颁布工会法，修改现时便于买办劣绅操纵的农会法、商会法；制定工人最低工资及农民最高税租额之法律；颁布工厂条例，禁止中外厂主及职员虐待工人，并改良工厂有害卫生的设备，特别保护童工及女工。在保障民生方面的主张是：确定中央及地方政府所属各学校经费，并免除学费；确定并增加国家行政、教育各机关下级职员的薪水。

（五）制定了党内第一部惩治贪污法规

1926 年 8 月 4 日，中共中央扩大会议发布通告《坚决清洗贪污腐化分子》。[②] 通告指出，在这革命潮流仍在高涨的时候，许多投机腐化的坏分子均会跑到革命的队伍中来，最显著的事实，就是各地均有发现一些贪污分子。党若是容留这些分子在党内，必定会使党陷于腐化，为群众所厌弃。所以，应该坚决地清洗这些不良分子。大会为此决议，特别训令各级党部迅速审查所属同志，如有此类行为者，务须不容情的（地）洗刷出党，不可令留存党中，使党腐化，且败坏党在群众中的威望。望各级党部于接信后，立即执行。并将结果具报中（央）局。

这份通告是中国共产党的第一个惩治贪污的法规。虽然党还没有自己的政

---

① 张希坡编著：《革命根据地法律文献选辑》（第一辑），中国人民大学出版社 2017 年版，第 9—11 页。
② 同上书，第 11 页。

权，但由于以个人身份加入国民党，有的担任了国民党政府和地方党部的一定领导职务，所以出现了通告中指出的一些腐败现象。通告表明为了捍卫党的纯洁性，一开始就注意党内腐败问题，与之坚决斗争。

五、党的五大开始注重保障农民的土地权利

1927 年 4 月 27 日至 5 月 9 日，中国共产党在武汉召开了第五次全国代表大会。大会通过的《中国共产党第五次全国代表大会宣言》，[①] 对帝国主义和封建主义之间的关系作了较深入的分析。指出，帝国主义之统治在中国的形成，基于两种方式：第一，帝国主义的武力侵略；第二，国内满清皇族及封建官吏的贪婪腐败。第一种是在帝国主义侵入时期的主要方法；第二种能促成帝国主义统治的巩固。所以反帝国主义的斗争和推翻封建势力以及其他反民权分子的斗争，总是同时并举的。

这次大会在法律思想上的最大变化，是首次较为详细地提出了变革封建土地所有制的主张。党的五大通过的《土地问题议决案》，[②] 对解决农民问题提出如下方针：

1. 没收一切所谓公有的田地以及祠堂、学校、寺庙、外国教堂及农业公司的土地，交诸耕种的农民，此等没收的土地之管理，应付诸土地委员会。此等土地的管理形式，是否采用公有制度或分配于耕种者的农民，皆由土地委员会决定之。

2. 无代价地没收地主租与农民的土地，经过土地委员会，将此等土地交诸耕种的农民；属于小地主的土地不没收；革命军人现时已有的土地可不没收；

① 本书编委会主编：《中国共产党历届代表大会全纪录——"一大"到"十七大"》，中共党史出版社 2007 年版，第 180—187 页。

② 同上书，第 203—208 页。

革命军兵士中没有土地者，于革命战役完终后，可领得土地耕种。

3. 耕种已没收的土地之农民，除缴纳累进的地税于政府外，不纳任何杂税。未没收的土地之租率，应减至与累进的田税相当的程度。耕种未没收的土地之农民，只缴纳确定的佃租，不纳其他杂税，并永久享有租佃权。

4. 取消地主绅士所有的一切政权及权利。建立农民的乡村自治政府，对农村各被压迫阶级所组织的乡民会议负责。农民协会应当由参加民权的县政府之创造。

5. 建立国家农业银行及农民的消费、生产、信用合作社，改良水利。

这是中国共产党第一次提出自己的土地所有制改革主张，也是中国历史上第一个消灭封建剥削制度的革命文献，此前仅仅主张"以官地分给贫农"，而这里提出没收大地主的土地、外国教堂的土地等，内容丰富多了。但不足之处是没有明确分得土地的贫下中农是否对土地拥有所有权，没有给地主保留一定维持生存的生活和生产资料。这显然是照搬了苏联实行土地国有制的做法。

由此可知，党的五大的法律思想有了一个显著变化，即在"外争国家主权，内争人民权利"的法律思想体系中，由原来偏重保障工人权利转向注重保障农民权利，特别是农民的土地所有权。这表明中国共产党对国情的认识加深了。

但是党的五大通过的《土地问题决议案》虽然肯定"将耕地无条件的转给耕田的农民"的土地革命原则，却把实现土地革命的希望寄托于武汉国民政府。这时武汉国民党土地委员会提出了一个《解决土地问题的决议案》。该决议案规定要没收大地主的土地，却又规定肥田不超过 50 亩、瘦田不超过 100 亩的都算小地主。按照这个标准，在武汉政府管辖的湖南、湖北、江西等省，很少有可以没收的土地。但就连这样一个不伤筋动骨的土地改革纲领，也受到汪精卫等个人的反对而被国民党中央搁置。中共中央在土地问题上采取妥协迁就的态度，使党的五大通过的土地问题决议成了一纸空文。①

————————

① 中共中央党史研究室：《中国共产党历史》第一卷（1921—1949）上册，中共党史出版社 2011 年版，第 211 页。

六、大革命时期党的法制思想的初步实践

中国共产党自成立之日起，就确立了外争国家主权、内争人民权利的法律思想。中国共产党不同于其他政党的一个特点，就是理论联系实际，"知行合一"，把批判的武器与武器的批判相结合。即只要中国共产党有了自己领导的政权，就马上把自己的法律主张付诸实施。①

（一）《上海特别市临时市政府政纲草案》

1926 年 10 月 23 日至翌年 3 月 21 日，在中国共产党的领导下，上海工人阶级发动了三次武装起义。在第三次起义中，打败了统治上海的反动军队，建立了史无前例的上海市民代表政府，它是中共领导的，以工人阶级为主体的、联合全市各革命阶级、社会团体，反帝、反封建及反对一切反动派的人民民主政权。它于 1927 年 4 月 4 日和 10 日分别通过了《上海特别市临时市政府政纲草案》。

《上海特别市临时市政府政纲草案》的主要内容是：

1. 政治方面的政纲：肃清军阀残余贪官污吏土豪劣绅洋奴等一切反动势力；充分发展民众政权及民众组织；帮助北伐军继续北伐；人民有集会结社言论出版罢工等绝对自由；扩大反帝国主义运动，废除不平等条约，收回租界，撤退外国海陆军。

2. 城市建设和管理方面的政纲：设立失业介绍所，并准备失业救济费；添设公共卫生场所；取缔不良的游戏场；提倡慈善事业；广设市立医院；建立大规模的图书馆体育场及公园；限期禁绝鸦片、赌博；严禁卖淫业，现有妓女准其自由择配；设立平民工厂，收养无业贫民；建筑廉价房屋，开行早晚廉价车辆；减轻房租。

———————

① 张希坡、韩延龙主编：《中国革命法制史》，中国社会科学出版社 2007 年版，第 22—35 页。

3. 教育方面的政纲：确定教育基金；劳苦人民子弟得有免费入学的权利；劳苦人民得有免费受补习教育之机会；学校经济公开；学校不准驻扎军队；改善并增加学校设备、养病所、运动场、图书馆、试验仪器、浴室、厕所等；教会学校废止读经及做祷告；市内各校得男女同学。

4. 财政方面的政纲：废除苛捐杂税；重征外国纸卷各烟，及各种奢侈品（非指国货）之税；统一上海货币、度量衡；减少菜场税捐，添设菜场检验所；重征烟酒税，减少米麦捐；奖励本国实业及国货；政府财政绝对公开，市民有稽核之权。

5. 商业方面的政纲：取缔不正当之营业；限制房租（租价不能超过原本利息；单幢及双幢之市房住屋尤当特别限制）；平定米价，查禁粮食出口；限制物价高涨；压抑地价不使增高；厘定码头及车站搬运费额。

6. 工业方面的政纲：颁布劳动法，举行社会保险；工会有代表工人之权；规定最低工资额；实行八小时工作制；废除包工制；节假日休息，工资照给。不休息则工资加倍；雇主不得借故关厂压制工人；不准打骂工人、滥罚工资和任意开除工人，开除工人须取得工会同意；规定因工作而死伤的抚恤金；工人患疾病时，厂主须负责医治，并须发给半数以上之工资；男女工人同工同酬；女工在生产前后休息六星期，工资照给；设立工人消费合作社、工人宿舍、工人饭堂、工人医院、工人浴堂等；改良工厂之设备，如增设门窗、天窗、厕所等；16 岁以下的青年工人，每日工作不得过六小时；禁止雇佣 13 岁以下童工工作，孤苦儿童由政府设法抚养；不得打骂学徒，使其为私人服役；缩短学徒期限，不得超过两年，师傅应授以完全的技术，并须酌给工资；厂主应供给青年工人及学徒以免费教育（学校书报室等）及娱乐体育会等。

7. 农业方面的政纲：限定最高租额，农民取得至少要占收获 60%；限制高利盘剥，每月利息最高不得过 8 厘；不得预征钱粮漕粮；剔除诉讼积弊，禁止差役需索；禁止土豪劣绅破坏农民运动。

8. 有关学生学习的政纲：减轻学费，由教育局会同该校学生会斟酌该校经济情形减轻之，至少须减轻原有学费 1/3；学生得派代表参加学校最高行政机关会议，并有表决及保留权；学生择师自由；废止定期的机械考试（如月考、统考、期考等），采用平时积分制；女学生通信、社交、婚姻自由。

9. 关于教职员待遇方面的政纲：增加教员俸给；遇疾病婚丧及本身生育期间（六星期）支原俸；中小学教职员继续服务满六年，得休养一年，支原俸（不愿休养者支双俸）；因公残疾及衰老应得养老金（照原俸之半发给）；确定抚养之标准（由教职员会临时定之）；工作时间，中学每周不得过 900 分，小学不得过 1080 分；每教室不得过 50 人；膳宿由校供给。

10. 关于妇女地位方面的政纲：妇女与男子一律平等，得参加一切市政权；在最短期间内颁布保护女工法律；设立育儿院，保护私生子，并使无力养育儿女或母亲因工作关系须暂寄儿女者，得享此社会育儿院之权利；废止男女间不平等的一切法律和习惯，保障结婚离婚之自由，及女子之继承权，男女职业平等，教育平等；废除童养媳制度、奴婢纳妾之制度。

11. 关于新闻记者执业方面的政纲：废除一切束缚言论出版之苛法；新闻记者不受军法裁判；公共交通机关新闻记者得免费使用；公共机关应请规定时间接待记者，公共场所记者自由出入采取新闻。

这份规范性文件的最大特点，就是对不同群体的权益规定细致，操作性强，例如，关于教师工作时间，规定"中学每周不得过 900 分，小学不得过 1080 分"，甚至规定"每教室不得过 50 人"，着实让人感到规定之细腻，越细致越有操作性。

（二）《广州苏维埃宣言》[①]

1927 年 12 月 11 日，在中国共产党的领导下，广州工人和士兵举行了广州起义，建立了工农兵苏维埃政权，颁布了《广州苏维埃宣言》。内容主要如下：

———————

① 张希坡编著：《革命根据地法律文献选辑》（第二辑）上卷，中国人民大学出版社 2017 年版，第 84—85 页。

1. 广州一切政权属于工人、农民、兵士。

2. 组建苏维埃的武装力量。

3. 消灭一切反革命，枪毙一切有一点反共产行动或宣传，或有反苏维埃的行动或宣传，及与帝国主义做反革命宣传的分子。

4. 应该即刻给工人八小时工作制。

5. 没收一切大资本家的公馆、洋楼做工人的寄宿舍。

6. 苏维埃政府应该维持失业工人的生活，其需要若干，先由各自工会制定预算，呈报苏维埃核发。

7. 禁止国民党的活动，若有为国民党宣传的，应该受革命的裁判。

这份宣言带有"苏化"的痕迹，如"苏维埃""人民内务委员"，表明中国共产党人开始建立自己的政权时，还没有经验，只好搬用苏联的做法，但维护劳动者权益的观念是非常清晰的。

（三）《湘鄂赣边革命委员会革命政纲》①

1929 年 10 月 2 日，湘鄂赣边根据地的革命委员会颁布了《湘鄂赣边革命委员会革命政纲》，内容主要如下：

1. 彻底推翻帝国主义在华统治，没收外国资本的企业银行和工厂；自动废除一切不平等条约，收回租界占领地，撤销领事裁判权，收回海关，驱逐帝国主义在华海陆军。

2. 统一中国，实行民族自决。

3. 摧毁国民党各级党部及其御用压迫民众、欺骗民众之政府机关、反动团体；解除国民党军阀军队、靖卫队、挨户团的武装。

4. 推翻豪绅地主阶级在乡村中之反动统治。

5. 解除国民党军阀军队、靖卫队、挨户团的武装。

---

① 张希坡编著：《革命根据地法律文献选辑》（第二辑）上卷，中国人民大学出版社 2017 年版，第 92—93 页。

6. 摧毁剥削民众的税收机关，焚毁粮册及地主的田契借券。

7. 推翻国民党的统治，建立工农兵代表会议（苏维埃）政府。

8. 没收一切地主、祠堂、庙宇、教堂的土地财产，没收的土地归当地苏维埃政府处理，分配给无地或少地的农民及退伍的红军士兵使用。

9. 取消湘鄂赣三省反动政府及一切苛捐杂税，由苏维埃政府重新设立单一的农业经济累进税。

10. 提倡平民教育，创办红色学校、成人补习班，允许失业工农兵及贫民子弟免费入学。

11. 实行保障工人罢工、结社、集会、言论、出版之绝对自由。

12. 实行八小时工作制，增加工资、失业救济及社会的劳动保险。

13. 实行男女同工同酬，保护童工、女工、废除包工制，严禁压迫学徒店员。

14. 男女政治平等、经济平等、教育平等、离婚结婚自由，严禁买卖妇孺、蓄婢纳妾。

15. 保护不反动的小资产阶级及商人自由贸易。

16. 兴办农村合作社农民借贷机关，发展农业经济，改良水利，防御天灾，促进农业生产，改善农民生活。

17. 联合世界无产阶级和苏联完成中国革命，推进世界革命。

大革命后期的这三份共产党领导的政权施政纲领虽有全盘苏化的痕迹，如团结民族资产阶级方面缺乏强调，区别外国资本企业不够，等等，但其重视民众民生领域的权利和反帝反封建的特色，使人民了解了中国共产党的性质和宗旨，可以逐渐地把它和其他政党相区别。

七、设立专门纪律检查机构，从严管党治党

中共一大党纲没有专门条款对党的纪律作出具体规定，也缺乏执纪监督机构和机制来对违纪行为进行处分和处罚。遵守党纪只能依靠党员的信仰与自觉。

党的二大为了加强党的自身建设，制定了第一部党章——《中国共产党章程》。党的二大通过的党章，对于党的纪律专设一章，共九个条款，对党的政治纪律、经济纪律、组织纪律、工作纪律等方面都作出了明确规定。对于违反党纪的党员，二大党章第一次规定了凡是有党章规定的六种严重违反党纪之一的行为的，必须开除党籍。

党的三大通过了《中国共产党中央执行委员会组织法》，对中央执行委员会的委员长、秘书和会计的职责做了明确分工。从而有效保证了党内民主，避免个人专断、独裁，在党内财务方面也起到了防范贪污腐败的作用。

1925 年春，中共广东区执行委员会成立了中共历史上第一个地方纪律检查机关——中共广东区执行委员会监察委员会。这是中国共产党加强纪律建设的新探索，也是党在执纪监督上的一个新突破。

1927 年 4 月 27 日至 5 月 9 日，在武汉召开的中共第五次全国代表大会，诞生了中国共产党第一个中央纪律检查委员会机构——中央监察委员会。新成立的中央监察委员会亦召开第一次会议，明确了中央监察委员会的工作职责等问题。

1927 年 6 月 1 日，中共中央政治局会议通过《中国共产党第三次修正章程决案》。它是中国共产党组织章程规范化、制度化的重要开端。这部党章一改此前党章的简章格式而成为较全面系统的党章文书形态，共 12 章 85 条，是中国共产党历史上条目最多的党章，在中共党章史上创造了多个第一：第一次明确提出实行民主制集中制；第一次明确规定了实行集体领导制度；第一次把党的组织机构划分为五级，完善了党的各级机关的组织和工作制度；第一次设立了党的纪律监察机构；第一次将监察委员会写进党章；第一次建立党的纪律检查制度；第一次将政治纪律概念引入党的纪律监察制度。

《中国共产党第三次修正章程决案》关于监察委员会的规定有以下四条：

第一，在全国代表大会及省代表大会选举中央及省监察委员会。

第二，中央及省监察委员，不得以中央委员及省委员兼任。

第三，中央及省监察委员，得参加中央及省委员会议，但只有发言权无表决权。

第四，中央及省委员会，不得取消中央及监察委员会之决议，但中央及省监察委员会之决议必须得中央及省委员会之同意，方能生效与执行。遇中央或省监察委员会与中央或省委员会意见不同时，则移交至中央或省监察委员会与中央或省委员会联席会议，如联席会议不能解决时，则移交省及全国代表大会解决之。

中共五大成立监察委员会和确立党的纪律监察制度，是党的历史上的创举。它搭建起党内监督执纪的平台，以党纪党规约束党员，对违纪党员予以惩处。维护党的团结和统一，为保证党的纯洁性和党的队伍健康发展，提高党的威信和战斗力，作出了不可磨灭的贡献。表明党的从严治党思想进一步转变为制度。

第二节　土地革命时期以建设苏维埃共和国为中心的法制思想与实践

中国共产党的法律思想与西方国家共产党法律思想的不同之处是，它既没有受到第二国际的修正主义理论的影响（该理论主张阶级合作和资本主义"和平长入"社会主义，以改良主义的和平道路实现社会主义），也没有受到议会道路等西方主流法律思想的影响，而是直接接受了列宁的无产阶级革命（专政）理论。从革命时期到土地革命时期，中国共产党人法律思想的一条主线，就是一方面要积极借鉴苏俄通过武装斗争夺取政权的革命思想，另一方面又要注意中国和苏俄不同的国情，拒绝全盘苏化，形成具有中国特点的革命民主法律思想。

苏俄十月革命的中心问题，主要是解决工人的权利实现问题；而中国民主革命的问题，主要是解决农民的权利实现问题。根据毛泽东同志在《中国革命与中国共产党》一文中的分析，当时现代产业工人只有二百多万人，而农民在全国总人口中大约占百分之八十，地主、富农一起共约占农村人口百分之十左右，贫农，连同雇农在内，约占农村人口百分之七十。贫农是没有土地或土地不足的广大农民群众，是中国革命的最广大的动力，是无产阶级天然的和最可靠的同盟者，是中国革命队伍的主力军。贫农和中农都只有在无产阶级的领导之下，才能得到解放；而无产阶级也只有和贫农、中农结成坚固的联盟，才能领导革命到达胜利，否则是不可能的。农民这个名称所包括的内容，主要是指贫农和中农。

而封建地主阶级是国民党政权的一个主要支柱。许多地主本身就是国民党的军政官吏，而许多官吏成为新兴的地主。据江苏省民政厅 1928 年至 1934 年间的统计，该省拥有 1000 亩以上土地的大地主，共 374 人，其中有 77 人是国民党的官吏。1931 年，在无锡被调查的 104 个村长中，91.3% 为地主，7.7% 为富农，这种状况决定了南京政府必然要维护封建的土地占有关系和地租剥削制度。南京政府虽然宣布过要实行二五减租，1930 年 6 月公布的土地法也规定地租不得超过耕地正产物收获总额千分之三百七十五，但地租从未因此而有所减少，有些地方甚至还不断增加。[1]

在国民党背叛革命、终结国共第一次合作之后，中国共产党人开始了独自担负推进中国民主革命任务的重担，一要建立自己的革命政权，二要解决农民的土地所有权问题。这就产生了土地革命时期以实现农民权利和建立革命政权为中心的法律思想。

---

[1] 中共中央党史研究室：《中国共产党历史》第一卷（1921—1949）上册，中共党史出版社 2011 年版，第 227 页。

一、八七会议确定了土地革命和建立苏维埃政权的总方针

在第一次国内革命战争失败以后，在关系党和革命事业前途和命运的关键时刻，中共中央政治局于 1927 年 8 月 7 日在汉口召开紧急会议。会议批判和纠正了陈独秀右倾机会主义错误，撤销了他在党内的职务，选出了新的临时中央政治局，确定了土地革命和武装斗争的总方针。

会议通过的《最近农民斗争的议决案》[①] 指出，这次大革命失败的主要原因，是共产党方面对于农民的群众暴动没有坚决的革命指导，共产党应当转变过去的方向，坚决地发展与提高农民革命。在最近的期间，农民暴动的口号应当是：

1. 乡村政权属于农民协会。

2. 肃清土豪乡绅与一切反革命分子，没收他们的财产。

3. 没收重利盘剥者财产，用以改良农村中贫民的生活。

4. 没收大地主及中地主的土地，分这些土地给佃农及无地的农民。

5. 没收一切所谓公产的祠族庙宇等土地，分给无地的农民。

6. 对于小田主则减租，租金率由农民协会规定之。

7. 由农民协会取消重利盘剥者的债务苛刻的租约与苛约。

8. 解除民团团防等类的武装与其他地主的军队，而武装农民。

9. 改良雇农生活及其劳动条件（工资待遇等等）。

10. 对于乡村一般失业贫民，革命政权当尽可能的筹措基金救济之，并与以工作（如协作社等类办法）。

11. 对于一切新旧军阀政府的税捐实行抗纳，并实行抗租。

毛泽东在会上提出应当规定大中地主的标准，并建议以 50 亩为限，50 亩以上不管肥田瘦田通通没收。小地主问题是土地问题的中心问题，不没收小地

---

① 中共中央文献研究室中央档案馆编：《建党以来重要文献选编（一九二一——一九四九）》第 4 册，中央文献出版社 2011 年版，第 441—443 页。

主土地，则有许多没有大地主的地方，农协就要停止工作。所以要根本取消地主制，对小地主应有一定办法，现在应解决小地主问题，如此方可安民。与会的共产国际代表没有采纳毛泽东的正确意见，并提出土地问题的根本解决办法是实行土地国有。①

八七会议决定中国革命进入土地革命阶段，要建立工农民主政权，把解决农民的土地所有权放到最重要的位置。这一决定符合国情，有利于中国共产党人的革命重心由原来的城市工人运动转向农村包围城市的农民革命。但党中央此时还认为国民党是民族解放运动的旗帜，共产党现在不能丢掉这个旗帜，应在国民党左派旗帜下组织工农暴动，不能提出组织苏维埃的口号。直到9月19日，中央临时政治局会议才根据形势变化通过决议，放弃"左派国民党"的旗帜，提出宣传和建立苏维埃的口号。

因为资产阶级在大革命时期对革命的背叛，八七会议认为反帝反封建斗争要和反对资产阶级同时进行，完全否认了民族资产阶级革命性一面，对资产阶级革命和妥协两重性缺乏全面认识，这不利于革命统一战线的建立，为以后"左"倾机会主义错误的发展提供了理论依据，给中国革命造成很大损害。

二、党的六大对中国民主革命特点认识的进步

1928年6月18日至7月11日，中国共产党第六次全国代表大会在莫斯科召开。会议认真地总结了大革命失败以来的经验教训，在对中国民主革命特殊性问题上的认识取得了一定进步。

（一）批评所谓"不断革命"论和正确分析中国社会和革命性质

大会通过的《政治决议案》《告全体同志书》等一系列决定，在中国社会和革命性质问题上作出了一些正确回答，即：中国社会性质仍然是半殖民地半封

---

① 中共中央党史研究室：《中国共产党历史》第一卷（1921—1949）上册，中共党史出版社2011年版，第239页。

建社会，中国革命现在阶段的性质，是资产阶级民主革命。中国革命目前阶段并没有转变到社会主义性质的革命，超越资产阶级民主革命，直接过渡到社会主义革命的"不断革命"论是不对的。革命当前的中心任务是：一是驱逐帝国主义者，达到中国的真正统一。取消帝国主义一切特权，没收外国资本在华的企业和银行。二是没收地主阶级的土地归农民，实行土地革命。三是建立工农兵代表会议（苏维埃）的政权。①

但党的六大对民族资产阶级所作的判断是错误的。《政治决议案》说："中国民族资产阶级背叛革命，走到帝国主义地主豪绅的反革命营垒，它以前是能削弱帝国主义并动摇军阀制度的一种动力（一九二七年春天以前），现在却变成巩固并团结帝国主义与军阀制度的一种动力"，这显然是"左"的错误思想。

（二）中国本应建立苏联那种一切生产者直接管理政权的苏维埃政治制度，但由于无产阶级力量不够强大，目前只能建立中共领导工农联合的政权

党的六大通过的《苏维埃政权组织问题决议案》指出，尽管当下在中国马上建立苏联苏维埃式政权的条件还不具备，但中共仍应学习和利用苏联苏维埃建设的经验，并将此经验告诉党员和广大群众，做好在中国建立苏联苏维埃式政权的准备工作。苏维埃的正式名称应当是工农兵代表会议（在农村可以简称农民代表会议）。中国的苏维埃政府的正式名称应当是：中国工农兵代表会议（苏维埃）政府。在正式的代表会议（苏维埃）成立之前，最初的政权形式是临时的，叫"革命委员会"。革命委员会必须绝对执行党的命令。

党和苏维埃的关系，要注意防止以党代苏维埃和以苏维埃代党两种危险。党应首先在苏维埃中设立有威望的、能干的党团，执行党的命令，实现党在苏维埃领导机关中的领导。同时也要注意防止苏维埃代替党的危险，苏联革命后

---

① 本书编委会编：《告全体同志书》，《中国共产党历届代表大会全纪录——"一大"到"十七大"》（一），中共党史出版社 2007 年版，第 236 页；《政治决议案》，《中国共产党历届代表大会全纪录——"一大"到"十七大"》（一），中共党史出版社 2007 年版，第 243 页。

最初几年曾有此类教训。①

党的六大通过的《关于组织问题草案之决议》批评了党内一些同志的错误理念。一是受国民党"以党治国""党权高于一切"的理念影响，"命令"和"委派"以至强迫工人罢工，命令暴动。二是持有极端的自由选举观念，抹杀了党的民主集中制。三是反知识分子（认为知识分子靠不住）的倾向。四是持有不正确的平均主义的平等观念。决议指出，这些错误的倾向和方法会导致党与群众的脱离。②

（三）既要解决农民的土地所有权问题，又要注意农民是小私有财产者，要纠正农民狭隘的落后意识

《告全体同志书》指出，党员十之七八是农民成分，因此农民意识不可避免地会反映到党内。例如，主张平分田地、平分财产等均产主义的思想，主张焚烧城市及乡村中无目的的烧杀等流寇的观念，完全不是无产阶级的意识，共产党承认农民是革命的同盟者，同时要明白农民是小私有财产者，不可能有正确的社会主义思想。他们保守观念特别重，更缺欠组织的能力，所以只有在无产阶级的意识领导之下才能走上革命的正轨。如果不极力去纠正这种农民意识的危险，将使革命完全消灭，党亦趋于死亡。③

（四）反帝和反封建必须密切结合

《告全体同志书》指出，轻视反帝运动和偏重反帝运动的危险，这是两个极端的观念。前一种以为工人的经济斗争、农民的土地革命就是反帝运动，此外别无反帝工作。后一种以为只要造成反帝高潮，便可发动一切工作，甚至主张

---

① 本书编委会编：《苏维埃政权组织案》，《中国共产党历届代表大会全纪录——"一大"到"十七大"》（一），中共党史出版社 2007 年版，第 271—280 页。

② 中央档案馆：《关于组织问题草案之决议》，《中共中央文件选集》第四册，中共中央党校出版社 1983 年版，第 271—295 页。

③ 本书编委会编：《告全体同志书》，《中国共产党历届代表大会全纪录——"一大"到"十七大"》（一），中共党史出版社 2007 年版，第 237—238 页。

以"反帝运动来掩护阶级斗争"。其实这两种观念，都是不了解怎样去促进革命高潮，都不了解各种运动互相推动、互相促进的意义。没有工人农民强有力的基础，决没有反帝的高潮；同时反帝运动也的确可以推动工人农民的斗争。所以工农斗争与反帝运动，应该同时发展，同时并进。[①]

（五）兵士是"武装的农民"，兵士运动要与工农革命相结合

《告全体同志书》指出，兵士多出身于农村，与农村的经济关系、社会关系都有密切的联系，根本意识还是与农民相同，所以在普通的阶级分析观念上，兵士只能说是"武装的农民"，决不是流氓无产阶级。所以决不能说没有积极革命的作用，在现在革命的阶段上，他们与工人农民同为革命主要的动力，无产阶级当然更是这一联合势力当中的领导力量。所以兵士运动的目的是夺取广大的兵士群众与工农斗争汇合起来而成为将来的总的暴动。但是兵士运动必须有工农斗争的影响，没有工农斗争，兵士运动决不能够发展，所以偏重兵士运动，更是一种根本的错误。[②]

这份文献表明，党在"外争国家主权，内争人民权利"的法律思想框架下，虽然以建立苏联政治制度为目标，但也注意到了苏联是无产阶级一家掌权，而中国必须以无产阶级领导、工农联盟为基础，不可能全盘苏化；党既要联合农民一道革命，但又要注意克服农民平均主义观念、仇视城市观念等；反帝斗争与反封建的阶级斗争不能分割；中国的兵士是可以争取到工农一边的，等等，党在探索符合中国国情的民主革命法律思想道路上努力前行。

（六）全面保障农民的政治、经济权利

党的六大通过的《土地问题决议案》对基于平均主义思想而平分土地的做法作出了有原则的灵活处理。在有很多失业和贫苦农民的地方，必然发生"平

---

①②　本书编委会编：《告全体同志书》，《中国共产党历届代表大会全纪录——"一大"到"十七大"》（一），中共党史出版社 2007 年版，第 238 页。

分土地"的运动，如果这一口号为多数农民群众所拥护时，共产党应加以赞助，因为这是彻底肃清一切封建余孽的口号，并且是直接动摇私有制度的。同时这个口号有一种小资产阶级社会主义的幻想，党必须加以批评，使农民了解，在现在资本主义制度之下，绝没有真正平等之可能，只有在无产阶级革命胜利之后，才能够走上真正社会主义的建设。在中农占多数的地方，尤不可强施"平分土地"，在中农和小农私有制占农民人口多数的地方，"平分土地"必将触犯广大的中农利益，尤其不能强硬施行。这份决议案强调了把争取群众的政治斗争需要与解决农民土地所有权问题有机相结合，体现了党的原则性和灵活性相结合的策略，更体现了党绝不把平等等同于平均的法律理念。[①]

对于决议案规定的土地归国有、农民只有土地使用权，毛泽东后来在农村调查中发现，土地归苏维埃所国有、农民只有使用权的规定使得农民感觉田不是自己的，自己没有支配权，因此不安心耕种。1931年，毛泽东领导的中央根据地发布文告明确宣布："农民分得的田地为自己所有，有权转租或买卖、抵押，苏维埃政府不得禁止。"[②]

（七）要保障妇女的一些特殊权利

党的六大通过的《妇女运动决议案》提出，要禁止儿童及妊妇与哺乳妇女作夜工，缩短夜工时间，同等工作应得同等工资，禁止女工做过度及危险工作，保证其有休息日。要在乡村中亦进行"妇女会议运动"，直接提出关于农妇本身利益的具体要求，如承继权、土地权、反对多妻制、反对年龄过小之出嫁（童养媳）、反对强迫出嫁、离婚权、反对买卖妇女、保护女雇农的劳动。这份决议案表明我们党不仅主张一般的男女平等，还特别注意保护妇女不同于男性的一

---

① 本书编委会编：《土地决议案》，《中国共产党历届代表大会全纪录——"一大"到"十七大"》（一），中共党史出版社2007年版，第270—271页。

② 中共中央党史研究室：《中国共产党历史》第一卷（1921—1949）上册，中共党史出版社2011年版，第285—286页。

些特殊权利，以便实现男女的实质平等。①

（八）要建立集体劳动合同制度

《职工运动决议案》提出，要实行由工会代表工人去和雇主签订劳动合同的集体合同制度，反对任意开除工人，反对强迫仲裁，反对包工制，建立工人自愿参加的工会，争得工会的自由权。这是党首次提出集体劳动合同制度，保护工人权利的思想深化了。②

（九）总结批评党的建设方面所存在的十大错误

党的六大坚持了从严治党、依规治党的思想。《告全体同志书》批评了党的建设方面所存在的如下十个错误：③

1. 极端民主化的倾向。从前党内存在"家长制"现象，后来经过批评后，许多地方又走向极端民主化的方向，一些同志对于党的决议可以随便不执行。党员不得党的许可，竟可自由行动。还有一种不正确的平等观念，如用钱，不管工作的重要与环境，要机械地平均分配，用人要按地域区分，更完全是农民意识均产思想的反映，尤须严厉地肃清。

2. 把反机会主义变成专门打击某人的斗争。反机会主义主要是要肃清机会主义的政治路线和组织路线，但有些同志竟专门攻击个人，因此而放轻了对于机会主义观念的批评，这是与无产阶级的党风绝对不相容的。

3. 个人意气之争。因意气而攻击他人，因意气而不接受他人的批评，这是小资产阶级意识的表现。

4. 拉帮结派的倾向。少数有领袖欲的人，想不正当地提升个人地位，使用

---

① 中央档案馆编：《妇女运动决议案》，《中共中央文件选集》第四册，中共中央党校出版社 1983 年版，第 263—271 页。

② 中央档案馆编：《职工运动决议案》，《中共中央文件选集》第四册，中共中央党校出版社 1983 年版，第 217—233 页。

③ 本书编委会编：《告全体同志书》，《中国共产党历届代表大会全纪录——"一大"到"十七大"》，中共党史出版社 2007 年版，第 240—241 页。

资产阶级政客的卑污恶浊手段拉帮结派，攻击地位较高或地位相等的人，这是破坏党的最恶劣的倾向。

5. 把反机会主义变成反知识分子。放着反对小资产阶级意识不谈，专门反对小资产阶级出身的个人，而造成了党内工农与知识分子的隔阂，这种观念根本上仍是小资产阶级意识。

6. 不积极发展新的党员，分配工作，只相信脑筋中几个熟悉的人，而不相信下层中产生出来的新的积极分子，这将使党的机体日益腐化，没有生机。

7. 形式主义地对待党的组织建设。引进工农分子是改造党的重要方法。但许多党部执行起来，只是机械地找些工人分子进来，而不加以积极的教育，这种引进工农分子的方法是毫无意义的。

8. 雇佣革命的观念。有些同志有一种雇佣劳动的观念，做工作就要钱，不拿钱就不做事的现象，支部干事也要津贴，这是严重的错误。

9. 把党看成救济会。许多同志因失业穷无所归，专门找党来解决生活问题。殊不知党并不是救济的机关，党的工作主要是在群众中，而不是在党部，决不能人人都做专职党务工作者。

10. 消极怠工。许多同志观念动摇，在政治上找不到出路，或者看了党内有些个人的意气之争和政客式的结合挑拨，于是心灰意懒，不愿积极工作，这完全是一种小资产阶级的悲观主义。

批评了上述十大错误之后，党中央提出了党建方面的四个要求：[1] 第一，强固党的无产阶级的基础。要扩大党的无产阶级的组织基础。到产业工人中去，建立强固的工厂支部，增加党的工人的成分，这是目前党的布尔塞维克化主要的道路。第二，积极开展党内政治讨论，提高政治水平，加紧党内的政治教育，提高党的理论。第三，失业的党员同志，应当设法找到职业，党部应当帮助同

---

[1] 本书编委会编：《告全体同志书》，《中国共产党历届代表大会全纪录——"一大"到"十七大"》，中共党史出版社 2007 年版，第 242 页。

志去谋职业，无职业技能的还要学习，特别注意到工厂中去做工，同志也应互相介绍职业，要使同志不依赖党生活，而且能深入群众中去，使党成为真正群众的党。第四，加强支部建设。政治的宣传鼓动，群众的组织，只有支部才能深入；日常的斗争，只有支部才能灵敏的领导，如果仅仅高级党部定几个空架子的计划，发布几种宣传的文书，而支部不起作用，党和群众终究没有接近的时候。所谓支部生活，并不是仅仅开会、听政治报告、纳党费就算完事，最要紧的是讨论当地的政治问题，工作问题，无论是一工厂、一学校、一军营、一农村、一街道，范围虽小，都有它的不同的政治环境与工作的方法，要能正确运用党的政策，这是每个支部的任务，每个同志的任务。必须能充分执行这些任务，然后支部才能成为群众的核心，每个同志都成为群众的领导者。

（十）在艰难的环境中仍然坚持从严治党

在党的六大通过的《中国共产党党章》中，对党的纪律作出了规定。指出："严格的遵守党纪为所有党员及各级党部之最高责任。""共产国际，中国共产党全国代表大会，中央委员会及其他上级机关的决议，都应当迅速而且正确地执行，同时在未经决议以前，党内的一切争论问题，可以自由讨论。"还规定："不执行上级党部的决议和犯了党内认为有错误的其他过失，应由相当的党部予以纪律上的处分。党部执行纪律的方法，对于团体的是：指责批评，指定临时委员会，解散组织和党员重新登记；对于党员个人的是：各种形式的指责警告，公开的检查，临时取消其党的重要工作，开除党籍，或予以相当时间的察看。""关于犯纪律的问题，由党员大会或各级党部审定之。各级委员会得成立特别委员会以预先审查关于违犯党纪的问题，此种特别委员会之决议，经该级党部批准后，方发生效力。开除党籍的问题，由本章第六条所规定之手续决定之。"党的六大党章删除了五大党章中"监察委员会"一章，撤销了中共中央监察委员会，规定从中央到县一级设立审查委员会，监督各级党部之财政、会计及各机关之工作。

这表明，无论党处于多么艰难的环境，从严治党的意识丝毫没有减弱。

三、全盘苏化影响下的三次"左"倾错误对党的民主法制事业的破坏

从党的八七会议到党的遵义会议之前，我们党先后出现了三次"左"倾错误。第一次是 1927 年八七会议后至 12 月，发生于从大革命失败到土地革命战争兴起的历史转折时期以瞿秋白为首的中央临时政治局所犯的"左"倾盲动错误；[①] 第二次是 1929 年年初至 1930 年 7 月出现的李立三"左"倾冒险错误；第三次是 1931 年 10 月至 1935 年 1 月遵义会议前出现的王明"左"倾教条主义。这些"左"倾错误对党的民主法制事业的危害，主要是破坏了党团结民族资产阶级、知识分子的统一战线，让一些同志去冒险行动而付出了不必要的牺牲，在土地革命中照搬苏联政策，实行土地国有，伤害了贫农、中农等农民的权益，对地主、富农的打击过火等。这些"左"的错误是盲从共产国际指挥、照搬苏联模式的结果。

对于共产国际、联共（布）与中国革命的关系，中国共产党的领导人曾进行过多次总结和反思。1956 年 9 月，毛泽东明确指出，共产国际对中共实行的是"家长制"作风。他指出，党的历史上所犯的三次"左"倾错误和抗日战争时期王明的右倾错误，都与共产国际和联共（布）有关系，"过去的王明路线，实际上就是斯大林路线。它把当时我们根据地的力量搞垮了百分之九十，把白区几乎搞垮了百分之百"。通过对共产国际、联共（布）与中国共产党关系的历史性思考，毛泽东得出了"两头好，中间差"的结论。他说："第三国际前后两段还好，中间有一大段不好：列宁在世的时候好，后来季米特洛夫负责的时候也较好。"[②]

---

① 中共中央党史研究室：《中国共产党历史》第一卷（1921—1949）上册，中共党史出版社 2011 年版，第 248—252 页。

② 《毛泽东文集》第七卷，人民出版社 1999 年版，第 120 页。

（一）斯大林的中国革命"三阶段"论、罗米那兹的"不断革命论"，是导致瞿秋白的"左"倾盲动错误的重要原因

1927年中国大革命失败前后，斯大林曾多次阐述他的中国革命"三阶段论"。他认为，中国革命的第一阶段，即广州时期，是全民族联合战线的革命；蒋介石叛变革命后，民族资产阶级转到反革命阵营，中国革命进入第二阶段，即武汉时期；汪精卫叛变革命后，小资产阶级离开革命阵营，中国革命进入第三阶段，即苏维埃革命阶段，这时无产阶级的同盟军是农民和城市贫民。斯大林的这个论断是不符合中国革命实际的，因为他把民族资产阶级和小资产阶级都当作了革命对象。

共产国际代表罗米那兹则提出了"不断革命论"。周恩来指出："罗米那兹认为中国是'不断革命'，说中国是民主革命，但一直发展下去就是社会主义革命。他说广州时期是四个阶级联合，武汉时期是三个阶级联合，南昌起义时只有工农，是两个阶级，中间不经任何停留，不经任何阶段，一直发展下去，就是社会主义革命。"[①] 他为八七会议起草的《中国共产党中央执行委员会告全体党员书》混淆了民族资产阶级与买办阶级的界限。他起草的《中国共产党的政治任务与策略的议决案》认为，民族资产阶级的革命作用已经完结，成为反革命的帮凶。因此，中国的"资产阶级民权主义革命，与社会主义革命之间，并没有截然分为两段的界线"。[②]1927年11月9日至10日，中共中央政治局在上海召开临时政治局扩大会议，会议通过罗米那兹起草的《中国现状与党的任务决议案》以及组织问题、政治纪律问题等决议。决议案提出中国革命是"无间断的革命"，可以迅速地解决资产阶级民主革命任务而急转直下地进入社会主义道路。会议接受罗米那兹从斯大林那里来的"左"倾观点，认为蒋介石的叛

---

① 《周恩来选集》上卷，人民出版社1980年版，第160页。
② 《中国共产党历史》第一卷（1921—1949）上册，中共党史出版社2011年版，第250页。

变就是整个民族资产阶级的叛变，汪精卫的叛变就是小资产阶级的叛变，因而提出在反帝反封的同时，还要反对民族资产阶级和小资产阶级。会议不承认革命处于低潮，确定了实行全国武装暴动的总策略，并要求农村暴动同城市暴动相结合，造成一省或几省的革命胜利的局面。会议还规定了一系列过"左"的政策，如主张没收中外大资本家的企业，"工厂归工人管"，要求在农民暴动时"极端严厉绝无姑息地杀尽豪绅反动派"，等等。从11月中旬到12月中旬，一些地区发生强迫工人罢工、农民暴动和盲目烧杀等情况，但都很快被镇压下去。这次"左"倾盲动错误，罗米那兹负有重要责任，他是政治上的盲动主义以及其他"左"倾政策的主要提出者和推行者。

以瞿秋白为首的中央临时政治局对这次"左"倾错误也负有直接的责任。主要表现是：第一，在革命形势问题上，过分夸大了敌人的内部危机和革命力量的发展，否认革命形势已进入低潮，认为中国革命是高涨的，处在重新爆发革命斗争的高潮。第二，在革命性质和阶级关系上，认为中国革命是"无间断的革命"，从民主革命急转直下地进入社会主义革命；民族资产阶级已经成了绝对的反革命势力，小资产阶级现时也不是革命的力量，而是革命的障碍，因而必须把帝国主义、封建主义和民族资产阶级、小资产阶级统统列为革命的对象。第三，在斗争的策略上，主张继续进攻，命令少数党员和群众去进行毫无胜利希望的武装暴动，实现工人阶级的暴动与农民暴动的互相赞助。第四，在组织问题上，片面强调领导干部工农化，认为中共在组织上的主要缺点就是领导干部并非工人、贫农，而是小资产阶级知识分子的代表。第五，他们滥用组织手段，强制推行盲动主义。他们主持通过的《政治纪律决议案》，无理指责南昌起义前敌委员会执行的是"机会主义的旧政策""软弱的军事投机的尝试"，并给以周恩来为书记的前委全体成员以"警告"处分，完全抹杀了南昌起义的伟大功绩。决议还指责毛泽东领导的秋收起义"完全违背中央策略"，不仅给湖南省委全体成员以纪律处分，而且解除了毛泽东的中央政治局候补委员的职务。①

1928 年 2 月下旬，共产国际执委会第九次扩大会议通过关于中国问题的决议，批评了罗米那兹所谓"不断革命"的错误观点。中共中央临时政治局发出关于接受共产国际决议案的通告，承认中共内部存在"左"倾盲动的错误。②

（二）共产国际"第三时期"理论和李立三"左"倾冒险错误

1928 年 7 月至 9 月召开的共产国际第六次代表大会，总结了中国革命的经验教训，批评中国共产党没有及时建立自己的军队，对国民党背叛革命没有警惕性，在国共合作时期没有保持独立性，这些意见虽然有抹杀共产国际错误的缺陷，但大体是正确的。但这次会议又提出了"左"倾冒险错误的"第三时期"理论，认为国际工人运动经历了两个时期，现在进入第三时期。第一个时期是资本主义体系发生最尖锐的危机和无产阶级进行直接革命的时期，在 1921 年达到了发展的顶峰，其结果是苏俄产生了武装干涉和国内反革命势力，成立了共产国际，且无产阶级遭到一系列严重失败，资产阶级开始了全面进攻；第二时期是资本主义体系形成局部稳定时期，是资本主义经济恢复时期，是资本的进攻变本加厉和无产阶级由于遭受严重失败而继续进行防御时期。这个时期是苏联在社会主义建设中取得重大成就时期，是各国共产党在广大群众中的政治影响扩大时期。现在是第三时期，即帝国主义国家之间的帝国主义战争、帝国主义国家反对苏联的战争、反对帝国主义的民族解放战争和帝国主义武装干涉的时期，也就是大规模阶级搏斗的时期，是资本主义总危机的最后一个时期。因此，共产国际要求资本主义各国共产党准备变帝国主义战争为国内战争、建立无产阶级专政时期；要求处于战争和革命时代的殖民地半殖民地国家的共产党人建立苏维埃政权。1929 年 10 月 26 日《共产国际执委给中共中央关于国民党

---

① 孙武霞编著：《共产国际和中国革命关系史纲》，河南人民出版社 1988 年版，第 181—183 页。

② 中共中央党史研究室：《中国共产党历史》第一卷（1921—1949）上册，中共党史出版社 2011 年版，第 251—252 页。

改组派和中央任务问题的信》公然宣称："中国进到了深刻的全国危机的时期"，中国共产党"现在已经可以开始而且应当开始准备群众去用革命方法推翻地主资产阶级联盟的政权，去建立苏维埃式的工农专政"。①

1929年12月20日，中共中央作出决议接受共产国际第十次执委会路线与一切决议。1930年1月11日，中共中央政治局通过决议，表示："日前全国的情形，正如国际来信所指出确已进到深刻的全国危机的时期。"这一"革命形势的速度，即实行武装暴动直接推翻反动统治的形势的速度"。"我们必须如国际所指示，在现在就准备群众，去实现这一任务，并积极的开展和扩大阶级斗争的革命方式。"1930年5月，蒋冯阎大战爆发，这是规模空前的新军阀大战。主持中共中央工作（周恩来已去苏联向共产国际报告工作）的李立三等认为革命危机已在全国范围内成熟。6月11日召开的中共中央政治局会议，通过李立三起草的《新的革命高潮与一省或几省首先胜利》的决议案。以李立三为代表的"左"倾冒险错误在党中央占据了统治地位。

这个决议案的"左"倾冒险错误表现在：第一，对形势作了根本错误的估计，认为中国革命和世界革命都到了大决战的前夜。决议案写道："中国经济政治的根本危机，在全国任何一处都是同样继续尖锐化，没有丝毫根本的差别。""总的形势，都表明中国新的革命高潮已经逼近到我们的前面了"，全国范围内已有"直接革命的形势"，并"有极大的可能转变成为全国革命的胜利"。决议案还认为：中国革命一爆发，就有"掀起全世界的大革命、全世界最后的阶级决战到来的可能"。第二，主张在实际工作中已不再需要逐步积聚和准备革命的主观力量，因为群众已经不要小干只要大干，也就是只要武装暴动，而且是全国性的武装暴动。第三，坚持"城市中心论"，强调："无产阶级的伟大斗争，是决定胜负的力量，没有工人阶级的罢工高潮，没有中心城市的武装暴动，

① 孙武霞编著：《共产国际和中国革命关系史纲》，河南人民出版社1988年版，第200—202页。

决不能有一省与几省的胜利"，批评"以乡村包围城市"是一种"极错误的观念"，"过去的游击战术必须根本的改变过来"。第四，混淆民主革命和社会主义革命的界限，认定"资产阶级已经是反动联盟的一部分"，主张革命如果在一省与几省首先胜利，"要没收中国资产阶级的工厂、企业、银行"，并且"必然需要从工农专政进到无产阶级专政"。①

在这种错误思想指导下，李立三等制订了以武汉为中心的全国中心城市武装起义和集中全国红军攻打中心城市的计划。重点是武汉暴动、南京暴动和上海总同盟罢工，并要求各路红军"会师武汉"，"饮马长江"。8 月初，成立全国总行动委员会，作为领导武装暴动和总同盟罢工的最高指挥机关；把共产党、青年团和工会的各级领导机关合并为各级行动委员会，停止了党、团、工会的正常活动；进一步提出准备全国暴动的详细计划，还要求蒙古出兵配合，苏联积极准备战争。

这次"左"倾冒险错误在党内统治的时间虽然只有三个多月，但党为此付出了惨痛的代价。国民党统治区内，许多地方的党组织因为急于组织暴动而把原来的有限力量暴露出来，先后有十一个省委机关遭受破坏，武汉、南京等城市的党组织几乎全部瓦解，红军在进攻大城市时也遭受很大损失。"左"倾冒险错误脱离客观实际，单凭主观愿望或想像，急于求成使得自己原本的力量也被消耗殆尽。它必然受到那些了解并尊重实际情况的党内干部的抵制。在革命根据地，一些党和红军的领导人在不同程度上对李立三的错误表示怀疑或作了抵制。因此，这次"左"倾冒险错误在实际工作中，特别是在红军和各根据地中，并没有得到全面的贯彻。

李立三"左"倾冒险错误的发展超出了共产国际所能允许的范围，因此，也受到共产国际的批评。本来在中国革命的许多基本问题上，李立三的观点同

---

① 中共中央党史研究室：《中国共产党历史》第一卷（1921—1949）上册，中共党史出版社 2011 年版，第 301—303 页。

共产国际是一致的。但是共产国际不同意李立三对当前直接革命形势的估计。认为他否认中国革命发展的不平衡性，夸大革命的主观力量和低估敌人的力量，以及停止党团工会的独立活动等，都是错误的。1930 年 7 月下旬，共产国际政治书记处召开扩大会议，通过了《关于中国问题议决案》。虽然它仍有很多关于中国革命问题的"左"的观点，但改变了 1929 年 10 月共产国际指示信中对中国革命形势的错误估计，认为暂时还没有"全中国的客观革命形势"，"工人运动和农民运动的浪潮还没有汇合起来"。议决案批评了根据地的一些"左"的政策，如禁止土地买卖，实行集中供给和限制对内贸易等。共产国际决定让周恩来和瞿秋白回国贯彻共产国际政治书记处七月扩大会议的决议，纠正李立三的错误。1930 年 9 月 24 日至 28 日，中国共产党在上海召开扩大的六届三中全会，这次会议通过的决议批评了李立三等对帝国主义和国民党反动统治崩溃的形势所作的不切实际的估量。李立三在会上作了自我批评，承认了错误，离开了中央领导岗位。但是六届三中全会并没有能在思想上、理论上彻底清理李立三等的"左"倾错误，认为李立三等只是"犯了些冒险主义的与左倾关门主义的错误（仅仅是策略上的错误）"。会议仍然根据共产国际 1930 年 7 月作出的《关于中国问题议决案》，对中国革命形势的发展作了过分的估量，对于中国革命的长期性缺乏正确的认识，强调红军要"依照军事政治的环境，进而占领一个或者几个工业政治中心"，认为湘鄂赣三省有首先胜利的可能。会议仍然强调"城市工人要真正切实的准备政治同盟总罢工，以至于武装暴动"。[1]

党的六届三中全会严格贯彻执行了共产国际的七月决议精神。但是，1930 年 10 月末，共产国际执委会发来《关于立三路线问题给中共中央的信》，信中把李立三等的"左"倾冒险错误说成是同共产国际根本对立的路线错误，实质是"机会主义的立场，好像托洛茨基主义一样"，有"敌视布尔什维克主义和敌

---

[1]　中共中央党史研究室：《中国共产党历史》第一卷（1921—1949）上册，中共党史出版社 2011 年版，第 301—306 页。

视共产国际的行为"，而不仅仅是什么策略错误。在这封信之前，瞿秋白、周恩来在莫斯科讨论同一问题时，共产国际并没有指出李立三的错误是"路线错误"。共产国际在同年 8 月通过的《关于远东局与政治局新的争论的决议》也没有作出这种评价。但共产国际的十月来信却不承认有过这种改变，反而文过饰非，强调自己前后看法的一致性。这封来信虽然对李立三的错误进行了批评，但它对中国革命问题看法的基调同样是"左"的。来信不指名地批评主持中共六届三中全会的同志抹煞共产国际路线和"立三路线"的原则区别，犯了"调和主义"错误，实际否定了六届三中全会的成绩，使六届三中全会已经开始的纠"左"势头无法继续下去。[①]

（三）共产国际的支持和王明"左"倾教条主义的横行

苏共和共产国际在指导中国革命的过程中，在相当长的一个时期里，一直认为自己是真正的马克思主义者，他们的决议、指示是百分之百符合马克思主义的，是最了解中国国情的，所以他们要在中国寻找自己最信任，对自己言听计从的人上台，以便更好地控制中共中央。共产国际的十月来信否定了六届三中全会的成绩，阻断了中共纠"左"工作，使党内出现了严重混乱。以王明为代表的教条主义者，通过其他留苏归国同志的渠道，在十月底预先知道共产国际向中共中央发出信件的消息及其内容之后，随即乘机打起"拥护国际路线""反对立三路线""反对调和主义"的旗号，串联并鼓动一部分党员反对三中全会及其后的中央，要求彻底改造党的领导机关。

1931 年 1 月 7 日，在来到中国的共产国际执委会远东局负责人米夫的直接干预下，中共六届四中全会在上海召开。米夫将周恩来等人起草的六届四中全会决议弃之不用，自己起草了另一份决议，以远东局和中共中央政治局的名义，拟定了改组后的政治局委员、候补委员和补选的中央委员名单，以突然袭击的

---

① 中共中央党史研究室：《中国共产党历史》第一卷（1921—1949）上册，中共党史出版社 2011 年版，第 307 页。

方式通知参加人员到会。在到会的 37 人中，有王明等 15 人不是中央委员，占出席会议人数的 40.5%，这些人不但有发言权、表决权，还有选举权、被选举权。王明在会上作了较长的发言，宣扬他会前的《两条路线》(后来改名为《为中共更加布尔塞维克化而斗争》) 的观点。他夸大资本主义在中国经济中的比重，夸大中国现阶段革命中反资产阶级斗争、反富农斗争的意义，否认中间营垒的存在；继续强调全国性的"革命高潮"和党在全国范围的"进攻路线"，急于夺取一个或几个包括有中心城市在内的主要省份的胜利；指责中国当时还没有建立起"真正的"红军和工农兵代表会议政府，宣称党内的主要危险是"右倾机会主义""实际工作中的机会主义"和"富农路线"。

党的六届四中全会以批判三中全会的所谓对于"左"倾冒险错误的"调和主义"为宗旨，强调反对"党内目前主要危险"的"右倾"，决定"改造充实各级领导机关"。瞿秋白、周恩来等在会上受到严厉指责。原来不是中央委员、缺乏实际斗争经验的 26 岁的王明，由于米夫的支持，不仅被补选为中央委员，而且成为政治局委员。从这时起，以王明为代表的"左"倾教条主义在党中央领导机关内开始了长达四年的统治。

李立三"左"倾冒险错误被纠正之后不久，又形成王明"左"倾教条主义错误在中央的统治。王明"左"倾教条主义错误主要表现在：

1. 对革命性质、形势和阶级关系作出了错误的分析。混淆民主革命与社会主义革命的界限，否认中间阶级的两面性和反动势力的内部矛盾，实行"关门主义"，主张"进攻路线"。

2. 对革命道路问题和城市斗争的方针问题提出了错误的政策。低估根据地建设和农村游击战的重要性，夸大国民党统治的危机和革命主观力量的发展，坚持"城市中心"论，号召全党准备决战。

3. 在土地问题上推行"地主不分田，富农分坏田"的极"左"政策。在组织上大搞任人唯亲的宗派主义和惩办主义，搞"残酷斗争，无情打击"。在军事上强调所谓的"正规化""正规战""全线出击"等。王明"左"倾教条主义错误给中国革命造成了严重危害。

4. 他们打着"反右倾"的旗号，实行宗派主义，对不同意他们错误主张的同志进行残酷斗争，无情打击。

不难看出，共产国际"第三时期"理论是王明"左"倾教条主义的主要理论依据，是王明"左"倾教条主义路线总纲领的中心内容。

李立三的路线明明是"左"的，为什么王明反而认为他是右的呢？这主要是因为王明的许多看法比李立三等的看法更"左"，他认为，中国革命的动力只有工农和下层小资产阶级，其他一切阶级、阶层都"已转入反动的营垒"，因此没有"第三派"和"中间营垒"的存在。他把资产阶级、上层小资产阶级同帝国主义封建主义并列，都看成是革命的对象。宣称：现阶段的中国资产阶级民主革命，只有在坚决进行反对资产阶级的斗争中才能得到彻底的胜利；他强调全国性的革命高潮已经到来，要在全国范围内实行进攻路线。他认为："目前我们还没有全中国的直接革命形势，但在全国革命运动新高潮日益生长和不平衡发展的条件之下，直接革命形势，最近可以首先包括一个或者几个主要的省份。"他主张在湘鄂赣各省真正实现一省和几省的首先胜利，进而推进与争取全国范围的胜利；李立三主张中国革命要以城市的工人暴动为主，王明同样坚持城市中心的观点，他按照共产国际的决议提出："在中国正在成熟着新的革命运动，新的高潮最可靠的标志是工人罢工斗争的高潮"，组织领导工人阶级的经济斗争，真正准备总同盟罢工以至武装起义，是共产党的最主要的任务；王明虽然也表示重视红军力量，但他完全不懂得在敌强我弱的形势下，红军作战的规律和革命根据地发展的规律。他指责党和红军到"1930年冬还没有能够建立起一个能够真正成为最有保障的革命中心的根据地"，认为这才是真正要反对的"右倾"；在土地革命问题上，王明提出"坚决打击富农"，"使富农得到较坏的土地"等"左"的主张；在组织上，他要求以积极拥护或执行国际路线的斗争干部，特别是工人干部来改造和充实各级的领导机关。①

王明"左"倾教条主义错误之所以能在中央获得统治地位，是同共产国际直接的、强加于人的、不正确的干预分不开的。在党的六届四中全会上，米夫代表共产国际远东局做结论。会上不断发生激烈争论，米夫多次使用不正常的组织手段控制会议的进行。由于王明等直接得到共产国际的支持，使得一部分本来不赞成或批评王明的人转而赞同并支持他。这种状况反映了中国共产党仍然处于幼年时期的一些特点。

（四）临时中央"查田"运动过分打击了地主富农、侵犯了中农的权益

自 1931 年 9 月间以秦邦宪（博古）同志为首的临时中央政治局起，到 1935 年 1 月遵义会议止，是第三次"左"倾路线的继续发展时期。1931 年 4 月，中共中央政治局候补委员、参与领导中央特科工作的顾顺章在武汉被捕叛变。6 月，担任中央政治局常务委员会主席的向忠发在上海被捕叛变。党迅速将中央机关和中央主要领导干部转移到安全地带或撤离上海。王明 10 月前往莫斯科，周恩来 12 月底到达中央根据地的瑞金。由于在沪的中央委员和政治局委员都已不到半数，根据共产国际远东局的提议，在上海成立由博古负总责的临时中央政治局。以博古为首的临时中央继续贯彻执行"左"倾教条主义的方针。

从 1933 年 2 月开始，在大约一年的时间里，中央根据地广泛开展了查田运动。这场运动是作为彻底肃清封建半封建势力，巩固苏维埃政权的一项重要措施提出的，但由于中共临时中央力图在运动中全面贯彻其"左"倾土地政策，使运动发生很大偏差，没有达到预期目的。

早在 1931 年 3 月，中共中央就发布过《土地法草案》，规定了"地主不分田""富农分坏田"的"左"倾政策。这个草案是中共中央政治局与共产国际远东局共同起草的，后经共产国际批准。"左"倾教条主义的领导者认为，各个根

---

① 中共中央党史研究室：《中国共产党历史》第一卷（1921—1949）上册，中共党史出版社 2011 年版，第 311 页。

据地特别是中央根据地原先实行的限制不是实际上消灭富农经济、给地主以生活出路的土地政策，而是"富农路线""非阶级路线"，曾多次加以指责。1933年年初，临时中央迁入中央根据地后，又多次重复这种指责，并以此作为开展查田运动的根据。党的六届五中全会通过的《政治决议案》提出："在农村中工作时，党必须注意到农民中的分化，坚决地组织农村工人的单独的组织（农业工人工会），而将贫农团结在他的周围，在坚决的反富农的斗争中团结中农在自己的周围。"① 这时，毛泽东已被解除党和红军中的领导职务，担任中华苏维埃共和国中央执行委员会主席，实际上处在被排挤的地位。1933年2月，临时中央责成他通过政权系统推进查田运动，毛泽东按照临时中央的要求参加对查田运动的领导，在运动开始前，他曾派干部到瑞金叶坪进行试点，取得经验。查田运动广泛开展后，他在指导中提出过一些正确的政策和方法，但是当运动迅速发展以后，"左"倾错误还是占着上风，愈演愈烈。许多地方把大量中农特别是富裕中农错划为地主、富农而加以打击，把不少富农当作地主加以打击，发生严重侵犯中农利益、消灭富农经济的错误。到9月8日，中央苏区中央局不得不做出第二次决议，承认查田运动犯了某些错误，并责成临时中央政府予以纠正。10月10日，临时中央政府批准毛泽东六月下旬起草的《怎样分析阶级》的文件。并通过他主持制定的《关于土地斗争中一些问题的决定》。决定对20个问题作了明确、具体的规定，其中主要是如何划分地主与富农，如何划分富农与富裕中农以及对待知识分子的政策等。决定指出：有无主要劳动"是区别富农与地主的主要标准"；"富裕中农与富农不同的地方，在于富裕中农一年剥削收入的分量不超过其全家一年总收入的15%，富农则超过了15%"。决定还规定，从事非剥削别人的工作的知识分子是"脑力劳动者，应该受到苏维埃法律的保护"。临时中央政府还发出命令，要求各级政府按照这两个文件的精神，

---

① 《政治决议案》，载中央档案馆编：《中共中央文件选集》第9册，中共中央党校出版社1986年版，第15—35页。

对农村阶级成分进行复查。当《关于土地斗争中一些问题的决定》刚刚在各地贯彻执行并取得一定成效时，1934 年 3 月 15 日，第二次全国苏维埃代表大会新选出的中央人民委员会，却又根据同年 1 月党的六届五中全会有关决议的精神，发出关于继续开展查田运动的《训令》，认为纠正过"左"的错误是阻碍开展查田运动，并给地主、富农以反攻的机会，因而是错误的。《训令》规定，在暴动后查田运动前已经决定的地主与富农，不论有任何证据，不得翻案，已翻案者作为无效。查田运动中"左"倾政策的推行，不仅过分打击了地主、富农，严重地侵犯了中农利益，而且破坏了农业生产，损伤了农民的生产积极性，造成根据地严重缺粮，扩大红军遇到困难，加重了根据地的困难局面。[①]

临时中央消灭富农的主张，来源于苏俄，尤其是斯大林的做法。苏俄曾两次提出并开展了消灭富农的运动。[②]

第一次是 1917 年 10 月到 1918 年年底的土改运动，它大体经历了两个阶段。在俄国中部地区第一阶段是 1917 年 10 月至 1918 年春进行的，主要是没收地主、皇室和寺院的土地，具有反封建的民主革命性质。在这一阶段的土改中，农民内部各个集团之间的分化明显地表现出来，贫苦农民从实际生活中知道他们的利益不能同富农的利益相调和。贫苦农民和富农在如何具体分配地主土地的问题上发生了矛盾，富农利用他们在苏维埃和土地委员会中的影响，企图从中捞取好处，主张按有利于富农的办法进行分配，乘机扩大自己的经营范围，个别地方还出现了富农带头瓜分地主庄园财产，侵占良田、农具、牲畜等情况。富农拥有大量余粮、种籽、耕畜和农具，贫苦农民却由于缺乏口粮、种籽、农具和耕畜，分得地主土地后无法正常耕种。这就引起贫苦农民的强烈不满，暴露出富农和贫农之间的不同利益和不同意向。不仅如此，工人和城市人

---

① 中共中央党史研究室：《中国共产党历史》第一卷（1921—1949）上册，中共党史出版社 2011 年版，第 373—374 页。

② 唐士润：《关于苏联富农的几个问题》，《四川师范大学学报》1983 年第 3 期。

民在粮食问题上同富农的斗争也日益尖锐化。1918 年春天，粮荒日益严重，城市工人和人民处于饥饿状态，富农却不愿按国家价格把大量余粮卖给收购机关。他们囤积居奇，抬高粮价，企图用粮食作武器来扼杀苏维埃政权。1918 年 5 月下旬，捷克斯洛伐克军团叛乱后，在白卫分子和右派社会革命党人的煽动下，富农暴动遍及全国。他们企图恢复旧时代富农为所欲为地进行剥削的制度。这就严重地威胁到贫雇农民对刚分到的土地的使用权和苏维埃政权的生存。在这样的特殊历史条件下，苏俄实际上转入了实行消灭富农的政策。第二阶段是 1918 年夏秋开展的，主要是贫苦农民反对富农的斗争，具有社会主义革命的性质。之所以反对富农，是因为富农利用粮食作武器和进行武装暴动来反抗苏维埃政权，这就促使俄共实行消灭富农的政策。全俄中央执行委员会于 1918 年 6 月 11 日通过了成立乡和村贫农委员会的法令。根据法令在俄国欧洲部分很快成立了 12 万 2000 多个贫农委员会，除富农之外都可参加，开展了"农村的十月革命"，进行反对富农的斗争。在这样的情况下，列宁多次指出富农是苏维埃政权的死敌。他号召工人和贫苦农民联合起来，同俄国最后的人数最多的一个剥削阶级"进行最后的决战"。这一阶段采取了一系列消灭富农的政策，在当时的历史条件下，还是必要的。在经济上，没收富农余粮，课以重税或罚款，以削弱富农经济。为了摆脱粮荒，团结贫苦农民同富农作斗争，列宁指出必须建立粮食专卖制度。根据 1918 年 5 月 9 日和 27 日法令，国家建立了粮食专卖制度。法令规定，农村粮食所有者，扣除口粮和种籽外，必须在一周内把余粮卖给政府；没收富农余粮；不交余粮和私自酿酒者，一律宣布为"人民的敌人"。同年 9 月，人民委员会提出向富农征收重税，贫农免税，中农轻税。按平均使用土地的原则，没收富农超过劳动定额或消费定额的土地、耕畜和农具，在农民内部进行重新分配，这是消灭富农阶级的决定性措施。在政治上，宣布富农是苏维埃的敌人，人民的敌人，褫夺富农的选举权，并把他们从苏维埃及其他机关中清洗出去。富农作为一个被打倒的阶级，是专政的对象。同时，还镇压了富农的军事反抗。可见，十月革命后对沙俄时代的富农，采取了在经济上进行剥夺，政治上进行专政，军事上实行镇压的政策。因此，富农作为人数最多的一个剥削阶级在实现土地法令中已经被消灭。

第二次提出开展消灭富农运动是 1929 年。1921 年后在新经济政策条件下，农村总的倾向是各类农户都不同程度地走上了富裕的道路，到 1927 年苏联农业基本上恢复到战前水平。此后，由于对新经济政策实行收缩，因此农民富裕程度是有限的。农村两极分化的现象由于受到苏联政府的严厉限制并不严重，没有可能分化出一个新的富农阶级。众所周知，斯大林在 1927 年年底的粮食收购危机和农业集体化运动中，把按党的政策富裕起来的百多万农户划为富农，对他们实行彻底剥夺、扫地出门、赶到西伯利亚和本地边区去的暴力消灭富农的极端政策，是苏联农村集体化运动中的主要错误之一。由于对不愿加入集体农庄的人采用没收财产、宣布为富农和剥夺选举权的办法强迫实现全盘集体化，使广大农民不满，农村形势十分紧张，畜牧业遭到根本性破坏，农业生产连年下降。有人说，实行这样的政策，是由当时苏联所处的国内国际形势决定的。其实不然，第二次世界大战后波罗的海沿岸几个新加入苏联的加盟共和国，在农业社会主义改造中，对富农仍然实行扫地出门、赶到边远地区的极端政策，而同时代的东欧人民民主国家，却采取了和平改造富农的政策，而且取得了成功。因此，苏联对富农采取的极端政策，既非马克思、恩格斯的主张，也不是符合实际的正确政策，而是"左"倾错误的表现，它使苏联农业遭到破坏，给社会主义声誉带来不良影响，教训是十分深刻的。

中国的富农是半殖民地半封建社会的富农，与苏联的富农不可同日而语。中国的富农并没有用武装暴动与中国共产党相对抗，是旧社会遗留下来的问题，应该消灭的是封建剥削制度，而不是地主、富农本人，相反是要改造他们自食其力，成为新的劳动者。"左"倾教条主义者搬用斯大林的消灭富农的政策不符合中国国情，也会对社会生产力带来不应该有的破坏。

（五）苏区肃反扩大化及其教训

为了巩固中央根据地后方，赣西南的党组织和红一方面军总前委根据中共中央多次关于清除混进革命队伍内部的地主、富农和"AB 团"（反布尔什维克）等反革命分子的指示，于 1930 年上半年在赣西南地区的党和政府中开始进行肃清反革命分子的斗争。这场斗争在一段时间内虽然清除了一些反对革命的地主、富农分子，但也错杀了许多被误认为是"AB 团"成员的同志。1930 年 12 月，总前委根据一些人在逼供下的假口供，派人到红 20 军中抓捕"AB 团"分子。红 20 军少数领导人对这种做法抱有极大的怀疑和不满，乃于 12 月 12 日带领部队到富田包围当地苏维埃政府，释放被错捕的近百名同志，提出分裂红一方面军领导的错误口号，并将全军拉往赣江以西地区。这就是震惊一时的富田事变。

富田事变发生后，毛泽东同志发现了肃反中的问题，他当时担任中华苏维埃共和国主席和中华苏维埃共和国中央执行委员会的主席，在他的主持下，1931 年 12 月 13 日中央执行委员会通过了《中华苏维埃共和国中央执行委员会训令第六号——处理反革命案件和建立司法机关的暂行程序》，一方面指出前一时期"各地各级苏维埃政府很坚决地逮捕审讯，处置了许多反革命分子，给这些反革命以致命的打击，使苏维埃政权得到巩固，这种工作的主要方面，是完全正确的"，另一方面也指出"过去的肃反工作不是没有错误的，临时政府严重地告诉各地各级苏维埃政府，各地过去的肃反工作，有许多地方是做得不对的。例如听到某个或某几个反革命分子的口供，没有充分的证据，未经过侦查的工作就进行捉人；审问的时候采用肉刑，屈打成招的事，时常发现；处置犯人的时候，不分阶级成分，不分首要和附和，以致应当轻办的把他办重了（如不释放附和的工农分子）。这些错误在苏区好些地方好些时候都发现了"。为此，专门制定了"暂行程序"如下：①

---

① 张希坡编著：《革命根据地法律文献选辑》（第二辑）下卷，中国人民大学出版社 2017 年版，第 984—986 页。

1. 一切反革命的案件都归国家政治保卫局去侦查、逮捕和预审。国家政治保卫局预审之后，以原告人资格向国家司法机关（法院或裁判部）提起诉讼，由国家司法机关审讯和判决。

2. 一切反革命案件审讯（除国家政治保卫局得预审外）和判决（从宣告无罪到宣告死刑）之权都属于国家司法机关。县一级国家司法机关，无判决死刑之权。但有特别情形，得省司法机关特别许可者不在此例。中央区及附近的省司法机关作死刑判决后，被告人在 14 天内得向中央司法机关提出上诉。

3. 在设有国家政治保卫局机关的地方（即国家政治保卫局省分局、县分局或政治保卫局特派员），当地苏维埃政府若发现了反革命的材料，需报告当地的国家政治保卫局机关，不得擅自逮捕或审讯。

4. 在县和区两级尚只设立肃反委员会，未设立国家政治保卫分局或特派员，而建立政权又已有了六个月的历史的地方，此等地方的苏维埃政府如果发现了反革命的材料，必须得到国家政治保卫局省分局（设在省苏维埃所在地）的同意后，方可实施逮捕。仅仅有特别情形时（例如反革命派已经在组织暴动，或该区与省苏维埃的中间被白色区域间断，或在赤白交界地方易于逃跑，或敌人进攻情形紧急），不及报告或无法报告政治保卫分局省分局，又都得到了充分证据的时候，才准许县区政府及其肃反委员会有决定逮捕之权。

5. 在新发展区域，即在革命政府的建立满六个月的地方，当地革命群众与豪绅地主、富农、资本家的斗争正在十分紧张的时候，县肃反机关及特别指定的区肃反机关（国家政治保卫分局的特派员或肃反委员会）在取得县或区执行委员会的同意之后，有决定逮捕审讯反革命分子之权，审讯后应移交于同级政府的司法机关作最后之审讯，审讯完毕，拟具判决书，报告省司法机关作最后之判决。但豪绅地主、富农、资本家罪恶昭著，经当地工农群众要求处决者，当地政府得迅速执行处决之，无须得到省政府许可。

6. 在暴动初起，革命政权机关尚未建立的时候，当地革命群众有直接逮捕和处决豪绅地主及一切反革命分子的权力，但革命政府已经建立，即照第五条规定办理。

7. 不论在新旧区域，对于处置反革命团体（AB 团、社会民主党、改组派等）的分子，一定要分别阶级成分，分别首要与附和，即对于豪绅地主、富农、资本家出身的反革命分子以及首要分子应该严厉处置（如宣告死刑等），对于从工农贫民劳动群众出身而加入反革命组织的分子，以及附和的分子应该从宽处置（如自新释放等）。

8. 在审讯方法上，为彻底肃清反革命组织及正确地判决反革命案件，必须坚决废除肉刑，而采用收集确实证据及各种有效方法。

9. 各级地方司法机关在未设立法院之前，得在省县区三级政府设立裁判部，为临时司法机关，除依据前列各项原则处置反革命案件外，并解决一切刑事和民事的案件。

这项训令要求各级苏维埃政府接到该训令之后，应严格地遵守执行，如果违背该训令所规定的原则，须受到严厉的制裁。

1932 年 1 月 7 日，在周恩来主持下，苏区中央局作出《关于苏区肃反工作决议案》，① 一方面指出过去反"AB 团"斗争是正确的，是绝对必要的，的确给"AB 团"一个致命的打击，破获了"AB 团"的重要组织，巩固了苏维埃的政权，另一方面也严厉地指出，过去因为对"AB 团"及一切反革命派认识不正确，将反"AB 团"扩大化了。肃反扩大化错误的产生有肃反体制上的问题，即：肃反委员会与地方政治保卫处（局），在一个时期内，竟形成了超党超政权的独裁机关。如各地肃反委员会，一般的都没有集体的领导，同时也很少受政权和党的监督和指导。有些地方政治保卫局（如江西）与上级断了关系后，竟不受当地的党和政权的指导，且其本身又根本是无委员会的集体组织；在有一

---

① 《苏区中央局关于苏区肃反工作决议案》，载肖居孝：《中央苏区司法工作文献资料选编》，中国发展出版社 2015 年版，第 133—138 页。

个时期内，党、团、政权中其他机关以及一切革命群众团体，都可以自由肃反、自由捕人。这一切组织上的错误，都给了"AB 团"、社会民主党以及一切反革命派以潜入组织来利用肃反机关摧残革命分子的机会。

决议案强调，今后肃反工作要执行彻底的转变，则在中央来信及中央局指示信所指出的：（1）要正确地认识什么是"AB 团"、社党以及一切反革命派，要与夸大反革命力量减弱阶级自信心的右倾作坚决斗争；（2）要坚决反对"肃反中心论"，要懂得只有执行明确的阶级路线与充分的群众工作，方能巩固革命势力，肃清反革命派；（3）要加紧反"AB 团"，反社会民主党，反改组派，反取消派，反右倾的思想斗争与教育工作，要加紧党内两条战线的斗争，尤其是反右倾，党内与群众中的自我批评，必须尽力发展；（4）要健全政治保卫局的组织等项原则，立即执行下列各项的具体工作：一是要在群众中将"AB 团"，社会民主党，托洛斯基—陈独秀派一切破坏革命，破坏苏维埃政权与红军，破坏党、团，以及一切革命群众团体的阴谋活动与反革命的暴动的材料尽量公布出来，使广大工农劳苦群众深切地认识这一些反革命派的罪恶，引起群众深刻的阶级仇恨，自动地起来注意和检举揭发这一切反革命派残余的活动，以根本肃清他们在苏区的组织。这一切材料的搜集，应经过政治保卫局或肃反委员会的帮助，由苏维埃政府负责公布；二是要对过去反"AB 团"、反社会民主党斗争的正确和绝对必要，与在肃反工作中犯了非阶级路线非群众路线的错误，须在群众中作一广大的解释工作，并有领导地发展党内自下而上的自我批评，务使党员和群众的积极性发动起来，打破过去党内生活的沉闷与党内外群众的恐怖心理，以肃清过去肃反工作中的一切错误。但这一解释与批评，绝对要防止专门消极的批评和指斥过去，不将问题的中心和阶级仇恨放在怎样去做消灭"AB 团"、社会民主党以及一切反革命派的斗争上，甚至以为过去工作做错了，现在连"AB 团"、社会民主党等也不要反对了，或者以为根本便没有"AB 团"、社会民主党，这都是极严重的取消倾向。三是苏维埃政府应颁布处理反革命犯条例和加入反革命派的分子自首自新条例，并以明令确立革命秩序与保障革命群众的权利，使广大工农劳苦群众不致因"AB团"、社会民主党及一切反革命派的捣乱与政权对他们的镇压，而发生任何恐慌和动摇。四是对过去执行肃反错误路线的分子或机关，仍不更改其错误的，须予以纪律上的制裁；过去负责肃反工作同志如发现在执行错误路线外，还有腐化、营私、贪污以及种种非阶级行动时，党及政府工农检查所必须予以严厉的检查和处分。五是国家政治保卫局的工作必须系统地建立起来，它的组织原则应是集权的，但须在党中央局的直接领导与苏维埃中央政府直接指挥之下由委员会管理工作，下级分局亦均设委员会管理各级委员会，必须有党委负责者之一参加。红军中亦须建立政治保卫局的系统工作。保卫局的组织纲要应由苏维埃中央政府颁布之。

《中华苏维埃共和国中央执行委员会训令第六号——处理反革命案件和建立司法机关的暂行程序》和苏区中央局《关于苏区肃反工作决议案》，使肃反扩大化的趋势一度有所遏制。但是，由于中共中央在"左"倾教条主义思想指导下，继续坚持肃清"AB团"和社会民主党等所谓反革命组织的斗争，所以仍有一些党政领导干部和群众被错杀。[①]

这场肃反斗争不仅在中央根据地进行，在鄂豫皖、湘鄂西及其他根据地也分别开展。各根据地的肃反情况虽有不同，但都程度不同地犯有严重扩大化的错误，给革命事业造成极大危害。其主要原因是：

第一，共产国际的"左"倾指导是肃反扩大化的重要因素。1929年下半年到1930年年初共产国际向中共发来一系列"左"倾指示。它使中共对革命形势和阶级力量的估计出现了偏差，使反富农斗争走上歧途。共产国际认为中间势力是最危险的敌人，改组派是一个反革命集团。这种错误的理论导向使中共的阶级斗争实践步入误区，并成为肃反的理论依据。

---

① 中共中央党史研究室：《中国共产党历史》第一卷（1921—1949）上册，中共党史出版社2011年版，第318、319页。

第二，夸大敌情、怀疑一切的阶级斗争扩大化思想，导致了"肃反中心论的错误"的产生。方志敏同志1935年在囚室写的《我从事革命斗争的略述》中总结苏区肃反工作时指出："肃反工作的扩大化，就是认为反革命在苏区已经有了庞大的组织雄厚的力量，到处都有了反革命派的混入活动，到处疑神疑鬼！这是夸大反革命的力量，过低估计党和苏维埃的政治力量。"由于容易夸大敌情，怀疑一切，必然导致"肃反中心论的错误"。方志敏指出："肃反中心论的错误就是认为一切工作的毛病都是反革命在其中捣鬼，肃清了反革命，一切工作自然都会好了；所以说肃反是一切工作中的中心。"[①]

第三，实施刑讯逼供。罗瑞卿同志在党的八大会议上的发言中指出："同调查研究、实事求是完全相反的是逼供信的方法。这就是只根据一些片面的没有经过检验的材料，草率捕人，捕人以后，又往往轻信犯人口供，甚至用肉刑和变相肉刑逼供，相信逼出来的口供，再去捕人。这是主观主义的反马克思列宁主义的方法，其结果必然会把敌人的力量夸大化。我们党在第二次国内革命战争时期，在肃反斗争中曾经犯过这种错误，吃了一些亏，但是，却取得了一条经验，这就是必须实行充分的调查研究，坚决反对逼供信。"[②]阶级斗争扩大化必然要动用刑讯逼供来挖出许许多多的所谓"反革命分子"，进而证明被人为夸大的敌情的所谓真实性，一批批刑讯逼供制造的冤假错案又反过来进一步推动阶级斗争扩大化，形成了一种恶性循环。应该指出的是，这种"肃反中心论"的阶级斗争扩大化理论，来源于斯大林1928年提出的"阶级斗争尖锐化"理论，主要批判对象是布哈林的"阶级斗争熄灭论"。斯大林认为，阶级的消亡通过阶级斗争的尖锐化实现，国家的消亡通过国家政权的强化实现，社会主义必须"向国民经济中的资本主义分子实行全线进攻"。社会主义国家越发展，残存的剥削阶级的反抗越激烈，并从"正面进攻"转化为"更猛烈"的暗害活动。

---

① 方志敏：《我从事革命斗争的略述》，人民出版社1980年版，第73—76页。

② 中共中央办公厅编：《中国共产党第八次代表大会文献》，人民出版社1957年版，第280页。

阶级斗争理所当然"尖锐化"了。

第四，肃反机关的权力没有受到足够的制约。肃反机关错误地强调"集权的独立系统的垂直领导"，实行孤立主义、神秘主义的肃反路线。苏区的肃反机关在新区是"肃反委员会"，在老根据地是"政治保卫局"（即公安机关）。当时过分强调肃反工作的特殊性，错误地实行"集权的独立系统的垂直领导"体制。规定政治保卫分局和特派员同地方政府和红军中的政治机关只发生横的关系，而没有直接隶属关系，甚至政治保卫机关的各级党组织也实行"一致垂直领导"，不受地方党委的领导，如地方党委检查讨论肃反工作时，特派员也只能报告一般肃反情况，至于机密问题，"除向上级保卫局经常报告外，绝对不能向任何人作报告"。这样便使肃反机关严重脱离党的领导，更脱离了群众的监督，完全陷入孤立主义、神秘主义状态中。在这种领导体制下，不管发生多大问题，都无法及时制止和纠正。罗瑞卿在党的八大会议上的发言中强调指出："在第二次国内革命战争的时候，曾经不正确地强调了保卫机关独立系统的垂直领导，这就使各级保卫机关失去了各级党委的领导和监督，因而犯了错误。从1935年遵义会议以后，党中央纠正了这个错误，坚持实行了对各级人民公安机关的正确领导制度，就是把各级公安机关，置于党中央和各级党委的实际领导之下，军队的保卫机关，置于军队党委和政治机关的领导监督之下，在国家系统方面，也是实行双重领导，而不是实行公安机关的垂直领导，在各级公安机关内部实行党组织集体领导和首长负责相结合的制度，这就使我们避免了重犯过去的错误。"① 权力的分工与制约是客观规律，违反它就必然会出现权力的专横，当时我们党对此还没有足够的经验。

第五，共产国际的负责人在干部任命问题上采取了任人唯亲的宗派主义政策，领导干部仅凭言论表态而主要不是依据实绩和经历来选择干部。而王明等

---

① 中共中央办公厅编：《中国共产党第八次代表大会文献》，人民出版社1957年版，第280页。

人善于投机钻营、奉承拍马，所以二者沆瀣一气，造成了中国共产党长期没有合格的领袖。共产国际负责人任人唯亲的干部路线，培养了一些像王明这样善于逢迎的领导干部，他们当然不遗余力地照搬共产国际的指示，这是导致肃反错误的基本因素。中共中央在《接受国际对于农民问题之指示的决议》中认为在过去的富农问题上发生了"错误"，要求全党坚决地"反对富农"，对待富农阶级也由中立变为打击。在敌情估计上，中央多次向江西党组织发出指示信，指出"在江西有相当势力的改组派、AB团及第三党"，党的机关内，党内还有"可以使潜入的引子"。中央派巡视员传达落实中央指示。所有这些对赣西南地区造成严重影响。① 错误的思想路线，必然决定错误的政治路线；错误的政治路线，又必然选择错误的组织路线做保证。而错误的组织路线的特征就是宗派主义，顺我者昌、逆我者亡，党同伐异。正如《关于若干历史问题的决议》所指出的："很多地区更由于错误的肃反政策和干部政策中的宗派主义纠缠在一起，使大批优秀的同志受到了错误的处理而被诬害。造成党内极可痛心的损失。"②

（六）"左"倾教条主义阻碍了抗日统一战线的形成

统一战线是党的革命事业的三大法宝之一。新中国成立后又成为新中国宪法的内容特色之一。它来之不易，是在与"左"倾、右倾机会主义的斗争中发展起来的。在第一次国内革命战争时期，陈独秀的右倾机会主义放弃共产党的领导权，从右的方面危害了党的统一战线，而到了第二次革命战争时期，以王明为代表的"左"倾机会主义彻底否认民族资产阶级的革命性的一面，从"左"的方面危害了党的统一战线。

1927年7月，斯大林提出的中国革命"三阶段"论，判明中国民族资产阶级及其知识分子已成为革命的对象，成为王明等人排斥和打击中间势力的理论基础。他们看不到日本侵略引起的中国社会阶级关系的新变化，否认以民族资

---

① 武国友：《中央苏区肃反扩大化的原因》，《党史研究资料》1992年第2期。
② 《关于若干历史问题的决议》，《毛泽东选集》第三卷，人民出版社1953年版，第1008页。

产阶级为主体的中间势力的抗日要求，否认国民党内部在抗日问题上正在发生分化。他们认为，当前形势的特点是革命与反革命的决战，中间势力帮助国民党维持它的统治，使群众不去反对与推翻国民党的统治，因而是最危险的敌人，应该以主要的力量来打击这些妥协的反革命派。1932 年一二八事变发生后，上海民众反日会中的共产党党团主张把召集"工农兵代表会议"的口号，改为召集"工农商学兵代表会议"的口号。临时中央的负责人竟认为，这个口号里有个"商"字，是向资产阶级投降，因而是根本错误的。当上海抗战最激烈的时候，临时中央于 2 月 26 日发表告全国民众宣言，提出七条主张，没有一条提到联合中间力量，要在敌人力量强大的城市实行工农兵武装起义，实行武装夺取政权。临时中央的领导者不懂得在抗日已经开始成为中国革命的中心问题时，不管哪个阶层、派别、集团、个人，只要主张抗日，反对不抵抗主义，就是倾向于革命的，或者至少是有利于革命的。他们坚持认为，只有坚决拥护共产党领导的苏维埃政权，起来推翻国民党政权，才算是革命，因而只要是资产阶级，是属于国民党内的派系，即使主张抗日，仍然是反革命。他们所讲的统一战线，是排斥一切上层分子、排斥一切中间势力，只要"兵"不要"官"的所谓下层群众的统一战线。他们还粗暴地指责党内注意到和承认中间势力的抗日倾向并表示愿意与之合作的同志，是做了国民党各派及其他各派的俘虏。①

　　1933 年 11 月 22 日，十九路军在福建正式起兵反蒋，即"福建事变"。蒋介石立刻从"围剿"红军的部队中抽调了十余万大军前往福建。由于调兵去福建镇压抗日军队，蒋介石对红军的包围圈出现了松动。于是毛泽东同志便建议中央抓住时机突破包围，与十九路军联手，在江南开辟游击区，迫使蒋介石解围回援，停止"围剿"。但可惜的是，当时唯外国是从的"左"倾教条主义者由于继续把中间派看成是"最危险的敌人"，不仅完全无视了毛泽东同志的建议，

_____

　　① 中共中央党史研究室：《中国共产党历史》第一卷（1921—1949）上册，中共党史出版社 2011 年版，第 344—346 页。

还宣称十九路军是蒋介石的"帮凶",没有在军事上给予第十九路军的反蒋斗争以直接有力的配合,从而丧失了与国民党内抗日反蒋派结成联盟的机会,也使红军丧失了借这次事件打破第五次"围剿"的一个有利战机。①

我们应该指出的是,虽然从党的八七会议到党的遵义会议之前,"左"倾教条主义的错误流行,政治路线、军事路线并非正确,但在高举捍卫人民权利的法律思想领域,却是大体一以贯之地高举捍卫人民权利的旗帜,为人民服务的宗旨没有动摇。

1929年7月5日,《中国共产党中央执行委员会第二次全体会议宣言》(以下简称《宣言》)在大革命失败后的低潮时期,依然高高举起捍卫人民权利的旗帜。针对工人阶级,《宣言》呼吁:"团结起来,为增加工资而斗争,为改良待遇而斗争,为反抗童工女工的特殊痛苦而斗争,为星期日的休息而斗争,为八小时工作制而斗争,为争取集会、结社、言论、出版、罢工的绝对自由而斗争,为释放被捕的工人领袖而斗争,为反抗帝国主义国民党屠杀工人领袖而斗争!"针对农民阶级,《宣言》呼吁:耕田种地的弟兄们!你们要坚决地团结起来,反对军阀战争,反抗一切捐税田赋,实行抗租抗债,反对一切地主高利贷者、资本家。最后要没收地主阶级及一切豪绅帝国主义者占有的土地,建立工农兵代表会议的政权,只有这样,你们才能得到最后的解放。这份《宣言》提到的"绝对自由"虽然未必妥当,提到的反对"一切资本家"虽然带有一定"左"的色彩,但在革命低潮时期依然为人民的权利而呐喊,是中国历史上宝贵的一种革命精神。

1934年1月在江西瑞金召开的党的六届五中全会通过的《中共五中全会政治决议案》提出,要广泛开展反对苏维埃机关中贪污腐化、浪费公款及官僚主义分子的斗争,把广大群众参加与监督苏维埃的工作相结合,发动农民群众开

_____

① 中共中央党史研究室:《中国共产党历史》第一卷(1921—1949)上册,中共党史出版社2011年版,第379—380页。

展夺取土地，反对捐税、高利贷和地租的斗争。党的六届七中全会通过的《关于若干历史问题的决议》就这一段历史也作了实事求是的评价："应当指出，第三次'左'倾路线的代表者也领导了农民分配土地，建立政权和武装反抗当时国民党政府的进攻，这些任务都是正确的"；犯了"左"倾错误的同志"在反帝反封建、土地革命、反蒋战争等问题上的若干观点，同主张正确路线的同志们仍然是一致的"。[①]

不仅如此，他们在犯"左"倾错误的时候，还在强调党的廉洁的重要性，1934 年 1 月召开的党的六届五中全会通过的《中共五中全会政治决议案》指出："必须广大的开展反对苏维埃机关中的个别的贪污腐化、浪费公款及官僚主义的分子的斗争，这个斗争除掉使全工农检查委员会的组织和工作，个别的打击和反对具体的罪恶的负责者外，还必须与提高群众的文化水平、文化革命及吸引更广大的群众参加与监督苏维埃的工作联结起来，与发展苏维埃的民主主义及自我批评联结起来。"[②]

犯"左"倾错误者客观上给党的民主法制事业带来了难以估量的损失，但他们中的许多人还自以为是在捍卫人民的权利，这是他们的悲剧。

四、党领导人民制定《中华苏维埃共和国宪法大纲》

1930 年 5 月 20 日，党中央在上海召开了中华苏维埃区域会议。这次会议分析了全国的政治形势，提出了召开第一次全国苏维埃代表大会的任务。7 月 23 日，由上海的少共中央、全国总工会、互济会、上海总工会、自由大同盟、反帝大同盟、社会科学家联盟、左翼作家联盟等组成的"中华工农兵苏维埃第一次全国代表大会中央准备委员会"（以下简称中准会）举行第一次临时常委

[①] 《关于若干历史问题的决议》，《毛泽东选集》第三卷，人民出版社 1981 年版，第 990 页。

[②] 《政治决议案》，中央档案馆编：《中共中央文件选集》第 9 册，中共中央党校出版社 1986 年版，第 15—35 页。

会，通过了《临时常委会组织大纲》和《中准会工作大纲》。9月12日召开中准会全体会议，苏区代表、红军代表、许多省总工会的代表，也参加了会议。这次会议决定，中准会为筹备全苏大会的最高机关，由25名委员组成，设立于巩固的苏区中心，由它负责草拟宪法。原定于1930年12月11日广州起义纪念日，召开全国苏维埃第一次代表大会，并通过宪法，后因他故，推迟召开。到了1931年9月，革命根据地取得了粉碎国民党第三次军事"围剿"的胜利，又有了进一步的巩固扩大，特别是以江西瑞金为中心的各个根据地已经连成一片，这就使中央政权机关的建立和制定宪法的条件更加成熟，同时，"九一八事变"后，民族危机日益加重，全国人民掀起了抗日救亡的高潮，为了迎接和促进全国革命的新形势，扩大红色政权在全国人民心中的影响，召开全国苏维埃第一次代表大会变成了当务之急。

党中央对全国苏维埃第一次代表大会制定宪法工作非常重视，1930年9月，中共中央起草了《中华苏维埃共和国国家根本法（宪法）大纲草案》，并提交中国工农兵会议第一次全国代表大会中央准备委员会全体会议通过，为全国苏维埃第一次代表大会制定宪法规定了七大原则：[1]

第一，实行代表广大民众真正的民权主义（德谟克拉西）。一是它不只是在法律的条文之上规定言论、出版、集会、结社、罢工等自由，而且它用群众政权的力量取得印刷机关（报馆、印刷厂等）、开会场所等，在事实上保障劳动群众取得这些自由的物质基础。二是在苏维埃政权之下，凡选举权、被选举权以及一切法律命令等，对于劳动者不分男女、不分种族、不分宗教的信仰，都是一律平等地看待。

第二，建立属于劳动群众自己的政权，使政治的权力握在最大多数工农群众手里。一是苏维埃的选举法对劳动群众有最普及的、最广泛的选举权。二是

---

① 张希坡编著：《革命根据地法律文献选辑》（第二辑）上卷，中国人民大学出版社2017年版，第103—105页。

苏维埃组织的立法机关和执行机关融化在一起，劳动民众所选出的代表自己直接地去执行代表选举人所决定的一切行政事务，自己直接对选举人负责。工农兵会议的代表和执行委员要定期对选举人作报告，他们如果不称职时，选举人立刻可以决定撤销他们的代表资格。三是苏维埃政权的组织是最能够防止官僚主义的政治组织，各级苏维埃执行委员会、各部属，则是能够吸引广大群众参加种种事务的委员会。四是苏维埃政权的选举方法，着重于让从事生产的劳动者，尤其是工厂工人能够直接选举自己的代表。五是苏维埃政权解除地主资本家的武装而组织自己的武装，由工农自己来指挥军事力量，以保障自己的政权。

第三，彻底地实行妇女解放。承认结婚、离婚的自由，实行各种保护女性的办法。发展科学技术，使妇女能够事实上有脱离家务束缚的物质基础而参加全社会的政治文化工作。苏维埃政权不但保障青年的一切权利和教育，而且积极地引进青年参加政治和文化生活，创造社会发展的新力量。

第四，彻底地承认并实行民族自决，承认各小民族有分立国家的权力，他们可以完全自由决定加入或脱离中华苏维埃联邦，可以完全自愿地决定建立自己的自治区域。

第五，争取并且确立中国在经济上、政治上真正的解放，取消帝国主义在中国的一切特权，确立中国劳动民众完全的主权。

第六，实行工农民权的革命专政。在将来社会主义的阶段，更近于无产阶级的专政。所以苏维埃政权的选举法剥夺一切剥削阶级的选举权和被选举权以及政治上的自由权。宗教绝对实行政教分离原则，一切公民可以自由地信教，但一切宗教不能得到国家的任何保护及供给费用。因为一切宗教服务人（僧、道、牧师等）都是统治阶级迷惑工农群众的工具，所以必须剥夺其选举权及被选举权。

第七，苏维埃的中国是工人阶级和农民群众的国家。所以，苏维埃政府要彻底地维护工人利益，实行土地革命，消灭一切封建残余，没收地主阶级的土地，废除一切封建式的资产阶级的税捐，实行统一的累进所得税原则，税则完全由工农兵会议（苏维埃）决定。

在 11 月 7 日《中华苏维埃共和国宪法大纲》表决的前两天，即 1931 年 11 月 5 日，中共中央给苏区中央局再次发了《中央给苏区中央局第七号电——关于宪法原则要点》，[①] 指导大会如何正确地制定宪法。主要内容是：

1. 宪法任务在于保证苏区工农民主专政达到全国胜利，并转变到无产阶级专政。

2. 苏维埃政权属于工农兵及一切劳苦民众，军阀、官僚、地主豪绅、资本家、富农、僧侣及一切剥削者、反革命分子没有参加政权和政治上自由权利。

3. 中华苏维埃共和国最高政权为全国苏维埃大会。闭会期间临时中执委会为最高政权机关，下设人民委员会。

4. 凡 16 岁以上工农兵劳苦民众不分男女、种族、宗教，皆享有选举权被选举权。

5. 彻底的改善工人阶级生活状况。消灭封建剥削及彻底改善农民生活，实现土地国有。

6. 限制资本主义发展，更使工农劳苦群众脱离资本主义剥削走向社会主义制度为目的。

7. 宣布中华民族的完全自主与独立，不承认帝国主义在华政治上、经济上一切特权，宣布不平等条约无效。没收帝国主义的一切财产、企业与租界。目前许可外国企业在遵守苏维埃法律条件下另定租借条约。

8. 保证工农劳苦民众的言论、出版、集会、结社自由。

9. 保证彻底实行妇女解放，保证工农劳苦民众有受教育权利，并保障青年劳动群众的一切权利。

---

① 张希坡编著：《革命根据地法律文献选辑》（第二辑）上卷，中国人民大学出版社 2017 年版，第 106—107 页。

10. 保证工农劳苦民众有真正信教自由的实际和反宗教宣传自由。

11. 承认中国境内少数民族的民族自决权。

12. 庇护受反革命迫害的中国民众及世界革命战士。

13. 苏区内劳动的外国人，享有法律上一切权利。

……

17. 联合世界无产阶级与被压迫民族与苏联结巩固联盟。

党中央认为，召开中国工农兵会议第一次全国代表大会的目的是集中革命势力，为推翻帝国主义和国民党统治，实现全国苏维埃政权而斗争。在代表大会召开之前，中央根据地召开了党代表大会，讨论并通过了拟交全国工农兵代表大会的各项决议草案，还起草了《中华苏维埃共和国宪法草案》，该草案分四篇，共 78 条，由于条件不够成熟，该草案没有提交大会通过，而决定以宪法大纲作为中华苏维埃共和国的临时根本法。

中共中央起草《中华苏维埃共和国国家根本法（宪法）大纲草案》的做法，开创了党中央成立专门委员会起草宪法草案的先例。

1931 年 11 月 7 日，中华苏维埃第一次全国代表大会在江西瑞金的叶坪隆重开幕。出席大会的代表 610 人，会上，毛泽东同志代表中央苏区中央局向大会作了《政治问题报告》，项英同志作了《宪法问题报告》。代表们经过充分讨论，通过了《第一次全国工农兵代表大会宣言》，宣告了中华苏维埃共和国的成立。大会通过了《中华苏维埃共和国宪法大纲》，1934 年 1 月由中华苏维埃第二次全国代表大会修改，共 17 条。

《中华苏维埃共和国宪法大纲》是中国共产党领导人民制定的第一部宪法性文献，是党领导人民制宪的最初尝试，具有根本法和施政纲领的双重特点。它是中国共产党领导人民进行反帝反封建、实行工农民主专政的伟大纲领，它确认了劳动人民从土地革命中获得的实际利益和胜利成果，激发了他们为保卫自己的土地、政权和法律，同地主阶级和国民党反动派进行坚决斗争的革命热忱。

这部宪法大纲把党的民主革命纲领具体化、法律化，使全国人民了解中国共产党，认识中国共产党追求民主法制的本色，驳斥了国民党反动派对中国共产党人的污蔑。这一时期，正是蒋介石政权制定《训政纲领》《中华民国训政时期约法》，实行国民党一党专政和蒋介石个人独裁时期，苏维埃共和国的成立和宪法的制定，使人民可以进行对比，"受尽压迫剥削的民众，对于苏维埃每一具体的施政，简直如同铁血之追随于磁石。这种情形，造成了反动统治阶级的极大恐慌，反动统治阶级因此不惜以一切最无耻的造谣，来污蔑苏维埃的施政。然而铁的事实是给无耻造谣的有力回击，每一个有眼睛的中国人，只要不是丧心病狂的帝国主义者和国民党地主资本家，便不能不承认苏维埃政府的政策与国民党政府的政策有何等天壤之别"。①

当然，由于中国共产党对民主法制还处于探索阶段，特别是创立人民民主法制是中国历史上第一次，在中国这样一个半殖民地半封建社会建立人民民主法制在世界历史上也是首次。因此，存在一些不足之处是难免的。最大的不足就是全盘苏化的痕迹较重，因为当时的许多法律都是由王明控制的中共中央和共产国际远东局一起为全国苏维埃第一次代表大会起草的，除了宪法大纲之外，苏维埃组织法、土地法、劳动法、经济政策、红军决议案等也是王明等人起草的，它们规定了许多"左"的政策。② 照搬了苏联打击中间势力、打击中农的政策，1931 年的宪法大纲没有写明团结中农的政策，所幸在 1934 年的修改中得到补正。

在新民主主义革命时期，一个难题始终如影相随地困扰我们：既要学习苏联，又要从中国实际出发，不能全盘苏化。我们党往往徘徊于这之间。党的六

---

① 毛泽东：《中华苏维埃共和国中央执行委员会与人民委员会对第二次全国苏维埃代表大会的报告》，见《苏维埃中国》第二集，中国现代史资料编辑委员会 1957 年翻印，第 254—255 页。

② 本书编写组：《中国共产党历史上的 1000 个为什么》（上），中共党史出版社 2006 年版，第 171 页。

大通过的《苏维埃政权组织问题决议案》提出，[①] 党应利用苏联苏维埃建设的经验，中国苏维埃政府的正式名称应当是：中国工农兵代表会议（苏维埃）政府。在正式的代表会议（苏维埃）未组织以前，最初的政权形式是临时的革命委员会。这就有点苏化的味道。积极借鉴苏联政治制度是应该的，但不能照搬，因为苏俄原来是资本主义国家，而中国是一个半殖民地半封建社会。采用"苏维埃"这个中国民众根本不熟悉的名字，有违从中国国情出发的原则。后来，毛泽东同志就指出了这一点："关于建立民主集中制的各级人民代表会议制度问题，我们政权的制度是采取议会制呢，还是采取民主集中制？过去我们叫苏维埃代表大会制度，苏维埃就是代表会议，我们又叫'苏维埃'，又叫'代表大会'，'苏维埃代表大会'就成了'代表大会代表大会'。这是死搬外国名词。现在我们就用'人民代表会议'这一名词。我们采用民主集中制，而不采用资产阶级议会制。"[②]

五、遵义会议后党努力促成抗日民族统一战线的建立

1931 年"九一八事变"是日本帝国主义长期以来推行对华侵略扩张政策的必然结果，也是企图把中国变为其独占的殖民地而采取的重要步骤。它同时标志着世界反法西斯战争的开始，揭开了第二次世界大战东方战场的序幕。

抗日战争也是国共第二次合作推进的。与国民党第二次合作，是中国共产党经过反蒋抗日（土地革命时期）、逼蒋抗日（西安事变前）和联蒋抗日（西安事变后）三个阶段实现的。第一次国共合作，就中共而言，是基于中共认为孙中山先生的三民主义与中共的反帝反封的最低纲领基本一致，因此予以合作。国民党背叛合作协议，屠杀共产党人，合作遂告破裂。抗日战争时期的第二次

---

① 张希坡编著：《革命根据地法律文献选辑》（第二辑）上卷，中国人民大学出版社 2017 年版，第 148—159 页。

② 《毛泽东文集》第五卷，人民出版社 1996 年版，第 136 页。

合作，是中共提出的，此时的国民党表面上高举的仍然是三民主义，因此，中国共产党人从民族矛盾代替阶级矛盾而成为国内主要矛盾的实际出发，主动提出在孙中山先生三民主义的基础上，与国民党二次合作。中国共产党人外争主权、内争权利的法律思想也随之予以创造性地转化，逐步形成了中共领导的新民主主义法律思想。

（一）在重新整顿三民主义精神基础上形成抗日统一战线

中国共产党从"九一八事变"起就坚决主张对日抗战。事变发生的第三天（1931 年 9 月 20 日），中共中央发出《中国共产党为日本帝国主义强暴占领东三省事件宣言》，号召民众反对日本帝国主义强占东三省；强烈要求立刻撤退占领东三省的海陆空军；自动取消一切不平等条约；打倒一切帝国主义；驱逐帝国主义在华的一切海陆空军滚出中国；没收帝国主义在华一切财产；反对帝国主义进攻苏联，武装拥护苏联；反对帝国主义国民党进攻苏区红军，拥护苏区与红军；反对世界第二次大战；打倒各派国民党，打倒一切军阀；变帝国主义国民党反对中国革命的战争为反帝国主义反国民党的革命战争；中国工农兵苏维埃斗争胜利万岁。[①] 这份宣言尚未提出抗日统一战线的思想。

1933 年 11 月 20 日，李济深、陈铭枢、蒋光鼐、蔡廷锴等人以国民党第十九路军为主力，在福建福州发动抗日反蒋事件。事变后建立了反蒋政权。福建事变本来为中共倡导的抗日民族统一战线的提出提供了重要历史机遇，但党内的一些人继续把中间派看成"最危险的敌人"，认为十九路军的抗日反蒋行动是"欺骗群众"，不肯在军事上同第十九路军进行配合。结果，福建政府在蒋介石军事进攻和政治分化下于 1934 年 1 月失败。由于红军错失了这次良机，蒋介石便得以在打败福建政府后完成对中央根据地的四面包围。

中国共产党于 1934 年 4 月 20 日在中国民族武装自卫委员会筹备会上提出

---

① 中央档案馆：《中共中央文件选编》第 7 册，中共中央党校出版社 1991 年版，第 399 页。

《中国人民对日作战的基本纲领》，并经宋庆龄、何香凝、李杜等 1779 人签名后发表。基本纲领共 6 条：一是全体海陆空军总动员对日作战；二是全体人民总动员；三是全体人民总武装；四是没收日本帝国主义在华财产及卖国贼财产以解决抗日经费；五是成立工农兵学商代表选举出来的全国人民武装抗日的总机关——全中国民族武装自卫委员会；六是联合日本帝国主义的一切敌人作友军，与一切善意保持中立的国家建立友好关系。这个基本纲领的提出，为推动抗日统一战线的形成起了积极作用。

1935 年 7 月 25 日，共产国际第七次代表大会在莫斯科召开，共产国际执委会总书记季米特洛夫作了《关于法西斯的进攻以及共产国际在争取工人阶级团结起来反对法西斯的斗争中的任务》的报告。报告提出，在殖民地和半殖民地国家，共产党和工人阶级的首要任务，在于建立广泛的反帝民族统一战线，为驱逐帝国主义和争取国家独立而斗争。大会根据这个报告通过了《论共产国际在帝国主义者准备新的世界大战的情况下的任务》的决议。季米特洛夫的报告和大会的决议都强调，根据国际形势的发展，应在无产阶级统一战线的基础上建立广泛的反法西斯人民战线，大会把建立最广泛的世界反法西斯统一战线作为各国共产党的基本策略。会议要求纠正自 1928 年共产国际第六次代表大会以来在国际共产主义运动中盛行的"左"倾关门主义倾向。在共产国际新政策的影响下，中共驻共产国际代表团适时地调整了自己的政策。

1935 年 8 月 1 日，红军在长征途中，中共驻共产国际代表团王明等人，根据共产国际第七次代表会议上有关在各国建立反法西斯统一战线的精神要求，起草了《为抗日救国告全体同胞书》即"八一宣言"。10 月 1 日，以中国苏维埃政府和中国共产党中央的名义在巴黎《救国报》上正式发表。宣言倡议成立国防政府，主要责任在于抗日救国，一切愿意抗日的军队共同组成统一的抗日联军，其行政方针应包括下列各点：一是抗日救国收复失地；二是救灾治水安定民生；三是没收日帝在华一切财产、充作对日战费；四是没收汉奸卖国贼财产、粮食、土地，交给贫苦同胞和抗日战士享用；五是废除苛捐杂税、整理财政金融、发展工农商业；六是加薪加饷、改良工农军学各界生活；七是实行民主自由、释放一切政治犯；八是实行免费教育、安置失业青年；九是实行中国境内各民族一律平等政策，保护侨胞在国内外生命、财产、居住和营业的自由；十是联合一切反对帝国主义的民众（日本国内劳苦民众、高丽、台湾等民族）作友军，联合一切同情中国民族解放运动的民族和国家，与一切对中国民众反日解放战争守善意中立的民族和国家建立友谊关系。八一宣言是推动第二次国共合作的重要文件，意味着中共关门主义的结束，实行抗日民族统一战线策略的开始。

这份宣言初步阐述了党的抗日民族统一战线的策略，提出"有钱出钱、有枪出枪、有粮出粮、有力出力、有专门技能出专门技能"的口号，把地主、资产阶级、一切军队都包括在统一战线之中；宣言所主张的联合抗日，已不止于订立协定、停止冲突、互相支持的联合，而是建立"统一的国防政府""统一的抗日联军""组成统一的抗日联军总司令部"，实现更有成效、更高级的联合；宣言虽未把蒋介石包括在统一战线内，但却号召党派抛弃过去的成见，以"兄弟阅于墙外御其侮"的精神，"为抗日救国的神圣事业而奋斗"，这起到了"逼蒋抗日"的作用。

特别要指出的是，虽然 1922 年按照中国共产党第二次全国代表大会精神，党在北京、广州、上海、山东和江西等地成立了"争取人权同盟"，京汉铁路大罢工中，针对军阀吴佩孚的血腥镇压，响亮地提出了"为自由而战，为人权而战"的口号，但将人权明确地写入党的文献中，应该是八一宣言。它鲜明地号召全国人民："为祖国生命而战！为民族生存而战！为国家独立而战！为领土完整而战！为人权自由而战！"这是中国共产党在自己的文献中首次提出捍卫人权的口号。以前较多使用"民权"，很少使用"人权"。民权和人权的含义是有所区别的，民权似乎给人一种"民"才有权利，但人权则明确无误地告诉人们是"人"就有权利，即使是罪犯，也有未被法律完全剥夺的剩余权利。例如，死刑犯仍有一定的民事权利。

1935 年 12 月 25 日，党中央在陕北瓦窑堡召开了中央政治局会议。会议通过《中央关于目前政治形势与党的任务决议》等决议案。《中央关于目前政治形势与党的任务决议》指出，党的策略路线，是发动、团聚与组织全中国全民族一切革命力量去反对当前主要的敌人（日本帝国主义与卖国贼头子蒋介石），批判了党内长期存在着的那种认为不可能争取民族资产阶级与中国工人、农民联合抗日的"左"倾关门主义的观点，决定建立抗日民族统一战线，将"工农共和国"改为"人民共和国"。

会议不但讨论了建立抗日联军和国防政府的必要性，还为国防政府与抗日联军拟定了行动纲领：一是没收日本帝国主义在华的一切财产作抗日军费；二是没收一切卖国贼及汉奸的土地财产分给工农及灾民难民；三是救灾治水，安定民生；四是废除一切苛捐杂税，发展工商业；五是加薪加饷，改良工人、士兵及教职员的生活；六是发展教育，救济失学的学生；七是实现民主权利，释放一切政治犯；八是发展生产技术，救济失业的知识分子；九是联合朝鲜、台湾、日本国内的工农，及一切反日力量，结成巩固的联盟；十是对于中国的民族运动表示同情赞助或持善意中立立场的民族或国家，建立亲密的友谊关系。会议表示，共产党必须在抗日战争的过程中，求得这些纲领的实现，并经过这些纲领以求得党的十大政纲的实现。①

1936 年 9 月 17 日，中共中央通过了《关于抗日救亡运动的新形势与民主共和国的决议》，表示中共将积极赞助民主共和国运动，民主共和国在全中国建立后，苏维埃区域即将成为它的一个组成部分，苏区人民将选派代表参加国会，并将在苏区内完成同样的民主制度。但在民主共和国建立之后，共产党决不放

---

① 张希坡编著：《革命根据地法律文献选辑》（第二辑）下卷，中国人民大学出版社 2017 年版，第 1128 页。

弃对于苏区人民与原有武装力量的绝对的领导。[①]

从 1935 年年底开始，南京政府试探能否得到苏联的援助，并设法打通同中共的联系。中共为表明诚意，1936 年 5 月，发出《停战议和一致抗日通电》，公开放弃反蒋口号，呼吁停战议和，一致抗日。8 月 25 日，中共中央公开发表《中国共产党致中国国民党书》，郑重地向国民党表示愿意同它结成一个坚固的革命统一战线。9 月 1 日，中共中央发出党内指示，明确指出："我们的总方针，应是逼蒋抗日。"[②] 从反蒋抗日到逼蒋抗日，这是我党根据国内阶级关系变化的实际而做出的一个重大政策调整。

但蒋介石从来不愿意真正放弃消灭共产党的立场，他是一手抓抗日，一手抓反共。1936 年秋，蒋介石在解决要求抗日反蒋的两广事变后，调集重兵准备对陕北革命根据地发动新的"会剿"。但 12 月 12 日，张学良、杨虎城率部发动"兵谏"，囚禁了蒋介石等随行要员。西安事变发生前，中国共产党并不知晓。事变发生后，张学良致电中共中央，希望听取中共的意见。中共从建立抗日统一战线的大局出发，坚决主张用和平方式解决西安事变。最后经过各方努力，蒋介石作出"停止剿共，联红抗日""三个月后抗战发动"等项承诺，事变得以和平解决。

为了促进国共合作的实现，中共中央又于 1937 年 2 月 10 日发表《中共中央给国民党三中全会电》，提出如下五项要求和四项保证。五项要求是：一是停止一切内战，集中国力，一致对外；二是言论、集会、结社之自由，释放一切政治犯；三是召集各党、各派、各界、各军的代表会议，集中全国人才，共同救国；四是迅速完成对日抗战之一切准备工作；五是改善人民的生活。四项保证是：一是在全国范围内停止推翻国民政府之武装暴动方针；二是苏维埃政府

---

① 张希坡编著：《革命根据地法律文献选辑》（第二辑）下卷，中国人民大学出版社 2017 年版，第 1133、1134 页。

② 中央档案馆：《中共中央文件选集》第 11 册，中共中央党校出版社 1991 年版，第 89 页。

改名为中华民国特区政府，红军改名为国民革命军，直接受南京中央政府与军事委员会之指导；三是在特区政府区域内实行普选的彻底的民主制度；四是停止没收地主土地之政策，坚决执行抗日民族统一战线之共同纲领。毛泽东在政治局常委会讨论时说，此电发表，各方面看法是不同的：托派必说我们投降，左派怕我们上当。然而在政治上是可以说明的，是可以表示我们真正抗日团结御侮决心的。①

（二）通过争取民主而早日实现抗战

1937 年 5 月，中国共产党在延安召开了一次党的全国代表会议。会议通过了毛泽东所作的《中国共产党在抗日时期的任务》的报告。② 报告指出，中日矛盾上升为主要矛盾，国民党的政策由内战、独裁和对日不抵抗开始向和平、民主和抗日转变，党的任务是三位一体的巩固和平、争取民主和早日实现抗战。其中争取民主是新阶段中"最本质的东西"，是"中心一环"，必须为民主和自由而斗争。为了实现这一任务，中国共产党提出了如下主张：

1. 将国民党的一党独裁的政体，改变为各党派各阶级合作的民主共和国政体。这方面，应从改变国民大会的选举和召集上违反民主的办法，实行民主的选举和保证大会的自由开会做起，直到制定真正的民主宪法，召集真正的民主国会，选举真正的民主政府，执行真正的民主政策为止。只有这样做，才能真正地巩固国内和平，停止国内的武装敌对，增强国内的团结，举国一致抗御外敌。今年的几个月内，全国必须发起一个广大的民主运动，这运动的当前目标，应当放在国民大会和宪法的民主化的完成上。

报告对把原来"工农共和国"（苏维埃共和国）改成"民主共和国"一事作了解释："我们过去的工农民主共和国的口号是否错了呢？没有错。工农民主共

---

① 张士义：《中国共产党历史简明读本》(1921—2011)，红旗出版社 2016 年版，第 73 页。
② 中共中央党史研究室：《中国共产党历史》第一卷（1921—1949）上册，中共党史出版社 2011 年版，第 447—450 页。

和国的口号，不是违背资产阶级民主革命任务的，而是坚决地执行资产阶级民主革命任务的。我们在实际斗争中没有一项政策不适合这种任务。我们的政策，包括没收地主土地和实行八小时工作制在内，并没有超出资本主义范畴内私有财产制的界限以外，并没有实行社会主义。新的民主共和国所包括的成分是什么呢？它包括无产阶级、农民、城市小资产阶级、资产阶级及一切国内同意民族和民主革命的分子，它是这些阶级的民族和民主革命的联盟。这里的特点是包括了资产阶级，这是因为资产阶级在今天的环境下，又有重新参加抗日的可能，所以无产阶级政党应该招致他们，恢复和他们共同斗争的联盟。为了停止国内的武装冲突，共产党愿意停止使用暴力没收地主土地的政策，而准备在新的民主共和国建设过程中，用立法和别的适当方法去解决土地问题。中国土地属于日本人，还是属于中国人，这是首先待解决的问题。既是在保卫中国的大前提之下来解决农民的土地问题，那么，由暴力没收方法转变到新的适当方法，就是完全必要的。"

2. 保证人民的言论、集会、结社自由。政治制度的民主改革和人民的自由权利，是抗日民族统一战线纲领上的重要部分，同时也是建立真正的坚实的抗日民族统一战线的必要条件。

3. 国民党必须同意中国共产党领导的陕甘宁革命根据地改名为中华民国特区政府。中国共产党曾在致国民党三中全会电中向他们保证下列四项：（1）共产党领导的陕甘宁革命根据地的政府改名为中华民国特区政府，红军改名为国民革命军，受南京中央政府及军事委员会的指导；（2）在特区政府区域内，实行彻底的民主制度；（3）停止武力推翻国民党的方针；（4）停止没收地主的土地。这些保证，是必需的和许可的。这是一种有原则有条件的让步，实行这种让步是为了去换得全民族所需要的和平、民主和抗战。然而让步是有限度的。在特区和红军中共产党领导的保持，在国共两党关系上共产党的独立性和批评自由的保持，这就是让步的限度，超过这种限度是不许可的。让步是两党的让步：国民党抛弃内战、独裁和对外不抵抗政策，共产党抛弃两个政权敌对的政策。我们以后者换得前者，重新与国民党合作，为救亡而奋斗。

4. 要重新整顿三民主义的精神。共产党人决不抛弃其经过资产阶级民主革命的阶段而达到社会主义和共产主义的理想，但共产党的民主革命纲领，与国民党第一次全国代表大会所宣布的三民主义的纲领，基本上是不相冲突的。因此，我们愿意实行三民主义，而且认为共产党、国民党、全国人民等应当共同一致为民族独立、民权自由、民生幸福这三大目标而奋斗。

5. 共产党人要适应抗日民族统一战线条件下的工作方式的转变。和平实现与两党合作成立之后，过去在两个政权敌对路线下的斗争方式、组织方式和工作方式，应当有所改变。这种改变，主要是从武装的转到和平的，非法的转到合法的。

6. 必须坚持中国共产党对抗日民族统一战线的领导。由于中国资产阶级在经济上、政治上的软弱性，历史已经判定它不能领导民主革命。离开了无产阶级及其政党的政治领导，抗日民族统一战线就不能建立，统一的民主共和国就不能成功。这种情况，加重了无产阶级及其政党的政治领导责任。抗日救国总参谋部的职务，共产党是责无旁贷和义不容辞的。

无产阶级及其政党怎样实现对于全国各革命阶级的政治领导呢？一是根据历史发展行程提出基本的政治口号，以及为了实现这种口号而提出关于每一发展阶段和每一重大事变中的动员口号。例如我们党提出了"抗日民族统一战线"和"统一的民主共和国"这样的基本口号，又提出了"停止内战""争取民主""实现抗战"的口号，作为全国人民一致行动的具体目标，没有这种具体目标，是不可能实行政治领导的。二是按照这种具体目标在全国行动起来时，无产阶级、共产党人，应该成为实现这些具体目标的模范。三是在不失掉确定的政治目标的原则上，建立与同盟者的适当关系，发展和巩固这个同盟。四是要发展共产党的队伍，保持党的思想的统一性和纪律的严格性。共产党对于全国人民的政治领导，就是由执行上述这些条件去实现的。这些条件是保证自己的政治领导的基础，也就是使革命获得彻底的胜利而不被同盟者的动摇性所破坏的基础。

1937 年 7 月 4 日，中国共产党起草了《中国共产党为公布国共合作宣言》。①7 月 15 日，中共代表周恩来等将《中国共产党为公布国共合作宣言》交付国民党。宣言提出抗战形势下中国共产党奋斗的总目标的主要内容是：

1. 争取中华民族之独立自由与解放。首先须切实地迅速地准备与发动民族革命抗战，以收复失地和恢复领土主权之完整。

2. 实现民权政治，召开国民大会，以制定宪法与规定救国方针。

3. 实现中国人民之幸福与愉快的生活。首先须切实救济灾荒，安定民生，发展国防经济，解除人民痛苦与改善人民生活。

4. 中山先生的三民主义为中国今日之必需，本党愿为其彻底的实现而奋斗。

5. 取消一切推翻中国国民党政权的暴动政策及赤化运动，停止以暴力没收地主土地的政策。

6. 取消现在的苏维埃政府，实行民权政治，以期全国政权之统一。

7. 取消红军名义及番号，改编为国民革命军，受国民政府军事委员会之统辖，并待命出动，担任抗日前线之职责。

1937 年 7 月 17 日，蒋介石在庐山发表谈话，表示："如果战端一开，那就是地无分南北，人无分老幼，无论何人，皆有守土抗战之责任，皆应抱定牺牲一切之决心。"1937 年 8 月，国共双方达成将在西北的红军主力改编成国民革命军第八路军、在国民党统治区若干城市设立八路军办事处和出版《新华日报》等协议。9 月 22 日，在中共的催促下，国民党中央通讯社发表了《中国共产党为公布国共合作宣言》。9 月 23 日，蒋介石发表谈话，认为中共发表的宣言即

---

① 张希坡编著：《革命根据地法律文献选辑》（第三辑）第一卷，中国人民大学出版社 2017 年版，第 4—5 页。

为民族意识胜过一切的例证，宣言中所举诸项，皆为集中力量、救亡御侮之必要条件。今日，凡为中国国民，但能信奉三民主义而努力救国者，政府当不问其过去之如何，而咸使有效忠国家之机会。对于国内任何派别，只要诚意救国，愿在国民革命抗敌御侮之旗帜下共同奋斗者，政府无不开诚接纳，咸使集中于本党领导之下，而一致努力。这个谈话实际上承认了中国共产党的合法地位，标志着抗日民族统一战线的正式形成。

抗日民族统一战线的形成，标志着党在此前外争主权、内争权利的反帝反封建思想，向抗日统一战线思想的成功转变，后者是前者的深化。同时，抗日民族统一战线的形成，也是抗日统一战线思想的成功实践。

第一，吸取第一次国共合作的教训，中共强调了共产党在统一战线中的思想独立、政治独立和组织独立。

思想独立表现为绝不放弃党经由资产阶级民主革命走向社会主义、共产主义的理想。

政治独立表现为原来的革命根据地虽然变成国民政府的特区（边区），原来的红军虽然改编成国民革命军第八路军，但它们依然由中国共产党领导，不缴枪、不失地，这和第一次国共合作时期中最后向国民党政府缴枪有了根本不同。

组织独立表现为中国共产党不再以个人身份加入国民党，可以在国统区合法地存在，设立办事处，创办报纸，甚至到国民党的地方发展我党的力量，如在山西，共产党和阎锡山合作成立了牺盟会，建立了新军，而共产党在其中始终保持独立和主导地位。

第二，中国共产党人为了促成抗日民族统一战线，起初决定把原来"工农共和国"（苏维埃共和国）改成"民主共和国"，后来又决定取消原来的苏维埃政府，改名为中华民国特区政府，最后定为陕甘宁边区政府，这表明中国共产党人开始独立思考中国的国家结构和国家政体，而不再按照苏联政治制度模式，采用联邦制形式来解决地方政权的特殊性问题。中国共产党人法律思想中的中国特色越来越凸显。

第三，中国共产党抗日民族统一战线法律思想，继承了我党大革命时期和土地革命时期外争国家主权、内争人民权利的法律思想体系。十大纲领中的"打倒日本帝国主义""全国军事的总动员""全国人民的总动员""战时的财政经济政策"等内容继承了中国共产党坚定的反帝立场；"全国人民的总动员"中的"全国人民除汉奸外，皆有抗日救国的言论，出版，集会，结社，及武装抗敌之自由；废除一切束缚人民爱国运动的旧法令，颁布革命的新法令；释放一切爱国的革命的政治犯，开放党禁"等主张继承了中国共产党一贯的争取人民权利的立场；"改良人民生活"中的"废除苛捐什税；减租减息；救济失业；调节粮食；赈济灾荒"，以及"抗日的教育政策"中的"实施普及的义务的免费的教育方案"等主张，继承了我党一贯的关注社会困难群体生存权的立场。

第四，随着民族矛盾代替阶级矛盾而成为国内主要矛盾，1935 年 12 月，中央政治局讨论通过的瓦窑堡会议决议，对党的性质作了重要补充，即："中国共产党是中国无产阶级的先锋队。他应该大量吸收先进的工人雇农入党，造成党内的工人骨干。同时中国共产党又是全民族的先锋队，因此一切愿意为着共产党的主张而奋斗的人，不问他们的阶级出身如何，都可以加入共产党。一切在民族革命与土地革命中的英勇战士，都应该吸收入党，担负党在各方面的工作。"中国共产党既是无产阶级的先锋队，又是中华民族的先锋队。

第五，由于抗日战争是全世界反法西斯战争的一部分，中国共产党人遂把原来的国内革命统一战线进一步发展为国际社会的抗日统一战线。即：《抗日救国十大纲领、抗日的外交政策》中提出的"在不丧失领土主权的范围内，与一切反对日本侵略主义的国家订立反侵略的同盟，及抗日的军事互助协定；拥护和平阵线，反对德日意侵略阵线；联合朝鲜、台湾及日本国内的工农人民反对日本帝国主义"。

六、依规治党、从严治党

土地革命时期，中国共产党有了自己的根据地，从严治党的任务较前艰巨，因而从过去强调反贪污腐败和遵守纪律，进一步扩展到思想建设领域。

（一）党的思想建设是从严治党的重要内容

1. 支部建在连上

在三湾改编之前，我们党虽然整合和影响了一些国民党军队，并在军队中建立了党的组织，但党组织（支部）都是设在团一级，团政治指导员办公室直接管连队政治指导员，政治指导员只做宣传教育工作，因而政治工作没有群众基础。连一级没有党的组织，就难以直接掌握士兵，团一级即使设了党的组织也难以掌握部队。1927 年 9 月 29 日，毛泽东率领湘赣边界秋收起义部队到达江西永新县三湾村。部队减员较大，人员不足 1000 人，组织很不健全，思想相当混乱。当时，部队没有建立基层党组织，党不能切实掌握部队；雇佣军队的影响还严重存在；加之作战失利，连续行军，斗争艰苦，一些意志不坚定的人开始动摇。为了巩固这支新生的革命军队，适应革命斗争的需要，毛泽东在部队到达三湾的当天晚上，就主持召开了前敌委员会议，决定对起义部队进行整顿和改编。其主要内容为：一是党组织建立在连上，设立党代表制度，排有党小组，班有党员；营、团以上有党委，全军由毛泽东领导前委，从而确立了"党指挥枪"的原则；二是连队建立士兵委员会的民主制度，实行官兵平等，经济公平，破除旧军雇佣关系；三是制定"三大纪律、六项注意"。

2. 纠正党内错误思想

1929 年 12 月 28 日至 29 日，红军第四军第九次党代表大会在福建省上杭县古田村召开，史称为"古田会议"。大会通过了毛泽东起草的《关于纠正党内的错误思想》的决议案，主要内容有以下几个方面：

（1）进一步确立了党对军队绝对领导的原则，强调了加强政治工作的重要性。决议指出党要成为部队的"领导中枢","党对于军事工作要有积极的注意和讨论。一切工作，在党的讨论和决议之后，再经过群众去执行"。

（2）深刻论述了党的思想建设原则，强调要用无产阶级思想克服各种非无产阶级思想，指出红军是一个执行革命的政治任务的武装集团，必须服从党的领导，树立无产阶级思想，纠正单纯军事观点、极端民主化、非组织观点、绝对平均主义、主观主义、个人主义、流寇思想、盲动主义残余等；强调红军不但要打仗，而且要担负起宣传群众、组织群众、武装群众等任务。

（3）阐述了党的组织建设原则，即"厉行集中指导下的民主生活"。一方面领导机构要有正确的指导路线，另一方面，要保证党员的充分民主权利。

（4）阐述了党的基层组织建设的重要原则，强调要重视党支部的作用。同时还规定了健全支部生活，严格党的纪律等项措施。

古田会议总结了自南昌起义以来红军的建军经验，划清了红军与旧式军队的界限，解决了如何把以农民和小资产阶级为主要成分的军队，建设成为无产阶级革命军队的问题。

（二）依法惩处腐败大案要案

1932 年至 1934 年，以红都瑞金为中心的中央苏区开展了一场声势浩大的反腐败斗争。在毛泽东亲自指导下，1933 年 12 月 15 日，中华苏维埃共和国中央执行委员会发布《惩治贪污浪费行为的第 26 号训令》，对贪污罪的量刑作了明确规定。1932 年 5 月 9 日，红都瑞金上空响起了中华苏维埃临时中央政府成立后的第一声惩治腐败的枪响。瑞金县九区叶坪村苏维埃主席谢步升被枪决，这是我党反腐败历史上执行枪决的第一个贪官，也是中华苏维埃共和国工农检察机关查办的第一个贪污大案。谢步升案在查办过程中曾遇到了一定的阻力，但时任瑞金县委书记的邓小平认为，这是苏维埃临时中央政府成立以来的第一桩腐败案件，此风不杀，何以了得！我们苏维埃政权建立才几个月，有的干部就腐化堕落贪赃枉法，这叫人民怎么相信我们的党，相信我们的政府？毛泽东知道这件事后，指示说："腐败不清除，苏维埃旗帜就打不下去，共产党就会失去威望和民心，与贪污腐化作斗争是我们共产党人的天职，谁也阻挡不了！"1932年5月5日，瑞金县苏维埃裁判部对谢步升进行公审，判处谢步升死刑。[①]

第三节　抗日民族统一战线法制思想与实践

抗日战争与土地革命不同。1943年5月15日，共产国际执行委员会主席团作出《关于提议解散共产国际的决定》。26日，中共中央发出《关于共产国际执委主席团提议解散共产国际的决定》，完全同意共产国际提议，指出"中国共产党在革命斗争中曾经获得共产国际的帮助。但是，很久以来中国共产党人即已能够完全独立的根据自己民族的具体情况和特殊条件决定自己的政治方针、政策和行动"。并宣布"自即日起，中国共产党解除对于共产国际的章程和历次大会决议所规定的各种义务"。当晚中共中央书记处在延安干部大会上作报告，肯定了共产国际在帮助中国革命事业所做的伟大功绩，并解释了共产国际解散的原因。指出共产国际解散是一件"划时代的大事"，号召全党同志应提高责任心，发挥创造力。

因此，八年全面抗战时期，是中国共产党人摆脱全盘苏化影响，独立思考中国革命特点、探索中国革命道路、建立中国革命理论的重要时期。最突出的成就有两项，一是形成并实践了抗日民族统一战线的法制思想，二是形成了新民主主义理论，为解放战争的胜利和新中国的诞生奠定了理论基础。

1936年9月17日，党中央作出了《中央关于抗日救亡运动的新形势与民

---

① 　中国监察学会反腐倡廉历史研究会编著：《中国共产党监督执纪史话》，中国方正出版社2019年版，第88页。

主共和国的决议》。决议规定，要由苏维埃工农民主制度转变为民主共和国制度。这个共和国是排除汉奸、卖国贼在外的一切抗日阶级互相联盟的国家和政府。其政府组织形式是民主集中制，它是民主的，又是集中的；民主共和国在全中国建立，依据普选的国会实行召集之时，红色区域即将成为它的一个组成部分，红色区域人民将选派代表参加国会，并将在红色区域内完成同样的民主制度。[①] 这是"较之一部分领土上的工农民主专政制度，在地域上更普及的民主，较之全中国主要地区上的国民党的一党专政大大进步的政治制度"。[②] 1937年5月，中共西北办事处决定将苏维埃的政策及其工作方式，转变为抗日民族统一战线的政策及其工作的方式，由谢觉哉为首的政治委员会起草了《陕甘宁边区议会及行政组织纲要》和《陕甘宁边区选举条例》等法规，开始了边区由苏维埃制度到民主共和国制度的转变。

一、中共领导的边区政府属于中华民国特区政府

1937年2月10日，中共致电国民党五届三中全会，提出了五项要求和四项保证。提出五项要求是：停止内战，集中国力，一致对外；保障言论、集会、结社之自由，释放一切政治犯；召开各党各派各界各军的代表会议，集中全国人才，共同救国；迅速完成对日作战之一切准备工作；改善人民生活。电文指出，如果国民党将上述五项要求定为国策，中国共产党愿意作出四项保证，即：实行停止武力推翻国民党政府的方针；工农政府改名为中华民国特区政府，红军改名为国民革命军，受南京中央政府及军事委员会的指导；特区实行彻底民主制度；停止没收地主土地的政策，坚决执行抗日统一战线的共同纲领。7月15日，中共将《中国共产党为公布国共合作宣言》提交国民党中央。7月

[①] 中国共产党中央委员会：《关于抗日救亡运动的新形势与民主共和国的决议》，转引自杨永华：《陕甘宁边区法制史稿（宪法、政权组织法篇）》，陕西人民出版社1992年版，第8页。

[②] 同上书，第9页。

17 日，中共代表团周恩来、林伯渠等在庐山与国民党代表蒋介石、邵力子等正式谈判。中共代表团指出以《中国共产党为公布国共合作宣言》为两党合作之政治基础。当时蒋介石对陕甘宁根据地政权的改制和归属表示同意和赞扬。1937 年 10 月 12 日，国民政府行政院召开第 333 次会议，正式通过决议，承认陕甘宁边区政府作为南京中央政府的地方特区。

"工农政府改名为中华民国特区政府"，这应该是中国共产党最早的"一国两制"思想。一个国家、两个政党分别领导的两个政权、两种制度，这是中日民族矛盾上升为主要矛盾之后，中国共产党人为了抗日救国，调节阶级矛盾的一个伟大的制度创造，它开创了后来中国共产党解决香港问题而提出"一个国家，两种制度"、设立特别行政区的先河。

为了推动全国抗战的顺利发展，1937 年 8 月 22 日至 25 日，中共中央召开了洛川会议。会议通过了《关于目前形势与党的任务的决定》《抗日救国十大纲领——为动员一切力量争取抗战胜利而斗争》，后者全面地概括了中国共产党在抗日战争时期的基本政治主张，是共产党全面抗战路线的具体化，给全国人民指明了争取抗战最后胜利的道路。特别是它在我党历史上第一次提出建立廉洁政府的施政纲领，对于我党的廉洁政治具有重要的意义。[①] 纲领以全面抗战路线为指导，规定了铲除贪官污吏，建立廉洁政府。这是我党历史上第一次提出建立廉洁政府的施政纲领。

二、全面抗战初期抗日民主政权施政纲领

史学界一般把八年全面抗战历史分为三个阶段：战略防御阶段（1937 年 7 月—1938 年 10 月），亦称抗战初期；战略相持阶段（1938 年 10 月—1945 年 1

---

① 张希坡编著：《革命根据地法律文献选辑》（第三辑）第一卷，中国人民大学出版社 2017 年版，第 8—10 页。

月），亦称抗战中期；战略反攻阶段（1945 年 1 月—1945 年 8 月），亦称抗战晚期。

1939 年 4 月 4 日，陕甘宁边区政府在延安召开第一届参议会，通过《陕甘宁边区抗战时期施政纲领》，由陕甘宁边区政府颁布，共分 3 个部分 28 条。主要内容如下：①

（一）民族主义

1. 坚持巩固与扩大抗日民族统一战线，团结全边区人民与党派，动员一切人力、物力、财力、智力，为收复一切失地而战。

2. 厉行锄奸工作，彻底消灭汉奸、敌探、土匪的活动，以巩固抗日后方。

3. 依据民族平等的原则，联合蒙、回民族共同抗日。

4. 在不损害边区主权的原则下，保护一切同情中国抗战国家的人民、工商业者、教民在边区生产、经营与文化事业方面的活动。

（二）民权主义

5. 采用直接、普遍、平等、不记名的选举制，健全民主集中制的政治机构。

6. 保障人民言论、出版、集会、结社、信仰、居住、迁徙与通信之自由。

7. 发扬艰苦作风，厉行廉洁政治，肃清贪污腐化，铲除鸦片赌博。

8. 实行男女平等，实行自愿的婚姻制度，禁止买卖婚姻与童养媳。

9. 建立便利人民的司法制度，保障人民有检举与告发任何工作人员的罪行之自由。

10. 实行普及免费的儿童教育。

11. 发展民众教育，消灭文盲。

（三）民生主义

12. 确定私人财产所有权，保护边区人民由土地改革所得之利益。

13. 开荒垦地，兴修水利，改良耕种。

---

① 《陕甘宁边区抗战时期施政纲领》，陕西省档案局编著：《陕甘宁边区法律法规汇编》，陕西出版集团、三秦出版社 2010 年版，第 1—2 页。

14. 发展手工业及其他可能开办之工业，奖励商人投资。

15. 实行统一累进税，废除苛捐杂税。

16. 保护商人自由营业，发展边区商业。

17. 厉行有效的开源节流办法，提倡生产运动与节约运动。

18. 确定八小时工作制度，改善劳动待遇，增加生产效能。

19. 优待抗日军人与工作人员之家属。

20. 废止高利贷，政府举办低利借贷，奖励合作社之发展。

21. 禁止对于儿童的虐待。抚恤老弱孤寡，救济难民灾民。

值得注意的是，从中共《抗日救国十大纲领》到《陕甘宁边区抗战时期施政纲领》，中国共产党不再套用苏联联邦制，主张蒙、回等少数民族可以实行民族自决，成为联邦制的成员单位。《陕甘宁边区抗战时期施政纲领》的文本结构采用了孙中山先生的三民主义主张，这就表明中国共产党人在民族矛盾成为主要矛盾之后，要最大限度地团结国民党政府。

三、全面抗战中期抗日民主政权的施政纲领

抗战中期是中国人民抗日战争最困难的时期，它给抗日民主政权提出的最严峻的一个问题，就是如何通过制定法律和政策，最大限度地调动一切人民（包括地主、资本家），特别是农民的抗日和生产的积极性，克服财政和经济的极端困难，粉碎日寇的大"扫荡"。因此，这时期的施政纲领更加注重民主建设，增强人民当家作主的自豪感；更加注重民生，解决人民的生产和生活。

（一）晋察冀边区目前施政纲领

《晋察冀边区目前施政纲领》是由晋察冀边区第一届参议会于 1943 年 1 月 20 日通过确定为边区行政委员会施政纲领的。主要内容是：[1]

---

[1]　北京大学法律系宪法教研室资料室编：《宪法资料选编》第一辑（下），北京大学出版社 1981 年版，第 500—503 页。

1. 亲密国共合作，肃清特务奸细，打击妥协投降派。

2. 摧毁敌伪政权，没收日本帝国主义的财产，充作对日战费。

3. 拥护边区人民子弟兵，争取伪军反正，优待敌军俘虏。

4. 开展群众游击战争，逐渐实现义务兵役制。

5. 在民意机关和政府人员中，争取并保证共产党占三分之一，其他抗日党派及无党派人士占三分之二。

6. 一切抗日人民有言论、集会、结社、出版、信仰及居住自由，非依政府法令及法定手续，不得加以逮捕、禁闭、游街及任何侮辱人格、名誉之行为，以保障人权。

7. 保障一切抗日人民的财产所有权。人民除每年缴纳一次统一累进税及对外贸易时之出入口税外，任何机关不得另以任何名目勒索或罚款；减租减息后，佃户须依约缴租，债户须依约偿付本息；一切契约之缔结，均须双方自愿，契约期满，任何一方均有依法解约之权。

8. 非经边区参议会通过，政府不得增加任何捐税，肃清贪污浪费。

9. 肃清境内敌寇伪币，巩固边币，维护法币；平衡边币流通，健全边区银行机构，严格统制外汇。

10. 发展农业，发展军事工业及公营矿业、制造业和手工业，奖励合作社与私人工业，发展林业、牧畜业及家庭副业，发展商业，保障境内正当贸易之自由；禁止必需品出境及非必需品入境，取缔奸商，反对投机、操纵、调节粮食和物价。

11. 救灾治水，建立大众互助的储蓄救灾组织；改良公共卫生。

12. 实行二五减租，保证地租不得超过收获总额千分之三百七十五；利息不得超过一分。

13. 实行工业部门八小时工作制，增加工人实际工资，实行半实物工资制；改善劳动条件和工人待遇；安置失业工人，雇主不得违约解雇；女工生产前后，例假五星期，工资照给；禁止使用青工、女工、童工从事妨害身体健康之劳动，并保障同工同酬。

14. 妇女依法有财产继承权；男女婚姻自主，反对买卖婚姻与一夫多妻制，反对蓄童养媳、溺婴与戕害青年发育的早婚恶习。

15. 认真优待抗属，抚恤抗日烈士遗族及伤员残废。

16. 严厉镇压汪派、托派、汉奸。汉奸犯不服初审判决时，得上诉至边区最高审讯机关。

17. 实行普及的义务的免费的教育，每行政村设一小学，每专区设一中学。高小及中学应收半工半读生；加强自然科学教育；优待科学家及专门学者，定期逐步扫除文盲。

18. 分配一切抗日知识分子以适当工作，改良小学教员的生活。

19. 各民族应相互尊重生活、风俗及宗教习惯。在民主选举中，应予回、蒙、满、藏同胞以优待；对其穷苦无以为生者，特予救济。

晋察冀边区是第一个敌后抗日根据地，中共中央和毛泽东誉之为"敌后模范的抗日根据地及统一战线的模范区"。《晋察冀边区目前施政纲领》也成为抗日根据地第一份施政纲领。其民主条款、人权保障条款、发展经济条款等对其他根据地施政纲领的制定起了示范作用。更值得我们注意的是，第18条规定的"加强自然科学教育；优待科学家及专门学者"，表明我们党具有重视自然科学、优待科学家的优良传统。

（二）陕甘宁边区施政纲领

《陕甘宁边区施政纲领》又称"五一施政纲领"（以下简称《纲领》），是抗日战争时期陕甘宁边区具有根本法性质的政纲。这一纲领于 1941 年 4 月 27 日经中共中央政治局批准，1941 年 11 月陕甘宁边区第二届参议会通过了该施政纲领。其主要内容如下：①

---

① 《陕甘宁边区施政纲领》，陕西省档案局编著：《陕甘宁边区法律法规汇编》，陕西出版集团、三秦出版社 2010 年版，第 5—6 页。

1. 坚持与边区境外友党、友军及全体人民的团结，反对投降、分裂、倒退的行为。

2. 提高边区武装部队的战斗力，保障其物质供给，改善兵役制度及其他后方勤务的动员制度，增进军队与人民的亲密团结。

3. 加强优待抗日军人家属的工作，实施优抗条例。

4. 政权实行三三制，共产党员只占三分之一，有三分之二为党外人士充任，共产党员应与这些党外人士实行民主合作，不得把持包办。

5. 保证一切抗日人民（地主、资本家、农民、工人等）的人权、政权、财权及言论、出版、集会、结社、信仰、居住、迁徙之自由权。除司法系统及公安机关依法执行其职务外，不得对任何人加以逮捕、审问或处罚，人民则有控告任何公务人员非法行为之权利。

6. 废止肉刑，重证据不重口供。对于汉奸分子，除不愿改悔者外，一律施行宽大政策，不得加以杀害、侮辱、强迫自首或强迫其写悔过书。

7. 严惩公务人员之贪污行为，共产党员有犯法者从重治罪。实行俸以养廉原则。

8. 解决贫苦农民耕牛、农具、肥料、种子的困难，奖励外来移民。

9. 在土地已经分配区域，保证一切取得土地的农民之私有土地制。在土地未经分配区域，保证地主的土地所有权及债主的债权，惟须减低佃农租额及债务利息，佃农则向地主缴纳一定的租额，债务人须向债主缴纳一定的利息，政府对东佃关系与债务关系加以合理的调整。

10. 奖励私人企业，保护私有财产，欢迎外地投资，实行自由贸易，反对垄断统制。

11. 实行十小时工作制，提高劳动纪律，适当地改善工人生活。

12. 实行合理的税收制度，居民中除极贫者应予免税外，均须按照财产等第或所得多寡，实施程度不同的累进税制，健全财政机构，调整金融关系，维护法币，巩固边币。

13. 继续推行消灭文盲政策，普及国民教育，改善小学教员生活，实施成年补习教育，加强干部教育，推广通俗书报，奖励自由研究，尊重知识分子，欢迎科学艺术人才，保护流亡学生与失学青年，允许在学学生以民主自治权利，实施公务人员的两小时学习制。

14. 推广卫生行政，增进医药设备，欢迎医务人才，救济外来的灾民、难民。

15. 依据男女平等原则，保护女工、产妇、儿童，坚持自愿的一夫一妻婚姻制。

16. 依据民族平等原则，实行蒙、回民族与汉族在政治经济文化上的平等权利，建立蒙、回民族的自治区，尊重蒙、回民族的宗教信仰与风俗习惯。

17. 欢迎海外华侨来边区求学，参加抗日工作，或兴办实业。

18. 对于在战斗中被俘之敌军及伪军官兵，不问其情况如何，一律实行宽大政策，其愿参加抗战者，收容并优待之，不愿者释放之，一律不得加以杀害、侮辱、强迫自首或强迫其写悔过书。

19. 在尊重中国主权与遵守政府法令的原则下，允许任何外国人到边区游历，参加抗日工作，或在边区进行实业、文化与宗教的活动。其有因革命行动被外国政府压迫而来边区者，不问其是宗主国人民或殖民地人民，边区政府当一律予以恳切的保护。

这份纲领值得我们注意的是，规定共产党员有犯法者从重治罪，体现了共产党人严以律己的精神。此外还规定实行自由贸易，反对垄断统制，表明党对市场经济早有认识。

四、全面抗战后期抗日民主政权施政纲领

1943 年 8 月 1 日中国共产党山东分局通过了《山东省战时施政纲领》，1944 年 2 月 28 日公布，这是我党抗战后期具有代表性的根据地施政纲领。主

要内容如下：①

1. 坚持山东抗战，反对分裂投降，反对法西斯主义，反对反民主反人民的反动政策，为建设新民主主义的新山东而奋斗。

2. 抚恤阵亡将士、荣誉军人，优待抗日军人家属，保护抗日军人婚姻关系。

3. 按照新民主主义原则，加强民主建设工作：（1）实行三三制。（2）树立民主集中制的领导。（3）保障一切抗日人民言论、出版、集会、结社、思想信仰之自由，保障一切抗日党派、抗日团体之政治自由及合法权利。（4）保障人权，非依民主政府法定手续，任何机关、团体或个人不能有威胁、逮捕、拘禁、审问、处罚、游街或任何侮辱他人人格之行为。（5）健全司法机关和公安机关，贯彻法治精神，彻底废除刑讯，禁止肉刑。（6）保障政民学工作人员生活与工作上最低限度的物质需要，抚恤因公伤亡之政民学工作人员，救济抗日政民学工作人员贫苦家属。（7）加强卫生设施，加强卫生经费，推行社会卫生教育。

4. 按照新民主主义原则，促进经济建设工作：（1）保障各阶层人民土地与财产之所有权，在不违犯民主政府法令范围内，一切人民均有营业营利及契约自由，反对操纵垄断。（2）发展农业生产，扩大耕种面积，提高和改良农业生产技术，增加农产，造林开荒，开发水利，研究肥料农具，提倡选种育种，提倡农业副产。发展各种日用必需品之工业生产，完成经济上之自给自足。（3）加强对敌经济斗争工作，管理对外贸易，巩固本币（北海币）信用，统一度量衡，平抑物价，繁荣市场，打击敌人以战养战之阴谋。（4）整理公营企业，保护私营企业，举办低利贷款，扶助手工业者和小商人，整理与发展生产、运输、消费等合作事业。（5）欢迎敌占区人民及海外侨胞向根据地投资发展生产事业，政府予以必要之援助，保护其财产所有权及营业之自由与安全。（6）优待技术人才，奖励发明，奖励劳动，改造游民使之参加生产工作，提高人民生产情绪。

---

① 中共山东省委党史研究室编：《山东党的革命历史文献选编（1920—1949）》第六卷，山东人民出版社 2015 年版，第 194—200 页。

5. 整理财政，力求负担公平：（1）统一财政收支（公粮收支在内），严格执行预决算制度、审计制度、金库制度，力戒浪费，严惩贪污分子，认真整理村财政，奖励生产节约，减轻人民负担。（2）清查黑地，完成土地陈报，整理田赋，改良公粮征收办法，务使公平合理。（3）举办工商业所得税，调整各界人民负担，逐渐推行统累进税制度。（4）整理商品出入口税，查禁走私，限制奢侈品入口，废除苛捐杂税，便利贸易。

6. 正确执行中共中央所提出之土地政策和劳动政策，调整阶级关系，改善工农生活：（1）普遍并彻底执行一面减租减息、一面交租交息之土地政策。（2）普遍并彻底执行一面增加工资、改善雇工待遇，一面遵守劳动纪律、努力增加生产之劳动政策。（3）救济贫民、难民、灾民，扶助其参加生产。在自愿的原则下，发扬贫富互助精神，发动富户借粮借款救济贫民、救济灾荒、救济流亡难民。（4）本双方照顾之原则，调解土地纠纷、租佃纠纷、劳资纠纷、息借纠纷，达到贫富团结、共同抗日之目的。（5）扶助民众组织。职工会、农救会除保障劳工及农民利益外，应从政治上提高工人农民劳动热忱，并使遵守劳动纪律。

7. 援助反战反法西斯之日本士兵与日本、朝鲜、台湾人民，正确执行对敌伪政策：（1）援助反战反法西斯运动之日本士兵与人民，联合日本、朝鲜、台湾人民，反对日本帝国主义。（2）优待日伪军俘虏，不准加害或虐待侮辱。（3）坚决镇压死心塌地的汉奸特务分子，对胁从之汉奸及愿意改过自新的分子，本宽大精神分别予以处理。（4）敌占区人民被迫参加伪组织者，一经脱离，不咎既往。伪军一经反正，即与抗日军队一视同仁。

8. 加强对敌斗争工作，团结敌占区同胞共同抗日：（1）坚决保卫根据地，保卫边缘区、游击区人民，减轻其负担。（2）积极开展游击区和敌占区工作，争取伪组织人员，瓦解与摧毁汉奸伪政权。（3）建立敌占城市的工作，揭破敌伪奴化宣传，援助敌占区人民反抗敌人压迫，瓦解伪军及各种伪组织。（4）欢迎敌占区青年到根据地来学习，并予以优待及适当之工作。欢迎敌占区学者、专家及技术工人到根据地参加建设工作，并予以优待。敌占区同胞失业工人因不堪敌伪压迫而流亡根据地者，亦予以必要救济，资助其生产。

9. 发展新民主主义的文化教育事业：（1）广泛开展群众性的文化教育运动，深入民主教育，反对一切反民主的思想。（2）普及教育，减少文盲，奖励私人捐资兴学，免费帮助抗属、抗工属及贫苦儿童入学。（3）适应敌后环境、根据地需要与可能，设立中等学校及各种专门学校，提倡文化学术团体，奖励创造与各种专门研究。（4）发展社会教育，广设民校、识字班、冬学、农村俱乐部。（5）增加教育经费。（6）改善教师的物质生活，提高其社会地位，并着重培养其政治认识及工作能力。（7）加强在职干部教育，培养民主思想、民主作风，反对官僚主义。（8）编订教材，出版教师、学生及群众之各种读物。

10. 实现民族平等、男女平等：（1）各民族在法律上一律平等，尊重各民族之风俗习惯保障其语言、文字及宗教信仰之自由，在选举时对少数民族予以优待。（2）女子在社会上、政治上、经济上、教育上完全与男子享有同等权利，并特别予以帮助及保护，禁止虐待及侮辱妇女。（3）实行一夫一妻的自由婚姻制度，禁止蓄婢、纳妾、童养媳、抢寡妇、买卖婚姻、强迫嫁娶，禁止未成年之女子缠足，提倡成年妇女放足。（4）保护产妇，保护儿童，禁止溺婴。

这份纲领的特点，就是明确地以毛泽东的新民主主义思想为指导，如提出"按照新民主主义原则，加强民主建设工作"；"按照新民主主义原则，促进经济建设工作"；"发展新民主主义的文化教育事业"等。这表明中国共产党从全面抗战初期以孙中山三民主义作为和国民党结成统一战线的基础，经过多年抗战，中国共产党对孙中山的三民主义进行了创造性地转化、提升，提出了新民主主义理论作为民主法制建设的指导思想。

五、抗日民主根据地的人权保障立法及实践

中共领导的抗日根据地不仅在施政纲领中明确规定了保障人权，还专门制

定了保障人权的法律。

（一）山东省人权保障条例

《山东省人权保障条例》于 1940 年 11 月 11 日由山东省临时参议会通过公布并施行。在中国历史上，早在清政府 1908 年颁布的《钦定宪法大纲》中就已经出现了人权保障的内容，但从未有过专门的人权保障条例，《山东省人权保障条例》是中国历史上最早出现的以"人权保障条例"为名的专门人权保障条例。

制定这个条例主要有两大原因。① 第一，为了争取人民的支持。《山东省人权保障条例》制定的时期正处于抗日战争最为艰苦的历史阶段，山东抗日根据地受到日军、伪军、国民党顽固派势力的夹击，面临的战争环境和政治环境相当严酷，在这种状况下，颁布并实施《山东省人权保障条例》，是巩固抗日民族统一战线和抗日根据地的必要举措。第二，防谍斗争中出现了湖西"肃托"等许多错捕乱杀事件。1937 年 11 月，中共驻共产国际代表王明、康生从苏联回国，将中国托派称之为"汉奸"。中共山东分局并一度把"肃托"当作锄奸工作的中心来抓，在湖西"肃托"中，审讯的常规方法就是动用肉刑逼供、诱供、套供。这些行为引发了广大干部群众和党内外人士的反思，使得《山东省人权保障条例》得以制定和实施。

《山东省人权保障条例》的主要内容如下：②

1. 凡中华民国国民，无男女，种族、宗教、职业、阶级之区别，在法律上、政治上一律平等。

2. 中华民国人民均享有建国大纲所定选举、罢免、创制、复决之权，但汉奸及褫夺公权者不在此例。

3. 在不违害抗战范围内，人民有下列之自由；身体与抗日武装之自由；居

---

① 武阳：《人权的革命表达——重读山东抗日根据地的〈人权保障条例〉》，《甘肃政法学院学报》2012 年第 6 期。

② 《山东省人权保障条例》，董云虎、刘武萍编著：《世界人权约法总览》，四川人民出版社 1991 年版，第 764—765 页。

住与迁徙之自由；言论、著作，出版、集会、结社与通讯之自由；信仰、宗教与政治活动之自由。这些自由非根据抗战建国纲领及抗战法令，不得限制之。

4. 人民因犯罪嫌疑被捕拘禁者，其执行逮捕或拘禁之机关，至迟应于二十四小时内移送审判机关。

5. 凡人民因犯罪嫌疑有逮捕之必要者，非持有逮捕状不得逮捕之。县以上政权机关，团以上之军事机关，始有签发逮捕状之权。

6. 区，乡，村政府及各群众团体，除对现行犯及涉有重大嫌疑而有逃亡之虞者外，不得迳行逮捕或拘禁。

7. 凡经判处死刑之罪犯，非经主任公署批准后不得执行，若无主任公署之地区，须得专员公署之批准，县政府不得迳行执行。

8. 凡各级政府公务人员违法侵害人民之自由或权利者，除依法惩办外，应负刑事及民事责任，被害人得就其听受损害依法请求赔偿。

上述该条例规定"凡经判处死刑之罪犯，非经主任公署批准后不得执行，若无主任公署之地区，须得专员公署之批准，县政府不得迳行执行"，表现了中国共产党对死刑的慎重态度。

（二）陕甘宁边区保障人权财权条例

《陕甘宁边区保障人权财权条例》由陕甘宁边区政府于 1942 年 2 月公布。主要内容是：[1]

1. 人民之人权、财权不受非法之侵害为目的。

2. 人民不分民族、阶级、党派、性别、职业与宗教，都有言论、出版、集会、结社、居住、迁徙及思想信仰之自由，享有平等之民主权利。

3. 保障人民的私有财产权及依法治使用及受益自由权（包括土地房屋债权及一切资财）。

---

[1] 陕西省档案局编著：《陕甘宁边区法律法规汇编》，陕西出版集团、三秦出版社 2010 年版，第 7 页。

4. 在土地已经分配区域，保证一切取得土地的农民之私有土地权。在土地未经分配区域，保证地主的土地所有权及债主的债权。

5. 租佃及债权债务双方，须遵照政府法令实行减租减息、交租交息。一切租佃债约的缔结，须依双方自愿。

6. 人民之财产、住宅，除因公益有特别法令规定外，任何机关部队团体不得非法征收、查封、侵入或搜捕。

7. 除司法机关及公安机关执行其职务外，任何部队机关团体不得对任何人加以逮捕、审问、处罚，但现行犯不在此例。人民利益如受损害时，有用任何方式控告任何公务人员非法行为之权。

8. 司法机关或公安机关逮捕人犯应有充分证据，以法定手续执行。

9. 非司法或公安职权之机关、军队、团体或个人，拘获现行犯时，须于 24 小时内连同证据送交有检察职权或公安机关依法办理。接受犯人之检察或公安机关应于 24 小时内侦讯。

10. 逮捕人犯不准施以侮辱、殴打及刑讯逼供、强迫自首，审判采证据主义，不重口供。

11. 司法机关审理民刑案件从传到之日起，30 日内必须作出判决之，以免当事人遭受积延讼累。但有特殊情形，不能及时审判者不在此例。

12. 司法机关受理民事案件非抗传或不执行判决及有特殊情形时，不得扣押。

13. 除戒严时期外，非现役军人犯罪不受军法审判，如果军人与人民发生争讼时，刑事案件在侦审完结后，军人交军法处，非军人送司法机关依法裁判，民事诉讼则由司法机关办理。

14. 人民诉讼，司法机关不得收受任何费用。

15. 被捕人犯之财务非经判决不得没收，并不得调换或任意损坏。

16. 区乡政府对该管区居民争讼事件，得有双方当事人之同意为之调解。如不服调解时，当事人得自由向司法机关告诉，不得阻拦或越权加以任何之处分。

17. 区级以下政府对违警以外任何案件，仅可进行侦察及调解，绝无审问、拘留与处决权。

18. 边区人民不服审判机关判决之案件，得依法按级上诉。

19. 各级审判机关判决死刑案件。已逾上诉期限而不上诉者，须呈报边区政府审判批准方可执行。但有战争紧急情形，不在此限。

20. 边区人民曾因反对边区逃亡在外者，自愿遵守边区法令，返回边区，一律不究既往，并受法律之保护。

值得注意的是，该条例既规定要减租减息，同时还要求佃户交租交息，这表明在民族矛盾成为主要矛盾后，中国共产党对阶级矛盾采取了调节态度；条例规定"人民诉讼，司法机关不得收受任何费用"，表明中国共产党把全心全意为人民服务的宗旨运用到了司法领域；条例规定死刑案件"已逾上诉期限而不上诉者，须呈报边区政府审判批准方可执行"，表明中国共产党慎刑思想。当然，该条例第 7 条规定除司法机关之外，部队机关团体对现行犯也可以加以逮捕、审问、处罚，不符合人权司法保障原则，但考虑到在战争年代的特殊性，也情有可原。

（三）渤海区人权保障条例执行规则

1943 年 2 月 21 日，《渤海区人权保障条例执行规则》由渤海区行政委员会决议后公布施行，并经渤海区参议会追认，报山东省行委会备案，这是中国第一份地方人权保障条例的实施细则。内容主要如下：①

1. 人民之身体、财产及其他一切之合法自由权利，非有法令的根据，任何部队、机关、团体及群众武装不得任意侵犯。在争夺区或新辟地区，严禁以任何名义、借口，乱行捕杀、吊打、掳架、就地处理等破坏政策的举动，违者依

---

① 《渤海区人权保障条例执行规则》，董云虎、刘武萍编著：《世界人权约法总览》，四川人民出版社1991 年版，第 770—773 页。

其所犯法条加重一半处罚。

2. 人民身体、财产之自由，应受法律保障。仅县以上之公安、司法机关得依法审问处理之，其他任何部队、团体及个人，绝对不许越权强行审理处断，违者无效。在敌后战时紧急情况下，在押犯人如确有充分证据足以证明其应处死刑，或以呈请上级审核死刑尚未复示者，县以上政府于受敌包围或追击中，为脱离危险不得已时，得机动处理之。但须事后立即呈报上级审核，如有违误，应负法定责任。

3. 关于保障人权，财权之重大犯罪，如有挟嫌诬告、捏造证据或栽赃陷害者，予以反坐处罚。

4. 人民有犯罪嫌疑，有权逮捕之部队（团级以上部队）、机关，应依法定手续，考虑嫌疑轻重，慎重办理，不得轻易逮捕、拘禁。有权部队对被捕之人犯无审判权，应依法速送该管公安，司法机关处理、逮捕、拘禁时，以有犯罪嫌疑人之本人为限。所有嫌疑人之家属亲友等，非有共犯或藏匿、故纵等显著情事，不得无故株连，违者应负法定罪责。

5. 人民被非法逮捕、拘禁者，得由本人或其亲属向该管各级公安、司法机关声请提审。受声请之机关核准后，应立即通知该逮捕、拘禁机关，于二十四小时内移送，不得拒绝，同时并得通知其上级机关注意监督执行。

6. 下列人犯、不论何人均得不用捕票迳行逮捕之，但须于二十四小时内移送管理公安或司法机关处理之。其因战争环境或特殊事故受阻碍时，得扣除时日计算，逾期不送，以妨害自由论罪。（1）敌探汉奸罪迹显露，有逃亡之虞者。（2）现行犯。（3）准现行犯。一是持有凶器、赃物或其他物件，露犯罪痕迹，显可疑为犯罪人者。二是被人追呼为犯罪人者。（4）通缉中之犯人。

7. 除前条所列人犯外，对其他嫌疑人，如认为须直接讯问本人者，应先用传票传唤之；其有逮捕之必要时，须由有权部队或政府之公安、司法机关签发捕票，始得执行。

8. 执行逮捕在不妨碍军政机密原则下，应于捕获本人后出示捕票，并告知其最近亲属及该管村长或邻户。

9. 执行逮捕，必要时得当场迳行搜索犯人之身体及附近疑有藏匿赃物之场所。此外其他之搜索，非有搜索令不得为之。

10. 搜索以获得犯罪证据或没收物为目的，办案负责干部得亲自搜索或发布搜索令，指挥一定人员执行之。搜索物件应行带案者，应出立收据，交原主收存。此外任何物品，绝对不许随意携取，并应取具户主及在场证人之甘结，以资证明，违者依法严惩之。

11. 搜索妇女之身体，应令妇女为之，特殊情形例外。

12. 逮捕、拘禁之犯人，应即时审讯，至迟不得逾一日。该被捕人犯，如证明无犯罪行为时，应立即释放，并解释安慰之。

13. 审讯人犯不得专靠口供定案，严禁刑讯或其他不正当方法逼供骗供，违者以刑法渎职及妨害自由各条，加重论罪。

14. 审讯人犯应尽量使其自由陈述，并详记笔录。讯毕应当场朗读，令听明无讹后，着其紧接签押或按手印于笔录行末之后，不得事后删略或篡改，或另一白纸令其签押。笔录须记明审讯期日、地点，并由主审及记录人员签名盖章。

15. 搜索扣押之财物、赃物，除依法应由有权机关裁判批准没收者外，其他物品均应及早发还原主，不得任意扣留或滥权处理。

16. 犯人之看押，应以适当之方法管束之，为防止脱逃得加以戒具，其违犯审讯或看守规则者，经首长批准，得施以有效必要之处罚。

17. 看守所对于捕犯，应经常施以政治动员及个别感化教育，期其改过迁善。

18. 押犯食粮、菜金及学习、卫生等权利，应按犯人供给标准待遇之，不得加以任何克扣与虐待，病重者应尽量准许保外医治，一般的犯人经准许者并得接见亲友、收受药品，但须经过监视或检查。

19. 案件审讯终结后，应综合所得证据，具体准确制成判词，向犯人宣告。除终审级外，如有不服，应准上诉。一经合法上诉，即应检齐卷证，送请上级审判，其判决确定者，由原办机关负责人与行政首长连署，呈请上级审核，非经批准不得执行。凡各级司法机关判处之二年以上徒刑之案件，虽当事人不上诉，其判处机关亦应送请高级审判分处复审；复审机关务将事实与罪行详加审核有无违背政策，分别准驳，并根据具体材料详为指示。

20. 执行死刑得用枪毙，处决后，除特殊情形外，应立即通知其亲属领尸殓葬，如无尸亲认领，执行机关应负责掩埋之。

21. 凡非病死或发现可疑之尸体，应报告该管公安局检验，非经准许不得掩埋。如因尸体发现犯罪时，公安局应通知该管司法机关，邀同法医或检验员莅场勘验后，核准掩埋。

22. 盗赃及遗失物所有主不明者，应交公安局布告限期招领，逾期无人承领，除发给拾物人全部或一部分外，应予没收归公。

该条例值得注意的有：一是对罪犯的人道主义待遇，如规定"押犯食粮、菜金及学习、卫生等权利，应按犯人供给标准待遇之，不得加以任何克扣与虐待，病重者应尽量准许保外医治，一般的犯人经准许者并得接见亲友，收受药品，但须经过监视或检查"；二是注意通过教育手段改造罪犯，如规定"看守所对于捕犯，应经常施以政治动员及个别感化教育，期其改过迁善"；三是注意执法过程公正透明。如规定搜查嫌疑人住处时应有同户居住人或其他证人在场证明；逮捕犯罪嫌疑人要出示捕票，并告知其最近亲属及该管村长或邻户；四是规定"盗赃及遗失物所有主不明者，应交公安局布告限期招领，逾期无人承领，除发给拾物人全部或一部分外，应予没收归公"，这是典型的现代民法思维和做法，表明中国共产党人具有较深的法学造诣。

1941 年至 1942 年，是抗日战争最艰苦的时期，山东各抗日根据地受到日、伪、顽的多重夹击。在此恶劣的战争环境下，党领导的山东抗日根据地仍认真执行《山东省人权保障条例》，组织专人到一些地区，对错杀、错捕的情况进行检查和纠正，督促条例的贯彻落实。主持制定《人权保障条例执行规则》的清河、渤海行政公署主任李人凤，在《简述清河民主建设》一文中说："我们执行了保障人权的法令，取消了任何连保制度的残余，减租减息之后保证交租交息，我们不但保证了农民的人权、地权、财权、政权，也保护了地主的合法权益……"①山东抗日根据地 1943 年开始的整风运动中，在罗荣桓领导下坚持实事求是，采取了有别于延安模式而符合山东实际的方式，只整风不整人，保护了大批干部，是全国唯一没有搞"抢救"运动的抗日根据地，为维护法制、保障人权作出了重要贡献。中共中央对山东整风运动实事求是的做法给予了肯定和赞扬。

六、坚持党在统一战线中的独立、领导地位和质量强党

第二次国共合作建立之后，在王明右倾机会主义的影响下，党内右倾思想在某些地方出现，主要表现是：对国民党的压制和干涉政策无原则的迁就退让；过分相信国民党，倾向于把在国民党统治区域内党的一切活动公开化；个别地区的红军部队对国民党的反共阴谋丧失警惕，以致在改编时被国民党包围缴械；军队中个别人以受国民党政府的委任为荣，不愿严格接受党的领导；少数人主张在国民党尚未改变其一党专政的情况下，共产党可以参加国民政府；有的人对国民党特务在根据地进行破坏活动不敢进行坚决斗争。②这种右的倾向违反独立自主原则，不利于保持国共两党合作的统一战线，必须纠正这种倾向。

---

① 转引自张东霞：《中国历史上第一部人权保障法规——〈人权保障条例〉》，《联合日报》2019 年 12 月 14 日；武阳：《人权的革命表达——重读山东抗日根据地〈人权保障条例〉》，《甘肃政法学院学报》2012 年第 6 期。

② 中共中央党史研究室：《中国共产党历史》第一卷（1921—1949）下册，中共党史出版社 2011 年版，第 513 页。

为此，党的六届六中全会通过了《中共扩大的六中全会政治决议案》，[①] 强调中国共产党必须独立自主地领导人民进行抗日战争。虽然对党内在统一战线问题上存在的关门主义和投降主义两种错误都给予批判，但着重批判了王明"一切经过统一战线，一切服从统一战线"的右倾投降主义错误思想，强调正确的统战方针应该是既统一又独立。

在抗日统一战线中，既要实现党的独立性和加强党对抗日战线的领导，又要照顾同盟者、统战对象的利益，怎样解决这一问题呢？中国共产党提出主要不靠人数众多而要靠提高党员质量，在政权和选举中靠党员的影响力，执行正确的政策，进而实现党的领导。

（一）抗日民主政权实行"三三制"组织原则

《抗日根据地的政权问题》是 1940 年 3 月 6 日毛泽东为中共中央起草的对党内的指示（以下简称《指示》）。当日，中共中央便发出了这一《指示》。[②]《指示》规定，在政权工作人员中，共产党员占三分之一，非党的左派进步分子占三分之一，不左不右的中间派占三分之一。《指示》强调，在"三三制"条件下，保证共产党员在政权中占领导地位的有效方法，是让三分之一的共产党员在质量上高于别人。有了这一点，就可以保证党的领导权，不必追求人数优势。所谓领导权，是以党的正确政策和自己的模范工作，说服和教育党外人士，使他们愿意接受我们的建议。

在"三三制"的抗日民主制政权中，必须使党外进步分子占三分之一，因为他们联系着广大的小资产阶级群众。我们这样做，对于争取小资产阶级将有很大的影响；在"三三制"为原则的抗日民主制政权中，必须给中间派以三分之一的位置，目的在于争取中等资产阶级和开明绅士。这些阶层的争取，是孤

---

① 中共中央党史研究室：《中国共产党历史》第一卷（1921—1949）下册，第 519—524 页，中共党史出版社 2011 年版。

② 《毛泽东选集》第二卷，人民出版社 1990 年版，第 699—701 页。

立顽固派的一个重要的步骤。

《指示》强调，必须教育担任政权工作的党员，克服他们不愿和不惯同党外人士合作的狭隘性，同时，尽量地鼓励党外人士对各种问题提出意见。绝不能以为我们有军队和政权在手，一切都要无条件地照我们的决定去做，因而不注意去努力说服非党人士同意我们的意见。对参加我们政权的党外人士的生活习惯和言论行动，不能要求他们和共产党员一样。

"三三制"原则在边区政权建设的实践中得到了很好的贯彻。例如，1941年11月，陕甘宁边区第二届参议会召开第一次会议。会议选出的9名常驻议员中有3名共产党员。会议选出的边区政府18名委员中，有共产党员7名，略超过三分之一。共产党员徐特立当即申请退出，经大会通过，以党外人士白文焕递补。共产党人忠实执行"三三制"原则，在党外人士中引起强烈的反应。李鼎铭在就职演说中说：共产党"很愿意大公无私做到精诚团结"，各党派、无党派人士应"互相信任，互相亲爱"，"看成一家人，同力合作，干这抗战建国的事"。①

（二）要反对一切联合、否认斗争的右倾错误和一切斗争、否认联合的"左"倾错误

《论政策》是毛泽东同志1940年12月25日为中共中央起草的对党内的指示，它第一次从历史的角度认真总结了右倾机会主义和"左"倾机会主义在统一战线问题上的经验教训。在第一次大革命后期，是一切联合，否认斗争；而在土地革命后期，则是一切斗争，否认联合（除基本农民以外），实为代表两个极端政策的极明显的例证。而这两个极端的政策，都使党和革命遭受了极大的损失。现在的抗日民族统一战线政策，既不是一切联合否认斗争，又不是一切斗争否认联合，而是综合联合和斗争两方面的政策。这些政策主要是：

1. 一切抗日的人民联合起来，组成抗日民族统一战线。

---

① 中共中央党史研究室：《中国共产党历史》第一卷（1921—1949）下册，第592—593页，中共党史出版社2011年版。

2. 统一战线下的独立自主政策，既须统一，又须独立。

3. 在和反共顽固派斗争时，是利用矛盾，争取多数，反对少数，各个击破；有理，有利，有节。

4. 在敌占区和国民党统治区的政策，是一方面尽量地发展统一战线的工作，另一方面在组织方式和斗争方式上采取荫蔽精干、长期埋伏、积蓄力量、以待时机的政策。

5. 对于国内各阶级相互关系的基本政策，是发展进步势力，争取中间势力，孤立反共顽固势力。

6. 对于反共顽固派要采取革命的两面政策，即对其尚能抗日的方面是加以联合的政策，对其坚决反共的方面是加以孤立的政策。

7. 对于汉奸亲日派中间的两面分子，我们也应以革命的两面政策对待之。即对其亲日的方面，是加以打击和孤立的政策，对其动摇的方面，是加以拉拢和争取的政策。

8. 既须对于反对抗日的亲日派大地主大资产阶级和主张抗日的英美派大地主大资产阶级，加以区别；又须对于主张抗日但又动摇、主张团结但又反共的两面派大地主大资产阶级和两面性较少的民族资产阶级和中小地主、开明绅士，加以区别。

9. 对待帝国主义亦要区别对待。将侵略中国的日本帝国主义和现时没有侵略的其他帝国主义，加以区别；将同日本结成同盟承认"满洲国"的德意帝国主义，和同日本处于对立地位的英美帝国主义，加以区别；将过去采取远东慕尼黑政策危害中国抗日时的英美，和目前放弃这个政策改为赞助中国抗日时的英美，加以区别。我们的策略原则，仍然是利用矛盾，争取多数，反对少数，各个击破。

10. 关于劳动政策。必须改良工人的生活，但切忌过左，加薪减薪均不应过多。在中国目前的情况下，八小时工作制还难于普遍推行，在某些生产部门内还须允许实行十小时工作制。其他生产部门，则应随情形规定时间。劳资间在订立契约后，工人必须遵守劳动纪律，必须使资本家有利可图。否则，工厂关门，对于抗日不利，也害了工人自己。

11. 关于土地政策。一方面，应该规定地主实行减租减息，但不要减得太多。利息不要减到超过社会经济借贷关系所许可的程度；另一方面，要规定农民交租交息。

12. 关于税收政策。必须按收入多少规定纳税多少。一切有收入的人民，除对最贫苦者应该规定免征外，均须负担国家赋税，不应该将负担完全放在地主资本家身上。禁止捉人罚款来解决军饷。

13. 关于锄奸政策。坚决地镇压那些坚决的汉奸分子和坚决的反共分子，但不可多杀人。对于动摇分子和胁从分子应有宽大的处理。废止肉刑，重证据而不轻信口供。对于俘虏，除为群众所痛恶、非杀不可而又经过上级批准的人以外，应一律采取释放的政策。其中被迫参加、多少带有革命性的分子，应大批地争取为我军服务，其他则一律释放；如其再来，则再捉再放；不加侮辱，不搜财物，一律以诚恳和气的态度对待之。不论他们如何反动，均取这种政策。对于叛徒，除罪大恶极者外，在其不继续反共的条件下，予以自新之路；如能回头革命，还可予以接待，但不准重新入党。除军队在战斗时间以外，只有政府司法机关和治安机关才有逮捕犯人的权力，以建立抗日的革命秩序。

14. 关于人民权利。一切不反对抗日的地主资本家和工人农民有同等的人权、财权、选举权和言论、集会、结社、思想、信仰的自由权。

15. 关于经济政策。应该吸引愿来的外地资本家到我抗日根据地开办实业，奖励民营企业，把政府经营的国营企业只当作整个企业的一部分。应避免对任何有益企业的破坏。关税政策和货币政策，应该和发展农工商业的基本方针相适合，而不是相违背。

16. 关于文化教育政策。应以提高和普及人民大众的抗日的知识技能和民族自尊心为中心。容许资产阶级自由主义的教育家、文化人、记者、学者、技术家来根据地和我们合作，办学、办报、做事。应吸收一切较有抗日积极性的知识分子进我们办的学校，加以短期训练，令其参加军队工作、政府工作和社会工作；应该放手地吸收、放手地任用和放手地提拔他们。每个根据地都要建立印刷厂，出版书报，组织发行和输送的机关。每个根据地都要尽可能地开办大规模的干部学校。

17. 关于军事政策。应尽量扩大八路军新四军，因为这是中国人民坚持民族抗战的最可靠的武装力量。对于国民党军队，应继续采取人不犯我我不犯人的政策，尽量地发展交朋友的工作。应尽可能地吸收那些同情我们的国民党军官和无党派军官参加八路军新四军，加强我军的军事建设。

上述各项统一战线中的策略原则及其许多具体政策，充分体现了党处理统一战线问题的高超能力。例如，规定统一战线下的独立自主政策是既须统一，又须独立。对于国内各阶级相互关系的基本政策，是发展进步势力，争取中间势力，孤立反共顽固势力。与顽固派斗争时要利用矛盾，争取多数，反对少数，各个击破，有理，有利，有节。这些都体现了我们党驾驭统一战线的娴熟技巧；规定一切不反对抗日的地主资本家和工人农民有同等的人权、财权、选举权和言论、集会、结社、思想、信仰的自由权，显示了中国共产党人的博大胸怀；规定吸引外地资本家到我抗日根据地开办实业，奖励民营企业，把政府经营的国营企业只当作整个企业的一部分，避免对任何有益企业的破坏等，这些富有远见的政策开了我国改革开放政策的先河；规定劳资间在订立契约后，工人必须遵守劳动纪律，必须使资本家有利可图。地主要实行减租减息，农民要交租交息，这些调节阶级矛盾的政策，实际上体现了发展生产力是共产党人一切工作的出发点。

七、从严治党：思想教育、组织整顿和制度建设相结合

全面抗战初期，针对王明等人违反组织纪律、张国焘分裂党和红军等行为，党中央加强了党内立法工作，推进从严治党工作。

（一）规定各级党组织的工作规则与纪律

根据毛泽东的建议，1938 年 9 月至 11 月举行的党的六届六中全会通过了《关于中央委员会工作规则与纪律的决定》《关于各级党部工作规则与纪律的决定》《关于各级党委暂行组织机构的决定》等一系列关于党内政治纪律的规定，强调要把纪律教育作为"党的建设的一课"。

1. 制定《关于中央委员会工作规则与纪律的决定》，[①] 这份决定主要内容如下：

（1）关于中央委员会的工作规则与纪律。

第一，工作规则。党的中央委员会在党的全国代表大会前后期间内，是党的最高机关，在政治上、组织上指导党的一切工作；中央委员会全体会议须有大多数中央委员出席，方得开会；中央委员会的决议，以到会委员的多数通过而成立；中央委员会审查和批准中央政治局的一切工作和报告，给予中央政治局及一切党的机关以工作方针、训令和指示，并得向外发表各种宣言和文电；各中央委员到各地有权参加各级党委的工作及会议，并有权向之提出政治上、组织上、工作上的意见，考察其情况，直接向中央报告，但中央委员在各地党委担任一定职务者，仍须服从该党委。

第二，纪律。中央委员会的决议与文件，凡未经决定发表或向下级党部传达者，各中央委员不得向会外任何人泄露；各中央委员不得在中央委员会以外对任何人发表与中央委员会决定相违反的意见，亦不得有任何相违反的行动；

---

① 《关于中央委员会工作规则与纪律的决定》，中共中央文献研究室、中央档案馆编：《建党以来重要文献选编（一九二一——一九四九）》第 15 册，中央文献出版社 2011 年版，第 766—770 页。

各中央委员如果没有中央委员会、中央政治局及中央书记处的委托，不得以中央名义向党内党外发表言论与文件；中央委员如有错误，除在中央委员会及政治局内部进行批评外，在未得到中央委员会或政治局的决定要公开时，各委员不得在口头、文字、报章上向党内外任何人泄露，各委员不得破坏其他委员的威信；中央委员如有违犯纪律及有重大错误发生，中央委员会全体会议及政治局得依其程度之大小给以适当处分。

（2）关于中央政治局的工作规则与纪律。

第一，工作规则。政治局规定每三个月左右至少须开会一次；有半数以上政治局委员到会，即得举行会议；会议之决定与通过之文件，须经半数以上政治局委员同意后，认为有效并须立即通知未到会的委员；政治局有权以中央名义发表宣言、通电及与其他党派之组织机关发生关系；凡各地中央局、中央分局之负责同志，各省委或等于省委之区党委的书记，各参加全国性的政府与部队负责工作之党员，及中央党报委员会的委员之委任，均须经过政治局的决定或批准。在特殊情形下，各中央局、中央分局得决定各省委或等于省委之区党委的书记，但必须呈报中央政治局批准。

第二，纪律。各政治局委员除了在政治局内部及向国际控诉外，不得在党内党外对任何人发表任何与政治局决定相违反的意见，并不得有任何与政治局决定相违反的行动；各政治局委员未得到中央政治局之委任，个人不得用中央政治局名义或全党名义发表对内对外的言论文件；政治局委员有权参加各级党委与党的一切机关和部队的工作及会议，并有权向一切党的机关部队提出建议及考察情形报告政治局，但政治局委员在各地党委担负一定职务者，仍须服从该党委；政治局会议中所讨论和决定的问题，凡未经政治局决定发表时，任何政治局委员须严守秘密，不得向政治局以外任何人泄露；政治局委员如有错误，除由政治局内部批评外，凡未经政治局决定要公开时，各委员不得在口头、文字、报章上向党内外任何人泄露。各政治局委员不得有破坏政治局和政治局其他委员的威信之言论行动；政治局委员如有破坏纪律的事实，政治局得以其程度之大小决定处分或提交中央全会解决。

（3）关于中央书记处的工作规则与纪律。

第一，工作规则。中央书记处的任务，是办理中央委员会之组织性质和执行性质的日常工作，并负责招集政治局会议，准备政治局会议须讨论的问题，并向政治局作工作报告；有四分之一以上政治局委员提议召集政治局会议时，书记处必须召集政治局会议；中央书记处须完全执行政治局的决议，但中央书记处在政治局会议前后期间，遇有新的重大紧急事变发生，不能立即召开政治局会议时，得作新的决定，并得以中央委员会名义发表宣言、决议和电文，但事后须提交政治局会议批准及追认；书记处每星期最少须开会一次，集体的解决中央的日常工作和处理答复各党委的问题。书记处开会时，中央所在地的政治局委员，均得出席；凡用书记处名义发出之训令、电文、文件，须经过半数以上的书记同意后，方得发出；各书记、各政治局委员所领导之中央各部工作，各中央局、中央分局工作，须经常向书记处报告。中央各部重要问题之处理和答复，各部重要人员之任用或派出，均须经过书记处批准；中央各部得指导下级党委各该部门的工作，但关于各种重要问题须经由书记处指导之。中央各部之间、各中央局之间，得互通情报，并得互相提出建议（可能经过书记处转达），但不得有与中央书记处决定相抵触的建议，并不得有相互的指导关系；各书记之重要文章及对外发表之重要谈话或重要的报告大纲等，在可能时须经其他书记多数同意方能公布；中央各部所拟定之重要文件、大纲及工作条例等，须经书记处批准后才能有效。

第二，纪律。书记处所讨论之问题，未经决定公布时，各书记必须严守秘密，不得在党内外泄露。

《关于中央委员会工作规则与纪律的决定》是我党第一份为中央委员会、中央政治局、中央书记处立规矩的文件，表明我党已经意识到党纪要从高层抓起。

2. 制定了《关于各级党部工作规则与纪律的决定》。① 这份决定的主要内容如下：

（1）工作规则。

第一，凡各地党部已经取得合法的地位，并能召集党员大会、党的代表会者，应依照党章召集各级代表会及党员大会，并在各级代表会或党员大会上选举各该级党的领导机关——党的委员会。有监察委员会之党委，监察委员会亦须由代表会选举。

第二，各级党的委员会的候选人名单，凡到会代表或到会党员、各该级党的原来的委员会及上级党委，均有权提出，但须经大会主席团汇齐并审查清楚之后，再向代表会或党员大会提出。

第三，选举的方法须以候选人个别的提交会议，分次举手表决之，并须附上反对票数。

第四，各级代表会或党员大会选出之党的委员会，须报告上级党委批准。上级党委在必要时并有权指定或取消下级党的委员会之委员。

第五，各级党的委员会的决定须向下级党委及党员传达者，其传达的事项与内容须经委员会决定，并须指定一定的负责人去传达或用文字传达。

第六，各地同级党委相互之间在不妨害秘密工作范围内，得互通情报，并得互相提出建议（尽可能经过上级党委转达），但不得有指导关系，并不得有违反上级党委决议指令之建议或情报。

第七，各级党委如果接有党员及下级党委的控诉书要求向上级党委转达者，各级党委必须转达。

第八，各级党的委员会的委员，如有破坏纪律或犯有重大错误时，该委员会或代表会得依其程度之大小决议处分，但必须报告上级党委批准。如有监察

---

① 《关于各级党部工作规则与纪律的决定》，中共中央文献研究室、中央档案馆编：《建党以来重要文献选编（一九二一——一九四九）》第 15 册，中央文献出版社 2011 年版，第 771—773 页。

委员会者，须经监察委员会审查决定。

第九，个人服从组织，少数服从多数，下级服从上级，全党服从中央，党的一切工作由中央集中领导，是党在组织上民主集中制的基本原则，各级党的委员会的委员必须无条件的执行，成为一切党员与干部的模范。

第十，各级党的委员会为了了解下面的情况、便利于工作上的指导起见，上级党委得向下级党委派遣巡视员，传达上级党委的意见，考察下面的情形报告上级党委。巡视员对于下级党委有意见时，应该向下级党委建议，由下级党委决定执行与否，巡视员没有决定与强制下级党委执行的权力。但在特殊情形之下由上级党委委托，授巡视员以此项特权者除外。

（2）纪律。

第一，各级党的委员会的常委，须完全执行各该级党的委员会的决定。

第二，各级党委的重要文件、决议，须经多数委员或常委之同意，才能发表。各级党委负责人的重要文章及谈话，在可能时须经其他委员同意后发表。

第三，各级党的委员会、代表会及党员大会所通过的决定文件，凡未经决定发表者，除向上级党委报告外，各委员、各代表及到会的党员，均不得向会外任何人泄露。

第四，各级党的委员会的委员、代表会的代表，除在各该委员会或代表会内部及向上级党委控诉外，不得在党内党外对任何人发表与该委员会或该代表会之决定相违反的意见，亦不得有任何相违反的行动。

第五，各级党的委员会的委员、代表会的代表，须无条件的执行该委员会或该代表会的决定。

第六，各级党的委员会的委员、代表会的代表，如果发生错误，除在该委员会或该代表会批评并向上级党委报告外，凡未经上级党委、该委员会或该代表会决定要在党内及党外公开批评时，各委员、各代表不得在口头上、报纸上、文件上向党内外任何人泄露。

第七，凡党员对各级党委、党的负责人与上级党委在政治问题与工作原则问题上有不同意见，经过讨论后不服者，得向上级党委申诉，并得越级直接向中央及党的最高负责人申诉。但在上级党委没有指令改变前，仍须服从原来的决定，并不得在党内党外有任何反对组织、反对上级党委的言论行动。

第八，凡党员受各级组织的处分不服要求取消或改变处分者，得按级向上级党委控告，直到中央，但不得在党内党外有任何反对组织的言论行动。

第九，凡党员对于党的负责人及党在群众中的领袖有意见与批评时，除向相当的组织、党的负责人提出必要的批评外，不得随便在同志中及群众中任意批评他们的长短、错误与缺点。

3. 制定了《关于各级党委暂行组织机构的决定》。这份决定的主要内容如下：[①]

（1）在敌人后方各中央局、中央分局之下，得设下列各级党的委员会：区党委员会（简称区党委）；地方党委员会（简称地方党委或地委）；县党委员会（简称县委）；市党委员会（简称市委）；分区党委员会（简称区委或分区委）；支部委员会（简称党委或支部）；必要时在支部委员会之下得设支分部委员会（简称支分部）。为了开辟附近地区党的组织，可设立临时的中心县委、中心区委及中心支部等。

（2）各级党委所指导之下级组织，以不超过八个单位为适宜。

（3）区委以上各级党的委员会之下，得分下列各部办事：组织部——管理组织的发展，党员登记，干部的考察、征调和分配及征收党费等。宣传部——管理对外宣传，对内教育，及党所指导的报纸、学校、训练班等。战事动员部——动员武装人民及武装部队参加抗战等。民运部——管理工人、农民、青年、妇女、儿童各种民众运动及民众团体中党员的工作，在民运部内得组织工

---

① 《关于各级党委暂行组织机构的决定》，中共中央文献研究室、中央档案馆编：《建党以来重要文献选编（一九二一——一九四九）》第 15 册，中央文献出版社 2011 年版，第 774—776 页。

人、农民、青年、妇女等委员会。统一战线部——管理对友党联络及各机关中之党员的工作。秘书处——管理文书、庶务、会计等事。上列各部，在我军后方之各地党委得依情况变通办理。

（4）由各中央局决定，在区党委之下，得设监察委员会。监察委员会的职权如下：

第一，监督各种党的机关、党的干部及党员的工作与对于党的章程决议之正确执行。

第二，审查党的各种机关之账目。

第三，管理审查并决定对于违反党章党纪之党员的处分，或取消其处分。

第四，审查并决定所有要求恢复党籍或重新入党者之党籍。

第五，监察党员关于破坏革命道德的行为。区党委下之监察委员会的委员须有三年以上的党籍，但得兼职。

值得注意的是，第一，决定规定，在区委以上各级党委之下设立统一战线工作部，这在党的历史上是首次。党的统一战线工作有了专门的机构，进一步制度化。第二，这个决定对监察委员会作出了规定，确保了党的纪律检查工作的制度化、规范化，对于党的纪律检查工作产生了深远的影响。

在党的历史上，六届六中全会被毛泽东称之为"是决定中国之命运的"。这是一次进一步确立毛泽东在全党地位的重要会议，也是一次立规矩的重要会议。这次全会明确要求全党做到"个人服从组织、少数服从多数、下级服从上级、全党服从中央"，通过了一系列关于党内政治纪律的规定，强调要把纪律教育作为"党的建设的一课"，对于促进党的团结统一发挥了重要作用。六届六中全会通过的政治决议案强调，每个共产党员应该爱护党和党的团结统一有如生命，认真实行党的民主集中制——个人服从组织，少数服从多数，下级服从上级，中央是全党最高的领导，用以严格党的纪律，使党及其各级领导机关达到在政治上和组织上团结得如像一个人一样的程度。

（二）增强党性锻炼是党建的重要内容

1941 年 7 月 1 日，在中国共产党成立 20 周年之际，中共中央政治局在延安通过了《中共中央关于增强党性的决定》（以下简称《决定》）。这是建党以来第一份由中央政治局通过的以增强党性为主题的文件。主要内容如下：①

1. 增强全党党性的重要性

《决定》指出，党所面临的环境，是广大农村的环境，是长期分散的独立活动的游击战争的环境，党内小生产者及知识分子的成分占据很大的比重，因此容易产生某些党员违反党性的情况。具体表现是：

（1）在政治上自由行动，不请示中央或上级意见，不尊重中央及上级的决定，随便发言，以感想代替政策，独断独行，或借故推脱，两面态度，阳奉阴违，对党隐瞒。

（2）在组织上反对集中领导，目无组织，实行家长统制，只要下面服从纪律，而自己可以不遵守，反抗中央，轻视上级，超越直接领导机关去解决问题，多数决议可以不服从，打击别人，抬高自己，在干部政策上毫无原则，随便提拔，随便打击，搞派别活动。

（3）在思想意识上，反对无产阶级的集体主义，个人利益高于一切，自高自大，喜人奉承，风头主义，不实事求是地了解情况，不严肃慎重地对待问题，不肯埋头苦干，不与群众密切联系。

2. 纠正上述违反党性的倾向所必须采取的办法

（1）在党内更加强调全党的统一性、集中性和服从中央领导的重要性。不允许任何党员与任何地方党部违反中央政令而对全国性问题任意对外发表主张。要在党内开展反对"分散主义""独立主义""个人主义"的斗争。

（2）严格地检查一切决议决定之执行情况，肃清阳奉阴违的两面性现象。

---

① 《中共中央关于增强党性的决定》，张德昌主编：《共产党员文库》，暨南大学出版社 1991 年版，第 1627—1269 页。

（3）反对当面客气，背后指斥。应当强调党内外团结互助，对于屡说不改者，必须加以纪律制裁。

（4）要在全党加强纪律教育。严格遵守个人服从组织、少数服从多数、下级服从上级、全党服从中央的基本原则。

（5）要用自我批评的武器和加强学习的方法，来改造自己而服从党与革命的需要。要改变那些把理论与实践、学习与工作完全脱节的现象。

（6）从中央委员以至每个党部的负责领导者，都必须参加支部组织，过一定的党的组织生活，虚心听取党员群众对于自己的批评，增强自己党性的锻炼。

这个决定是党中央对党性问题进行系统思考后做出的重大决策和部署，说明党对自身内部关系的认识愈发成熟，对强化自身建设也更加自觉。自此之后，增强党性锻炼成为党的建设的重要内容。

（三）加强党的集中统一领导

为了解决战争年代各根据地容易出现的分散主义、个人主义等现象，党中央专门制定了一些加强党的集中统一领导的文件。

1.《关于统一抗日根据地党的领导及调整各组织间关系的决定》

1942年9月1日，中共中央政治局作出《关于统一抗日根据地党的领导及调整各组织间关系的决定》。主要内容如下：

（1）确定中央代表机关（中央局、分局）及各级党委（区委会、地委）为各地区的最高领导机关，统一各地区的党政军民工作的领导，取消过去各地区党政军委员会（党政军委员会的设立，在根据地创立时期是必要的和正确的）。各级党委不仅仅是领导地方工作的党委，而是该地区的党政军民的统一领导机关（但不是联席会议）。

（2）中央代表机关及区党委地委的决议，决定或指示下级党委及同级政府党团、军队军政委员会军队政治部及民兵团体党团及党员，均须无条件的执行。上级政府的决定，命令，上级军事领导的命令，训令，上级民众团体的决定，下级机关、军队、民众团体、党委必须无条件执行。下级党委对上级政府、军队、民众团体之决定如有不同意见，可报告上级党委。在遵照各组织上级的决议解决具体问题而党委内部发生争论时，以少数服从多数的原则解决之。政府、军队、民众团体负责人即使不同意多数意见，亦必须执行同级党委之决定，但可将自己的意见报告上级有关机关。

（3）中央局与中央分局为中央代表机关，由中央指定之。区党委、地委，由军队与地方的党组织统一的代表大会选出，经上级批准之。各级党委书记不仅须懂得党务，还必须懂得战争和政权工作。区党委书记人选，由中央局分局议定，经中央批准之。地委书记人选，由区党委议定，经分局中央局批准之。为统一地方党与军队党的领导，分局、区党委，地委书记，兼任军区、分区（师或旅）政委。

（4）主力军必须执行各级党委的决议、决定与各级政府的法令。主力军对于驻扎所在地的下级党委与下级政府（如县、区、乡）的决定，亦必须执行。如有不同意处，可报告上级党委与上级政府。

（5）党对政权系统的领导，应该是原则的、政策的、大方向的领导，而不是事事干涉，代替包办。下级党委无权改变或不执行上级参议会及政府的决定与法令，党的机关及党员应该成为执行参议会及政府法令的模范。党团必须服从同级党委，在党团万一没有说服参议会及政府的大多数因而党团意见未被参议会及政府通过时，必须少数服从多数，不得违反民主集中制的原则。在实行三三制时，党员在政权系统中的数量减少，但在政权系统中工作的党员质量必须大大提高，在政权系统中工作的党员和干部，必须服从党委与党团的决议、决定与纪律，不得利用自己的地位自由行动。一切军事机关无权干涉参议会及政府内部工作。但军队政治机关，必须尽可能地帮助政府工作。

（6）党对民众团体的领导，经过自己的党员及党团。政府应尊重民众团体的独立工作。给民众团体以必要的帮助。民众团体应依法向政府请求登记，取得合法地位。如民众团体违反政府法令时，政府可加以处分，甚至解散，此外一律不干涉民众团体的生活与工作。民众团体并非政权机关，不得代替政府行政及对人民执行逮捕、审讯、判决等事宜。

（7）党的领导的一元化，一方面表现在同级党政同级组织的相互关系上，又一方面表现在上下级关系上。在这里，下级服从上级，全党服从中央的原则之严格执行，对于党的统一领导，是有决定意义的。各根据地领导机关在实行政策及制度时，必须依照中央的指示。在决定含有全国全党全军普遍性的新问题时，必须请示中央，不得标新立异，自作决定。各级党委及政府军队民众团体中的党员负责同志，不得中央许可，不得发表带有全国意义和全党全军意义的宣言、谈话及广播，各级领导同志的文章应经过同级党委或党团适当人员的审阅。分局委员以上，师以上负责人的文章，凡带有全国及全党意义的，应事先将主要内容报告或电告中央。各级不应再直接对外广播，应统一于延安新华社。

（8）为统一根据地的领导，为改进党政军民的关系，必须在党政军民各系统党员干部中进行思想教育，整顿三风，肃清主观主义、宗派主义的遗毒。

（9）"一切服从战争"是统一领导的最高原则。因此，党委、政府、民众团体以及全体人民，都有巩固军队，加强其战斗力的义务。

2. 调整及经建中央领导机构，加强中央的集中统一领导

中共中央于1943年3月16日和20日在延安举行政治局会议。任弼时在会上报告中央机构调整与精简草案。会议决定：毛泽东为中央政治局主席和中央书记处主席。毛泽东、刘少奇、任弼时组成中央书记处，根据中央政治局决定的方针，处理日常工作。中央书记处讨论问题，主席有最后决定权。

战争年代，"一切服从战争"，而打仗则需要集中领导，所以，反对分散主义、山头主义、个人主义，建立集中领导体制是时代的需要。

（四）强化党的组织工作的防错纠错能力

任何人、任何政党不可能不犯错误。但中国共产党的一个显著特色，就是

164

它很早就开始探索防错纠错的制度机制。

1939 年 8 月 25 日，中央政治局作出了《关于巩固党的决定》(以下简称《决定》)。《决定》在肯定了大量发展党员以来的成绩，并分析了存在的问题之后，明确指出：“在思想上政治上组织上巩固党，成为我们今天极端严重的任务，成为完成党的政治任务的决定因素。”《决定》对如何巩固党的组织做了具体规定。①

1. 党的发展一般应当停止，而以整理紧缩严密和巩固党的组织工作为今后一定时期的中心任务。

2. 必须详细审查党员成分，清刷混入党内的异己分子（地主、富农、商人）、投机分子，以及敌探奸细。为了防止扩大化，《决定》强调，这种审查不应当成为普遍的清党运动，而应当是个别的、详细的、慎重的审查与洗刷。

3. 巩固党的中心环节就是加强党内马克思列宁主义的教育，阶级教育与党的教育。

4. 必须加强对党的各级干部的教育工作。中央特别强调：团结新老干部，提拔和教育新干部，建立新老干部间和谐的相互学习相互尊重的关系，对于巩固党有重要意义。

5. 必须加强党的保卫工作和反对奸细的斗争。党内的锄奸教育与党的警惕性，必须大大提高，使保卫党的任务与反奸细的斗争，成为全党的工作。

6. 必须加紧党的秘密工作，使秘密工作与公开工作有正确的联系。一方面党的公开机关与秘密组织，必须严格地划分和清楚地分离；公开党员与秘密党员必须明白的分工，而不应由公开党员兼任党的秘密工作；另一方面秘密党员必须有很好的群众联系与合法地位。

7. 必须提高党的纪律和加强党的团结。必须在党内开展正确的思想斗争，

---

① 《中共中央政治局关于巩固党的决定》，徐塞声：《中共中央南方局历史文献选编》(上)，重庆出版社 2017 年版，第 99—101 页。

保证党内思想上的一致，提高党的铁的纪律，保证党的行动上一致。

上述党的文件表明，党不简单地追求党员的数量，而追求党员标准、党员质量、党员的纪律性，从严治党的思想步步深入。

（五）建立中国共产党思想建设领域的防错纠错制度

1. 整风教育

延安整风运动是中国共产党历史上第一次大规模的整风运动。1941年5月，毛泽东同志在延安高级干部会议上作了《改造我们的学习》的报告，标志着整风运动开始；到1945年4月20日党的六届七中全会通过《关于若干历史问题的决议》为止。延安整风运动在中国共产党历史上具有深远的历史意义，它是党的建设史上的一个伟大创举。通过延安整风，使全党确立了一条实事求是的辩证唯物主义的思想路线，使干部在思想上大大地提高一步，使党达到了空前的团结。

（1）开展延安整风运动的起因。皖南事变的发生，促使毛泽东思考如何尽快改变与共产国际的关系，这是延安整风运动的导火线。皖南事变发生前，毛泽东就对国民党存有戒心，曾制定过一个先发制人的计划，打算派15万精兵打到国民党后方去，但这个计划最终被共产国际否定了。为了避免重蹈覆辙，中共必须摆脱共产国际对中国革命具体问题的干预。而要做到这一点，就必须开展一次全党的整风运动，从思想根源上破除将共产国际指示神圣化和教条化的氛围，树立马克思主义必须中国化的正确思想。

（2）整风运动内容。1942年2月上旬，毛泽东先后在中央党校的开学典礼以及中宣部和中央出版局联合召开的宣传工作会议上，做了《整顿学风党风文风》和《反对党八股》的报告，全面系统地提出了反对主观主义以整顿学风、反对宗派主义以整顿党风、反对党八股以整顿文风的任务，同时阐明了整风的宗旨和方针是"惩前毖后，治病救人"。这两个报告实际上是发动全党整风的动员报告。1942年4月3日，中宣部发出《关于在延安讨论中央决定及毛泽东同志整顿三风报告的决定》，进一步对整风运动的目的、要求、方法和步骤做出明确规定，从此开始了以整顿"三风"为中心内容的全党整风。

在全党普遍整风运动中，毛泽东提出惩前毖后和治病救人的方针，这是同"左"倾错误领导所实行的"残酷斗争"和"无情打击"恰好相反的。"惩前毖后"和"治病救人"，就是说，对以前的错误一定要揭发，不讲情面，要以科学的态度来分析批判过去的坏东西，以便使后来的工作慎重些，做得好些。揭发错误批评缺点的目的，好像医生治病一样，不是为了把人整死，而是为了救人，为了使犯错误的人变成好同志。这个工作绝不是痛快一时、乱打一顿所能奏效的。整风的方法是，不做事，认真阅读文件，联系个人思想和工作；自我反省，开展批评自我批评；提高认识，总结经验，逐步取得思想认识的一致。

（3）整风过程中的审干工作。客观地说，审干工作是党组织方面防错纠错的一项工作，是全面抗战时期中国共产党为保持组织的巩固和队伍的纯洁而开展的一项重要工作。早在1939年8月25日，中共中央政治局关于巩固党的决定即提出，为巩固党，必须详细审查党员成分，清刷混入党内的异己分子、投机分子以及敌探奸细。1940年8月1日，中共中央又在《关于审查干部问题的指示》中强调指出，干部的品质是否纯洁和干部的工作是否分配恰当，对于保障党的路线的执行具有决定意义。特别是在复杂的斗争环境中，对于干部的审查、考察与教育，更成为巩固党的一项重要工作。在全党普遍整风运动期间，中共中央各部委和延安的一些机关、学校开展了审查干部工作。一般说来，这在党的队伍迅速扩大，国民党顽固派加紧特务活动的情况下，是必要的。

但延安整风运动过程中的审干工作出现了土地革命时期"打AB团""查田运动"等运动中已经犯过的夸大敌情的阶级斗争扩大化错误。1943年4月3日，中共中央发布《关于继续开展整风运动的决定》，对敌情作了夸大的估计，延安的审查干部和反特斗争由秘密转到公开进行，由少数机关、少数人转变成群众性的运动。

1943 年 8 月 15 日，中共中央通过《关于审查干部的决定》，重申审查干部必须坚持"首长负责"等九条方针。10 月 9 日，毛泽东又指示要坚持"一个不杀，大部不抓"的原则。经过许多努力，审干工作中的错误得到制止。12 月 22 日，中共中央书记处召开会议，主要讨论反特务斗争问题，认为"抢救运动"应予否定。此后，开始甄别工作。1944 年春，中共中央领导有关部门开始对错案进行甄别平反，并对受到冤屈的人员赔礼道歉。毛泽东主动承担责任，多次在公开场合赔礼道歉。5 月 24 日，毛泽东在延安大学开学典礼上的讲话中说："'抢救运动'那时候，空气紧张得很，'抢救'了好些人，许多是搞错了的，非则非，今天要行脱帽礼，脱去给人戴错的帽子。"[①]

抗战时期我党进行的"抢救运动"的教训是深刻的。第一，绝对不能夸大敌情，搞"左"比右好的阶级斗争扩大化，违反实事求是的原则。第二，审干工作必须制定严格的法律，依法进行。在实体方面提出"特务"的具体标准，尤其是在程序方面要严格规定禁止逼、供、信，不轻信口供。第三，不能搞群众运动，而要由权力相互制约的有关部门按照程序进行。

2. 历史教育

为了更好地统一全党的思想，1945 年 4 月中共六届七中全会通过的《关于若干历史问题的决议》（以下简称《决议》），是我们党第一次对党的历史经验作出的系统总结。[②]

（1）1927 年大革命失败后，在党内曾经发生了"左"、右倾两种错误倾向

第一，以陈独秀为代表的一小部分第一次大革命时期的投降主义者，这时

---

① 中共中央党史研究室：《中国共产党历史》第一卷（1921—1949）下册，中共党史出版社 2011 年版，第 622—624 页。

② 《关于若干历史问题的决议》，《毛泽东选集》第三卷，人民出版社 1991 年版，第 952—1003 页。以下所引俱出此文，不再注明。

对于革命前途悲观失望，逐渐变成了取消主义者。他们采取了托洛茨基主义立场，认为1927年革命后中国资产阶级对于帝国主义和封建势力已经取得了胜利，它对于人民的统治已趋稳定，中国社会已经是所谓资本主义占优势并将得到和平发展的社会；因此他们武断地说中国资产阶级民主革命已经完结，中国无产阶级只有待到将来再去举行"社会主义革命"。

第二，从1927年8月至1935年遵义会议前的三次"左"倾错误。

第一次是八七会议期间滋生、到1927年11月形成的"左"倾盲动主义（即冒险主义）路线的"左"倾错误。它在政治上不认识当时应当根据各地不同情况，组织正确的反攻或必要的策略上的退却，借以有计划地保存革命阵地和收集革命力量，反而容许和助长了冒险主义和命令主义（特别是强迫工人罢工）的倾向。它在组织上开始了宗派主义过火的党内斗争，过分地或不适当地强调了领导干部的单纯的工人成分的意义，并造成了党内相当严重的极端民主化状态。这种"左"倾情绪在八七会议后继续生长，到了1927年11月党中央的扩大会议，就形成为"左"倾的盲动主义（即冒险主义）路线，并使"左"倾路线第一次在党中央的领导机关内取得了统治地位。但是由于这个错误路线一开始就引起了毛泽东同志和在白色区域工作的许多同志的正确批评和非难，到了1928年4月就在全国范围的实际工作中基本上结束了。

第二次是在党的六大会议期间滋生、1930年6月正式形成的"左"倾冒险错误。1928年6、7月间召开的党的六大路线基本上是正确的，但也有其缺点和错误。它对于中间阶级的两面性和反动势力的内部矛盾，缺乏正确的估计和政策；对于大革命失败后党所需要的策略上的有秩序的退却，对于农村根据地的重要性和民主革命的长期性，也缺乏必要的认识。在1930年5月蒋冯阎战争爆发后的国内形势的刺激下，党中央政治局由李立三同志领导，在6月11日通过了"左"倾的《新的革命高潮与一省或数省的首先胜利》决议案，使"左"倾路线第二次统治了中央的领导机关。他们不承认世界革命的不平衡性，认为中国革命的总爆发必将引起世界革命的总爆发，而中国革命又必须在世界革命的总爆发中才能成功；他们不承认中国资产阶级民主革命的长期性，认为一省或数省首先胜利的开始即是向社会主义革命转变的开始，并因此规定了若干不适时宜的"左"倾政策。在这些错误决定的形成和执行过程中，李立三同志拒绝了许多同志的正确批评和建议，并在党内强调反对所谓"右倾"，在反"右倾"的口号下错误地打击了党内不同意他的主张的干部，因而又发展了党内的宗派主义。这样，"立三路线"的形态，就比第一次"左"倾路线更为完备。但是"立三路线"在党内的统治时间也很短（不到四个月时间）。

第三次是在 1931 年 1 月党的六届四中全会形成的王明"左"倾教条主义。尽管六届四中全会在形式上还是打着反"立三路线"、反"调和路线"的旗帜，但它的主要政治纲领实质上却是"反右倾"。六届四中全会在实际上批准了王明的小册子——《两条路线》，即《为中共更加布尔什维克化而斗争》；而这个小册子基本上是一个完全错误的"反右倾"的"左"倾机会主义的总纲领。它过分地夸大了当时国民党统治的危机和革命力量的发展，忽视了"九一八"以后中日民族矛盾的上升和中间阶级的抗日民主要求，强调了日本帝国主义和其他帝国主义是要一致地进攻苏联的，各帝国主义和中国各反革命派别甚至中间派别是要一致地进攻中国革命的，并断定中间派别是所谓中国革命的最危险的敌人。因此它继续主张打倒一切，认为当时"中国政治形势的中心，是反革命与革命的决死斗争"；因此它又提出了红军夺取中心城市以实现一省数省首先胜利，和在白区普遍地实行武装工农、各企业总罢工等许多冒险的主张。

自 1931 年 9 月间以秦邦宪（博古）同志为首的临时中央成立起，到 1935 年 1 月遵义会议止，是第三次"左"倾路线的继续发展时期。1934 年 1 月，由临时中央召集的六届五中全会，是第三次"左"倾路线发展的顶点。六届五中全会不顾"左"倾路线所造成的中国革命运动的挫折和"九一八""一二八"以来国民党统治区人民抗日民主运动的挫折，盲目地判断"中国的革命危机已到了新的尖锐的阶段——直接革命形势在中国存在着"；判断第五次反"围剿"的斗争"即是争取中国革命完全胜利的斗争"，说这一斗争将决定中国的"革命道路与殖民地道路之间谁战胜谁的问题"。在反对"主要危险的右倾机会主义"等口号之下，它继续发展了宗派主义的过火斗争和打击政策。

在三次"左"倾错误中，对党带来最大危害的是王明等人的"左"倾教条主义。它披着"马列主义理论"的外衣，仗着党的六届四中全会所造成的政治声势和组织声势，使第三次"左"倾路线在党内统治四年之久，使它在思想上、政治上、军事上、组织上表现得最为充分和完整，在全党影响最深，因而其危害也最大。

（2）"左"倾路线在政治上、组织上、思想上的主要错误表现

第一，"左"倾路线在政治上犯了三个主要方面的错误。一是在革命任务和阶级关系的问题上犯了错误。各次"左"倾路线都混淆了民主革命和社会主义革命的一定界限，并主观地急于要超过民主革命；都低估农民反封建斗争在中国革命中的决定作用；都主张整个地反对资产阶级以至上层小资产阶级。二是"左"倾路线在革命战争和革命根据地的问题上也犯了错误。"左"倾路线的代表者，不了解半殖民地半封建的中国社会的特点，不了解中国资产阶级民主革命实质上是农民革命，不了解中国革命的不平衡性、曲折性和长期性，从而低估了军事斗争特别是农民游击战争和乡村根据地的重要性，就从而反对所谓"枪杆子主义"和所谓"农民意识的地方观念与保守观念"，而总是梦想这时城市的工人斗争和其他群众斗争能突然冲破敌人的高压而勃兴，发动中心城市的武装起义，达到所谓"一省数省的首先胜利"，形成所谓全国革命高潮和全国胜利，并以这种梦想作为一切工作布置的中心。三是"左"倾路线在进攻和防御的策略指导上也犯了错误。"左"倾路线的同志们因为不知道客观地考察敌我力量的对比，不知道采取与此相当的斗争形式和组织形式，不承认或不重视敌人内部的矛盾，这样，他们在应当防御的时候，固然因为盲目地实行所谓

"进攻路线"而失败，就在真正应当进攻的时候，也因为不会组织胜利的进攻而失败。

第二，"左"倾路线在组织上的错误表现，主要是形成了脱离党外群众的宗派主义（不把党当作人民群众利益的代表者和人民群众意志的集中者），以及脱离党内群众的宗派主义（不使党内一部分人的局部利益服从全党利益，不把党的领导机关当作全党意志的集中者）。

第三，"左"倾路线在思想上的错误表现，主要是教条主义及其附庸经验主义。教条主义的特点是不从实际情况出发，而从书本上的个别词句出发。它不是根据马克思列宁主义的立场和方法来认真研究中国的政治、军事、经济、文化的过去和现在，认真研究中国革命的实际经验，得出结论，作为中国革命的行动指南，再在群众的实践中去考验这些结论是否正确；相反，它抛弃了马克思列宁主义的实质，而把马克思列宁主义书本上的若干个别词句搬运到中国来当作教条，毫不研究这些词句是否合乎中国现时的实际情况。

3. "左"倾错误路线产生的三个原因

"左"倾错误路线的产生，根源于小资产阶级的世界观和方法论。

首先，在思想方法方面基本上表现为观察问题时的主观性和片面性，即不从阶级力量对比之客观的全面情况出发，而把自己主观的愿望、感想和空谈当作实际，把片面当成全面、局部当成全体、树木当作森林。联系生产的小资产阶级分子虽具有一定的感性知识，但是受着小生产的狭隘性、散漫性、孤立性和保守性的限制，他们的思想方法就比较容易表现为经验主义。

其次，在政治倾向方面。小资产阶级革命家的许多代表人物希望革命马上胜利，以求根本改变他们今天所处的地位；因而他们对于革命的长期努力缺乏忍耐心，他们对于"左"的革命词句和口号有很大的兴趣，他们容易发生关门主义和冒险主义的情绪和行动。小资产阶级的这种倾向，在党内反映出来，就构成了我们前面所说的"左"倾路线在革命任务问题、革命根据地问题、策略指导问题和军事路线问题上的各种错误。但是，这些小资产阶级革命家在另外一种情况下，或是另一部分小资产阶级革命家，也可以表现悲观失望，表现追随于资产阶级之后的右倾情绪和右倾观点。一般地说，在资产阶级和无产阶级分裂的时期，比较容易发生"左"倾错误（例如土地革命时期"左"倾路线统治党的领导机关至三次之多），而在资产阶级和无产阶级联合的时期，则比较容易发生右倾错误（例如 1924 年至 1927 年革命后期和抗日战争初期）。由于各种情况的变化而产生的左右摇摆、好走极端、华而不实、投机取巧，是小资产阶级思想在坏的一面的特点。

最后，在组织生活方面。由于一般小资产阶级的生活方式和思想方法的限制，特别由于中国的落后、分散的宗法社会和帮口行会的社会环境，小资产阶级在组织生活上的倾向，容易表现为脱离群众的个人主义和宗派主义。这种倾向反映到党内，就造成我们前面所说的"左"倾路线的错误的组织路线。这种倾向，常常采取各种各样的形式，如官僚主义、家长制度、惩办主义、命令主义、个人英雄主义、半无政府主义、自由主义、极端民主主义、闹独立性、行会主义、山头主义、同乡同学观念、派别纠纷、耍流氓手腕等，破坏着党同人民群众的联系和党内的团结。

《关于若干历史问题的决议》在思想史上的一个重要价值，就是让人们通过总结历史经验教训，牢记必须把马克思主义的普遍真理与中国实际相结合，实现马克思主义的中国化，走中国特色的革命和建设道路。因为不管是右倾机会主义，还是"左"倾机会主义，要害都是照抄照搬马克思主义的个别词句，照抄照搬共产国际、苏联及斯大林的指示或做法，从根本上违背了实事求是的辩证唯物主义思想路线。

4.《关于若干历史问题的决议》的一个历史局限性

若说这份决议的不足，那就是中国共产党考虑到与共产国际关系，特别是和苏联、斯大林的友好关系，在分析我党历史上右倾机会主义和"左"倾教条主义时，都回避了这两种错误倾向与共产国际、苏联、斯大林的密切关系。直到 1956 年，中国共产党人才公开揭示和批评了过去共产国际、苏联和斯大林对中国革命的错误指导、错误命令。

（六）具有中国特色的中国共产党章程

党的七大所通过的《中国共产党章程》是具有中国特色的共产党党章。中共一大通过的纲领，是一个带有党章性质的纲领，到了中共二大才正式形成中国共产党第一个成文党章。从中共二大到六大，中国共产党都根据形势的变化，对党章进行了修改，但这个时候的党章都是单纯的组织法规式的章程，修改的内容也主要是组织法规的内容。中国共产党党章的这种状况是受到国际共产主义运动的影响，更直接的是受俄共党章的影响。俄共一贯是把党章的内容限于单纯的组织法规模式的。在俄共历史上，党章和党纲始终是分开起草和通过的。在其 70 多年的历史上，共通过了 16 部党章、4 部党纲，尽管俄共的章程和纲领是分列的，但其关系是密切的。列宁曾经反复强调党章和党纲的相互适应性和统一性，俄共的每一次纲领修订所取得的重要政治成果，都是随后党章修订的基本依据，都要在党章引言中反映出来。

中国共产党七大通过的党章的最大特点就是增加了总纲部分，阐明了中国共产党的性质、指导思想；说明了中国革命的性质、动力、任务和特点；明确了中国共产党在中国革命中的基本方针和所必须具备的条件等问题，这使得中国共产党第一次有了一部政治纲领与组织法规相统一的，结构上完备、成熟的党章。七大党章确定下来了中国共产党党章结构模式。七大党章的这种模式不仅更加充分地体现了党章和党纲的适应性原则，而且更为简洁明确，是中国共产党人的一个创造。①

---

① 本书编写组：《中国共产党历史上的 1000 个为什么》（上），中共党史出版社 2006 年版，第 447—448 页。

八、新民主主义理论的形成

在经历了一系列成功和失败之后，在共产国际不再直接控制其成员的情况下，中国共产党在抗战时期开始认真思考革命实践，从中提炼符合实际的中国革命理论，最终产生了新民主主义理论。

（一）统一战线、武装斗争、党的建设：中国新民主主义革命的三大法宝

1939 年 10 月，毛泽东发表了《〈共产党人〉发刊词》，总结中国革命的两次成长和两次失败（即北伐战争的成长和失败、土地革命战争的成长和第五次反"围剿"战争的失败）的经验教训之后，首次提出了统一战线、武装斗争、党的建设是中国共产党在中国革命中战胜敌人的三个主要的法宝。[①]毛泽东对这三者的关系分别作了阐述。

1. 党和民族资产阶级、大资产阶级既联合、又斗争，是统一战线工作的规律

农民和城市小资产阶级是无产阶级可靠的同盟者，而民族资产阶级、大资产阶级都具有一定的两面性，无产阶级与它们要实行既联合、又斗争，以斗争求联合的原则。

（1）关于联合的必要性。第一，必须同民族资产阶级联合、组成统一战线的理由是：中国最大的压迫是民族压迫，在一定的时期中、一定的程度上，中国民族资产阶级是能够参加反帝国主义和反封建军阀的斗争的。

第二，在特定情况下，必须同大资产阶级联合、组成统一战线的理由是：由于中国买办性的大资产阶级的各个集团是以不同的帝国主义为背景的，在各个帝国主义间的矛盾尖锐化的时候，在革命的锋芒主要是反对某一个帝国主义的时候，属于别的帝国主义系统的大资产阶级集团也可能在一定程度上和一定时期内参加反对某一个帝国主义的斗争。

---

① 《〈共产党人〉发刊词》，《毛泽东选集》第二卷，人民出版社 1991 年版，第 605—613 页。

（2）关于斗争的必要性。第一，与中国民族资产阶级斗争的必要性是：中国民族资产阶级在经济上、政治上具有软弱性，在某种历史环境下，它就会动摇变节。因此，中国革命统一战线的内容是要发生变化的。在某一时期有民族资产阶级参加在内，而在另一时期则民族资产阶级并不参加在内。

第二，与中国大资产阶级斗争的必要性：在买办性的大资产阶级参加统一战线并和无产阶级一道向共同敌人进行斗争的时候，它仍然是很反动的，它会坚决地反对无产阶级及其政党在思想上、政治上、组织上的发展，而要采取欺骗、诱惑、"溶解"和打击等破坏政策，并以这些政策作为它投降敌人和分裂统一战线的准备。

（3）党在和民族资产阶级、大资产阶级的统一战线问题上既要反对"左"倾关门主义，又要防止右倾机会主义。

第一，要反对忽视资产阶级在一定时期中一定程度上参加革命斗争的可能性的错误。这种错误，把中国的资产阶级和资本主义国家的资产阶级等同视之，因而忽视同资产阶级建立统一战线并尽可能保持统一战线的政策，这就是"左"倾关门主义。

第二，要反对把无产阶级和资产阶级的纲领、政策、思想、实践等看作一样的东西，忽视它们之间的原则差别的错误。这种错误，力求消灭无产阶级和共产党在思想上、政治上、组织上的独立性，力求把无产阶级和共产党变成资产阶级及其政党的尾巴；忽视资产阶级（尤其是大资产阶级）一到革命同他们一群一党的私利相冲突时，他们就实行叛变革命的事实。如果忽视了这一方面，这就是右倾机会主义。

因此，中国资产阶级在资产阶级民主革命中所具有的二重性，中国共产党的政治路线的重要一部分，就是既同资产阶级联合又同它斗争的政治路线。所谓联合，就是同资产阶级的统一战线。所谓斗争，在同资产阶级联合时，就是在思想上、政治上、组织上的"和平"的"不流血"的斗争；而在被迫同资产阶级分裂时，就转变为武装斗争。

2. 离开了武装斗争，就没有共产党的地位

现阶段的武装斗争，就是游击战争。我们的政治路线的重要一部分就是武装斗争；离开了武装斗争，就没有无产阶级的地位，就没有人民的地位，就没有共产党的地位，就没有革命的胜利。

3. 党的领导、统一战线和武装斗争的关系

统一战线和武装斗争，是战胜敌人的两个基本武器。统一战线，是实行武装斗争的统一战线。而党的组织，则是掌握统一战线和武装斗争这两个武器以实行对敌冲锋陷阵的先锋队，也就是说，党的正确领导是开展统一战线和武装斗争的根本保证。这就是三者的相互关系。

4. 做到党的正确领导的关键是党必须把马克思主义的理论和中国革命的实践相统一

既然党的领导是武装斗争和统一战线的根本保证，如何实现党的正确领导呢？《〈共产党人〉发刊词》首次提出把马克思主义和中国革命的实践相统一这一重大理论命题。文章最后画龙点睛地总结道："根据马克思列宁主义的理论和中国革命的实践之统一的理解，集中十八年的经验和当前的新鲜经验传达到全党，使党铁一样地巩固起来，而避免历史上曾经犯过的错误——这就是我们的任务。"[1]

（二）中国的国情、革命对象、革命任务、革命阶段和革命动力

1939 年冬季，毛泽东和其他几个在延安的同志合写了一个课本——《中国革命和中国共产党》。第一章"中国社会"，是其他几个同志起草，经过毛泽东修改的。第二章"中国革命"，是毛泽东自己写的。第三章准备写"党的建设"，因为担任写作的同志没有完稿而停止。但是这两章，特别是第二章，在中国共

---

[1]　《〈共产党人〉发刊词》，《毛泽东选集》第二卷，人民出版社 1991 年版，第 614 页。

产党和中国人民中仍然起了很大的教育作用。毛泽东在这个小册子的第二章中关于新民主主义的观点，在1940年1月他所写的《新民主主义论》中大为发展了。

1. 中国半殖民地和半封建社会的六个特点

中国社会的性质是半殖民地半封建社会。它具有如下六个特点：[①]

（1）封建时代的自给自足的自然经济基础虽被破坏；但封建剥削制度的根基——地主阶级对农民的剥削，不但依旧保持着，而且同买办资本和高利贷资本的剥削结合在一起，在中国的社会经济生活中占着优势。

（2）民族资本主义有了某些发展，但没有成为中国社会经济的主要形式，力量软弱，大部分与外国帝国主义和国内封建主义都有或多或少的联系。

（3）封建专制政权是被推翻了，代之而起的先是地主阶级的军阀官僚的统治，接着是地主阶级和大资产阶级联盟的专政。在沦陷区，则是日本帝国主义及其傀儡的统治。

（4）帝国主义不但操纵了中国的财政和经济的命脉，还操纵了中国的政治和军事的力量。在沦陷区，则一切被日本帝国主义所独占。

（5）由于中国是在许多帝国主义国家的统治或半统治之下，中国实际上处于长期的不统一状态，中国地域广大等，中国经济、政治和文化的发展表现出极端的不平衡。

（6）由于帝国主义和封建主义的双重压迫，中国人民（尤其是农民）过着饥寒交迫和毫无政治权利的生活，贫困和不自由的程度是世界所少见的。

2. 中国革命的主要对象是帝国主义和封建主义[②]

（1）由于中国现时社会的性质是半殖民地、半封建，所以，中国现阶段革命的主要对象就是帝国主义和封建主义。二者互相勾结以压迫中国人民，而以

---

① 《中国革命与中国共产党》，《毛泽东选集》第二卷，人民出版社1991年版，第630—631页。

② 同上书，第633—636页。

帝国主义的民族压迫为最大的压迫。

（2）中国革命的敌人是异常强大的。不但有强大的帝国主义，而且有强大的封建势力，在一定时期内还有勾结帝国主义和封建势力的资产阶级的反动派。

（3）中国革命的长期性、艰巨性、不平衡性和开展武装斗争是不可避免的。因为敌人是异常强大的，那种以为中国革命斗争顷刻就可以胜利的观点是不正确的；因为敌人是异常强大的，决定了中国革命的主要形式不能是和平的，而必须是武装的。那种轻视武装斗争、轻视游击战争的观点是不正确的。

3. 中国革命现阶段的任务是民族革命和民主革命①

现阶段中国革命的任务，主要就是对外推翻帝国主义压迫的民族革命和对内推翻封建地主压迫的民主革命，而最主要的任务是推翻帝国主义的民族革命。中国革命的两大任务是互相关联的。如果不推翻帝国主义的统治，就不能消灭封建地主阶级的统治，因为帝国主义是封建地主阶级的主要支持者。反之，因为封建地主阶级是帝国主义统治中国的主要社会基础，而农民则是中国革命的主力军，如果不帮助农民推翻封建地主阶级，就不能组成中国革命的强大的队伍而推翻帝国主义的统治。所以，民族革命和民主革命这样两个基本任务，是互相区别，又是互相统一的。

4. 中国地主阶级、资产阶级和小资产阶级的特点②

（1）地主阶级的特点。地主阶级是革命的对象，不是革命的动力。但其中许多中小地主出身的开明绅士还有抗日的积极性，需要团结他们一道抗日。

（2）大资产阶级的特点。资产阶级有买办性的大资产阶级和民族资产阶级的区别。买办性的大资产阶级，是直接为帝国主义国家的资本家服务的阶级，他们和农村中的封建势力有着千丝万缕的联系。因此，在中国革命史上，买办性的大资产阶级历来不是中国革命的动力，而是中国革命的对象。但是，因为

———————

① 《中国革命与中国共产党》，《毛泽东选集》第二卷，人民出版社1991年版，第636—637页。

② 同上书，第638—642页。

中国买办性的大资产阶级是分属于几个帝国主义国家的，在几个帝国主义国家间的矛盾尖锐地对立着的时候，在革命主要地是反对某一个帝国主义的时候，属于别的帝国主义系统之下的买办阶级也有可能在一定程度上和一定时间内参加当前的反帝国主义战线。

（3）民族资产阶级的特点。一方面，民族资产阶级受帝国主义的压迫，又受封建主义的束缚，所以，他们同帝国主义和封建主义有矛盾。从这一方面说来，他们是革命的力量之一。但是另一方面，由于他们在经济上和政治上的软弱性，由于他们同帝国主义和封建主义并未完全断绝经济上的联系，所以，他们又没有彻底的反帝反封建的勇气。这种情形，特别是在民众革命力量强大起来的时候，表现得最为明显。民族资产阶级的这种两重性，决定了他们在一定时期中和一定程度上能够参加反帝国主义和反官僚军阀政府的革命，他们可以成为革命的一种力量。而在另一时期，就有跟在买办大资产阶级后面，作为反革命的助手的危险。

（4）农民以外的小资产阶级的特点。小资产阶级包括广大的知识分子、小商人、手工业者和自由职业者。所有这些小资产阶级都受帝国主义、封建主义和大资产阶级的压迫，是革命的动力之一，而他们只有在无产阶级领导下才能得到解放。

知识分子和青年学生并不是一个阶级或阶层。但是从他们的家庭出身、生活条件和政治立场看，现代中国知识分子和青年学生的多数是可以归入小资产阶级范畴的。在他们中间，除去一部分接近帝国主义和大资产阶级并为其服务而反对民众的知识分子外，一般是受帝国主义、封建主义和大资产阶级的压迫，遭受着失业和失学的威胁。因此，他们有很大的革命性，在革命中常常起着先锋和桥梁的作用。但是，知识分子在其未下决心为群众利益服务并与群众相结合的时候，往往带有主观主义和个人主义的倾向，思想往往是空虚的，行动往往是动摇的，其中的一部分到了革命的紧急关头，就会脱离革命队伍，采取消极态度；其中少数人就会变成革命的敌人。知识分子的这种缺点，只有在长期的群众斗争中才能克服。

小商人一般不雇店员，或者只雇少数店员，开设小规模的商店。帝国主义、大资产阶级和高利贷者的剥削，使他们处在破产的威胁中。

手工业者自有生产手段，不雇工，或者只雇一两个学徒或助手。他们的地位类似中农。

有各种业务的自由职业者，医生即是其中之一。他们不剥削别人，或对别人只有轻微的剥削。他们的地位类似手工业者。

上述各项小资产阶级一般地能够参加和拥护革命，是革命的很好的同盟者，故必须争取和保护之。其缺点是有些人容易受资产阶级的影响，故必须注意在他们中进行革命的宣传工作和组织工作。

5. 农民阶级的特点 ①

农民在全国总人口中大约占百分之八十，是现时中国国民经济的主要力量。农民的内部是在激烈地分化的过程中。

（1）富农的特点。富农约占农村人口百分之五左右（连地主一起共约占农村人口百分之十左右），被称为农村的资产阶级。中国的富农大多有一部分土地出租，又放高利贷，带有半封建性。但富农一般都自己参加劳动，其生产在一定时期中还是有益的。富农一般在农民群众反对帝国主义的斗争中可能参加一分力量，在反对地主的土地革命斗争中也可能保持中立。因此，我们不应把富农看成和地主无分别的阶级，不应过早地采取消灭富农的政策。

（2）中农的特点。中农在中国农村人口中约占百分之二十左右。中农一般不剥削别人，在经济上能自给自足，而受帝国主义、地主阶级和资产阶级的剥削。中农都是没有政治权利的。一部分中农土地不足，只有一部分中农（富裕

---

① 《中国革命与中国共产党》，《毛泽东选集》第二卷，人民出版社 1991 年版，第 642—644 页。

中农）土地略有多余。中农不但能够参加反帝国主义革命和土地革命，并且能够接受社会主义。因此，全部中农都可以成为无产阶级的可靠的同盟者，中农态度的向背是决定革命胜负的一个因素，尤其在土地革命之后，中农成了农村中的大多数的时候是如此。

（3）贫农的特点。中国的贫农，连同雇农在内，约占农村人口百分之七十。贫农是没有土地或土地不足的广大的农民群众，是农村中的半无产阶级，是中国革命的最广大的动力，是无产阶级的天然的和最可靠的同盟者，是中国革命队伍的主力军。贫农和中农都只有在无产阶级的领导之下，才能得到解放；而无产阶级也只有和贫农、中农结成坚固的联盟，才能领导革命到达胜利，否则是不可能的。农民这个名称所包括的内容，主要是指贫农和中农。

6. 无产阶级的特点 [①]

中国无产阶级中，现代产业工人约有二百五十万至三百万人，城市小工业和手工业的雇佣劳动者和商店店员约有一千二百万人，农村的无产阶级（即雇农）及其他城乡无产者，尚有一个广大的数目。

中国无产阶级除了一般无产阶级的基本优点，即与最先进的经济形式相联系，富于组织性纪律性，没有私人占有的生产资料以外，还有它的许多特殊的优点。第一，中国无产阶级身受三种压迫（帝国主义的压迫、资产阶级的压迫、封建势力的压迫），而这些压迫的严重性和残酷性，是世界各民族中少见的；因此，他们在革命斗争中，比任何别的阶级来得坚决和彻底。在殖民地半殖民地的中国，没有欧洲那样的社会改良主义的经济基础，所以除极少数的工贼之外，整个阶级都是最革命的。第二，中国无产阶级开始走上革命的舞台，就在本阶级的革命政党——中国共产党领导之下，成为中国社会里最有觉悟的阶级。第三，由于从破产农民出身的成分占多数，中国无产阶级和广大的农民有一种天

---

① 《中国革命与中国共产党》，《毛泽东选集》第二卷，人民出版社 1991 年版，第 644—645 页。

然的联系，便利于他们和农民结成亲密的联盟。

中国无产阶级也有弱点，一是人数较少，二是年龄较轻（和资本主义国家的无产阶级比较），三是文化水准较低（和资产阶级比较）。中国无产阶级如果单凭自己一个阶级的力量，是不能胜利的。而要胜利，他们就必须在各种不同的情形下团结一切可能的革命的阶级和阶层，组织革命的统一战线。在中国社会的各阶级中，农民是工人阶级的坚固的同盟军，城市小资产阶级也是可靠的同盟军，民族资产阶级则是在一定时期中和一定程度上的同盟军。

7. 游民的两面性 ①

中国农村中和城市中有广大的失业人群。在这个人群中，有许多人不得不找寻不正当的职业过活，这就是土匪、流氓、乞丐、娼妓和许多迷信职业家的来源。这个阶层是动摇的阶层；其中一部分容易被反动势力所收买，另一部分则有参加革命的可能性。他们缺乏建设性，破坏有余而建设不足，在参加革命以后，就又成为革命队伍中流寇主义和无政府思想的来源。因此，应该善于改造他们，注意防止他们的破坏性。

8. 中国革命的性质：无产阶级领导的人民大众的反帝反封建的新民主主义革命 ②

现时中国的资产阶级民主主义的革命，已不是旧式的资产阶级民主主义的革命，而是新式的特殊的资产阶级民主主义的革命。这种革命可以称为新民主主义的革命。这种新民主主义的革命是世界无产阶级社会主义革命的一部分，是坚决地反对帝国主义即国际资本主义的。它在政治上是几个革命阶级联合起来对于帝国主义者和汉奸反动派的专政，反对把中国社会造成资产阶级专政的社会。它在经济上是把帝国主义者和汉奸反动派的大资本大企业收归国家经营，把地主阶级的土地分配给农民所有，同时保存一般的私人资本主义的企业，并不废除富农经济。

---

① 《中国革命与中国共产党》，《毛泽东选集》第二卷，人民出版社 1991 年版，第 645—646 页。
② 同上书，第 646—649 页。

这种新民主主义的革命，和历史上欧美各国的民主革命大不相同，它不造成资产阶级专政，而造成各革命阶级在无产阶级领导之下的统一战线的专政。

这种新民主主义的革命也和社会主义的革命不相同，它只推翻帝国主义和汉奸反动派在中国的统治，而不破坏任何尚能参加反帝反封建的资本主义成分。

中国现阶段的革命所要造成的民主共和国，是一个工人、农民、城市小资产阶级和其他一切反帝反封建分子的革命联盟的民主共和国。这种共和国的彻底完成，只有在无产阶级领导之下才有可能。

中国的资产阶级民主革命，无论就其统一战线来说，还是就其国家组成来说，均不能忽视无产阶级、农民阶级和其他小资产阶级的地位。否则就一定不能解决中国的任何问题。

9. 中国革命的前途：经由新民主主义的过渡阶段，最终走向社会主义 [①]

中国革命的全部过程及其结果是：一方面有资本主义因素的发展，另一方面有社会主义因素的发展。社会主义因素就是无产阶级和共产党在全国政治势力中的比重的增长，就是农民、知识分子和城市小资产阶级承认无产阶级和共产党的领导权，就是民主共和国的国营经济和劳动人民的合作经济。所有这一切，都是社会主义的因素。加以国际环境的有利，便是中国资产阶级民主革命的最后结果，避免资本主义的前途，实现社会主义的前途。

10. 中国共产党要领导人民完成中国革命的两重任务

中国共产党领导的整个中国革命运动，是包括新民主主义革命和社会主义革命两个阶段在内的全部革命运动；这是两个性质不同的革命过程，只有完成了前一个革命过程才有可能去完成后一个革命过程。新民主主义革命是社会主义革命的必要准备，社会主义革命是新民主主义革命的必然趋势。

领导中国新民主主义革命和中国社会主义革命这样两个伟大的革命，除了

---

① 《中国革命与中国共产党》，《毛泽东选集》第二卷，人民出版社 1991 年版，第 649—650 页。

中国共产党之外，是没有任何一个别的政党（不论是资产阶级的政党或小资产阶级的政党）能够担负的。①

《中国革命与中国共产党》根据中国革命的具体情况，明确了革命的任务和性质，分析了各阶级、阶层对革命的态度，制定了符合中国实际的战略和策略，首次创造性地、较系统地提出了新民主主义革命的理论，对推动中国革命事业的发展起了重要作用。

（三）新民主主义的政治制度和经济制度

1940 年 1 月 9 日，毛泽东在陕甘宁边区文化协会第一次代表大会上作了题为《新民主主义的政治与新民主主义的文化》的讲演，原载于 1940 年 2 月 15 日延安出版的《中国文化》创刊号。同年 2 月 20 日在延安出版的《解放》第 98、99 期合刊登载时，题目改为《新民主主义论》。其主要内容是：

1. 新民主主义的国体和政体 ②

（1）国体是指社会各阶级在国家中的地位。世界近代的国体主要有三种：资产阶级专政的共和国；无产阶级专政的共和国；几个革命阶级联合专政的新民主主义共和国。中国目前只能选择第三种——各革命阶级联合专政。

第一种（资产阶级专政的共和国），是旧民主主义的国家。在今天，在第二次帝国主义战争爆发之后，许多资本主义国家已经没有民主气息，已经转变或即将转变为资产阶级的血腥的军事专政了。第二种（无产阶级专政的共和国）除苏联外，正在各资本主义国家中酝酿着。第三种（几个革命阶级联合专政的共和国）是殖民地半殖民地国家的革命所采取的过渡的国体形式。在今天的中国，这种新民主主义的国家形式，就是抗日统一战线的形式。它是抗日的，反对帝国主义的；又是几个革命阶级联合的，统一战线的。

（2）政体是指政权构成的形式问题，指的是一定的社会阶级取何种形式去

---

① 《中国革命与中国共产党》，《毛泽东选集》第二卷，人民出版社 1991 年版，第 651—652 页。
② 《新民主主义论》，《毛泽东选集》第二卷，人民出版社 1991 年版，第 672—677 页。

组织那反对敌人保护自己的政权机关。中国可以采取全国人民代表大会、省人民代表大会、县人民代表大会、区人民代表大会直到乡人民代表大会的系统，并由各级代表大会选举政府。但必须实行无男女、信仰、财产、教育等差别的真正普遍平等的选举制，才能适合于各革命阶级在国家中的地位，适合于表现民意和指挥革命斗争，适合于新民主主义的精神。这种制度即是民主集中制。只有民主集中制的政府，才能充分地发挥一切革命人民的意志，也才能最有力量地去反对革命的敌人。

国体——各革命阶级联合专政，政体——民主集中制。这就是新民主主义的政治，这就是新民主主义的共和国，这就是抗日统一战线的共和国，这就是三大政策的新三民主义的共和国。

2. 新民主主义的经济制度 ①

大银行、大工业、大商业，归这个共和国的国家所有。在无产阶级领导下的新民主主义共和国的国营经济是社会主义的性质，是整个国民经济的领导力量，但这个共和国并不没收其他资本主义的私有财产，并不禁止"不能操纵国民生计"的资本主义生产的发展。

没收地主的土地，分配给无地和少地的农民，扫除农村中的封建关系，把土地变为农民的私产。富农经济也是容许其存在的。在这个阶段上，一般还不是建立社会主义的农业，但在"耕者有其田"的基础上所发展起来的各种合作经济，具有社会主义的因素。

3. 新民主主义的文化制度 ②

新民主主义文化是中国共产党领导的民族的、科学的、大众的反帝反封建的文化。

（1）新民主主义文化是民族的。含义包括：第一，它反对帝国主义压迫，

---

① 《新民主主义论》，《毛泽东选集》第二卷，人民出版社 1991 年版，第 678—679 页。
② 同上书，第 698、706—709 页。

主张中华民族的尊严和独立。第二，中国文化应有自己的民族形式。对外国的古代文化，各资本主义国家启蒙时代的文化，凡属我们今天用得着的东西，都应该作为自己文化食粮的原料。但同时对它们都应区分其精华和糟粕，去其糟粕，吸收其精华，决不能毫无批判地吸收。所谓"全盘西化"的主张，是一种错误的观点。第三，中国共产主义者必须将马克思主义的普遍真理和中国革命的具体实践完全地恰当地统一起来，就是说，和民族的特点相结合，经过一定的民族形式，才有用处，决不能主观地公式地应用它。

（2）新民主主义的文化是科学的。含义包括：第一，它是反对一切封建思想和迷信思想，主张实事求是，主张理论和实践一致的。在这点上，中国无产阶级的科学思想能够和中国有进步性的资产阶级的唯物论者和自然科学家，建立反帝反封建反迷信的统一战线；但是决不能和任何反动的唯心论建立统一战线。共产党员可以和某些唯心论者甚至宗教徒建立在政治行动上的反帝反封建的统一战线，但是决不能赞同他们的唯心论或宗教教义。第二，中国在长期封建社会中，创造了灿烂的古代文化。清理古代文化的发展过程，剔除其封建性的糟粕，吸收其民主性的精华，是发展民族新文化提高民族自信心的必要条件；但是决不能无批判地兼收并蓄。必须将古代封建统治阶级的一切腐朽的东西和古代优秀的人民文化即多少带有民主性和革命性的东西区别开来。第三，我们必须尊重自己的历史，决不能割断历史。但是这种尊重，是给历史以一定的科学的地位，是尊重历史的辩证法的发展，而不是颂古非今，不是赞扬任何封建的毒素。

（3）新民主主义的文化是大众的，因而即是民主的。第一，它应为全民族中百分之九十以上的工农劳苦民众服务，并逐渐成为他们的文化。第二，革命文化是人民大众的有力武器。它在革命前是革命的思想准备；它在革命中是革命总战线中的一条必要和重要的战线。而革命的文化工作者，就是这个文化战线上的各级指挥员。第三，民众是革命文化的无限丰富的源泉。革命的文化人而不接近民众，就是"无兵司令"。

4. 共产主义与孙中山三民主义的区别 [1]

（1）相同部分。1924 年孙中山重新解释的三民主义中的革命的民族主义、民权主义和民生主义这三个政治原则，同共产主义在中国民主革命阶段的政纲，基本上是相同的。由于这些相同，并由于三民主义之实行，就有两个主义两个党的统一战线。

（2）不同部分。第一，民主革命阶段上一部分纲领的不相同。共产主义的全部民主革命政纲（新民主主义纲领）中有彻底实现人民权力、八小时工作制和彻底的土地革命纲领，三民主义则没有这些部分。第二，有无社会主义革命阶段的不同。共产主义于民主革命阶段之外，还有一个社会主义革命阶段，三民主义则只有民主革命阶段，没有社会主义革命阶段。第三，宇宙观的不同。共产主义的宇宙观是辩证唯物论和历史唯物论，三民主义的宇宙观则是所谓民生史观，[2] 实质上是二元论或唯心论。第四，革命彻底性的不同。共产主义者是理论和实践一致的，具有革命彻底性。三民主义者除了那些最忠实于革命和真理的人们之外，是理论和实践不一致的，没有革命的彻底性。

5. 中国不可能走建立资产阶级专政的道路

这是欧美资产阶级走过的老路，但无论国际国内的环境，都不容许中国这样做。第一，国际环境不允许。一是要在中国建立资产阶级专政的社会，首先

---

[1] 《新民主主义论》，《毛泽东选集》第二卷，人民出版社 1991 年版，第 687—688 页。

[2] 民生史观是孙中山从革命民主主义的立场出发，接受美国社会学者威廉关于人类解决生存问题是社会进化的定律的思想，并加以改造和发挥而成的。民生史观认为民生就是人民的生活，社会的生存，国民的生计，群众的生命，是社会进化的重心。民生问题是社会进化的原动力，而社会进化又是历史的重心。民生史观还认为，人类历史是不断进化的，民权革命是历史进化势所必至的世界潮流，社会历史的发展，"断非一二因利乘便之人之智力所可转移"。所有这些，都是民生史观中包含的积极的合理因素。但是，民生史观把"人类求生存"的"本性"和"欲望"作为社会发展的动力，对"民生"作了抽象的脱离具体社会内容的超阶级超历史的理解，甚至说"夫心也者，万事之本源也"，因而陷入了历史唯心主义。

是国际资本主义即帝国主义不容许。帝国主义侵略中国，反对中国独立，反对中国发展资本主义的历史，就是中国的近代史。历来中国革命的失败，都是被帝国主义绞杀的，无数革命的先烈，为此而抱终天之恨。二是社会主义不容许。所有帝国主义都是我们的敌人，中国要独立，决不能离开社会主义国家和国际无产阶级的援助。这就是说，不能离开苏联的援助。

第二，国内环境不允许。中国资产阶级，以大资产阶级为首，在 1927 年的革命刚刚由于无产阶级、农民和其他小资产阶级的力量而得到胜利之际，他们就一脚踢开了这些人民大众，独占革命的果实，而和帝国主义及封建势力结成了反革命联盟。

《新民主主义论》是马列主义普遍真理同中国革命具体实践相结合的伟大成果，它科学总结了鸦片战争以后，特别是共产党成立以后中国革命的经验教训，深刻论述了中国民主革命发展的基本规律，第一次旗帜鲜明地提出了新民主主义的完整理论，描绘了新民主主义社会的蓝图，实现了马克思主义中国化过程中的一次飞跃。

从学术上看，《新民主主义论》对于构建中国化的马克思主义法学具有重要意义。《新民主主义论》连同之前发表的《〈共产党人〉发刊词》和《中国革命与中国共产党》等文章，系统回答了此前马克思主义经典作家没有回答过的新民主主义革命、新民主主义政治经济文化制度等问题，提出了新民主主义国体、政体等一系列崭新的法学理论命题，是马克思主义法学理论中国化的重要成果，在马克思主义法学理论中国化的道路迈出了第一步。

（四）新民主主义理论成为全党共识

1945 年 4 月 24 日毛泽东在中国共产党第七次全国代表大会上作了政治报告《论联合政府》，并获大会审议通过，成为全党的共识。

1. 建立民主联合政府、建设新中国是人民的基本要求

1943 年 3 月，蒋介石出版了一本以他自己的名义写的书《中国之命运》。

该书着力渲染"一个主义""一个党",扬言要在两年内解决所谓的"内政"问题,即在两年内消灭共产党和一切抗日民主力量,建立一个代表大地主大资产阶级利益的、由国民党一党专政的独裁政府。

《论联合政府》针锋相对地指出,中国现在急需把各党各派和无党无派的代表人物团结在一起,成立民主的临时的联合政府,以便实行民主的改革,打败日本侵略者。然后,需要在广泛的民主基础之上,召开国民代表大会,成立包括更广大范围的各党各派和无党无派代表人物在内的同样是联合性质的民主的正式的政府,将中国建设成为一个独立、自由、民主、统一和富强的新国家。[①]

2. 民主联合政府的基本纲领和具体纲领

(1)民主联合政府的基本纲领(一般纲领)

一般纲领是在彻底消灭日本侵略者之后,建立一个以全国绝对大多数人民为基础的统一战线的民主联盟的国家制度——新民主主义的国家制度。

第一,新民主主义政治。新民主主义的政权构成采取民主集中制,由各级人民代表大会决定大政方针,选举政府。它是民主的,又是集中的,就是说,在民主基础上的集中,在集中指导下的民主。

在新民主主义的国家结构问题上,包含着联邦的问题。中国境内各民族,应根据自愿与民主的原则,组织中华民主共和国联邦,并在这个联邦基础上组织联邦的中央政府。

第二,新民主主义经济。在现阶段上,中国的经济,必须是由国家经营、私人经营与合作社经营三者组成的。

第三,新民主主义的文化,同样应该是"为一般平民所共有"的,即是说,民族的、科学的、大众的文化,决不应该是"少数人所得而私"的文化。

针对一些人对新民主主义的疑问或攻击,《论联合政府》作了驳斥。

---

① 《论联合政府》,《毛泽东选集》第三卷,人民出版社1991年版,第1029页。

为什么允许资本主义发展呢？因为发展资本主义去代替外国帝国主义与本国封建主义的压迫，不但是一个进步，而且是一个不可避免的过程，它不但有利于资产阶级，同时也有利于无产阶级。现在的中国是多了一个外国的帝国主义与一个本国的封建主义，而不是多了一个本国的资本主义，相反地，我们的资本主义是太少了。

中国共产党要建立无产阶级专政及一党制度吗？不是。中国在整个新民主主义制度期间，不可能、因此就不应该是一个阶级专政与一党独占政府机构的制度。只要共产党以外的其他任何政党，任何社会集团或个人，对于共产党是采取合作的而不是采取敌对的态度，我们是没有理由不和他们合作的。俄国的历史形成了俄国的制度，中国的历史将形成中国的制度，在一个长时期中，将产生一个对于我们是完全必要与完全合理同时又区别于俄国制度的特殊形态，即几个民主阶级联盟的新民主主义的国家形态与政权形态。①

（2）民主联合政府（新民主主义）的具体纲领②

中国人民要求动员一切力量，配合同盟国，彻底消灭日本侵略者，并建立国际和平；

要求废止国民党一党专政，建立民主的联合政府与联合统帅部；

要求惩办那些分裂民族团结与反对人民的亲日分子，法西斯主义分子与失败主义分子，造成民族团结；

要求惩办那些制造内战危机的反动分子，保障国内和平；

要求惩办汉奸，讨伐降敌军官，惩办日本间谍；

要求取消一切镇压人民的反动的特务机关与特务活动，取消集中营；

要求取消一切镇压人民的言论、出版、集会、结社、思想、信仰及身体等项自由的反动法令，使人民获得充分的自由权利；

---

① 《论联合政府》，《毛泽东选集》第三卷，人民出版社1991年版，第1055—1062页。

② 同上书，第1062—1065页。

要求承认一切民主党派的合法地位；

要求释放一切爱国政治犯；

要求撤退一切包围与进攻中国解放区的军队，并将这些军队使用于抗日前线上去；

要求承认中国解放区的一切抗日军队与民选政府；

要求巩固与扩大解放区及其军队，缩小沦陷区；

要求帮助沦陷区人民组织地下军，准备武装起义；

要求允许中国人民自动武装起来，保乡卫国；

要求从政治上军事上改造那些由国民党统帅部直接领导的经常打败仗，经常压迫人民与经常排斥异己的军队，惩办那些应对溃败负责的将领；

要求改善兵役制度与改善官兵生活；

要求优待抗日军人家属，使前线官兵安心作战；

要求优待殉国战士的遗族，优待残废军人，对于退伍军人的生活与就业，应予帮助；

要求发展军事工业，以利作战；

要求将同盟国的武器与财政援助公平地分配于抗战各军；

要求惩办贪官污吏，实现廉洁政治；

要求改善中下级公务员的待遇；

要求给予中国人民以民主的自治权利；

要求取消压迫人民的保甲制度；

要求救济难民与救济灾荒；

要求设立大量的救济基金，在国土收复后，广泛地救济沦陷区受难的人民；

要求取消苛捐杂税，实行统一的累进税；

要求实行农村改革，减租减息，适当地保证佃权，对贫苦农民给予低利贷款，并使农民组织起来，以利于发展农业生产；

要求取缔官僚资本；

要求废止现行的经济统制政策；

要求制止无限制的通货膨胀与无限制的物价高涨；

要求扶助民间工业，给予民间工业以借贷资本、购买原料与推销产品的便利；

要求改善工人生活，救济失业工人，并使工人组织起来，以利于发展工业生产；

要求取消党化教育，发展民族的科学的大众的文化教育；

要求保障教职员生活及学术自由；

要求保护青年、妇女、儿童的利益，救济失学青年，并使青年、妇女组织起来，以平等地位参加有益于抗日战争与社会事业的各项工作，实现婚姻自由，男女平等，实现对于青年与儿童是有益的学习；

要求保护华侨利益，扶助回国的华侨；

要求保护因被日本侵略者压迫而逃来中国的外国人民，并扶助其反对日本侵略者的斗争；

要求改善中苏邦交等等。

而要做到这一切，最重要的是要求立即取消国民党一党专政，建立一个包括一切抗日党派及无党无派的代表人物在内的举国一致的民主的联合的临时的中央政府。

这些具体纲领是对党成立之后提出的一系列外争主权、内争权利的继承和发展，如"要求扶助民间工业，给予民间工业以借贷资本、购买原料与推销产品的便利"，这种重视民营经济的思想开了我国后来改革开放发展民营经济政策之先河。

3. 建设一个具有三大优良作风的中国共产党，是落实新民主主义纲领的根本保证

《论联合政府》指出，在几十年的革命实践中，中国共产党培育了如下三大优良作风。

（1）理论与实践相结合的作风。马克思主义的普遍真理，只有在它和中国革命斗争的具体实践相结合，才会变为中国人民的有用武器。我们党的发展与进步，是从和一切违反这个真理的教条主义与经验主义作坚决斗争的过程中发展与进步起来的。

（2）和人民群众紧密地联系在一起的作风。我们共产党人区别于其他任何政党的又一个显著的标志，就是和最广大的人民群众取得最密切的联系。全心全意地为中国人民服务，一刻也不脱离群众；一切从人民的利益出发，而不是从自己小集团或自己个人的利益出发；向人民负责与向自己领导机关负责的一致性；这些就是我们的出发点。在一切工作中，命令主义是错误的，因为它超过群众的觉悟程度，违反了群众的自愿原则，害了急性病。在一切工作中，尾巴主义也是错误的，因为它落后于群众的觉悟程度，违反了领导群众前进一步的原则，害了慢性病。

（3）自我批评的作风。有无认真的自我批评，也是我们和其他政党互相区别的显著标志之一。我们应该经常地检讨工作，在检讨中推广民主作风，不惧怕批评与自我批评，实行"知无不言，言无不尽"，"言者无罪，闻者足戒"，"有则改之，无则加勉"。

4. 能否推动社会生产力发展是检验法律、政策的首要标准

《论联合政府》指出，中国一切政党的政策及其实践在中国人民中所表现的作用的好坏、大小，归根到底，看它对于中国人民的生产力的发展是否有帮助及其帮助之大小，看它是束缚生产力的，还是解放生产力的。革命的根本目的就是为了解放和发展社会生产力。①

5. 中国共产党一定要领导中国人民把中国由农业国变为工业国

《论联合政府》提出，在新民主主义的政治条件获得之后，中国人民及其政

---

① 《论联合政府》，《毛泽东选集》第三卷，人民出版社 1991 年版，第 1062—1065 页。

府必须采取切实的步骤，在若干年内逐步地建立轻重工业，使中国由农业国变成一个工业国。因为中国的新民主主义的独立、自由、民主与统一，如无巩固的经济做它的基础，如无进步的比较现时发达得多的农业，如无大规模的在全国经济比重上占极大优势的工业以及与此相适应的交通、贸易、金融等事业做它的基础，所谓新民主主义的独立、自由、民主与统一，是不能巩固的。[①] 这是中国共产党首次提出现代化目标。

《论联合政府》发展了《新民主主义论》的法律思想，主要表现为：第一，《论联合政府》第一次明确提出我们的目标，是高度民主基础上的高度集中。第二，《新民主主义论》只提出了新民主主义的一般纲领，而未提出具体纲领。《论联合政府》不仅提出了新民主主义的一般纲领，还提出了 40 个具体纲领，使新民主主义理论内容具体、易于操作。第三，毛泽东在《〈共产党人〉发刊词》一文中，总结出了统一战线、武装斗争和党的建设是中国共产党战胜敌人的三个法宝，而《论联合政府》进一步总结了中国共产党不同于其他一切政党的三大优良作风，这对加强党的政治建设、思想建设、组织建设提供了重要遵循。

九、党员犯法者从重治罪

1937 年 8 月 25 日，中共中央发布的《中国共产党抗日救国十大纲领》提出了建立廉洁政府的纲领。《陕甘宁边区政务人员公约》规定"公正廉洁，奉公守法，这是我们政务人员应有的品格，要在品行道德上成为模范，为民表率，要知法守法，不滥用职权，不假公济私，不徇私情，不贪污、不受贿、不赌博、不腐化、不堕落"。1941 年 4 月 27 日，中共中央政治局批准的《陕甘宁边区施政纲领》第八条规定："厉行廉洁政治，严惩公务人员治贪污行为，禁止任何公务人员假公济私之行为，共产党员有犯法者从重治罪。"

---

① 《论联合政府》，《毛泽东选集》第三卷，人民出版社 1991 年版，第 1081 页。

边区政府法律规定，共产党员和公务人员犯法，要从重治罪。从形式上看，好像违反了平等原则，实际上是追求一种实质平等。共产党员和公务人员懂得法律，执行法律，知法犯法，与一般人犯罪是不同的。从严治罪，正是实行法律面前人人平等的必要条件。作为人民的公仆，只有全心全意为人民服务的义务，没有犯罪免除或减轻刑罚的特权。这样不仅不会降低党和政府的威信，相反使得党、政府和法律更加取信于民，1942年，晋西北绅士参观团在旁听了审判延安学生疗养院干部妨害自由，侵犯人权致死人命案后，向报界说："延安的人权有了保障。"国统区到边区的参观者说："边区的法律没有法制小人，礼遇君子的恶劣观念。"世界学联参观团团长傅路德说："边区的司法系统中充满着平等与正义的精神。"①

中国共产党领导下的陕甘宁边区政府在廉政建设方面成绩卓著，毛泽东曾经高度评价说："陕甘宁边区政府是全国最进步的地方，这里是民主的抗日根据地，这里一没有贪官污吏，二没有土豪劣绅，三没有赌博，四没有娼妓，五没有小老婆，六没有叫花子，七没有结党营私之徒，八没有萎靡不振之气，九没有人吃磨擦饭。十没有人发国难财。"②当时的延安，是国人心目中的一片净土和革命圣地。

十、以释法说理、方便群众为特征的"马锡五审判方式"

（一）释法说理、方便群众是"马锡五审判方式"的特点

1943年，马锡五同志任陕甘宁边区高等法院陇东分庭庭长，亲自审理案件，经常带卷下乡，调查研究，进行巡回审判，及时纠正一些错案，解决了一些缠讼多年的疑难案件，因而受到群众欢迎。人们把这种贯彻群众路线，实行

---

① 杨永华：《陕甘宁边区法制史稿——宪法、政权组织编》，陕西人民出版社1992年版，第62—64页。
② 中国监察学会反腐倡廉历史研究会编著：《中国共产党监督执纪史话》，中国方正出版社2019年版，第99—100页。

审判与调解相结合的办案方法，亲切地称之为"马锡五审判方式"。"马锡五审判方式"的特点是：（1）深入农村、调查研究，实事求是地了解案情；（2）依靠群众、教育群众，尊重群众意见；（3）方便群众诉讼，手续简便，不拘形式；（4）坚持原则，依法办事，廉洁公正。

"马锡五审判方式"包括三个有机联系的步骤：查明案件事实；听取群众意见；形成解决方案，说服当事人接受。"马锡五审判方式"为当时广大老百姓所接受和推崇，并在以后相当长的时间内影响着我国民事诉讼程序的构造，其中许多具体原则和做法以后被直接运用于新中国的民事诉讼制度。

（二）党领导的抗日根据地重视法治的一个典型判例

一些同志误认为以"马锡五审判方式"为代表的革命战争年代的人民司法是一种"大众司法"而非"精英司法"，因而存在讲法律不够的缺点。但揆诸史料，并非如此。例如，在抗日战争时期我党领导的晋冀鲁豫边区抗日根据地，1943年6月29日，晋冀鲁豫边区高等法院下达了这样一份死刑复核判决书：

晋冀鲁豫边区高等法院刑事覆判判决书　　　　检字第 1143 号

　　被告郭友则，年 22 岁，壶关道安村人。

　　被告郭贵法，男，年 37 岁，壶关道安村人。

　　上列被告。因通奸预谋杀害本夫事件，经本院覆判如下。

主文

　　郭友则、郭贵法因通奸盗用军火地雷，预谋杀害郭怀兴，并危及边区治安等行为，均处以死刑。褫夺公权终身。

事实

　　郭友则系本案被害人郭怀兴之妻。于民国 23 年结婚。三年前。即公开与郭贵法勾结通奸，二人企图设法结为夫妻，遂屡起谋害本夫郭怀兴之心，及至本年二月初六日，即决定谋杀之计，当晚由郭有则秘赴其娘家哥处。

（她哥任村武委会主任）盗取地雷一枚，交付郭贵法携带。自己拿着木板等物，于夜深人静之时，二人秘将地雷埋伏在郭怀兴送分粪所经之路口，待其路过炸死，以完成结婚之愿，翌日郭怀兴果中其计，地雷踏响，重伤数处。左眼被炸失明，虽未毙命。已近残废。后经壶关县政府破获，判处极刑，送本院覆判。是为本案之事实。

理由

政府为什么判了他们的死刑？

1. 主要是扰乱边区治安，危害广大群众：郭有则、郭贵法二人将地雷埋伏于路口，埋放时间（自埋好到爆炸达）六小时之多。埋放地点适为必经之要路，虽主观企图仅在炸死郭怀兴个人，但客观上随时有炸死我广大群众，及军政人员之危险。特别壶关乃边沿地区，敌寇奔袭出扰，我方军民均须夜间转移，军队攻击敌人，亦须夜间行军，设若不幸在我军民转移或行军之际，取道经此，地雷爆炸，则杀害之大，尚堪设想。其方式之毒辣，罪行之结果，已与一般的普通杀人案有基本之区别。

2. 通奸预谋杀人：该犯等通奸数年之久，本夫郭怀兴一贯隐忍不言，竟更一步生谋害之心，亲将地雷埋于郭怀兴路过之处，待其炸死，以便结婚，虽郭怀兴身伤未死，但该共同埋放地雷、共同预谋杀人之行为，供证确凿，已完全成立。

3. 盗取军火危害抗战：时值根据地物质困难之际，尤其军火制造不易，该犯竟偷盗杀死敌人之军火，杀伤自己人民。不但消耗我们之军火，而且杀伤我抗日人民，破坏军事工作，危及抗战。

总之，本案判处之根据及理由，因其杀人方式之毒辣，波及范围之广，罪行可能危害边区之大，不能简单认为普通刑事之杀人未遂，而即以此论罪之定刑。此为本案量刑之重要关键，必须充分说明之。至于用地雷杀人，虽法无明文，但根据边区危害军队及妨害军事工作治罪条例之精神，从重论处，处以死刑，则毫无疑问。合以刑法第 239 条、第 271 条、第 187 条、及边区危害军队及妨碍军事工作治罪条例，第二条第四款、刑法第 51 条第二项、第 37 条，和刑诉法第 291 条之各规定、覆判如主文。

高等法院军检处

审判长推事杜青史

推事梁朝俊

书记李朴

中华民国 32 年 6 月 29 日

（选自晋冀鲁豫边区司法通讯创刊号）

第一，这份判决书具有清晰的罪责刑相适应理念。即：重罪重判，轻罪轻判，罚当其罪，罪刑相称。罪刑均衡原则的表现之一，就是设立轻重不同的量刑幅度，使得司法机关可以根据犯罪的性质、罪行轻重、社会危险性大小而对犯罪人判处适当的刑罚。这份判决书从危害公共安全、共同预谋杀人及窃取军火三个方面，指出罪犯的社会危害性特别严重，"其方式之毒辣，罪行之结果，已与一般的普通杀人案有基本之区别"。这是对其从严惩处的重要法律依据。

第二，这份判决书的最大亮点是"理由"部分。释法说理是对判决书最基本、也是最重要的要求。判决书对虽然杀人未遂，但为何要重判死刑，从作案手段、作案原因、是否有预谋以及危害性等各个方面，作了详细阐释。说理部分从危害公共安全、共同预谋杀人及窃取军火三个方面的社会危害性论述，充分有力；适用法条先引用刑法，再引用条例，最后引用刑诉法，层次分明，这不仅在当时的历史条件下称得上一份优秀的裁判文书，即使在今天，也算是一份合格的裁判文书。尤其是判决理由部分，法官没有仅从杀人偿命这点来简单处理，反而是从犯罪细节论证了社会危害性，结合了当时根据地的形势与政策加以论述，比我们现在许多裁判文书都写得更充分，值得学习。现在一些法院的死刑判决书写得较简单，表述多为：犯罪手段极其残忍，犯罪情节极其恶劣，罪行极其严重，依法应判死刑。释法说理不够充分。

当然，今天的刑事立法技术和刑罚适用技术较之过去前进了许多。若按今天的要求，这份判决书还有值得改进之处，例如，判决书主文没有对牵连犯及竞合犯的刑法处罚原则的说明。本案两名被告人为了杀死郭友则之夫郭怀兴，先是盗窃军用地雷，之后将地雷埋在路口，郭怀兴路过踩踏地雷，身负重伤。从现代刑法学原理来看，盗窃军用地雷系杀人这一目的牵连出来的犯罪行为；而在路口埋地雷，虽然为了杀死郭怀兴一人（故意杀人罪），但两名被告人对可能殃及无辜百姓生命又存在放任的间接故意（危害公共安全罪），属于一个行为触犯两种罪名，系竞合犯。对于竞合犯，我国刑法的处罚原则一般择一重罪处罚。对于牵连犯，如果能够查明系出于两种目的而实施的两种行为，可以数罪并罚。而这份判决书并没有体现择一重罪和数罪并罚的刑法原则。这完全是今天的刑法理念，不能苛求于 78 年前的前辈。

总之，瑕不掩瑜，78 年前的革命根据地的一份判决书，放到今天，也是合格的裁判文书，并且在释法说理方面，比今天许多同类裁判文书还要优秀。这表明革命战争年代中国共产党人的法律素质和法律理念，是不可低估的，是值得我们继承和发扬光大的。

"马锡五审判方式"是新民主主义法制的组成部分，是党的群众路线在司法审判领域的体现。在当时革命根据地常常处于被扫荡、拉锯、割据状态，物质不富裕，不可能有和平年代那样固定、精致的法庭，也不可能有群众非常熟悉的法条，要让群众服判息诉，首先是法官马锡五要有令人信服的魅力，所以马锡五要带卷下乡，与群众同吃同住同劳动，在群众中建立崇高的个人魅力。说白了，那时群众不可能具有较高的法律知识水平，但相信马锡五的人格魅力，相信马锡五那种用人们理解的天理、人情和国法相结合的方式来审理案件的做法。

第四节　解放战争时期新民主主义法制思想的完善和实践

新民主主义理论实际上包括新民主主义革命和新民主主义社会两大部分。前者主要论述新民主主义革命的性质、对象、动力和任务，后者是革命成功之后所建立的新民主主义社会的政治、经济和文化制度。两者内容虽有交集，但也有区别。在全面抗战时期，由于民族矛盾是主要矛盾，阶级矛盾退居其次，建立并稳固各阶级联合的抗日统一战线是共产党人的主要任务。因此，消灭封建剥削制度这一新民主主义革命的中心任务是无法进行的，只能一方面实行减租减息，另一方面又要力保交租交息，对地主与农民的阶级矛盾加以调节而已。

但到了解放战争时期，形势发生了变化，日本侵略者被赶出了中国，阶级矛盾由社会的次要矛盾上升为主要矛盾，消灭封建土地制度及其政治代理人——国民党反动政府的时机到来了，因此，中国共产党人的法律思想就从建立巩固各阶级大联合的抗日民族统一战线，进一步转变为完成新民主主义革命、建立新民主主义社会。

一、从减轻封建剥削逐步消灭封建土地制度

（一）从削弱封建剥削向废除封建剥削制度的过渡

从 1945 年 8 月抗日战争胜利到《五四指示》发布之前，中国共产党继续实行了在抗日战争时期的减租减息政策，1946 年 5 月 4 日，中共中央发出了《五四指示》，决定改变土地政策，由减租减息改为没收地主阶级的土地分配给农民的政策，实现"耕者有其田"。指示的主要内容是：[①]

[①] 张希坡编著：《革命根据地法律文献选辑》（第三辑），中国人民大学出版社 2017 年版，第 255—258 页。

1. 支持群众从反奸、清算、减租、减息、退租、退息等斗争中，从地主手中获得土地，实现耕者有其田。

2. 用一切方法吸收中农（包括富裕中农在内）参加运动，并使其获得利益，决不可侵犯中农土地，凡中农土地被侵犯者，应设法退还或赔偿。

3. 一般不变动富农的土地，如在清算、退租、土地改革时期，由于广大群众的要求，不能不有所侵犯时，亦不要打击得太重。应使富农和地主有所区别，应着重减租而保全其自耕部分。

4. 对于抗日军人及抗日干部的家属之属于豪绅地主成分者，对于在抗日期间无论在解放区和国民党区与我们合作而不反共的开明绅士及其他人等，在运动中应谨慎处理，适当照顾。

5. 对于中小地主的生活应给以相当照顾，对待中小地主的态度应与对待大地主、豪绅、恶霸的态度有所区别，应多采取调解仲裁方式解决他们与农民的纠纷。

6. 集中注意与汉奸、豪绅、恶霸作坚决的斗争，使他们拿出土地来。但仍应给他们留下维持生活所必须的土地。对于汉奸、豪绅、恶霸所利用的走狗之属于中农、贫农及贫苦出身者，应采取争取分化政策，促其坦白反悔，不要侵犯其土地。在其坦白反悔后并须给以应得利益。

7. 除罪大恶极的汉奸分子的矿山、工厂、商店应当没收外，凡富农及地主所设的商店、作坊、工厂、矿山，不要侵犯，应予以保全。对待封建地主阶级与对待资产阶级是有原则区别的。

8. 除罪大恶极的汉奸分子及人民公敌为当地广大人民群众要求处死，应当赞成群众要求，经过法庭审判，正式判处死刑者外，一般应施行宽大政策。

9. 对一切可以教育的知识分子，必须极力争取，给以学习与工作的机会。对开明绅士及其他党外人士或城市中的自由资产阶级分子，只要他们赞成我们的民主纲领，均应当继续和他们合作，以巩固反对封建独裁争取和平民主的统一战线。

上述指示之所以要对中小地主、富农、开明绅士等予以照顾，是出于形势的需要。一方面，由于内战爆发的危险加大，减租减息政策必须改变，不给农民土地就不能够得到农民的支持，难以取得自卫战争的胜利。另一方面，改变减租减息政策，实行新的土地政策，又不能违背中国共产党巩固争取和平民主的统一战线的基本方针，土地占有者中的中小地主、富农、开明绅士则是中国共产党进行争取和平民主斗争的统战对象，如果新的土地政策对他们打击过重，农村阶级关系会顿时紧张。这不仅会增加土改的阻力，不利于解放区的巩固，而且随着整个农村上层阶级变成土改对象，被推进敌人营垒，争取和平民主的统一战线将立即受到削弱。因此，新的土地政策就必须在剥夺进行封建剥削的土地占有者的同时，对他们区别对待。《五四指示》规定从地主手中获得土地，实现"耕者有其田"，又指出"一般不变动富农土地"，"对中小地主给予适当照顾"，既顾及争取统战对象的需要，又满足了农民的土地要求，这样做是积极而稳妥的。①

（二）彻底废除封建土地制度

1947 年 7 月至 9 月，中共中央工作委员会在河北省建屏（今平山县）西柏坡村召开土地会议，通过了《中国土地法大纲》，10 月 10 日正式公布。内容主要如下：

1. 废除封建性及半封建性剥削的土地制度，实行耕者有其田的土地制度。

2. 废除一切地主的土地所有权。

3. 废除一切祠堂、庙宇、寺院、学校、机关及团体的土地所有权。

4. 废除一切乡村中在土地制度改革以前的债务（系指土地改革前劳动人民所欠地主富农高利贷者的高利贷债务）。

5. 乡村农民大会及其选出的委员会，乡村无地少地的农民所组织的贫农团大会及其选出的委员会，区、县、省等级农民代表大会及其选出的委员会为改

---

① 本书编写组：《中国共产党历史上的 1000 个为什么》（上），中共党史出版社 2006 年版，第 422—423 页。

革土地制度的合法执行机关。

6. 除大森林、大水利工程、大矿山、大牧场、大荒地及湖沼等归政府管理外，乡村中一切地主的土地及公地，由乡村农会接收，连同乡村中其他一切土地，按乡村全部人口，不分男女老幼，统一平均分配，在土地数量上抽多补少，质量上抽肥补瘦，使全乡村人民均获得同等的土地，并归各人所有。

7. 土地分配，以乡或等于乡的行政村为单位，但区或县农会得在各乡或等于乡的各行政村之间，作某些必要的调剂。

8. 乡村农会接收地主的牲畜、农具、房屋、粮食及其他财产，征收富农的上述财产的多余部分并分给缺乏这些财产的农民及其他贫民，且分给地主同样的一份。分给各人的财产归本人所有，使全乡村人民均获得适当的生产资料及生活资料。

9. 土地分配中的若干特殊问题之处理办法，规定如下：（1）只有一口或两口人的贫苦农民，得由乡村农民大会酌量分给等于两口或三口人的土地。（2）一般的乡村工人、自由职业者及其家庭，分给与农民同样的土地，但其职业足以经常维持生活费用之全部或大部者，不分土地，或分给部分土地，由乡村农民大会及其委员会酌量处理。（3）家居乡村的一切人民解放军、民主政府及人民团体的人员，其本人及其家庭，分给与农民同样的土地及财产。（4）地主及其家庭，分给与农民同样的土地及财产。（5）家居乡村的国民党军队官兵、国民党政府官员、国民党党员及敌方其他人员，其家庭分给与农民同样的土地及财产。（6）汉奸、卖国贼及内战罪犯，其本人不得分给土地及财产。其家庭在乡村、未参与犯罪行为，并愿自己耕种者，分给与农民同样的土地及财产。

10. 分配给人民的土地，由政府发给土地所有证，并承认其自由经营、买卖及在特定条件下出租的权利。

11. 保护工商业者的财产及其合法的营业，不受侵犯。

12. 对于一切违抗或破坏《中国土地法大纲》的罪犯，应组织人民法庭予以审判及处分，人民法庭由农民大会或农民代表会所选举及由政府所委派的人员组成之。

《中国土地法大纲》的特点主要是：第一，在消灭剥削制度的前提下，贯穿平等原则。例如，一方面坚决地废除一切地主的土地所有权，汉奸、卖国贼及内战罪犯，其本人不得分给土地及财产；另一方面又规定地主及其家庭，分给与农民同样的土地及财产，汉奸、卖国贼及内战罪犯的家庭在乡村、未参与犯罪行为，并愿自己耕种者，分给与农民同样的土地及财产。第二，贯彻民主原则，让农民有当家作主的自豪感和责任感。例如，为了保证土地改革中一切措施符合于绝大多数人民的利益及意志，规定政府负责切实保障人民的民主权利，保障农民及其代表有全权得在各种会议上自由批评及弹劾各方各级的一切干部，有全权得在各种相当会议上自由撤换及选举政府及农民团体中的一切干部。侵犯上述人民民主权利者，应受人民法庭的审判及处分。第三，土改工作涉及财富分配，因此，大纲要求这项工作要贯彻廉政精神。例如，大纲规定由乡村农民大会或其委员会指定人员，经过一定手续，采取必要措施，负责接收、登记、清理及保管一切转移的土地及财产，防止破坏、损失、浪费及舞弊。

当然，我们也要看到《中国土地法大纲》存在不足之处，例如，大纲规定将一切土地平均分配的办法，侵犯了中农利益。尽管如此，《中国土地法大纲》仍然是中国共产党在新形势下公开举起的一面彻底废除封建土地制度的战斗旗帜。

变革封建土地所有制是新民主主义革命的中心任务，中共中央和毛泽东十分重视解放区的土地改革运动，1947 年 12 月 25 日—28 日，中共中央在陕北米脂杨家沟召开会议，会议讨论和通过了毛泽东所作的《目前形势和我们的任务》报告。其中第二部分专讲"土地改革和群众运动中的几个具体政策问题"，主要内容如下：①

---

① 《关于目前党的政策中的几个问题》，《毛泽东选集》第四卷，人民出版社 1991 年版，第 1268—1272 页。

1. 贫雇农的带头作用就是要团结中农一道行动，反对"贫雇农打江山坐江山"。

党必须经过贫雇农发动土地改革，必须使贫雇农在农会中在乡村政权中起带头作用，这种带头作用则是团结中农和自己一道行动，而不是抛弃中农由贫雇农包办一切。在老解放区中农占多数贫雇农占少数的地方，中农的地位尤为重要。"贫雇农打江山坐江山"的口号是错误的。

2. 必须避免对中农采取任何冒险政策。

对中农和其他阶层定错了成分的，应一律改正，分了的东西应尽可能退还。在农民代表中、农民委员会中排斥中农的倾向和在土地改革斗争中将贫雇农同中农对立起来的倾向，必须纠正。

3. 必须避免对中小工商业者采取任何冒险政策。

今后仍应继续保护并奖励一切于国民经济有益的私人工商业、鼓励地主富农转入工商业的政策，地主富农的工商业一般应当保护，只有官僚资本和真正恶霸反革命分子的工商业才可以没收。

4. 学生、教员、教授、科学工作者、艺术工作者和一般知识分子的绝大多数，是可以参加革命或者保持中立的，坚决的反革命分子只占极少数。因此，党对于学生、教员、教授、科学工作者、艺术工作者和一般知识分子，必须分别情况，加以团结、教育和任用。

5. 关于开明绅士问题。对于那些同我党共过患难确有相当贡献的开明绅士，在不妨碍土地改革的条件下，必须分别情况，予以照顾。

6. 必须将新富农和旧富农加以区别。平分土地时，对于老解放区的新富农，照富裕中农待遇，不得本人同意，不能平分其土地。

7. 地主富农在老解放区减租减息时期改变生活方式，地主转入劳动满五年以上，富农降为中贫农满三年以上者，如果表现良好，即可依其现在状况改变成分。

8. 对待地主和对待富农必须依照土地法大纲加以区别。

9. 对大、中、小地主，对地主富农中的恶霸和非恶霸，在平分土地的原则下，也应有所区别。

10. 一方面，极少数真正罪大恶极分子经人民法庭认真审讯判决，并经一定政府机关（县级或分区一级所组织的委员会）批准枪决予以公布，这是完全必要的革命秩序。另一方面，必须坚持少杀，严禁乱杀。要把地主富农看作是国家的劳动力，而加以保存和改造。我们的任务是消灭封建制度，消灭地主之为阶级，而不是消灭地主个人。

上述具体政策具有如下鲜明的特点：第一，它正确地体现了共产党进行土改是要"消灭地主之为阶级，而不是消灭地主个人"的立场。所以规定了土改中必须按照土地法给以地主富农不高于农民所得的生产资料和生活资料，要把地主富农看作是国家的劳动力，而加以保存和改造。地主富农在老解放区减租减息时期改变生活方式，地主转入劳动满五年以上，富农降为中贫农满三年以上者，如果表现良好，即可依其现在状况改变成分。第二，它正确地体现了我们党"结交新朋友，不忘老朋友，深交好朋友"的统一战线工作传统，规定了对于那些同我党共过患难确有相当贡献的开明绅士，在不妨碍土地改革的条件下，必须分别情况，予以照顾。第三，区别新旧富农，避免了斯大林打击由于列宁新经济政策而产生的富农的教训。政策指出，老解放区减租减息时期提出鼓励新富农和富裕中农，对于发展解放区农业生产是收了成效的。因此，对由此而产生的新富农，照富裕中农待遇，不得本人同意，不能平分其土地。第四，强调在土改中要依法办事。上述政策强调，土地法大纲上规定的经过人民法庭审讯判决的这一斗争方式，必须认真实行，它是农民群众打击最坏的地主富农分子的有力武器，又可免犯乱打乱杀的错误。第五，在土改中要注意约束权力的滥用。因此，政策强调群众不但有权对干部和党员放手批评，而且有权在必要时将他们撤职，或建议撤职，或建议开除党籍，直至将其中最坏的分子送交人民法庭审处。第六，严格保护工商业的发展。新民主主义革命是要革封建剥削制度的命，而不是革资本主义经济的命。因此，上述政策一方面要求依规对地主富农的土地所有权予以剥夺，另一方面又要对其工商业予以保护。

二、政权组织形式由参议会向人民代表大会转变

1947 年 12 月中央会议通过的毛泽东所作的《目前形势和我们的任务》报告，论及将要建立的政治制度时指出：[①]

1. 国体。新民主主义的政权是工人阶级领导的人民大众的反帝反封建反官僚资本主义的政权。所谓人民大众，是包括工人阶级、农民阶级、城市小资产阶级、民族资产阶级，而以工人、农民（兵士主要是穿军服的农民）和其他劳动人民为主体。

这个人民大众组成自己的国家（中华人民共和国）并建立代表国家的政府（中华人民共和国的中央政府），工人阶级经过自己的先锋队中国共产党实现对于人民大众的国家及其政府的领导。这个人民共和国及其政府所要反对的敌人，是帝国主义、国民党反动派及其所代表的官僚资产阶级和地主阶级。

2. 政体。中华人民共和国的权力机关是各级人民代表大会及其选出的各级政府。在将来，革命在全国胜利之后，中央和地方各级政府，都应当由各级人民代表大会选举。

比起抗日民主政权，解放战争时期的人民政权发生了变化，一是国体方面不再是各爱国的阶级的联合统治，而是排除了地主阶级和大资产阶级；二是政体方面不再是抗日战争时期的参议会制度，而是人民代表大会制度。三是未来的国家名称叫"中华人民共和国"，这时似乎已经定局。但为什么在第一届中国人民政治协商会议筹备期间还要让各界人士讨论国号呢？这表明，即使是共产

[①] 《关于目前党的政策中的几个问题》，《毛泽东选集》第四卷，人民出版社 1991 年版，第 1272 页。

党内部已经决定的事情，但仍要让各界人士集思广益，表明中国共产党并不固执己见，而是希望优中选优。

中共中央认为，在中国，新生的政权组织，既不能照搬苏联的最高苏维埃两院制形式，也不能照搬西方国家的议会制形式。而是通过普选实行人民代表大会制，并通过代表大会选出政府领导人，制定各项施政条例。① 但在刚刚接管的新解放城市，因群众尚未充分发动起来，工作尚无基础，不能召开名副其实的人民代表会议或人民代表大会，只能召开协商性质的主要对群众起联系作用的各界代表会议，然后待时机成熟再实行普选，实行人民代表大会制。

三、"五一口号"与中共领导的多党合作和政治协商制度

（一）"五一口号"的提出

1948 年上半年，中国所面临的"两种命运、两种前途"已泾渭分明：国民党的战事已是强弩之末，蒋介石一意孤行的独裁、专制统治将被推翻；共产党历来倡导和致力于建立民主联合政府的新政权，随着人民解放战争的迅猛推进而提上议事日程；国民党策划和制造的"较场口惨案""下关惨案""李闻惨案"等一系列惨案，使民主党派一些人士从"第三条道路"的幻梦中清醒过来，一些爱国民主人士向中共中央建议，尽快成立全国政权机关，以与国民党的总统选举相对抗。南洋华侨领袖陈嘉庚提议：解放区应紧急成立联合政府政权机构，以对抗国民党伪国大后的局面。民盟中央负责人沈钧儒向中共中央提议：解放区应成立产生联合政府的筹备机构，以对国内外号召否认蒋介石伪总统。陈嘉庚和沈钧儒的主张，无疑代表了当时许多民主党派、爱国民主人士的意见。

民主党派、爱国民主人士的这些意见，立即引起毛泽东、周恩来等中共领导人的高度重视。按照惯例，为纪念每年的"五一"劳动节，每年的这个时候，

---

① 中共中央党史研究室：《中国共产党历史》第一卷（1921—1949）下册，中共党史出版社 2011 年版，第 770 页。

中共中央都会在节日到来之前，通过新闻宣传部门——新华社，对外作出专门决定，发表宣言、口号，举行集会、游行，刊发文章、社论。1948年"五一"劳动节到来前夕，时任新华社社长的廖承志，在"五一"国际劳动节到来之际，给中央发来一个电报，询问"五一"劳动节快到了，中央有什么重要事情发布。毛泽东认为是该对外公布共产党人的政治主张、提出新中国政权蓝图的时候了。于是，便让人据此草拟了"五一口号"。毛泽东在审阅时，作出了重要改动：

第一，将初稿第四条"全国劳动人民团结起来，联合知识分子、自由资产阶级和其他爱国分子，组成反帝国主义、反封建主义、反官僚资本主义的统一战线，为着最后打倒蒋介石，建立新中国"，修改为"联合全国知识分子、自由资产阶级、各民主党派、社会贤达和其他爱国分子，巩固和扩大反对帝国主义、反对封建主义、反对官僚资本主义的统一战线，为着打倒蒋介石，建立新中国而共同奋斗"。修改后的这一条具有重要内涵，既进一步重申了"各民主党派、社会贤达"在统一战线中的地位和作用，又发出了为"打倒蒋介石，建立新中国""共同奋斗"的号召。

第二，删除了初稿第五条"工人阶级是中国人民革命的领导者，解放区的工人阶级是新中国的主人翁，更加积极地行动起来，更早地实现中国革命的最后胜利"。他又重新起草了一条："各民主党派、各人民团体、各社会贤达迅速召开政治协商会议，讨论并实现召集人民代表大会，成立民主联合政府！"修改后的第五条是"五一口号"的点睛之笔。

第三，删除了初稿第二十三条"中国人民的领袖毛泽东万岁"和第二十四条"中国劳动人民和被压迫人民的缔造者，中国人民解放战争的领导者中国共产党万岁"，改第二十五条"中华民族解放万岁"为第二十三条。这充分反映了中共中央、毛泽东天下为公、虚怀若谷的精神境界和家国情怀。

4月30日，中共中央书记处扩大会议讨论通过了经毛泽东修改后的《中共中央纪念"五一"劳动节口号》。当天通过陕北的新华社正式对外发布，同一时间，新华广播电台也进行了广播。5月1日，《晋察冀日报》头版头条刊发了"五一口号"。5月2日，《人民日报》头版头条全文发表。主要内容如下：

1. 全国劳动人民团结起来，联合全国知识分子、自由资产阶级、各民主党派、社会贤达和其他爱国分子，巩固与扩大反对帝国主义、反对封建主义、反对官僚资本主义的统一战线，为着打倒蒋介石，建立新中国而共同奋斗。

2. 各民主党派、各人民团体、各社会贤达迅速召开政治协商会议，讨论并实现召集人民代表大会，成立民主联合政府！

3. 解放区的职工和经济工作者，坚定不移地贯彻发展生产、繁荣经济、公私兼顾、劳资两利的工运政策和工业政策！

4. 解放区私营企业中的职工，与资本家建立劳资两利的合理关系，为共同发展国民经济而努力！

5. 蒋管区的职工，联合被压迫的民族工商业者，打倒官僚资本家的统治，反对美帝国主义者的侵略！

6. 全国工人阶级和全国人民团结起来，反对美帝国主义者干涉中国内政、侵犯中国主权，反对美帝国主义者扶植日本侵略势力的复活！

"五一口号"体现了我党新民主主义政治经济文化纲领的基本精神。

（二）"五一口号"得到了社会各界热烈响应

"五一口号"公布后，聚集在香港的各民主党派领袖人物、无党派民主人士情绪十分高涨，12位民主党派领袖积极经过讨论，商定联名响应中共"五一口号"，共同促进完成大业，并推举马叙伦起草复电。5月5日，中国国民党革命委员会负责人李济深、何香凝，中国民主同盟负责人沈钧儒，中国民主促进会负责人马叙伦、王绍鏊，中国致公党负责人陈其尤，中国农工民主党负责人彭泽民，中国人民救国会负责人李章达，中国国民党民主促进会负责人蔡廷锴，三民主义同志联合会负责人谭平山，无党派民主人士郭沫若等，向全国同胞发出联合通电，并联名致电中共中央主席毛泽东，响应中国共产党的"五一口号"，积极推进政治协商会议的召开。

民主党派 12 人联名响应和各民主党派通电响应，立即引起一切民主党派以及海外华人华侨的反响。他们积极行动起来，纷纷致电、发表声明，热烈拥护中共"五一口号"。各民主党派和民主人士积极响应"五一口号"，事实上接受了中国共产党的新民主主义革命纲领，承认了中国共产党的领导地位，为建立中国共产党领导的多党合作和政治协商制度拉开了序幕。①

四、将官僚资本主义列为新民主主义革命的对象

中共中央 1947 年 12 月会议通过的毛泽东所作的《目前形势和我们的任务》报告（以下简称《报告》），首次明确地把官僚资本主义列为新民主主义革命的对象。并对官僚资本主义的内涵、危害作了深刻阐述。

《报告》指出，蒋、宋、孔、陈四大家族，在他们当权的二十年中，已经集中了价值达一百万万至二百万万美元的巨大财产，垄断了全国的经济命脉。这个垄断资本，和国家政权结合在一起，成为国家垄断资本主义。这个垄断资本主义，同外国帝国主义、本国地主阶级和旧式富农密切地结合着，成为买办的封建的国家垄断资本主义。这就是蒋介石反动政权的经济基础。这个国家垄断资本主义，不但压迫工人农民，而且压迫城市小资产阶级，损害中等资产阶级。这个国家垄断资本主义，在抗日战争期间和日本投降以后，达到了最高峰，它替新民主主义革命准备了充分的物质条件。官僚资产阶级，即是中国的大资产阶级。新民主主义的革命任务，除了取消帝国主义在中国的特权以外，在国内，就是要消灭地主阶级和官僚资产阶级（大资产阶级）的剥削和压迫，解放被束缚的生产力。②

1948 年 4 月 1 日毛泽东《在晋绥干部会议上的讲话》（以下简称《讲话》）

---

① 中共中央统战部编著：《中国共产党统一战线史》，中共党史出版社 2017 年版，第 165—166 页。
② 《目前形势和我们的任务》，《毛泽东选集》第四卷，人民出版社 1991 年版，第 1253—1254 页。

中第一次把官僚资本主义与帝国主义、封建主义一道列为革命对象。一般认为，毛泽东在这次讲话中第一次全面、系统地提出了新民主主义革命的总路线和总政策，即"无产阶级领导的，人民大众的，反对帝国主义、封建主义和官僚资本主义的革命"。

《讲话》多次强调，无产阶级领导的，人民大众的，反对帝国主义、封建主义和官僚资本主义的革命，这就是中国的新民主主义的革命，这就是中国共产党在当前历史阶段的总路线和总政策；依靠贫农，团结中农，有步骤地、有分别地消灭封建剥削制度，发展农业生产，这就是中国共产党在新民主主义的革命时期，在土地改革工作中的总路线和总政策。[①]

"五一口号"则向全中国公开地把官僚资本主义与帝国主义、封建主义一道列为民主统一战线所反对的对象。从此，帝国主义、封建主义和官僚资本主义成为新民主主义革命要推翻的三座大山。

五、阐述人民民主专政和政体

在全国解放战争进入战略决战的重要时刻，1948 年 9 月 8 日至 13 日，在河北省平山县西柏坡村召开了中共中央政治局扩大会议，又称中共中央政治局"九月会议"。会议提出的政策设计、制度探索和理论观点都具有先导意义。[②] 毛泽东在 1948 年 9 月 8 日做的"报告"、9 月 13 日做的"结论"以及会后起草的《中共中央关于九月会议的通知（1948 年 10 月 10 日）》（以下简称通知），构成了这次会议的主要文献。正如《毛泽东传》所说：九月会议的召开，就是"为了筹划新中国的建设"。[③]

1948 年 5 月，中共中央宣传部关于重印《左派幼稚病》第二章前言的通知

---

① 《在晋绥干部会议上的讲话》，《毛泽东选集》第四卷，人民出版社 1991 年版，第 1313—1317 页。

② 金民卿：《"九月会议"文献在新中国创建史上的意义》，《毛泽东研究》2020 年第 2 期。

③ 《毛泽东传（1893—1949）》，中央文献出版社 1996 年版，第 858 页。

中，在党的文件中首次出现"人民民主专政"的概念。这个通知讲道："列宁在本书中所说的，是关于无产阶级专政。今天在我们中国，则不是建立无产阶级专政，而是建立人民民主专政。这种人民民主专政的内容和无产阶级专政的内容的历史区别，就是：我们的人民民主专政是无产阶级领导的、人民大众的、反帝反封建反官僚资本的新民主主义革命，这种革命的社会性质，不是推翻一般资本主义，乃是建立新民主主义的社会，建立各个革命阶级联合专政的国家；而无产阶级专政则是推翻资本主义，建设社会主义。"① 在"九月会议"的报告中，毛泽东对人民民主专政作了展开分析。他提出，我们就是要打倒帝国主义、封建主义和官僚资本主义的反动专政，建立无产阶级领导的以工农联盟为基础的人民民主专政："我们政权的阶级性是这样：无产阶级领导的，以工农联盟为基础，但不是仅仅工农，还有资产阶级民主分子参加的人民民主专政。"② 值得注意的是，毛泽东在这里突出地强调了新中国的人民性，即人民当家作主的本质。他指出："我们是人民民主专政，各级政府都要加上'人民'二字，各种政权机关都要加上'人民'二字，如法院叫人民法院，军队叫人民解放军，以示和蒋介石政权不同。我们有广大的统一战线，我们政权的任务是打倒帝国主义、封建主义和官僚资本主义，要打倒它们，就要打倒它们的国家，建立人民民主专政的国家。"③

毛泽东就新中国的政体作出了说明：我们的政权的制度要采用无产阶级的民主集中制，而不采用资产阶级的议会制，决不搞三权鼎立的模式。但是我们也不像过去那样照搬苏维埃的名称，过去我们叫苏维埃代表大会制度，苏维埃就是代表会议，我们又叫"苏维埃"，又叫"代表大会"，"苏维埃代表大会"就成了"代表大会代表大会"。这是死搬外国名词。现在我们就用"人民代表会

① 《建党以来重要文献选编（1921—1949）》第25册，中央文献出版社2011年版，第325—326页。
② 《毛泽东文集》第五卷，人民出版社1999年版，第135页。
③ 同上书，第135—136页。

议"这一名词。① 这样的政体制度，是党的民主集中制原则在国家政权中的延伸和提升。

在通知中，毛泽东明确提出了成立中华人民共和国中央政府的问题。"准备在一九四九年召集中国一切民主党派、人民团体和无党派民主人士的代表们开会，成立中华人民共和国临时中央政府。"②

这些论述为后来的《中国人民政治协商会议共同纲领》奠定了基础。

六、从进行新民主主义革命向建设新民主主义社会转变

在中国人民解放战争即将取得全国胜利的前夕，中国共产党于 1949 年 3 月 5 日至 13 日召开了七届二中全会。毛泽东代表中央政治局作了《在中国共产党第七届中央委员会第二次全体会议上的报告》（以下简称《报告》）。会议通过了毛泽东的报告，批准由中国共产党发起的关于召开新的政治协商会议及成立民主联合政府的建议。会议作出了如下重要决定：③

（一）党的工作重心从乡村转向城市

《报告》确立恢复和发展生产为党的中心工作。指出，从 1927 年中国大革命失败到现在，中国革命斗争的重点是在乡村，而从现在起，重点由城市到乡村，进入城市领导乡村的时期。党必须用极大的努力去学会管理城市和建设城市。管理和建设城市的中心关键是恢复和发展工业生产，城市中的其他工作，都应当为恢复和发展工业生产这一个中心工作而服务。创造条件使中国有可能稳步地由农业国转变为工业国，由新民主主义国家转变为社会主义国家。这一思想是党的八大提出社会主要矛盾发生变化、发展生产力为主要任务的前奏。

---

① 《毛泽东文集》第五卷，人民出版社 1999 年版，第 136 页。

② 《毛泽东选集》第四卷，人民出版社 1991 年版，第 1347 页。

③ 《在中国共产党第七届中央委员会第二次全体会议上的报告》，《毛泽东选集》第四卷，人民出版社 1991 年版，第 1424—1439 页。

（二）人民民主专政要建立在最广泛的统一战线基础上

全会批准了由中国共产党发起，并协同各民主党派、人民团体及民主人士，召开没有反动分子参加的新的政治协商会议及成立民主联合政府的建议。《报告》指出，无产阶级领导的以工农联盟为基础的人民民主专政，要求我们党去认真地团结全体工人阶级、全体农民阶级和广大的革命知识分子，这些是这个专政的领导力量和基础力量。同时人民民主专政也要求我们党去团结尽可能多的能够同我们合作的城市小资产阶级和民族资产阶级的代表人物，它们的知识分子和政治派别，以便在革命时期使反革命势力陷于孤立，彻底地打倒国内的反革命势力和帝国主义势力。因此，我党同党外民主人士长期合作的政策，必须在全党思想上和工作上确定下来。必须把党外大多数民主人士看成和自己的干部一样，同他们诚恳地坦白地商量和解决那些必须商量和解决的问题，给他们工作做，使他们在工作岗位上有职有权。从团结的愿望出发，对他们的错误和缺点进行认真的和适当的批评或斗争，达到团结他们的目的。每一个大城市和每一个中等城市，每一个战略性区域和每一个省，都应当培养一批能够同我们合作的有威信的党外民主人士。在这个问题上，既要反对无原则的迁就主义的态度，又要反对妨碍党与党外民主人士团结的关门主义或敷衍主义的态度。

中国共产党与苏联共产党一个很大的不同，就是前者具有统一战线的思想和制度。苏联取缔了除了苏共之外的一切政党，消灭了资产阶级，消灭了地主富农，没有什么统一战线。

（三）提醒全党注意在执政条件下反腐败

《报告》向全党敲响了反腐败的警钟。指出，我们很快就要在全国胜利了。因为胜利，党内的骄傲情绪，以功臣自居的情绪，停顿起来不求进步的情绪，贪图享乐不愿再过艰苦生活的情绪，可能生长；因为胜利，人民感谢我们，资产阶级也会出来捧场。这种捧场则可能征服我们队伍中的意志薄弱者。可能有这样一些共产党人，他们是不曾被拿枪的敌人征服过的，但却经不起人们用糖衣裹着的炮弹的攻击，他们在糖弹面前要打败仗。我们必须预防这种情况。务必使同志们继续地保持谦虚、谨慎、不骄、不躁的作风，务必使同志们继续地保持艰苦奋斗的作风。

中国共产党深知中国历史之所以出现一治一乱的周期律，原因之一就是存在周期性的腐败。中国共产党人还目睹了抗战胜利以后，国民党在名望较高的情况下，却争权夺利、迅速腐败的过程，因此，在全国解放前夕，就提醒全党同志不要贪图享乐和骄傲自满，这是从严治党传统的延续。

七、党中央成立专门的法律工作机构

中国共产党重视民主宪法政治的研究和宣传工作。1940 年 1 月 17 日，以中国延安女子大学为主，90 余位妇女界人士于延安发起成立了"延安妇女界宪政促进会"。它是中国共产党领导下的妇女群众团体。其任务是研究宪政有关妇女问题及各国宪政运动历史；反映各阶层妇女对宪政的意见与要求；与全国各地妇女界宪政团体及各界宪政促进团体联系，号召与推动各地成立妇女界宪政促进会。

1940 年 2 月 19 日，西北青救会发起成立了延安青年宪政促进会，选举冯文彬、胡乔木等 27 人为主席团成员。它是中国共产党领导的青年群众团体。

1940 年 2 月 20 日，延安各界举行宪政促进会成立大会。毛泽东发表演说《新民主主义的宪政》。毛泽东等 46 人被选为理事，吴玉章任理事长。这次会议后，在华北、华中各敌后抗日根据地，各界人民也建立了宪政促进会，并纷纷召开宪政座谈会，要求国民党政府结束党治，重选国民大会代表，制定真正民主的宪法，实行宪政，在解放区掀起了宪政运动的高潮。延安各界宪政促进会先后提出过《对于国民大会代表选举法之修正案》（1940 年 2 月 20 日）、《对于国民大会组织法修正案》等。

1945 年 11 月，中共中央决定在陕甘宁边区政府成立宪法研究会。成立目的在于揭批国民党的"五五宪草"，并着手起草"新民主主义宪法"。1946 年 6 月，中央书记处决定在边区宪法研究会基础上成立中央法律问题研究委员会。中央法律问题研究委员会继承宪法研究会的核心使命，承担起新宪法研究起草任务，实际发挥了新民主主义"新法统"论证职能。①

1948 年 12 月 12 日，中央发布《关于中央法律委员会任务与组织的决定》，主要内容如下：②

1. 中央法律委员会为在中央书记处领导之下，协助中央研究与处理有关全国立法和司法问题之工作机关。

2. 中央法律委员会在立法问题方面之任务为：遵照中央指示，草拟有关全国性之法律大纲或条文；遵照中央指示或依其他机关提议，协助其他机关草拟或审查专门性质法律或法令；协助中央书记处审查各地送来之法律草案。在司法方面之任务为：厘定司法制度与法院组织纲要；拟定司法人员培训计划；编译法律书籍资料；以及总结司法工作经验。

3. 中央法律委员会由委员九人组织之，以王明、谢觉哉、张曙时、李木庵、陈瑾昆、何思敬、郭任之、杨绍萱、孟庆树九同志为委员，并以王明同志为中央法律委员会主任。

4. 为经常进行工作，在中央法律委员会下设立研究室与编译室。

从有关资料来看，中央法律委员会承担的工作主要有：一是拟定有关政权组织机构的法律法规，如《县、村、市政权组织条例》《选举条例》《各级人民代表会议组织条例草案》等。其中，由其草拟的《中共中央关于废除国民党的〈六法全书〉和确定解放区的司法原则的指示》（1949 年 2 月 22 日），明令废止国民政府的"六法全书"，提出在人民的法律还不完备的情况下，司法机关的办事原则是：有纲领、法律、命令、条例、决议规定者，从纲领、法律、命

---

① 周尚君：《党管政法：党与法关系的演进》，《法学研究》2017 年第 2 期。

② 张希坡编著：《革命根据地法律文献选辑》（第三辑），中国人民大学出版社 2017 年版，第 414 页。

令、条例、决议之规定；无纲领、法律、命令、条例、决议规定者，从新民主主义的政策。二是拟定刑事法律法规，如《反革命内战罪犯条例》《危害解放区治罪条例》《解放区惩治反革命条例草案》等。其中，《反革命内战罪犯条例（草案）》经中央法律委员会讨论后于 1949 年 7 月 19 日报送中央，对后来制定《惩治反革命条例》等一系列法律法规产生了重要影响。三是与中央妇委会共同研究婚姻法起草工作。

中央法律委员会采取委员会制度，任何委员初拟的文件，都需经全体会议审议通过，然后报中共中央审核，以"中共中央"或"中央书记处"名义发布。①

八、把新民主主义纲领转化为临时宪法性质的法律

《中国人民政治协商会议共同纲领》（以下简称《共同纲领》）是新中国的一部具有临时宪法性质的法律。它的基本框架是由中国共产党按照中国国情，不是照搬苏联而搭建的。

（一）国体与政体

《共同纲领》所确立的国体与政体是根据 1948 年 9 月 8 日中共中央召开中央政治局扩大会议（又称中共中央政治局"九月会议"）决定而确立的。毛泽东在会上所作的报告指出：未来的政权，国体要建立无产阶级领导的以工农联盟为基础的人民民主专政，政体要采用民主集中制的各级人民代表大会制度，既不采用资产阶级议会制和三权分立制，也不能照搬苏联的苏维埃政权形式。《共同纲领》就是根据这一意见确立国体和政体的。②

（二）实行中国共产党领导的多党合作和政治协商制度

中共领导的多党合作和政治协商制度是根据党的七届二中全会关于"我党

---

① 周尚君：《党管政法：党与法关系的演进》，《法学研究》2017 年第 2 期。

② 中共中央党史研究室：《中国共产党历史》第二卷（1949—1978）上册，中共党史出版社 2011 年版，第 10 页。

同党外民主人士长期合作的政策，必须在全党思想上和工作上确定下来"的精神确立的。1949 年 9 月第一届中国人民政治协商会议全体会议的召开，标志着中共领导的多党合作和政治协商制度正式确立为新中国的一项基本政治制度。

（三）单一制基础上的民族区域自治制度

《共同纲领》所规定的单一制国家结构基础上的民族区域自治制度是根据中国共产党的意见而确立的。

九一八事变后，针对日本帝国主义加紧侵略中国和不断挑拨我国各民族关系的情况，中国共产党强调各民族平等联合、共同抗日，提出了以自治的方式解决国内民族问题的主张。红军到达陕北后，在豫旺县帮助回民建立了回民自治政府。这些自治政府具有民族区域自治的性质。全面抗战时期，中国共产党更加明确地提出了实行民族区域自治政策，并以法律的形式确定下来。并较好地把民主自治和地方自治结合起来。全国解放战争时期，中国共产党的民族区域自治政策进一步得到了发展和完善。1945 年 10 月，中共中央在关于内蒙古自治运动的一份电报中明确指出，在内蒙古要实行民族区域自治。1947 年 5 月，我国第一个省级民族区域自治机构内蒙古自治区正式成立，这是中国民族区域自治政策伟大实践的丰硕成果。①

但苏联的影响是不可低估的，直到 1945 年党的七大还仍然保留"联邦共和国"的宣传纲领。随着筹备建立新中国的工作加紧进行，采取什么样的国家结构形式成为必须解决的问题。在起草《共同纲领》的过程中，毛泽东提出要认真研究到底是搞联邦制，还是搞统一共和国、少数民族区域自治，向党内征询意见。时任中央统战部部长的李维汉经过研究，提出意见认为，中国与苏联情况不同。一是苏联少数民族人口约占全国总人口的百分之四十七，我国少数民族只占全国总人口的百分之六，并且呈现出大分散、小聚居的状态，汉族和少

---

① 本书编写组：《中国共产党历史上的 1000 个为什么》（上），中共党史出版社 2006 年版，第 453—454 页。

数民族之间、几个少数民族之间往往互相杂居或交错聚居。二是马克思列宁主义的民族理论根本上主张在统一的单一制的国家内，实行地方自治和民族区域自治，在例外的情况下允许实行联邦制。俄国经过二月革命和十月革命，许多非俄罗斯民族实际上已经分裂为不同国家，因此不得不采取联邦制把按照苏维埃形式组成的各个国家联合起来，作为走向完全的统一的过渡形式。我国的情况则不同。国内各民族在中国共产党领导下由平等联合进行革命，到平等联合建立统一的人民共和国，并没有经过民族分离，始终都是一个统一的国家，因此中国不宜实行联邦制。经过论证，党确定新中国在统一的单一制的国家内实行民族区域自治制度，而不实行联邦制。这一重大决策是中国共产党运用马克思列宁主义的民族理论解决中国民族问题的一个伟大创造。[①]

（四）国营经济、合作社经济、个体经济和私人资本主义经济共同发展

《共同纲领》所规定的新民主主义经济制度是根据中国共产党的意见而确立的。毛泽东在党的七届二中全会上的报告中阐明：国营经济是社会主义性质的，合作社经济是半社会主义性质的，加上私人资本主义、个体经济、国家和私人合作的国家资本主义经济，这些就是人民共和国的几种主要的经济成分，这些就构成新民主主义的经济形态。而在整个国民经济中，国营经济在数量上较小，但它是起决定、领导作用的。在相当长的一个时期内还需要尽可能地利用城乡资本主义的积极性，但还要从几个方面对资本主义采取恰如其分的限制政策。[②] 根据党中央的这一决策，《共同纲领》规定了国营经济、合作社经济、农民和手工业者的个体经济、私人资本主义经济和国家资本主义经济五种经济成分共同发展。

《共同纲领》还根据党的七大政治报告、七届二中全会政治报告等中国共产党文献的决定，规定了新中国民族的科学的大众的新民主主义文化教育政策；

[①] 中共中央党史研究室：《中国共产党历史》第二卷（1949—1978）上册，中共党史出版社 2011 年版，第 12 页。

[②] 《毛泽东选集》第四卷，人民出版社 1991 年版，第 1430—1433 页。

新中国外交政策的原则为保障本国独立、自由和领土主权的完整，拥护国际的持久和平和维护各国人民间的友好合作，反对帝国主义的侵略政策和战争政策。帝国主义在中国拥有的海关管理权、驻军权和内河航行权，对中国主权的损害最大，是中国沦为半殖民地的象征。因此，新中国成立后首先收回了这三项权力。1949年10月中国海关总署成立，1950年中央人民政府政务院发布《关于关税政策和海关工作的决定》，随后公布《中华人民共和国暂行海关法》和新的海关税则，并由国家管制海外贸易，实行进出口许可证制度。由此中国海关完全掌握在中国人民手中。1950年1月至9月，北京、天津和上海军管会先后宣布收回或征用美国、英国、法国、荷兰在当地的兵营地产，外国在中国大陆军事特权被全部取消。1950年4月交通部颁布《关于外籍轮船进出口管理暂行办法》《进出口船舶船员旅客行李检查暂行指示》，同年7月政务院财政经济委员会发布《关于统一航务港务管理的指示》，外国轮船未经中国政府批准不许驶入中国内河，丧失了100多年的中国领水主权全部恢复。

总之，《共同纲领》包含了中国共产党的全部最低纲领，即在当前阶段实现新民主主义革命和建设的任务，同时又在基本大政方针上同党将来制定社会主义的纲领相衔接。《共同纲领》还体现了中国共产党人既不全盘西化，也不全盘苏化的传统。不全盘西化表现为：在政治上不搞西方的多党制、议会制和三权分立制；经济上坚持社会主义性质的经济在整个国民经济中发挥领导作用，既利用又限制资本主义经济。不全盘苏化主要表现为：政治上不搞苏联的一党制，而坚持中国在革命斗争中形成的中共领导的多党合作和政治协商制度；不搞苏联的联邦制，而实行单一制基础上的民族区域自治制度；人民代表大会制度不搞苏联的两院制，而实行人民代表大会一院制度。

九、不接受斯大林"划江而治"的建议

解放战争开始时，苏联领导人过高地估计国民党的力量，过低地估计中国

人民的革命力量，多次向美国和国民党的代表表示，中共没有能力领导统一中国，他们只承认并支持国民党政府这个"唯一合法政府"。希望中国能在蒋介石处于领袖地位的前提下实现统一。他们不赞成中国人民向美国支持的国民党进行革命的武装斗争，要求中国共产党随着美、苏间的妥协，在国内斗争中向国民党妥协。他们甚至致电中共中央说，中国如果打内战，中华民族有毁灭的危险。① 苏联虽然长期以来对中国人民解放事业给予了重要的支持，但它在此时所奉行的这种对华政策，也给中国人民解放事业带来了一定困难，并使中国共产党在确定自己的革命策略时面临着复杂的情况。

斯大林先是不相信中共领导的军队的力量，而在解放军取得辽沈、淮海、平津三大战役的胜利，中共中央军委决定以百万大军发起渡江战役时，斯大林又出来劝阻中国共产党不要让军队渡过长江，就和国民党政府"划江而治"。《人民日报》曾发表王方明的文章《要实事求是，独立思考——回忆毛主席 1957 年的一次亲切谈话》。毛泽东说："直到 1949 年，我们眼看就要过长江的时候，斯大林还出来阻止，说千万不能过长江，过了，就会引起美国出兵，中国就可能会出现南北朝。"毛泽东还说："我们没有听他们的，我们过了长江，美国并没有出兵中国，也没有出现南北朝，如果我们听了他的话，中国倒可能出现南北朝。"②

如果中国共产党不坚持独立自主地解决中国问题的立场，如果听命于斯大林，中国就不可能取得解放战争的伟大胜利。

十、提出要经得起进城和执政的考验

（一）用人民民主跳出历史周期律

抗战胜利到来前夕，中国人民都在考虑"中国何处去"。1945 年 7 月 1 日，黄炎培、章伯钧、左舜生、褚辅成、傅斯年等国民参政员到延安考察。7 月 4

---

① 毛泽东：《论十大关系》，《毛泽东文集》第七卷，人民出版社 1999 年版，第 42 页。
② 本书编写组：《中国共产党历史上的 1000 个为什么》（上），中共党史出版社 2006 年版，第 456—457 页。

日，毛泽东又邀请黄炎培到家里做客，问他来延安几天有何感想。黄炎培说："我生60多年，耳闻的不说，所亲眼见到的真可谓'其兴也勃'，'其亡也忽'，一人，一家，一团体，一地方，乃至一国，不少都没有跳出这个周期律的支配力。"说到这里，黄炎培停顿了一下，发现毛泽东神情专注，并不插话。这让他感动，便把心中的话一股脑地说了出来："大凡初时聚精会神，没有一事不用心，没有一人不卖力，也许那时艰难困苦，只有从万死中觅取一生"，"既而环境渐渐好转了，神情也渐渐放下了。有的因为历史长久，自然地惰性发作，由少数演为多数，到风气养成，虽有大力，无法扭转，并且无法弥补"，"一部历史，'政怠宦成'的也有，'人亡政息'的也有，'求荣取辱'的也有。总之没有能跳出这周期律。中共诸君从过去到现在，我略略的了解了，有否希望找出一条新路跳出这条周期律的支配？"黄炎培这番话，是他观察了几十年，思考了几十年，读万卷书、行万里路之后得来的。毛泽东回答道："任之先生（黄炎培字任之），我们已经找到新路，我们能跳出这周期律。这条新路就是民主。只有让人民起来监督政府，政府才不敢松懈。只有人人起来负责，才不会人亡政息。"毛泽东的话使黄炎培精神为之一振，对共产党更加充满信心。黄炎培与毛泽东这段著名的对话，被人们誉为"窑洞对"。

（二）愈是取得胜利，愈要加强纪律性

中国共产党的党员干部大多数长期在农村工作。抗战胜利之后，中国共产党人就开始了向城市的转移。1945年9月30日，中共中央发出《关于加强军队纪律，坚决执行城市政策的指示》，制定城市接管工作纪律，并要求城市监管干部学习和遵守这些纪律，这是党进行城市监管的一项重要准备工作。1947年10月10日，经过毛泽东亲自修改的《中国人民解放军总部关于重新颁布三大纪律八项注意的训令》向全军发布。1948年，中共中央发出过许多指示，强调党在城市工作中的"方针是建设，而不是破坏"，一切入城的干部和战士都不得自由夺取物质，"不准制新衣，大吃大喝，必须保持纯洁与艰苦的作风"。东北野战军在辽沈战役中制定了《入城八项守则》；华东野战军制定了进驻上海需要遵守的《入城守则》。

1948 年 9 月 8 日至 13 日，中共中央在西柏坡召开政治局扩大会议，又称中共中央政治局"九月会议"，会议的任务是总结检查过去党的工作。中心议题是"军队向前进，生产长一寸，加强纪律性"。会议通过《中共中央关于各中央局分局，军区军委分会及全委会向中央请示报告制度》的决议，强调要加强党的集中统一领导和组织纪律性，克服无纪律状态和无政府状态，克服地方主义和游击主义，将一切可能和必须集中的权力集中于中央和中央代表机关手里，以便达到全党全军在方针上政策上行动上的完全一致。中共中央通过这一决议系统梳理了各方面的工作，明确划分了中央和地方在各类重大具体事项上的决定权，进一步确立了党内健康高效的政治生活和工作格局。

人民解放军转入战略进攻以后，中共中央要求解放军进行整党工作，整党的基本方针是开展批评和自我批评，以说服教育为主，惩前毖后，治病救人，整党的基本内容是通过"三查"（查阶级、查工作、查斗志）"三整"（整顿组织、整顿思想、整顿作风），主要克服党内的非无产阶级思想的影响和官僚主义作风，牢固地树立全心全意为人民服务的思想作风，对那些错误严重、屡教不改的党员进行组织纪律处分，对极少数混进党内的地主、富农分子和流氓分子坚决清除出党。

（三）防止资产阶级腐蚀和反对突出个人的六条规定

党的七届二中全会根据毛泽东的提议，作出了防止资产阶级腐蚀和反对突出个人的六条规定：（1）禁止给党的领导者祝寿。（2）不送礼。（3）少敬酒。（4）少拍掌。（5）禁止用党的领导者的名字作地名、街名和企业的名字。（6）不要把中国同志和马、恩、列、斯平列，禁止歌功颂德现象。

（四）进京赶考

1949 年 3 月 23 日上午，毛泽东、朱德、刘少奇、周恩来、任弼时五位书记，率中共中央机关就要离开中国共产党最后一个农村指挥所——西柏坡，离开被称为工校的中共中央所在地，告别这里的人民。动身前，毛泽东意味深长地说："今天是进京赶考的日子，不睡觉也高兴啊。今天是进京'赶考'嘛，进京赶考去，精神不好怎么行啊！"周恩来会意地笑道："我们应当都能考及格，不要退回来。"毛泽东斩钉截铁地表示："退回来就失败了，我们绝不能当李自成。我们一定要考个好成绩。"车队24日傍晚到达涿县时，城门紧闭。守卫的哨兵将车队拦下，坚称"没有我们领导的命令，不管你是谁，就是毛主席来了也不行，我们要执行命令！"在哨兵进城汇报期间，毛泽东耐心等候，并对卫士长说："你们做得对，不要紧，可以等一等。"[①]

毛泽东在中国革命即将取得全面胜利、新中国成立前夕，毛泽东把入住北平、建立新中国比喻为"进京赶考"，这是一种值得共产党人永远保持的谦虚谨慎、不骄不躁、继续奋斗的精神状态。

---

① 中国监察学会反腐倡廉历史研究会编著：《中国共产党监督执纪史话》，中国方正出版社2019年版，第117—118页。

第二章　以毛泽东同志为主要代表的中国共产党人的法制思想与实践（中）

——新民主主义法制思想向社会主义法制思想的转变

从 1950 年 6 月召开的党的七届三中全会，到 1956 年 9 月召开的党的八大，这七年是中国共产党从新民主主义法制思想向中国社会主义法制思想的转变时期。

第一节　在法制轨道上恢复社会政治经济秩序

在新中国成立后的头三年（1949.10—1952），中国共产党依法进行阶级斗争和社会变革，恢复了在战争中遭到严重破坏的国民经济和社会秩序。

一、依法镇压反革命和惩治贪污犯罪行为

特务、土匪、恶霸、反动党团骨干及反动会道门头子是反动政权统治的基础。从 1950 年 12 月开始，党和政府在全国开展了镇压反革命运动。党中央确定镇反的工作路线是：党委领导，全党动员，群众动员，吸收各民主党派及各界人士参加；统一计划，统一行动，严格地审查捕人和杀人的名单；要把公安、

司法等专门机关的工作和人民的积极性密切结合起来；采取"稳、准、狠"的镇反工作方针。根据党中央的指示精神，1951 年 2 月，中央人民政府颁布了《中华人民共和国镇压反革命条例》，为镇反提供了法律依据。

刘青山、张子善堕落为大贪污犯的情况引发了党中央的高度重视。1951 年 12 月中共中央作出《关于实行精兵简政、增产节约、反对贪污、反对浪费和反对官僚主义的决定》。党的方针是：彻底揭露一切大中小贪污事件，着重打击大贪污犯，对中小贪污犯采取教育改造不使重犯的方针。1952 年 4 月中央人民政府公布实施了《中华人民共和国惩治贪污条例》，使反贪工作进入了法律轨道。但由于采取群众运动的方式，定出必成数、期成数，并根据情况发展追加数字，一些地方要求对涉嫌贪污的人"大胆怀疑，搜集资料，试行探查"，发生了过火斗争的偏差。党中央察觉后及时作了纠正。毛泽东提出必须注意防止逼供信；在法庭审判、追赃定案阶段，提出必须实事求是，是者定之，错者改之，嫌疑难定者暂不处理。

"五反"（反对行贿、偷税漏税、盗骗国家财产、偷工减料、盗窃国家经济情报）运动是打击资本家的不法行为。在这场运动中，毛泽东强调要按照《共同纲领》办事，要掌握一条违法不违法的原则界限。针对运动中党内滋长的对待民族资产阶级的"左"倾情绪，党中央指出，对不法资本家的打击，并不意味着对民族资产阶级政策的改变，目前还是要搞新民主主义，而不是社会主义，《共同纲领》规定的民族资产阶级的政治经济地位仍然没有改变。①

二、依法开展土地改革运动

党的七届三中全会研究了我党起草的土地改革法草案。1950 年 6 月全国政协一届二次会议讨论了由中共中央提交的《中华人民共和国土地改革法（草

---

① 中共中央党史研究室：《中国共产党历史》第二卷（1949—1978）上册，中共党史出版社 2011 年版，第 164 页。

案）》，刘少奇代表党中央就此草案作了说明，会议在审议过程中，对草案作了若干修改和补充，通过了这部法律。同老解放区的土地改革相比，《土地改革法》作了一些新的规定。一是由征收富农多余的土地和财产，改变为保存富农经济。二是由没收地主在农村中的一切财产，改变为只没收其"五大财产"（即：土地、耕畜、农具、多余的粮食、在农村多余的房屋），除此之外不予没收。三是增加了对小土地出租者的规定。如：革命军人、烈士家属、工人、职员、自由职业者、小贩及因从事其他职业或因缺乏劳动力而出租小量土地者，均不得定为地主。四是中农（包括富裕中农）的土地财产不受侵犯。

为了搞好土改，党中央让民主党派和无党派人士参加或视察了土地改革，这一举措既消除了有的民主人士对土改的疑虑，又便于发现和纠正土改工作中的缺点偏差。到了 1952 年年底，除一部分少数民族地区和台湾省外，新解放区的土改基本完成。这从根本上铲除了中国封建制度的根基，使占农村人口 92% 的贫下中农获得了土地所有权。

三、依法保障妇女和子女的权利

早在全国解放前夕的 1948 年冬，中共中央妇女运动委员会和中共中央法律委员会即着手起草婚姻法。新中国成立后，有关部门对中共方面提出的婚姻法草案进行了讨论和修改，1950 年 4 月由中央人民政府委员会审议通过了《中华人民共和国婚姻法》。这是新中国成立后制定的第一部法律。《婚姻法》第一条和第二条规定了该法的基本原则，即：废除包办强迫、男尊女卑、漠视子女利益的封建主义婚姻制度。实行男女婚姻自由、一夫一妻、男女权利平等、保护妇女和子女合法权益的新民主主义婚姻制度（第一条）；禁止重婚、纳妾，禁止童养媳，禁止干涉寡妇婚姻自由，禁止任何人借婚姻关系问题索取财物。依据上述原则，《婚姻法》对婚姻关系的建立、夫妻间的权利和义务、父母和子女之间的关系、离婚和离婚后子女的抚养教育等内容作了具体规定。

中国共产党自成立之日起，就非常主张开展妇女解放运动。毛泽东同志特别指出，中国妇女除了遭受政权、族权和神权的压迫之外，还遭受夫权的压迫。因此，中国共产党历次全国代表大会都会就保障妇女权益问题作出决议。新中国成立后所立的第一部法律是婚姻法，是中国共产党人重视妇女解放传统在全国执政之后的延续。

四、注意党政职能分工

新中国成立之初，由于客观形势的需要，党在抗日战争时期形成的一元化领导方式继续延续下来。但党注意到了党政职能应该有所分工。一是党不直接向政府发号施令，而是通过在政府中设立党委或党组来保证党对政府工作的领导。1949 年 11 月，中共中央作出《关于在中央人民政府内组织中国共产党党委会的决定》和《关于在中央人民政府内建立中国共产党党组的决定》。二是根据党中央的要求，1949 年 10 月，中央宣传部和新华总社发出《关于中央人民政府成立后宣传工作中应注意事项的指示》，指出，凡属政府职权范围者应由中央人民政府讨论决定，由政府命令颁布实施。不要再如过去那样有时以中国共产党名义向人民发布行政性质的决定、决议或通知。[①]

第二节　在法制轨道上推进生产资料私有制的社会主义改造

从 1953 年到 1956 年，是我们党在法制的轨道上完成从新民主主义社会向社会主义社会的转变时期。1953 年，党制定了新中国第一个发展国民经济的五

[①]　中共中央党史研究室：《中国共产党历史》第二卷（1949—1978）上册，中共党史出版社 2011 年版，第 173 页。

年计划（1953—1957年），提出了逐步实现国家的社会主义工业化、逐步实现国家对农业、手工业和资本主义工商业社会主义改造的过渡时期总路线。由此中国进入了有计划的经济建设和全面实行社会主义改造时期。

一、确立人民代表大会制度为我国根本政治制度

（一）新中国成立初期各界人民代表会议掀起了民主建政高潮

《共同纲领》规定：在普选的全国人民代表大会召开以前，由中国人民政治协商会议的全体会议执行全国人民代表大会的职权；在普选的地方人民代表大会召开以前，由地方各界人民代表会议逐步代行人民代表大会的职权。

新中国成立前夕和初期，党中央对召开人民代表会议非常重视。1949年7月，中共中央给各中央局、分局发出了迅速召开各界人民代表会议的指示。从1949年10月到1950年12月，毛泽东就普遍召开各界人民代表会议向各地发出了8份电报。各界人民代表会议制度作为人民代表大会制度的前身，解放战争时期各解放区已经实行过，积累了丰富的实践经验。但那毕竟主要是在战火之中的农村的民主实践，而在进入城市，开始建设新社会的形势下，怎样开好这样的会议还得靠新的实践。在这方面，较早解放的北平，作为新中国的首都，走在了全国的前头。

1949年8月9日至14日，北平市第一届各界人民代表会议在中山公园中山纪念堂举行。经推选出来的会议代表，包括了各民主党派和工人、农民、妇女、青年、学生、小资产阶级、民族资产阶级、少数民族、教育界、文化界、新闻界、艺术界及宗教界民主人士等各方人士一共332名。8月13日，毛泽东来到了会场并讲话。他希望全国各城市都能迅速召开同样的会议，加强政府与人民的联系，协助政府进行各项建设工作，克服困难，并为召开普选的人民代表大会会议准备条件。讲话时，他还从衣兜里掏出一封市民来信，说：这封信提出了三个问题，要会议处理，一是物价高涨；二是捐税多，失业多；三是共

产党员吃苦耐劳，工作勤奋，军纪严明，这是好的地方。① 会议当即决定将原定会期三天延长为五天，对市民来信中前两个问题展开了热烈讨论。

会后不久，即 1949 年 9 月 4 日，毛泽东就各地召开各界人民代表会议作出指示："在新解放区，各界代表会的开始若干次，代表的产生可以推派和聘请为主，由可靠民众团体的民主选举为辅，以后，即可改为由各团体、各界的民主选举为主，推派和聘请为辅。"②

1952 年年底，大陆重大军事行动已经结束，反革命的残余基本肃清，土地改革基本完成，"三反""五反"运动基本结束，社会环境趋于安定，国民经济全面恢复。中共中央认为，实行普选，召开人民代表大会会议，制定宪法的条件已经成熟。1953 年 1 月 13 日，中央人民政府委员会第二十次会议决定，当年召开由人民用普选方法选举产生的地方各级人民代表大会会议，并在此基础上召开全国人民代表大会会议，制定宪法。2 月 11 日，新中国第一部选举法诞生。千百年来，中国人民真正做了自己的主人，第一次享有了普遍、平等的选举权和被选举权。选举法通过后的第二个月，大规模的选举活动就在全国各地热烈开展了起来，直至 1954 年 8 月，全国县级以上的地方各级人民代表大会全部建立。

（二）召开全国人民代表大会，确立人民代表大会制度

1954 年 9 月 15 日，第一届全国人民代表大会第一次会议在北京隆重开幕。在 1210 名代表中，包括了中国当时所有的民主党派的代表人物，包括了工农业劳动模范，武装部队的英雄人物，著名的文学、艺术、科学、教育工作者，工商界、宗教界的代表人物，包括了中国各民族各阶层人民的代表。这个会议有 177 名少数民族的代表出席。这是表示中国历史上几千年来空前未有的团结统一的一次大会。

---

①② 转引自郑阳：《各界人民代表会议——一段人民当家做主的历史》，《中国人大》2014 年第 12 期。

人民代表大会制度包括以下内容：

1. 各级人民代表大会代表都由民主选举产生，对人民负责，受人民监督。民主选举是民主集中制的基础。选举权和被选举权是人民行使国家权力的重要标志。选民（在直接选举中）或选举单位（在间接选举中）有权依照法定程序选举代表，并有权依照法定程序罢免自己选出的代表，这对于保证各级人民代表大会真正按照人民的意志、代表人民的利益行使国家权力，是非常重要的。

2. 人民代表大会和它的常委会集体行使国家权力，集体决定问题，严格按照民主集中制的原则办事。宪法规定了各级人民代表大会及其常委会的职权。按照这一规定，全国性的重大问题经过全国人大及其常委会讨论和决定，地方性的重大问题经过地方人大及其常委会讨论和决定，而不是由一个人或少数几个人决定，这就能使国家的权力最终掌握在全体人民手中。

3. 国家行政机关、审判机关、检察机关都由人民代表大会产生，对它负责，向它报告工作，受它监督。人民代表大会统一行使国家权力，在这个前提下，明确划分国家的行政权、审判权、检察权。这样，既能使我们国家的行政、审判、检察机关不脱离人民代表大会或者违背人民代表大会的意志而进行活动，又能使各个国家机关在法律规定的各自职权范围内独立负责地进行工作，形成一个统一的整体。

4. 中央和地方国家机构职能的划分，遵循在中央统一领导下，充分发挥地方的主动性、积极性的原则。全国人大和地方各级人大各自按照法律规定的职权，分别审议决定全国的和地方的大政方针。全国人大对地方人大不是领导关系，而是法律监督关系、选举指导关系和工作联系关系。国务院对各级地方政府是领导关系。全国人大和国务院决定的事情，地方必须遵照执行，同时给地方以充分的自主权。这样，既有利于统一领导，又有利于发挥地方积极性，加快社会主义现代化建设步伐。

5. 我国是一个统一的多民族国家，各少数民族聚居的地方实行民族区域自治。民族区域自治地方的自治机关，一方面受中央和上级机关的领导，行使宪法赋予的一般地方国家机关的职权；另一方面享有宪法和法律赋予的自治权。这样，就能够把各民族紧密地团结在一起，保障国家的统一、独立和繁荣。

总之，人民代表大会制度是在中国共产党领导下以人民当家作主为基础的、以人民选举产生的人民代表大会为基础的整个政权体系、政权组织制度，是包含了各级人大以及由它产生的其他国家机关的组成、职权、活动原则和相互关系的制度，是包含了党与人大、人大与人民、中央与地方国家机构职能划分关系等的制度。

二、制定正式宪法——五四宪法

从各国的制宪历史来看，政权确立后就应准备起草宪法，制定宪法并以宪法为基础建立国家的政权体系。而宪法的制定涉及制宪机构的合法性，按照制宪伦理，合法的制宪权应属于国民议会，在新中国，则由全国人民代表大会来统一行使。但 1949 年新中国成立时，召开全国人民代表大会的条件不具备，于是由中国人民政治协商会议代行全国人民代表大会职权，制定了起临时宪法作用的《共同纲领》。1952 年 10 月，中共中央接受了斯大林的建议，向全国政协提议，由全国政协向中央人民政府委员会建议，召开全国人民代表大会和各级人民代表大会，并开始进行起草选举法和宪法草案工作。

新中国第一部宪法是在毛泽东主持下制定的。1953 年 3 月，宪法起草小组完成了四读稿，中共中央政治局连续召开三次扩大会议进行讨论修改，并提交全国政协常委会讨论。修改后的四读稿成为宪法草案初稿，由毛泽东代表中共中央提交中华人民共和国宪法起草委员会。1954 年 9 月 20 日，一届全国人大一次会议通过并公布了《中华人民共和国宪法》(以下简称五四宪法)。

五四宪法继续坚持了不照搬苏联、创建中国特点宪法的传统。第一，苏联最高苏维埃实行两院制，中国全国人民代表大会不实行两院制。第二，苏联没有实行统一战线，所以国体是无产阶级专政；中国国体是无产阶级领导的工农联盟为基础的人民民主专政，之所以称为人民民主专政，一个重要因素，就是党实行两个联盟的政策。一个是工农联盟，另一个是与民族资产阶级的联盟，不像苏联那样纯粹是无产阶级。第三，苏联实行联邦制，中华人民共和国实行单一制国家结构形式。

更为重要的是，五四宪法为社会主义改造提供了宪法依据。它把党的过渡时期的总路线载入了宪法序言和《宪法》第八条第二款、第九条第二款和第十条第二款，这就为社会主义改造提供了宪法依据。

毛泽东不仅亲自参与宪法的起草和制定，还为制定宪法确立了指导思想和编写原则。这些指导思想和原则主要是：

1. 民主制宪。在五四宪法的起草过程中，毛泽东让起草小组几经修改后，送给在北京主持中央工作的刘少奇，由刘少奇主持召开中央政治局会议，对宪法草案的初稿进行了几次讨论。宪法起草委员会全体委员也对宪法草案初稿进行了认真的讨论后，交由全国政协、各民主党派、人民团体以及中央和地方领导机关，以及社会各方面代表 8000 多人进行认真讨论，充分发扬民主，广泛征求意见，先后收到了 5900 多条修改意见和建议。毛泽东对此非常重视，叫田家英把意见归纳整理，分为正确、不适当、不正确三类。宪法起草委员会先后 7 次召开会议，对上述意见进行了认真的研究和讨论，共采纳了其中的 100 多条。自 1954 年 6 月 14 日到 9 月 10 日，还经历了为时三个月的全民讨论。全国人民对宪法草案提出修改或补充的意见，经整理归纳后共达 1180420 条。宪法草案经过反复修改，在 9 月 15 日提交全国人大一次会议后，1000 多位全国人大代表又进行了认真的讨论，才最终通过。正如毛泽东自己所说："这个宪法之所以得人心，是什么理由呢？我看理由之一，就是起草宪法采取了领导机关意见和广大群众意见相结合的办法。"① 这也是他一贯主张的"从群众中来，到群众中

---

① 《毛泽东选集》第五卷，人民出版社 1977 年版，第 26 页。

去"的群众路线在立宪中的运用。

2. 人民民主和社会主义是五四宪法的两大核心原则。1954 年年初，在杭州召开的国家宪法起草工作会议上，毛泽东首先提出了宪法起草的原则："我们社会主义宪法，一要坚持人民民主的原则，二要坚持社会主义的原则。"[①] 毛泽东认为，国家的权力应该属于广大劳动人民群众，国家是人民的国家，政府的权力是人民给的，社会主义在本质上是民主的，社会主义就意味着人民主权，即人民群众当家作主，这也是社会主义民主的本质所在。所以他指出："我们的民主不是资产阶级民主，而是人民民主，这是无产阶级领导的，以工农联盟为基础的人民民主专政，人民民主贯彻于我们宪法中。"[②] 这体现了毛泽东同志致力于通过法律手段，把人民当家作主制度化、法律化。宪法确立的人民民主专政的国家制度、人民代表大会制度、民主集中制等是人民民主原则和社会主义原则的制度化表现。

3. 立宪要实事求是，又要体现灵活性。在组织宪法制定的过程中，毛泽东强调，"搞宪法就是搞科学"，"现在能实行的我们就写，不能实行的就不写"。[③] 例如，在 1954 年通过宪法时，社会主义改造还正在进行，中国还没有完全进入到社会主义，于是在宪法中作了这样表述："中华人民共和国依靠国家力量和社会力量，通过社会主义工业化和社会主义改造，保证逐步消灭剥削制度，建立社会主义社会。"[④] 毛泽东结合具体的宪法条文深刻论述了实事求是和灵活性。他说，公民权利的物质保证，将来生产发展了，比现在一定要扩大，但我们现在写的还是"逐步扩大"，这也是灵活性的表现。又如统一战线，《共同纲领》中写了，现在宪法草案的序言中也写了。总之，他主张立宪要一切从实际出发，

---

① 李林达：《毛泽东与浙江》，中共党史出版社 1993 年版，第 62 页。
② 中共中央文献研究室：《建国以来毛泽东文稿》第四册，中央文献出版社 1990 年版，第 502 页。
③ 同上书，第 503 页。
④ 中共中央党校党史教研室：《中共党史参考资料》，人民出版社 1980 年版，第 97 页。

反对绝对化、机械化。整个宪法就是高度原则性和高度灵活性的统一。

4. 批判地继承与吸收原则。毛泽东重视吸收国内外立宪的经验为我所用。在国家宪法起草小组工作计划并给刘少奇的电报中，他提到在京的政治局委员和中央委员要参阅一些宪法文件，为宪法起草提出建议。他提出要参阅 1936 年苏联宪法及斯大林的报告；1918 年苏俄宪法；罗马尼亚、波兰、德国、捷克的宪法；国内有 1913 年天坛宪法、1923 年曹锟宪法、1946 年蒋介石宪法；还有法国 1946 年宪法。[①] 时任毛泽东秘书的田家英为了参加起草宪法，收集了大量有关宪法的书（包括世界各国宪法）和法学理论著作。在宪法起草过程中，田家英读了许多法学书籍，还向毛泽东推荐了几本。[②] "我们是以自己的经验为主，也参考了苏联和人民民主国家宪法中好的东西"，[③] 最后制定了宪法。

三、创造中国特色的生产资料私有制的社会主义改造

在这次社会主义改造中，党不照搬苏联采用行政手段武断地进行社会主义改造的模式，创造性地开辟了一条适合中国特点的社会主义改造的道路。

（一）依照法律进行社会主义改造，注意防止"左"右倾错误干扰

1953 年 8 月，毛泽东在审阅周恩来同志在 1953 年夏季全国财经工作会议上的结论时作了一个重要批示，提出从中华人民共和国成立，到社会主义改造基本完成，这是一个过渡时期。党在过渡时期的总路线就是：在一个相当长的时间内，逐步实现社会主义的工业化，逐步完成对农业、手工业和资本主义工商业的社会主义改造。党的这个总路线是在 1952 年国民经济恢复阶段终结的时候提出的，在 1954 年已经为全国人民代表大会所接受，作为国家在过渡时期的总任务，记载在五四宪法里面。五四宪法第七条第一款规定："合作社经济是劳

---

① 中共中央文献研究室：《建国以来毛泽东文稿》第四册，中央文献出版社 1990 年版，第 437 页。
② 同上书，第 502 页。
③ 董边：《毛泽东和他的秘书田家英》，中央文献出版社 1989 年版，第 21 页。

动群众集体所有制的社会主义经济，或者是劳动群众部分集体所有制的半社会主义经济。劳动群众部分集体所有制是组织个体农民、个体手工业者和其他个体劳动者走向劳动群众集体所有制的过渡形式。"第二款规定："国家保护合作社的财产，鼓励、指导和帮助合作社经济的发展，并且以发展生产合作为改造个体农业和个体手工业的主要道路。"第八条第一款规定："国家依照法律保护农民的土地所有权和其他生产资料所有权。"第二款规定："国家指导和帮助个体农民增加生产，并且鼓励他们根据自愿的原则组织生产合作、供销合作和信用合作。"第三款规定："国家对富农经济采取限制和逐步消灭的政策。"第九条第一款规定："国家依照法律保护手工业者和其他非农业的个体劳动者的生产资料所有权。"第二款规定："国家指导和帮助个体手工业者和其他非农业的个体劳动者改善经营，并且鼓励他们根据自愿的原则组织生产合作和供销合作。"第十条第一款规定："国家依照法律保护资本家的生产资料所有权和其他资本所有权。"第二款规定："国家对资本主义工商业采取利用、限制和改造的政策。国家通过国家行政机关的管理、国营经济的领导和工人群众的监督，利用资本主义工商业的有利于国计民生的积极作用，限制它们的不利于国计民生的消极作用，鼓励和指导它们转变为各种不同形式的国家资本主义经济，逐步以全民所有制代替资本家所有制。"这就使得我国的社会主义改造有了明确的宪法依据。

党在贯彻过渡时期的总路线时注意防止"左"右倾错误的干扰。刘少奇在党的八大所作的政治报告中指出，在过去几年中，从右面离开党的总路线的倾向，主要是仅仅满足于资产阶级民主革命的既得成就，不承认我们的革命有向社会主义过渡的必要，不愿意对城市和农村的资本主义采取适当的限制政策，不相信党能够领导农民走向社会主义，不相信党能够领导全国人民建成社会主义。从"左"面离开党的总路线的倾向，主要是要求在"一个早上"就实现社会主义，要求在我国用没收的方法消灭民族资产阶级，或者用排挤的方法使资本主义工商业破产，不承认过渡到社会主义应当采取逐步前进的步骤，不相信我们可以经过和平的道路达到社会主义革命的目的。我们党坚决地拒绝和批判了这两种错误的倾向。①

党对个体农业的改造遵循自愿互利、典型示范和国家帮助的原则，创造了从临时互助组和常年互助组，发展到半社会主义性质的初级农业生产合作社，再发展到社会主义性质的高级农业生产合作社的过渡形式。农业的社会主义改造采取了由互助组到合作社、再到高级合作社这样渐进的办法。

事实证明，党采取这种逐步前进的办法是适当的。因为这使得农民在合作化运动中不断地得到好处，逐渐地习惯于集体生产的方式，可以比较自然地、比较顺利地脱离土地和其他主要生产资料的私人所有制，接受集体所有制，从而避免了或者大大减少了由于突然变化而可能引起的种种损失。

在农业合作化运动中，党的阶级政策是，树立贫农和土地改革以后由贫农上升的下中农在合作社内部的领导优势，同时巩固地联合中农。富裕的和比较富裕的中农在农村中虽然居于少数，但是他们对于下中农以至贫农仍然有重要的影响。这些富裕中农一般地是拥护共产党和人民政府的，他们中间的许多人还是在土地改革中"翻身"的，但是他们对于走合作化的道路却不可避免地要发生动摇。与斯大林消灭因新经济政策而富裕起来的农民的政策不同，中国共产党采取了联合中农的办法，在合作化运动中坚持自愿和互利的政策，党不但禁止勉强中农加入合作社，而且规定在合作化初期发展的时候，首先吸收贫农和下中农入社，一般地不吸收比较富裕的中农入社。党又规定，在中农入社以前和以后，特别是在处理入社的生产资料的时候，都不允许损害他们的利益，占他们的便宜；当然也不让中农损害贫农的利益，占贫农的便宜。从 1953 年开始，国家对于粮食和其他主要农产品实行了统购统销，并且在统购统销中规定

---

① 刘少奇：《在中国共产党第八次全国代表大会上的政治报告》，《建国以来重要文献选编》（第九册），中央文献出版社 1994 年版，第 38—117 页。

了合理的价格，这就基本上消灭了市场上的粮食和其他主要农产品的资本主义投机活动。在 1955 年，国家又规定把购粮数量限制在一定的水平上，改正了前一年不适当地多购 70 亿斤粮食的错误，这就消除了农民担心政府收购过多的疑虑。由于党坚定不移地执行了联合中农的方针，由于中农看到了走资本主义道路的无望，看到了合作社生产日益显著的优越性，广大的中农在合作化的高潮中终于停止了动摇，积极地要求入社了。

对于原来的地主分子和富农分子，党在合作化初期禁止他们加入合作社。在合作化运动取得胜利以后，党决定根据他们的具体情况，允许他们以不同的身份到合作社里进行同工同酬的劳动，以便把他们改造成为新人。

由于实行了以上的政策，党领导人民能在全国范围的土地改革完成以后不到四年的时间内，基本上完成了农业的社会主义改造，把全国的一亿一千万农户组织成为一百万个左右大小不等的、高级的和初级的农业生产合作社。

（二）党对手工业和其他个体经济的社会主义改造，采用了经过供销合作小组过渡到供销生产合作社，再过渡到手工业生产合作社的方式

新中国成立初期，我国广大的手工业个体劳动者除在极小范围内能够自产自销以外，都要依靠国营商业、供销合作社和资本主义企业供给原料、推销成品和借给资金。他们中间的多数人生活困难，疾病伤亡没有保险。他们的生产技术多数是落后的，有被现代机器生产淘汰的可能。因此，他们希望联合起来，在国营经济的领导下克服这些困难。从整个国民经济的利益来说，很多的手工业生产是必须继续保存和发展的，这主要是为了满足国内市场的广大需要，部分也是为了供应出口贸易的需要，中国的个体渔民、盐民、小商小贩和运输业中的个体劳动者，也有很大的数量，他们的情况同手工业者大体相近。

党对于手工业、渔业、盐业和运输业的社会主义改造，一般是采取合作化的形式。有些是经过生产小组的过渡形式发展起来的，大部分是在 1955 年合作化高潮中直接组织的。此外，有一小部分手工业和一小部分属于资本主义经营

方式的木帆船、兽力车，同资本主义工商业一起实行了公私合营。

小商小贩是个体的商业劳动者，在社会主义改造中，除了一部分随着资本主义商业实行公私合营以外，一般地也走上了合作化的道路，组成合作商店或者合作小组。小商小贩所组织的合作小组，为国营商业和供销合作社代销代购，而照旧采取便利消费者的分散流动的经营方式，照旧保存它们原有的符合社会需要的经营特点。

（三）党对资本主义工商业的改造采取了利用、限制和改造的办法

在旧中国，民族资产阶级在新民主主义革命中具有两面性：一方面，他们在一定条件下愿意参加反对帝国主义反对国民党反动统治的斗争；另一方面，他们在斗争中又常常表现为一种动摇性和妥协性。在中华人民共和国成立以后，他们表示拥护人民民主专政，拥护共同纲领和宪法，表示愿意继续反对帝国主义，赞成土地改革；但是，他们又有发展资本主义的强烈愿望。因此，党对待民族资产阶级的政策，同过去一样，仍然是又团结、又斗争、以斗争求团结的政策。

国家对于资本主义工商业的改造分为两个步骤：第一步是把资本主义转变为国家资本主义；第二步是把国家资本主义转变为社会主义。国家通过国家资本主义这种过渡形式，使民族资产阶级在国家和工人阶级的领导下，有一个必要的时间来逐步地接受改造。在工业方面，由于国家掌握了大部分工业原料，从1950年开始对于私营工业采取了供给原料、加工订货和统购包销的办法，从而初步地把私营工业纳入国家资本主义的轨道。到了1954年，又进一步地有计划地用公私合营的方式来改造资本主义工业，使主要的大型私营工业企业多数转变为公私合营企业。在商业方面，由于国家经过国营商业和合作社商业掌握了一切重要的农产品和工业品的货源，就有可能按照国家规定的条件把货品批发给私营商业，使私营商业执行经销代销的业务。在1954年，这种经销代销的初级形式的国家资本主义商业已经大量地发展起来。有了这些准备以后，到

1955年秋冬之间，农业合作化的高潮最后断绝了资本主义在农村发展的道路，从根本上改变了国内阶级力量的对比，资本主义工商业全行业公私合营的条件就完全成熟了。这种全行业公私合营，是我国国家资本主义的最高形式，是使资本主义所有制转变为社会主义公有制的具有决定意义的重大步骤。

为了通过国家资本主义这种和平过渡的办法来达到社会主义的目的，党对于资产阶级私有的生产资料的国有化，采取了逐步赎买的政策。在全行业公私合营以前，赎买的形式采取分配利润的制度，即按企业盈余多少，分配一定利润（例如四分之一）给资本家；在全行业公私合营以后，赎买的形式采取定息的制度，即在一定时期内，由国家经过专业公司支付资本家以一定的利息。此外，资方人员凡能工作的都由国家有关部门分配工作，不能工作的也酌量给以安置，或者予以救济，保障他们的生活。这也是一种必要的赎买办法。马克思和列宁都说过，在一定的历史条件下，无产阶级对于资产阶级采取赎买政策是允许的，并且是有利的。这已经在我国的革命实践中得到了证明。

国家在对资本主义工商业实现社会主义改造的过程中是把企业的改造和人的改造结合进行的，这就是在企业改造的同时，采取教育的方法，逐步地改造资本家，使他们由剥削者改造成为自食其力的劳动者。党对于民族资产阶级采取又团结、又斗争、以斗争求团结的政策，主要是教育他们。对于资本主义经济的限制和对于资产阶级不法行为的斗争是一种重要的实际的教育。他们在社会主义改造中采取积极态度的，党表示欢迎；采取怀疑态度的，党进行教育并且表示等待；采取反抗态度的，党与之进行必要的斗争，而目的还是为了改造他们。这种分别对待的政策，也都是重要的实际的教育。此外，国家还采取了在资本家中举行讲演会、座谈会、开办学习班，组织资本家和他们的家属进行学习，以及引导资本家内部进行批评和自我批评等方法，向他们进行教育，解决他们的思想问题。党这些教育的目的，是要提高他们中间原来的进步分子，即拥护社会主义改造的分子的比例，使中间分子和落后分子逐步地改变态度向进步分子看齐，分化顽固分子。团结多数，削弱反抗，以利于社会主义改造。

联系苏联和其他社会主义国家改造生产资料私有制的历史，我们不难发现，中国共产党人进行的这场改造是最成功的，一是它真正实现了马克思和列宁提出的对资产阶级实行和平赎买的设想，而其他社会主义国家则没有这一成功；二是它没有对生产力的发展带来损害，反而保证了社会的稳定和经济的发展；三是它把对私有制的改造和对私有者的改造有机地结合起来，丰富了党的统一战线理论。

四、依法确定人民政协职能和任务的两个转变

五四宪法在序言中对过渡时期统一战线的重要性和政治基础作了明确的阐述，指出，今后在动员和团结全国人民完成国家过渡时期总任务和反对内外敌人的斗争中，我国的人民民主统一战线将继续发挥它的作用。这就用根本大法的形式，将新中国在新民主主义政治基础上的人民民主统一战线，转变到建立在社会主义的政治基础上来。这是第一个转变。还有一个转变，即：全国政协由原来的临时国家权力机关转变为统一战线的组织。1954 年 12 月，全国政协二届一次会议召开。会议通过的人民政协章程在总纲中明确规定：中国人民政治协商会议的基本任务是在中共领导下，继续通过各民主党派、各人民的团结，更广泛地团结全国各族人民，共同努力，克服困难，为努力建设一个伟大的社会主义国家而奋斗，总纲还确定人民政协的性质是团结全国各民族、各民主阶级、各民主党派、各人民团体、国外华侨和其他爱国民主人士的人民统一战线的组织。

五、把经济建设计划纳入民主法制轨道

1955 年 3 月，中国共产党召开了全国代表会议。会议通过了《关于中华人民共和国发展国民经济第一个五年计划草案的决议》。1955 年 7 月，一届全国

人大二次会议审议通过了中共中央主持拟定的《中华人民共和国发展国民经济第一个五年计划（1953—1957）》，这不仅开创了党主持编制发展国民经济五年规划、送交人民代表大会审议通过的执政惯例，还将经济建设纳入了法制轨道。

六、在执政条件下坚持从严治党和依规治党

1955年3月召开的中国共产党全国代表会议通过了《关于成立党的中央和地方监察委员会的决议》(以下简称《决议》)。《决议》首先解释了为什么要成立监察委员会的原因。指出，1949年11月中央和各级党的纪律检查委员会成立以来，清除了党内的一些不可救药的分子，惩处了一部分犯有各种严重错误的党员。现在我国正在实现社会主义工业化，对农业、手工业和资本主义工商业正在进行社会主义改造，社会上复杂的尖锐的阶级斗争正在不断地从各方面反映到我们党的生活中来。同时，党组织的不少部分发生了因为忙于领导经济工作和其他专门业务而忽略思想政治工作的现象，因此，钻到党内来的坏分子就乘机活动，党内一部分不坚定的党员也因受到资产阶级思想侵蚀而蜕化变质，以致发生不少贪污、腐化、违法乱纪的事件。针对这种情况，各级党组织必须加强思想政治工作，加强对阶级敌人的破坏活动和党内不良倾向的斗争，并加强党的纪律。目前党的各级纪律检查委员会的组织和职权已不能适应在阶级斗争的新时期加强党的纪律的任务，因此中国共产党全国代表会议决定成立党的中央的和地方各级的监察委员会，代替中央的和地方各级的党的纪律检查委员会，借以加强党的纪律，加强反对党员中各种违法乱纪现象的斗争。

《决议》强调监察委员会在维护党的纪律集中、统一的管理权力规定。第一，对各级党委委员违反党章、党纪和国家法律、法令的行为的，上级党的监察委员会认为必要的时候，有权直接加以处理。第二，党的中央和地方各级监察委员会有权检查下级党的组织有关违反党章、党纪和国家法律、法令的案件，并向同级党委提出处理意见。第三，各级党委对一切党员违反党章、党纪和国

家法律、法令的案件，除同级党委委员和按照党章应由党的区委和支部处理者外，均应交由中央的和地方各级的监察委员会统一办理。第四，党的上级监察委员会有权检查下级监察委员会的工作，并有权审查、批准和改变下级监察委员会对案件所作的决定。党的下级监察委员会应向上级监察委员会报告工作，并忠实地报告一切党员和党的组织违反纪律的情况。

《决议》规定，检举揭发党员违纪违法行为是每一个党员的义务。即：一切党员有义务向党的监察委员会报告他所知道的党员违法乱纪的情况，并帮助党的监察委员会同违反党章、党纪和国家法律、法令的党员进行斗争。

第三章　以毛泽东同志为主要代表的
中国共产党人的法制思想与实践（下）

——中国社会主义法制建设道路的探索

1956 年 9 月到 1966 年 5 月，是中国社会主义建设的全面展开时期，在法治领域则表现为中国建设社会主义法制道路的探索。

1956 年 2 月，苏联共产党召开了第 20 次代表大会，苏共第一书记赫鲁晓夫作了题为《关于个人崇拜及其后果的报告》，揭露了斯大林在领导社会主义建设中所犯的违反党纪国法方面的一些严重错误。这份报告在社会主义阵营和国际共产主义运动内部引起极大震动。以毛泽东同志为代表的中国共产党人认为这件事"一是揭了盖子，二是捅了娄子"。前者是指，报告表明苏联、苏共、斯大林并非一贯正确，对他们不必迷信，不必照搬他们的做法，这有利于避免全盘苏化，反对教条主义；后者是指，报告无论是在内容上还是在方法上都有严重错误，主要是不恰当地全盘否定斯大林。中国共产党认真研究了斯大林的错误，得出了一些加强社会主义民主法制建设的正确认识。

第一节　斯大林晚年严重违反法制的教训

赫鲁晓夫所作的《关于个人崇拜及其后果的报告》，在国际共产主义运动内部引起极大震动，帝国主义国家乘机掀起世界性的反共反社会主义浪潮。中国共产党人对此作出了自己的分析判断。

1956 年 4 月 5 日，《人民日报》发表了经毛泽东审阅和修改并由中央政治局扩大会议讨论通过的编辑部文章《关于无产阶级专政的历史经验》。1956 年 12 月 29 日，又发表了根据中央政治局会议的讨论所形成的，署名《人民日报》编辑部的《再论无产阶级专政的历史经验》一文。这两篇文章对斯大林晚年严重违反民主法制的教训作了总结，并提出了一些今后加强民主法制建设的新观点。

一、必须走符合国情的中国社会主义建设道路

《关于无产阶级专政的历史经验》指出，从苏共二十大对斯大林晚年错误的批判这件事，中国共产党人得到的最大启示，就是要把马列主义的基本原理同中国革命和建设的具体实践相结合。民主革命时期我们在吃了"左"、右倾机会主义大亏之后才成功地实现了这种结合。现在是社会主义革命和建设时期，我们要进行第二次结合，找出在中国建设社会主义的道路。现在赫鲁晓夫揭开了盖子，我们应从各方面考虑如何按照中国的情况办事。不要再像过去那样迷信了。[①]

马克思列宁主义认为：在人类社会的发展中有共同的基本规律。但是在不同的国家和民族中间，又存在着千差万别的特点。因此每个民族都经历着阶级

[①] 中共中央文献研究室编：《关于无产阶级专政的历史经验》，《建国以来重要文献选编》（第八册），中央文献出版社 1994 年版，第 234—235 页。

斗争，并且最后都将沿着在一些基本点上相同，而在具体形式上各有不同的道路，走向共产主义。只有善于根据自己的民族特点运用马克思列宁主义的普遍真理，各国无产阶级的事业才能得到成功。而且只要他们这样做，他们就会创造出自己的新的经验，从而给别的民族和整个马克思列宁主义宝库作出一定的贡献。[①]

二、必须把高度集中的权力和高度民主相结合

任何人和政党都难以不犯错误。共产党人的责任是要尽量避免某些严重的错误，注意从个别的、局部的、暂时的错误中取得教训，力求使某些个别的、局部的、暂时的错误不至于变成全国性的、长时期的错误。而要达到这种目的，就要求每个领导者都十分谨慎和谦逊，密切地联系群众，反复地调查研究实际的情况，经常进行批评和自我批评。没有民主，集中容易流于专制主义；没有集中，民主容易流于无政府主义。[②]

无产阶级专政必须把专政同最广泛的人民民主紧密地结合在一起。无产阶级专政之所以强有力，正因为它是最大多数人对极少数人的专政，它给了任何资产阶级所不能给的广大劳动人民的民主。[③]

这是我们党第一次对民主和专政的关系作出科学的阐释。

三、依靠民主集中制才能杜绝个人崇拜

只有依靠人民群众的智慧，依靠民主集中制，依靠集体领导和个人负责相

[①] 中共中央文献研究室编：《再论无产阶级专政的历史经验》，《建国以来重要文献选编》（第九册），中央文献出版社 1994 年版，第 579 页。

[②] 中共中央文献研究室编：《关于无产阶级专政的历史经验》，《建国以来重要文献选编》（第八册），中央文献出版社 1994 年版，第 227 页。

[③] 同注 ①，第 581 页。

结合的制度，才能杜绝个人崇拜。[1]

四、不能教条主义地看待斯大林的一些观点

斯大林曾经有过这样的公式：在各种不同的革命时期，基本的打击方向是使那个时候的中间的社会政治力量陷于孤立。对于斯大林这个公式，就应该用马克思主义的批判观点有分别地看待它。在某种条件下，孤立中间势力可以是正确的。但是并不是在一切条件下，孤立中间势力都是正确的。按照中国的经验，革命的主要打击方向应该放在最主要的敌人身上，使它孤立，而对于中间势力，则应该采用又联合又斗争的政策，至少使它中立，并且应该力求在可能的条件下，争取它从中立的地位转变过来，使它和我们成立联盟，以便有利于革命的发展。如果不注意团结中间势力，就不可能有统一战线。中国之所以形成统一战线，就是没有盲从斯大林的每一句话。[2]

五、对苏联的经验要进行科学的分析

苏联的经验分为三种。一是在各国具有普遍意义的。二是局限于苏联，不具有普遍意义的。三是错误、失败的。[3]所有这些成功的和失败的经验，对于善于学习的人都是无价之宝。因为它们都可以帮助我们少走弯路，少受损失。反之，如果不加分析地原样照抄，那么，在苏联成功了的经验也可以在别的国家造成失败，更不要说失败的经验了。

（一）苏联在各国具有普遍意义的经验

第一，无产阶级革命必须要有一个无产阶级的先进分子组织成为共产主义

---

[1]　中共中央文献研究室编：《关于无产阶级专政的历史经验》，《建国以来重要文献选编》（第八册），中央文献出版社 1994 年版，第 230—233 页。

[2]　同上书，第 235—236 页。

[3]　中共中央文献研究室编：《再论无产阶级专政的历史经验》，《建国以来重要文献选编》（第九册），中央文献出版社 1994 年版，第 566—567 页。

的政党来领导。

第二，无产阶级在共产党领导之下，联合其他劳动人民，经过革命斗争从资产阶级手里取得政权。

第三，在革命胜利以后，无产阶级在共产党领导之下，以工农联盟为基础，联合广大人民群众，建立无产阶级对于地主、资产阶级的专政，实现工业的国有化，逐步实现农业的集体化，从而消灭剥削制度和对于生产资料的私有制度，消灭阶级。

第四，无产阶级和共产党领导的国家，领导人民群众有计划地发展社会主义经济和社会主义文化，逐步提高人民的生活水平，并且积极准备条件，为过渡到共产主义社会而奋斗。

第五，无产阶级和共产党领导的国家，坚持反对帝国主义侵略，承认各民族平等，维护世界和平，坚持无产阶级国际主义的原则，努力取得各国劳动人民的援助，努力援助各国劳动人民和被压迫民族。

（二）苏联社会主义革命和建设中一些失败的教训

第一，苏联失败的教训主要表现为斯大林晚年所犯的错误。他个人专断的工作方法，损害了苏联党的生活和国家制度中的民主集中制原则，破坏了一部分社会主义法制。

第二，斯大林的一些错误之所以发展成为全国性的、长期性的、严重的错误，而不能得到及时的纠正，从主观来看，是斯大林被一连串的胜利和歌颂冲昏了头脑，思想方法陷入主观主义，开始迷信个人的智能和权威。从客观原因来看，党在领导国家方面还缺乏经验；新的制度还没有巩固到足以抵抗一切旧时代影响的侵袭；国内外的紧张斗争对于某些民主发展所起的限制作用。[①]

第三，斯大林尽管在后期犯了一些严重错误，但他的一生乃是伟大的马克

---

① 中共中央文献研究室编：《再论无产阶级专政的历史经验》，《建国以来重要文献选编》（第九册），中央文献出版社1994年版，第573页。

思列宁主义革命家的一生。甚至在他犯错误的时候，他还相信那是捍卫劳动者的利益免受敌人侵害所必需的。斯大林的错误并不是由社会主义制度而来；纠正这些错误，当然不需要去"纠正"社会主义制度。西方资产阶级用斯大林的错误来证明社会主义制度"错误"，这是完全没有根据的。[1] 由于斯大林和其他一些社会主义国家过去时期领导者犯了破坏社会主义民主的严重错误，共产主义队伍中的一些不坚定的分子，就借口发展社会主义民主，企图削弱或者否定无产阶级专政，削弱或者否定社会主义国家的民主集中制，削弱或者否定党的领导作用。[2]

这是我们党第一次对苏联的经验作出分类分析，很有意义。最重要的是，它明确告诫人们不要迷信苏联的经验和斯大林的个别论断，苏联的经验中有些具有普遍意义，有些具有苏联民族特点，是没有普遍意义的，有些甚至是失败的。斯大林的观点也是如此，基本是正确的，但也有个别论断是没有普遍指导意义的。如斯大林所说的在各种不同的革命时期，基本的打击方向是使那个时候的中间的社会政治力量陷于孤立，这一观点显然是苏联乃至其他社会主义国家阶级斗争扩大化的理论依据。

六、社会主义国家面临两种不同性质的矛盾

1. 根本矛盾是敌我之间的矛盾，它的基础是敌对阶级之间的利害冲突。社会主义社会存在一定的敌我矛盾，但斯大林将其扩大化了。

2. 非根本的矛盾是人民内部的矛盾。人民内部的矛盾可以而且应该从团结的愿望出发，经过批评或者斗争获得解决，从而在新的条件下得到新的团结。

---

[1] 中共中央文献研究室编：《再论无产阶级专政的历史经验》，《建国以来重要文献选编》（第九册），中央文献出版社1994年版，第574—575页。

[2] 同上书，第581页。

这是党中央第一次提出两类不同性质的矛盾。[1]

我们党通过对斯大林晚年违反民主法治教训的总结，意识到了加强社会主义民主法制的重要性，意识到了借鉴国外民主法制建设有益经验的必要性。改革开放之后，邓小平回忆说，斯大林严重破坏社会主义法制，毛泽东同志说过，这样的事情在英、法、美这样的西方国家不可能发生。[2] 这是党的八大强调加强民主法制的重要原因。

第二节　党的八大开创了社会主义民主法制的新局面

中国共产党于 1956 年 9 月召开了第八次全国代表大会。大会正式召开之前，党曾在多方面为大会的顺利召开做了准备。1956 年 4 月，毛泽东在中央政治局扩大会议上作了《论十大关系》的讲话，为探索适合中国国情的社会主义建设道路提出了许多重要的思想原则，从思想上、理论上为八大的召开作了重要的准备。历史已经证明，党的八大在中国社会主义民主法制建设方面起到了奠基作用。

一、必须围绕发展社会生产力加强社会主义民主和法制

党的八大指出，我国社会主要矛盾发生了变化，今后主要任务是发展社会生产力。

党的八大关于政治报告的决议指出，随着对农业、手工业和资本主义工商

---

[1]　中共中央文献研究室编：《再论无产阶级专政的历史经验》，《建国以来重要文献选编》(第九册)，中央文献出版社 1994 年版，第 562—563 页。

[2]　中宣部、司法部《邓小平论民主法制建设》编写组：《邓小平论民主法制建设》，法律出版社 1994 年版，第 73 页。

业的社会主义改造的完成，我国的无产阶级同资产阶级之间的矛盾已经基本上解决，几千年来的阶级剥削制度的历史已经基本上结束，社会主义的社会制度在我国已经基本上建立起来。我们国内的主要矛盾，已经是人民对于建立先进的工业国的要求同落后的农业国的现实之间的矛盾，已经是人民对于经济文化迅速发展的需要同当前经济文化不能满足人民需要的状况之间的矛盾。这一矛盾的实质，在我国社会主义制度已经建立的情况下，也就是先进的社会主义制度同落后的社会生产力之间的矛盾。党和全国人民当前的主要任务，就是要集中力量解决这个矛盾，把我国尽快地从落后的农业国变为先进的工业国。为了发展生产力，就必须加强人民民主法制，树立依法办事的意识。[①] 依法办事有两个基本要求：有法可依，有法必依。

二、必须发展多种所有制经济和商品经济

党的八大决议肯定了陈云提出的"三个主体，三个补充"思想，即：国家与集体经营、计划生产和国家市场是主体，一定范围内国家领导的个体经营、自由生产和自由市场为补充。这与斯大林时期过度集权的国家统制经济体制、实行指令性的计划经济、以行政手段作为经济管理主要方法的经济模式是不同的。[②] 多种所有制和商品经济是法制的经济基础，产权保护和商品交换规范是法制的基本内容，如同马克思在《哲学的贫困》中所指出的："无论是政治的立法或市民的立法，都只是表明和记载经济关系的要求而已。"[③]

---

① 中共中央文献研究室编：《中国共产党第八次全国代表大会关于政治报告的决议》，《建国以来重要文献选编》（第九册），中央文献出版社 1994 年版，第 341、351 页。

② 关于斯大林时期经济模式的分析，参见陆南泉、姜长斌、徐葵、李静杰主编：《苏联兴亡史论》（修订版），人民出版社 2004 年版，第 466—468 页。

③ 全国人大常委会办公厅研究室、中国社会科学院法学研究所编：《马克思、恩格斯、列宁、斯大林论法》，法律出版社 1986 年版，第 17 页。

三、必须在科学和艺术领域实行"双百"方针

为了保证科学和艺术的繁荣，必须坚持"百花齐放、百家争鸣"的方针。[①]用行政的方法对科学和艺术实行强制和专断，是错误的。对于封建主义和资本主义的思想，必须继续进行批判。但是，对于中国过去的和外国的一切有益的文化知识，必须加以继承和吸收，并且必须利用现代的科学文化来整理我国优秀的文化遗产，努力创造社会主义的民族新文化。这与斯大林时期对斯大林盛行个人崇拜、思想高度垄断、以行政干预手段解决学术文化问题的文化思想模式是不同的。[②]社会主义核心价值观包括了自由，"双百"方针实际上体现了社会主义的自由精神。

四、必须巩固最广泛的人民民主统一战线 [③]

第一，必须继续贯彻执行团结、教育、改造知识分子的政策，使广大的知识分子在社会主义事业中同工人农民形成亲密的团结。

第二，必须给以民族资产阶级工作上和生活上的适当安排，使他们中间的绝大多数人在社会主义思想的教育下逐步改造成为名副其实的劳动者，把他们在生产上、经营上有用的知识和经验贡献给祖国。

第三，必须按照长期共存、互相监督的方针，继续加强同各民主党派和无党派民主人士的合作，并且充分发挥人民政治协商会议和各级协商机构的作用。邓小平《关于修改党章的报告》指出，执政党的地位，很容易使我们的同志沾

---

① 中共中央文献研究室编：《中国共产党第八次全国代表大会关于政治报告的决议》，《建国以来重要文献选编》(第九册)，中央文献出版社 1994 年版，第 348 页。

② 关于斯大林时期文化思想模式的分析，参见陆南泉、姜长斌、徐葵、李静杰主编：《苏联兴亡史论》(修订版)，人民出版社 2004 年版，第 482—484 页。

③ 同注①，第 349—350 页。

染上官僚主义的习气。脱离实际和脱离群众的危险，对于党的组织和党员来说，不是比过去减少而是比过去增加了。而脱离实际和脱离群众的结果，必然发展主观主义，即教条主义和经验主义的错误，这种错误在我们党内也不是比前几年减少而是比前几年增加了；执政党的地位，还很容易在共产党员身上滋长一种骄傲自满的情绪。有一些党员，稍稍有点工作成绩，就自以为了不起，就看不起别人，看不起群众，看不起党外人士，似乎当了共产党员，就比非党员群众高出一头，有的人还喜欢以领导者自居，喜欢站在群众之上发号施令，遇事不愿意同群众商量。这实际上是一种狭隘的宗派主义倾向，也是一种最脱离群众的危险倾向。因此，我们需要实行党的内部监督，也需要来自人民群众和党外人士对于我们党的组织和党员的监督。无论党内的监督和党外的监督，其关键都在于发展党和国家的民主生活，发扬我们党的传统作风，这就是毛泽东同志在党的七大政治报告中所提倡的"理论和实践相结合的作风，和人民群众紧密地联系在一起的作风以及自我批评的作风"。①

第四，必须充分保障民族平等的权利和聚居的少数民族区域自治的权利，必须切实注意民族自治机关的民族化和培养少数民族干部的工作。在少数民族地区的汉族工作人员必须克服任何大汉族主义的错误观点，而在少数民族工作人员中，也应当注意防止和纠正地方民族主义的倾向。中国统一战线制度使得中国的政治制度和苏联过度集中的一党制②的政治模式大不相同。

五、必须进一步加强人民民主法制

由于社会主义革命已经基本上完成，国家的主要任务已经由解放生产力变

---

① 邓小平：《关于修改党章的报告》，《中国共产党第八次全国代表大会关于政治报告的决议》，《建国以来重要文献选编》（第九册），中央文献出版社1994年版，第120—121页。

② 在中央政治局和书记处中，权力最后集中于总书记斯大林，他实际上拥有一票否决权和个人最后决定权。起初这是一条不成文的规定，后来被写进苏共文件。

为保护和发展生产力，我们必须进一步加强人民民主法制，巩固社会主义建设的秩序。①

第一，要进一步扩大国家的民主生活，开展反对官僚主义的斗争。一是要用加强党对于国家机关的领导和监督的方法；二是要用加强各级人民代表大会对于各级国家机关的监督的方法；三是要用加强各级国家机关的由上而下和由下而上的监督的方法；四是要用加强人民群众和机关中的下级工作人员对于国家机关的批评和监督的方法，来同官僚主义现象作斗争。② 邓小平《关于修改党章的报告》也指出，必须健全党的和国家的民主生活，使党的和政府的下级组织，有充分的便利和保证，可以及时地无所顾忌地批评上级机关工作中的错误和缺点，使党和国家的各种会议，特别是各级党的代表大会和人民代表大会，成为充分反映群众意见、开展批评和争论的讲坛。必须加强党的和国家的监察工作，及时发现和纠正各种官僚主义现象，对于违法乱纪和其他严重损害群众利益的分子，及时给以应得的处分。③

第二，国家必须根据需要，逐步地系统地制定完备的法律。党的八大政治报告指出，我们在革命战争时期和全国解放初期，为了肃清残余的敌人，镇压一切反革命分子的反抗，破坏反动的秩序，建立革命的秩序，只能根据党和政府的政策，规定一些临时的纲领性的法律。在这个时期，斗争的主要任务是从反动统治下解放人民，从旧的生产关系的束缚下解放社会生产力，斗争的主要方法是人民群众的直接行动。因此，那些纲领性的法律是适合于当时的需要的。

---

① 中共中央文献研究室编：《中国共产党第八次全国代表大会关于政治报告的决议》，《建国以来重要文献选编》（第九册），中央文献出版社 1994 年版，第 349—351 页。

② 同上书，第 349 页。

③ 邓小平：《关于修改党章的报告》，《中国共产党第八次全国代表大会关于政治报告的决议》，《建国以来重要文献选编》（第九册），中央文献出版社 1994 年版，第 130—131 页。

现在，革命的暴风雨时期已经过去了，新的生产关系已经建立起来，斗争的任务已经变为保护社会生产力的顺利发展，因此，斗争的方法也就必须跟着改变，完备的法制就是完全必要的了。必须使每一个人都明了并且确信，只要他没有违反法律，他的公民权利就是有保障的，他就不会受到任何机关和任何人的侵犯；如果有人非法侵犯他，国家就必然出来加以干涉。①

　　第三，必须严格地依据法律惩治犯罪分子。党的八大强调，在今后，我们的公安机关、检察机关和法院仍然必须同反革命分子和其他犯罪分子进行坚决的斗争。但是这一斗争必须严格地遵守法制，同时，因为反革命力量已经日益缩小和分化，对于反革命分子应当进一步实行宽大政策。除极少数罪大恶极、引起人民公愤的罪犯不能不处死刑以外，其余罪犯应当一律免处死刑，并且给以人道的待遇，尽可能把他们教育成为善良的劳动者。需要处死刑的案件，应当一律归最高人民法院判决或者核准。我们的一切国家机关都必须严格地遵守法律，而我们的公安机关、检察机关和法院，必须贯彻执行法制方面的分工负责和互相制约的制度。②

六、要使群众路线和集体领导进一步制度化

　　党的八大提出要建立一定的制度保证群众路线和集体领导的贯彻实施，防止斯大林那种违反民主法制的事情发生。因此，党的八大建立了有关制度。

　　第一，中共决定党代会实行常任制的全国代表大会。邓小平《关于修改党章的报告》指出，代表大会常任制的最大好处，是使代表大会可以成为党的充分有效的最高决策机关和最高监督机关，它的效果是几年开会一次和每次重新

---

　　①　刘少奇：《在中国共产党第八次全国代表大会上的政治报告》，《建国以来重要文献选编》（第九册），中央文献出版社 1994 年版，第 92—93 页。

　　②　同上书，第 93 页。

选举代表的原有制度所难达到的。按照新的制度，党的最重要的决定，都可以经过代表大会讨论。①

第二，中共试图废除领导干部任职终身制。党的八大通过的《中国共产党章程》第三十七条第五款规定："中央委员会认为有必要的时候，可以设立中央委员会名誉主席 1 人。"这是废除党的主席任职终身制的一种探索。邓小平《关于修改党章的报告》还特意讲了反对个人崇拜的问题。他说，同过去剥削阶级的领袖相反，工人阶级政党的领袖，不是在群众之上，而是在群众之中，不是在党之上，而是在党之中。正因为这样，工人阶级政党的领袖，必须是密切联系群众的模范，必须是服从党的组织、遵守党的纪律的模范。对于领袖的爱护——本质上是表现对于党的利益、阶级的利益、人民的利益的爱护，而不是对于个人的神化。我们的任务是，继续坚决地执行中央反对把个人突出、反对对个人歌功颂德的方针，真正巩固领导者同群众的联系，使党的民主原则和群众路线，在一切方面都得到贯彻执行。②

第三，鉴于苏联中央权力过度集中的教训，中共在发展民主集中制方面做了一些新的规定。党的八大报告指出要把一部分行政管理权分给地方，使中央和地方都有必要的机动，又便于实行互相的监督。党的八届三中全会通过《关于改进工业管理体制的规定（草案）》《关于改进商业管理体制的规定（草案）》和《关于改进财政体制和划分中央与地方对财政管理权限的规定（草案）》，这三个草案是对党的八大关于经济体制改革思路的具体化，总的精神是改变权力过多集中于中央、地方及企业自主权较少的状况。

---

① 邓小平：《关于修改党章的报告》，《中国共产党第八次全国代表大会关于政治报告的决议》，《建国以来重要文献选编》（第九册），中央文献出版社 1994 年版，第 141 页。

② 同上书，第 142—143 页。

第三节　对农村社会主义民主法制建设的探索及失误

在中国这样一个半殖民地半封建社会废墟上建设社会主义，史无前例。因此，这十年，成功探索和失败曲折交织在一起。

一、要根据生产力水平决定所有制形式和坚持按劳分配

对 1958 年的"共产风"（不切实际地追求更高的公有制水平；"吃大锅饭"，搞平均主义的分配方式），中国共产党人发现得比较早。1958 年 12 月，中国共产党召开了八届六中全会，通过了《关于人民公社若干问题的决议》（以下简称《决议》），①《决议》虽然是以高度赞扬"大跃进"和人民公社化运动为前提的，肯定了人民公社化运动中许多"左"的、超越历史阶段的东西，但它毕竟是党中央第一次以全会决议的形式，力图在理论上解决党所觉察到的"左"倾错误。1959 年 3 月，党中央召开了八届七中全会，通过了《关于人民公社的十三个问题》，正式下发前，又将其中讲到的有些问题单独列出，形成《关于人民公社的十八个问题》。② 尽管党中央从 1958 年冬季以来再三指示，必须坚决纠正农村人民公社化运动初期产生的一平二调的"共产风"，但一些地方在 1959 年冬季以后又刮起"共产风"；还有一部分地方和社队对"共产风"一直没有认真地纠正。为此，1960 年 11 月，中共中央发出《关于农村人民公社当前政策问题的紧急指示信》（简称《12 条》），在这封信发出的当天，党中央还发出《关于贯

---

① 中共中央文献研究室编：《建国以来重要文献选编》（第十一册），中央文献出版社 1994 年版，第 598—628 页。

② 中共中央文献研究室编：《关于人民公社的十八个问题》，《建国以来重要文献选编》（第十二册），中央文献出版社 1994 年版，第 162—181 页。

彻"紧急指示信"的指示》。[①]1961 年 1 月中共八届九中全会的会议公报、1962 年党的八届十中全会通过的《农村人民公社工作条例修正草案》[②]等，上述文件对农村所有制形式、商品经济等农村农业重要问题作了一些阐述。提出了如下正确的观点：

1. 无论由社会主义的集体所有制向社会主义的全民所有制过渡，还是由社会主义向共产主义过渡，都必须以一定程度的生产力发展为基础。生产关系一定要适合生产力的性质，只有生产力发展到某种状况才会引起生产关系的某种变革，这是马克思主义的一条基本原理。人民公社目前基本上仍然是集体所有制的经济组织，不应当无根据地宣布农村的人民公社"立即实行全民所有制"，甚至"立即进入共产主义"。

人民公社的集体所有制经济同全民所有制经济是社会主义经济的两种形式。人民公社的基本核算单位是生产队。公社的三级所有制中，基本上是生产队所有制，这种情况不能很快改变。三级所有，队为基础，是现阶段人民公社的根本制度。凡是从人民公社成立以来，县和县以上各级机关和企业、事业单位向社平调的、县和社向生产队平调的，以及县、社和队向社员个人平调的房屋、家具、土地、农具、车辆、家畜、家禽、农副产品和建筑材料等各种矿物，都必须认真清理，坚决退还。

同时，手工业和商业要坚持多种所有制。1961 年 6 月，党中央同时发出《关于城乡手工业若干政策的规定（试行草案）》（即"手工业三十五条"）、《关于改进商业工作的若干规定（试行草案）》（即"商业四十条"）。"手工业三十五条"主要纠正手工业政策中"左"的错误，规定在整个社会主义阶段，

---

① 中共中央文献研究室编：《关于人民公社的十八个问题》，《建国以来重要文献选编》（第十三册），中央文献出版社 1994 年版，第 660—681 页。

② 中共中央文献研究室编：《建国以来重要文献选编》（第十五册），中央文献出版社 1994 年版，第 615—647 页。

手工业的主要所有制形式应是集体所有；个体手工业是社会主义经济的必要补充和助手，应当积极发展城市家庭手工业；允许个体手工业者自产自销，自由支配个人的收入等。"商业四十条"主要纠正商业工作中"左"的错误，规定国营商业、供销合作社商业和农村集市贸易，是我国现阶段商品流通的三条渠道；要把过去撤销或合并的农村供销合作社恢复起来，把过去拆散的合作商店、合作小组恢复起来；要坚持等价交换的原则；要有领导地开放农村集市贸易。

2. 人民公社在相当的一个时期内仍必须保持按劳分配制度，计算劳动报酬的原则是"按劳分配，多劳多得"。各地公社应当根据这个原则，征求群众的意见，制定出一些简便易行的办法，把工资制度加以改善。必须使每个社员都感到自己的劳动得到了合理的报酬，有利于劳动积极性的发扬。生产队必须认真执行按劳分配、多劳多得，避免社员和社员之间在分配上的平均主义。

3. 农村生产队要实行生产责任制。1957 年 9 月，中共中央发出《关于做好农业合作社生产管理工作的指示》，[1] 提出生产队在管理工作中，必须建立集体的和个人的生产责任制，按照各地具体条件，可以分别推行"工包到组""田间零活包到户"的办法。这是建立生产责任制的一种有效办法。[2] 这表明改革开放后的联产承包责任制实际上是此前做法的提升。

二、坚持民主办社，保障社员权利

在"三级所有，队为基础"、政社合一的农村人民公社体制下，如何发展民主、防止官僚主义、保障社员权利，党作了一些探索。1957 年 3 月，中共中央发出《关于民主办社的通知》，[3] 1962 年 9 月，党的八届十中全会通过《农村人

---

① 中共中央文献研究室编：《建国以来重要文献选编》（第十册），中央文献出版社 1994 年版，第 556—561 页。

② 同上书，第 558 页。

③ 同上书，第 128—130 页。

民公社工作条例修正草案》。这两份文献对农业合作社和人民公社如何坚持民主办社方针，作出了规定。

（一）农业合作社或人民公社要实行财务公开

农业合作社要按时公开财政收支。其中包括产品的分配、在银行的存款、国家的预购款、国家的贷款和它的用途、生产资料和用具的购置、干部的补贴、社员的预支、国家救济款的处理，等等。这些要让全体社员知道，由群众参与评议，而不能由少数干部独揽支配大权，要防止营私舞弊的行为发生，保证干部的廉洁。

（二）农业合作社或人民公社要遵守民主集中制原则

1. 要尊重社员组成的各级权力机关

人民公社的各级权力机关，是公社社员代表大会、生产大队社员代表大会和生产队社员大会。人民公社各级社员代表大会的代表和各级管理委员会、监察委员会的成员，都必须经过社员充分的酝酿，采取不记名投票的方式选举产生。公社社员代表大会，就是乡人民代表大会。公社社员的代表，就是乡人民代表大会的代表。全公社范围内的重大事情，都应该由社员代表大会决定，不能由管理委员会少数人决定。公社社员代表大会要定期开会，每年至少开会两次。公社社员代表大会的代表，每两年改选一次。社员代表要有广泛的代表性。从事各种业务的社员，有经验的老农，农村的专业工人，青年和妇女，少数民族的社员，烈士家属和转业军人，侨眷和归侨，都要有适当数量的代表。公社的社长和其他管理委员、监察委员，都由公社社员代表大会选举，任期两年，可以连选连任。

2. 人民公社各级的干部都必须坚持民主管理

各级干部必须在民主的基础上，正确领导，反对强迫命令。各级干部不许压制民主，不许打击报复。要平等地和群众讨论问题；对于持有不同意见的社员，只许采用商量的办法、不许采用强制的办法对待。严禁打人骂人和变相体罚，严禁用"不发口粮"、乱扣工分和不派农活的办法处罚社员。社和队决定问题要同群众商量。

3. 生产队必须实行民主办队

生产队的生产和分配等一切重大事情，都由生产队社员大会讨论决定，不能由干部决定。事先都应该征求社员的意见，向社员提出几种不同的方案，并且把每一种方案的具体办法向社员说清楚，经过充分讨论，由社员大会民主决定。对于社、队的生产、分配、生活福利、财务开支等方面，社员有提出建议、参加讨论和表决、进行批评和监督的权利。这种权利，受到人民政府的保障，任何人不得侵犯。对于社、队干部违法乱纪行为，社员有向任何上级控告的权利。这种权利，受到人民政府的保障，任何人都不许刁难、阻碍和打击报复。生产队和生产大队的干部配备人数、补贴工分多少，必须经过社员大会或者社员代表大会讨论通过，经过上级批准，不能由干部擅自规定。生产队的队长、会计和其他管理委员、监察委员或者监察员，都由生产队社员大会选举，任期一年，可以连选连任。生产队长应该由成分好、劳动好、农业生产经验比较丰富、懂得同群众商量、办事公道的农民担任。生产队长、会计和其他管理委员、监察委员或者监察员如果不称职，社员大会可以随时罢免。

虽然《农村人民公社工作条例修正草案》在具体实施中，可能会存在参差不齐的差距，但它表明中国共产党确实真心地坚持人民当家作主的原则。

三、要坚持发展商品经济

1962 年 1 月，党中央在北京召开扩大的中央工作会议，通常称"七千人大会"。刘少奇代表中央提出书面报告。经过与会者讨论，形成《在扩大的中央工作会议上的报告》（以下简称《报告》）的定稿，作为大会的正式文件。《报告》指出，必须充分发展商品交换，加强和改进全民所有制和集体所有制之间、工业和农业之间、城市和农村之间、地区和地区之间的经济联系。因此，要学会做生意，要有合理的价格政策。社会主义商业，除了起领导作用的全民所有制的国营商业以外，还应该有集体所有制的商业，例如：农村的供销合作社、城市的消费合作社等。此外，在城市中还可以组织合作商店，在农村中还应该适当地保持农村集市贸易，作为全民所有制商业和集体所有制商业的补充。

1962 年 9 月，党的八届十中全会通过的《农村人民公社工作条例修正草案》第三十九条规定，人民公社社员的家庭副业，是社会主义经济的必要的补充部分。它附属于集体所有制经济和全民所有制经济，是它们的助手。在积极办好集体经济，不妨碍集体经济的发展，保证集体经济占绝对优势的条件下，人民公社应该允许和鼓励社员利用剩余时间和假日，发展家庭副业，增加社会产品，增加社员收入，活跃农村市场。

四、探索中的失误：人民公社化运动和农村社教运动

党中央总结经验认为在农村最大的失误，一是人民公社化运动；二是农村社教运动。它们不仅违反了生产力发展的客观要求，还违反了法治。

（一）违反宪法规定的人民公社化运动

1958 年 3 月，中共中央政治局成都会议通过了《关于把小型的农业合作社适当地合并为大社的意见》。意见指出："为了适应农业生产和文化革命的需要，在有条件的地方，把小型的农业合作社有计划地适当地合并为大型的合作社是必要的。"人民公社实行政社合一、工农商学兵相结合，经过三四年、五六年或更长一些时间，可向全民所有制过渡。会后，各地农村开始了小社并大社的工作，有的地方出现了"共产主义公社""集体农庄"，有的地方出现了"人民公社"。1958 年 7 月 1 日《红旗》杂志第 3 期《全新的社会，全新的人》一文中，比较明确地提出"把一个合作社变成一个既有农业合作又有工业合作基层组织单位，实际上是农业和工业相结合的人民公社"。这是在杂志上第一次提"人民公社"的名字。8 月 6 日，毛泽东视察河南新乡七里营人民公社时，说人民公

社名字好。9 日，在与山东领导谈话时说："还是办人民公社好……"并指出公社的特点是一大二公。谈话在报纸上发表后，各地掀起了办人民公社的热潮。8 月，中共中央政治局在北戴河召开扩大会议，会议通过了《中共中央关于在农村建立人民公社问题的决议》。《决议》下达后，全国迅速形成了人民公社化运动的热潮。到 10 月底，全国 74 万多个农业生产合作社改组成 2.6 万多个人民公社，参加公社的农户有 1.2 亿户，占全国总农户的 99% 以上，全国农村基本上实现了人民公社化。

人民公社体制的建立，是违反宪法和法律的。第一，人民公社体制不符合五四宪法第五十三条第三款县以下行政区划规定："县、自治县分为乡、民族乡、镇。"人民公社政社合一，等于取消了"乡"级建制。第二，在人民公社化运动之前，两个农业合作社的法律文件先后出台。一是 1955 年 11 月全国人大常委会第 24 次会议通过的《农业生产合作社示范章程草案》，另一个是次年 6 月第一届人大第三次会议通过的《高级农业生产合作社示范章程》。人民公社化运动是违反这两个法律的。

（二）脱离法治轨道的农村社教运动

党的八届十中全会之后，一些地区（如湖南、河北等省）在贯彻会议精神的过程中，开始进行社会主义教育。毛泽东于 1963 年 2 月党中央在北京召开的工作会议上，发表讲话指出，中国现在面临着出不出修正主义的问题。阶级斗争，一抓就灵。各地要抓紧开展社会主义教育。刘少奇也提出，八届十中全会讲阶级和阶级斗争，现在就要正式部署一个行动，会议决定以抓阶级斗争为中心，在农村开展以四清为主要内容的社会主义教育运动。5 月，毛泽东在杭州主持召开有部分中央政治局委员和各大区书记参加的会议，专门讨论农村社教问题。他在会上多次讲话说，农村搞"四清"，发动贫下中农，就是挖修正主义的社会基础。提出社教运动主要抓五个问题，即阶级斗争、社会主义教育、依靠贫下中农、"四清"和干部参加集体生产劳动，其中阶级斗争是最基本的。会议讨论和制定的《关于目前农村工作中若干问题的决定（草案）》共十条。[①]
它与同年 9 月中央工作会议通过的《关于农村社会主义教育运动中一些具体政策的规定（草案）》（内容也有十条），[②] 后来被分别简称为"前十条"和"后十条"，"前十条"对于我国国内政治形势做了过分严重的估计，认为中国社会中出现了严重的阶级斗争情况。"后十条"在充分肯定"前十条"关于阶级斗争形势和社教运动性质的论断的基础上，进一步提出了运动要"以阶级斗争为纲"的方针。"后十条"于 1963 年 11 月由中央政治局扩大会议正式通过。党中央发出通知，决定将这两个"十条"下发全国城乡。

1964 年 12 月 15 日至 1965 年 1 月 14 日，党中央在北京召开工作会议，总结前一阶段社教运动的经验。会议在毛泽东的主持讨论下制定了《农村社会主义教育运动中目前提出的一些问题》（即"二十三条"），由中央下发全党。"二十三条"取代了 1963 年 11 月中央发出的"后十条"以及 1964 年 9 月中央下发的"后十条"修正草案，成为指导"四清"运动的工作文件。"二十三条"包含着纠正"四清"中"左"的做法的内容。它批评了"四清"运动中斗争面过宽，把原来的党组织抛到一边的错误做法。明确宣布，不许用任何借口去整社员群众，严禁打人和其他形式的体罚，防止逼、供、信。但从根本的方面看，"二十三条"在指导思想上发展了"左"倾错误理论。它不但片面强调社教运动的性质是解决社会主义和资本主义的矛盾，而且把解决无产阶级和资产阶级两个阶级的斗争，社会主义和资本主义两条道路的斗争上升为十多年来党的一条基本理论，特别是"二十三条"正式明确规定运动的重点，是整党内那些走资本主义道路的当权派，这就为后来的"文化大革命"把斗争矛头集中指向所谓

---

① 中共中央文献研究室编：《建国以来重要文献选编》（第十六册），中央文献出版社 1994 年版，第 309—329 页。

② 中共中央文献研究室编：《建国以来重要文献选编》（第十七册），中央文献出版社 1994 年版，第 385—420 页。

党内走资派提供了理论依据。①

这场农村社教运动完全违反了法制原则。第一，没有把所谓的敌我矛盾问题交给司法机关处理，即：没有通过公安机关侦查、检察机关起诉、审判机关审判的法定程序来解决，而是由没有执法权的社教工作队决定一切，这是违反五四宪法第八十九条关于"中华人民共和国公民的人身自由不受侵犯。任何公民，非经人民法院决定或者人民检察院批准，不受逮捕"之规定的。脱离正常的法定程序来惩治人，必然会发生侵犯人权的事情。所以，社教运动一开始，中央就发现了问题，1963 年 1 月，中央下发了《中共中央关于在社会主义教育运动中严禁打人的通知》，②指出，根据许多地区的材料反映，在农村社会主义教育运动中，有些地方发生打人和乱搞斗争等违法乱纪现象。这应该引起全国各地党组织的严重注意。请各地的县一级以上党委，立即进行一次检查，并且采取有效措施，坚决防止纠正。中央已经多次指出，不仅在人民内部的教育运动中，绝对不允许采取打人、罚跪、捆、吊这类粗暴办法，对于有违法行为的地主、富农和贪污盗窃分子、投机倒把分子等，也应该依法惩处，而不要用打人等办法对待。凡是已经发生打人现象的地方，由上级党委负责，进行严肃的处理。对犯有这种错误的人，特别是领导干部，应该责令认真检讨，情节严重恶劣的，给以必要的纪律处分，并且向群众进行适当的解释，消除群众的怀疑误会。但是，历次"左"的运动或事件表明，在执政的条件下，不由分工负责、互相制约的司法机关严格依照实体法和程序法来处理阶级斗争、敌我矛盾问题，刑讯逼供等侵犯人权的事情从来都是无法避免的。

第二，规定社教工作团所在地的县委、县人民委员会，由工作团党委领导，

---

① 中共中央党史研究室：《中国共产党历史》第二卷（1949—1978）下册，中共党史出版社 2011 年版，第 728—730 页。

② 中共中央文献研究室编：《建国以来重要文献选编》（第十六册），中央文献出版社 1994 年版，第 84 页。

各区委和公社党委及其同级行政组织则分别由工作团分党委和工作队党委领导，问题严重的地区由贫下中农协会行使权力，这些显然是违反宪法关于我国政权体制是人民代表大会制度下的"一府两院"之规定的。

第三，在执政的条件下，在实行民主法制的环境中，采取秘密的"扎根串连"工作方式，不符合政务公开的法治精神。

第四节　对城市社会主义民主法制建设的探索

这里所说的城市社会主义民主法制建设，主要是指工业、教育、科技、卫生、国家机关等集中于城市的行业领域的民主法制建设。

一、区分两类不同性质矛盾的法律意义

1957 年 2 月，毛泽东同志在最高国务会议第十一次（扩大）会议上发表了《关于正确处理人民内部矛盾的问题》的讲话。1957 年 3 月，中共中央在北京召开了全国宣传工作会议，主要议题就是传达贯彻毛泽东的这一讲话，表明全党同志高度认同这一讲话。

（一）区分两类不同性质矛盾的根本标准是政治立场

毛泽东是从政治角度区分敌我矛盾和人民内部矛盾的：在建设社会主义的时期，一切赞成、拥护和参加社会主义建设事业的阶级、阶层和社会集团，都属于人民的范围；一切反抗社会主义革命和敌视、破坏社会主义建设的社会势力和社会集团，都是人民的敌人。

（二）专政的含义是剥夺政治权利

对敌人实行专政，专政的含义就是剥夺其政治权利，让其不能享受政治方面的选举权、言论、出版、集会、结社、游行、示威、宗教信仰等自由。

（三）享受权利的同时还要履行一定的义务

人民在享受权利的同时，还必须履行遵守纪律等义务。在人民内部，不可以没有自由，也不可以没有纪律；不可以没有民主，也不可以没有集中。这种民主和集中的统一、自由和纪律的统一，就是我们的民主集中制。在这个制度下，人民享受着广泛的民主和自由；同时又必须用社会主义的纪律约束自己。

（四）法律不惩治思想，只约束行为

凡属于思想性质的问题，凡属于人民内部的争论问题，只能用民主的方法（即"团结—批评—团结"的方式）去解决，只能用讨论的方法、批评的方法、说服教育的方法去解决，而不能用强制的、压服的方法去解决。人民为了有效地进行生产、进行学习和有秩序地过生活，要求自己的政府、生产的领导者、文化教育机关的领导者发布各种适当的带强制性的行政命令。没有这种行政命令，社会秩序就无法维持，这是人们的常识所了解的。这同用说服教育的方法去解决人民内部的矛盾，是相辅相成的两个方面。

（五）肃反工作的方针是"有反必肃，有错必纠"

目前关于反革命分子的情况，可以用这样两句话来说明：还有反革命，但是不多了。发现了错误，一定要改正。无论公安部门、检察部门、司法部门、监狱、劳动改造的管理机关，都应该采取这个态度。我们希望人大常委会委员、政协委员、人民代表，凡是有可能的，都参加这样的检查。这对于健全我们的法制，对于正确处理反革命分子和其他犯罪分子，会有帮助的。

（六）判断人的言行是非的政治标准

判断人们的言论和行动的是非标准有如下六条：（1）有利于团结全国各族人民，而不是分裂人民；（2）有利于社会主义改造和社会主义建设，而不是不利于社会主义改造和社会主义建设；（3）有利于巩固人民民主专政，而不是破坏或者削弱这个专政；（4）有利于巩固民主集中制，而不是破坏或者削弱这个制度；（5）有利于巩固共产党的领导，而不是摆脱或者削弱这种领导；（6）有

利于社会主义的国际团结和全世界爱好和平人民的国际团结，而不是有损于这些团结。这六条标准中，最重要的是社会主义道路和党的领导两条。提出这些标准，是为了帮助人民发展对于各种问题的自由讨论，而不是为了妨碍这种讨论。不赞成这些标准的人们仍然可以提出自己的意见来辩论。但是大多数人有了明确的标准，就可以使批评和自我批评沿着正确的轨道前进，就可以用这些标准去鉴别人们的言论行动是否正确，究竟是香花还是毒草。这是一些政治标准。为了鉴别科学论点的正确或者错误，艺术作品的艺术水准如何，当然还需要一些各自的标准。

（七）坚持共产党与民主党派之间的互相监督

各党派互相监督，就是各党派互相提意见，作批评。共产党可以监督民主党派，民主党派也可以监督共产党。为什么要让民主党派监督共产党呢？这是因为一个党同一个人一样，耳边很需要听到不同的声音。当然，各民主党派和共产党相互之间所提的意见、所作的批评，必须合乎前面所说的六条政治标准。

毛泽东关于社会主义社会两类不同性质矛盾的划分及其不同的解决方式，在马克思主义发展史上是首次提出。它有利于防止阶级斗争扩大化，有利于防止用专政的手段解决人们的思想认识问题，有利于运用综合手段解决社会纠纷。

二、用民主法制和思想教育防止罢工罢课事件的发生

1957 年前后，全国各地发生了一些工人罢工、学生罢课、群众性的游行请愿和其他类事件。1957 年 3 月，中共中央发出《关于处理罢工、罢课问题的指示》，[①] 对这一问题作了如下阐释：

（一）要依法处理罢工、罢课

人民群众容易从当时当地的局部情况去观察问题，领导干部比较能够从长

---

① 中共中央文献研究室编：《建国以来重要文献选编》（第十册），中央文献出版社 1994 年版，第 154—163 页。

远利益和整体利益看问题，因而两者必然会有矛盾的。我们不提倡，而且应该力求防止罢工、罢课游行请愿这类方式，因为它不符合人民利益。但这类事情的发生，首先是由于领导者的官僚主义所造成。在发生这类事件时，党的方针应该是：一是允许群众这样做。因为群众这样做并不违反宪法，没有理由禁止这样做。二是群众既然要闹，就应该让他们闹够，以便使群众在闹事过程中受到充分教育，作为补偿平时思想政治教育缺乏的一种手段。但必须劝告群众不可采取违法行动（如打人、关人、破坏公私财物等）。除非发生重大破坏行动或者其他严重违反刑法的行为，不得捕人，不得以军警包围或者以其他方法使用暴力。三是对群众在事件中提出的要求，应该同群众按正常方式提出的要求同样对待，即：接受其中正确可行的部分，对做不到的要求进行解释，对不正确的要求加以批判。四是在事件平息后，应该认真地对干部群众进行教育。五是党委和党员个人都不允许主动地领导群众用闹事的办法反对行政当局。六是在群众已经非闹事不可的时候，党委应指定一部分党员参加，以便掌握领导，不使群众被坏分子引向错误道路。

（二）防止罢工罢课一类事件首先要依靠基层民主的扩大

各地应该在企业中积极实行常任的职工代表大会制度，作为群众参加企业管理和监督行政的权力机关。其职权是：听取和讨论厂长的工作报告，审查讨论企业的生产计划、财务计划、劳动工资计划等；审查和讨论企业奖励基金、福利费、医药费等职工福利经费开支；在必要时，向上级机关建议撤换某些企业领导人员；对上级机关规定有不同意见时，可以向上级管理机关提出建议。在学校方面，要使学生会、教职员工工会、青年团组织和党支部会议能够充分自由地对学校工作提意见。尽量吸收民主党派参与学校的管理工作。

（三）加强群众中的思想政治教育

除了依靠民主之外，解决罢工罢课问题，还要加强对群众的思想政治教育，认真解决群众的思想问题，不要单纯依赖行政力量的强制和物质利益的刺激。要教育群众善于把眼前利益与长远利益相结合，善于把局部利益同全局利益相结合。

这些指示体现了法治和德治相结合的精神，完全符合党的八大关于加强社会主义民主法制建设精神，判断是非的标准最后是法律，解决人民内部矛盾的根本方法是发扬民主。同时，还要加强党的思想政治工作。

三、管理国有企业要发扬民主

1961 年 9 月，党中央发布并试行《国营工业企业工作条例（草案）》，[①] 该条例第六十条规定，企业的职工代表大会制，是吸收广大职工群众参加企业管理和监督行政的重要制度。企业的各级职工代表大会和职工大会，要讨论和解决企业管理工作中的重要问题，要讨论和解决职工群众最关心的问题，要保证大会决议的实行，切实避免形式主义。企业各级的职工代表大会和职工大会，有权对企业的任何领导人员提出批评，有权向上级建议处分、撤换某些严重失职、作风恶劣的领导人员，并且有权越级控告。职工代表大会的代表，实行常任制，每年改选一次。企业的职工代表大会，每年至少开会四次。在代表大会闭会期间，要按照生产单位或者工作单位组织代表小组，经常反映职工群众的意见，督促和检查大会决议的执行。企业各级的职工代表大会和职工大会，必须按期由工会召开，不能以干部扩大会议代替。职工代表大会在闭会期间，日常工作由工会主持。

四、加强民主集中制，重点是集中统一

1962 年 1 月 11 日至 2 月 7 日，中共中央在北京举行有中央、各中央局、各省、市自治区党委及地委、县委、重要厂矿企业和部队的负责干部 7000 多人参加的扩大的工作会议（因此又称"七千人大会"）。会议通过了刘少奇代表中

---

① 中共中央文献研究室编：《建国以来重要文献选编》（第十四册），中央文献出版社 1994 年版，第 636—681 页。

共中央所作的书面报告（以下简称《报告》）。

（一）要反对党内生活中不讲民主的倾向

《报告》指出，近几年来，党内生活存在着一些不正常的非民主现象。党的集中统一，必须建立在民主的基础上。如果不充分发扬民主，建立党同人民群众的非常密切的联系，也就不可能建立无产阶级的集中制，不可能有党中央的集中统一的领导，也就不可能取得社会主义建设的胜利。有些部门、有些地方、有些单位的负责人忘记了无产阶级专政的基础必须是最广泛的人民民主。例如，我们过去在农村中普遍办公共食堂，如果能够真正在群众中进行民主的讨论，事情就不会是那样。

（二）要反对各自为政的分散主义倾向

分散主义的最突出表现是存在许多各自为政的"小天地"。分散主义的危害有四个，一是在政治上，损害党的统一。党的政策是党的生命，破坏党的政策，就必然要损害党的统一。二是在经济上，损害全民所有制，使国家计划不能正确地制定和执行。三是在思想上，滋长个人主义、本位主义，损害共产主义。四是在组织上，损害民主集中制，破坏党的纪律，削弱党的战斗力。

（三）处理中央集权和地方分权的关系要注意的三个问题

1. 发挥地方的积极性要注意克服盲目的积极性

积极性有两种：一种是实事求是的积极性，另一种是盲目的积极性。各地方的积极性，应该是坚决执行中央政策的积极性，坚决执行国家统一计划的积极性。各地方应该在党中央的统一领导下，根据具体情况，充分利用各种有利条件，精打细算，合理地使用本地方的人力、物力、财力，更好地保证国家统一计划的实现。

2. 各地方对于中央的政策只能够在贯彻执行的前提下加以具体化

中央制定政策，是从全局的情况出发的，同时也考虑地方的特殊情况。中央的政策，既集中体现全局的利益，又照顾局部的利益。因此，各地方的党组织，对于中央的政策，只能够在切实地、不折不扣地贯彻执行的前提下，加以具体化，决不允许借口"情况特殊""因地制宜"，而任意修改，甚至拒不执行。

3. 要处理好中央的集中统一领导同分级管理的关系问题

在这个问题上，我们有过两方面的经验。一方面，是中央集中过多，另一方面，是地方、部门的权力过大，而且又层层下放，分得过散，在最近几年就是这样。这两种情况，既不利于更好地实行中央的集中统一领导，也不利于正确地发挥地方的积极性。根据过去的经验和目前的情况，我们必须改变最近几年权力下放过多、分得过散的现象，把权力集中起来。即：要把地方和中央管理部门过去下放过多而现在必须集中的权力，逐级地收上来，由省、市、自治区和中央管理部门直接掌握。在加强集中统一的同时，也需要在国家的统一计划以内，从生产任务的安排、基本建设投资的使用、某些物资的分配、劳动力的调度等方面，给各地方、各部门一定的机动余地和调剂权力，以便它们能够解决本地方、本部门的特殊问题，更好地完成国家统一计划所规定的任务。

（四）加强党的组织性、纪律性和监察工作

《报告》告知全党，党中央准备拟定体现党的优良传统的"党政干部三大纪律、八项注意"。"三大纪律"是：一是如实反映情况；二是正确执行党的政策；三是实行民主集中制。八项注意是：一是参加劳动；二是以平等态度对人；三是办事公道；四是不特殊化；五是工作要同群众商量；六是没有调查没有发言权；七是按照实际情况办事；八是提高政治水平。这三大纪律和八项注意，全体党员都必须自觉地严格遵守。

第五节　中国社会主义法制建设中的主要失误分析

在全面建设社会主义的十年里（1956 年下半年—1966 年 4 月），与法制相关的主要是两大问题：一是社会主义条件下的阶级斗争问题；二是社会主义商品经济问题。这两个问题都与社会主义民主法制具有一定关系。由于史无前例，所以探索过程中难免出现一些失误。

一、没有一以贯之地在法制轨道上处理阶级斗争问题

1957 年 10 月，在"反右派斗争扩大化"的影响下，毛泽东在党的八届三中全会上提出，无产阶级和资产阶级的矛盾、社会主义道路和资本主义道路的矛盾，仍然是当前我国社会的主要矛盾，从根本上改变了八大的方针。1962 年党的八届十中全会上，他进一步指出，在整个社会主义社会，始终存在无产阶级和资产阶级之间的阶级斗争，存在社会主义和资本主义两条路线的斗争。阶级斗争和资本主义复辟的危险性，必须年年讲、月月讲。1963 年 2 月的中央工作会议上，他在总结湖南、河北等地的社会主义教育运动经验时，提出"阶级斗争，一抓就灵"。自 1957 年之后，全党全国的各项工作从根本指导思想上说均"以阶级斗争为纲"，并成为后来"无产阶级专政下继续革命"理论的核心内容。这些对阶级斗争夸大化、绝对化的提法，直至党的十一届三中全会才被断然否决。

1. 阶级斗争扩大化，混淆了敌我矛盾同人民内部矛盾的界限

例如，1957 年 6 月 26 日，周恩来在一届全国人大四次会议作政府工作报告，仍把右派分子的问题放在人民内部矛盾的范围。而同一天，中央的一份党内指示认为，右派分子同人民的矛盾，"实际上有些已经超出了人民内部矛盾的范围。但是，还需要按照情况的变化加以分析，才能分别确定。目前不要说的太死"。[①] 7 月 1 日，《人民日报》社论《〈文汇报〉的资产阶级方向应当批判》，虽已认定右派为反共反人民反社会主义的资产阶级反动派，但是 7 月 11 日中央

---

① 《中共中央关于打击、孤立资产阶级右派分子的指示》，转引自中共中央党史研究室：《中国共产党历史》第二卷（1949—1978）上册，中共党史出版社 2011 年版，第 458 页。

批转中央统战部《关于划分左、中、右的标准的建议》，还是讲"人民内部划分左、中、右"，只是认为右派里面有一部分极右分子，这些极右分子中的一部分在政治上已经处于敌我界限的边缘。关于划分右派分子的标准，中央也曾一再提出限于反对社会主义和反对共产党，而把一般的历史上的老账、个别问题的意见和学术性的问题撇开。八届三中全会还下发了一个统一的《划分右派分子的标准》，①但这个标准 10 月 15 日才正式下发，而在当时的气氛下，强调深挖猛打、反对温情主义，在掌握政策上又有"宁左勿右"的倾向，并没有执行划分右派分子时严格区分和处理两类不同性质矛盾的政策。被划成右派的人，即被列入敌我矛盾的范畴，不仅政治上受到严厉批判，而且组织上、行政上也分不同情况进行了处理。被戴上右派分子帽子的 55 万人，轻则降职降薪、留用察看，重则送劳动教养，有些人同时还被开除公职，开除学籍。

从新中国成立到社会主义改造基本完成，在短短的七年里实现这样深刻的社会变革，不可能不引起社会各阶级、各阶层的不同反应，人们对这个变革需要有一个观察、适应的过程。在一些人的心目中，中国要不要共产党领导和要不要走社会主义道路的问题，实际上并没有完全解决。一小部分人仍存有崇尚西方资本主义政治和经济制度的倾向，在国际、国内政治气候的影响下，这种倾向就会突出地表现出来，以致发生极少数人向党、向社会主义的进攻。对反社会主义的倾向进行反击和斗争，事实上是不可避免的，也是完全必要的，只有坚决地反对一切脱离社会主义的言论行动，在人民中间进行坚持党的领导和社会主义道路的教育才能顺利地推进。

但是，敌视社会主义的人在国内毕竟只是极少数，同这种倾向的斗争应该在问题发生的范围内进行，对于这一点党本来是有清醒估计和正确认识的，然而在 1957 年整风运动的发展过程中，党对阶级斗争的形势作了过于严重的判

---

① 中共中央文献研究室编：《中共中央关于〈划分右派分子的标准〉的通知》，《建国以来重要文献选编》（第十册），中央文献出版社 1994 年版，第 616—617 页。

断，改变了原来的正确估计和认识，把本应在一定范围内进行，并主要采用解决思想问题的方式来进行的斗争，扩展成全党全国范围的"一场大战"，[①] 这就不可避免地导致反右派斗争严重扩大化的错误。

反右派斗争的严重扩大化，使党探索适合中国国情的建设社会主义民主法制道路的良好开端受到挫折。在经济生活方面，农业合作社中一些适合当时农村生产力情况的有益探索，在反右派斗争中遭到严厉批判，重新放开一点儿私营经济的新设想也被搁浅。在政治思想和文化生活方面，人民代表大会制度建设、"百花齐放、百家争鸣"和"长期共存、互相监督"这两大方针的贯彻执行都受到极大损害。一些人大代表在视察过程中、在小组讨论和大会发言中，一些全国人大常委会委员在常委会会议中提出的一些正常的善意的批评和建议，被当作右派言论进行批判和追究，从而造成人大代表在人代会上战战兢兢，如履薄冰，根本不敢大胆发表意见。[②] 代表们在人代会上所提议案逐年减少，尤其是政治法律方面的提案减少得更快。

反右派斗争扩大化之后，宪法和法律明文规定的一些原则，如公民在法律上一律平等，法院独立进行审判，检察院独立行使检察权等，都被当成错误的东西进行批判。

从 1959 年到 1966 年，除了通过几项具有法律效力的决定和对军官服役条例进行修改外，全国人大及其常委会没有制定一项法律。

1959 年 4 月，二届全国人大一次会议通过决议，以"没有单独设置之必要"为理由，撤销了国家司法部和监察部。1959 年 6 月，二届全国人大常委会四次会议批准国务院调整直属机构，撤销了国务院法制局。

---

① 中共中央文献研究室编：《中共中央关于组织力量准备反击右派分子进攻的指示》，《建国以来重要文献选编》（第十册），中央文献出版社 1994 年版，第 285 页。

② 全国人大常委会办公厅研究室编著：《人民代表大会制度建设四十年》，中国民主法制出版社 1991 年版，第 86 页。

一届全国人大五次会议、二届全国人大一次会议、二次会议、三次会议、四次会议上，都没有再像过去历次大会那样，听取和审议最高人民法院、最高人民检察院的工作报告，全国人大对国家审判机关和检察机关的监督工作没有能够开展下去。

由于过分强调阶级斗争，党和国家不重视民主法制建设，也影响到人大的会期制度。按照 1954 年宪法的规定，全国人大每届任期四年，每年举行一次代表大会。而一届全国人大在 1958 年却开了五次大会，任期达四年零六个月。二届全国人大任期五年零七个月，二届全国人大三次会议推迟三次，与第二次会议相隔 23 个月。二届全国人大三次会议没有按照历次会议的程序，审议上年国民经济计划执行情况和当年国民经济计划报告，没有审议上年国家结算和当年国家预算报告。

由于不重视民主法制建设，依据全国人大前期逐渐建立起来的人大的工作机构逐步削弱。1957 年全国人大机关工作人员达 365 人，1959 年后，全国人大及其常委会的工作机构经过几次精简撤并，工作人员只剩下 100 多人。[①]

反右派斗争扩大化的另一个严重后果就是通过党的八届三中全会和八大二次会议，改变了八大关于我国社会主要矛盾的论断。毛泽东在八届三中全会的讲话中提出，无产阶级和资产阶级的矛盾、社会主义道路和资本主义道路的矛盾，是当前我国社会的主要矛盾。八大二次会议宣布我国社会有两个剥削阶级和两个劳动阶级，右派分子同被打倒的地主买办阶级和其他反动派被称为一个剥削阶级，"正在逐步地接受社会改造的民族资产阶级和它的知识分子"被称为另一个剥削阶级，工人和农民是两个劳动阶级。这样，知识分子很大程度上被列入第二个剥削阶级的范围。[②] 这种阶级斗争扩大化的做法，极不利于社会

---

① 全国人大常委会办公厅研究室编著：《人民代表大会制度建设四十年》，中国民主法制出版社 1991 年版，第 86、102、103 页。

② 中共中央党史研究室：《中国共产党历史》第二卷（1949—1978）上册，中共党史出版社 2011 年版，第 461 页。

主义的民主法制建设。它告诫我们，在任何时候任何情况下，都不能轻易改变党对社会主要矛盾的科学判断，都必须毫不动摇地坚持以经济建设为中心，这是一个动摇不得的关键所在。如果发生丝毫动摇，党的指导思想理论基础以及工作方式都将发生改变，造成严重后果。1957年以后，党的指导思想向"左"的方向偏转，就说明了这个问题，这是新中国成立以后党的历史上的一个沉痛教训。

2. 简单地用政治标准代替了法律标准，必然会产生大量的冤假错案

政治标准和法律标准有联系，也有区别。如同第二次世界大战时期的德国、日本法西斯战犯，政治上肯定属于人类的公敌，但在法律上必须通过严格的程序、长期的审理，才能在法律上决定他们的罪刑。纽伦堡审判为以后对破坏和平罪的审判奠定了基础，标志着国际法的重大发展。用法律让罪犯服罪、以公正培育正义、以理性巩固和平是对当事人和后世人民更为负责、更为有益的方式。

而我们在执政的条件下，应该依据实体法和程序法来决定一个人是否"反革命"。但遗憾的是，不管是反右派斗争扩大化，还是"四清"运动，都没有制定相关法律，许多人在运动中被归为敌我矛盾，给予一定的限制人身自由（如劳动教养）、开除公职等剥夺法定权利的处罚，这些处罚既无相应的法律实体规定，也无程序规定。显然不符合五四宪法第八十七条关于"中华人民共和国公民有言论、出版、集会、结社、游行、示威的自由"的规定，也不符合第八十九条关于"中华人民共和国公民的人身自由不受侵犯"的规定。

3. 违反实事求是原则，主观地规定被整肃的具体数字指标

不管是在反右派斗争扩大化中，还是在"四清"运动中，一些单位都规定了一些必须被划成右派分子、右倾分子、蜕化变质分子等被整肃的具体数字指标，一开始往往是按单位人数5%的指标，后来则往往会扩大到10%。这就必然导致一些单位为了凑够指标数字把一些不属于被整肃对象的人也整肃了。到1957年9月党的八届三中全会召开时，全国已划右派6万余人，当时估计全国

右派最多有 15 万人左右，[①] 但最后到 1958 年夏季反右派斗争扩大化结束，全国共划右派分子 55 万多人。1959 年 11 月和 1960 年 1 月，中央分别下发和转发《关于划分右倾机会主义分子的标准和处理办法》《关于在反右整风运动和农村整党运动中对于犯错误的党员干部的处分面的通知》等文件，规定戴"右倾机会主义分子"帽子的人，应限制在党员干部总数的 1% 以下；农村正式党员中重点批判对象的人数，大体不超过正式党员总数的 1%。由于党员干部总数很大，即使按照这个比例控制，被列为重点批判对象和被划为"右倾机会主义分子"的干部党员共计三百几十万人。[②] 规定数字指标背离了党的实事求是传统和"以事实为依据，以法律为准绳"的原则。

二、在发展商品经济问题上出现反复不定的态度

自然经济和计划经济都不可能产生现代法治，唯有市场经济才能产生法治。在发展社会主义商品经济问题上，党的八大前后党内曾经有过共识，即：商品经济是计划经济的必要补充，但要加以限制，直至消灭，因为计划经济才是社会主义的本质。这对民法和商法的制定必然带来消极影响。

第一，把共产主义社会才能实现的平等观，来代替社会主义时期的平等观，必然阻碍民法典的制定。平等自愿是民法典的基本原则，但这里的平等首先是机会平等、身份平等，体现的是对个人自由和才能的尊重，它与社会主义阶段的按劳分配是接近的。而 1958 年提出的"破除资产阶级法权"（现译为"资产阶级权利"）的问题，主张经过几年准备，逐步取消工资制，恢复供给制。这一思想超越了社会主义历史阶段的平等观，实际上是把马克思所说的在按劳分配

---

① 中共中央党史研究室：《中国共产党历史》第二卷（1949—1978）上册，中共党史出版社 2011 年版，第 457 页。

② 同上书，第 554 页。

原则中体现的、只能在共产主义阶段实行按需分配原则时取消的"资产阶级法权"，误解为在社会主义阶段就应取消和破除，明显地超越了历史阶段。我国还处在不发达的社会主义阶段，固然不能把按劳分配绝对化，不能使事实上的不平等无限扩大，但必须强调它同旧社会的不平等有本质的区别，具有一定的历史合理性。不适当地把革命战争年代的特殊历史条件下起过积极作用的军事共产主义的做法搬到和平建设时期来实行，把平等绝对化，搞绝对平均主义，只能妨碍社会的发展。同时，也会阻碍民法典的制定。

第二，没有市场经济，就不可能有民商法的产生。民法是调整市场主体之间的商品流转关系及其他财产关系的法律制度，核心是保护社会个体的财产所有权。改革开放以前，党对商品经济、市场经济的态度是，一方面承认社会主义社会存在商品生产和商品交换，但另一方面又认为商品经济与社会主义经济的本质属性是矛盾的，必须对其加以限制。社会主义社会必须长期保留商品生产的原因是由于客观上存在两种所有制、存在按劳分配制度，以及社会主义生产力还不发达，并没有把商品经济视为社会主义经济内在的根本属性。社会主义社会发展商品生产，并不是社会主义的内在要求，而是一种暂时不能改变的客观条件强加给社会的结果，社会主义的任务就是要逐步创造出使商品经济退出历史舞台的条件。抱着这种认识，就不可能大规模地发展商品经济、市场经济，自然没有制定民商法的必要性、紧迫性。

了解了这一时代背景，我们就知道在新中国成立到改革开放前的这段历史时期，刑法典和民法典的起草工作几起几落，最终没有问世的原因了。

三、党和国家的领导制度没有进一步法治化

一是党的好的传统（如民主集中制、党内监督制度、群众路线等）没有形成严格的、完善的制度。

二是对于国际共产主义运动中没有正确解决领袖和党的关系问题，如何肃

清中国长期封建专制主义在思想政治方面留下的影响，没有给予足够的重视。

邓小平后来对此一针见血地指出："我们过去发生的各种错误，固然与某些领导人的思想、作风有关，但是组织制度、工作制度方面的问题更重要。这些方面的制度好可以使坏人无法任意横行，制度不好可以使好人无法充分做好事，甚至会走向反面。""不是说个人没有责任，而是说领导制度、组织制度问题更带有根本性、全局性、稳定性和长期性。这种制度问题，关系到党和国家是否改变颜色，必须引起全党的高度重视。"①

四、"双百"方针没有进一步确立法律标准

1963 年至 1965 年间，在文化教育和意识形态领域，我们党也进行了一系列批判所谓资产阶级反动路线的斗争。这种错误的批判斗争，暴露了一个问题，即：如何把百花齐放、百家争鸣变成一种法律标准，使人们知道规矩方圆。毛泽东在《关于正确处理人民内部矛盾的问题》中提出了辨别香花和毒草的六条标准，但毛泽东说得很清楚，这六条标准是政治标准，接下来就应该把它们变成法律标准，恰恰是这一步我们没有完成。

---

① 《邓小平文选》第二卷，人民出版社 1994 年版，第 333 页。

第四章 "文化大革命"十年民主法制建设领域的沉痛教训

从 1966 年 5 月到 1976 年 10 月是十年"文化大革命"。它是由毛泽东错误发动、被林彪和江青两个反革命集团利用，给党、国家和各族人民带来严重灾难的内乱。[①] 它把 1957 年以来的阶级斗争扩大化的错误推向了极端。

第一节 "文化大革命"三个阶段及其对民主法制的破坏

根据 1981 年 6 月党的十一届六中全会通过的《关于建国以来党的若干历史问题的决议》(以下简称《决议》)，"文化大革命"分为如下三个阶段：[②]

一、党中央集体领导体制被破坏

这一阶段是从"文化大革命"的发动到 1969 年 4 月党的第九次全国代表

---

① 中共中央文献研究室编：《中国共产党中央委员会关于建国以来党的若干历史问题的决议》，《改革开放以来重要文献选编》，中央文献出版社 2008 年版，第 197 页。

② 同上书，第 196—198 页。

大会。

《决议》指出:"从'文化大革命'的发动到一九六九年四月党的第九次全国代表大会。一九六六年五月中央政治局扩大会议和同年八月八届十一中全会的召开,是'文化大革命'全面发动的标志。"

这一时期社会主义民主法制被破坏的主要表现是:党章所规定的民主集中制的组织原则及制度被破坏,宪法所规定的国家制度被破坏。全国人民代表大会作为最高权力机关被瘫痪,地方人民代表大会被根本不符合宪法规定的革命委员会代替;公、检、法等执法、司法机关被砸烂。[①]

二、开展所谓"斗、批、改"而带来大量冤假错案

这一阶段是从党的九大到 1973 年 8 月党的第十次全国代表大会。

这一时期社会主义民主法制被破坏的主要表现是,利用所谓"斗、批、改"在各条战线、各个领域大量制造冤假错案。"教育革命"使城乡各类学校普遍实行工(军)宣队、革命师生和革命领导干部结合的领导体制,农村建立贫下中农管委会(组),从体制上否定了校长、教师在学校教学中的主导作用;由于"文化大革命"使得大学不招生、工厂基本不招工、商业和服务行业处于停滞状态,城市初、高中毕业生既不能升学,也无法分配工作,受教育权、就业权受到严重损害,只好令其上山下乡,又引发了一些社会问题;干部下放劳动,使得包括知识分子在内的广大干部长期被剥夺教学、科研、创作、表演等权利。"斗、批、改"实际是把"左"倾错误在各个领域里具体化。[②]

---

① 当代中国研究所:《新中国 70 年》,当代中国出版社 2019 年版,第 122—124 页;中共中央党史研究室编:《中国共产党历史》第二卷(1949—1978)下册,中共党史出版社 2011 年版,第 753—806 页。

② 中共中央党史研究室编:《中国共产党历史》第二卷(1949—1978)下册,中共党史出版社 2011 年版,第 811—814 页。

三、错误压制了人民表达对"文化大革命"不满的正确行为

这一时期是从党的十大到 1976 年 10 月。

《决议》指出:"一九七四年初,江青、王洪文等提出开展所谓'批林批孔'运动;同有的地方和单位清查与林彪反革命集团阴谋活动有关的人和事不同,江青等人的矛头是指向周恩来同志的。毛泽东同志先是批准开展所谓'批林批孔'运动,在发现江青等人借机进行篡权活动以后,又对他们作了严厉批评,宣布他们是'四人帮',指出江青有当党中央主席和操纵'组阁'的野心。一九七五年,周恩来同志病重,邓小平同志在毛泽东同志支持下主持中央日常工作,召开了军委扩大会议和解决工业、农业、交通、科技等方面问题的一系列重要会议,着手对许多方面的工作进行整顿,使形势有了明显好转。"《决议》指出:"一九七六年一月周恩来同志逝世。周恩来同志对党和人民无限忠诚,鞠躬尽瘁。他在'文化大革命'中处于非常困难的地位。他顾全大局,任劳任怨,为继续进行党和国家的正常工作,为尽量减少'文化大革命'所造成的损失,为保护大批的党内外干部,作了坚持不懈的努力,费尽了心血。他同林彪、江青反革命集团的破坏进行了各种形式的斗争。他的逝世引起了全党和全国各族人民的无限悲痛。"《决议》指出:"一九七六年九月毛泽东同志逝世,江青反革命集团加紧夺取党和国家最高领导权的阴谋活动。同年十月上旬,中央政治局执行党和人民的意志,毅然粉碎了江青反革命集团,结束了'文化大革命'这场灾难。这是全党、全军和全国各族人民长期斗争取得的伟大胜利。在粉碎江青反革命集团的斗争中,华国锋、叶剑英、李先念等同志起了重要作用。"

这一时期社会主义民主法制被破坏的主要表现是,一些正确的中国共产党人和人民群众要求结束"文化大革命",恢复正常政治、经济、文化、社会秩序的权利被打压,产生了一些冤假错案。

第二节 "文化大革命"破坏民主法制的教训

《决议》指出，社会主义运动的历史不长，社会主义国家的历史更短，社会主义社会的发展规律有些已经比较清楚，更多的还有待于继续探索。我们党过去长期处于战争和激烈阶级斗争的环境中，对于迅速到来的新生的社会主义社会和全国规模的社会主义建设事业，缺乏充分的思想准备和科学研究。马克思、恩格斯、列宁、斯大林的科学著作是我们行动的指针，但是不可能给我国社会主义事业中的各种问题提供现成答案。从领导思想上来看，由于我们党的历史特点，在社会主义改造基本完成以后，在观察和处理社会主义社会发展进程中出现的政治、经济、文化等方面的新矛盾新问题时，容易把已经不属于阶级斗争的问题仍然看做是阶级斗争，并且面对新条件下的阶级斗争，又习惯于沿用过去熟习而这时已不能照搬的进行大规模急风暴雨式群众性斗争的旧方法和旧经验，从而导致阶级斗争的严重扩大化。

阶级斗争扩大化的实质就是人为地制造阶级斗争，夸大敌情，混淆敌、我、友，把不是阶级敌人的人硬是打成敌人。这种做法不可能在正常的民主法制健全的环境里进行，因此，只能采用人治的、非法治的群众运动（群众直接行动）来操作。几乎所有社会主义国家的法制历史表明，凡是搞阶级斗争扩大化的，必然背离民主法制。所以《决议》指出，在我国，在人民民主专政的国家政权建立以后，尤其是社会主义改造基本完成、剥削阶级作为阶级已经消灭以后，虽然社会主义革命的任务还没有最后完成，但是革命的内容和方法已经同过去根本不同。对于党和国家肌体中出现的问题，当然需要作出恰当的估计并运用符合宪法、法律和党章的正确措施加以解决，但决不应该采取"文化大革命"的理论和方法。在社会主义条件下进行所谓"一个阶级推翻一个阶级"的政治大革命，既没有经济基础，也没有政治基础。它必然提不出任何建设性的纲领，而只能造成严重的混乱、破坏和倒退。

"文化大革命"的发生，有着复杂的国际国内的社会历史原因。新中国成立后，很长一段时间一直面临严峻的外部环境。帝国主义长期敌视、封锁，把"和平演变"的希望寄托在中国第三代第四代人身上，苏联在中苏关系恶化后给中国施加巨大压力。这样的外部环境对党在科学判断国内政治形势、确定党和国家中心任务和方针政策时产生极大影响。我们党是经过长期残酷的战争后迅速进入社会主义历史阶段的，对于如何在一个经济文化落后的国家建设社会主义，缺乏科学认识，也没有充分的思想准备。过去革命战争时期积累下来的成功的阶级斗争经验，使人们在观察和处理社会主义建设的许多新矛盾时容易沿用和照搬，把不属于阶级斗争的问题看作阶级斗争，把只在一定范围存在的阶级斗争仍然看作社会的主要矛盾，并运用大规模群众性政治运动的方法来解决。

"文化大革命"持续十年，使党、国家和各族人民遭到新中国成立以来时间最长、范围最广、损失最大的挫折。党的组织和国家政权受到极大削弱，大批干部和群众遭受残酷迫害，民主和法制被肆意践踏，全国陷入严重的政治危机和社会危机。"文化大革命"不是任何意义上的革命和社会进步，它是一场由领导者错误发动，被反革命集团利用，给党、国家和各族人民带来严重灾难的内乱，留下了极其惨痛的教训。

第五章　以邓小平同志为主要代表的
中国共产党人的法制思想与实践
——坚持"一个中心，两个基本点"

从党的十一届三中全会到党的十三届四中全会，以邓小平同志为主要代表的中国共产党人果断地纠正了"文化大革命"期间产生的"无产阶级专政条件下的继续革命理论"，形成了"一个中心，两个基本点"的党的基本路线，在此基础上开启了中国特色社会主义法治理论和法治道路的探索。

第一节　社会主义民主法制要做到"两个不改变"

1978 年底党的十一届三中全会召开，是党和国家逐步实现历史性转折，开辟社会主义事业发展新时期的重要标志。实现历史性转折的关键问题在于是继续维护"文化大革命"和"左"倾错误，还是坚决纠正"左"倾错误。这两个问题关系到了党和国家的前途命运。由于"文化大革命"和长时期"左"倾错误造成的政治思想上的混乱，不容易在短期内消除，指导思想上的"左"倾错误在一段时间内仍然延续。党和国家的许多工作出现了在徘徊中前进的局面。

为了扭转这种局面，以邓小平为主要代表的中国共产党人坚持不懈地努力，终于在中国面向何处去的重大历史关头，通过 1978 年底召开的中央工作会议和党的十一届三中全会，开始从根本上纠正了指导思想的"左"倾错误。结束了在徘徊中前进的局面，实现了新中国成立以来党和国家历史具有深远意义的伟大转折。

一、平反冤假错案，恢复法治秩序

1976 年 10 月，华国锋和叶剑英等同志代表中央政治局，执行党和人民的意志，采取断然措施，一举粉碎"四人帮"，挽救了党，挽救了社会主义事业，党和国家事业的发展翻开了新的一页。1977 年 8 月，华国锋在中国共产党第十一次全国代表大会所作的政治报告宣布，以粉碎"四人帮"为标志，"文化大革命"宣告结束，这朝着日后确立经济建设为中心的方向迈出了重要的一步。

1978 年 4 月，中共中央发出《关于在全国普遍进行一次新宪法教育的通知》，要求集中必要的力量和时间，对新宪法（1978 年全国五届人大一次会议通过的重新修订的《中华人民共和国宪法》）进行一次普遍宣传教育，以提高广大干部和人民群众的政治觉悟，加强社会主义法制观念。同年 5 月，中共中央发出通知，要求地方人民检察院应立即建立组织，以便开展工作。各地很快恢复建立了检察机关。6 月，中共中央发出通知，决定建立由黄火青等六人组成的中央政法小组，加强党对政法工作的领导。这些都标志着民主法治秩序的逐渐恢复。

平反冤假错案是纠正阶级斗争扩大化的重要举措。1976 年 12 月，中共中央发出通知宣布："凡属反对'四人帮'的人，已拘捕的，应予释放；已立案的，应予销案；正在审查的，解除审查；已判刑的，取消刑期予以释放；给予党籍团籍处分的，应予撤销。"当然这个通知是有缺陷的，因为它同时规定"凡不是纯属反对'四人帮'，而有反对伟大领袖毛主席、反对党中央、反对无产阶级文化大革命或其他反革命罪行的人，绝不允许翻案"。它把平反冤假错案限定在了一个狭小的范围中。经过 1978 年下半年真理标准的大讨论，平反冤假错案的局面才被打开。1978 年 9 月，中共中央批转《贯彻中央关于全部摘掉右派分子帽子决定的实施方案》时明确指出："对于错划了的人，要做好改正工作。有反必肃，有错必纠，这是我党的一贯方针。一经发现划错了的，尽管事隔多年，也应予以改正。"[①] 到 1980 年，全国共有 54 万多名错划右派得到改正。

1978 年 11 月，中共中央宣布"薄一波等六十一人叛徒集团"案是一起重大错案。同月，中组部发出《关于落实农村基层干部的几点意见》，全国各地对大批农村基层干部的冤假错案进行了复查平反，落实了政策。同月，中组部发出《关于落实党的知识分子政策的几点意见》，要求在继续做好平反冤假错案工作的同时，正确估计知识分子队伍的状况，尽快落实党的各项政策。

党的十一届三中全会要求坚决地平反假案，纠正错案，昭雪冤案，全国开始全面地平反重大冤假错案和解决一些重要领导人是非功过的问题，1982 年平反冤假错案工作基本结束。据 1983 年 7 月中央组织部报告：在此期间，全国大约共审查和平反了 300 多万名干部的冤假错案，其中影响较大的有 30 多万件。

二、突破"人治"色彩的"两个凡是"

在 1977 年 7 月召开的中共十届三中全会上，邓小平进一步阐述了完整地、准确地理解毛泽东思想的问题，强调不能够只从个别词句来理解毛泽东思想，要善于学习、掌握和运用毛泽东思想的体系来指导我们的各项工作，这样才不至于割裂、歪曲毛泽东思想。

1977 年 10 月，南京大学哲学系教师胡福明给《光明日报》寄来一篇题为《实践是检验真理的标准》的稿件。1978 年 4 月上旬，正在中央党校学习的《光明日报》新任总编辑杨西光看到清样，说："这是一篇重要文章，放在哲学版，

---

① 中共中央党史研究室：《中国共产党历史》第二卷（1949—1978）下册，中共党史出版社 2011 年版，第 1031 页。

可惜了。"他提议作者进一步修改，加强现实针对性，并约请正在写同一主题文章的中央党校理论研究室的孙长江，共同研讨修改。文章经过反复修改，由孙长江定稿，定名为《实践是检验真理的唯一标准》。

文章重申了"实践是检验真理的唯一标准"这个马克思主义认识论的基本原理，强调理论与实践相统一是马克思主义的最基本原则，一个理论是否正确地反映了客观实际，是不是真理，只能靠社会实践来检验。马克思主义理论的宝库并不是一堆僵死不变的教条，它在实践中不断增加新的观点、新的结论，抛弃那些不适合新情况的个别旧观点、旧结论。我们要完成中国共产党在新时期的总任务，面临着许多新问题，需要我们去认识、去研究，躺在马列主义、毛泽东思想的现成条文上，甚至拿现成的公式去限制、宰割、裁剪无限丰富的飞速发展的革命实践，是错误的。我们要有共产党人的责任心和胆略，研究生动的实际生活，要研究现实的确切的事实，研究新的实践中提出的新问题。只有这样，才是对待马克思主义的正确态度，才能逐步前进。

文章发表的当天下午，新华社立即向全国播发。第二天，《人民日报》和《解放军报》同时转载，全国绝大多数省、自治区、直辖市的报纸也陆续转载。全国的主要报纸纷纷转载。尽管文章所阐述的是马克思主义的基本观点，但批判的锋芒直指"两个凡是"（即凡是毛主席作出的决策，我们都必须拥护；凡是毛主席的指示，我们要始终不渝地遵循），反映了广大人民群众的心声，引起了强烈的社会反响。

三、推动经济制度改革

真理标准问题讨论的开展，很快形成一股思想解放的洪流，推动着各条战线的拨乱反正。除了平反冤假错案工作之外，经济领域率先冲破"两个凡是"的禁区，在纠正"左"倾错误，贯彻按劳分配原则方面实施了一系列过去曾被错误批判的措施，而农村则催生了农业经营方式的重大变革。

1978 年 3 月，国务院政治研究室起草了一篇《贯彻执行按劳分配的社会主义原则》的文章。邓小平认为，文章写得好，说明了按劳分配的性质是社会主义的，不是资本主义的。并指出，贯彻按劳分配原则有好多事情要做，有些问题要经过调查研究逐步解决，有些制度要恢复起来，建立起来。4 月 30 日，他就这篇文章的修改谈了意见，指出对资产阶级权利问题要好好研究一下，从理论上讲清楚，澄清"四人帮"制造的混乱。① 这篇文章经李先念审阅后，于 5 月 5 日以特约评论员名义在《人民日报》上发表。文章全面论证了按劳分配的社会主义性质，阐述了按劳分配的各种劳动报酬形式，清理了在这个问题上的理论错误和混乱。这场讨论还进一步涉及商品生产、价值规律等问题。5 月 22 日，国务院财贸小组理论组在《人民日报》上发表驳斥"四人帮"诋毁社会主义商品生产的谬论，文章针对把商品生产等同于资本主义的观点，指出社会主义商品生产与资本主义商品生产有着本质区别。因此，它的发展不会产生资本主义社会，国家可以利用商品经济的基本规律、价值规律为自己服务。在按劳分配问题讨论的推动下，1978 年 5 月 7 日，国务院发出通知，要求逐步改善职工生活的方针，有条件有步骤地实行奖励和计件工资制度。11 月 25 日，国务院批转财政部关于国营企业试行企业基金的规定，允许完成国家计划的企业提取一定数量的利润作为企业基金，用于举办集体福利事业和奖励职工。

1977 年 11 月，安徽省委制定了《关于当前农村经济政策几个问题》的规定，主要内容是：允许生产队根据农活特点，建立不同的生产责任制，尊重生产队的自主权；减轻社队和社员的负担，落实按劳分配政策，粮食分配要兼顾国家集体和个人利益；允许和鼓励社员经营自留地、家庭副业，开放集市贸易等。文件公布后，立即在全省农村受到热烈拥护，其中最欢迎的一条就是"尊重生产队的自主权"。1978 年 2 月 5 日，安徽省委第一书记万里向新华社记者

---

① 中共中央党史研究室：《中国共产党历史》第二卷（1949—1978）下册，中共党史出版社 2011 年版，第 1033 页。

谈到，尊重生产队的自主权，实质上是个尊重实际、尊重群众、发扬民主的大问题。不尊重生产队自主权，这是我们过去农村工作中许多错误的根源，历史上的教训太深刻了！尊重生产队的自主权，是党在农村的一项重要政策。[1]

1978年夏秋之际，安徽省遇到百年罕见的大旱。省委决定：凡是集体无法耕种的土地，借给社员耕种，谁种谁收，国家不征收公粮，不派统购任务。在实行"借地度荒"的过程中，安徽肥西县山南公社的部分社队干部和农民群众想起20世纪60年代初实行的"责任田"，索性再度搞起包产到户，这一消息引起了一些干部的震惊，担心再背上"复辟资本主义"的罪名。针对这种担心，10月11日，万里在省委会议上鼓励大家坚持实践是检验真理的唯一标准，省委没有决定的，只要符合客观情况的就去办，将来省委追认。[2]根据万里的意见，省委没有像过去那样对包产到户马上禁止，也没有匆忙作出结论，而是决定先派人去实地调查，这使肥西县的包产到户做法受到保护。此后，凤阳县梨园公社小岗生产队又悄悄地把耕地全部分到农户，允许各家"交够国家的，留足集体的，剩下都是自己的"，这种包干到户的做法更彻底地改变了人民公社统一经营、统一核算、统一分配的生产管理体制。

1978年夏季以后，各个领域的拨乱反正在真理标准讨论的影响下明显加快了步伐，取得了一些突破性进展。这些进展同思想理论界的大讨论相互启发、相互促进，汇成一股解放思想的潮流，对"两个凡是"的禁区，形成了强大的冲击，加速了党和国家历史性转折的实现。

四、开启中国特色社会主义法制道路的探索

"文化大革命"结束后，中国面临究竟向何处去、走什么路的关键抉择。

---

[1]　中共中央党史研究室：《中国共产党历史》第二卷（1949—1978）下册，中共党史出版社2011年版，第1035页。

[2]　同上书，第1036页。

1978 年 12 月召开的党的十一届三中全会，推动中国从阶级斗争为纲转向以经济建设为中心、从封闭半封闭转向逐步开放、从墨守成规转向全面改革，实现了新中国成立以来中国共产党历史上的伟大转折，成为开辟中国特色社会主义道路的历史起点，更使中国社会主义民主法制走上了正常轨道。[①]

（一）批判"两个凡是"，纠正冤假错案

全会高度评价了关于实践是检验真理的唯一标准问题的讨论，坚决批判了"两个凡是"的错误方针，强调要解放思想，实事求是，一切从实际出发。会议指出，解决历史遗留问题必须遵循毛泽东同志一贯倡导的实事求是、有错必纠的原则。只有坚决地平反假案，纠正错案，昭雪冤案，才能够巩固党和人民的团结，维护党和毛泽东同志的崇高威信。

（二）停止使用"以阶级斗争为纲"口号

这次全会果断地停止使用"以阶级斗争为纲"的口号，作出了把党和国家工作中心转移到经济建设上来、实行改革开放的历史性决策，这就为加强社会主义民主和法制建设创造了根本条件。因为事实证明，在"以阶级斗争为纲"的条件下，必然是开展一系列脱离法治的群众运动（大鸣、大放、大辩论、大字报）去对付所谓的"阶级敌人"。

（三）要加强社会主义民主法制建设

1. 必须使民主制度化、法律化，使这种制度和法律不因领导人的改变而改变，不因领导人的看法和注意力的改变而改变

邓小平在这次会议上发表的《解放思想，实事求是，团结一致向前看》的讲话中，深刻指出，为了保障人民民主，必须加强法制。必须使民主制度化、法律化，使这种制度和法律不因领导人的改变而改变，不因领导人的看法和注

---

① 中央文献研究室编：《中国共产党第十一届中央委员会第三次全体会议公报》，《三中全会以来重要文献选编》，人民出版社 1982 年版，第 1—15 页。

意力的改变而改变。现在的问题是法律很不完备，很多法律还没有制定出来。往往把领导人说的话当作"法"，不赞成领导人说的话就叫作"违法"，领导人的话改变了，"法"也就跟着改变。①

党的十一届三中全会公报也指出，为了保障人民民主，必须加强社会主义法制，使民主制度化、法律化，使这种制度和法律具有稳定性、连续性和极大的权威，做到有法可依，有法必依，执法必严，违法必究。

2."有法可依，有法必依，执法必严，违法必究"是加强社会主义法制的方针

邓小平在会议上强调，现在应该集中力量制定刑法、民法、诉讼法和其他各种必要的法律，例如工厂法、人民公社法、森林法、草原法、环境保护法、劳动法、外国人投资法等，经过一定的民主程序讨论通过，并且加强检察机关和司法机关建设，做到有法可依，有法必依，执法必严，违法必究。国家和企业、企业和企业、企业和个人等之间的关系，也要用法律的形式来确定；它们之间的矛盾，也有不少要通过法律来解决。现在立法的工作量很大，人力很不够，因此法律条文开始可以粗一点，逐步完善。有的法规地方可以先试搞，然后经过总结提高，制定全国通行的法律。修改补充法律，成熟一条就修改补充一条，不要等待"成套设备"。总之，有比没有好，快搞比慢搞好。此外，我们还要大力加强对国际法的研究。②

党的十一届三中全会公报也指出，为了保障人民民主，必须加强社会主义法制，使民主制度化、法律化，使这种制度和法律具有稳定性、连续性和极大的权威，做到有法可依，有法必依，执法必严，违法必究。从现在起，应当把立法工作摆到全国人民代表大会及其常务委员会的重要议程上来。检察机关和

①《解放思想，实事求是，团结一致向前看》，《邓小平文选》第二卷，人民出版社1994年版，第146页。

② 同上书，第146—147页。

司法机关要保持应有的独立性；要忠实于法律和制度，忠实于人民利益，忠实于事实真相；要保证人民在法律面前人人平等，不允许任何人有超越法律之上的特权。

（四）要加强党纪党规建设

邓小平在这次会议上强调，国要有国法，党要有党规党法。党章是最根本的党规党法。没有党规党法，国法就很难保障。各级纪律检查委员会和组织部门的任务不只是处理案件，更重要的是维护党规党法，切实把我们的党风搞好。对于违反党纪的，不管是什么人，都要执行纪律，做到功过分明，赏罚分明，伸张正气，打击邪气。①

全会选举产生了以陈云同志为首的由一百人组成的中央纪律检查委员会。这是保障党的政治路线贯彻执行的一个重要措施。纪律检查委员会的根本任务，就是维护党规党法，切实搞好党风。

党的十一届三中全会标志着中国共产党重新确立了马克思主义的思想路线、政治路线、组织路线，拉开了改革开放的大幕，标志着中国共产党人在新的时代条件下的伟大觉醒。党的十一届三中全会是划时代的，开启了改革开放和社会主义现代化建设历史新时期，也使得社会主义民主法制建设再度迎来了春天。

第二节　党要保证法律的实施

在党的十一届三中全会加强社会主义民主法制精神的鼓舞下，1979 年 7 月 1 日，五届全国人大二次会议一天之内通过了 7 部法律，即《中华人民共和国

---

① 《解放思想，实事求是，团结一致向前看》，《邓小平文选》第二卷，人民出版社 1994 年版，第 147 页。

刑法》《中华人民共和国刑事诉讼法》《中华人民共和国地方各级人民代表大会和地方各级人民政府组织法》《中华人民共和国全国人民代表大会和地方各级人民代表大会选举法》《中华人民共和国人民法院组织法》《中华人民共和国人民检察院组织法》《中华人民共和国中外合资经营企业法》，被法学界称为中国法治史上著名的"一日七法"。

在积极努力实现"有法可依"目标的同时，党中央还十分注意要形成"有法必依"的局面。为此，中共中央于 1979 年 9 月 9 日发出了《关于坚决保证刑法、刑事诉讼法切实实施的指示》(中发〔1979〕64 号文件，以下简称《指示》)。① 该《指示》指出：刑法和刑事诉讼法的颁布，对加强社会主义法制具有特别重要的意义。它们能否严格执行，是衡量中国是否实行社会主义法制的重要标志。

一、必须改变过去以言代法、有法不依的做法

《指示》严肃地分析和批评了过去我国政治生活中严重存在着的忽视社会主义法制的错误倾向，指出，在我们党内，由于新中国成立以来对建立和健全社会主义法制长期没有重视，否定法律、轻视法律；以党代政、以言代法、有法不依，在很多同志身上已经成为习惯；认为法律可有可无，法律束手束脚，政策就是法律，有了政策可以不要法律等思想，在党员干部中相当流行。各级党委要坚决改变过去那种以党代政、以言代法、不按法律规定办事，包揽司法行政事务的习惯和做法。

二、审理案件必须以事实为根据、以法律为准绳

《指示》强调，今后，各级司法机关处理违法犯罪问题，都必须以事实为根

---

① 《中共中央关于坚决保证刑法、刑事诉讼法切实实施的指示》，全国人大常委会办公厅、中央文献研究室编：《人民代表大会制度重要文献选编》，中国民主法制出版社 2012 年版，第 459—466 页。

据，以法律为准绳，具体分析，准确量刑。要特别注意严格区分和正确处理罪与非罪的问题；罪与非罪界限一时分不清的，不要想当然地匆忙地定罪判刑。各级党委要保证法律的切实实施，充分发挥司法机关的作用，切实保证人民检察院独立行使检察权，人民法院独立行使审判权，使之不受其他行政机关、团体和个人的干涉。

三、尊重司法机关依法独立办案

《指示》强调，加强党对司法工作的领导，最重要的一条就是切实保证法律的实施，充分发挥司法机关的作用，切实保证人民检察院独立行使检察权，人民法院独立行使审判权，使之不受其他行政机关、团体和个人的干涉。国家法律是党领导制定的，司法机关是党领导建立的，任何人不尊重法律和司法机关的职权，这首先就是损害党的领导和党的威信。党委与司法机关各有专责，不能互相代替，不应互相混淆。

《指示》是改革开放初期，中国共产党着手清除法律虚无主义，纠正权大于法、有法不依等错误习惯的重要文献。

四、把阶级斗争纳入法制轨道

林彪、江青两个反革命集团案，是新中国成立以来发生的特别重大、特别复杂、危害极其严重的案件。审理此案，是在全国基本上结束了揭批查林彪、江青两个反革命集团罪行，又在中央纪律检查委员会进行了长时间的党内审查的基础上进行的。

1979 年国庆节以后，中央纪律检查委员会正式认定林彪、江青两个反革命集团已经触犯了中华人民共和国法律，党内审查基本结束，移交给国家司法部门处理。1980 年 2 月，在彭真领导下，中央政法委员会和公安部开始进行对林彪、江青两个反革命集团预审的准备工作。1980 年 3 月 17 日，中央书记处决定，成立彭真同志任主任的中央"两案"审判指导委员会。

1980年9月26日，中共中央发出关于审判林彪、江青反革命集团的通知，指出：依法审判林彪、江青反革命集团，是全党、全军、全国人民的强烈愿望。现在预审工作已经结束，案件已送到检察院，预定在10月间提起公诉，依法审判。9月26日至29日，五届人大常委会举行第十六次会议。最高人民检察院检察长黄火青在会上宣布，这次准备提起公诉的10名主犯是：江青、张春桥、姚文元、王洪文、陈伯达、黄永胜、吴法宪、李作鹏、邱会作、江腾蛟。对已死的各犯不再起诉。会议决定成立最高人民检察院特别检察厅和最高人民法院特别法庭，对林彪、江青反革命集团10名主犯进行公开审判。此后，各地人民法院、军事法院对林彪、江青反革命集团的其他案犯也陆续分别进行了审判。

审判林彪、江青反革命集团的法律依据是什么？《中华人民共和国最高人民法院特别法庭判决书》开头就释明了这一点，《中华人民共和国刑法》第九条规定："中华人民共和国成立以后本法施行以前的行为，如果当时的法律、法令、政策不认为是犯罪的，适用当时的法律、法令、政策。如果当时的法律、法令、政策认为是犯罪的，依照本法总则第四章第八节的规定应当追诉的，按照当时的法律、法令、政策追究刑事责任。但是，如果本法不认为是犯罪或者处刑较轻的，适用本法。"法庭根据《中华人民共和国刑法》和《中华人民共和国刑事诉讼法》，于1980年11月20日至1981年1月25日在北京对林彪、江青反革命集团案主犯进行审理，听取了公诉人支持公诉的发言；审问了各被告人，听取了被告人的供述、辩护和最后陈述；听取了辩护人的辩护；听取了证人的证言；听取了部分被害人的陈述；核实了各种与本案直接有关的证据。

法庭根据江青等10名被告人犯罪的事实、性质、情节和对于社会的危害程度，分别依照《中华人民共和国刑法》对10名被告人作了判决。

这次对林彪、江青反革命集团的审判工作，始终以事实为根据，以法律为准绳，实事求是，依法办事。这是实施刑法、刑事诉讼法，加强法制建设的一次重大实践，为司法机关依法办案积累了宝贵的经验。最为重要的是，它把社会主义条件下的阶级斗争纳入了法制轨道。

第三节　制定八二宪法（现行宪法）

五四宪法是一部好宪法，但由于它是在社会主义改造完成之前制定的，再加上受"文化大革命"理论和实践的影响，后来有了七五宪法（1975 年 1 月 17日第四届全国人民代表大会第一次会议通过的修改后新的《中华人民共和国宪法》，这是中华人民共和国的第二部宪法）和七八宪法（1978 年 3 月 5 日第五届全国人民代表大会第一次会议通过的经重新修改制定的《中华人民共和国宪法》，这是中华人民共和国的第三部宪法），五四宪法已失去效力，所以必须修改七八宪法。

1980 年 8 月 30 日，中国共产党中央委员会向全国五届人大一次会议提出了《关于修改宪法和成立宪法修改委员会的建议》，9 月 10 日，五届全国人大第三次会议讨论和通过了中共中央的修宪建议。

1982 年 12 月 4 日，经过两年多各个层次、各行各业的人们的广泛讨论，中华人民共和国第四部宪法（现行八二宪法）在第五届全国人大第五次会议上正式通过并颁布。它继承和发展了 1954 年宪法的基本原则，总结了中国社会主义发展的经验，并吸收了国际经验，是一部有中国特色、适应中国社会主义现代化建设需要的根本大法。它明确规定了中华人民共和国的政治制度、经济制度、公民的权利和义务、国家机构的设置和职责范围、今后国家的根本任务等。其根本特点是，规定了我国的根本制度和根本任务，确定了四项基本原则和改革开放的基本方针。它规定，全国各族人民和一切组织，都必须以宪法为根本的活动准则，任何组织或个人都不得有超越宪法和法律的特权。这部宪法分为序言，总纲，公民的基本权利和义务，国家机构，国旗、国徽、首都五个部分。后来的实践表明，这部宪法有力地坚持了中国共产党的领导，有力地保障了人民民主，有力地促进了改革开放和社会主义现代化建设，有力地推动了社会主义法治国家建设进程，有力地维护了国家统一、民族团结、社会稳定。

八二宪法的特点主要是：

一、确立人民代表大会制度下的"一府一委两院"体制 ①

虽然 1954 年宪法初步建立了人民代表大会制度，但很快就遭到了破坏。八二宪法在总结历史教训的基础上，在全国人民代表大会之下设置了"一府一委两院"，"一府"即中央人民政府国务院，是最高国家权力机关的执行机关，是最高国家行政机关；"一委"是中华人民共和国中央军事委员会，中央军事委员会实行主席负责制。中央军事委员会主席对全国人民代表大会和全国人民代表大会常务委员会负责；"两院"即最高人民法院和最高人民检察院。中华人民共和国的国家机构实行民主集中制的原则。全国人民代表大会和地方各级人民代表大会都由民主选举产生，对人民负责，受人民监督。国家行政机关、审判机关、检察机关都由人民代表大会产生，对它负责，受它监督。

二、确立我国"一元、两级、多层次"的立法体制

根据我国宪法的规定，我国的立法体制是"一元、两级、多层次"。所谓"一元"，是指中华人民共和国全国人民代表大会是最高国家权力机关，行使国家立法权的主体是全国人民代表大会和它的常务委员会；所谓"两级"，是指中

---

① 2018 年 3 月 11 日，第十三届全国人民代表大会第一次会议通过宪法修正案第一百二十五条，规定中华人民共和国国家监察委员会是最高监察机关，因此，我国的政体变为人民代表大会制度下的"一府两委两院"。

央一级立法和地方一级立法；所谓"多层次"，是指制定规范性法律文件的主体从中央到地方的设置，层次清楚，权限明确，它们制定的规范性法律文件的效力地位也是呈梯级的。按照宪法的规定，只有特定的国家机关或者类似性质的组织才能为国家、社会和公民制定行为规则，其他任何党派、组织或个人的决议、讲话、作出的批示等，虽然对社会行为也有指引等影响作用，但都不具有法律效力。

三、确立公民基本权利体系

八二宪法确立了比较完善的公民基本权利体系，在五四宪法的基础上增加了新的内容，而且规定得更具体。例如，增加了关于公民的人格尊严不受侵犯的条文，更加明确地规定了关于公民的人身自由、宗教信仰自由，公民住宅不受侵犯，通信自由和通信秘密受法律保护，以及公民对于任何国家机关和国家工作人员有提出批评和建议的权利，对其违法失职行为有提出申诉、控告或检举的权利等。此外，把公民的权利义务这一章调整到国家机构这一章的前面，体现了重视公民权利的民主思想。

四、取消国家领导人任职终身制

1954 年宪法、1975 年宪法和 1978 年宪法对国家领导人任职时间都没有作出限制，1954 年宪法虽然规定国家主席任期四年，但并没有限制连任的规定。八二宪法对全国人大常委会委员长、国家主席、国务院总理以及前述职位的副职，加上最高人民法院和最高人民检察院的正职领导人，都明确规定了任期不得超过两届。

五、把四项基本原则载入宪法

据王汉斌同志回忆，"从开始研究修宪，小平同志就明确提出，一定要把四项基本原则写入宪法"。[①]1980 年 12 月 25 日，邓小平在中央工作会议上指出，对于四项基本原则，要用适当的法律形式加以确定。由宪法作为国家根本大法的性质和地位决定，将四项基本原则写入宪法，应是这种适当的法律形式。据彭真在具体主持宪法修改工作中讲，1981 年 7 月，邓小平让他抓宪法修改工作，就宪法内容明确了四点，首要的就是"理直气壮地写四个坚持"。10 月 27 日，彭真召集宪法修改委员会秘书处工作组开会，谈到要将坚持四项基本原则写入宪法的问题时，从中国近代以来的历史发展，比较系统地阐述了这样做的根本理由。他说，20 世纪至少有四件大事，即辛亥革命，新中国成立，中国历史上几千年剥削制度的废除，社会主义的比较独立、完整的国民经济体系的建立。其中，后三件大事都是中国人民在中国共产党的领导下，以马列主义、毛泽东思想为指导取得的。在宪法中要理直气壮地写"四个坚持"，不能含糊。这是历史事实证明了的。12 月 19 日，彭真将《关于宪法修改草案的几个问题的报告》报送党中央，其中阐明了坚持四项基本原则是宪法的指导思想，是最根本的问题。[②]

在如何将四项基本原则写入宪法的问题上，宪法修改过程中曾讨论过"直接写入宪法条文"和"在宪法序言中阐述"两种方式。最终将坚持四项基本原则作为基本遵循，写入了宪法序言，从而把党的领导和执政地位、党的指导思想、新中国的国体和社会主义道路作为有机统一体，以法的形式完整地规定了下来，同时在宪法的全部内容和条文中也都体现了坚持四项基本原则的基本内涵与精神实质。

---

① 《王汉斌访谈录》，中国民主法制出版社 2012 年版，第 65 页。
② 宋月红：《四项基本原则从提出到写入宪法》，《光明日报》2015 年 4 月 25 日，第 11 版。

第四节　为党内政治生活制定准则

1980 年 2 月 29 日中国共产党十一届五中全会通过了《关于党内政治生活的若干准则》(以下简称《准则》)。它是一部比较全面系统的党规党法。《准则》既概括了历史上处理党内关系和整顿党风的经验，又提出了当前党的建设的任务和要求。《准则》共十二条，主要内容如下：

一、坚持党的政治路线和思想路线

《准则》指出，坚持党的政治路线和思想路线，是党内政治生活准则中最根本的一条。党中央所提出的政治路线，其基本内容是，团结全国各族人民，调动一切积极因素，同心同德，鼓足干劲，力争上游，多快好省地建设现代化的社会主义强国。这是一条反映全国人民最高利益的马克思列宁主义的路线，全党同志必须坚决贯彻执行。

思想路线是党制定和执行政治路线的基础。党的思想路线要求坚持社会主义道路，坚持无产阶级专政，坚持党的领导，坚持马列主义、毛泽东思想。

坚持正确的政治路线和思想路线，必须反对两种错误的思想倾向。一是要反对思想僵化，反对一切从本本出发；二是要反对和批判否定社会主义道路，否定无产阶级专政，否定党的领导，否定马列主义、毛泽东思想的错误观点。

二、坚持集体领导，反对个人专断

《准则》指出，集体领导是党的领导的最高原则之一。从中央到基层的各级党的委员会，都要按照这一原则实行集体领导和个人分工负责相结合的制度。凡是涉及党的路线、方针、政策的大事，重大工作任务的部署，干部的重要任免、调动和处理，群众利益方面的重要问题，以及上级领导机关规定应由党委集体决定的问题，应该根据情况分别提交党的委员会、常委会或书记处、党组集体讨论决定，而不得由个人专断。

党委成立的研究处理任何专题的组织，必须在党委领导之下进行工作，不得代替党委和凌驾于党委之上。

在党委会内，决定问题要严格遵守少数服从多数的原则。书记和委员不是上下级关系，书记是党的委员会中平等的一员。

各个领导成员之间，要互相支持、互相谅解、善于合作。在开展批评与自我批评的时候，既要坚持原则，又要与人为善。

集体领导必须和个人分工负责相结合。做到事事有人管，人人有专责，不要事无巨细统统拿到党委会上讨论。

在分工负责中，书记或第一书记担负着组织党委的活动和处理日常工作的主要责任。不应借口集体领导而降低和抹煞书记或第一书记在党委会中的重要作用。

对领导人的宣传要实事求是。禁止给领导人祝寿、送礼、发致敬函电。对活着的人不许设纪念馆，对已故的领袖们不应多设纪念馆。禁止用党的领导人的名字作街名、地名、企业和学校的名字。除外事活动外，禁止在领导人外出时组织迎送，张贴标语，敲锣打鼓，举行宴会。

三、维护党的集中统一，严格遵守党的纪律

《准则》指出，民主集中制是党的根本组织原则。必须严肃地重申"个人服从组织，少数服从多数，下级服从上级，全党服从中央"的原则。

每个共产党员特别是各级党委的成员，都必须坚决执行党委的决定。如果有不同意见，可以保留，或者向上一级党委提出声明，但在上级或本级党委改变决定以前，除了执行决定会立即引起严重后果的非常紧急的情况之外，必须无条件地执行原来的决定。

必须反对和防止分散主义。全党服从中央，是维护党的集中统一的首要条件，是贯彻执行党的路线、方针、政策的根本保证。任何部门、任何下级组织和党员，对党的决定采取各行其是、各自为政的态度，以至擅自推翻，都是严重违反党纪的行为。

对于关系党和国家的根本利益和全局的重大政治性的理论和政策问题，有不同看法，可以在党内适当的场合进行讨论。党的报刊必须无条件地宣传党的路线、方针、政策和政治观点。对于中央已经作出决定的这种有重大政治性的理论和政策问题，党员如有意见，可以经过一定的组织程序提出，但是绝对不允许在报刊、广播的公开宣传中发表同中央的决定相反的言论；也不得在群众中散布与党的路线、方针、政策和决议相反的意见。

每个共产党员和党的干部，都必须按照党的利益高于一切的原则来处理个人问题，自觉地服从党组织对自己工作的分配、调动和安排。如果认为对自己的工作分配不适当，可以提出意见，但经过党组织考虑作出最后决定时，必须服从。

每个党员都必须严守党和国家的机密，并同泄漏党和国家机密的现象作坚决的斗争。党员看文件，听传达，参加党的会议，都要严格遵守保密纪律，严禁把党的秘密泄漏给家属、亲友和其他不应该知道这种秘密的人。必须注意内外有别，凡属党内不许对外公开的事情，不准向党外传布。

共产党员特别是各级领导干部必须成为遵守国家法律，遵守劳动纪律、工作纪律，遵守共产主义道德的模范。

共产党员在任何情况下，都不得怂恿、支持和参加闹事。

四、坚持党性，根绝派性

《准则》指出，在党内组织秘密集团是分裂党和颠覆党的犯罪行为。共产党员绝对不允许参加反对党的秘密组织和秘密活动。

各级党组织和每个共产党员一定要坚持党性，为根绝派性进行不懈的斗争。对于坚持派性屡教不改的人，一定要给予严肃的纪律处分。不应该让这样的人进领导班子，已在领导岗位上的一定要撤下来。

党的干部特别是领导干部，要团结一切忠实于党的利益的同志，团结大多数。绝对禁止搞宗派活动，搞小圈子。不要纠缠历史旧账。

在干部工作中要坚持正派的公道的作风，坚持任人唯贤，反对任人唯亲。任何人不得把党的干部当做私有财产，不得把上下级关系变成人身依附关系。

五、襟怀坦白，言行一致

《准则》指出，共产党员要忠诚坦白，对党组织不隐瞒自己的错误和自己的思想、观点。

要坚决反对看领导眼色说话办事，拿原则做交易，投机钻营，向党伸手要名誉地位的官僚政客作风和市侩行为。

共产党员不可看领导需要什么就提供什么，报喜不报忧，更不许可弄虚作假，骗取信任、荣誉和奖励。不准以任何理由和任何名义纵容、暗示、诱使、命令或强迫下级说假话。

凡是弄虚作假给党和人民的利益造成重大损失的；凡是说假话骗取了荣誉地位的；凡是用说假话来掩饰严重过失或达到其他个人目的的；凡是纵容或诱迫下级说假话的，都必须绳以党纪。对于那些不怕打击报复，敢于为保卫党和人民的利益说真话的人，应该给以表扬。

六、发扬党内民主，正确对待不同意见

《准则》规定，发扬党内民主，首先要允许党员发表不同的意见，真正做到知无不言，言无不尽。只要不反对党的基本政治立场，不搞阴谋诡计，不在群众中进行派性分裂活动，不在群众中散布违反党的路线、方针、政策的言论，

不泄漏党和国家的秘密，由于认识错误而讲错了话或者写了有错误的文章，不得认为是违反了党纪而给予处分。禁止任意夸大一个人的错误，罗织成为罪状，并给予政治上、组织上的打击甚至迫害。

对于任何党员提出的批评和意见，只要是正确的，都应该采纳和接受。如果确有错误，只能实事求是地指出来，不允许追查所谓动机和背景。

必须注意区别：反对某个同志的某个意见，不等于反对这个同志，反对某个领导机关的某个同志，不等于反对这个组织，不等于反领导，更不等于反党。

领导干部利用职权对同志挟嫌报复、打击陷害，用"穿小鞋""装材料"的办法和任意加上"反党""反领导""恶毒攻击""犯路线错误"等罪名整人，是违反党内民主制度和违反革命道德品质的行为。对敢于坚持真理的同志妄加反革命的罪名，乱用专政手段，进行残酷迫害，这是严重违法的罪行，必须受到党纪国法的严惩。

把思想认识问题任意扣上"砍旗""毒草""资产阶级""修正主义"种种政治帽子，任意说成是敌我性质的政治问题，这种做法必须制止。

七、保障党员的权利不受侵犯

《准则》规定，各级党组织必须切实保障党员的各项权利。侵犯党员权利的行为，是严重违反党纪的。

党员有权在党的会议上和党的报刊上参加关于党的政策的制定和实施问题的讨论，有权在党的会议上对党的任何组织和个人提出批评。党员对党的方针、政策、决议有不同意见，可以在党的会议上提出，也可以向各级党组织直至中央作口头或书面的报告。

对于犯了严重错误拒不改正或不称职的干部，党员有权建议罢免或调换。

党员对党组织关于他本人或其他人的处理，有权在党的会议上、或向上级组织直至中央提出声明、申诉、控告和辩护。党组织对党员的声明、申诉、控告和辩护必须及时处理或转递，不得扣压，承办单位不得推诿。申诉和控告信不许转给被控告人处理。不许对申诉人或控告人进行打击报复。控告人和被控告人都不允许诬陷他人，对诬陷他人者，要按党纪国法严肃处理。

党组织对党员的鉴定、结论和处分决定，必须同本人见面。在通过处分决定的时候，如无特殊情况，应通知本人出席会议。党组织要认真听取和考虑本人的意见。如本人有不同的意见，应将组织决定和本人意见一并报上级党组织审定。

八、选举要充分体现选举人的意志

《准则》规定，各级党组织应按照党章规定，定期召开党员大会和代表大会。党的各级委员会要按期改选。每届代表和委员，应有一定数量的更新。选举要充分发扬民主，真正体现选举人的意志，候选人名单要由党员或代表通过充分酝酿讨论提出。选举应实行候选人多于应选人的差额选举办法，或者先采用差额选举办法产生候选人作为预选，然后进行正式选举。党员数量少的单位，可不实行差额选举或实行预选。候选人的基本情况要向选举人介绍清楚。选举一律用无记名投票。

不得规定必须选举或不选举某个人。个别有特殊情况的人，需要由组织上推荐选入的，也必须确实取得多数选举人的同意。要坚决反对和防止侵犯党员选举权利，使选举流于形式，妨碍选举人体现自己意志的现象。

九、要同错误倾向和坏人坏事作斗争

《准则》规定，各级党组织要充分发挥战斗堡垒作用，率领党员和群众，坚决揭露和打击反革命分子、贪污盗窃分子、刑事犯罪分子和严重违法乱纪分子。

共产党员特别是各级领导干部在同错误倾向和坏人坏事作斗争中，要有大无畏的革命精神，敢于挺身而出，不怕得罪人，不怕受到打击迫害。

十、正确对待犯错误的同志

《准则》规定，对于一切犯错误的同志，要历史地全面地评价他们的功过是非，不要一犯错误就全盘否定；也不要纠缠历史上发生过而已经查清的问题和历史上犯过而已经纠正了的错误。要在弄清事实的基础上，具体分析他们所犯错误的性质和程度，以热情的同志式的态度，帮助他们认识犯错误的原因，指出改正的办法，启发他们做必要的检查。要相信犯错误的同志大多数是可以改正的，要给他们改正错误、继续为党工作的条件。

对犯错误的同志进行批评是完全必要的，但是不可采取一哄而起的围攻、不让本人辩解、也不让其他同志发表不同意见的"斗争会"方式。党内不准用超越党的纪律或违犯国家法律的手段对待党员。严禁所谓揪斗，严禁人身侮辱和人身迫害，严禁诱供逼供。

犯了错误的同志，应该诚恳地接受党组织和同志们的批评教育和纪律处分。对于确实犯有严重错误、拒不承认而又坚持无理取闹的人，要加重处分。

十一、主动接受党和群众的监督

《准则》规定，必须坚持在真理面前人人平等，在党纪国法面前人人平等的原则。党内决不容许有不受党纪国法约束或凌驾于党组织之上的特殊党员。决不允许共产党员利用职权谋取私利。

任何领导干部都不允许超越党组织所赋予自己的权限，侵犯集体的权限和别人的权限。所有的党员都是平等的同志和战友，党的领导干部要以平等的态度待人，不能以为自己讲的话不管正确与否，别人都得服从，更不能摆官架子，动辄训人、骂人。由于上级领导人员的缺点和错误，使下级的工作出了问题，上级要主动给下级承担责任，首先作自我批评。

各级领导干部要坚决克服一部分领导干部中为自己和家属谋求特殊待遇的

恶劣倾向。禁止领导人违反财经纪律，任意批钱批物。禁止利用职权为家属亲友在升学、转学、晋级、就业、出国等方面谋求特殊照顾。禁止违反规定动用公款请客送礼。禁止违反规定动用公款为领导人修建个人住宅。禁止公私不分，假公济私，用各种借口或巧立名目侵占、挥霍国家和集体的财物。

党的各级领导人员必须自觉地严格遵守关于生活待遇的规定，同时加强对子女的教育。如果违反了有关规定，经过批评教育仍不改正的，必须给予党的纪律处分。

任何领导干部，不得违反党的干部标准和组织原则，将自己的亲属提拔到领导岗位上来；不得让他们超越职权干预党和国家的工作；不应把他们安排在身边的要害岗位上。

必须采取自下而上和自上而下相结合、党内和党外相结合的方法，加强党组织和群众对党的领导干部和党员的监督。

要在充分走群众路线的基础上，建立和完善对干部的考试、考核、奖惩、轮换、退休、罢免等一整套制度。通过实行这些制度，真正做到功过分明，赏罚分明，鼓励先进，激励后进。

《准则》是党的一项重要法规，是党章的具体补充。它总结了我们党几十年来处理党内关系的经验，针对当下所存在的党风党纪问题，对党内政治生活中必须遵循的各项原则作了明确的规定，既体现了我们党的优良传统和作风，又在许多方面作了发展。

1980 年 11 月，中纪委召开第三次贯彻《关于党内政治生活的若干准则》座谈会，中纪委第一书记陈云提了三条意见：第一，执政党的党风问题是有关党的生死存亡的问题。因此，党风问题必须抓紧搞，永远搞。第二，纪律检查委员会的工作会有困难。但是经过统一认识，是可以解决的。第三，必须实事求是，查清事实，核实材料，再处理问题，并和本人见面。"执政党的党风问题是有关党的生死存亡的问题"的著名论断，写进了《关于建国以来党的若干历史问题的决议》和党的十二大政治报告，成为响彻全党的警钟。

第五节 《关于建国以来党的若干历史问题的决议》 的法律意义

笔者认为，《关于建国以来党的若干历史问题的决议》（以下简称《决议》）不仅是一个总结新中国成立以来党的若干重大问题经验教训的文献，更是一份新中国成立以来社会主义民主法制建设经验教训的总结。

1. 必须以经济建设为中心加强民主法制建设

《决议》指出，在社会主义改造基本完成以后，我国所需要解决的主要矛盾，是人民日益增长的物质文化需要同落后的社会生产之间的矛盾。党和国家工作的重点必须转移到以经济建设为中心的社会主义现代化建设上来。我们过去所犯的错误，归根到底，就是没有坚定不移地实现这个战略转移。今后，除了发生大规模外敌入侵（那时仍然必须进行为战争所需要和容许的经济建设），决不能再离开这个重点。

2. 必须循序渐进地推进现代化目标的实现

社会主义经济建设必须从我国国情出发，量力而行，积极奋斗，有步骤分阶段地实现现代化的目标。既反对急于求成，也反对消极情绪。

3. 必须防止阶级斗争扩大化对法治的破坏

阶级斗争扩大化是阶级斗争为纲（阶级斗争为主要矛盾）的必然产物，运用非法治思维和法治方式处理阶级斗争问题是阶级斗争扩大化的必然产物。《决议》指出，对于党和国家肌体中确实存在的某些阴暗面，当然需要作出恰当的估计并运用符合宪法、法律和党章的正确措施加以解决，但决不应该采取"文化大革命"的理论和方法。

4. 必须牢记没有社会主义民主法制就没有社会主义

没有民主法制就没有社会主义，民主法制是社会主义的制度保障。《决议》指出，逐步建设高度民主的社会主义政治制度，是社会主义革命的根本任务之一。新中国成立以来没有重视这一任务，成了"文化大革命"得以发生的一个重要条件，这是一个沉痛教训，1964 年底到 1965 年初召开的第三届全国人民代表大会第一次会议提出"四个现代化"的宏伟目标，都没有提到法治现代化、政治文明等，但"文化大革命"的教训使我们认识到了法治现代化是整个国家现代化的不可缺少的组成部分。

5. 必须防止封建残余思想的沉渣浮起

"文化大革命"的教训表明，封建残余思想是危害我国法制建设的重要因素，《决议》强调了清除封建残余思想的影响，这对加强民主法制建设具有很大的推进作用。

6. 必须坚持党在宪法和法律的范围内活动的原则

《决议》指出，党的各级组织同其他社会组织一样，都必须在宪法和法律的范围内活动。这一论断非常精辟，是后来提出"依法执政"的前奏。

总之，《决议》的问世，标志着党胜利地完成了指导思想上的拨乱反正，既对多年来的"左"倾错误和毛泽东同志晚年的错误作了科学的分析和批判，又坚决地维护了党在长期斗争中形成的优良传统，维护了毛泽东思想的科学真理和毛泽东同志的历史地位。从法治的角度来看，它总结了 1957 年"反右派斗争扩大化"以来、特别是"文化大革命"的沉痛教训，是中国法制发展史上一个承前启后的重要篇章。

第六节　建设有中国特色的社会主义现代化

1982 年 9 月，中国共产党召开了第十二次全国代表大会。邓小平在会上致了开幕词，胡耀邦作了《全面开创社会主义现代化建设的新局面》政治报告（以下简称《报告》）和党的十二大通过的党章都提出了许多新的思想。

一、建设有中国特色的社会主义

邓小平在开幕词中指出，我们的现代化建设，必须从中国的实际出发。无论是革命还是建设，都要注意学习和借鉴外国经验。但是，照抄照搬别国经验、别国模式，从来不能得到成功。这方面我们有过不少教训。把马克思主义的普遍真理同我国的具体实际结合起来，走自己的道路，建设有中国特色的社会主义，这就是我们总结长期历史经验得出的基本结论。邓小平提出的建设有中国特色的社会主义的思想，是整个新的历史时期改革开放和现代化建设的指导思想。

二、党在 20 世纪 80 年代的三大任务

邓小平在开幕词中指出，80 年代是我们党和国家历史发展上的重要年代。加紧社会主义现代化建设，争取实现包括台湾在内的祖国统一，反对霸权主义、维护世界和平，是我国人民在 80 年代的三大任务。这三大任务中，核心是经济建设，它是解决国际国内问题的基础。

三、"四个现代化"还要加上"高度文明""高度民主"

《报告》提出，中国共产党在新的历史时期的总任务是：团结全国各族人民，自力更生，艰苦奋斗，逐步实现工业、农业、国防和科学技术现代化，把我国建设成为高度文明、高度民主的社会主义国家。这是在过去所提的"四个现代化"基础上，又增加了"高度文明"和"高度民主"两项。"高度文明"的含义是"推进社会主义物质文明和精神文明的建设"，"高度民主"的含义是"健全社会主义民主和法制"。

四、坚持国营经济主导地位、发展多种所有制经济

《报告》恢复了党的八大所提倡的公有制经济为主体，非公有制经济为补充的思想。提出，社会主义国营经济在整个国民经济中居于主导地位。巩固和发展国营经济，是保障劳动群众集体所有制经济沿着社会主义方向前进的决定性条件。同时在农村和城市，都要鼓励劳动者个体经济在国家规定的范围内和工商行政管理下适当发展，作为公有制经济的必要的、有益的补充。只有多种经济形式的合理配置和发展，才能繁荣城乡经济，方便人民生活。

《报告》提出无论在国营企业或集体企业中，都必须认真实行经营管理上的责任制。把坚持公有制和实行生产责任或经济责任制结合起来，这是我们建设社会主义的一个创造。

五、贯彻计划经济为主、市场调节为辅原则

《报告》恢复了党的八大的计划经济为主、市场调节为补充的思想。提出，我国在公有制基础上实行计划经济。有计划的生产和流通，是我国国民经济的主体。同时，允许对部分产品的生产和流通不作计划，由市场来调节，也就是说，根据不同时期的具体情况，由国家统一计划划出一定的范围，由价值规律自发地起调节作用。

六、社会主义精神文明是社会主义的重要特征

《报告》提出，社会主义精神文明是社会主义的重要特征，是社会主义制度优越性的重要表现。物质文明建设是社会主义精神文明建设不可缺少的基础。社会主义精神文明对物质文明的建设不但起巨大的推动作用，而且保证它的正确的发展方向。两种文明的建设，互为条件，又互为目的。

社会主义精神文明的建设大体可以分为文化建设和思想建设两个方面。这

两方面又是互相渗透和互相促进的。

七、一手抓经济建设，一手抓打击严重犯罪活动

《报告》提出，我们从思想上到行动上一定要坚持两手：一手是坚持对外开放、对内搞活经济的政策，另一手是坚决打击经济领域和政治文化领域中危害社会主义的严重犯罪活动。只注意后一手而怀疑前一手是错误的，只强调前一手而忽视后一手是危险的。

八、党必须在宪法法律范围内活动和反对个人崇拜

关于党的领导与社会主义民主法制关系问题，《报告》指出，党的十二大通过的新党章规定党必须在宪法法律范围内活动的规定是一项极其重要的原则，党是人民的一部分。党领导人民制定宪法和法律，一经国家权力机关通过，全党必须严格遵守。

十二大通过的新党章把反对个人崇拜归纳为三句话：党禁止任何形式的个人崇拜，要保证党的领导人的活动处于党和人民的监督之下，同时维护一切代表党和人民利益的领导人的威信。

九、中共和民主党派要"长期共存，互相监督，肝胆相照，荣辱与共"

关于新时期统一战线问题，《报告》在统一战线的范围里，在社会主义劳动者和拥护社会主义的爱国者的基础上，新增了拥护祖国统一的爱国者。在中共和民主党派的关系上，在原来"长期共存，互相监督"基础上新增了"肝胆相照，荣辱与共"。

党的十二大在中国共产党法律思想史上，最大的贡献是提出了要建设有中国特色的社会主义，把经济建设、政治建设和思想文化建设三个方面同时并列为建设社会主义的目标，在经济建设的同时，还要努力建设高度的社会主义精

神文明、高度的社会主义民主，确立了党必须在宪法法律范围内活动的重要原则，强调了必须发展多种所有制经济，必须在公有制企业中实行生产责任或经济责任制，等等。

第七节　通过整党纠正"左"和右两种错误倾向

1983 年 10 月 11 日至 12 日，中国共产党第十二届中央委员会在北京召开第二次全体会议。会议的主要内容是研究整党的基本方针、基本任务。全会讨论通过了《中共中央关于整党的决定》（以下简称《决定》）。明确规定了这次整党的基本方针、基本任务、基本政策和基本方法，是这次整党的指导性文件。邓小平在会上作了题为《党在组织路线和思想路线上的重要任务》的讲话。他就整党不能走过场和思想战线不能搞精神污染的问题发表了意见。关于整党不能走过场，他指出："我们党现在的状况还远不是令人满意。党内还存在着不少没有来得及清理和解决的严重问题。这里有十年内乱遗留下来的消极东西，也有在新的历史条件下产生和发展起来的消极东西。"其中最危险的是"三种人"。①"在整党中对于上述的'三种人'和其他各种错误严重、危害严重的人，必须严肃地作出组织处理，该开除党籍的就开除党籍，该给撤职或其他处分的就给这些处分，犯罪的还得法办。"

关于思想路线不能搞精神污染，邓小平指出，"理论界文艺界还有不少问

---

① "三种人"是指：在党内，追随林彪、江青反革命集团造反起家的人；帮派思想严重的人；打砸抢分子。造反起家的人，指紧跟林彪、江青两个反革命集团，造反夺权，升了官，干了坏事，情节严重的人；帮派思想严重的人，指竭力宣扬林彪、江青反革命集团的反动思想，拉帮结派干坏事，粉碎"四人帮"以后，明里暗里进行帮派活动的人；打砸抢分子，指诬陷迫害干部、群众，刑讯逼供，摧残人身，情节严重的人，砸机关、抢档案、破坏公私财物的主要分子和幕后策划者，策划、组织、指挥武斗造成严重后果的分子。

题，还存在相当严重的混乱，特别是存在精神污染的现象"。精神污染的实质是散布对社会主义、共产主义和对于共产党领导的不信任情绪，助长一部分人当中怀疑以至否定社会主义和党的领导的思潮。因此，必须大力加强党对思想路线的领导，对于造成思想混乱和精神污染的各种严重问题，必须采取坚决、严肃、认真的态度，一抓到底。解决思想战线混乱问题的主要方法，仍然是开展批评和自我批评。在强调开展积极的思想斗争的时候，仍然要注意防止"左"的错误。①

一、统一思想、整顿作风、加强纪律和纯洁组织

《决定》指出，整党的任务主要是四项：②

第一，统一思想。纠正一切违反四项基本原则、违反党的十一届三中全会以来党的路线的"左"的和右的错误倾向。"左"表现为对十一届三中全会以来党的路线、方针和基本政策持抵触态度；右表现为怀疑和否定四项基本原则，宣扬资产阶级自由化。对少数坚持错误的政治立场而拒绝改正的，不但要进行严肃的批评和思想斗争，还要给予必要的纪律处分。

第二，整顿作风。即纠正各种利用职权谋取私利的行为，反对对党对人民不负责任的官僚主义。对于在 1980 年 3 月中央公布《关于党内政治生活的若干准则》以后利用职权和其他条件谋取私利的党员和党员干部，要责令他们作出检讨，错误严重的，要给以党纪政纪处分，触犯刑律的要依法惩处。在经济上占了便宜的，要查清事实，区别不同情况，实行退赔。对《准则》公布以前的这类问题，情节特别严重或坚持错误、屡教不改的，也要严肃处理。对于严重

---

① 《党在组织战线和思想战线上的迫切任务》，《邓小平文选》第三卷，人民出版社 1993 年版，第 37—48 页。

② 《中共中央关于整党的决定》，本书编委会编：《中国共产党历届代表大会全纪录——"一大"到"十七大"》（三），中共党史出版社 2007 年版，第 1099—1108 页。

失职的官僚主义者，要给以必要的处分，直至撤职和开除党籍。

第三，加强纪律。即坚持民主集中制的组织原则，反对无组织无纪律的家长制、派性、无政府主义、自由主义，改变党组织的软弱涣散状况。这些现象，在这次整党中一定要彻底改变。

第四，纯洁组织。即按照党章规定，把坚持反对党、危害党的分子清理出来，开除出党。清理"三种人"，是纯洁组织的关键问题。"对开除了党籍的人，凡是还可以当干部的要适当安排他们的工作，不能当干部的也要在工作和生活上给以出路；要在思想上政治上关心他们，鼓励他们改造，帮助他们进步。"

二、必须防止整党"走过场"

为了防止走过场，在整党结束时，上级党委要组织验收。验收时要有党员代表参加，充分听取党员群众的意见。验收的标准是：（1）领导班子是不是能够正确地贯彻执行党的路线、方针、政策，同中央在政治上保持一致，是不是形成了团结一致的坚强核心。（2）坚持反对党、危害党的分子，特别是"三种人"，是不是都得到了严肃的处理。（3）党内外群众意见很多的问题，特别是利用职权和其他条件谋取私利的问题，是不是都得到了认真的解决。（4）党员的政治素质是不是提高了，组织纪律性是不是加强了，是不是能够认真执行党章，积极发挥先锋模范作用。党的基层组织是不是发挥了战斗堡垒作用，是不是加强了同群众的联系。（5）本组织所负责的生产和工作，是不是有了显著的起色。在验收中，凡是发现没有做到这五条的，应当坚决补课。在本决定下达前，已经进行过整党试点的单位，经检查符合上述五条标准的，应承认其有效；不完全符合的，缺什么补什么。

党的十二届二中全会通过的《中共中央关于整党的决定》，标志着党开始意识到改革开放潮流所带来的一部分消极因素，并使用国家力量去积极地解决矛盾。《决定》的通过，也在一定程度上使全党对"左"和右有了更深入的了解。

第八节　对发展社会主义商品经济的探索

1984 年 10 月党的十二届三中全会通过了《中共中央关于经济体制改革的决定》(以下简称《决定》)。就法律思想的角度而言，它主要提出了如下新的观点：

一、国有企业的所有权与经营权可以分离

《决定》指出，国企的所有权与经营权可以分离，要让企业真正成为相对独立的经济实体，成为自主经营、自负盈亏的社会主义商品生产者和经营者，具有自我改造和自我发展的能力，成为具有一定权利和义务的法人。

二、计划经济体制应该是统一性和灵活性相结合

《决定》指出，社会主义的计划体制，应该是统一性同灵活性相结合的体制。要有步骤地适当缩小指令性计划的范围，适当扩大指导性计划的范围。

三、社会主义计划经济是公有制基础上的商品经济

《决定》指出，社会主义计划经济是在公有制基础上的商品经济。实行计划经济时运用价值规律发展经济不是互相排斥的而是统一的，这是《决定》中提出并得到明确解决的一个最重要的新观点。《决定》强调，商品经济的充分发展，是社会经济发展的不可逾越的阶段。这是对原来社会主义是纯粹的计划经济说法的一个巨大突破。

四、社会主义企业之间不排斥市场竞争

过去一直讲社会主义企业之间不存在竞争，《决定》明确表示在社会主义条

件下既然存在商品生产，也就必然存在竞争，社会主义企业之间进行竞争对于提高企业的经营管理水平有利。

五、要开拓国内和国外两个市场

《决定》提出一定要充分利用国内和国外两种资源，开拓国内和国外两个市场，学会组织国内建设和发展国外经济关系的两套本领。重申"把对外开放作为长期的基本国策"，同时指出"对外要开放，国内各地区之间更要互相开放"。这种理念有利于后来我们加入世界贸易组织。

第九节　民主法制教育是社会主义精神文明的重要内容

1986 年 9 月中国共产党十二届六中全会通过了历史上首个《关于社会主义精神文明建设指导方针的决议》(以下简称《决议》)，《决议》把民主法制教育列入了精神文明建设中的内容。

一、精神文明建设要吸取阶级斗争扩大化的教训

《决议》指出，加强精神文明建设，就要牢记历史教训，正确处理社会主义社会的各种矛盾，坚持对思想性质的问题采取讨论的方法、说理的方法、批评和自我批评的方法。①

在公有制为主体的前提下发展多种经济成分，在共同富裕的目标下鼓励一部分人先富裕起来。在这样的历史条件下，全民范围的道德建设，就应当肯定

---

① 《中共中央关于社会主义精神文明建设指导方针的决议》，本书编委会编:《中国共产党历届代表大会全纪录》(三)，中共党史出版社 2007 年版，第 1135—1143 页。以下所引，俱出于此，不再注明。

由此而来的人们在分配方面的合理差别，同时鼓励人们发扬国家利益、集体利益、个人利益相结合的社会主义集体主义精神，发扬顾全大局、诚实守信、互助友爱和扶贫济困的精神。

《决议》指出，对外开放的国策适用于精神文明建设。我们坚决摒弃资本主义的一切丑恶腐朽的东西，但是必须下大决心用大力气，把当代世界各国包括资本主义发达国家的先进的科学技术、具有普遍适用性的经济行政管理经验和其他有益文化学到手，并在实践中加以检验和发展。

因此，社会主义精神文明应是以马克思主义为指导的，批判继承历史传统而又充分体现时代精神的，立足本国而又面向世界的，这样一种高度发达的社会主义精神文明。

二、既要反对封建主义遗毒，也要反对资产阶级自由化

《决议》指出，我们要批判封建主义道德遗毒。封建道德在我国影响很深，今天我们社会关系中残存的宗法观念、特权思想、专制作风、拉帮结伙、男尊女卑等，本质上都是封建遗毒的反映。我们还要克服社会风俗习惯中还存在的愚昧落后的东西。婚嫁丧葬中的陋习要改革，封建迷信要破除。同时，我们也要注意克服资产阶级腐朽思想，反对资产阶级自由化。

三、民主和法制是社会主义精神文明的重要体现

《决议》指出，我国社会主义发展中的主要历史教训，一是没有集中力量发展经济，二是没有切实建设民主政治。党的十一届三中全会以来，我们党强调没有民主就没有社会主义现代化，强调民主要制度化法律化，强调党必须在宪法和法律的范围内活动，切实推进党和国家政治生活的民主化、经济管理的民主化、整个社会生活的民主化。

民主和法制、纪律不可分。不要社会主义民主的法制，决不是社会主义法

制；不要社会主义法制的民主，决不是社会主义民主。只有大力加强以宪法为根本的社会主义法制，加强劳动纪律和工作纪律，同实际生活中种种压制和破坏民主的行为作斗争，才能推进并保证经济建设和全面改革的顺利发展，维护国家的长治久安。

要在全体人民中坚持不懈地普及法律常识，增强社会主义的公民意识，使人们懂得公民的基本权利和义务，懂得与自己工作和生活直接有关的法律和纪律，养成守法遵纪的良好习惯。公民都要遵守宪法，党员还要遵守党章。在法纪面前人人平等，绝不允许有任何超越法律和纪律的特殊人物，这应当成为我国政治和社会生活中不可动摇的准则。学术和艺术问题，要遵守宪法规定的原则，实行学术自由，创作自由，讨论自由，批评和反批评自由。

第十节　依据党的基本路线进行政治体制改革

1987 年 10 月中国共产党召开了第十三次全国代表大会。被邓小平高度认可的党的十三大报告（以下简称《报告》），在加强社会主义民主法治建设方面提出了新的观点和新的举措。主要是：

一、社会主义初级阶段理论和基本路线

《报告》首次提出了社会主义初级阶段理论：我国社会主义初级阶段，是逐步摆脱贫穷、摆脱落后的阶段；是由农业人口占多数的手工劳动为基础的农业国，逐步变为非农产业人口占多数的现代化的工业国的阶段；是由自然经济半自然经济占很大比重，变为商品经济高度发达的阶段；是通过改革和探索，建立和发展充满活力的社会主义经济、政治、文化体制的阶段；是全民奋起，艰苦创业，实现中华民族伟大复兴的阶段。这一理论使我们明白了现阶段的民主

法制建设是社会主义初级阶段的民主法制建设，一方面它是社会主义性质，而非资本主义性质；另一方面它的水平只能是社会主义初级阶段的水平，还需要经过生产力的巨大发展之后，民主法制才能有更高的水平。

《报告》首次归纳总结的党的"一个中心，两个基本点"的基本路线，成为我们进行社会主义初级阶段民主法制建设的根本遵循。"一个中心"（以经济建设亦即发展生产力为中心，社会主义初级阶段发展社会生产力所要解决的历史课题，是实现工业化和生产的商品化、社会化、现代化）是发展民主法制的根本任务，"两个基本点"中的"坚持四项基本原则"是我们民主法制建设所不能动摇的方向，决不能搞资产阶级自由化。"坚持改革开放"意味着我们的民主法制建设必须借鉴人类一切有益的文明成果，决不能闭关锁国、思想僵化。《报告》根据历史经验教训指出："排除僵化和自由化这两种错误思想的干扰和影响，将贯穿社会主义初级阶段的全过程。由于'左'的积习很深，由于改革开放的阻力主要来自这种积习，所以从总体上说，克服僵化思想是相当长时期的主要任务。"

二、社会主义初级阶段的经济运行机制

《报告》首次归纳了社会主义初级阶段的经济运行机制，即：国家调节市场，市场引导企业。国家运用经济手段、法律手段和必要的行政手段，调节市场供求关系，创造适宜的经济和社会环境，以此引导企业正确地进行经营决策。

三、我国政治体制改革的长远目标和近期目标

《报告》指出，我国现行的政治体制，是脱胎于革命战争年代而在社会主义改造时期基本确立的，是在大规模群众运动和不断强化指令性计划的过程中发展起来的。它不适应在和平条件下进行经济、政治、文化等多方面的现代化建设，不适应发展社会主义商品经济。

《报告》对我国社会主义政治体制的现状、改革的长远目标和近期目标首次

做了初步的阐释。一是我国基本政治制度是好的。人民代表大会制度，共产党领导下的多党合作和政治协商制度，按照民主集中制的原则办事，是我们的特点和优势，决不能丢掉这些特点和优势，照搬西方的"三权分立"和多党轮流执政。二是在具体的领导制度、组织形式和工作方式上，存在着一些重大缺陷，主要表现为权力过分集中，官僚主义严重，封建主义影响远未肃清。三是政治体制改革的长远目标，是建立高度民主、法制完备、富有效率、充满活力的社会主义政治体制。

《报告》提出了近期政治体制改革的目标，一是实行党政分开，二是进一步下放权力，三是改革政府工作机构，四是改革干部人事制度，五是建立社会协商对话制度，六是完善社会主义民主政治的若干制度，七是加强社会主义法制建设。

四、政治体制改革的关键是党政职能分开

《报告》指出，政治体制改革的关键是党政分开。党政分开是指党政职能分开。中国共产党是我国社会主义事业的领导核心。党的领导是政治领导，即政治原则、政治方向、重大决策的领导和向国家政权机关推荐重要干部。党对国家事务实行政治领导的主要方式是：使党的主张经过法定程序变成国家意志，通过党组织的活动和党员的模范作用带动广大人民群众，实现党的路线、方针、政策。党和国家政权机关的性质不同，职能不同，组织形式和工作方式不同。应当改革党的领导制度，划清党组织和国家政权的职能，理顺党组织与人民代表大会、政府、司法机关、群众团体、企事业单位和其他各种社会组织之间的关系，做到各司其职，并且逐步走向制度化。

《报告》指出，中央、地方、基层的情况不同，实行党政分开的具体方式也应有所不同。党中央应就内政、外交、经济、国防等各个方面的重大问题提出决策，推荐人员出任最高国家政权机关领导职务，对各方面工作实行政治领导。省、市、县地方党委，应在执行中央路线和保证全国政令统一的前提下，对本

地区的工作实行政治领导。

《报告》要求调整党的组织形式和工作机构。今后，各级党委不再设立不在政府任职但又分管政府工作的专职书记、常委。党委办事机构要少而精，与政府机构重叠对口的部门应当撤销，它们现在管理的行政事务应转由政府有关部门管理。

五、围绕转变政府职能而权力下放

《报告》指出，权力过分集中的现象，不仅表现为行政、经济、文化组织和群众团体的权力过分集中于党委领导机关，还表现为基层的权力过分集中于上级领导机关。克服这一弊端的有效途径是下放权力。总原则是：凡是适宜于下面办的事情，都应由下面决定和执行。在中央和地方的关系上，要在保证全国政令统一的前提下，逐步划清中央和地方的职责，做到地方的事情地方管，中央的责任是提出大政方针和进行监督。在政府同企事业单位的关系上，要按照自主经营、自主管理的原则，将经营管理权下放到企事业单位，逐步做到各单位的事情由各单位自己管，政府的责任是按照法规政策为企业服务并进行监督。在党和政府同群众组织的关系上，要充分发挥群众团体和基层群众性自治组织的作用，逐步做到群众的事情由群众自己依法去办。《报告》这些设想的方向已被后来的实践证明是正确的。

《报告》指出，政府机构庞大臃肿，层次过多，职责不清，互相扯皮，是形成官僚主义的重要原因之一。为了避免重走过去"精简—膨胀—再精简—再膨胀"的老路，这次机构改革必须抓住转变职能这个关键。要按照经济体制改革和政企分开的要求，合并裁减专业管理部门和综合部门内部的专业机构，使政府对企业由直接管理为主转变到间接管理为主。

为了巩固机构改革的成果并使行政管理走上法制化的道路，必须加强行政立法，为行政活动提供基本的规范和程序。要完善行政机关组织法，制定行政机关编制法，用法律手段和预算手段控制机构设置和人员编制。要层层建立行政责任制，提高工作质量和工作效率。要制定行政诉讼法，追究一切行政人员的失职、渎职和其他违法违纪行为。

六、建立公务员制度

《报告》指出，现行干部人事制度仍然存在一些重大缺陷，主要是："国家干部"这个概念过于笼统，缺乏科学分类；管理权限过分集中，管人与管事脱节；管理方式陈旧单一，阻碍人才成长；管理制度不健全，用人缺乏法治。这使我们长期面临两大问题：一是年轻优秀的人才难以脱颖而出，二是用人问题上的不正之风难以避免。《报告》要求，当前干部人事制度改革的重点，是建立国家公务员制度，即制定法律和规章，对政府中行使国家行政权力、执行国家公务的人员，依法进行科学管理。国家公务员分为政务和业务两类。政务类公务员，必须严格依照宪法和组织法进行管理，实行任期制，并接受社会的公开监督。业务类公务员按照国家公务员法进行管理，实行常任制。《报告》的这一设计促进了后来我国公务员制度的形成。

七、建立社会协商对话形成制度

《报告》指出，要制定关于社会协商对话制度的若干规定，明确哪些问题必须由哪些单位、哪些团体通过协商对话解决。对全国性的、地方性的、基层单位内部的重大问题的协商对话，应分别在国家、地方和基层三个不同的层次上展开。《报告》的这一设想推动了协商民主制度的形成和发展。

八、立足于办得到的事情而进行一些制度的改革

《报告》不受当时苏联政治体制改革做法的影响，切合实际地指出，现阶段社会主义民主政治的建设，要从办得到的事情做起，致力于基本制度的完善。

第一，要进一步密切各级人大与群众的联系，使人大能够受到人民的监督。要加强全国人大特别是它的常委会的组织建设，在逐步实现委员比较年轻化的同时，实现委员的专职化。要完善全国人大常委会和各专门委员会的议事规则和工作程序，加强制度建设。

第二，要加强政协自身的组织建设，逐步使国家大政方针和群众生活重大问题的政治协商和民主监督经常化。

第三，促进基层民主生活的制度化。《报告》指出，必须抓紧制定新闻、出版、结社、集会、游行等法律，建立人民申诉制度，使宪法规定的公民权利和自由得到保障，同时依法制止滥用权利和自由的行为。应当制定促进人员合理流动的法规，建立劳动仲裁制度，积极推进公共福利事业的社会化。

第四，要使各种群众团体能够按照各自的特点独立自主地开展工作，能够在维护全国人民总体利益的同时，更好地表达和维护各自所代表的群众的具体利益。群众团体也要克服"官"气和行政化倾向，转变活动方式，积极参与社会协商对话、民主管理和民主监督，把工作重点放在基层，赢得群众特别是基层群众的信任。

九、加强社会主义法制

《报告》强调要加强社会主义法制。指出，国家的政治生活、经济生活和社会生活的各个方面，民主和专政的各个环节，都应做到有法可依，有法必依，执法必严，违法必究。

第一，法制建设必须贯穿于改革的全过程。应兴应革的事情，要尽可能用法律或制度的形式加以明确。

第二，要逐步做到：党、政权组织同其他社会组织的关系制度化，国家政权组织内部活动制度化，中央、地方、基层之间的关系制度化，人员的培养、选拔、使用和淘汰制度化，基层民主生活制度化，社会协商对话制度化。

十、政治体制改革必须有领导有秩序地逐步展开

《报告》强调政治体制改革是一项艰巨复杂的任务，必须采取坚决、审慎的方针，有领导有秩序地逐步展开，尽可能平稳地推进。各项改革都要注重试验，鼓励探索，注意找到切实的过渡措施和办法，做到循序渐进。各地条件和情况不同，改革不能"一刀切"。少数民族自治地方和边远地区的改革，应当采取更为稳妥的切合当地实际的步骤。经济特区的改革，可以有更大的灵活性。这种改革的策略后来被党进一步概括为"要把改革的力度、发展的速度和人民群众心里可以承受的程度有机结合起来"。

十一、以发展党内民主来带动人民民主

《报告》首次提出要以发展党内民主来带动人民民主。指出，以党内民主来逐步推动人民民主，是发展社会主义民主政治的一条切实可行、易于见效的途径。健全党的集体领导制度和民主集中制，要从中央做起。主要是：建立中央政治局常委向中央政治局、中央政治局向中央全会定期报告工作的制度；适当增加中央全会每年开会的次数，使中央委员会更好地发挥集体决策作用；建立中央政治局、政治局常委会、中央书记处的工作规则和生活会制度，使集体领导制度化，加强对党的领导人的监督和制约。地方各级党组织也要相应建立和完善有关的议事规则、表决制度和生活会制度。要改革和完善党内选举制度，明确规定党内选举的提名程序和差额选举办法。要切实保障党章规定的党员民主权利，制定保障党员权利的具体条例。要疏通党内民主渠道和健全民主生活，使党员对党内事务有更多的了解和直接参与的机会。

十二、在改革开放中必须从严治党

《报告》提出了在改革开放中必须从严治党，走出一条在党的建设上不搞政

治运动，而靠改革和制度建设的新路子。指出，无产阶级政党的力量和作用，不是取决于党员的数量，而是取决于党员的质量。长期以来，我们在吸收党员的工作中存在着忽视质量的倾向，因此，从严治党，除了必须把少数腐败分子开除出党之外，还必须着眼于对绝大多数党员经常地进行教育，提高他们的素质。

党的十三大最重要的历史性贡献，就是第一次系统地阐明了社会主义初级阶段的理论，明确提出了党在这个阶段的基本路线，并依据这个理论和路线制定了全面改革的基本方针和行动纲领。对党的十三大政治报告，邓小平同志说："十三大政治报告是经过党的代表大会通过的，一个字都不能动。这个我征求了李先念、陈云同志的意见，他们赞成。"[①] 这表明党的十三大政治报告是当时中国共产党人集体探索的结果。随着时代的发展，中国共产党人会不断地丰富发展它，也不可避免地会修正它。但它关于社会主义初级阶段的理论和社会主义初级阶段基本路线的概括，对马克思主义是一个重要的新发展。

第十一节　坚决反对资产阶级自由化

1989 年 6 月 23 日至 24 日，党的十三届四中全会在北京召开。全会审议并通过了李鹏同志代表中央政治局提出的《关于赵紫阳同志在反党反社会主义的动乱中所犯错误的报告》，选举江泽民同志为中央委员会总书记。全会强调，要继续坚决执行党的十一届三中全会以来的路线、方针、政策，继续坚决执行党的十三大确定的"一个中心，两个基本点"的基本路线。

---

① 《组成一个实行改革的有希望的领导集体》，《邓小平文选》第三卷，人民出版社 1993 年版，第 296 页。

一、必须继续坚持党的基本路线干下去

邓小平同志明确指出，我们原来制定的基本路线、方针、政策，今后要照样干下去，坚定不移地干下去。要坚定不移地执行党的十一届三中全会以来制定的一系列路线、方针、政策，要认真总结经验，对的要继续坚持，失误的要纠正，不足的要加点劲。总之，要总结现在，看到未来。[①]

1989 年 6 月，党的十三届四中全会召开。全会强调，要继续坚决执行党的十一届三中全会以来的路线、方针和政策，继续坚决执行党的十三大确定的"以经济建设为中心，坚持四项基本原则，坚持改革开放"的基本路线。

1989 年，国家开始实施"菜篮子工程"，建立中央和地方的肉、蛋、奶、水产和蔬菜生产基地。老百姓的"菜篮子"成了各级政府关注的焦点之一。国家增加农业投入，调整种植结构，农民的生产积极性被调动了起来，农业生产扭转了此前的徘徊局面。1989 年，中国粮食产量达到新中国成立至当年的最高水平。与此同时，中国改革开放的步伐也更加坚定。1990 年 11 月 26 日，经国务院授权，由中国人民银行批准建立的上海证券交易所宣布成立。1990 年 12 月 19 日，上海证券交易所正式开业。随后，1991 年 7 月 3 日，深圳证券交易所正式开业。两家交易所的运营，实现了股票的集中交易，形成了全国性的沪市、深市两个证券交易市场，有力推动了股份制的发展。

二、邓小平发表"南方谈话"

1992 年，改革开放走到了一个新的起点。一方面，经济全球化进程加快，高新技术产业迅猛发展，为我国加入全球性竞争和合作提供了机遇；另一方面，我国经济运行中存在的深层次性问题尚需解决。同时，社会主义在世界范围内

---

① 《在接见首都戒严部队军以上干部的讲话》，《邓小平文选》第三卷，人民出版社 1993 年版，第 307—308 页。

的实践陷入低潮，西方敌对势力大肆宣扬"共产主义大溃败"，不可避免地投射到国内。一时间，一些人对社会主义前途缺乏信心，对改革开放存在质疑和争论。能否坚持党的基本路线不动摇，抓住机遇、加快发展，把改革开放和社会主义现代化建设继续向前推进，成为影响20世纪90年代中国发展的大问题。正是在改革开放的重要关口，邓小平再次以他特有的政治勇气和政治智慧，为中国指明了道路。自1992年1月18日至2月21日，他先后视察了武昌、深圳、珠海、上海等地。在此期间，他发表了一系列重要讲话。"不要惊慌失措，不要认为马克思主义就消失了，没用了，失败了。哪有这回事！"

邓小平的讲话科学总结了改革开放以来的基本实践和基本经验，明确回答了长期困扰和束缚人们思想的许多重大认识问题，是把改革开放和现代化建设推进到新阶段的又一个解放思想、实事求是的宣言书，将中国再次引入了历史的快车道。1992年2月28日，中共中央以1992年第2号文件的形式，向全党传达了邓小平视察南方时的重要谈话内容。

第六章　以江泽民同志为主要代表的
中国共产党人的法治思想与实践

——依法治国，建设社会主义法治国家

从党的十三届四中全会到十五大，以江泽民同志为主要代表的中国共产党人继承和发展了邓小平民主法制思想，提出了社会主义市场经济是法治经济；依法治国，建设社会主义法治国家等一系列重要思想，在中国共产党的法律思想史上写下了光辉篇章。

第一节　社会主义市场经济是法治经济

1992 年 10 月，中国共产党召开了第十四次全国代表大会，江泽民同志作了政治报告《加快改革开放和现代化建设步伐，夺取有中国特色社会主义事业的更大胜利》(以下简称《报告》)。《报告》首次提出我国经济体制改革的目标是建立社会主义市场经济体制。[①]1993 年 11 月党的十四届三中全会通过

---

① 《江泽民在中国共产党第十四次全国代表大会上的报告》，本书编委会：《中国共产党历届代表大会全纪录——"一大"到"十七大"》，中共党史出版社 2007 年版，第 1306—1363 页。

了《中共中央关于建立社会主义市场经济体制若干问题的决定》(以下简称《决定》),① 确立了社会主义市场经济体制的框架。

一、中国社会主义市场经济体制的特点

《报告》指出,建立社会主义市场经济体制,就是要使市场在国家宏观调控下对资源配置起基础性作用。中国社会主义市场经济体制的特点,即:社会主义市场经济体制是同社会主义基本制度结合在一起的。

1. 在所有制结构上,以公有制包括全民所有制和集体所有制经济为主体,个体经济、私营经济、外资经济为补充,多种经济成分长期共同发展。

2. 在分配制度上,以按劳分配为主体,其他分配方式为补充,兼顾效率与公平。既合理拉开收入差距,又防止两极分化,逐步实现共同富裕。

3. 在宏观调控上,国家计划是宏观调控的重要手段之一,重点是合理确定国民经济和社会发展的战略目标,搞好经济发展预测、总量调控、重大结构与生产力布局规划,集中必要的财力物力进行重点建设,综合运用经济杠杆,促进经济更好更快地发展。

二、建立与社会主义市场经济相适应的法律体系

《决定》首次提出建立与社会主义市场经济相适应的法律体系及观念。

1. 遵循宪法规定的原则,加快经济立法,进一步完善民商法律、刑事法律、有关国家机构和行政管理方面的法律,改革决策要与立法决策紧密结合,适时修改和废止与建立社会主义市场经济体制不相适应的法律和法规,到 20 世纪末初步建立适应社会主义市场经济的法律体系。

2. 改革、完善司法制度和行政执法机制,各级政府都要依法行政,依法办

---

① 《中共中央关于建立社会主义市场经济体制若干问题的决定》,中共中央文献研究室编:《改革开放三十年重要文献选编》(上),中央文献出版社 2008 年版,第 732—749 页。

事，纠正为谋求部门和地区利益而违反法律等现象，建立对执法违法的追究制度和赔偿制度。提高司法和行政执法人员素质及执法水平。

3. 建立健全执法监督机制和法律服务机构，深入开展法制教育，提高全社会的法律意识和法制观念。

4. 不同所有制企业都是法律面前的平等市场主体，政府要为各种所有制经济平等参与市场竞争创造条件，对各类企业一视同仁，从而使企业在竞争过程中规则公正。

《决定》强调了公平竞争原则，反对不正当竞争；强调规范市场主体，维护市场秩序，加强宏观调控，完善社会保障等，并且强调中央要对经济不发达地区的发展和老工业基地的改造进行扶持，这就体现了对竞争的规范和对起始条件差异进行补偿的社会公平精神。

党中央确立社会主义市场经济体制是我国经济体制改革的目标之后，逐步建立社会主义市场经济的法律体系的任务相应而生。1993 年 4 月，乔石同志在八届全国人大常委会第一次会议上的讲话中明确宣布，本届常委会的主要任务就是通过立法推进社会主义市场经济体制的建立和完善，把加快市场经济方面的立法作为常委会的第一位的任务。[1]

第二节　在发展市场经济条件下要加强党的建设

1994 年 9 月 25 日至 28 日，中国共产党十四届四中全会在北京举行。会议通过《中共中央关于加强党的建设几个重大问题的决定》(以下简称《决

---

[1] 乔石：《逐步建立社会主义市场经济的法律体系》，中共中央文献研究室编：《改革开放三十年重要文献选编》(上)，中央文献出版社 2008 年版，第 710 页。

定》)。①《决定》强调在建立市场经济体制的新形势下加强党的建设。

一、要把邓小平建设有中国特色社会主义理论作为党建的指导思想

《决定》指出：邓小平建设有中国特色社会主义理论，包含着内容丰富的党的建设理论。关于坚持和改善党的领导，使党成为领导社会主义现代化建设的坚强核心；关于解放思想，实事求是，坚持正确的思想路线；关于纠正长期"左"的错误，反对资产阶级自由化，要警惕右，但主要是防止"左"，提高坚持党的基本路线的坚定性；关于进行党的领导制度改革，完善党规党法，实现党内生活民主化制度化；关于坚持和健全民主集中制，增强党的团结统一；关于实行干部队伍"四化"方针，造就朝气蓬勃的领导干部队伍；关于从严治党，反对腐败，加强党的纪律性等方面的思想，都是党的建设理论的重要发展，为加强党的建设指明了方向。

二、党的高级干部要做到五条要求

《决定》从无产阶级政治家的高度对党的高级干部提出了五条严格要求：一是应该具有坚定的政治信念，自觉坚持党的基本理论和基本路线，经得起各种风浪的考验；二是应该具有开阔的眼界，熟悉国情，了解世界，解放思想，实事求是，务实创新，开拓前进；三是应该具有宽阔的胸襟，讲党性，顾大局，模范执行民主集中制，公道正派，任人唯贤；四是应该具有较强的领导能力，讲究领导艺术，审时度势，驾驭全局，善于协调各方面的力量；五是应该具有优良的作风，廉洁勤政，艰苦奋斗，调查研究，谦虚谨慎，真心诚意为人民谋利益。

---

① 《中共中央关于加强党的建设几个重大问题的决定》，中共中央文献研究室编：《改革开放三十年重要文献选编》（上），中央文献出版社 2008 年版，第 778—791 页。

三、要加强民主集中制建设

《决定》指出，我们党执行民主集中制总体上是好的，但还有不少问题。民主不够和集中不够都不同程度地存在。有的地方和部门对中央的某些决策执行得不够有力，甚至有令不行，有禁不止。民主科学决策制度在有些方面还不够完善。鉴于这种状况，当前要在全党特别是领导干部中切实加强民主集中制的教育，健全贯彻民主集中制的各项具体制度，完善党内政治生活的各项准则。

1. 以党内民主推进人民民主是建设社会主义民主的重要途径

没有民主就没有社会主义，就没有社会主义现代化。发扬党内民主必然推进人民民主，这也是建设社会主义民主政治的一条重要途径。

发展党内民主是多层次、多方面、多途径的。党内民主要以实现党的纲领为目的，以引导、保护、发挥积极性为出发点，紧密结合党组织的职能和党员的权利、义务而展开。要鼓励党员解放思想，实事求是，勇于探索，敢讲真话。从党的中央委员会到每一个支部，从领导机关的决策到在党的会议和党的报刊上参加政策问题的讨论，从党内选举到对领导干部进行评议、监督，都要充分发扬民主。

2. "四个服从"最重要的是全党服从中央

党的历史表明，必须有一个在实践中形成的坚强的中央领导集体，在这个领导集体中必须有一个核心。如果没有这样的领导集体和核心，党的事业就不能胜利。这是坚持民主集中制的一个重大问题。

维护中央的权威，就是要保证中央的政令畅通，决定了的事情各方都要认真去办。重大问题要请示报告；维护中央权威，决不是把应该赋予地方的权力收上来，而是要在合理划分中央与地方职责和权限的基础上，充分发挥两个积极性。

四、健全党内监督，严肃党的纪律

要完善党内监督制度，制定党内监督条例。要充分发挥各级纪律检查机关在党内监督中的作用。要把党内监督同群众监督、舆论监督、民主党派和无党派人士的监督结合起来，把自上而下和自下而上的监督结合起来，逐步形成强有力的监督体系，以保证党的肌体的健康和各项任务的顺利完成。

第三节　依法治国是党领导人民治理国家的基本方略

1997 年 9 月中国共产党召开了第十五次全国代表大会，大会审议和通过了江泽民所作的《高举邓小平理论伟大旗帜，把建设有中国特色社会主义事业全面推向二十一世纪》的报告（以下简称《报告》）。[①]大会把邓小平理论确定为党的指导思想，把依法治国确定为治国的基本方略，把坚持公有制为主体、多种所有制经济共同发展，坚持按劳分配为主体、多种分配方式并存，确定为我国在社会主义初级阶段的基本经济制度和分配制度。《报告》提出了许多新的观点和部署。

一、社会主义初级阶段的基本纲领

党的十五大报告在社会主义初级阶段基本路线的基础上，首次提出了社会主义初级阶段基本纲领。

（一）社会主义初级阶段经济纲领

建设有中国特色社会主义的经济，就是在社会主义条件下发展市场经济，不断解放和发展生产力。这就要坚持和完善社会主义公有制为主体、多种所有制经济共同发展的基本经济制度；坚持和完善社会主义市场经济体制，使市场

---

① 《江泽民在中国共产党第十五次全国代表大会上的报告》，本书编委会：《中国共产党历届代表大会全纪录——"一大"到"十七大"》，中共党史出版社 2007 年版，第 1048—1434 页。

在国家宏观调控下对资源配置起基础性作用；坚持和完善按劳分配为主体的多种分配方式，允许一部分地区一部分人先富起来，带动和帮助后富，逐步走向共同富裕；坚持和完善对外开放，积极参与国际经济合作和竞争。保证国民经济持续快速健康发展，人民共享经济繁荣成果。

（二）社会主义初级阶段政治纲领

建设有中国特色社会主义的政治，就是在中国共产党领导下，在人民当家作主的基础上，依法治国，发展社会主义民主政治。这就要坚持和完善工人阶级领导的、以工农联盟为基础的人民民主专政；坚持和完善人民代表大会制度和共产党领导的多党合作、政治协商制度以及民族区域自治制度；发展民主，健全法制，建设社会主义法治国家。实现社会安定，政府廉洁高效，全国各族人民团结和睦，生动活泼的政治局面。

（三）社会主义初级阶段文化纲领

建设有中国特色社会主义的文化，就是以马克思主义为指导，以培育有理想、有道德、有文化、有纪律的公民为目标，发展面向现代化、面向世界、面向未来的，民族的科学的大众的社会主义文化。这就要坚持用邓小平理论武装全党，教育人民；努力提高全民族的思想道德素质和教育科学文化水平；坚持为人民服务、为社会主义服务的方向和百花齐放、百家争鸣的方针，重在建设，繁荣学术和文艺。建设立足中国现实、继承历史文化优秀传统、吸取外国文化有益成果的社会主义精神文明。

《报告》提出，上述建设有中国特色社会主义的经济、政治、文化的基本目标和基本政策，有机统一，不可分割，构成党在社会主义初级阶段的基本纲领。这个纲领，是邓小平理论的重要内容，是党的基本路线在经济、政治、文化等方面的展开，是这些年来最主要经验的总结。而依法治国，建设社会主义法治国家是政治纲领中的重要内容。

二、依法治国，建设社会主义法治国家

党的十五大报告正式提出依法治国是党领导人民治理国家的基本方略。发展社会主义民主，主要任务之一就是要依法治国，建设社会主义法治国家。

（一）依法治国的内涵及其必要性

1. 关于依法治国的内涵。《报告》指出，依法治国，就是广大人民群众在党的领导下，依照宪法和法律规定，通过各种途径和形式管理国家事务，管理经济文化事业，管理社会事务，保证国家各项工作都依法进行，逐步实现社会主义民主的制度化、法律化，使这种制度和法律不因领导人的改变而改变，不因领导人看法和注意力的改变而改变。一句话，依法治国就是要把人治转变为法治。

2. 关于依法治国的必要性。《报告》指出，第一，依法治国是党领导人民治理国家的基本方略，是加强和改善党的领导的需要，依法治国把坚持党的领导、发扬人民民主和严格依法办事统一起来，从制度和法律上保证党的基本路线和基本方针的贯彻实施，保证党始终发挥总揽全局、协调各方的领导核心作用。第二，依法治国是发展社会主义市场经济的客观需要。第三，依法治国是社会文明进步的重要标志，是国家长治久安的重要保障。

（二）依法治国就是要从法律上尊重和保障人权

《报告》首次提出要尊重和保障人权。共产党执政就是领导和支持人民掌握管理国家的权力，实行民主选举、民主决策、民主管理和民主监督，保证人民依法享有广泛的权利和自由，尊重和保障人权。

（三）要把改革和发展的重大决策同立法结合起来

《报告》提出，要把改革和发展的重大决策同立法结合起来。逐步形成深入了解民情、充分反映民意、广泛集中民智的决策机制，推进决策科学化、民主化，提高决策水平和工作效率。

（四）把改革的力度、发展的速度和社会可以承受的程度统一起来

《报告》首次提出，在社会主义初级阶段，正确处理改革、发展同稳定的关系，必须把改革的力度、发展的速度和社会可以承受的程度统一起来，在社会政治稳定中推进改革、发展，在改革、发展中实现社会政治稳定。

（五）依法治国在当前和今后一段时期的主要任务

1.加强立法工作，提高立法质量，到 2010 年形成有中国特色社会主义法律体系。

2.维护宪法和法律的尊严，维护国家法制统一，坚持法律面前人人平等。

3.一切政府机关都必须依法行政，切实保障公民权利，实行执法责任制和评议考核制。

4.推进司法改革，从制度上保证司法机关依法独立公正地行使审判权和检察权，建立冤案、错案责任追究制度。

5.法制建设同精神文明建设必须紧密结合，同步推进。深入开展普法教育，增强全民的法律意识，着重提高领导干部的法制观念和依法办事能力。

6.完善监督法制，建立健全依法行使权力的制约机制。把党内监督、法律监督、群众监督结合起来，发挥舆论监督的作用。

7.要健全财产法律制度，依法保护各类企业的合法权益和公平竞争，并对它们进行监督管理。

8.反腐败工作要坚持标本兼治，教育是基础，法制是保证，监督是关键。

党的十五大报告第一次确定依法治国是党领导人民治理国家的基本方略；依法治国是要把坚持党的领导、发扬人民民主和严格依法办事统一起来，从制度和法律上保证党的基本路线和基本方针的贯彻实施，保证党始终发挥总揽全局、协调各方的领导核心作用；依法治国就是要从法律上尊重和保障人权；依法治国要把改革和发展的重大决策同立法结合起来，等等，这些新的观点对后来产生了重大影响。《报告》对于改变新中国长期以来无法可依的局面，迎接一个法治时代的到来起了重要的促进作用。

第四节　公有制实现形式应当多样化

长期以来，社会主义国家把公有制等同于国有制，这与实行计划经济体制有关。以毛泽东同志为主要代表的中国共产党人虽然没有完全摆脱马克思主义经典作家和苏联关于公有制的论述的局限性，但已经破天荒地把公有制分为国有和集体所有两种形式，还允许农民拥有自留地，市民可以在商业领域搞一点个体经营，保留有限的私有经济。公有制要不要适应生产力实际水平？它是否在一切产业领域都应畅通无阻？改革开放后，中国共产党人首先在农业领域实行了家庭经营为基础、统分结合双层经营体制，对公有制的实现形式作了大胆的尝试。结果，它不仅取得了经济效益，同时还解放了农村生产力，出现了新生事物——剩余劳动力或富余劳动力，俗称农民工。农民工不仅促进了乡镇企业的发展，促进了城乡私有经济的发展，更在计划经济体制躯体上撕开了一个大口子，最终促进党的十四大确立社会主义市场经济体制。

到了市场经济年代，资源基本由市场配置，所有市场主体机会平等，规则平等，自由竞争，优胜劣汰。在新的形势下，公有制面临如何与市场经济的竞争机制相结合这一史无前例的问题。公有制以何种形式才能适应市场经济，中国共产党人必须交出这份答卷。

一、公有制的含义、实现形式及其主体地位

（一）关于公有制的含义

党的十五大报告（以下简称《报告》）指出，公有制经济不仅包括国有经济和集体经济，还包括混合所有制经济中的国有成分和集体成分。最后一句是过去没有提及的。

（二）关于公有制的实现形式

《报告》指出，公有制实现形式可以而且应当多样化。股份制是现代企业的一种资本组织形式，有利于所有权和经营权的分离，有利于扩大公有资本的支配范围。多种多样的股份合作制经济，是改革中的新事物，要支持和引导。劳动者的劳动联合和劳动者的资本联合为主的集体经济，尤其要提倡和鼓励。这些都是首次提出。

党的十五届四中全会通过的《中共中央关于国有企业改革和发展若干重大问题的决定》（以下简称《决定》），第一次明确提出国有企业建立现代企业制度是公有制与市场经济相结合的有效途径。国家控股的投资主体多元化的股份公司将成为国有大中型企业改造的主要组织形式。要积极探索国有资产管理的有效形式，要按照国家所有、分级管理、授权经营、分工监督的原则，逐步建立国有资产管理、监督和运营体系，建立健全严格的责任制度。[①]

（三）公有制主体地位（或国有经济控制力）的含义

《报告》指出，一是公有资产在社会总资产中占优势；二是国有经济控制国民经济命脉，对经济发展起主导作用。这是就全国而言，有的地方、有的产业可以有所差别。公有资产占优势，要有量的优势，更要注重质的提高。三是国有经济起主导作用，主要体现在控制力上。在这个前提下，国有经济比重减少一些，不会影响我国的社会主义性质。这是首次提出。

二、法人治理结构和公司制内部两大关系的理顺

《决定》第一次明确地指出："公司法人治理结构是公司制的核心。"中国建立的公司制是具有中国特色的公司制。其中"新三会"（股东会、董事会和监事

---

① 《中共中央关于国有企业改革和发展若干重大问题的决定》，中共中央文献研究室编：《改革开放三十年重要文献选编》（下），中央文献出版社 2008 年版，第 1035—1050 页。

会）与"老三会"（党委会、职工代表大会和工会）的关系，党委书记与董事长"两心"关系，就是独具中国特色的两个重大问题。《决定》在这两个问题上都有新的明确的说法。国有独资公司和控股公司党委负责人可以通过法定程序进入董事会、监事会，董事会、监事会和经理层中的党员负责人可以按照党章和有关规定进入党委会。党委书记和董事长可由一人兼任。这种双向进入办法可以解决新老三会之间的矛盾，协调它们之间的关系；可以进一步提高"老三会"在公司中的地位，进一步发挥"老三会"的代表在企业重大决策和经营管理中的作用；特别是可以大大加强作为公司制企业中薄弱环节的监事会工作，加大对董事会成员和经理人员的监督力度。

三、完善分配结构和分配方式

《报告》首次提出，坚持按劳分配为主体、多种分配方式并存的制度。第一，把按劳分配和按生产要素分配结合起来，坚持效率优先、兼顾公平，有利于优化资源配置，促进经济发展，保持社会稳定。第二，依法保护合法收入，允许和鼓励一部分人通过诚实劳动和合法经营先富起来，允许和鼓励资本、技术等生产要素参与收益分配。第三，取缔非法收入，对侵吞公有财产和用偷税逃税、权钱交易等非法手段牟取利益的，坚决依法惩处。第四，整顿不合理收入，对凭借行业垄断和某些特殊条件获得个人额外收入的，必须纠正。第五，调节过高收入，完善个人所得税制，开征遗产税等新税种。规范收入分配，使收入差距趋向合理，防止两极分化。

第五节　党要"八个坚持、八个反对"

2001年9月26日，中国共产党第十五届中央委员会第六次全体会议通过了《中共中央关于加强和改进党的作风建设的决定》(以下简称《决定》)。①《决定》指出，党的作风方面存在一些亟待解决的问题。主要是：在一些地方、部门和领导干部中，教条主义、本本主义滋长，形式主义、官僚主义盛行，弄虚作假、虚报浮夸严重，独断专行、软弱涣散问题突出，以权谋私、贪图享乐现象蔓延。这些问题，归根到底都是脱离实际、脱离群众的，其消极影响和后果不可低估。为此党中央根据邓小平同志"南方谈话"精神，提出了"八个坚持、八个反对"的要求。

一、坚持解放思想、实事求是，反对因循守旧、不思进取

解放思想、实事求是，就是要毫不动摇地贯彻以经济建设为中心、坚持四项基本原则、坚持改革开放的基本路线，按照实践是检验真理的唯一标准，坚持用"三个有利于"判断各方面工作的是非得失，自觉地把思想认识从那些不合时宜的观念、做法和体制的束缚中解放出来，从对马克思主义错误的和教条式的理解中解放出来，从主观主义和形而上学的桎梏中解放出来，不断推动理论创新、制度创新和科技创新。

二、坚持理论联系实际，反对照抄照搬、本本主义

要把学习理论与总结实践经验结合起来，与学习党的历史、中国历史和世界历史结合起来，与学习当代经济、科技、文化等知识结合起来。领导干部特别是走上新岗位的领导干部，要认真学习和掌握与本职工作相关的方针政策和法律法规。对世界各国一切科学的新经验、新思想、新成果，都要积极研究和借鉴，但不能脱离国情照抄照搬。要建立理论学习的领导责任制，各级党政领导机关要建立健全调查研究制度，制定和落实调研计划。

---

① 《中共中央关于加强和改进党的作风建设的决定》，中共中央文献研究室编：《改革开放三十年重要文献选编》(下)，中央文献出版社 2008 年版，第 1188—1203 页。

三、坚持密切联系群众，反对形式主义、官僚主义

要爱惜人力、财力、物力，反对搞华而不实和脱离实际的"形象工程""政绩工程"。建立和完善科学的考核标准，党政领导机关要坚持群众接待日制度，从中央做起，压缩会议费用，控制会议规模，提高会议质量，减少文件简报。党政领导干部不参加各种名目的应酬性庆贺、剪彩和迎来送往活动。领导干部下基层要轻车简从，减少陪同，不准超标准接待。

四、坚持民主集中制原则，反对独断专行、软弱涣散

集体领导、民主集中、个别酝酿、会议决定，是党委内部议事和决策的基本制度，必须认真执行。集体领导、民主集中是党的领导的最高原则，个别酝酿、会议决定是重要的方法和程序。

五、坚持党的纪律，反对自由主义

坚持纪律面前人人平等，严格执行党的纪律。党的各级组织要担负起维护和执行党的纪律的政治责任，定期向上级党委报告执行纪律的情况。对公开发表反对党的基本理论、基本路线、基本纲领的言论，经教育不改的，要清除出党。对有案不查、有纪不依，甚至替违纪违法者说情开脱、袒护包庇的，要坚决查处。党的各级纪律检查机关要加强对遵守和执行纪律情况的监督检查。

六、坚持清正廉洁，反对以权谋私

中央和各省、自治区、直辖市党委要逐步建立巡视制度，把下一级领导班子特别是主要负责人的廉政勤政情况作为巡视的重要内容；抓紧制定中国共产党党内监督条例；健全举报制度；建立结构合理、配置科学、程序严密、制约有效的权力运行机制，保证权力沿着制度化和法制化的轨道运行；改革行政审

批制度，规范行政审批行为；推行和完善部门预算、国库集中收付、政府采购、招投标等制度；认真落实党风廉政建设责任制；集中力量查处大案要案。

七、坚持艰苦奋斗，反对享乐主义

改革完善管理体制和制度，刹住奢侈享乐之风。禁止用公款大吃大喝、游山玩水和进行高消费娱乐，禁止巧立名目出国旅游；不得违反规定修建楼堂馆所；经费按预算支出，不得随意追加。加强财政专户管理，逐步实行预算内外资金统管的财政综合预算，严禁设立账外账；执收执罚部门都要严格执行收支两条线制度；按照公开、规范的原则，进一步改革完善福利待遇制度和公务活动接待制度。

八、坚持任人唯贤，反对用人上的不正之风

认真推行党政领导干部任前公示制和任职试用期制；市（地）、县（市）党委、政府领导班子正职的拟任人选和推荐人选，逐步做到由上一级党委常委会提名，党的委员会全体会议审议，进行无记名投票表决；建立健全党政领导职务任期制度和领导干部的引咎辞职、责令辞职制度；制定不称职干部的具体认定标准，加大调整不称职干部的力度；逐步实行干部考察预告制度和差额考察制度；逐步建立健全干部选拔任用工作责任追究制度；考察干部既要了解在本单位的表现，也要了解在社会生活方面的情况。

"八个坚持、八个反对"，具有很强的现实针对性，它对改革开放和市场经济条件下如何抓好党的作风建设作了有益的探索。例如，解放思想、实事求是，必须坚决克服各种错误思想倾向的干扰，坚持有"左"反"左"，有右反右；官僚主义引发形式主义，形式主义助长官僚主义，主观主义、个人主义、"官本位"意识，是形式主义、官僚主义的思想根源；集体领导、民主集中是党的领导的最高原则，个别酝酿、会议决定是重要的方法和程序。总揽全局、协调各

方，是中央和地方各级党委在同级各种组织中发挥核心领导作用的基本原则；中央和各省、自治区、直辖市党委要逐步建立巡视制度，进行监督检查；按照公开、规范的原则，进一步改革完善福利待遇制度和公务活动接待制度；考察干部要全面深入，既要看工作实绩，也要看品德作风，等等，都是对我们党长期抓作风建设的经验教训的科学总结。

第七章　以胡锦涛同志为主要代表的中国共产党人的法治思想与实践

——坚持科学执政、民主执政和依法执政相统一

从党的十六大到十七大，以胡锦涛同志为主要代表的中国共产党人在法治思想领域，推进依法治国事业，提出科学执政、民主执政和依法执政相统一，构建和谐社会，作出了许多新的论述。

第一节　以"三个代表"重要思想指导民主法治建设

中国共产党 2002 年 11 月召开了第十六次全国代表大会。大会通过了江泽民作的题为《全面建设小康社会，开创中国特色社会主义事业新局面》的报告（以下简称《报告》），[①] 总结了党的十三届四中全会到党的十六大召开这十三年间建设中国特色社会主义所积累的基本经验。

---

① 江泽民：《全面建设小康社会，开创中国特色社会主义事业新局面》，中共中央文献研究室编：《改革开放三十年重要文献选编》（下），中央文献出版社 2008 年版，第 1240—1269 页。

一、建设中国特色社会主义的基本经验

主要是：坚持以邓小平理论为指导，不断推进理论创新；坚持以经济建设为中心，用发展的办法解决前进中的问题；坚持改革开放，不断完善社会主义市场经济体制；坚持四项基本原则，发展社会主义民主政治；坚持物质文明和精神文明两手抓，实行依法治国和以德治国相结合；坚持稳定压倒一切的方针，正确处理改革发展稳定的关系；坚持党对军队的绝对领导，走中国特色的精兵之路；坚持团结一切可以团结的力量，不断增强中华民族的凝聚力；坚持独立自主的和平外交政策，维护世界和平与促进共同发展；坚持加强和改善党的领导，全面推进党的建设新的伟大工程。

《报告》指出，以上十条，是党领导人民建设中国特色社会主义必须坚持的基本经验。这些经验，联系党成立以来的历史经验，归结起来就是，我们党必须始终代表中国先进生产力的发展要求，代表中国先进文化的前进方向，代表中国最广大人民的根本利益。这是坚持和发展社会主义的必然要求，是我们党艰辛探索和伟大实践的必然结论。

这十条基本经验中，与法律相关的内容有：坚持党的基本理论、基本路线和基本纲领不动摇；坚持以经济建设为中心，用发展的办法解决前进中的问题；坚持社会主义市场经济的改革方向，使市场在国家宏观调控下对资源配置起基础性作用；坚持四项基本原则，发展社会主义民主政治；依法治国，建设社会主义法治国家，保证人民行使当家作主的权利；实行依法治国和以德治国相结合；要把改革的力度、发展的速度和社会可承受的程度统一起来；巩固和发展最广泛的爱国统一战线；尊重世界多样性，促进国际关系民主化；治国必先治党，治党务必从严。

二、围绕贯彻"三个代表"重要思想加强民主法治建设

"三个代表"重要思想启示我们，民主法治归根结底要促进先进生产力的发

展，而不是保护落后生产力。要善于利用法治的奖惩激励约束机制奖励创造发明，淘汰落后技术，促进科技发展；民主法治要集中体现人民意志，维护人民利益，坚持法律面前人人平等，保障人权，使人免于恐怖、免于饥饿，自由而全面发展；民主法治要弘扬社会主义自由、民主、平等、权义统一等先进法律文化，造成一个又有集中又有民主，又有纪律又有自由，又有统一意志、又有个人心情舒畅、生动活泼的政治、经济、社会生活局面。

"三个代表"重要思想在法律思想领域，提出了一个重要的社会阶层概念：中国特色社会主义事业的建设者。《报告》指出，在社会变革中出现的民营科技企业的创业人员和技术人员、受聘于外资企业的管理技术人员、个体户、私营企业主、中介组织的从业人员、自由职业人员等社会阶层，都是中国特色社会主义事业的建设者。因此，对他们的合法权益都要保护，对他们中的优秀分子都要表彰。一切合法的劳动收入和合法的非劳动收入，都应该得到保护。不能简单地把有没有财产、有多少财产当作判断人们政治上先进和落后的标准，而主要应该看他们的思想政治状况和现实表现，看他们的财产是怎么得来的以及对财产怎么支配和使用，看他们以自己的劳动对中国特色社会主义事业所作的贡献。要形成与社会主义初级阶段基本经济制度相适应的思想观念和创业机制，营造鼓励人们干事业、支持人们干成事业的社会氛围，放手让一切劳动、知识、技术、管理和资本的活力竞相迸发，让一切创造社会财富的源泉充分涌流，以造福于人民。

这就是说，我们不能用旧的理论观点，把改革开放涌现出来的新阶层（民营科技企业的创业人员和技术人员、受聘于外资企业的管理技术人员、个体户、私营企业主、中介组织的从业人员、自由职业人员等社会阶层）视为剥削者，要把他们视为中国特色社会主义事业的建设者。

"三个代表"重要思想对我国的民主法治建设发挥了指导作用。2003 年 3 月 10 日，李鹏同志在十届全国人大一次会议上所作的《全国人民代表大会常务委员会工作报告》指出，九届全国人大常委会任期的五年，以"三个代表"重要思想为指导，为推进依法治国、建设社会主义法治国家的进程，作出了新的贡献。例如，在立法方面，我国目前生产力还不发达，地区发展不平衡，经济成分、利益主体等日趋多样化，经济和社会发展面临一些体制性障碍，立法工作必须以"三个代表"重要思想为指导，逐一解决现行体制与立法要求之间的矛盾和差异，正确处理中央和地方、全局和局部、长远和当前、发达地区和欠发达地区的利益关系，防止和克服地方和部门的保护主义，维护好国家的整体利益和人民的根本利益。[①]

三、依法治国和以德治国相结合

《报告》提出，依法治国和以德治国相辅相成。要建立与社会主义市场经济相适应、与社会主义法律规范相协调、与中华民族传统美德相承接的社会主义思想道德体系。

2001 年 1 月 10 日，江泽民同志在全国宣传部长会议上的讲话中首次提出，我们在建设有中国特色社会主义，发展社会主义市场经济的过程中，要坚持不懈地加强社会主义法制建设，依法治国；同时也要坚持不懈地加强社会主义道德建设，以德治国。我们要把法制建设与道德建设紧密结合起来。对一个国家的治理来说，法治与德治，从来都是相辅相成、相互促进的。二者缺一不可，也不可偏废。法治属于政治建设，属于政治文明，德治属于思想建设，属于精神文明。二者范畴不同，但其地位和功能都是非常重要的。我们应始终注意把法制建设与道德建设紧密结合起来，把依法治国与以德治国紧密结合起来。[②]

---

① 李鹏：《依法治国、建设社会主义法治国家》，中共中央文献研究室编：《改革开放三十年重要文献选编》，中央文献出版社 2008 年版，第 1310、1313 页。

② 中共中央文献研究室编：《江泽民论有中国特色社会主义（专题摘编）》，中央文献出版社 2002 年版，第 337 页。

党的十六大报告重申依法治国与以德治国相结合，表明这一思想得到了全党的认可。

四、农村经营体制要坚持一个"长久不变"和实现"两个转变"

《报告》首次提出，有条件的地方可按照依法、自愿、有偿的原则进行土地承包经营权流转，逐步发展规模经营。尊重农户的市场主体地位，推动农村经营体制创新。

党的十七届三中全会《决定》提出，以家庭承包经营为基础、统分结合的双层经营体制，是党的农村政策的基石，必须毫不动摇地坚持；土地承包经营权要长久不变。经营体制要实现"两个转变"，家庭经营要向采用先进科技和生产手段的方向转变，增加技术、资本等生产要素投入，着力提高集约化水平；统一经营要向发展农户联合与合作，形成多元化、多层次、多形式经营服务体系的方向转变，着力提高组织化程度。①

五、依法改革国有资产管理体制

《报告》首次提出，在坚持国家所有的前提下，充分发挥中央和地方两个积极性。国家要制定法律法规，建立中央政府和地方政府分别代表国家履行出资人职责，享有所有者权益，权利、义务和责任相统一，管资产和管人、管事相结合的国有资产管理体制。关系国民经济命脉和国家安全的大型国有企业、基础设施和重要自然资源等，由中央政府代表国家履行出资人职责。其他国有资产由地方政府代表国家履行出资人职责。中央政府和省、市（地）两级地方政府设立国有资产管理机构。继续探索有效的国有资产经营体制和方式。

---

① 《中共中央关于推进农村改革发展若干重大问题的决定》，中共中央文献研究室编：《改革开放三十年重要文献选编》（下），中央文献出版社 2008 年版，第 1848—1864 页。

六、确立生产要素按贡献大小参与分配的原则

《报告》首次提出，确立劳动、资本、技术和管理等生产要素按贡献参与分配的原则，完善按劳分配为主体、多种分配方式并存的分配制度。

七、建立和完善巡视制度，加强对主要领导干部的监督

《报告》首次提出，从决策和执行等环节加强对权力的监督，实行党政领导干部职务任期制、辞职制和用人失察失误责任追究制。重点加强对领导干部特别是主要领导干部的监督，完善重大事项和重要干部任免的决定程序。建立和完善巡视制度。实行多种形式的领导干部述职述廉制度。

八、党要提高依法执政能力

《报告》首次提出党要提高五种能力，即：一是以宽广的眼界观察世界，正确把握时代发展的要求，善于进行理论思维和战略思维，不断提高科学判断形势的能力；二是坚持按照客观规律和科学规律办事，及时研究解决改革和建设中的新情况新问题，善于抓住机遇加快发展，不断提高驾驭市场经济的能力；三是正确认识和处理各种社会矛盾，善于协调不同利益关系和克服各种困难，不断提高应对复杂局面的能力；四是增强法制观念，善于把坚持党的领导、人民当家作主和依法治国统一起来，不断提高依法执政的能力；五是立足全党全国工作大局，坚定不移地贯彻党的路线方针政策，善于结合实际创造性地开展工作，不断提高总揽全局的能力。

党的十六大提出了 21 世纪头二十年为全面建设小康社会的目标，围绕这个目标对经济、政治、文化建设和改革作出了全面部署。以党和国家的中心工作开展民主法治建设，而不是就法治论法治，这是中国社会主义民主法治建设的一个传统。

第二节　完善社会主义市场经济体制

2003 年 10 月 11 日至 14 日，党的十六届三中全会审议通过了《中共中央关于完善社会主义市场经济体制若干问题的决定》(以下简称《决定》)。① 《决定》提出了许多新的观点和新的举措。②

一、使股份制成为公有制的主要实现形式

该提法与以往提法相比有重大创新。以前的提法是股份制只是公有制的一种实现形式，现在强调是公有制的主要实现形式。这一重大变化将使国有企业多元化的速度大大加快，创造了使更多的民营企业和外商进入国有股份公司中投资的机会。

二、建立现代企业产权制度

《决定》指出，产权是所有制的核心和主要内容。建立归属清晰、权责明确、保护严格、流转通畅的现代产权制度，有利于维护公有财产权，巩固公有制经济的主体地位；有利于保护私有财产权；有利于类资本的流动和重组，推动混合所有制经济发展。企业改革由建立现代企业制度到建立现代产权制度，表明我国企业的改革已进入一个新的阶段。

---

① 《中共中央关于完善社会主义市场经济体制若干问题的决定》，中共中央文献研究室编：《改革开放三十年重要文献选编》(下)，中央文献出版社 2008 年版，第 1348—1360 页。

② 李连仲：《十六个"第一次"——中共十六届三中全会〈决定〉的重大创新和突破》，《时事报告》2003 年第 11 期。

三、非公企业在投融资等方面与国企享受同等待遇

以前，在行业的准入、土地征用、投融资、税收、对外贸易等方面，非公有制经济作为市场主体在上述方面都没有能够享受到与国有企业一样的待遇。如今《决定》规定非公有制企业、国有企业与其他企业都享受同等待遇，并允许非公有制资本进入法律未禁入的领域，这将有力地促进非公有制企业与其他企业的发展。

四、发展资本和其他要素市场

《决定》明确提出大力发展资本市场，把资本市场提到其他要素市场之先的高度，坚持货币市场、资本市场、保险市场之间的有机结合、协调发展，这对于资本市场地位的提升、维护国家金融安全、资本市场的持续发展具有重要意义。

五、形成城乡劳动者平等就业的制度

《决定》提出要创造平等的城乡劳动者就业制度，能为农民创造更多的就业机会，给农民切实带来实惠，有利于农村生产力的进一步解放和发展。

六、形成道德为支撑、产权为基础、法律为保障的社会信用制度

《决定》提出要建立社会信用制度，表明了我国社会主义市场经济进入了规范发展阶段。

七、政府职能要转变为创造良好发展环境

《决定》根据建设服务政府原则，提出政府职能要向创造良好发展环境方向转变。例如，建立健全各种预警和应急机制；一般项目由审批制改为备案制，增值税由生产型改为消费型，这表明政府由原来对微观主体的指令性管理转换

到为市场主体服务上来，为企业生产经营创造良好发展环境上来。

八、坚持以人为本，树立全面、协调、可持续的发展观

《决定》提出了新的发展观，即以人为本，统筹城乡发展，统筹区域发展，统筹经济社会发展，统筹人与自然和谐发展，统筹对外开放和国内的发展，社会各个方面相互协调配合，树立全面、协调、可持续的发展观。发挥法治长治久安的作用，形成全社会的可持续发展机制。

第三节　执政能力建设是党的一项根本建设

2004 年 9 月 16 日至 19 日，党的十六届四中全会审议通过了《中共中央关于加强党的执政能力建设的决定》（以下简称《决定》）。①《决定》提出了许多新的思想和新的举措。

一、党的执政地位不是与生俱来的，也不是一劳永逸的

为什么要加强党的执政能力建设？《决定》指出，面对新形势新任务，党的领导方式和执政方式、领导体制和工作机制还不完善；一些领导干部和领导班子思想理论水平不高、依法执政能力不强、解决复杂矛盾本领不大，素质和能力同贯彻落实"三个代表"重要思想、全面建设小康社会的要求还不适应；一些党员干部事业心和责任感不强、思想作风不端正、工作作风不扎实、脱离群众等问题比较突出；一些党的基层组织软弱涣散，一些党员不能发挥先锋模范作用；腐败现象在一些地方、部门和单位还比较严重。这些问题影响党的执政

---

① 《中共中央关于加强党的执政能力建设的决定》，中共中央文献研究室编：《改革开放三十年重要文献选编》（下），中央文献出版社 2008 年版，第 1435—1452 页。

成效，必须引起全党高度重视，切实加以解决。

《决定》提醒全党，党的执政地位不是与生俱来的，也不是一劳永逸的。我们必须居安思危，增强忧患意识，深刻汲取世界上一些执政党兴衰成败的经验教训，更加自觉地加强执政能力建设，始终为人民执好政、掌好权。

二、党的主要执政经验

《决定》总结了中国共产党自 1949 年 10 月在全国范围内执政到党的十六届四中全会召开时的 55 年的执政经验，即：

（1）必须坚持党在指导思想上的与时俱进，用发展着的马克思主义指导新的实践。

（2）必须坚持推进社会主义的自我完善，增强社会主义的生机和活力。

（3）必须坚持抓好发展这个党执政兴国的第一要务，把发展作为解决中国一切问题的关键。

（4）必须坚持立党为公、执政为民，始终保持党同人民群众的血肉联系。

（5）必须坚持科学执政、民主执政、依法执政，不断完善党的领导方式和执政方式。

（6）必须坚持以改革的精神加强党的建设，不断增强党的创造力、凝聚力、战斗力。

这六条主要经验，也是加强党的执政能力建设的重要指导原则，必须在实践中长期坚持并继续丰富和完善。

三、执政能力建设三大目标和五大任务

《决定》指出，加强党的执政能力建设的总体目标是：一是使党始终成为立党为公、执政为民的执政党；二是使党成为科学执政、民主执政、依法执政的执政党；三是使党成为求真务实、开拓创新、勤政高效、清正廉洁的执政党。

加强党的执政能力建设的主要任务是：按照推动社会主义物质文明、政治文明、精神文明协调发展的要求，一是不断提高驾驭社会主义市场经济的能力；二是提高发展社会主义民主政治的能力；三是不断提高建设社会主义先进文化的能力；四是不断提高构建社会主义和谐社会的能力；五是不断提高应对国际局势和处理国际事务的能力。

四、提高党驾驭社会主义市场经济的能力

《决定》指出，提高党驾驭社会主义市场经济的能力，一是要扭住经济建设这个中心不动摇；二是要坚持以人为本、全面协调可持续的科学发展观；三是要坚持社会主义市场经济的改革方向；四是要掌握对外开放的主动权，全面提高对外开放水平；五是要按照发展社会主义市场经济的要求，完善党领导经济工作的体制机制和方式。党领导经济工作，主要是把握方向，谋划全局，提出战略，制定政策，推动立法，营造良好环境。

五、提高党发展社会主义民主政治的能力

《决定》指出，提高党发展社会主义民主政治的能力，一是要推进社会主义民主的制度化、规范化和程序化，保证人民当家作主；二是要贯彻依法治国基本方略，提高依法执政水平；三是要改革和完善决策机制，推进决策的科学化、民主化；四是要加强对权力运行的制约和监督；五是要按照党总揽全局、协调各方的原则，改革和完善党的领导方式。

六、提高党建设社会主义先进文化的能力

《决定》指出，提高党建设社会主义先进文化的能力，一是要积极推进理论创新，加强马克思主义理论研究和建设；二是要深化文化体制改革，解放和发展文化生产力；三是要牢牢把握舆论导向，正确引导社会舆论；四是要努力探

索新方式新方法，加强和改进思想政治工作；五是要优先发展教育和科学事业，提高全民族的科学文化素质。

七、提高党构建社会主义和谐社会的能力

《决定》指出，提高党构建社会主义和谐社会的能力，一是要全面贯彻尊重劳动、尊重知识、尊重人才、尊重创造的方针，不断增强全社会的创造活力；二是要妥善协调各方面的利益关系，正确处理人民内部矛盾；三是要加强社会建设和管理，推进社会管理体制创新；四是要健全工作机制，维护社会稳定；五是要坚持党的群众路线，加强和改进新形势下的群众工作。

八、提高党应对国际局势和处理国际事务的能力

《决定》指出，提高党应对国际局势和处理国际事务的能力，一是要坚持用宽广的眼界观察世界，提高科学判断国际形势和进行战略思维的水平；二是要坚定不移地贯彻执行对外方针政策，掌握处理国际事务的主动权；三是要全面认识和把握国际因素对我国的影响，不断提高同国际社会交往的本领；四是要始终把国家主权和安全放在第一位，坚决维护国家安全。

九、坚持科学执政、民主执政、依法执政

《决定》把坚持科学执政、民主执政、依法执政作为新中国成立以来党执政取得的六条经验之一。虽然没有明确地就科学执政、民主执政和依法执政下定义，但对其轮廓作了描绘。科学执政是指结合中国实际，不断探索和遵循共产党执政规律、社会主义建设规律、人类社会发展规律，以科学的思想、科学的制度、科学的方法领导中国特色社会主义事业；民主执政是指要坚持为人民执政、靠人民执政，支持和保证人民当家作主，坚持和完善人民民主专政，坚持和完善民主集中制，以发展党内民主带动人民民主，壮大最广泛的爱国统一战

线；依法执政是指要坚持依法治国，领导立法，带头守法，保证执法，不断推进国家经济、政治、文化、社会生活的法制化、规范化。

笔者认为，科学执政、民主执政和依法执政是以胡锦涛同志为主要代表的中国共产党人民主法治思想的突出特点，给我们理论工作者开辟了广阔的研究空间。比如，科学求"真"（真理），民主求"多"（少数服从多数），法治求"稳"（防止朝令夕改）。联系起来，就是我们要善于将往往掌握在少数人手中的真理，经过耐心细致地说服教育工作，转变为多数人的共识，然后再把多数人的共识转变为法律，防止"人存政举，人亡政息"。

第四节　构建社会主义和谐社会

2006 年 10 月 8 日至 11 日，党的十六届六中全会审议并通过了《中共中央关于构建社会主义和谐社会若干重大问题的决定》（以下简称《决定》）。[①] 全会认为，目前，我国社会总体上是和谐的。但是，也存在不少影响社会和谐的矛盾和问题。全会提出，到 2020 年，构建社会主义和谐社会的目标和主要任务是：社会主义民主法制更加完善，依法治国基本方略得到全面落实，人民的权益得到切实尊重和保障；城乡、区域发展差距扩大的趋势逐步扭转，合理有序的收入分配格局基本形成，家庭财产普遍增加，人民过上更加富足的生活；社会就业比较充分，覆盖城乡居民的社会保障体系基本建立；基本公共服务体系更加完备，政府管理和服务水平有较大提高；全民族的思想道德素质、科学文化素质和健康素质明显提高，良好道德风尚、和谐人际关系进一步形成；全社

---

① 《中共中央关于构建社会主义和谐社会若干重大问题的决定》，中共中央文献研究室编：《改革开放三十年重要文献选编》（下），中央文献出版社 2008 年版，第 1642—1658 页。

会创造活力显著增强，创新型国家基本建成；社会管理体系更加完善，社会秩序良好；资源利用效率显著提高，生态环境明显好转；实现全面建设惠及十几亿人口的更高水平的小康社会的目标，努力形成全体人民各尽其能、各得其所而又和谐相处的局面。《决定》提出了许多新的思想、观点、论断和具有很强针对性的举措。①

一、社会和谐是中国特色社会主义的本质属性和社会主义现代化的目标之一

1982 年，党的十二大把建设"高度文明、高度民主的社会主义国家"纳入党在新的历史时期的总任务。1984 年，党的十二届三中全会通过的《中共中央关于经济体制改革的决定》提出"建设富强、民主、文明的现代化的社会主义国家"。1986 年，党的十二届六中全会通过的《中共中央关于社会主义精神文明建设指导方针的决议》第一次提出了现代化建设总体布局的设想，提出"我国社会主义现代化建设的总体布局是：以经济建设为中心，坚定不移地进行经济体制改革，坚定不移地进行政治体制改革，坚定不移地加强精神文明建设，并且使这几个方面互相配合，互相促进"。2002 年，党的十六大进一步丰富了总体布局的设想，提出"全面建设小康社会，开创中国特色社会主义事业新局面，就是要在中国共产党的坚强领导下，发展社会主义市场经济、社会主义民主政治和社会主义先进文化，不断促进社会主义物质文明、政治文明和精神文明的协调发展，推进中华民族的伟大复兴"。构建社会主义和谐社会重大战略任务的提出，表明随着我国经济社会的不断发展，中国特色社会主义的总体布局更加明确地由社会主义经济建设、政治建设、文化建设三位一体发展为社会主义经济建设、政治建设、文化建设、社会建设四位一体。根据对总体布局的新认识，《决定》第一次提出："社会和谐是中国特色社会主义的本质属性"，把

---

① 李培林：《党的十六届六中全会〈决定〉提出的新思想、新观点、新举措》，《研究与实践》2006年第 6 期。

"和谐"纳入我国现代化的目标，提出"建设富强民主文明和谐的现代化国家"。

二、民主法治是和谐社会的总要求之一

什么是和谐社会？《决定》指出和谐社会是"民主法治、公平正义、诚信友爱、充满活力、安定有序、人与自然和谐相处"。建设和谐社会的六大原则是必须坚持以人为本；必须坚持科学发展；必须坚持改革开放；必须坚持民主法治；必须坚持正确处理改革发展稳定的关系；必须坚持在党的领导下全社会共同建设。其中民主法治既是和谐社会的总要求之一，又是建设和谐社会的六大原则之一。为什么如此强调民主法治呢？是因为"社会公平正义是社会和谐的基本条件，制度是社会公平正义的根本保证。必须加紧建设对保障社会公平正义具有重大作用的制度，保障人民在政治、经济、文化、社会等方面的权利和利益，引导公民依法行使权利、履行义务"。

如何在建设和谐社会时加强民主法治，《决定》提出了如下要求：一是完善民主权利保障制度，巩固人民当家作主的政治地位；二是完善法律制度，夯实社会和谐的法治基础；三是完善司法体制机制，加强社会和谐的司法保障；四是完善公共财政制度，逐步实现基本公共服务均等化；五是完善收入分配制度，规范收入分配秩序；六是完善社会保障制度，保障群众基本生活。

构建社会主义和谐社会的思想对我国的立法产生了影响。吴邦国同志在十一届全国人大一次会议上所作的《全国人民代表大会常务委员会工作报告》上指出，十届全国人大常委会在前几届工作的基础上，为坚持改革开放、推动科学发展、促进和谐社会，作出了重要贡献。例如，按照构建社会主义和谐社会的要求，本届人大常委会着力加强社会领域立法，健全劳动和社会保障方面的法律制度。事关劳动者切身利益，事关社会和谐稳定，是社会领域立法的一个重点。2007 年一年内，人大常委会先后通过了劳动合同法、就业促进法、劳动争议调解仲裁法，审议了社会保险法草案。针对代表反映强烈的社会领域问题，全面修

订义务教育法，将义务教育经费保障机制以法律形式固定下来，将实施素质教育写入法律，将义务教育均衡发展作为目标确定下来。修改妇女权益保障法，第一次在法律上明确实行男女平等是国家的基本国策，修改未成年人保护法，进一步强化家庭、学校、社会、政府的保护责任，突出未成年人受教育权。[1]

三、构建和谐社会要对收入分配进行宏观调节

改革开放初期，在收入分配方面要解决的最大问题是平均主义。到了1987年，党的十三大报告提出了"在促进效率提高的前提下体现社会公平"的分配政策。这一政策后来在1992年党的十四大报告中被概括为"兼顾效率与公平"。在1997年党的十五大报告中被概括为"效率优先、兼顾公平"。党的十六大在重申"效率优先、兼顾公平"原则的同时，进一步提出，初次分配注重效率，再分配注重公平。改革开放以来，我们党在分配政策上的这些重要提法，内容是基本一致的，具有政策上的连续性；但在不同阶段，针对收入分配问题的变化，关注的重点有所不同。进入新世纪新阶段，随着社会主义市场经济的深入发展，收入差距扩大的趋势引起党和政府的高度关注。党的十六届三中全会提出，"整顿和规范分配秩序，加大收入分配调节力度，重视解决部分社会成员收入差距过分扩大问题"；党的十六届四中全会提出，"切实采取有力措施解决地区之间和部分社会成员收入差距过大问题"；党的十六届五中全会提出，更加注重社会公平，使全体人民共享改革发展成果，并把它作为全面贯彻落实科学发展观的一项重要内容。

《决定》把"促进社会公平正义"作为构建社会主义和谐社会的一个着力点，写入构建社会主义和谐社会的指导思想，强调"必须加紧建设对保障公平正义具有重大作用的制度"，并明确提出对收入分配进行宏观调节，要求"在经

---

[1] 吴邦国：《中国特色社会主义法律体系已经形成》，中共中央文献研究室编：《改革开放三十年重要文献选编》（下），中央文献出版社2008年版，第1774、1776页。

济发展的基础上，更加注重社会公平，着力提高低收入者收入水平、逐步扩大中等收入者比重、有效调节过高收入、坚决取缔非法收入，促进共同富裕"。

四、构建和谐社会要进行社会体制的改革和创新

改革开放以来，我们党先后提出了"经济体制改革""政治体制改革"和"文化体制改革"的任务，但在党的文件中从未提出过"社会体制改革"的概念。现在，中国特色社会主义事业的总体布局更加明确地由三位一体发展为四位一体，《决定》提出"社会体制改革"的任务，明确了社会领域的改革在整体改革中的位置。

2006年中央关于推进社会主义新农村建设的1号文件，已经提出"要加快建立有利于逐步改变城乡二元结构的体制"。《决定》把"加快建立有利于改变城乡二元结构的体制机制"写入党的全会文件，这进一步明确了解决城乡发展差距问题的方向。

五、构建和谐社会要建立覆盖城乡居民的社会保障体系

《决定》根据我国人口老龄化、城镇化、就业方式多样化的趋势，提出到2020年基本建立"覆盖城乡居民的社会保障体系"，这将结束中国数千年来农民没有社会保障的状况，具有里程碑意义。

六、构建和谐社会要建设社会主义核心价值体系

核心价值体系是一个国家和社会的精神支柱。《决定》提出"建设社会主义核心价值体系"，并指出它包括四个方面的内容：一是马克思主义指导思想，这是社会主义意识形态的旗帜和灵魂；二是中国特色社会主义共同理想，这是全国人民团结奋斗的精神动力；三是以爱国主义为核心的民族精神和以改革创新为核心的时代精神，这是中华民族生生不息、薪火相传的精神支撑和当代中国

人民不断创造崭新业绩的力量源泉；四是社会主义荣辱观，这是全社会共同的道德规范。建设社会主义核心价值体系，将为人们判断是非曲直、确定价值取向、作出行为选择提供基本准则。

社会主义国家如何建设社会，以往的科学社会主义著作没有论述。《决定》反映了建设富强民主文明和谐的社会主义现代化国家的内在要求，丰富和发展了科学社会主义理论，开创了中国特色社会主义事业的新境界。

第五节　以科学发展观推进法治建设

2007年10月15日至21日，党的十七大在北京召开。胡锦涛代表第十六届中央委员会向大会作了题为《高举中国特色社会主义伟大旗帜　为夺取全面建设小康社会新胜利而奋斗》的报告（以下简称《报告》）。大会的突出贡献，是对科学发展观的时代背景、科学内涵和精神实质进行了深刻阐述，对深入贯彻落实科学发展观提出了明确要求。

一、科学发展观促进了我国民主法治建设

《报告》对"坚持以人为本，树立全面、协调、可持续的发展观，促进经济社会和人的全面发展"，按照"统筹城乡发展、统筹区域发展、统筹经济社会发展、统筹人与自然和谐发展、统筹国内发展和对外开放"的科学发展观做了详细的阐释。在法治建设实践中，科学发展观对我国的民主法治建设产生了积极的指导作用。2013年3月8日，吴邦国同志在《全国人民代表大会常务委员会工作报告》中指出，在过去的五年，人大常委会的工作突出如下重点：[1]

---

[1] 吴邦国：《全国人民代表大会常务委员会工作报告》，中共中央文献研究室编：《十八大以来重要文献选编》（上），中央文献出版社2014年版，第194—218页。

第一，在推动科学发展方面，人大常委会在每年听取审议计划执行情况报告的同时，专门安排听取审议应对国际金融危机、转变经济发展方式、调整经济结构、"十一五"规划纲要实施情况中期评估以及服务业、旅游业发展等报告，检查科技进步法实施情况，修改专利法等。

人大常委会始终把推动解决"三农"问题摆在重要位置。制定农村土地承包经营纠纷调解仲裁法，修改农业技术推广法，检查农业法等5部涉农法律实施情况，听取审议国家粮食安全、农田水利建设、促进农民稳定增收等6个报告，强调要落实最严格的耕地保护制度，切实保障农民土地承包经营权，加大对粮食主产区和农田水利建设投入，提高农业科技进步贡献率，发展专业化、标准化、规模化、集约化生产；完善强农惠农富农政策，加大财政"三农"投入，加强现代农业建设，支持农民多渠道转移就业，推进社会主义新农村建设，推动城乡发展一体化。

针对资源环境约束加剧的严峻挑战，人大常委会制定循环经济促进法，修改可再生能源法、水土保持法、清洁生产促进法，听取审议环境保护、水污染防治、土地和矿产资源管理等报告，开展环境影响评价法、清洁生产促进法、节约能源法执法检查，从法律层面和工作层面促进绿色发展、循环发展、低碳发展，推进社会主义生态文明建设。

为贯彻党的十七届六中全会精神，人大常委会听取审议文化体制改革、文化产业发展等报告，并制定非物质文化遗产法，开展文物保护法执法检查。

第二，在促进社会和谐稳定方面，人大常委会作出关于加强网络信息保护的决定。制定人民调解法，努力将民间纠纷和社会矛盾化解在基层，解决在萌芽状态。

为预防和减少因医疗损害、环境污染、产品缺陷等引发的社会矛盾，在侵权责任法中对归责原则、赔偿范围及标准等作出明确规定，更好地起到平衡利益、定分止争的作用。

为强化公共安全体系建设，及时修改道路交通安全法和消防法，听取审议相关工作报告，加大交通肇事行为处罚力度，加大人员密集场所消防设施建设，大力整治安全隐患。

第三，在合理调整收入分配关系方面，人大常委会 2010 年将国民收入分配问题作为调研的重点课题，提出尽快制订收入分配改革方案的意见和建议，为中央研究编制"十二五"规划提供重要参考。2011 年又着重就提高居民收入在国民收入分配中的比重、提高劳动报酬在初次分配中的比重、规范收入分配秩序、强化税收调节作用等问题，组织开展专题调研，要求有关方面认真落实"十二五"规划纲要确定的目标任务，尽快扭转收入差距扩大趋势，形成合理有序的收入分配格局。

针对调研中发现的一些地方政府融资平台公司数量多、举债融资不规范、不少地区和行业偿债能力弱等问题，人大常委会及时提出要高度重视防范和化解地方政府性债务风险。

针对一些地方县级财政困难，2008 年人大常委会在审查中央决算时提出，要力争用 2 至 3 年时间建立起以保工资、保运转、保民生为目标的县级基本财力保障机制。随后，就这个问题多次开展专题调研，并在 2012 年听取审议国务院相关报告。

第四，在保障和改善民生方面，人大常委会制定社会保险法，明确国家建立基本养老、基本医疗和工伤、失业、生育等社会保险制度，并对群众最为关心的基本养老保险关系转移接续，提高基本养老保险基金统筹层次，建立新型农村社会养老保险制度和新型农村合作医疗制度等作出原则规定。修改老年人权益保障法，逐步提高老年人保障水平。听取审议农村社会保障体系建设、社会救助工作情况报告，要求加快实现新型农村社会养老保险全国覆盖，逐步提高新型农村合作医疗补助标准，尽快解决失地农民社会保障等问题，切实保障城乡生活困难群众基本生活。还组织有关专门委员会就农村社会保障体系建设开展跟踪检查，并听取审议跟踪检查报告。

在住房、医疗和教育方面，人大常委会听取审议城镇保障性住房建设和管理、深化医药卫生体制改革进展情况报告，并开展专题询问，强调要建立可持续的保障性住房建设资金投入机制，严格区分保障性住房和改善性住房的界限，建立健全保障性住房公平分配和运营机制，真正使低收入住房困难户得到实惠；医药卫生体制改革要优先满足群众基本医疗卫生需求，着力解决群众反映强烈的"看病难""看病贵"问题。为规范义务教育，十届人大常委会修改了义务教育法，明确规定义务教育经费纳入财政预算，义务教育不收学费杂费，并就此开展执法检查，人大常委会又开展新一轮执法检查，重点推动落实义务教育经费保障机制。

在加强食品安全、饮用水安全方面，人大常委会制定的食品安全法明确规定，只有在技术上确有必要、经过风险评估证明安全可靠的食品添加剂才能使用；确需使用食品添加剂的，必须严格执行食品安全标准规定的品种、范围和用量。为推动解决城乡居民饮用水安全问题，在听取审议国务院相关报告时，要求切实加强饮用水水源保护和管理，积极推进农村饮用水安全工程建设和城市供水管网改造，着力提升水源、水质监测能力和突发事件应急处置能力。

在消除贫困、实现共同富裕方面，人大常委会把推动扶贫开发作为监督工作的重要内容，深入大别山革命老区等地，实地了解连片特困地区群众所思所盼，立足当前、着眼长远，提出依托本地资源优势发展特色农业、开展农村金融改革试点、建设工业园承接产业转移、加强职业教育、完善基础设施等具体措施。

二、中国特色社会主义道路和理论体系 ①

《报告》第一次完整概括"中国特色社会主义道路"的内涵。即："在中国

---

① 汤应武:《十七大报告的新思想、新观点、新论断》,《山东经济战略研究》2007 年第 11 期。

共产党领导下，立足基本国情，以经济建设为中心，坚持四项基本原则，坚持改革开放，解放和发展社会生产力，巩固和完善社会主义制度，建设社会主义市场经济、社会主义民主政治、社会主义先进文化、社会主义和谐社会，建设富强民主文明和谐的社会主义现代化国家。"

《报告》首次提出"中国特色社会主义理论体系"的概念，并首次将党的十一届三中全会以来的理论创新的成果加以整合，提出中国特色社会主义理论体系是包括邓小平理论、"三个代表"重要思想以及科学发展观等重大战略思想在内的科学理论体系，是不断发展的开放的理论体系。

《报告》首次将"建设中国特色社会主义"的表述改为"发展中国特色社会主义"。1982 年党的十二大首次明确提出"建设有中国特色的社会主义"的命题和任务，2002 年党的十六大将这一表述改为"建设中国特色社会主义"。党的十七大将"建设"改为"发展"，表明中国特色社会主义伟大事业站在了一个新的起点上，开始了新的伟大征程。《报告》首次作出了"改革开放以来我们取得一切成绩和进步的根本原因，归结起来就是：开辟了中国特色社会主义道路，形成了中国特色社会主义理论体系"的重大论断。

三、全面建设小康社会的新要求

《报告》首次提出国内生产总值"翻两番"的目标由"总量"改为"人均"，且增加"降低消耗、保护环境"等前提条件。党的十六大报告提出，在优化结构和提高效益的基础上，国内生产总值到 2020 年力争比 2000 年翻两番。党的十七大报告在此基础上提出新的更高的要求，即：转变发展方式取得重大进展，在优化结构、提高效益、降低消耗、保护环境的基础上，实现人均国内生产总值到 2020 年比 2000 年翻两番。覆盖全社会的公共文化服务体系基本建立，文化产业占国民经济比重明显提高、国际竞争力显著增强；覆盖城乡居民的社会保障体系基本建立，人人享有基本生活保障；合理有序的收入分配格局基本形成，中等收入者占多数，绝对贫困现象基本消除；人人享有基本医疗卫生服务。

"生态文明"概念首次写入党的文件中。提出建设生态文明，到 2020 年基本形成节约能源资源和保护生态环境的产业结构、增长方式、消费模式，生态文明观念在全社会牢固树立。

四、推进选举权平等、增强社会自治功能

《报告》首次明确提出"逐步实行城乡按相同人口比例选举人大代表"的建议，把这作为扩大人民民主、保证人民当家作主的一项重要举措之一。

《报告》首次把"基层群众自治制度"纳入中国特色社会主义政治制度之中。

《报告》首次提到"社会组织"和"社会自治"概念，要求发挥社会组织在扩大群众参与、反映群众诉求方面的积极作用，增强社会自治功能。

《报告》首次提出"要坚持用制度管权、管事、管人，建立健全决策权、执行权、监督权既相互制约又相互协调的权力结构和运行机制"。

五、着力保障和改善民生

首次把"社会建设"作为中国特色社会主义总体布局的一个方面写入《报告》中，从而使中国特色社会主义经济建设、政治建设、文化建设和社会建设"四位一体"的总体布局在全国党代会报告中正式得以确认；《报告》首次明确把"改善民生"作为社会建设的重点，首次提出"建设人力资源强国"的目标；首次提出"以创业带动就业"；改变党的十六大报告关于"效率优先、兼顾公平"和"初次分配注重效率，再分配注重公平"的提法，明确提出"初次分配和再分配都要处理好效率和公平的关系，再分配更加注重公平"；首次提出"创造条件让更多群众拥有财产性收入"；首次提出要"加快建立覆盖城乡居民的社会保障体系"；首次提出"建立基本医疗卫生制度"，等等。

六、取消农业税

我国农业税始于春秋时期鲁国的"初税亩"，到汉初形成制度。新中国成立以后，第一届全国人大常委会第九十六次会议于 1958 年 6 月 3 日颁布了农业税条例，并实施至今。这一古老的税种，延续了 2600 多年。2005 年 12 月 29 日，十届全国人大常委会第十九次会议高票通过决定，自 2006 年 1 月 1 日起废止《农业税条例》，取消除烟叶以外的农业特产税、全部免征牧业税，中国延续了 2600 多年的"皇粮国税"走进了"历史博物馆"，在工业反哺农业、城市支持农村方面取得了重要突破。

七、以增进党内和谐促进社会和谐

《报告》首次提出要以增进党内和谐促进社会和谐；首次提出探索扩大党内基层民主多种实现形式；首次把"完善体现科学发展观和正确政绩观要求的干部考核评价体系"写入党代会报告中；首次把"流动党员管理""党员动态管理机制"等内容纳入《报告》中，等等。

第六节　构建城乡居民权利同等保障的体制机制

我们习惯所言的城乡差别，实际上是指城乡居民权利的差异性对待，缩小甚至消灭城乡差别，是要求实现对城乡居民权利的一体化或同等保障。2008 年 10 月 9 日至 12 日，党的十七届三中全会审议通过了《中共中央关于推进农村改革发展若干重大问题的决定》(以下简称《决定》)。[1]《决定》贯彻落实党的

---

[1] 《中共中央关于推进农村改革发展若干重大问题的决定》，中共中央文献研究室编：《改革开放三十年重要文献选编》(下)，中央文献出版社 2008 年版，第 1848—1864 页。

十七大提出的统筹城乡发展的方略，着力破解城乡二元化的矛盾，提出了保障农民权利、农业发展的六大制度设计。

《决定》把过去农村改革发展成熟的做法进一步制度化，同时结合新的形势，又提出了一些新的制度设计。

一、稳定和完善农村基本经营制度

《决定》指出，家庭经营要向采用先进科技和生产手段的方向转变，增加技术、资本等生产要素投入，着力提高集约化水平；统一经营要向发展农户联合与合作，形成多元化、多层次、多形式经营服务体系的方向转变，培育农民新型合作组织，发展各种农业社会化服务组织，鼓励龙头企业与农民建立紧密型利益联结机制，着力提高组织化程度。按照服务农民、进退自由、权利平等、管理民主的要求，扶持农民专业合作社加快发展。

二、健全严格规范的农村土地管理制度

守住十八亿亩耕地红线。划定永久基本农田，建立保护补偿机制，确保基本农田总量不减少、用途不改变、质量有提高；搞好农村土地确权、登记、颁证工作，依法保障农民对承包土地的占有、使用、收益等权利；按照依法自愿有偿原则，允许农民以转包、出租、互换、转让、股份合作等形式流转土地承包经营权，发展多种形式的适度规模经营。

三、完善农业支持保护制度

保证各级财政对农业投入增长幅度高于经常性收入增长幅度，大幅度增加国家对农村基础设施建设和社会事业发展的投入，大幅度提高政府土地出让收益、耕地占用税新增收入用于农业的比例，大幅度增加对中西部地区农村公益性建设项目的投入。健全农业补贴制度；健全农产品价格保护制度；健全农业

生态环境补偿制度。

四、建立现代农村金融制度

创新农村金融体制，放宽农村金融准入政策，加快建立商业性金融、合作性金融、政策性金融相结合，资本充足、功能健全、服务完善、运行安全的农村金融体系。

五、建立促进城乡经济社会发展一体化制度

统筹土地利用和城乡规划，合理安排市县域城镇建设、农田保护、产业聚集、村落分布、生态涵养等空间布局；统筹城乡产业发展，优化农村产业结构；统筹城乡基础设施建设和公共服务，逐步建立城乡统一的公共服务制度；统筹城乡劳动就业，加快建立城乡统一的人力资源市场；统筹城乡社会管理，推进户籍制度改革；积极推进统筹城乡综合配套改革试验。

六、健全农村民主管理制度

逐步实行城乡按相同人口比例选举人大代表；推进村民自治制度化、规范化、程序化；强化涉农执法监督和司法保护；培育农村服务性、公益性、互助性社会组织，完善社会自治功能。

《决定》上述规定使多种粮的农民每年获得的补贴有望获得较大幅度的增长；农资价格上涨给农民带来的负担有望得到弥补；"谷贱伤农"现象有望得到缓解（针对农业市场风险较大的特点，健全农产品价格保护制度）；农民群众贷款难、农村金融"失血"的状况有望得到改观（一是政策支持上实行倾斜，二是在放宽准入上）；农民工权益得到一定保障（逐步实现农民工劳动报酬、子女就学、公共卫生、住房租购等与城镇居民享有同等待遇，同时要放宽中小城市落户条件，使在城镇稳定就业和居住的农民有序转变为城镇居民）；农民

选举权与城市居民的选举权逐渐平等（逐步实行城乡按相同人口比例选举人大代表，扩大农民在县乡人大代表中的比例）。

第七节　根据新问题推出从严治党新措施

2009 年 9 月 15 日至 18 日党的十七届四中全会作出了《中共中央关于加强和改进新形势下党的建设若干重大问题的决定》（以下简称《决定》），对党的建设总体要求、目标任务、政策措施进行全面部署，提出了一系列新思想新观点新举措。

一、中国共产党执政党建设基本经验

《决定》总结了中国共产党作为执政党的党建基本经验，有如下六条：一是坚持把思想理论建设放在首位，提高全党马克思主义水平；二是党的建设必须围绕党的中心任务来展开；三是坚持以执政能力建设和先进性建设为主线；四是坚持立党为公、执政为民，保持党同人民群众的血肉联系；五是坚持改革创新，增强党的生机活力；六是坚持党要管党、从严治党，提高管党治党水平。

《决定》指出，这些基本经验，体现和深化了对共产党执政规律、社会主义建设规律、人类社会发展规律的认识，必须倍加重视、倍加珍惜，必须作为加强和改进新形势下党的建设的重要指导原则长期坚持，并在实践中不断丰富发展。

二、推进马克思主义中国化、时代化、大众化

过去提"马克思主义中国化"，《决定》则加了"时代化、大众化"，并要求全党围绕什么是马克思主义、怎样对待马克思主义，什么是社会主义、怎样建设社会主义，建设什么样的党、怎样建设党，实现什么样的发展、怎样发展等

重大问题，丰富发展中国特色社会主义理论体系。

三、提高全党推动科学发展、促进社会和谐的能力

《决定》强调要重点提高谋划发展、统筹发展、优化发展、推动发展的本领和群众工作、公共服务、社会管理、维护稳定的本领，注重增强新形势下依法办事能力和应急管理、舆论引导、新兴媒体运用、做好民族宗教工作等方面能力，切实抓好发展这个第一要务、履行好维护稳定这个第一责任。

四、建立来自基层一线党政领导干部培养选拔制度

针对干部队伍结构存在"三门"干部（指从家门到校门，毕业后进了机关门的干部）比例过大；机关层次越高，具有基层工作经历的干部越少等明显缺陷，《决定》为此提出要建立上级党政机关从基层一线逐级遴选干部制度，把基层一线作为培养锻炼干部的基础阵地，鼓励年轻干部到基层工作，有计划安排年轻干部到艰苦地区、复杂环境、关键岗位砥砺品质，锤炼作风，增长才干。

五、建立健全干部职务与职级并行制度

针对干部待遇只与职务挂钩，千军万马挤晋升职务"独木桥"的问题，《决定》提出将干部职级与待遇挂钩，干部即使没有担任领导职务，只要具备一定职级就可以享受相应的福利待遇。针对农村基层干部后继乏人问题，《决定》强调推进选聘高校毕业生到村任职工作，鼓励转业退伍军人到乡、村工作，切实解决农村基层组织负责人基本报酬和社会保障问题。

六、构建城乡统筹的基层党建新格局

针对党员流动性增强和农民工中发展党员不够增多的现实问题，《决定》提出建立全国党员信息库，健全城乡一体、流入地党组织为主，流出地党组织配

合的流动党员教育管理服务工作制度。实行城乡基层党组织一方为主、接续培养、两地考察、相互衔接的优秀农民工入党办法。加强城乡基层党建资源整合，普遍推行机关、企业、社区党组织同农村党组织结对帮扶等做法。通过财政转移支付等建立稳定规范的基层组织工作经费保障制度，汇集多方面力量为农村基层党的建设注入人力、物力、财力。

七、约束党员干部家庭生活作风

针对一些腐败案件中暴露出来的党员干部社会交往、休闲娱乐、生活作风方面的问题，《决定》提出对党员干部社会交往、休闲娱乐、生活作风方面的不良现象，要及时提醒、批评、制止；针对"裸官"（即：配偶子女均已移居国（境）外而本人仍在党政机关和公共机构任职的公职人员）问题，《决定》提出要加强对配偶子女均已移居国（境）外的公职人员的管理。

第八章 以习近平同志为主要代表的中国共产党人的法治思想与实践（上）

——建设中国特色社会主义法治体系

以习近平同志为主要代表的中国共产党人对法治建设高度重视。第一，习近平同志在原来"依法治国"前面加了"全面"两个字，提出了"全面依法治国"，列入了"四个全面"的战略布局之中；第二，召开了中国共产党历史上第一个中央委员会全会——党的十八届四中全会，专题研究如何推进全面依法治国；第三，制定通过了党的历史上第一个关于全面推进依法治国的决定——《中共中央关于全面推进依法治国若干重大问题的决定》；第四，党中央组建了中央全面依法治国委员会，明确全面依法治国221项任务，建立健全督办机制，这是党的历史上首次设立此类机构；第五，2018年3月17日上午，习近平以国家主席身份进行了就职宣誓："我宣誓：忠于中华人民共和国宪法，维护宪法权威，履行法定职责……"，这在新中国历史上是第一次；第六，党中央于2020年11月提出了"习近平法治思想"；第七，2020年12月，中央文献出版社出版了习近平同志所著的《论坚持全面依法治国》。

以习近平同志为主要代表的中国共产党人把中国社会主义法治事业推向了一个新时代。

第一节　两个"五位一体"构成党和国家战略新布局

2012 年 11 月 8 日至 14 日，中国共产党第十八次全国代表大会在北京召开，大会听取和审议通过了胡锦涛同志所作的政治报告《坚定不移沿着中国特色社会主义道路前进　为全面建成小康社会而奋斗》（以下简称《报告》）。[①]《报告》提出了许多新的观点和新的部署。

一、坚持和发展中国特色社会主义道路、理论体系和制度

党的十八大报告首次指出，中国特色社会主义道路，中国特色社会主义理论体系，中国特色社会主义制度，是党和人民九十多年奋斗、创造、积累的根本成就，必须始终坚持、不断发展。

在坚持中国特色社会主义道路方面，在原来物质文明、精神文明、政治文明、社会文明之后加了生态文明一项；在中国特色社会主义制度方面，在原来人民代表大会制度、中国共产党领导的多党合作和政治协商制度、民族区域自治制度、基层群众自治制度之后，加了中国特色社会主义法律体系、公有制为主体、多种所有制经济共同发展的基本经济制度，以及建立在这些制度基础上的经济体制、政治体制、文化体制、社会体制等各项具体制度等新的内容。

二、建设中国特色社会主义总依据、总布局、总任务和基本要求

《报告》指出，建设中国特色社会主义，总依据是社会主义初级阶段，总布

---

①　胡锦涛：《坚定不移沿着中国特色社会主义道路前进　为全面建成小康社会而奋斗》，中共中央文献研究室编：《十八大以来重要文献选编》（上），中央文献出版社 2014 年版，第 1—44 页。

局是五位一体（经济建设、政治建设、文化建设、社会建设、生态文明建设），总任务是实现社会主义现代化和中华民族伟大复兴，基本要求是必须坚持人民主体地位；必须坚持解放和发展社会生产力；必须坚持推进改革开放；必须坚持维护社会公平正义；必须坚持走共同富裕道路；必须坚持促进社会和谐；必须坚持和平发展；必须坚持党的领导。

三、公平正义是中国特色社会主义的内在要求

《报告》首次提出，公平正义是中国特色社会主义的内在要求。要加紧建设对保障社会公平正义具有重大作用的制度，逐步建立以权利公平、机会公平、规则公平为主要内容的社会保障体系，努力营造公平的社会环境，保证人民平等参与、平等发展权利。

四、提高运用法治思维和法治方式解决问题的能力

《报告》首次提出，提高领导干部运用法治思维和法治方式深化改革、推动发展、化解矛盾、维护稳定能力。要推进科学立法、严格执法、公正司法、全民守法。

五、加强社会主义核心价值体系建设

《报告》首次提出 24 个字的社会主义核心价值观。从国家层面看，是富强、民主、文明、和谐；从社会层面看，是自由、平等、公正、法治；从公民个人层面看，是爱国、敬业、诚信、友善。

六、构建中国特色社会主义社会管理体制和机制

《报告》首次提出，要围绕构建中国特色社会主义管理体系，加快形成党委领导、政府负责、社会协同、公众参与、法治保障的社会管理体制，加快形成

政府主导、覆盖城乡、可持续的基本公共服务体系，加快形成政社分开、权责明确、依法自治的现代社会组织体制，加快形成源头治理、动态管理、应急处置相结合的社会管理机制。

七、依法保护生态环境

《报告》首次提出，要把资源消耗、环境损害、生态效益纳入经济社会发展评价体系，建立体现生态文明要求的目标体系、考核办法、奖惩机制。

八、两个"五位一体"

1986 年，党的十二届六中全会首次提出以经济建设为中心，坚定不移地进行经济体制改革，坚定不移地进行政治体制改革，坚定不移地加强精神文明建设的总体布局，这一"三位一体"总体布局从党的十三大一直延续到十六大。党的十六届六中全会提出构建社会主义和谐社会的重大任务，总体布局中增加了社会建设，拓展为"四位一体"。适应人民群众对良好生态环境越来越迫切的期待，党的十八大报告把生态文明建设放在了突出地位，纳入总体布局，拓展为"五位一体"。这"五位一体"的总体布局，对应着全国老百姓的经济、政治、文化、社会、生态五大权益。

报告中提出党的建设总体布局也是"五位一体"，即思想建设、组织建设、作风建设、反腐倡廉建设、制度建设。颇有深意的是，两个"五位一体"中都有一项具有净化功能：中国特色社会主义事业"五位一体"总体布局中的生态文明，体现着自然界的净化，而党的建设新的伟大工程"五位一体"总体布局中的反腐倡廉建设，体现的是中国共产党肌体的自我净化。

九、建设"三型"执政党

《报告》提出建设学习型、服务型、创新型的马克思主义执政党。这"三型"目标，表明我们对执政党建设规律的把握更自觉、更全面、更深刻。

第二节　通过全面深化改革形成科学有效的制度体系

2013 年 11 月 12 日，党的十八届三中全会审议通过了《中共中央关于全面深化改革若干重大问题的决定》(以下简称《决定》)。《决定》提出了许多新思想和新举措。[①]

一、全面深化改革的总目标、子目标和重点

（一）《决定》提出全面深化改革的总目标

总目标是完善和发展中国特色社会主义制度，推进国家治理体系和治理能力现代化。中国特色社会主义制度集中体现了中国特色社会主义的特点和优势，是当代中国发展进步的根本制度保障。推进国家治理体系和治理能力现代化是完善和发展中国特色社会主义制度的题中应有之义。全面深化改革是党和国家事业发展全局的重大战略部署，不是某个领域某个方面的单项改革。

（二）全面深化改革的各项子目标

1. 紧紧围绕使市场在资源配置中起决定性作用深化经济体制改革，坚持和完善基本经济制度，加快完善现代市场体系、宏观调控体系、开放型经济体系，加快转变经济发展方式，加快建设创新型国家。

2. 紧紧围绕坚持党的领导、人民当家作主、依法治国有机统一深化政治体制改革，加快推进社会主义民主政治制度化、规范化、程序化，建设社会主义

---

① 曾华锋、夏志和等：《党的十八届三中全会新思想新观点新举措释义》,《解放日报》2013 年 11 月 15 日。

法治国家，发展更加广泛、更加充分、更加健全的人民民主。

3. 紧紧围绕弘扬社会主义核心价值体系、建设社会主义文化强国，深化文化体制改革，加快完善文化管理体制和文化生产经营机制，建立健全现代公共文化服务体系、现代文化市场体系，推动社会主义文化大发展大繁荣。

4. 紧紧围绕更好保障和改善民生、促进社会公平正义深化社会体制改革，改革收入分配制度，促进共同富裕，推进社会领域制度创新，推进基本公共服务均等化，加快形成科学有效的社会治理体制，确保社会既充满活力又和谐有序。

5. 紧紧围绕建设美丽中国深化生态文明体制改革，健全国土空间开发、资源节约利用、生态环境保护的体制机制，推动形成人与自然和谐发展现代化建设新格局。

6. 紧紧围绕提高科学执政、民主执政、依法执政水平深化党的建设制度改革。加强民主集中制建设，完善党的领导体制和执政方式，保持党的先进性和纯洁性，为改革开放和社会主义现代化建设提供坚强政治保证。

（三）全面深化改革的重点

经济体制改革是全面深化改革的重点，核心问题是处理好政府和市场的关系，使市场在资源配置中起决定性作用和更好发挥政府作用。政府的职责和作用主要是保持宏观经济稳定，加强和优化公共服务，保障公平竞争，加强市场监管，维护市场秩序，推动可持续发展，促进共同富裕，弥补市场失灵。

二、社会主义基本经济制度是市场经济的根基

《报告》指出，公有制为主体、多种所有制经济共同发展的基本经济制度，是社会主义市场经济体制的根基。为此，要健全归属清晰、权责明确、保护严格、流转顺畅的现代产权制度；积极发展混合所有制经济，它是基本经济制度的重要实现形式；坚持权利平等、机会平等、规则平等，废除对非公有制经济

各种形式的不合理规定，消除各种隐性壁垒，制定非公有制企业进入特许经营领域具体办法。

三、宏观调控和政府治理是发挥市场经济优势的内在要求

《报告》强调，科学的宏观调控，有效的政府治理，是发挥社会主义市场经济体制优势的内在要求。必须增强政府公信力和执行力，建设法治政府和服务型政府。加快转变政府职能是深化行政体制改革的核心，是建设法治政府和服务型政府的关键，是激发市场主体创造活力、增强经济发展内生动力的前提。

四、完善立法、明确事权、改革税制、稳定税负和透明预算

《报告》提出，财税改革是全面深化改革的突破口，是推动中国经济转型的关键所在。全会提出，必须完善立法、明确事权、改革税制、稳定税负、透明预算、提高效率，建立现代财政制度，发挥中央和地方两个积极性。这就明确了推进财税体制改革的目标和任务。

五、健全城乡发展一体化体制机制

《报告》指出，推进城乡一体化发展，是破解城乡二元结构的重大举措。必须健全体制机制，形成以工促农、以城带乡、工农互惠、城乡一体的新型城乡关系。全会从加快构建新型农业经营体系，赋予农民更多财产权利，推进城乡要素平等交换和公共资源均衡配置，完善城镇化健康发展体制机制四个方面，明确了改革的思路和举措。这必将对形成城乡经济社会一体化发展新格局，促进城乡共同繁荣产生和保障城乡居民权利平等深远影响。

六、构建对内对外开放相互促进的开放型经济新体制

当前，我国开放型经济发展中不平衡、不协调、不可持续的问题依然突出，

需要我们进一步完善对外开放的体制机制。《报告》强调，要构建开放型经济新体制，推动对内对外开放相互促进、引进来和走出去更好结合，促进国际国内要素有序自由流动、资源高效配置、市场深度融合，加快培育参与和引领国际经济合作竞争新优势，以开放促改革。

七、从各层次各领域扩大公民有序政治参与

《报告》提出，要从各层次各领域扩大公民有序政治参与。通过座谈、听证、评估、公布法律草案等扩大公民有序参与立法途径；通过询问、质询、特定问题调查、备案审查等积极回应社会关切；深入开展立法协商、行政协商、民主协商、参政协商、社会协商；重点推进人民政协政治协商、民主监督、参政议政制度化、规范化、程序化；要有序地组织专题协商、对口协商、界别协商、提案办理协商，增加协商密度，提高协商成效；推进基层协商制度化，建立健全居民、村民监督机制。

八、让法治贯穿改革发展稳定全过程与覆盖国家和社会管理各领域

《报告》提出，我们要坚持依法治国、依法执政、依法行政共同推进，法治国家、法治政府、法治社会一体建设，让法治贯穿改革发展稳定全过程，覆盖国家治理和社会管理各领域。全会从维护宪法法律权威，深化行政执法体制改革，确保依法独立公正行使审判权检察权，健全司法权力运行机制，完善人权司法保障制度（特别是废止了劳动教养制度）五个方面对推进法治中国建设做出了具体部署。

九、创新社会治理体制

《报告》提出，要创新社会治理，最大限度增加和谐因素，增强社会发展活力，提高社会治理水平，维护国家安全，确保人民安居乐业、社会安定有序。

从"加强和创新社会管理"到"创新社会治理体制""解放和增强社会活力"的变化，体现了我们党治国理政理念的与时俱进。

第三节　全面推进依法治国

党的十八届四中全会于 2014 年 10 月 20 日至 23 日在北京召开。本次会议是中国共产党成立 93 年来、在新中国执政 65 年来首次召开的以依法治国为主题的中央全会，审议通过了《中共中央关于全面推进依法治国若干重大问题的决定》（以下简称《决定》）。《决定》向全中国、向全世界庄严宣告：在中国长期执政的中国共产党，决心既要依据宪法法律治国理政，又要依据党内法规管党治党，实行宪法法律和党内法规这两个轮子双轮驱动，并且把依据党内法规管党治党作为依据宪法法律治国理政的窗口和样板，带动全社会尊法信法守法用法。《决定》提出了许多新判断、新思想和新举措。

一、依法治国是中国特色社会主义的本质要求和重要保障

为什么要提出全面推进依法治国？《决定》首次指出有如下原因：

（1）从党和国家的发展战略来看，依法治国是坚持和发展中国特色社会主义的本质要求和重要保障，是实现国家治理体系和治理能力现代化的必然要求，是全面建成小康社会、全面深化改革、全面从严治党的必然要求。

（2）当前我国法治建设中存在许多问题亟待解决。同党和国家事业发展要求相比，同人民群众期待相比，同推进国家治理体系和治理能力现代化目标相比，法治建设还存在许多不适应、不符合的问题，主要表现为：一是有的法律法规未能全面反映客观规律和人民意愿，针对性、可操作性不强，立法工作中部门化倾向、争权诿责现象较为突出；二是有法不依、执法不严、违法不究现

象比较严重，执法体制权责脱节、多头执法、选择性执法现象仍然存在，执法司法不规范、不严格、不透明、不文明现象较为突出，群众对执法司法不公和腐败问题反映强烈；三是部分社会成员尊法信法守法用法、依法维权意识不强，一些国家工作人员特别是领导干部依法办事观念不强、能力不足，知法犯法、以言代法、以权压法、徇私枉法现象依然存在。这些问题，必须通过全面依法治国加以解决。

二、全面推进依法治国的总目标和五项原则

（一）全面推进依法治国总目标的内容

《决定》指出，这一总目标包括如下内容：第一，形成中国特色社会主义法治体系。即：在中国共产党领导、坚持中国特色社会主义制度、贯彻中国特色社会主义法治理论的政治前提下，形成完备的法律规范体系、高效的法治实施体系、严密的法治监督体系、有力的法治保障体系，形成完善的党内法规体系。第二，形成全面依法治国的工作格局。即：坚持依法治国、依法执政、依法行政共同推进，坚持法治国家、法治政府、法治社会一体建设。第三，达到科学立法、严格执法、公正司法、全民守法，促进国家治理体系和治理能力现代化的目标。

（二）实现全面依法治国总目标必须坚持五项原则

1. 坚持中国共产党的领导

（1）党的领导是中国特色社会主义最本质的特征，是社会主义法治最根本的保证。把党的领导贯彻到依法治国全过程和各方面，是我国社会主义法治建设的一条基本经验。

（2）党的领导和社会主义法治是一致的，社会主义法治必须坚持党的领导，党的领导必须依靠社会主义法治。

（3）依法执政，既要求党依据宪法法律治国理政，也要求党依据党内法规

管党治党。

（4）必须坚持党领导立法、保证执法、支持司法、带头守法，做到"三个统一"：把依法治国基本方略同依法执政基本方式统一起来，把党总揽全局、协调各方同人大、政府、政协、审判机关、检察机关依法依章程履行职能、开展工作统一起来，把党领导人民制定和实施宪法法律同党坚持在宪法法律范围内活动统一起来；"四个善于"：善于使党的主张通过法定程序成为国家意志，善于使党组织推荐的人选通过法定程序成为国家政权机关的领导人员，善于通过国家政权机关实施党对国家和社会的领导，善于运用民主集中制原则维护中央权威、维护全党全国团结统一。

2. 坚持人民主体地位

（1）人民是依法治国的主体和力量源泉，人民代表大会制度是保证人民当家作主的根本政治制度。

（2）必须坚持法治建设以保障人民根本权益为出发点和落脚点，保证人民依法享有广泛的权利和自由、承担应尽的义务，维护社会公平正义，促进共同富裕。

（3）必须保证人民在党的领导下，依照法律规定，通过各种途径和形式管理国家事务，管理经济文化事务，管理社会事务。

（4）必须使人民认识到法律既是保障自身权利的有力武器，也是必须遵守的行为规范。

3. 坚持法律面前人人平等

（1）平等是社会主义法律的基本属性。必须维护国家法制统一、尊严、权威，切实保证宪法法律有效实施，绝不允许任何人以任何借口任何形式以言代法、以权压法、徇私枉法。

（2）必须以规范和约束公权力为重点，加大监督力度，做到有权必有责、用权受监督、违法必追究。

4. 坚持依法治国和以德治国相结合

国家和社会治理需要法律和道德共同发挥作用。必须坚持一手抓法治、一手抓德治，既重视发挥法律的规范作用，又重视发挥道德的教化作用，以法治体现道德理念、强化法律对道德建设的促进作用，以道德滋养法治精神、强化道德对法治文化的支撑作用，实现法律和道德相辅相成、法治和德治相得益彰。

5. 坚持从中国实际出发

（1）中国特色社会主义道路、理论体系、制度是全面推进依法治国的根本遵循。

（2）必须从我国基本国情出发，总结和运用党领导人民实行法治的成功经验，围绕社会主义法治建设重大理论和实践问题，推进法治理论创新，发展符合中国实际、具有中国特色、体现社会发展规律的社会主义法治理论，为依法治国提供理论指导和学理支撑。

（3）汲取中华法律文化精华，借鉴国外法治有益经验，但决不照搬外国法治理念和模式。

《决定》强调，全面推进依法治国是一个系统工程，是国家治理领域一场广泛而深刻的革命，需要付出长期艰苦努力。

三、坚持不懈抓好宪法实施工作

《决定》指出，坚持依法治国首先要坚持依宪治国，坚持依法执政首先要坚持依宪执政。

（1）完善全国人大及其常委会宪法监督制度，健全宪法解释程序机制。加强备案审查制度和能力建设，把所有规范性文件纳入备案审查范围，依法撤销和纠正违宪违法的规范性文件，禁止地方制发带有立法性质的文件。

（2）将每年十二月四日定为国家宪法日。在全社会普遍开展宪法教育，弘扬宪法精神。建立宪法宣誓制度，凡经人大及其常委会选举或者决定任命的国家工作人员正式就职时公开向宪法宣誓。

四、坚持科学立法、民主立法、依法立法

《决定》指出，良法是善治之前提。建设中国特色社会主义法治体系，必须坚持立法先行，发挥立法的引领和推动作用，抓住提高立法质量这个关键。

（一）坚持依法立法，完善立法体制

1. 加强党对立法工作的领导，完善党对立法工作中重大问题决策的程序。一是凡立法涉及重大体制和重大政策调整的，必须报党中央讨论决定。二是党中央向全国人大提出宪法修改建议，依照宪法规定的程序进行宪法修改。三是法律制定和修改的重大问题由全国人大常委会党组向党中央报告。

2. 健全有立法权的人大主导立法工作的体制机制，发挥人大及其常委会在立法工作中的主导作用。一是建立由全国人大相关专门委员会、全国人大常委会法制工作委员会组织有关部门参与起草综合性、全局性、基础性等重要法律草案制度。二是增加有法治实践经验的专职常委比例。三是依法建立健全专门委员会、工作委员会立法专家顾问制度。

3. 加强和改进政府立法制度建设，完善公众参与政府立法机制。重要行政管理法律法规由政府法制机构组织起草。

4. 明确立法权力边界，从体制机制和工作程序上有效防止部门利益和地方保护主义法律化。一是对部门间争议较大的重要立法事项，由决策机关引入第三方评估，充分听取各方意见，协调决定，不能久拖不决。二是加强法律解释工作。三是明确地方立法权限和范围，依法赋予设区的市地方立法权。

（二）坚持科学立法、民主立法

1. 加强人大对立法工作的组织协调，健全立法起草、论证、协调、审议机制。一是健全向下级人大征询立法意见机制，建立基层立法联系点制度，推进立法精细化。二是健全法律法规规章起草征求人大代表意见制度，增加人大代

表列席人大常委会会议人数，更多发挥人大代表参与起草和修改法律作用。三是完善立法项目征集和论证制度。四是健全立法机关主导、社会各方有序参与立法的途径和方式。五是探索委托第三方起草法律法规草案。

2. 健全立法机关和社会公众沟通机制。一是开展立法协商，充分发挥政协委员、民主党派、工商联、无党派人士、人民团体、社会组织在立法协商中的作用。二是探索建立有关国家机关、社会团体、专家学者等对立法中涉及的重大利益调整论证咨询机制。三是拓宽公民有序参与立法途径，健全法律法规规章草案公开征求意见和公众意见采纳情况反馈机制，广泛凝聚社会共识。

3. 完善法律草案表决程序，对重要条款可以单独表决。

（三）加强重点领域立法

1. 保障公民权利方面的立法。一是实现公民权利保障法治化。加快完善体现权利公平、机会公平、规则公平的法律制度，保障公民人身权、财产权、基本政治权利等各项权利不受侵犯，保障公民经济、文化、社会等各方面权利得到落实。二是增强全社会尊重和保障人权意识，健全公民权利救济渠道和方式。

2. 完善社会主义市场经济法律制度。健全以公平为核心原则的产权保护制度，加强对各种所有制经济组织和自然人财产权的保护，清理有违公平的法律法规条款。编纂民法典，制定和完善发展规划、投资管理、土地管理、能源和矿产资源、农业、财政税收、金融等方面法律法规，促进商品和要素自由流动、公平交易、平等使用。依法加强和改善宏观调控、市场监管，反对垄断，促进合理竞争，维护公平竞争的市场秩序。

3. 加强社会主义协商民主制度建设，推进协商民主广泛多层制度化发展，构建程序合理、环节完整的协商民主体系。

4. 加快推进反腐败国家立法，完善惩治和预防腐败体系，形成不敢腐、不能腐、不想腐的有效机制，把贿赂犯罪对象由财物扩大为财物和其他财产性利益。

5. 建立健全保障人民基本文化权益的文化法律制度。制定公共文化服务保障法，促进基本公共文化服务标准化、均等化；要制定文化产业促进法；要制定国家勋章和国家荣誉称号法，表彰有突出贡献的杰出人士；要加强互联网领域立法。

6. 加快保障和改善民生、推进社会治理体制创新法律制度建设。完善教育、就业、收入分配、社会保障、医疗卫生、食品安全、扶贫、慈善、社会救助和妇女儿童、老年人、残疾人合法权益保护等方面的法律法规；要加强社会组织立法；要制定社区矫正法；要加快国家安全法治建设，构建国家安全法律制度体系。

7. 加快建立有效约束开发行为和促进绿色发展、循环发展、低碳发展的生态文明法律制度；建立健全自然资源产权法律制度，完善国土空间开发保护方面的法律制度，制定完善生态补偿和土壤、水、大气污染防治及海洋生态环境保护等法律法规，促进生态文明建设。

（四）重大改革要于法有据

实现立法和改革决策相衔接，做到重大改革于法有据、立法主动适应改革和经济社会发展需要。实践证明行之有效的，要及时上升为法律；实践条件还不成熟、需要先行先试的，要按照法定程序作出授权；对不适应改革要求的法律法规，要及时修改和废止。

五、建设职能科学、权责法定、执法严明、公开公正、廉洁高效、守法诚信的法治政府

（一）依法全面履行政府职能

1. 完善行政组织和行政程序法律制度，推进机构、职能、权限、程序、责任法定化。

2. 行政机关要坚持法定职责必须为、法无授权不可为，坚决纠正不作为、乱作为，坚决克服懒政、怠政，坚决惩处失职、渎职。

3. 行政机关不得法外设定权力，没有法律法规依据不得作出减损公民、法人和其他组织合法权益或者增加其义务的决定。因此，要推行政府权力清单制度，坚决消除权力设租寻租空间。

（二）健全依法决策机制

针对现实中存在的个别领导干部"先拍脑袋决策，再拍胸脯保证，后拍屁股走人"的情况，《决定》提出，把公众参与、专家论证、风险评估、合法性审查、集体讨论决定确定为重大行政决策法定程序；建立行政机关内部重大决策合法性审查机制，未经合法性审查或经审查不合法的，不得提交讨论；建立政府法制机构人员为主体、吸收专家和律师参加的法律顾问队伍；建立重大决策终身责任追究制度及责任倒查机制。

（三）深化行政执法体制改革

针对现实存在的执法中的地方保护主义、多头执法、一些执法人员缺乏资格、以行政处罚代替司法处理等体制问题，《决定》提出，推进综合执法；完善市县两级政府行政执法管理；理顺行政强制执行体制；理顺城管执法体制；严格实行行政执法人员持证上岗和资格管理制度；严格执行罚缴分离和收支两条线管理制度；健全行政执法和刑事司法衔接机制，克服有案不移、有案难移、以罚代刑现象。

（四）坚持严格规范公正文明执法

针对行政执法现实中存在的选择性执法、随意性执法等问题，《决定》作了如下规定：要加大关系群众切身利益的重点领域执法力度；建立执法全过程记录制度；重点规范行政许可、行政处罚、行政强制、行政征收、行政收费、行政检查等执法行为；严格执行重大执法决定法制审核制度；建立健全行政裁量权基准制度；全面落实行政执法责任制。

（五）强化对行政权力的制约和监督

针对执法实践中存在的一些行政权过度强大、"行政机关惹不起"等问题，

《决定》提出，要加强党内监督、人大监督、民主监督、行政监督、司法监督、审计监督、社会监督、舆论监督制度建设，努力形成科学有效的权力运行制约和监督体系，增强监督合力和实效。

（六）全面推进政务公开

1. 各级政府及其工作部门依据权力清单，向社会全面公开政府职能、法律依据、实施主体、职责权限、管理流程、监督方式等事项。

2. 重点推进财政预算、公共资源配置、重大建设项目批准和实施、社会公益事业建设等领域的政府信息公开。

3. 涉及公民、法人或其他组织权利和义务的规范性文件，按照政府信息公开要求和程序予以公布。

4. 推行行政执法公示制度。

六、打造每个案件都能使人感受到公平正义的司法公信力

（一）完善依法独立公正行使审判权和检察权的制度

1. 禁止以权压法。建立领导干部干预司法活动、插手具体案件处理的记录、通报和责任追究制度。

2. 健全行政机关依法出庭应诉、支持法院受理行政案件、尊重并执行法院生效裁判的制度。

3. 完善惩戒妨碍司法机关依法行使职权、拒不执行生效裁判和决定、藐视法庭权威等违法犯罪行为的法律规定。

4. 建立健全司法人员履行法定职责保护机制。非因法定事由，非经法定程序，不得将法官、检察官调离、辞退或者作出免职、降级等处分。

（二）优化司法职权配置

1. 健全公安机关、检察机关、审判机关、司法行政机关各司其职，侦查权、检察权、审判权、执行权相互配合、相互制约的体制机制。

2. 完善司法体制，推动实行审判权和执行权相分离的体制改革试点。完善刑罚执行制度，统一刑罚执行体制。改革司法机关人财物管理体制，探索实行法院、检察院司法行政事务管理权和审判权、检察权相分离。

3. 最高人民法院设立巡回法庭，审理跨行政区域重大行政和民商事案件。探索设立跨行政区划的人民法院和人民检察院，办理跨地区案件。

4. 合理调整行政诉讼案件管辖制度，切实解决行政诉讼立案难、审理难、执行难等突出问题。

5. 改革法院案件受理制度，变立案审查制为立案登记制，对人民法院依法应该受理的案件，做到有案必立、有诉必理。

6. 加大对虚假诉讼、恶意诉讼、无理缠诉行为的惩治力度。

7. 完善刑事诉讼中认罪认罚从宽制度。

8. 完善审级制度，一审重在解决事实认定和法律适用，二审重在解决事实法律争议、实现二审终审，再审重在解决依法纠错、维护裁判权威。

9. 检察机关在履行职责中发现行政机关违法行使职权或者不行使职权的行为，应该督促其纠正。探索建立检察机关提起公益诉讼制度。

10. 司法机关内部人员不得违反规定干预其他人员正在办理的案件，建立司法机关内部人员过问案件的记录制度和责任追究制度。

11. 完善主审法官、合议庭、主任检察官、主办侦查员办案责任制，落实谁办案谁负责。

12. 加强职务犯罪线索管理，健全受理、分流、查办、信息反馈制度，明确纪检监察和刑事司法办案标准和程序衔接，依法严格查办职务犯罪案件。

（三）推进严格司法

什么是公正司法?《决定》从事实认定、办案结果和办案过程三个方面作了新的阐释：坚持以事实为根据、以法律为准绳，健全事实认定符合客观真相、办案结果符合实体公正、办案过程符合程序公正的法律制度。

1. 加强和规范司法解释和案例指导，统一法律适用标准。

2. 针对现实中存在的"公安侦查起点错、检察起诉跟着错、法院判决错到底"的问题，《决定》提出推进以审判为中心的诉讼制度改革，确保侦查、审查起诉的案件事实证据经得起法律的检验。全面贯彻证据裁判规则，严格依法收集、固定、保存、审查、运用证据，完善证人、鉴定人出庭制度，保证庭审在查明事实、认定证据、保护诉权、公正裁判中发挥决定性作用。

3. 明确各类司法人员工作职责、工作流程、工作标准，实行办案质量终身负责制和错案责任倒查问责制，确保案件处理经得起法律和历史检验。

（四）保障人民群众参与司法

为了防止司法机关办案"暗箱操作"等问题，《决定》提出：

1. 在司法调解、司法听证、涉诉信访等司法活动中保障人民群众参与。完善人民陪审员制度，保障公民陪审权利，扩大参审范围，完善随机抽选方式，提高人民陪审制度公信度。逐步实行人民陪审员不再审理法律适用问题，只参与审理事实认定问题。

2. 构建开放、动态、透明、便民的阳光司法机制，推进审判公开、检务公开、警务公开、狱务公开，依法及时公开执法司法依据、程序、流程、结果和生效法律文书。加强法律文书释法说理，建立生效法律文书统一上网和公开查询制度。

（五）加强人权司法保障

针对现实一些刑事案件中存在的一些重大冤假错案，《决定》提出，强化诉讼过程中当事人和其他诉讼参与人的知情权、陈述权、辩护辩论权、申请权、申诉权的制度保障。

1. 健全落实罪刑法定、疑罪从无、非法证据排除等法律原则的法律制度。完善对限制人身自由司法措施和侦查手段的司法监督，加强对刑讯逼供和非法取证的源头预防，健全冤假错案有效防范、及时纠正机制。

2. 切实解决执行难，制定强制执行法，规范查封、扣押、冻结、处理涉案财物的司法程序。加快建立失信被执行人信用监督、威慑和惩戒法律制度。依法保障胜诉当事人及时实现权益。

3. 落实终审和诉讼终结制度，实行诉访分离，保障当事人依法行使申诉权利。对不服司法机关生效裁判、决定的申诉，逐步实行由律师代理制度。对聘不起律师的申诉人，纳入法律援助范围。

（六）加强对司法活动的监督

1. 加强检察机关对刑事诉讼、民事诉讼、行政诉讼的法律监督。

2. 完善人民监督员制度，重点监督检察机关查办职务犯罪的立案、羁押、扣押冻结财物、起诉等环节的执法活动。

3. 司法机关要及时回应社会关切。同时，要规范媒体对案件的报道，防止舆论影响司法公正。

4. 依法规范司法人员与当事人、律师、特殊关系人、中介组织的接触、交往行为。严禁司法人员私下接触当事人及律师、泄露或者为其打探案情、接受吃请或者收受其财物、为律师介绍代理和辩护业务等违法违纪行为，惩治司法掮客行为。

5. 对因违法违纪被开除公职的司法人员、吊销执业证书的律师和公证员，终身禁止从事法律职业。

6. 对司法领域的腐败零容忍。破除各种潜规则，绝不允许办关系案、人情案、金钱案。坚决反对和惩治粗暴执法、野蛮执法行为。

七、建设人人尊法守法护法的法治社会

针对我国封建社会历史较长，民主法治传统薄弱的国情，《决定》提出，必须建设社会主义法治文化，使全体人民都成为社会主义法治的忠实崇尚者、自觉遵守者、坚定捍卫者。

（一）推动全社会树立法治意识

1. 坚持把全民普法和守法作为依法治国的长期基础性工作，深入开展法治宣传教育。一是坚持把领导干部带头学法、模范守法作为树立法治意识的关键。二是要把法治教育纳入国民教育体系，从青少年抓起，在中小学设立法治知识课程。

2. 健全普法宣传教育机制，一是实行国家机关"谁执法谁普法"的普法责任制，建立法官、检察官、行政执法人员、律师等以案释法制度。二是加强普法讲师团、普法志愿者队伍建设。三是把法治教育纳入精神文明创建内容。四是加强新媒体新技术在普法中的运用。

3. 加强社会诚信建设，健全公民和组织守法信用记录，完善守法诚信褒奖机制和违法失信行为惩戒机制。

4. 加强公民道德建设，增强法治的道德底蕴，强化规则意识，倡导契约精神，弘扬公序良俗。发挥法治在解决道德领域突出问题中的作用，引导人们自觉履行法定义务、社会责任、家庭责任。

（二）推进多层次多领域依法治理

1. 坚持系统治理、依法治理、综合治理、源头治理，提高社会治理法治化水平。

2. 深入开展多层次多形式法治创建活动，深化基层组织和部门、行业依法治理，支持各类社会主体自我约束、自我管理。发挥市民公约、乡规民约、行业规章、团体章程等社会规范在社会治理中的积极作用。

3. 建立健全社会组织参与社会事务、维护公共利益、救助困难群众、帮教特殊人群、预防违法犯罪的机制和制度化渠道。

4. 发挥社会组织对其成员的行为导引、规则约束、权益维护作用。

5. 加强在华境外非政府组织管理，引导和监督其依法开展活动。

（三）建设完备的法律服务体系

1. 推进覆盖城乡居民的公共法律服务体系建设，加强民生领域法律服务。

2. 完善法律援助制度，扩大援助范围，健全司法救助体系，保证人民群众在遇到法律问题或者权利受到侵害时获得及时有效法律帮助。

3. 发展律师、公证等法律服务业，统筹城乡、区域法律服务资源，发展涉外法律服务业。健全统一司法鉴定管理体制。

（四）健全依法维权和化解纠纷机制

1. 构建对维护群众利益具有重大作用的制度体系，建立健全社会矛盾预警机制、利益表达机制、协商沟通机制、救济救助机制。把信访纳入法治化轨道。

2. 健全社会矛盾纠纷预防化解机制，完善调解、仲裁、行政裁决、行政复议、诉讼等有机衔接、相互协调的多元化纠纷解决机制。

3. 深入推进社会治安综合治理，健全落实领导责任制。完善立体化社会治安防控体系。依法严厉打击暴力恐怖、涉黑犯罪、邪教和黄赌毒等违法犯罪活动。依法强化危害食品药品安全、影响安全生产、损害生态环境、破坏网络安全等重点问题治理。

八、建设忠于党、国家、人民和法律的法治工作队伍

《决定》提出，要着力建设一支忠于党、忠于国家、忠于人民、忠于法律的社会主义法治工作队伍，为加快建设社会主义法治国家提供强有力的组织和人才保障。

（一）建设高素质法治专门队伍（包括立法队伍、行政执法队伍、司法队伍）

1. 把思想政治建设摆在首位，加强理想信念教育，深入开展社会主义核心价值观和社会主义法治理念教育，坚持党的事业、人民利益、宪法法律至上。

2. 抓住立法、执法、司法机关各级领导班子建设这个关键，突出政治标准，把善于运用法治思维和法治方式推动工作的人选拔到领导岗位上来。畅通立法、执法、司法部门干部和人才相互之间以及与其他部门具备条件的干部和人才交流渠道。

3. 推进法治专门队伍正规化、专业化、职业化，提高职业素养和专业水平。一是完善法律职业准入制度，健全国家统一法律职业资格考试制度，建立法律职业人员统一职前培训制度。二是建立从符合条件的律师、法学专家中招录立法工作者、法官、检察官制度，畅通具备条件的军队转业干部进入法治专门队伍的通道，健全从政法专业毕业生中招录人才的规范便捷机制。三是加强边疆地区、民族地区法治专门队伍建设。四是加快建立符合职业特点的法治工作人员管理制度，完善职业保障体系，建立法官、检察官、人民警察专业职务序列及工资制度。

4. 建立法官、检察官逐级遴选制度。初任法官、检察官由高级人民法院、省级人民检察院统一招录。上级人民法院、人民检察院的法官、检察官一般从下一级人民法院、人民检察院的优秀法官、检察官中遴选。

（二）加强法律服务队伍建设

1. 加强律师队伍思想政治建设，把拥护中国共产党领导、拥护社会主义法治作为律师从业的基本要求。

2. 构建社会律师、公职律师、公司律师等优势互补、结构合理的律师队伍。

3. 提高律师队伍业务素质，完善执业保障机制。加强律师事务所管理，发挥律师协会自律作用，规范律师执业行为，监督律师严格遵守职业道德和职业操守，强化准入、退出管理，严格执行违法违规执业惩戒制度。

4. 加强律师行业党的建设，扩大党的工作覆盖面，切实发挥律师事务所党组织的政治核心作用。

5. 发展公证员、基层法律服务工作者、人民调解员队伍。推动法律服务志愿者队伍建设。

6. 建立激励法律服务人才跨区域流动机制，逐步解决基层和欠发达地区法律服务资源不足和高端人才匮乏问题。

（三）创新法治人才培养机制

1. 坚持用马克思主义法学思想和中国特色社会主义法治理论占领高校、科研机构法学教育和法学研究阵地，加强法学基础理论研究，形成完善的中国特色社会主义法学理论体系、学科体系、课程体系，组织编写和全面采用国家统一的法律类专业核心教材，纳入司法考试必考范围。

2.坚持立德树人、德育为先导向，推动中国特色社会主义法治理论进教材进课堂进头脑，培养造就熟悉和坚持中国特色社会主义法治体系的法治人才及后备力量。

3.建设通晓国际法律规则、善于处理涉外法律事务的涉外法治人才队伍。

4.健全政法部门和法学院校、法学研究机构人员双向交流机制，实施高校和法治工作部门人员互聘计划，重点打造一支政治立场坚定、理论功底深厚、熟悉中国国情的高水平法学家和专家团队，建设高素质学术带头人、骨干教师、专兼职教师队伍。

九、加强和改进党对全面推进依法治国的领导

《决定》首次提出党对依法治国的领导是全过程的领导。强调党的领导是全面推进依法治国最根本的保证。

（一）坚持依法执政

1.全党要提高守法意识。依法执政是依法治国的关键。《决定》强调维护宪法法律权威就是维护党和人民共同意志的权威，捍卫宪法法律尊严就是捍卫党和人民共同意志的尊严，保证宪法法律实施就是保证党和人民共同意志的实现。各级领导干部要对法律怀有敬畏之心，牢记法律红线不可逾越、法律底线不可触碰。

2.健全党领导依法治国的制度和工作机制，完善保证党确定依法治国方针政策和决策部署的工作机制和程序。加强党对全面推进依法治国统一领导、统一部署、统筹协调。

3.完善党委依法决策机制，发挥政策和法律的各自优势，促进党的政策和

国家法律互联互动。

4. 党委要定期听取政法机关工作汇报，做促进公正司法、维护法律权威的表率。

5. 党政主要负责人要履行推进法治建设第一责任人职责。2016 年 12 月，中共中央办公厅、国务院办公厅印发了《党政主要负责人履行推进法治建设第一责任人职责规定》。

6. 人大、政府、政协、审判机关、检察机关的党组织和党员干部要坚决贯彻党的理论和路线方针政策，贯彻党委决策部署。

7. 各级人大、政府、政协、审判机关、检察机关的党组织要领导和监督本单位模范遵守宪法法律，坚决查处执法犯法、违法用权等行为。

8. 政法委员会是党委领导政法工作的组织形式，必须长期坚持。各级党委政法委员会要把工作着力点放在把握政治方向、协调各方职能、统筹政法工作、建设政法队伍、督促依法履职、创造公正司法环境上。

9. 政法机关党组织要建立健全重大事项向党委报告制度。

（二）加强党内法规制度建设

《决定》首次提出，党内法规既是管党治党的重要依据，也是建设社会主义法治国家的有力保障。党章是最根本的党内法规，全党必须严格遵行。

1. 完善党内法规制定体制机制，加大党内法规备案审查和解释力度，形成配套完备的党内法规制度体系。注重党内法规同国家法律的衔接和协调，运用党内法规把党要管党、从严治党落到实处，促进党员、干部带头遵守法律。

2. 党规党纪严于国家法律。对苗头性倾向性问题必须抓早抓小，防止小错酿成大错、违纪走向违法。

3. 依纪依法反对和克服形式主义、官僚主义、享乐主义和奢靡之风，形成严密的长效机制。

4. 完善和严格执行领导干部政治、工作、生活待遇方面各项制度规定，着力整治各种特权行为。

5. 深入开展党风廉政建设和反腐败斗争，严格落实党风廉政建设党委主体责任和纪委监督责任。

（三）提高党员干部法治思维和依法办事能力

中国公务员中 80% 以上是共产党员，95% 以上的处级以上领导干部是共产党员。因此，《决定》提出，要把法治建设成效作为衡量各级领导班子和领导干部工作实绩重要内容，纳入政绩考核指标体系。在相同条件下，优先提拔使用法治素养好、依法办事能力强的干部。对特权思想严重、法治观念淡薄的干部要批评教育，不改正的要调离领导岗位。

（四）发挥基层党组织在全面推进依法治国中的战斗堡垒作用

《决定》指出，全面推进依法治国，基础在基层，工作重点在基层。要加强基层法治机构建设，强化基层法治队伍，建立重心下移、力量下沉的法治工作机制，改善基层基础设施和装备条件，推进法治干部下基层活动。

（五）党对军队绝对领导是依法治军的核心

《决定》指出，党对军队绝对领导是依法治军的核心和根本要求。要创新发展依法治军理论和实践，构建完善的中国特色军事法治体系，提高国防和军队建设法治化水平。

1. 要坚持在法治轨道上积极稳妥推进国防和军队改革。

2. 健全适应现代军队建设和作战要求的军事法规制度体系，严格规范军事法规制度的制定权限和程序，将所有军事规范性文件纳入审查范围，完善审查制度，增强军事法规制度科学性、针对性、适用性。

3. 坚持从严治军铁律，加大军事法规执行力度，明确执法责任，完善执法制度，健全执法监督机制，严格责任追究，推动依法治军落到实处。

4. 健全军事法制工作体制，建立完善领导机关法制工作机构；改革军事司法体制机制，完善统一领导的军事审判、检察制度；建立军事法律顾问制度，在各级领导机关设立军事法律顾问；改革军队纪检监察体制。

5. 强化官兵法治理念和法治素养，把法律知识学习纳入军队院校教育体系、干部理论学习和部队教育训练体系，列为军队院校学员必修课和部队官兵必学必训内容。

6. 完善军事法律人才培养机制。加强军事法治理论研究。

（六）依法保障"一国两制"实践和推进祖国统一

1. 坚持宪法的最高法律地位和最高法律效力，全面准确贯彻"一国两制""港人治港""澳人治澳"、高度自治的方针，严格依照宪法和基本法办事，完善与基本法实施相关的制度和机制，依法行使中央权力，依法保障高度自治，支持特别行政区行政长官和政府依法施政，保障内地与香港、澳门经贸关系发展和各领域交流合作，防范和反对外部势力干预港澳事务，保持香港、澳门长期繁荣稳定。

2. 运用法治方式巩固和深化两岸关系和平发展，完善涉台法律法规，依法规范和保障两岸人民关系、推进两岸交流合作。运用法律手段捍卫一个中国原则、反对"台独"，增进维护一个中国框架的共同认知，推进祖国和平统一。

3. 依法保护港澳同胞、台湾同胞权益。加强内地同香港和澳门、大陆同台湾的执法司法协作，共同打击跨境违法犯罪活动。

（七）加强涉外法治建设

1. 完善涉外法律法规体系，促进构建开放型经济新体制。

2. 积极参与国际规则制定，推动依法处理涉外经济、社会事务，增强我国在国际法律事务中的话语权和影响力，运用法律手段维护我国主权、安全、发展利益。

3. 强化涉外法律服务，维护我国公民、法人在海外及外国公民、法人在我国的正当权益，依法维护海外侨胞权益。

4. 深化司法领域国际合作，完善我国司法协助体制，扩大国际司法协助覆盖面。

5. 加强反腐败国际合作，加大海外追赃追逃、遣返引渡力度。

6. 积极参与执法安全国际合作，共同打击暴力恐怖势力、民族分裂势力、宗教极端势力和贩毒走私、跨国有组织犯罪。

总之，党的十八届四中全会《决定》提出了许多引人注目的新判断、新观点和新举措。例如，第一次明确提出"建设中国特色社会主义法治体系"；第一次阐明了"党依据宪法法律治国理政"的内涵，即：既要求党依据宪法法律治国理政，也要求党依据党内法规管党治党；第一次提出"健全宪法解释程序机制"；第一次提出最高人民法院设立巡回法庭，为司法公正提供保障；第一次提出要建立领导干部插手具体案件追责制，彰显了"法治高于人治"的理念；第一次提出要建立重大决策终身责任追究、责任倒查机制；第一次提出要把法治教育纳入国民教育体系和精神文明创建内容；第一次提出律师法学家可当法官检察官，法律队伍更加正规化、专业化、职业化。此外还有：检察机关可提起公益诉讼、完善行政权力纠错问责制、坚持立法先行、社会治理发挥乡规民约作用、拓宽公民有序参与立法途径等新论断。

第四节　坚持制度治党、依规治党

党的十八大以来，以习近平同志为核心的党中央把全面从严治党纳入四个全面战略布局，坚持思想建党和制度治党紧密结合，作出一系列重大决策部署。

一、制定八项规定，中央政治局带头守规矩

2012 年 12 月 4 日，习近平总书记主持召开中共中央政治局会议，审议通过了中央政治局关于改进工作作风、密切联系群众的八项规定。其主要内

容是：①

（一）要改进调查研究，到基层调研要深入了解真实情况，总结经验、研究问题、解决困难、指导工作，向群众学习、向实践学习，多同群众座谈，多同干部谈心，多商量讨论，多解剖典型，多到困难和矛盾集中、群众意见多的地方去，切忌走过场、搞形式主义；要轻车简从、减少陪同、简化接待，不张贴悬挂标语横幅，不安排群众迎送，不铺设迎宾地毯，不摆放花草，不安排宴请。

（二）要精简会议活动，切实改进会风，严格控制以中央名义召开的各类全国性会议和举行的重大活动，不开泛泛部署工作和提要求的会，未经中央批准一律不出席各类剪彩、奠基活动和庆祝会、纪念会、表彰会、博览会、研讨会及各类论坛；提高会议实效，开短会、讲短话，力戒空话、套话。

（三）要精简文件简报，切实改进文风，没有实质内容、可发可不发的文件、简报一律不发。

（四）要规范出访活动，严格控制出访随行人员，严格按照规定乘坐交通工具，一般不安排中资机构、华侨华人、留学生代表等到机场迎送。

（五）要改进警卫工作，坚持有利于联系群众的原则，减少交通管制，一般情况下不得封路、不清场闭馆。

（六）要改进新闻报道，中央政治局同志出席会议和活动应根据工作需要、新闻价值、社会效果决定是否报道，进一步压缩报道的数量、字数、时长。

（七）要严格文稿发表，除中央统一安排外，个人不公开出版著作、讲话单行本，不发贺信、贺电，不题词、题字。

（八）要厉行勤俭节约，严格遵守廉洁从政有关规定，严格执行住房、车辆配备等有关工作和生活待遇的规定。

从党的十八大到十九大的五年里，各级纪检监察机关共查处了违反中央八

---

① 中国监察学会反腐倡廉历史研究会编著：《中国共产党监督执纪史话》，中国方正出版社 2019 年版，第 170—171 页。

项规定精神问题 18.9 万起，处理党员干部 25.6 万人，^① 显示了中国共产党全面从严治党的坚强决心。

二、开展党的群众路线教育实践活动

2013 年 5 月 9 日，中共中央下发了《关于在全党深入开展党的群众路线教育实践活动的意见》，^②明确这次活动中央政治局带头开展，从 2013 年下半年开始自上而下分两批进行，到 2014 年 7 月基本完成。这次教育活动的环节是：（1）学习教育、听取意见；（2）查摆问题，开展批评；（3）整改落实、建章立制。以为民、务实、清廉为主要内容，按照"照镜子、正衣冠、洗洗澡、治治病"的总要求，自上而下在全党深入开展。

2014 年 10 月 8 日，习近平在党的群众路线教育实践活动总结大会上发表讲话指出，这次教育活动进展有序、扎实深入，达到了预期目的，取得了重大成果。主要表现是：^③一是广大党员、干部受到马克思主义群众观点的深刻教育，贯彻党的群众路线的自觉性和坚定性明显增强。二是形式主义、官僚主义、享乐主义和奢靡之风得到有力整治，群众反映强烈的突出问题得到有效解决。三是恢复和发扬了批评和自我批评优良传统，探索了新形势下严肃党内政治生活的有效途径。四是以转作风改作风为重点的制度体系更加完善，制度执行力和约束力得到增强。五是影响群众切身利益的症结难点得到突破，党的执政基础更加稳固。

---

① 中国监察学会反腐倡廉历史研究会编著：《中国共产党监督执纪史话》，中国方正出版社 2019 年版，第 173 页。

② 《中共中央关于在全党深入开展党的群众路线教育实践活动的意见》，中共中央文献研究室编：《十八大以来重要文献选编》（上），中央文献出版社 2016 年版，第 283—292 页。

③ 习近平：《在党的群众路线教育实践活动总结大会上的讲话》，中共中央文献研究室编：《十八大以来重要文献选编》（中），中央文献出版社 2016 年版，第 85—102 页。

三、领导干部要"三严三实"

2015年4月21日，中共中央办公厅印发《关于在县处级以上领导干部中开展"三严三实"专题教育方案》（以下简称《方案》），① 对2015年在县处级以上领导干部中开展"三严三实"专题教育作出安排。"三严三实"是指习近平同志提出的"严以修身、严以用权、严以律己，谋事要实、创业要实、做人要实"。《方案》要求，要对照"三严三实"，聚焦对党忠诚、个人干净、敢于担当，着力解决"不严不实"问题，努力在深化"四风"整治、巩固和拓展党的群众路线教育实践活动成果上见实效，在守纪律讲规矩、营造良好政治生态上见实效，在真抓实干、推动改革发展稳定上见实效。

《方案》提出，要强化整改落实和立规执纪，坚持边学边查边改，主要领导干部带头，列出问题清单，一项一项整改，进行专项整治，严格正风肃纪。对存在"不严不实"问题的领导干部，立足于教育提高，促其改进；对群众意见大、不能认真查摆问题、没有明显改进的，要进行组织调整。针对"不严不实"问题，建制度、立规矩，强化刚性执行。

四、为党的统战工作立规矩

2015年9月22日中共中央颁布了《中国共产党统一战线工作条例（试行）》（以下简称《条例》），2015年5月18日起施行。② 这是我党第一个关于统战工作的党内法规。《条例》的亮点主要是：

（一）完善丰富了统一战线基础理论

《条例》对统一战线性质作了新发展，对统一战线地位作用作了新概括，对

---

① 《关于在县处级以上领导干部中开展"三严三实"专题教育方案》，中共中央文献研究室编：《十八大以来重要文献选编》（中），中央文献出版社2016年版，第466—472页。

② 《中国共产党统一战线工作条例（试行）》，中共中央文献研究室编：《十八大以来重要文献选编》（中），中央文献出版社2016年版，第555页。

统一战线指导思想和主要任务、范围和对象作了新完善，强调要坚持正确处理一致性和多样性关系的方针。

（二）发展完善了民主党派和无党派人士工作的理论政策

《条例》将民主党派职能完善为"参政议政、民主监督，参加中国共产党领导的政治协商"，并对支持民主党派履行职能的内容、程序、形式等作了进一步规范。同时，将无党派人士定义完善为"没有参加任何政党、有参政议政愿望和能力、对社会有积极贡献和一定影响的人士，其主体是知识分子"。

（三）明确了统一战线各领域工作的基本要求和方针政策

《条例》作为统一战线工作的总规范，明确了民主党派和无党派人士工作、党外知识分子工作、民族工作、宗教工作、非公有制经济领域统战工作、港澳台海外统战工作的基本要求、方针政策、主要任务、体制机制和方式方法等。

（四）明确了党外代表人士队伍建设的政策举措

《条例》用了一章的篇幅，对党外代表人士队伍培养、使用、管理作了明确规定。

（五）深化了加强党对统战工作领导的职责要求

《条例》第一次对各级党委（党组）做好统战工作的职责作出全面规定，明确党委（党组）主要负责人是统战工作的第一责任人，党委（党组）领导班子成员要带头学习宣传和贯彻落实党的统一战线理论、方针、政策和法律法规，带头参加统一战线重要活动，带头广交深交党外朋友。

（六）规范了统战部门履行职责、发挥作用的要求

统战部是党委主管统战工作的职能部门。《条例》将"增进共识、加强团结"写入统战部门职能，完善为"了解情况、掌握政策、协调关系、安排人事、增进共识、加强团结"，并细化了主要职责。对统战工作机构的设置、干部配备以及统战部门与相关组织和部门的关系等作了明确规定。

五、为党的巡视工作立规矩

巡视制度是自上而下的一种监督方式。2009 年 7 月，中央颁布实施《中国共产党巡视工作条例（试行）》。后来几经修改，现行版本是 2017 年 7 月 10 日起施行的《中国共产党巡视工作条例》。其亮点主要是：

（一）聚焦"一个中心"，围绕"四个着力"

聚焦"一个中心"，即聚焦党风廉政建设和反腐败斗争中心任务，围绕"四个着力"，即：一是在深入推进党风廉政建设和反腐败斗争方面，着力发现领导干部是否存在违反党风廉政建设责任制和廉洁自律规定的问题，是否存在权钱交易、以权谋私、贪污贿赂、腐化堕落等违纪违法问题；二是在执行中央八项规定和加强作风建设方面，着力发现是否存在形式主义、官僚主义、享乐主义和奢靡之风等方面的突出问题，是否存在打折扣、搞变通等问题；三是在严明党的政治纪律方面，着力发现领导干部是否存在对涉及党的理论和路线方针政策等重大政治问题公开发表反对意见、对中央方针政策和重大决策部署阳奉阴违，有令不行、有禁不止等问题；四是在执行民主集中制和干部选拔任用方面，着力发现是否存在独断专行、严重不团结等问题，以及选人用人上的不正之风和腐败问题。

（二）重点监督"一把手"

例如，《条例》第十三条规定，中央巡视组的巡视对象和范围是：（1）省、自治区、直辖市党委和人大常委会、政府、政协党组领导班子及其成员，省、自治区、直辖市高级人民法院、人民检察院党组主要负责人，副省级城市党委和人大常委会、政府、政协党组主要负责人；（2）中央部委领导班子及其成员，中央国家机关部委、人民团体党组（党委）领导班子及其成员；（3）中央管理的国有重要骨干企业、金融企业、事业单位党委（党组）领导班子及其成员；（4）中央要求巡视的其他单位的党组织领导班子及其成员。

（三）巡视全覆盖

一是在"总则"中，将"对所管理的地方、部门、企事业单位党组织进行巡视监督，实现巡视全覆盖、全国一盘棋"作为中央和省区市党委以及巡视机构总的目标和任务。

二是按照全覆盖要求，对巡视对象和范围作了重新界定，在中央巡视组对省区市四套班子开展巡视的基础上，将"省、自治区、直辖市高级人民法院、人民检察院党组主要负责人，副省级城市党委和人大常委会、政府、政协委员会党组主要负责人"以及"中央部委领导班子及其成员，中央国家机关、人民团体党组（党委）领导班子及其成员；中央管理的国有重要骨干企业、金融企业、事业单位党委（党组）领导班子及其成员"纳入中央巡视范围，对省一级巡视对象和范围也作了相应规范。

三是为增强巡视威慑力，规定"派出巡视组的党组织可以根据工作需要，针对所辖地方、部门、企事业单位的重点人、重点事、重点问题或巡视整改情况，开展机动灵活的专项巡视"，巡视方式与全覆盖要求相适应。

六、为党员和领导干部廉洁自律立规矩

2009年12月29日，中共中央政治局审议并通过《中国共产党党员领导干部廉洁从政若干准则》。该准则在禁止"利用职权和职务上的影响谋取不正当利益"等八个方面对党员领导干部提出了52个"不准"，规范了党员领导干部的廉洁从政行为，并充实完善了相应的实施与监督制度，是一部规范党员领导干部廉洁从政行为的基础性法规。

2015年10月，中共中央印发《中国共产党廉洁自律准则》（以下简称《准则》），《准则》自2016年1月1日起实施，《中国共产党党员领导干部廉洁从政若干准则》同时废止。与后者相比，修订后的《准则》，适用对象从党员领导干部扩大到全体党员，突出"关键少数"。紧扣"廉洁自律"，强调自律，重在立

德，为党员和领导干部树立了一个看得见、够得着的标准。

七、为党内政治生活立规矩

2016 年 10 月 27 日，党的十八届六中全会审议通过了《关于新形势下党内政治生活的若干准则》(以下简称《准则》)，2016 年 11 月 2 日发布施行。

（一）《准则》序言部分总结了党内政治生活的历史经验，分析了全面从严治党面临的形势和任务

序言强调，党要管党必须从党内政治生活管起，从严治党必须从党内政治生活严起。新形势下加强和规范党内政治生活，重点是各级领导机关和领导干部，关键是高级干部特别是中央委员会、中央政治局、中央政治局常务委员会的组成人员。

（二）《准则》从十二个方面对加强和规范党内政治生活提出明确要求、作出具体规定

一是强调必须把坚定理想信念作为开展党内政治生活的首要任务；二是强调坚持党的基本路线，它是党内政治生活正常开展的根本保证；三是强调坚决维护党中央权威，做到党中央提倡的坚决响应、党中央决定的坚决执行、党中央禁止的坚决不做；四是严明党的政治纪律，坚决防止和纠正执行纪律宽松软的问题；五是保持党同人民群众的血肉联系，对一切搞劳民伤财的"形象工程"和"政绩工程"的行为，要依纪依法处理；六是坚持民主集中制原则；七是发扬党内民主和保障党员权利；八是坚持正确选人用人导向；九是严格党的组织生活制度；十是开展批评和自我批评；十一是加强对权力运行的制约和监督，形成有权必有责、用权必担责、滥权必追责的制度安排；十二是保持清正廉洁的政治本色，坚持反腐败无禁区、全覆盖、零容忍。

（三）建立健全党内政治生活制度体系

《准则》强调，加强和规范党内政治生活，党委负主体责任，纪委负监督责任，党委（党组）主要负责人是第一责任人，要从中央委员会、中央政治局、

中央政治局常务委员会做起，还要制定高级干部贯彻落实本准则的实施意见，指导和督促高级干部在遵守和执行党内政治生活准则上作全党表率。

八、为党内监督立规矩

2004年2月17日，党中央颁布了《中国共产党党内监督条例（试行）》。2016年10月27日，党的十八届六中全会审议通过了《中国共产党党内监督条例》（以下简称《条例》），《条例》共8章，即总则、党的中央组织的监督、党委（党组）的监督、党的纪律检查委员会的监督、党的基层组织和党员的监督、党内监督和外部监督相结合、整改和保障、附则，共47条。

（一）党内监督的基本原则

《条例》第一章"总则"规定了党内监督的基本原则。主要是：把信任激励同严格监督结合起来；贯彻民主集中制，强化自上而下的组织监督，改进自下而上的民主监督，发挥同级相互监督作用；确保党章党规党纪在全党有效执行；把纪律挺在前面。

（二）党内监督的主要内容

一是遵守党章党规，坚定理想信念，践行党的宗旨，模范遵守宪法法律情况；二是维护党中央集中统一领导情况；三是坚持民主集中制原则情况；四是落实全面从严治党责任情况；五是落实中央八项规定精神情况；六是执行干部选拔任用工作规定情况；七是廉洁自律、秉公用权情况；八是完成党中央和上级党组织部署的任务情况。

（三）建立健全党中央统一领导

党委（党组）全面监督，纪律检查机关专责监督，党的工作部门职能监督，党的基层组织日常监督，党员民主监督的党内监督体系。

（四）党内监督的重点对象是党的领导机关和领导干部特别是主要领导干部

1. 重点监督其政治立场、加强党的建设、从严治党，执行党的决议，公道正派选人用人，责任担当、廉洁自律，落实意识形态工作责任制情况。

2. 上级党组织特别是其主要负责人，对下级党组织主要负责人应当发现问题及时纠正。

3. 领导班子成员发现班子主要负责人存在问题，应当及时向其提出，必要时可以直接向上级党组织报告。

4. 党组织主要负责人个人有关事项应当在党内一定范围公开，主动接受监督。

（五）党的纪律检查委员会的监督

1. 党的各级纪律检查委员会是党内监督的专责机关。纪律检查机关必须把维护党的政治纪律和政治规矩放在首位。

2. 纪委派驻纪检组对派出机关负责，应当带着实际情况和具体问题，定期向派出机关汇报工作。派出机关应当加强对派驻纪检组工作的领导。

3. 纪委要依规依纪进行执纪审查，重点审查不收敛不收手，问题线索反映集中、群众反映强烈，现在重要岗位且可能还要提拔使用的领导干部，三类情况同时具备的是重中之重。

（六）党内监督和外部监督相结合

1. 各级党委应当支持和保证同级人大、政府、监察机关、司法机关等对国家机关及公职人员依法进行监督，人民政协依章程进行民主监督，审计机关依法进行审计监督。

2. 在纪律审查中发现党的领导干部严重违纪涉嫌违法犯罪的，应当先作出党纪处分决定，再移送行政机关、司法机关处理。执法机关和司法机关依法立案查处涉及党的领导干部案件，应当向同级党委、纪委通报。

3. 各级党组织应当支持民主党派履行监督职能，重视民主党派和无党派人士提出的意见、批评、建议，完善知情、沟通、反馈、落实等机制。

（七）整改和保障

1. 党组织对监督中发现的问题应当做到条条要整改、件件有着落。整改结果应当及时报告上级党组织，必要时可以向下级党组织和党员通报，并向社会公开。

2.党委（党组）、纪委（纪检组）应当加强对履行党内监督责任和问题整改落实情况的监督检查，对不履行或者不正确履行党内监督职责，以及纠错、整改不力的，依照《中国共产党纪律处分条例》《中国共产党问责条例》等规定处理。

3.党组织应当保障党员知情权和监督权，鼓励和支持党员在党内监督中发挥积极作用。提倡署真实姓名反映违纪事实，党组织应当为检举控告者严格保密，对干扰妨碍监督、打击报复监督者的，依纪严肃处理。

4.党组织应当保障监督对象的申辩权、申诉权等相关权利。经调查，监督对象没有不当行为的，应当予以澄清和正名。

九、为党内制定法规立规矩

2016年12月13日，中共中央印发《中共中央关于加强党内法规制度建设的意见》（以下简称《意见》）。①

（一）关于加强党内法规制度建设的总体要求

《意见》指出，要坚持以党章为根本遵循，坚持思想建党和制度治党相结合，坚持从严管党治党、治国理政实际出发，坚持制定和实施并重，为保持党的先进性和纯洁性，提高党的执政能力和领导水平、增强抵御风险和拒腐防变能力提供坚强法规制度保证，确保党始终成为中国特色社会主义事业坚强领导核心。到建党100周年时，形成比较完善的党内法规制度体系、高效的党内法规制度实施体系、有力的党内法规制度建设保障体系，党依据党内法规管党治党的能力和水平显著提高。

---

① 《中共中央关于加强党内法规制度建设的意见》，中共中央文献研究室编：《十八大以来重要文献选编》（下），中央文献出版社2018年版，第509—516页。

（二）加快构建完善的党内法规制度体系

《意见》强调，党内法规制度体系，是以党章为根本，以民主集中制为核心，以准则、条例等中央党内法规为主干，由各领域各层级党内法规制度组成的有机统一整体。要坚持目标导向和问题导向，按照"规范主体、规范行为、规范监督"相统筹相协调原则，完善以"1+4"为基本框架的党内法规制度体系，即在党章之下分为党的组织法规制度、党的领导法规制度、党的自身建设法规制度、党的监督保障法规制度4大板块。

《意见》强调，制定党内法规制度必须牢牢抓住质量这个关键，方向要正确、内容要科学、程序要规范，保证每项党内法规制度都立得住、行得通、管得了。

（三）提高党内法规制度执行力

《意见》要求，提高党内法规制度执行力，要坚持以上率下，从各级领导机关和党员领导干部做起，以身作则、严格要求，带头尊规学规守规用规。一是要加强学习教育，加大党内法规宣讲解读力度，将党内法规制度作为各级党委（党组）中心组学习重要内容，纳入党校、行政学院、干部学院必修课程。二是要强化监督检查，将党内法规制度实施情况作为各级党委督促检查、巡视巡察的重要内容，对重要党内法规制度实施情况开展定期督查、专项督查。三是要加大责任追究和惩处力度，严肃查处违反和破坏党内法规制度的行为。四是要完善备案审查制度，建立贯通上下的备案工作体系，建立备案工作考核通报制度。

第五节　党的十八大到十九大期间的法治成就

党的十八大到十九大召开期间的这五年，以习近平同志为主要代表的中国共产党人带领中国人民开辟了全面依法治国的新时代。[1]

一、从依法治国到全面依法治国

董必武同志在党的八大发言中提出我们要做到"有法可依，有法必依"，[2]邓小平同志在改革开放初期提出"有法可依，有法必依，违法必究，执法必严"。[3]江泽民在党的十五大报告中提出依法治国，建设社会主义法治国家。2004 年 9 月 15 日，胡锦涛在首都各界纪念全国人民代表大会成立 50 周年大会的讲话中提出，依法治国首先要依宪治国，依法执政首先要依宪执政。习近平同志在党的十八大后提出"全面依法治国"，为什么要加上"全面"两个字呢？这是因为：全面依法治国是实现国家治理体系和治理能力现代化的的需要；是着眼于避免中国陷入"中等收入陷阱"和"西化分化陷阱"的需要；是应对中国社会主要矛盾变化，满足人民对民主、法治、人权更高要求的需要；是在对外斗争中占领法治制高点，综合利用立法、执法、司法等手段开展斗争，更好维护国家主权、安全、发展利益的要求；是提高党的执政能力的要求；是进一步提高我国立法质量，解决立法作秀和立法谋私问题的需要；是进一步提高政府依法行政水平的要求；是提高司法公信力的要求；是建设法治社会的要求；是建设德才兼备的高素质法治队伍的要求。[4]

党的十八届四中全会通过的《中共中央关于全面推进依法治国若干重大问题的决定》明确提出"全面推进依法治国"，对新时期、新阶段的中国法治建设作出了全面、全新部署，确定了全面推进依法治国的指导思想、总目标、总路

---

① 陈冀平：《党的十八大以来法治建设新成就》，本书编写组：《十八大以来新成就新发展》，人民出版社 2017 年版，第 907—1030 页。

② 《董必武政治法律文集》，法律出版社 1986 年版，第 487—488 页。

③ 《邓小平论民主法制建设》，法律出版社 1994 年版，第 54 页。

④ 郝铁川、翟磊：《试论习近平关于全面依法治国的新判断新观点新部署》，《毛泽东邓小平理论研究》2019 年第 1 期。

线和重大任务，推出了 190 项法治改革举措，涉及依法治国的各个方面、各个环节。开启了从依法治国到全面依法治国的新时代。

二、从法治国家到法治中国

党的十八大以前，中央文件较少提及"法治社会"、涉外法治等，依法治国主要限于国家活动领域。例如，党的十五大报告指出："依法治国，就是广大人民群众在党的领导下，依照宪法和法律规定，通过各种途径和形式管理国家事务，管理经济文化事业，管理社会事务，保证国家各项工作都依法进行，逐步实现社会主义民主的制度化、法律化，使这种制度和法律不因领导人的改变而改变，不因领导人看法和注意力的改变而改变。依法治国，是党领导人民治理国家的基本方略，是发展社会主义市场经济的客观需要，是社会文明进步的重要标志，是国家长治久安的重要保障。"[①] 党的十八大以后，习近平总书记明确提出"法治中国"的科学命题和建设法治中国的重大任务。法治中国的内涵比法治国家更加丰富、更加深刻、更具时代特征：建设法治中国，不仅要建设法治国家，还要建设法治社会、法治政府、法治军队；不仅要推进依法治国，还要推进依法执政、依法行政；不仅要搞好国家法治，还要搞好地方法治、社会法治，促进国家法治、地方法治、社会法治协调发展；不仅要推进法律制度硬实力建设，还要推进法治文化软实力建设，弘扬社会主义法治精神，培育社会主义法治文化；不仅致力于国内法治建设，还要占领涉外法治斗争制高点，依法维护我国企业、公民在海外的合法权益，推动国际关系民主化法治化合理化。从法治国家到法治中国的转型，意味着我国法治建设的拓展与升级。

三、从法律体系到法治体系

改革开放之后，鉴于我国法律体系不健全，无法可依的问题较严重，正如

---

① 《江泽民论有中国特色社会主义（专题摘编）》，中央文献出版社 2002 年版，第 326—327 页。

邓小平同志在党的十一届三中全会上所讲的那样："现在的问题是法律很不完备，很多法律还没有制定出来。往往把领导人说的话当做'法'，不赞成领导人说的话就叫做'违法'，领导人的话改变了，'法'也就跟着改变。所以，应该集中力量制定刑法、民法、诉讼法和其他各种必要的法律，例如工厂法、人民公社法、森林法、草原法、环境保护法、劳动法、外国人投资法等等，经过一定的民主程序讨论通过，并且加强检察机关和司法机关，做到有法可依，有法必依，执法必严，违法必究。国家和企业、企业和企业、企业和个人等等之间的关系，也要用法律的形式来确定；它们之间的矛盾，也有不少要通过法律来解决。现在立法的工作量很大，人力很不够，因此法律条文开始可以粗一点，逐步完善。有的法规地方可以先试搞，然后经过总结提高，制定全国通行的法律。修改补充法律，成熟一条就修改补充一条，不要等待'成套设备'。总之，有比没有好，快搞比慢搞好。"① 党中央提出了加快立法的要求，经过三十多年的努力，2011 年 3 月，第十一届全国人民代表大会第四次会议庄严宣告，中国特色社会主义法律体系如期形成，国家经济建设、政治建设、文化建设、社会建设以及生态文明建设的各个方面，都已实现有法可依。由此，我国的法治建设开始由法律大国向法治强国迈进。

党的十八届四中全会将"建设中国特色社会主义法治体系，建设社会主义法治国家"作为全面推进依法治国的总目标、总抓手，全面依法治国各项工作都围绕这个总抓手来谋划、来推进。法律体系是法律的规范体系，而法治体系则是法律的运行体系。它包括完备的法律规范体系、高效的法治实施体系、严密的法治监督体系、有力的法治保障体系和完善的党内法规体系。从"法律体系"到"法治体系"的飞跃，表明中国社会主义法治建设从立法为中心转变为法律实施为中心。

---

① 邓小平：《解放思想，实事求是，团结一致向前看》，《邓小平文选》第二卷，人民出版社 1994 年版，第 146—147 页。

四、从法制到法治、再到良法善治

很长一段时间，我国正式文件中提的都是"法制国家"。1996 年的八届人大四次会议将"依法治国，建设社会主义法制国家"确定为治国方略。法治具有与法制不同的内涵。法制是一个静态的概念，一般视为法律制度的简称，而法治要求在法律制度完备的基础上，法律还应具有公正性、稳定性、普遍性、平等性等内涵，并且在社会生活中法律具有至高权威，国家权力受到法律的有效约束，而人民权利则得到法律的充分保障。法制则不必然地具有这些内涵，而且还可能出现"人治之下的法制"。起草党的十五大报告时，报告草案向专家等征求意见，对用"法治"还是"法制"意见并不完全统一。最终，党的十五大报告改"法制"为"法治"，把建设法治国家确定为我们的奋斗目标，是在经过讨论后人们逐渐统一认识的结果。从"法制"到"法治"，是 20 年改一字。这表明我们党对法治的认识较前深刻、进步了。

党的十八届四中全会通过的《中共中央关于全面推进依法治国若干重大问题的决定》明确提出："法律是治国之重器，良法是善治之前提"，良法善治是对中国特色社会主义法治作为形式法治与实质法治相统一的法治模式的精辟定性。正如习近平总书记所说的那样，经过长期努力，我国形成了中国特色社会主义法律体系，解决了"无法可依"的历史问题和基本实现了"有法可依"，但立法工作还存在不少短板和弱项。这主要表现为，一些关系国计民生的重大立法还未能出台，有的法律法规解决实际问题有效性不足，针对性、可操作性不强，立法工作中还存在一定的部门化倾向，等等。因此，"良法"就是针对立法质量还不够高而提出的。善治是针对一些法律的实施效果还不够好，有法不依、执法不严的情况还存在而提出的。中国法治作为现代社会主义法治，不仅应当是形式上的法律之治，更应当是实质上的良法之治。所谓良法，就是反映人民意志、尊重保障人权、维护公平正义、促进和谐稳定、保障改革发展、引领社会风尚的法律。良法善治的理论超越了工具主义法治和形式主义法治的局限，是现代法治理论的重大创新。所谓善治，就是要善于把制度之优转变为治理效能。

五、从党政推进到社会共同推进

改革开放以来，我国的法治建设总体上属于党政推进模式，因此，习惯用"管理"一词，即自上而下的管控。党的十八届四中、五中全会都强调全面推进依法治国必须坚持人民主体地位。强调法治建设为了人民、依靠人民、造福人民、保护人民。人民主体地位原则的提出使中国法治实现了从党政推进向社会共同推进的重大转变。"治理"代替"管理"，例如，国家治理体系，社会治理体系，治理能力，等等。治理和管理的差异，就在于前者更注重扁平化运作，形成上下左右、齐抓共管的工作格局，形成共建、共治、共享的治理格局；而后者则强调自上而下的命令与服从。

六、从稳妥推进到加快建设

过去提到政治体制改革时，中央文献大都用"积极稳妥地推进"，但当我们党逐渐认识到并最终确立依法治国、建设社会主义法治国家就是政治体制改革的目标之后，便毫不犹豫地提出"加快建设社会主义法治国家"的要求。党的十八大提出全面推进依法治国、加快建设社会主义法治国家战略任务之后，"加快"成为法治建设的核心关键词。党的十八届四中全会通过的《中共中央关于全面推进依法治国若干重大问题的决定》提出："加快建设社会主义法治国家"，"加快完善体现权利公平、机会公平、规则公平的法律制度"，"加快推进反腐败国家立法"，"加快保障和改善民生、推进社会治理体制创新法律制度建设"，"加快国家安全法治建设"，"加快建设职能科学、权责法定、执法严明、公开公正、廉洁高效、守法诚信的法治政府"，"加快建立符合职业特点的法治工作人员管理制度"。党的十八届五中全会通过的《中共中央关于制定国民经济和社会发展第十三个五年规划的建议》进一步提出"加快建设中国特色社会主义法治体系,建设社会主义法治国家","加快建设法治经济和法治社会"。而且,党的十九大报告提出了法治建设目标的时间表,即:从 2020 年到 2035 年,初步建成法治国家、法治政府和法治社会,实现我国治理体系和治理能力基本现代化,我国的法治建设按下了"快进键"。

七、从分别推进到协调发展

过去,我们的文献往往是分别阐述改革开放、小康社会建设、法制建设、精神文明建设等,没有把法治建设与其他党的重要工作构成一个战略布局加以把握和推进。以习近平同志为核心的党中央则首次提出了"四个全面"的战略布局;过去在阐释依法治国、建设社会主义法治国家中,也没有提到怎样推进依法治国的工作格局和立法、执法、司法、守法的一体化推进布局,而以习近平同志为核心的党中央则提出了全面推进依法治国的工作格局,即:坚持依法治国、依法执政、依法行政共同推进,坚持法治国家、法治政府、法治社会一体建设;统筹国家、地方、社会三个层面的法治建设,统筹建设好国内法治、涉外法治,统筹立法体制改革、执法体制改革、司法体制改革、监察体制改革,完善党委领导、政府主导、社会协同、公众参与、法治保障的社会治理体制,都体现了协调发展的特点。

八、从法治建设十六字方针到新十六字方针

党的十八大提出了"科学立法、严格执法、公正司法、全民守法"的法治建设新十六字方针。比较党的十一届三中全会提出的"有法可依、有法必依、执法必严、违法必究"十六字方针,新十六字方针有了三大发展:

一是立法从解决"有没有"问题转变为"好不好"问题。正如习近平总书

记所说："人民群众对立法的期盼，已经不是有没有，而是好不好、管用不管用、能不能解决实际问题；不是什么法都能治国，不是什么法都能治好国；越是强调法治，越是要提高立法质量。"①

二是更加明确地将法治包括立法、执法、司法和守法四个环节这一当今国际社会共识的法理创造性地转化为中国的法治建设方针，立法的关键是"科学"，要反映客观规律；执法的关键是"严格"，既合法又合理（不滥用自由裁量权）；司法的关键是"公正"，做到法律面前人人平等。

三是强调了对"全民守法"的要求，没有全民守法的基础，就没有真正的法治，法治国家、法治政府就不可能建成。

科学立法是建设法治中国的前提，严格执法是建设法治中国的关键，公正司法是建设法治中国的保障，全民守法是建设法治中国的基础，四者缺一不可。新十六字方针的提出，是我们党对三十多年来法治建设经验的总结，是开拓创新、与时俱进的体现，标志着我国的法治建设的基础到系统建构，从重点突破到全面展开，从重在立法到重在实施的转型升级。②

在党的十八大之后的五年里，我们党以巨大的政治勇气和强烈的责任担当，在民主法治建设领域提出一系列新判断、新思想和新举措，出台一系列重大方针政策，推出一系列重大举措，推进一系列重大工作，解决了许多长期想解决而没有解决的难题，办成了许多过去想办而没有办成的大事，推动党和国家事业发生历史性变革。这些历史性变革，对党和国家事业发展具有重大而深远的影响。

---

① 中共中央文献研究室编：《习近平关于全面依法治国论述摘编》，中央文献出版社 2015 年版，第 43—44 页。
② 陈冀平：《党的十八大以来法治建设新成就》，本书编写组：《十八大以来新成就新发展》，人民出版社 2017 年版，第 907—1030 页。

第九章 以习近平同志为代表的 中国共产党人的法治思想与实践（下）

——在法治轨道上推进国家治理体系和治理能力现代化

2017 年 10 月，中国共产党召开了第十九次全国代表大会。大会通过了习近平所作的题为《决胜全面建成小康社会　夺取新时代中国特色社会主义伟大胜利》的报告（以下简称《报告》）。《报告》引人注目的是，《报告》宣布："经过长期努力，中国特色社会主义进入了新时代，这是我国发展新的历史方位。"新时代的特征是什么？《报告》指出：中国特色社会主义进入新时代，意味着近代以来久经磨难的中华民族迎来了从站起来、富起来到强起来的伟大飞跃，迎来了实现中华民族伟大复兴的光明前景；意味着科学社会主义在 21 世纪的中国焕发出强大生机活力，在世界上高高举起了中国特色社会主义伟大旗帜；意味着中国特色社会主义道路、理论、制度、文化不断发展，拓展了发展中国家走向现代化的途径，给世界上那些既希望加快发展又希望保持自身独立性的国家和民族提供了全新选择，为解决人类问题贡献了中国智慧和中国方案。

第一节　依据社会主要矛盾变化全面推进依法治国

《报告》提出我国社会主要矛盾已经从"人民日益增长的物质文化需要同落后的社会生产之间的矛盾"转化为"人民日益增长的美好生活需要和不平衡不充分的发展之间的矛盾"，给全面依法治国提出了新的更高要求。

在马克思主义发展史上，社会主要矛盾这一提法是中国共产党的一大理论创新。1956 年，党的八大第一次明确提出并阐释我们国内的主要矛盾，即：国内的主要矛盾不再是工人阶级和资产阶级之间的矛盾，而是人民对于建立先进的工业国的要求同落后的农业国的现实之间的矛盾，是人民对于经济文化迅速发展的需要同当前经济文化不能满足人民需要的状况之间的矛盾。这一矛盾的实质，在中国社会主义制度已经建立的情况下，也就是先进的社会主义制度同落后的社会生产之间的矛盾。解决这个矛盾的办法是发展社会生产力。党的十一届三中全会实现了党和国家事业发展的重大历史转折，反映在对社会主要矛盾的认识上，就是重回党的八大的有关表述。1981 年党的十一届六中全会通过的《关于建国以来党的若干历史问题的决议》，正式对社会主要矛盾作了概括："社会主义改造基本完成以后，我国所要解决的主要矛盾，是人民日益增长的物质文化需要同落后的社会生产之间的矛盾。"从那以后，我们党一再强调社会主要矛盾问题，并且都是将其同国情、同解放和发展社会生产力的历史任务联系起来讲。

而党的十九大报告正式提出"人民日益增长的美好生活需要和不平衡不充分的发展"这一新的社会主要矛盾，比过去社会主要矛盾的含义要更为丰富。

关于"人民日益增长的美好生活需要"，包含两个层次。一是人民需要的内涵较之过去大大扩展。不仅对物质文化生活提出更高要求，而且从人的全面发展和社会全面进步的角度提出更多要求，比如民主、法治、公平、正义、安全、环境等方面的需要日益增长起来。也就是说，人民的需要从物质文化领域向物质文明、政治文明、精神文明、社会文明、生态文明全面拓展。二是人民需要的层次大大提升。过去是要解决"有没有"，现在则要求解决"好不好"。

关于"不平衡不充分的发展"，主要是指我国社会生产力水平总体有了提高，已经不是"落后的社会生产"那样一种局面了。所谓发展不平衡，有区域发展不平衡，比如东部和西部发展不平衡；有城乡发展不平衡；有供需结构不平衡，比如既存在落后产能过剩的情况，又存在有效供给不足的问题；也有群体发展不平衡，比如收入分配差距依然较大。所谓发展不充分，主要指创新能力不够强，发展的能力和水平、质量和效益还需要提高，转变发展方式还处于攻坚阶段，等等。这就要求努力实现更高质量、更有效率、更加公平、更可持续的发展。

一、社会主要矛盾的变化折射人民的法治需求发生了变化

第一，人民对立法的期盼已从过去"有没有"转变为现在"好不好"。

正如习近平总书记指出的那样："人民群众对立法的期盼，已经不是有没有，而是好不好、管用不管用、能不能解决实际问题；不是什么法都能治国，不是什么法都能治好国；越是强调法治，越是要提高立法质量。"[1]

第二，人民对权利的需求已从过去偏重经济转变为政治、经济、文化、社会等方面并重。

人民美好生活需要日益广泛，不仅对物质文化生活提出了更高要求，而且对法治、公平、正义、安全等方面的要求也在日益增长。为此，《报告》明确提出，要加强对人民人身权、财产权、人格权的保护。其中人权案件近年来的大

---

[1] 中共中央文献研究室编：《习近平关于全面依法治国论述摘编》，中央文献出版社 2015 年版，第 43 页。

幅攀升最能说明人民权利诉求的扩展。2020 年 5 月 21 日，杭州互联网法院发布《网上侵害人格权案件司法大数据分析报告》。报告显示，网上侵害人格权案件主要有以下特点：一是当事人分布广泛；二是商事主体涉诉值得关注；三是年轻被告占比较大；四是影视明星、网络大 V 涉诉较多；五是未成年人人格权受侵害亟需重视；六是网络平台成为共同被告比较普遍，判决担责较少；七是网络平台披露用户信息不够及时全面；八是精神损害赔偿已成为诉求重点；九是诉因复杂多样，个人信息日益成为焦点。截至 2019 年年底，2 年 4 个月里，杭州互联网法院共受理利用互联网侵害人格权案件 584 件，年增幅分别为227%、310%，增长迅猛。①

第三，人民不仅关注社会个体的权利实现，还关注一些社会特殊群体权利的实现。

这主要表现为人们愈来愈关注东部和西部、城市和乡村等发展的不平衡，愈来愈关注农民工、贫困群体等群体的权利保障。党的十九大报告把防范化解重大风险、精准脱贫、污染防治作为三年三大攻坚战任务。包括扶贫干部在内的社会许多人士以"不能等"的紧迫感，"不能慢"的危机感，"不能停"的责任感，为贫困地区找出路、谋发展。以功成不必在我的境界和功成必定有我的担当持之以恒，久久为功。到了 2020 年年底如期完成了新时代脱贫攻坚目标任务，现行标准下农村贫困人口全部脱贫，贫困县全部摘帽，消除了绝对贫困和区域性整体贫困，近 1 亿贫困人口实现脱贫，取得了令全世界刮目相看的重大成果。但这场胜利并不是终点。习近平总书记指出，脱贫摘帽不是终点，而是新生活、新奋斗的起点，要再接再厉，继续巩固拓展脱贫攻坚成果。

我国社会主要矛盾的变化是关系全局的历史性变化，对全面依法治国提出了许多新要求，成为我国制定推进全面依法治国举措的重要依据。但是，我们

---

① 《杭州互联网法院发布网上侵害人格权案件司法大数据分析报告》，中国法院网，2021 年 2 月 24 日最后访问。

也要看到，社会主要矛盾的变化没有改变我国仍处于并将长期处于社会主义初级阶段这个最大的国情，没有改变我国仍是世界最大发展中国家这个最大的实际。因此，应把对最大国情的清醒认识和对社会主要矛盾的科学分析有机统一起来，这样才能在与时代同行中既不割断历史、又不迷失方向，既不落后于时代、又不超越阶段。既不要悲观地看待我国的法治形势，也不要浪漫地对待我国的法治发展。

二、全面推进依法治国要以习近平法治思想为指导

2020 年 11 月 16 日至 17 日，在中央全面依法治国工作会议上，中国共产党首次提出了习近平法治思想。会议强调，习近平法治思想内涵丰富、论述深刻、逻辑严密、系统完备，从历史和现实相贯通、国际和国内相关联、理论和实际相结合上深刻回答了新时代为什么实行全面依法治国、怎样实行全面依法治国等一系列重大问题。习近平法治思想是顺应实现中华民族伟大复兴时代要求应运而生的重大理论创新成果，是马克思主义法治理论中国化最新成果，是习近平新时代中国特色社会主义思想的重要组成部分，是全面依法治国的根本遵循和行动指南。全党全国要认真学习领会习近平法治思想，吃透基本精神、把握核心要义、明确工作要求，切实把习近平法治思想贯彻落实到全面依法治国全过程。

在这次会议上，习近平对当前和今后一个时期推进全面依法治国要重点抓好的工作提出了 11 个方面的要求，即"十一个坚持"。①

（一）坚持党对全面依法治国的领导

坚持党对全面依法治国的领导，是中国特色社会主义法治的本质特征和内在要求。中国共产党的领导是中国特色社会主义最本质的特征，是社会主义法

---

① 习近平：《坚定不移走中国特色社会主义法治道路　为全面建设社会主义现代化国家提供有力法治保障》，《求是》2021 年第 5 期。

治最根本的保证，是社会主义法治之魂，是我国法治同西方资本主义国家法治最大的区别。要健全党领导全面依法治国的制度和工作机制，推进党的领导制度化、法治化，通过法治保障党的路线方针政策有效实施。要坚持依法治国和依规治党有机统一，确保党既依据宪法法律治国理政，又依据党内法规管党治党、从严治党。

（二）坚持以人民为中心

全面依法治国最广泛、最深厚的基础是人民，必须坚持为了人民、依靠人民。要把体现人民利益、反映人民愿望、维护人民权益、增进人民福祉落实到全面依法治国各领域全过程，保证人民在党的领导下通过各种途径和形式管理国家事务、管理经济文化事业、管理社会事务，保证人民依法享有广泛的权利和自由、承担应尽的义务。

推进全面依法治国，根本目的是依法保障人民权益。随着我国经济社会持续发展和人民生活水平不断提高，人民群众对民主、法治、公平、正义、安全、环境等方面的要求日益增长，要积极回应人民群众新要求新期待，坚持问题导向、目标导向，树立辩证思维和全局观念，系统研究谋划和解决法治领域人民群众反映强烈的突出问题，不断增强人民群众获得感、幸福感、安全感，用法治保障人民安居乐业。

（三）坚持中国特色社会主义法治道路

中国特色社会主义法治道路，本质上是中国特色社会主义道路在法治领域的具体体现；我们要发展的中国特色社会主义法治理论，本质上是中国特色社会主义理论体系在法治问题上的理论成果；我们要建设的中国特色社会主义法治体系，本质上是中国特色社会主义制度的法律表现形式。我们既要立足当前，运用法治思维和法治方式解决经济社会发展面临的深层次问题；又要着眼长远，促进各方面制度更加成熟更加定型，为党和国家事业发展提供长期性的制度保障。推进全面依法治国，决不照搬别国模式和做法，决不走西方所谓"宪政""三权分立""司法独立"的路子。

（四）坚持依宪治国、依宪执政

坚持依法治国首先要坚持依宪治国，坚持依法执政首先要坚持依宪执政。要加强宪法实施和监督，推进合宪性审查工作，对一切违反宪法法律的法规、规范性文件必须坚决予以纠正和撤销。

（五）坚持在法治轨道上推进国家治理体系和治理能力现代化

坚持全面依法治国，是中国特色社会主义国家制度和国家治理体系的显著优势。法治是国家治理体系和治理能力的重要依托，只有全面依法治国才能有效保障国家治理体系的系统性、规范性、协调性，才能最大限度凝聚社会共识。必须在法治轨道上推进国家治理体系和治理能力现代化，更好发挥法治固根本、稳预期、利长远的保障作用，坚持依法应对重大挑战、抵御重大风险、克服重大阻力、解决重大矛盾。

（六）坚持建设中国特色社会主义法治体系

中国特色社会主义法治体系是推进全面依法治国的总抓手。要加快形成完备的法律规范体系、高效的法治实施体系、严密的法治监督体系、有力的法治保障体系，形成完善的党内法规体系。要坚持依法治国和以德治国相结合，实现法治和德治相辅相成、相得益彰。

要研究丰富立法形式，可以搞一些"大块头"，也要搞一些"小快灵"，增强立法的针对性、适用性、可操作性。要积极推进国家安全、科技创新、公共卫生、生物安全、生态文明、防范风险、涉外法治等重要领域立法，健全国家治理急需的法律制度、满足人民日益增长的美好生活需要必备的法律制度，填补空白点、补强薄弱点。数字经济、互联网金融、人工智能、大数据、云计算等新技术新应用快速发展，催生一系列新业态新模式，但相关法律制度还存在时间差、空白区。网络犯罪已成为危害我国国家政治安全、网络安全、社会安全、经济安全等的重要风险之一。

（七）坚持依法治国、依法执政、依法行政共同推进，法治国家、法治政府、法治社会一体建设

全面依法治国是一个系统工程，必须统筹兼顾、把握重点、整体谋划，更加注重系统性、整体性、协同性。依法治国、依法执政、依法行政是一个有机整体，关键在于党要坚持依法执政、各级政府要坚持依法行政。法治国家、法治政府、法治社会三者各有侧重、相辅相成，法治国家是法治建设的目标，法治政府是建设法治国家的主体，法治社会是构筑法治国家的基础。法治政府建设是重点任务和主体工程，要重点推进，率先突破。

要推动更多法治力量向引导和疏导端用力，完善预防性法律制度，坚持和发展新时代"枫桥经验"，完善社会矛盾纠纷多元预防调处化解综合机制，更加重视基层基础工作，充分发挥共建共治共享在基层的作用，推进市域社会治理现代化，促进社会和谐稳定。

（八）坚持全面推进科学立法、严格执法、公正司法、全民守法

在全面推进依法治国的工作格局中，科学立法是前提条件，严格执法是关键环节，公正司法是重要任务，全民守法是基础工程。要继续推进法治领域改革，解决好立法、执法、司法、守法等领域的突出矛盾和问题。

（九）坚持统筹推进国内法治和涉外法治

法治是国家核心竞争力的重要内容。当前世界百年未有之大变局加速演变，和平与发展仍然是时代主题，但国际环境不稳定性不确定性明显上升。我国日益走近世界舞台中央。要加快涉外法治工作战略布局，协调推进国内治理和国际治理，更好维护国家主权、安全、发展利益；要加快形成系统完备的涉外法律法规体系，提升涉外执法司法效能；要引导企业、公民在走出去过程中更加自觉地遵守当地法律法规和风俗习惯，运用法治和规则维护自身合法权益；要注重培育一批国际一流的仲裁机构、律师事务所，把涉外法治保障和服务工作做得更有成效。

我们要坚定维护以联合国为核心的国际体系，坚定维护以国际法为基础的国际秩序，坚定维护以联合国宪章宗旨和原则为基础的国际法基本原则和国际关系基本准则。对不公正不合理、不符合国际格局演变大势的国际规则、国际机制，要提出改革方案，推动全球治理变革，推动构建人类命运共同体。

（十）坚持建设德才兼备的高素质法治工作队伍

对法治专门队伍的管理必须坚持更严标准、更高要求。要加强理想信念教育，深入开展社会主义核心价值观和社会主义法治理念教育，推进法治专门队伍革命化、正规化、专业化、职业化，确保做到忠于党、忠于国家、忠于人民、忠于法律。

要把拥护中国共产党领导、拥护我国社会主义法治作为法律服务人员从业的基本要求，加强教育、管理、引导，引导法律服务工作者坚持正确政治方向，依法依规诚信执业，认真履行社会责任，满腔热忱投入社会主义法治国家建设。

要推进法学院校改革发展，提高人才培养质量。推进全面依法治国是国家治理的一场深刻变革，必须以科学理论为指导，加强理论思维，从理论上回答为什么要全面依法治国、怎样全面依法治国这个重大时代课题，不断从理论和实践的结合上取得新成果，总结好、运用好党关于新时代加强法治建设的思想理论成果，更好指导全面依法治国各项工作。

（十一）坚持抓住领导干部这个"关键少数"

领导干部具体行使党的执政权和国家立法权、行政权、监察权、司法权，是全面依法治国的关键。全面推进依法治国必须抓住领导干部这个"关键少数"，不断提高他们运用法治思维和法治方式深化改革、推动发展、化解矛盾、维护稳定的能力，要求他们做尊法学法守法用法的模范。要把法治素养和依法履职情况纳入考核评价干部的重要内容，让尊法学法守法用法成为领导干部自觉行为和必备素质。要坚持依法治权，把权力关进法律和制度的笼子里。

2018 年 8 月 24 日，习近平总书记主持召开中央全面依法治国委员会第一次会议时，曾把党的十八大以来提出的一系列全面依法治国新理念新思想新战略概括为"10个坚持"。两相对比，不难发现，此次讲话中新增了"坚持在法治轨道上推进国家治理体系和治理能力现代化""坚持统筹推进国内法治和涉外法治"，原有的"坚持处理好全面依法治国的辩证关系"虽然不再专门表述，但辩证观点体现在讲话全篇之中。

三、建设法治国家、法治政府和法治社会的时间表

习近平作出中国特色社会主义进入新时代的重大政治论断，是和确立分两步走全面建设社会主义现代化国家的新目标紧密联系在一起的。

习近平总书记在党的十九大报告（以下简称《报告》）中创造性地提出分两步走全面建设社会主义现代化国家。第一步，从2020年到2035年，奋斗15年，基本实现社会主义现代化。第二步，从2035年到本世纪中叶，再奋斗15年，把我国建成富强民主文明和谐美丽的社会主义现代化强国。

这个战略安排提升了党的第二个百年奋斗目标的内涵。一是把原来确立的基本实现社会主义现代化的目标从21世纪中叶提前到2035年完成。二是基本实现现代化的目标能够提前完成，第二个百年奋斗目标自然也要升级。于是，党的十九大报告把第二个百年奋斗目标表述为"把我国建成富强民主文明和谐美丽的社会主义现代化强国"。与党的十八大报告相比，这个目标增加了"美丽"的要求和"强国"的表述，意味着我们的新目标不是建成一般意义上的社会主义现代化国家，而是如党的十九大报告提出的，到那时，"我国物质文明、政治文明、精神文明、社会文明、生态文明将全面提升，实现国家治理体系和治理能力现代化，成为综合国力和国际影响力领先的国家，全体人民共同富裕基本实现，我国人民将享有更加幸福安康的生活，中华民族将以更加昂扬的姿态屹立于世界民族之林"。

民主法治建设也在第二个百年奋斗的目标之中。党的十九大报告首次提出，

从 2020 年到 2035 年，在全面建成小康社会的基础上，奋斗 15 年，基本实现社会主义现代化。人民平等参与、平等发展权利得到充分保障，法治国家、法治政府、法治社会基本建成，各方面制度更加完善，国家治理体系和治理能力现代化基本实现。

从 2035 年到本世纪中叶，在基本实现现代化的基础上，再奋斗 15 年，把我国建成富强民主文明和谐美丽的社会主义现代化强国。到那时，我国物质文明、政治文明、精神文明、社会文明、生态文明将全面提升，实现国家治理体系和治理能力现代化，成为综合国力和国际影响力领先的国家。在这里，政治文明的主要内容就是民主法治，法治是国家治理体系和治理能力的重要内容和依托、保障。

四、成立中央全面依法治国领导机构

《报告》首次提出，成立中央全面依法治国领导机构，后来改成中央全面依法治国委员会。2018 年 2 月 28 日党的十九届三中全会通过的《深化党和国家机构改革方案》提出："组建中央全面依法治国委员会。全面依法治国是中国特色社会主义的本质要求和重要保障。为加强党中央对法治中国建设的集中统一领导，健全党领导全面依法治国的制度和工作机制，更好落实全面依法治国基本方略，组建中央全面依法治国委员会，负责全面依法治国的顶层设计、总体布局、统筹协调、整体推进、督促落实，作为党中央决策议事协调机构"，"主要职责是，统筹协调全面依法治国工作，坚持依法治国、依法执政、依法行政共同推进，坚持法治国家、法治政府、法治社会一体建设，研究全面依法治国重大事项、重大问题，统筹推进科学立法、严格执法、公正司法、全民守法，协调推进中国特色社会主义法治体系和社会主义法治国家建设等"，"中央全面依法治国委员会办公室设在司法部"。

五、推进合宪性审查工作

《报告》首次提出，要加强宪法实施和监督，推进合宪性审查工作，维护宪法权威。我国现行宪法实施为发展提供了有力法治保障，但也存在诸如监督机制和具体制度不健全、部门利益法制化等问题。只有切实加强宪法实施，以合宪性审查维护宪法权威，使一切违反宪法的行为都得以追究和纠正，宪法的权威才能得以树立和稳固。推进合宪性审查工作是保证人民根本利益、保护公民合法权益的有力保障。

六、以良法促进发展、保障善治

《报告》首次提出，推进科学立法、民主立法、依法立法，以良法促进发展、保障善治。这是围绕提高立法质量而提出的。

科学立法的核心在于尊重和体现客观规律。遵循和把握立法规律，就要自觉遵循经济规律、自然规律、社会发展规律以及立法活动规律，使制定出来的法律能够反映和体现规律的要求，符合客观实际。

民主立法的核心是为了人民、依靠人民。它有三点基本要求，一是立法应当体现人民意志，二是坚持立法公开，三是扩大公众有序参与。

依法立法的核心在于立法应当依照法定的权限和程序，从国家整体利益出发，维护社会主义法制的统一和尊严。实现依法立法，要做好以下三个方面工作：一要依宪立法，二要依法定权限立法，三要依法定程序立法。[①]

七、打造共建共治共享的社会治理格局

《报告》首次提出，加强社会治理制度建设，完善党委领导、政府负责、社

[①] 任才峰：《科学立法、民主立法、依法立法的理论和实践》，《人大研究》2019 年第 1 期。

会协同、公众参与、法治保障的社会治理体制，打造共建共治共享的社会治理格局，实现政府治理和社会调节、居民自治良性互动。

八、健全国家安全体系

《报告》首次提出，要健全国家安全体系，加强国家安全法治保障，提高防范和抵御安全风险能力。严密防范和坚决打击各种渗透颠覆破坏活动、暴力恐怖活动、民族分裂活动、宗教极端活动。加强国家安全教育，增强全党全国人民国家安全意识，推动全社会形成维护国家安全的强大合力。为此，一要完善集中统一、高效权威的国家安全领导体制；二要健全国家安全法律制度体系；三要建立健全国家安全风险研判、防控协同、防范化解机制。

九、加快建立绿色生产和消费的法律制度

《报告》首次提出，加快建立绿色生产和消费的法律制度和政策导向，提高污染排放标准，强化排污者责任，健全环保信用评价、信息强制性披露、严惩重罚等制度。设立国有自然资源资产管理和自然生态监管机构，统一行使监管城乡各类污染排放和行政执法职责。

十、推进反腐败国家立法

《报告》首次提出，要推进反腐败国家立法，建设覆盖纪检监察系统的检举举报平台。强化不敢腐的震慑，扎牢不能腐的笼子，增强不想腐的自觉。

反腐败既靠法律，也靠党规，实现依法治国与依规治党的统一。推进反腐败国家立法要使国家法律与党内法规优势互补、相辅相成，使反腐败执纪与反腐败执法在标准上、程序上更加有效地衔接起来，把依法治国与依规治党更好地结合起来，发挥国法与党规在反腐败斗争中的合力。推进反腐败国家立法的目的，是实现依法治国与依规治党的统一。在条件成熟的时候，把党内法规制

度中的有关内容上升到国家法治的层面，这是对反腐败的要求，就是运用法治思维和法治方式反对腐败。通过这样的方式，使反腐败工作经得起历史和时间的考验。

十一、增强监督合力

《报告》首次提出，深化国家监察体制改革，实现对所有行使公权力的公职人员监察全覆盖。制定国家监察法，依法赋予监察委员会职责权限和调查手段，用留置取代"两规"措施。改革审计管理体制，完善统计体制。构建党统一指挥、全面覆盖、权威高效的监督体系，把党内监督同国家机关监督、民主监督、司法监督、群众监督、舆论监督贯通起来，增强监督合力。

2018 年 2 月 28 日党的十九届三中全会通过的《深化党和国家机构改革方案》提出："组建国家监察委员会。为加强党对反腐败工作的集中统一领导，实现党内监督和国家机关监督、党的纪律检查和国家监察有机统一，实现对所有行使公权力的公职人员监察全覆盖，将监察部、国家预防腐败局的职责，最高人民检察院查处贪污贿赂、失职渎职以及预防职务犯罪等反腐败相关职责整合，组建国家监察委员会，同中央纪律检查委员会合署办公，履行纪检、监察两项职责，实行一套工作机构、两个机关名称"，"主要职责是，维护党的章程和其他党内法规，检查党的路线方针政策和决议执行情况，对党员领导干部行使权力进行监督，维护宪法法律，对公职人员依法履职、秉公用权、廉洁从政以及道德操守情况进行监督检查，对涉嫌职务违法和职务犯罪的行为进行调查并作出政务处分决定，对履行职责不力、失职失责的领导人员进行问责，负责组织协调党风廉政建设和反腐败宣传等"，"国家监察委员会由全国人民代表大会产生，接受全国人民代表大会及其常务委员会的监督"，"不再保留监察部、国家预防腐败局"。

增强监督合力，关键是发挥党内监督主导作用，实现党的自我监督和其他各类监督相结合，同向发力、形成合力。①

十二、职责相近的党政机关合并设立或合署办公

《报告》首次提出，根据职能，党政机关合并设立或合署办公。2018 年 2 月 28 日党的十九届三中全会通过的《深化党和国家机构改革方案》提出："中国共产党领导是中国特色社会主义最本质的特征。党政军民学，东西南北中，党是领导一切的。深化党中央机构改革，要着眼于健全加强党的全面领导的制度，优化党的组织机构，建立健全党对重大工作的领导体制机制，更好发挥党的职能部门作用，推进职责相近的党政机关合并设立或合署办公，优化部门职责，提高党把方向、谋大局、定政策、促改革的能力和定力，确保党的领导全覆盖，确保党的领导更加坚强有力。"职责相近的党政机关合并设立或合署办公不仅加强了党领导，还提高了办事效率。

十三、实施乡村振兴战略

《报告》首次提出，要实施乡村振兴战略，并将其与科教兴国战略、人才强国战略、创新驱动发展战略、区域协调发展战略、可持续发展战略、军民融合发展战略并列。《报告》强调，一要坚持农业农村优先发展，按照产业兴旺、生态宜居、乡风文明、治理有效、生活富裕的总要求，建立健全城乡融合发展体制机制和政策体系，加快推进农业农村现代化。二要巩固和完善农村基本经营制度，深化农村土地制度改革，完善承包地"三权"分置制度。深化农村集体产权制度改革，保障农民财产权益，壮大集体经济。三要加强农村基层基础工作，健全自治、法治、德治相结合的乡村治理体系。2018 年 1 月 2 日，中共中央、国务院发布了《关于实施乡村振兴战略的意见》，按照党的十九大提出的决

---

① 姜宁：《增强监督合力，释放监督效能》，《中国纪检监察报》2020 年 7 月 30 日。

第九章　以习近平同志为代表的中国共产党人的法治思想与实践（下）

胜全面建成小康社会、分两个阶段实现第二个百年奋斗目标的战略安排，实施乡村振兴战略的目标任务是：第一，到 2020 年，乡村振兴取得重要进展，制度框架和政策体系基本形成。第二，到 2035 年，乡村振兴取得决定性进展，农业农村现代化基本实现。第三，到 2050 年，乡村全面振兴，农业强、农村美、农民富全面实现。

十四、在发展中补齐民生短板、促进社会公平正义

《报告》明确提出，在幼有所育、学有所教、劳有所得、病有所医、老有所养、住有所居、弱有所扶上不断取得新进展，深入开展脱贫攻坚，保证全体人民在共建共享发展中有更多获得感，不断促进人的全面发展、全体人民共同富裕。

关于幼有所育，就是要重视幼儿的生活和教育情况。党的十九大期间，教育部部长陈宝生在"教育综合改革"主题集体采访中提出，到 2020 年，学前教育毛入园率要达到 85%，普惠性幼儿园要占幼儿园的 80% 以上。

关于学有所教，就是要全面贯彻党的教育方针，落实立德树人根本任务，优先发展教育，促进教育公平，培养德智体美全面发展的社会主义建设者和接班人。

关于劳有所得，就是要促进就业，合理分配收入。如同《报告》所言："坚持按劳分配原则，完善按要素分配的体制机制，促进收入分配更合理、更有序。"

关于病有所医，根据《报告》所述，一要推动医疗服务优质资源对困难地区的辐射和带动。二要继续加大民生保障力度，扩大家庭医生的签约服务范围，特别是要对贫困人口实现家庭医生签约服务全覆盖，对困难家庭、慢性病家庭、有老人家庭要重点覆盖。三要加大健康扶贫力度，扩大集中救治的病种，对于深度贫困地区，要采取集中攻坚，解决好因病致贫、因病返贫问题。

关于老有所养，《报告》强调，要积极应对人口老龄化，构建养老、孝老、

敬老政策体系和社会环境，推进医养结合，加快老龄事业和产业发展。

关于住有所居，《报告》提出，要坚持房子是用来住的、不是用来炒的定位，加快建立多主体供给、多渠道保障、租购并举的住房制度，让全体人民住有所居。

所谓弱有所扶，涉及扶贫、救灾、社会救助等多个方面，要求全社会将投入更大力量帮助弱势群体，让改革发展成果更多更公平地惠及全体人民。

十五、中国秉持共商共建共享的全球治理观

《报告》首次提出，中国秉持共商共建共享的全球治理观，倡导国际关系民主化，坚持国家不分大小、强弱、贫富一律平等，支持联合国发挥积极作用，支持扩大发展中国家在国际事务中的代表性和发言权。

在共商共建共享理念中，"共"是其中的核心价值。习近平总书记强调，世界命运应该由各国共同掌握，国际规则应该由各国共同书写，全球事务应该由各国共同治理，发展成果应该由各国共同分享。各国为什么能够共商共建共享呢？因为世界已经成为你中有我、我中有你的地球村，人、财、物以及信息等在全球加速流动，没有一个国家可以在封闭中发展自己，也没有一个国家可以独善其身。

十六、"五加二"的党建新格局

《报告》首次提出，新时代党的建设总要求：坚持和加强党的全面领导，坚持党要管党、全面从严治党，以加强党的长期执政能力建设、先进性和纯洁性建设为主线，以党的政治建设为统领，以坚定理想信念宗旨为根基，以调动全党积极性、主动性、创造性为着力点，全面推进党的政治建设、思想建设、组织建设、作风建设、纪律建设，把制度建设贯穿其中，深入推进反腐败斗争，这个"五加二"的党建新格局继承和发展了党的十八大的相关表述。

十七、中国民法典是一部固根本、稳预期、利长远的基础性法律

2020 年 5 月 22 日，在第十三届全国人大第三次会议上，全国人民代表大会常务委员会副委员长王晨作关于《中华人民共和国民法典（草案）》的说明。5 月 28 日，第十三届全国人大第三次会议表决通过了《中华人民共和国民法典》，自 2021 年 1 月 1 日起施行。这是新中国成立以来第一部以"法典"命名的法律，是新时代我国社会主义法治建设的重大成果。党中央高度重视这部法典的制定。党的十八届四中全会作出关于全面推进依法治国若干重大问题的决定，其中对编纂民法典作出部署。之后，习近平总书记主持 3 次中央政治局常委会会议，分别审议民法总则、民法典各分编、民法典 3 个草案。在各方面共同努力下，经过 5 年多工作，民法典终于颁布实施，实现了几代人的夙愿。

2020 年 5 月 29 日下午，中共中央政治局就"切实实施民法典"举行第二十次集体学习。全国人大常委会法制工作委员会民法室主任、中国法学会行政法学研究会副会长黄薇同志就这个问题进行了讲解，提出了意见和建议。习近平总书记在主持学习时发表了讲话。他强调，《中华人民共和国民法典》是新时代我国社会主义法治建设的重大成果。安排这次集体学习，目的是充分认识颁布实施民法典的重大意义，更好推动民法典实施。习近平的这次讲话后来以《充分认识颁布实施民法典重大意义　依法更好保障人民合法权益》为题目，发表在《求是》杂志 2020 年第 12 期。

2020 年 7 月，中央宣传部、中央组织部、中央政法委、中央网信办、全国人大常委会办公厅、教育部、司法部、全国普法办等部门联合印发通知，部署开展《中华人民共和国民法典》学习宣传工作。

综合习近平主持中央政治局集体学习民法典时的讲话，以及上述中央八个部门关于部署开展民法典学习宣传工作的联合通知，中国共产党对民法典的看法可以归纳为如下几个方面。

（一）中国共产党在我国革命、建设、改革各个历史时期都高度重视民事法律制定实施

习近平指出，在我国革命、建设、改革各个历史时期，我们党都高度重视民事法律制定实施。革命战争年代，我们党在中央苏区、陕甘宁边区等局部地区就制定实施了涉及土地、婚姻、劳动、财经等方面的法律。新中国成立后，我国相继制定实施了婚姻法、土地改革法等重要法律和有关户籍、工商业、合作社、城市房屋、合同等方面的一批法令。我们党还于 1954 年、1962 年、1979 年、2001 年 4 次启动制定和编纂民法典相关工作，但由于条件所限没有完成。[①]

改革开放以来，我国民事商事法制建设步伐不断加快，先后制定或修订了中外合资经营企业法、婚姻法、经济合同法、商标法、专利法、涉外经济合同法、继承法、民法通则、土地管理法、企业破产法、外资企业法、技术合同法、中外合作经营企业法、著作权法、收养法、公司法、担保法、保险法、票据法、拍卖法、合伙企业法、证券法、合同法、农村土地承包法、物权法、侵权责任法等一大批民事商事法律，为编纂民法典奠定了基础、积累了经验。党的十八大以来，我们顺应实践发展要求和人民群众期待，把编纂民法典摆上重要日程。党的十八届四中全会作出关于全面推进依法治国若干重大问题的决定，其中对编纂民法典作出部署。

（二）民法典在中国特色社会主义法律体系中具有重要地位

习近平指出，民法典在中国特色社会主义法律体系中具有重要地位，是一部固根本、稳预期、利长远的基础性法律，对推进全面依法治国、加快建设社会主义法治国家，对发展社会主义市场经济、巩固社会主义基本经济制度，对坚持以人民为中心的发展思想、依法维护人民权益、推动我国人权事业发展，

---

① 习近平：《充分认识颁布实施民法典重大意义　依法更好保障人民合法权益》，《求是》2020 年第 12 期。

对推进国家治理体系和治理能力现代化，都具有重大意义。[①]

1. 宪法是万法之父，民法是万法之母

随着社会的发展，调整社会关系的法律必然会愈来愈多。在林林总总的法律中，必然有些是奠基性或基石性的。而哪些真正算是法律体压舱石呢？笔者认为宪法是万法之父，民法是万法之母。[②] 宪法主要规范的是权力，民法主要规范的是权利，这些都是法学最核心的范畴。法律职业人士应特别注意掌握宪法和民法的思维方式。

宪法之所以是万法之父，理由主要是：第一，宪法是一个国家主权的表述或规定。主权主要包括国家对内的最高权、对外的独立权和防止侵略的自卫权，由永久的人口、固定的领土、有效的政府、与他国交往的能力等构成，是不可分割，不可让予的。没有主权的规定，就等于没有国家。第二，宪法通过设定公民基本权利，作出一国公民与政府关系的基本规定。宪法如同公民颁给政府的一张营业执照，规定了政府的经营范围（积极实现公民基本权利），如果政府超照经营（违法限制或剥夺公民基本权利），就会遭到公民的法定批评、抗衡乃至吊销执照。第三，宪法是一国根本政治制度、经济制度等规定，是所有法律中制定和修改程序最严格的法律，是其他法律不能与之抵触的法律，这一点是宪法教材都提及的。

为什么笔者还要说民法是万法之母呢？这是因为宪法乃至整个公法的理念、制度设计大都根源于民法。对这一点，不管是国外学者，还是国内学者，都有一定共识。英国法学家梅因说："权利这个用语不是古典的，但法律学有这个观念，应该归功于罗马法。"[③] 恩格斯说："资产阶级在反对封建制度的斗争中和在发展资本主义生产的过程中不得不废除一切等级的即个人的特权，而且起初在

---

① 习近平：《充分认识颁布实施民法典重大意义　依法更好保障人民合法权益》，《求是》2020 年第 12 期。

② 郝铁川：《宪法是万法之父，民法是万法之母》，《法制日报》2018 年 11 月 8 日。

③ ［英］梅因：《古代法》，沈景一译，商务印书馆 1959 年版，第 102 页。

私法方面，后来逐渐在公法方面实施了个人在法律上的平等权利"。① 马克思、恩格斯在《德意志意识形态》中指出，在罗马人那里，私有制和私法的发展没有在工业和贸易方面引起进一步的后果，因为他们的生产方式没有改变。到了工业和贸易有了较大发展的资本主义社会，罗马私法便立即得到恢复，并成为一切国家法律体系的基础。即使实行判例法的英国，为了私法（特别是其中关于动产的那一部分）的进一步发展，也不得不参照罗马法的诸原则。在 18 世纪的法国、19 世纪的英国，整个法都归结为私法。② 法国法学家勒内·达维德说，法的其他部门只是从民法出发，较迟或较不完备地发展起来的。③

在国内学者中，张文显教授最早阐述民法理念和制度对公法的影响。他在《中国步入法治社会的必由之路》中指出，第一，法治精神是在民法原则的基础上形成的。现代民法是以商品经济关系为内容的法律部门，其核心是人权、所有权和平等权，而人权、所有权和平等权是法律权利体系的基础、主干，是现代公民权利的原型。宪法中公民基本权利和义务平等的规定，婚姻法中夫妻平等、男女平等、家长子女人格平等的规定，刑罚中罚当其罪（罪责相适）的规定，行政法中使公民与政府平起平坐的原则，政府不得在不予"公正补偿"的条件下征用私人财产的规定，诉讼法关于诉讼各方在法律和程序面前一律平等的规定，等等，可以说都是民法自由平等原则的升华。不仅民法的原则构成了其他法律部门的基础，而且民法中的许多制度也成为现代法治的依据或参照。例如，作为现代民主和法治重要结构的代议制或代表制，显然是参照了民法中的委托代理制度的原理。第二，民法最充分地体现了现代法治的价值。现代法治的基本价值在于通过确认和分配权利与义务，为公民的生产（包括物质生产和精神生产）和生活（包括家庭生活、社会生活、文化生活、政治生活和经济

---

① 《马克思恩格斯全集》第四卷，人民出版社 1965 年版，第 239 页。
② 《马克思恩格斯全集》第三卷，人民出版社 1965 年版，第 71、368 页。
③ ［法］勒内·达维德：《当代主要法律体系》，漆竹生译，上海译文出版社 1984 年版，第 25 页。

生活）提供平等的便利和保护，以保障人的自由、尊严和发展，促进经济增长、社会公平、社会秩序和社会进步。民法的原则和功能最充分地体现了法治的这些价值。民法直接产生于商品生产者的利益需求和权利主张，它的起点和终点都不是惩罚（虽然它包含着惩罚的因素），而是通过划定自然人和法人的权利及其界限，明确主体的权利能力和行为能力，规定生产和交换的一般条件以及对违约和侵权的补救措施，保护人们的正当权利，使人们可以无顾虑地、有合理期望地、尽其所能地进行创造财富的活动。正由于民法体现了现代法治的价值，因此它的存在和实施能够弱化或消除避罪远罚的传统法律心理，冲击法等于刑罚的传统法律观念，有利于建设社会主义法治文化。第三，民法调整的是人们的经济活动和经济关系，这一功能使民法介于经济基础和上层建筑之间。由于经济活动是人类最基本的社会活动，经济关系是人类社会中最根本的社会关系，所以，民法在整个法律体系中也就具有基础的地位和决定的作用。从另一角度看，只有在社会经济活动实行了充分的法律调整，而非单纯的行政命令，才有可能在竖立其上的政治生活和文化生活领域实行法治。由此可以进一步推断，有无一个独立的、完备的民法部门，民法是否受到尊重和实施，是衡量一个社会法治程度的重要标准。第四，宪法意识和制度来源于民法和民法传统。民法传统中的权利神圣观念和契约自由精神构成了人权保障、有限政府、权力制约、依法治国的文化源泉。宪法不过是以根本大法的形式对民法原则的确认、移植、转化或升华。法治史表明，没有民法和民法传统的社会，要依宪治国是极其困难的，甚至是不可能的，而在民法完备、民法思维已成为公认的社会生活标准的社会，要想彻底废除宪治，实行人治，也是极其困难、不可能长久的。

张文显教授的论断愈来愈得到更多学者论著的印证。1995 年笔者在《用民法思维研究法理学》中提出，拓展法学基础理论研究的关键，在于研究者要树立正确的法学思维方式，而眼下则必须由过去的泛刑主义思维方式迅速转变为民法思维方式。①泛刑主义夸大刑法的作用，认为一切社会生活领域和一切社会关系莫不属于或主要属于刑法调整的范围。所谓法律，即等于刑法或主要是刑法，它在整个法律体系中居于中心地位。这种思维方式产生于自然经济、宗法社会和专制政治相结合的古代，而在计划经济年代仍以变相的方式继续作梗于法，使不少人惯于用刑法观念、思维去看待一切法学问题。例如，长期以来，法学界把法的本质仅仅归结为统治阶级意志的体现，而实际上这种解释更多地适用于刑法，而很难说明以限制国家权力、保护公民权利为宗旨的现代宪法和行政法，也很难适用于调整平等主体间财产、人身关系的民法。又如，法学界许多人认为法律规范由假定、处理、制裁三个要素组成。这里的"制裁"即体现了一种把法律视为惩罚之法或刑法的泛刑主义思维方式，它只看到了法律对人们违法行为的制裁，忽略了法律还兼有对人们合法行为予以奖赏的一面，如民法对公民一系列权利的保护，专利法对创造发明者的奖赏，等等。如今在建立和发展社会主义市场经济的背景下，要想拓展法学基础理论研究，就必须树立民法思维方式。现代民法的特征是权利神圣、身份平等、意思自治、等价有偿、诚实信用等，显而易见，这些都是市场经济运行的基本原则，是现代法治精神的基础。既然民法是现代法治的基础，那么作为对各个部门法共同的普遍性问题予以高度概括研究的法理学，就不能不倚重民法思维方式。然而，在过去相当长的一段时间内，人们常常把从民法派生出来的平等、自由、权利、正义、契约、公平、效率这些重要的法理学范畴视为禁区，间或论及者，亦是扣上"资产阶级法律思想"的帽子。其后果是造成法理学的研究范围愈来愈窄，与国际学术研究无法接轨。

如果宪法某些规定和作为私法及其重要组成部分的物权法原理发生不一致，我们不应去责备物权法，而应该去修改宪法。因为从法理的角度来看，私法是

---

① 郝铁川：《用民法思维研究法理学》，《政治与法律》1995 年第 4 期。

宪法的基础，宪法是私法理念的升华，它应和私法原理相统一。[1] 在这方面，中外许多著名学者的论述都有其道理。英国的亨利·梅因曾证明：一个国家文化的高低，看它的民法和刑法的比例就能知道；大凡半开化的国家，民法少而刑法多；进化的国家，则民法多而刑法少。法国学者勒内·达维德认为：法的其他部门只是从民法出发，较迟或较不完备地发展起来的。德国法学家耶林说：不是公法而是私法才是各民族政治教育的真正学校。中国学者史尚宽先生也说：民法乃众法之基，欲知私法者故勿待论，欲知公法者对其也应有一定的了解，而后可得其真谛。我国刑法学者黄风说得更明白：民法是一切部门法的基础，其他部门法可以说都是从不同侧面对民事法律关系和基本原则的保护、充实和发展，或者为它们的完满实现创造必要的法制条件和环境。青年民法学者申卫星博士在引证了上述中外法学名家的看法后，更进一步表达的意见值得重视：现代民法不仅是调整市场经济的基本法，更主要是通过对市场经济的调整来促进社会的进步、推动人的发展的法律，是一部维护人权、解放人性的法律，是建设民主政治与法治国家的体制基础。将民法定位于一部促进社会进步和人的发展的法律，是现代民法应有品性的回归。或许从现行宪法条文来看，《物权法（草案）》没有对国有财产给予特殊保护，与之发生了抵触。但根源在于现行宪法不完善，一是宪法对经济领域是否要涉及过多，二是宪法是否要借鉴私法理念。

　　马华峰先生在《中世纪西欧议会代表观念研究》中指出，代议制理念和罗马私法"关涉全体之事，须得全体同意"原则密切相关。[2] 它本是《查士丁尼法典》中关于共同监护人权利的一项原则。其本意是：当数名共同监护人对被监护人享有不可分割的权利时，任何会影响到其他监护人的权利的监护人行为，都应该得到其他监护人的同意。在罗马法复兴过程中，罗马法学家和教会法学家对这一原则进行了重新解释，充分挖掘了其中所蕴含的同意思想，将这一原则从私法领域

---

[1]　郝铁川：《〈物权法（草案）〉"违宪"问题之我见》，《法学》2006 年第 8 期。
[2]　马华峰：《中世纪西欧议会代表观念研究》，中国政法大学出版社 2013 年版，第 133 页。

扩展到公法领域,广泛运用到教会和世俗王国的各种管理实践之中。

刑法学者黄风在他翻译的彼得罗·彭梵得的《罗马法教科书》的译后记中也说过,民法是一切部门法的基础,其他各种法可以说都是从不同的侧面对民事法律关系和基本原则的保护、充实和发展,或者为它们的完满实现创造必要的法制条件和环境。①

因此,宪法是万法之父,民法是万法之母。欲明宪法,先知民法。

2018年12月17日,中国政法大学民法学教授江平先生在"第九届江平民商法奖学金颁奖典礼"发表演讲,②对笔者提出的"宪法是万法之父,民法是万法之母"的观点表示赞同。江平先生说,我就想到我们在制定物权法的时候,曾经有一个争论,宪法跟民法究竟是什么关系、谁大谁小、谁先谁后?现在看起来这个问题,如果我们以宪法是万法之父,民法是万法之母,我们就可以很好地解决了宪法和民法之间的关系。所以我始终认为"民法是万法之母",在这一点说明了民法在我们法学中的重要地位。由此我就想到了我们最近的民法典的起草。在民法总则通过的时候,我曾经说过,继受有余,创新不足。但是在这次民法典的编纂过程中,我觉得有所改进,我们的创新也有了一些值得称赞的地方,最值得称赞的是把人格权独立成编。我始终觉得把人格权独立成编,这是历史的要求。现在应该说司法实践部门都同意,民法典里面把人格权独立成编,从法学界来看,我看民法界之外的人也没有多大的争议,争议恰恰发生在民法学界内部。有一些人主张把人格权独立成编,也有些人坚决反对,我觉得这不应该是意气之争。可以说民法典把人格权独立出来,是21世纪的趋势。我们看一看,20世纪以前所有的民法典只解决财产关系,而21世纪中国的民法典,第一次把人格权当作财产权之外的同样的重要一部分,也就是不仅注意

---

① [意]彼得罗·彭梵得:《罗马法教科书》,黄风译,中国政法大学出版社1992年版。

② 《民法是万法之母——江平教授在"第十九届江平民商法奖学金颁奖典礼"上演讲》,载微信公众号"江平教授",2018年12月17日。

财产权关系的调整，还要注意人格权的调整。当然在物权法里面也有了新的变动，一个是写进了土地经营权。我们在物权法制定的时候，没有把土地经营权写进去，只写了集体土地的所有权和农村的承包经营土地的权利，现在把土地经营权写进去，这也是一个很重大的突破。因为我们仅仅有一个小小的一家一户土地数量不大的这么一个土地承包经营权，不可能解决中国将来的现代化的问题。要解决现代化的问题，必须有规模化经营，必须从一个村一家人种几亩地，十几亩地扩大到种上百亩地千亩地，我们才能够实现中国真正的富强。而且我们在物权法里面重新规定了居住权，居住权就是人役权，我们有地权，但是我们没有人役权，地役权是土地的方便，而给人的一种权利，人役权是为了人的方便而提供的权利。所以从这一点来看，应该说我们把居住权写进我们的民法典里面，也是一个很大的突破。

2. 民法典划分了国家和社会各自的领域，规定了二者的关系，捍卫了人民的权益

党中央为什么认为制定和实施民法典对坚持以人民为中心的发展思想、依法维护人民权益、推动我国人权事业发展，对推进国家治理体系和治理能力现代化，都具有重大意义呢？国家和社会的关系，是人类文明社会中最重要的关系。与域外一些国家的历史文化相比，中国不管是在"普天之下，莫非王土；率土之滨，莫非王臣"的古代自然经济社会，还是在衣食住行皆被政府计划的计划经济社会，中国的社会这一领域萎缩不彰，国家这一层面则覆盖了社会。因此，笔者认为，我国民法典颁布的重要意义，就是划分了国家和社会的界限，规定了如何处理国家和社会交往关系的原则及规则，中国的社会作为一个相对独立的客观存在而登上了历史舞台。今日欢呼民法典，只缘"社会"扑面来。

初步考察我国民法典中国家与社会的关系，可以大略分为如下四类：①

---

① 郝铁川：《我国民法典中国家与社会的四种关系》，《法治日报》2021 年 1 月 27 日。

第一，非禁莫管。即：只要法律没有禁止社会个体（自然人和法人）去做的事情，国家就不要去干预。换句话说，民事法律行为不违反法律的强制性规定，不违背公序良俗，原则上即有效。民法典（尤其是合同编）有大量任意性规定，任由当事人决定是否采用，特别能体现民法的这一精神。

我国《民法典》第五条规定，民事主体从事民事活动，应当遵循自愿原则，按照自己的意思设立、变更、终止民事法律关系；第一百三十条规定，民事主体按照自己的意愿依法行使民事权利，不受干涉。这两条贯穿了民法的一个基本原则：意思自治。其意思是指在民事活动中，民事主体的意志是独立的、自由的，不受国家权力和其他当事人的非法干预。也就是说民事主体在没有非法外力强迫的情况下，完全根据自己的主观判断来决定民事法律关系的设立、变更和终止。法律没有禁止的事情，社会个体即可依照自己的意愿、意志去采取一定的行为。例如，我国《民法典》第三十条规定，依法具有监护资格的人之间可以协议确定监护人。协议确定监护人应当尊重被监护人的真实意愿。第三十三条规定，具有完全民事行为能力的成年人，可以与其近亲属、其他愿意担任监护人的个人或者组织事先协商，以书面形式确定自己的监护人，在自己丧失或者部分丧失民事行为能力时，由该监护人履行监护职责。过去民法通则只规定了法定监护和指定监护，而现在我国民法典肯定了意定监护，正是体现了民法典有意进一步扩大意思自治的空间。

"非禁莫管"体现了国家尊重社会的相对独立性，这是很有必要的。因为人类最终要走到没有阶级、没有国家的共产主义社会，历史发展的趋势是：国家的作用由大变小、直至消亡，社会的地位由小到大，直至完全自治。民法典就是给人类一个社会舞台，让人们学会处理纠纷，依照规则生活，不断增强自治能力。

第二，非请莫入。即：社会个体的事情或社会个体之间的纠纷，一般由社会个体自己解决。除非得到社会个体的请求，国家不要去干预社会个体的事情。

例如，我国《民法典》第二十四条规定，不能辨认或者不能完全辨认自己行为的成年人，其利害关系人或者有关组织，向人民法院申请认定该成年人为无民事行为能力人或者限制民事行为能力人，在此前提下，人民法院方可进行认定。被认定为无民事行为能力人或者限制民事行为能力人的，经本人、利害关系人或者有关组织申请，人民法院方可以根据其智力、精神健康恢复的状况，认定该成年人恢复为限制民事行为能力人或者完全民事行为能力人。本条规定的有关组织包括：居民委员会、村民委员会、学校、医疗机构、妇女联合会、残疾人联合会、依法设立的老年人组织、民政部门等。

"非请莫入"体现了私法优先（即：社会具有优先解决自己内部纠纷的权力）精神，体现了国家和社会既分工、又合作的关系。

第三，有请必入。即：如果社会个体向国家请求帮助，国家不能置之不理，无所作为。

例如，我国《民法典》第三十六条规定，监护人有下列情形之一的，人民法院根据有关个人或者组织的申请，则要作出撤销其监护人资格，安排必要的临时监护措施，并按照最有利于被监护人的原则依法指定监护人的决定：（1）实施严重损害被监护人身心健康的行为；（2）怠于履行监护职责，或者无法履行监护职责且拒绝将监护职责部分或者全部委托给他人，导致被监护人处于危困状态；（3）实施严重侵害被监护人合法权益的其他行为。本条规定的有关个人、组织包括：其他依法具有监护资格的人，居民委员会、村民委员会、学校、医疗机构、妇女联合会、残疾人联合会、未成年人保护组织、依法设立的老年人组织、民政部门等。人民法院在这种情况下，不能对有关个人或组织的申请不予理睬。早在 1951 年 2 月，最高人民法院就有关于对起诉到法院的轻微刑、民事案件不能拒不受理的批复，规定法院对于诉讼案件，不论刑事、民事，都不能拒绝受理，虽然在收案后，有时也驳回原告之诉（民事）或作不受理的裁判，但也必须经过一定的诉讼程序来决定，而不能因收案人认为事实不明、材料不全，或事属轻微为理由，退案不收。

"有请必入"体现了国家权力来源于社会个体权利让渡的契约精神，体现了国家要为纳税人服务的精神。如果"有请"不应，不仅国家失信，还会导致社会的无序甚或崩溃。

第四，特殊情况下不请也入。即：在一些特定情况下，即便社会个体没有向国家求助，国家机关也必须主动去解决社会个体所存在的问题。

例如，我国《民法典》第四十二条规定，失踪人的财产由其配偶、成年子女、父母或者其他愿意担任财产代管人的人代管。代管有争议，没有前款规定的人，或者前款规定的人无代管能力的，即便无人提出进一步解决如何代管的请求，人民法院也可以直接指定人来代管。

总之，民法典的重要意义之一，就是划分国家和社会之间的界限和交往，国家的事归国家，社会的事归社会，有分工、有合作。

（三）民法典是一部具有鲜明中国特色、实践特色、时代特色的民法典

习近平指出，民法典系统整合了新中国成立 70 多年来长期实践形成的民事法律规范，汲取了中华民族 5000 多年优秀法律文化，借鉴了人类法治文明建设有益成果，是一部体现我国社会主义性质、符合人民利益和愿望、顺应时代发展要求的民法典，是一部体现对生命健康、财产安全、交易便利、生活幸福、人格尊严等各方面权利平等保护的民法典，是一部具有鲜明中国特色、实践特色、时代特色的民法典。[①] 习近平将民法典的特色概括为三个：中国特色、实践特色和时代特色。中国特色强调民法典要立足于中国实际，要回答中国之问；实践特色是要从中国的实践出发，解决当代中国的实践问题；时代特色是要回应 21 世纪我们所面临的现实问题。

---

① 习近平：《充分认识颁布实施民法典重大意义　依法更好保障人民合法权益》，《求是》2020 年第 12 期。

不少学者对中国民法典的中国特色、实践特色和时代特色作了如下阐释：①

1. 中国民法典的中国特色

一是体现信息化时代的特点。21 世纪是信息化时代。目前，人类社会已全面步入信息化社会，信息化生存成为几乎每个人的生活方式。民法典最为重要的时代性特征，恰好就体现为它全面建构了信息社会的一般民事规则。总则编突破传统以有体物为中心的财产观念，将数据、网络虚拟财产纳入民法保护范围；合同编规定数据电文形式合同视为书面形式、通过互联网等信息网络订立的电子合同的标的特殊交付规则；人格权编规定个人信息权益的内容、个人信息的处理和保护以及个人信息安全等关乎公民切身利益的制度，为有效遏制信息社会个人隐私和个人信息的不法泄露等侵权行为提供了法律利器；侵权责任编完善了网络侵权制度，平衡了网络平台、用户和被侵权人的三方利益。这些规则涉及信息社会最为重要的两大法律领域——交易领域和个人信息。民法典为信息社会的新社会事实提供了一般规则，同时也为个人信息等领域的特别法预留了空间，这就维护了民法典作为社会基本法的地位，也使民法典与特别法协力，共同应对未来社会的新情势。

二是体现 21 世纪更加重视人权的特点。21 世纪是民事权利勃兴的年代。民法典明确将保障民事主体的合法权益作为最高的立法目的，整部民法典可谓一部"民事权利法典"。民法典对民事权利体系的铺排采总分结构。一方面在总则编专设"民事权利"一章，对民事主体依法享有的人格权、物权、债权、知识产权、亲属权、继承权、个人信息权益以及其他民事利益加以概括性确认。另一方面，在分则各编细化不同权利的类型和内容，并提供了体系化的裁判规则和行为规则，如物权编规定了各种类型的物权，合同编规定了各种类型的合同权利，人格权编规定了一般人格权和各种具体人格权。民法典还新增诸多权

---

① 王利明：《民法典的中国特色实践特色时代特色》，《光明日报》2020 年 8 月 1 日；谢鸿飞：《彰显时代特色的中国民法典》，《光明日报》2021 年 4 月 30 日。

利保护规则，如新增停止侵害人格权禁令、因违约损害对方人格权的精神损害赔偿等制度，体现了事前预防与事后救济相结合的特点。民法典规定了人体临床试验的伦理审查与知情同意权；强化了从事人体基因、胚胎等医院和科研活动的法定限制及伦理评价；增设机关、学校、企业等单位合理预防性骚扰的义务，这些规则均旨在解决当前生物技术的发展所带来的伦理问题以及性骚扰等社会性问题。民法典通过这些规则，有效回应了新时代出现的权利救济的新需求。

三是体现 21 世纪更加重视生态文明建设的特点。21 世纪是追求绿色的年代，民法典坚持和贯彻党中央提出的"节约资源和保护环境"的基本国策，将绿色环保原则渗入整个民事活动，以期维护人与自然的和谐共生。总则编明确绿色原则作为民事主体从事民事活动的一项基本原则，这在民法典的立法史上绝无仅有。民法典还在分则各编贯彻和落实了绿色原则。如物权编规定了业主污染环境的物权保护、相邻关系中不动产权利人的环境保护义务；合同编规定了合同履行中的绿色附随义务、作为后合同义务的旧物回收义务以及绿色包装义务；侵权责任编将污染环境与生态破坏两种责任并列，增设生态环境损害的修复责任，并对生态环境损害额确定标准予以具体化等。传统民法仅仅关注环境和生态受损后的救济，而民法典的规则改变了这种消极方式，强调对环境和生态保护应兼用事前防控和事后救济两种手段。

四是民法典维护基本经济制度，促进公有制与市场经济的有机结合。物权编规定了社会主义基本经济制度，宣示整个物权编维护基本经济制度，着力于促进公有制和市场经济的有机结合。

2. 中国民法典的时代特色

中国进入新时代后，我国社会的主要矛盾已经转化为人民日益增长的美好生活需要和不平衡不充分的发展之间的矛盾，民法典的时代性品格恰在于满足人民对美好生活的向往。如为应对当前人口老龄化问题，民法典在总则编新增成年监护制度，以保障自己在年老或丧失民事行为能力时"老有所依"；在物权编规定居住权制度，以确保"老有所居"；在继承编完善遗赠扶养协议制度，适当扩大抚养人的范围，以满足养老多元化的需求，促进养老产业的发展。

物权编为适应农村三权分置的改革需要，规定了土地经营权。例如，《民法典》第三百四十一条规定，流转期限为五年以上的土地经营权，自流转合同生效时设立，当事人可以向登记机构申请土地经营权登记；未经登记，不得对抗善意第三人。这就使土地经营权在符合法定条件时成为长期稳定的财产权。

民法典回应了互联网、高科技、大数据时代信息爆炸和科技进步带来的时代问题。美国学者弗罗姆格总结了几十种高科技发明，这些高科技大都有一个共同的副作用，就是对个人隐私、个人信息的威胁，他用了一个词"零隐权"（zero privacy），提出 21 世纪的法律面临的最严峻挑战是如何强化对于个人隐私、个人信息等人格权的保护。民法典全面回应了这个时代之问，专门设置人格权编，系统地、全面地作出了规定。

3. 中国民法典的实践特色

《民法典》第一条把弘扬社会主义核心价值观作为其制定的目的之一规定下来。民法典汲取了 5000 多年中华法律文化，社会主义核心价值观在整个民法典里都得到了全面的彰显和体现。民法典重视家庭和睦、弘扬家庭美德，重视家庭文明建设，中华民族的传统美德就是敬老爱幼、重视家庭和睦与社会和谐。民法典倡导互助互爱、守望相助，强化诚实守信，这就弘扬了中华民族传统美德。

民法典顺应电子商务的发展，在合同编增加了有关电子商务的规则。为适应网购需求，合同编新增规定网购规则，为世界范围内解决有关电子商务的规则问题提供了中国经验。

根据世界银行发布的《2020 年营商环境报告》，中国营商环境全球排名再度提升，升至第 31 位。营商环境报告中，担保是一项重要的指标。世界银行认为担保程序越简便、担保越方便、法律规则越能鼓励担保人提供担保，越有利于改善营商环境。为进一步适应改善营商环境的需要，完善担保规则，建立更为完整统一的担保权利体系，民法典新增多项规定，统一了动产和权利担保、登记制度。长期以来，我们误认为登记是政府管理经济的权限，不同的部门管理不同的事务，承担不同的登记事务义务，从而造成登记信息分散及信息孤岛等问题。民法典删除了原有的登记机关，意在推动动产和权利的统一登记，推动营商环境的改善。

民法典强调要维护金融安全秩序。近几年出现了一些非法放贷、"套路贷""校园贷"等问题，《民法典》第六百八十条明确禁止高利放贷行为，借款行为不得违反国家有关规定，以维护金融安全和秩序。

（四）围绕实施民法典，要重点做好的几项工作

习近平总书记强调，围绕实施民法典，要重点做好以下工作：

1. 加强民法典重大意义的宣传教育

一是要讲清楚，实施好民法典是坚持以人民为中心、保障人民权益实现和发展的必然要求。民法典调整规范自然人、法人等民事主体之间的人身关系和财产关系，这是社会生活和经济生活中最普通、最常见的社会关系和经济关系，涉及经济社会生活方方面面，同人民群众生产生活密不可分，同各行各业发展息息相关。民法典实施得好，人民群众权益就会得到法律保障，人与人之间的交往活动就会更加有序，社会就会更加和谐。

二是要讲清楚，实施好民法典是发展社会主义市场经济、巩固社会主义基本经济制度的必然要求。民法典把我国多年来实行社会主义市场经济体制和加强社会主义法治建设取得的一系列重要制度成果用法典的形式确定下来，规范经济生活和经济活动赖以依托的财产关系、交易关系，对坚持和完善社会主义基本经济制度、促进社会主义市场经济繁荣发展具有十分重要的意义。

三是要讲清楚，实施好民法典是提高我们党治国理政水平的必然要求。民法典是全面依法治国的重要制度载体，很多规定同有关国家机关直接相关，直接涉及公民和法人的权利义务关系。国家机关履行职责、行使职权必须清楚自身行为和活动的范围与界限。各级党和国家机关开展工作要考虑民法典规定，不能侵犯人民群众享有的合法民事权利，包括人身权利和财产权利。同时，有关政府机关、监察机关、司法机关要依法履行职能、行使职权，保护民事权利不受侵犯、促进民事关系和谐有序。民法典实施水平和效果，是衡量各级党和国家机关履行为人民服务宗旨的重要尺度。

2. 加强民事立法相关工作

民法典颁布实施，并不意味着一劳永逸解决了民事法治建设的所有问题，仍然有许多问题需要在实践中检验、探索，还需要不断配套、补充、细化。有关国家机关要适应改革开放和社会主义现代化建设要求，加强同民法典相关联、相配套的法律法规制度建设，不断总结实践经验，修改完善相关法律法规和司法解释。对同民法典规定和原则不一致的国家有关规定，要抓紧清理，该修改的修改，该废止的废止。要发挥法律解释的作用，及时明确法律规定含义和适用法律依据，保持民法典稳定性和适应性相统一。特别是这次新冠肺炎疫情防控的实践表明，新技术、新产业、新业态和人们新的工作方式、交往方式、生活方式不断涌现，也给民事立法提出了新课题。要坚持问题导向，适应技术发展进步新需要，在新的实践基础上推动民法典不断完善和发展。

3. 加强民法典执法司法活动

严格规范公正文明执法，提高司法公信力，是维护民法典权威的有效手段。各级政府要以保证民法典有效实施为重要抓手推进法治政府建设，把民法典作为行政决策、行政管理、行政监督的重要标尺，不得违背法律法规随意作出减损公民、法人和其他组织合法权益或增加其义务的决定。要规范行政许可、行政处罚、行政强制、行政征收、行政收费、行政检查、行政裁决等活动，提高依法行政能力和水平，依法严肃处理侵犯群众合法权益的行为和人员。

民事案件同人民群众权益联系最直接最密切。各级司法机关要秉持公正司法，提高民事案件审判水平和效率。要加强民事司法工作，提高办案质量和司法公信力。要及时完善相关民事司法解释，使之同民法典及有关法律规定和精神保持一致，统一民事法律适用标准。要加强涉及财产权保护、人格权保护、知识产权保护、生态环境保护等重点领域的民事审判工作和监督指导工作，及时回应社会关切。要加强民事检察工作，加强对司法活动的监督，畅通司法救济渠道，保护公民、法人和其他组织合法权益，坚决防止以刑事案件名义插手民事纠纷、经济纠纷。

民法典专业性较强，实施中要充分发挥律师事务所和律师等法律专业机构、专业人员的作用，帮助群众实现和维护自身合法权益，同时要发挥人民调解、商事仲裁等多元化纠纷解决机制的作用，加强法律援助、司法救助等工作，通过社会力量和基层组织解决民事纠纷，多方面推进民法典实施工作。

4. 加强民法典普法工作

民法典共 7 编 1260 条、10 万多字，是我国法律体系中条文最多、体量最大、编章结构最复杂的一部法律。民法典要实施好，就必须让民法典走到群众身边、走进群众心里。要广泛开展民法典普法工作，将其作为"十四五"时期普法工作的重点来抓，引导群众认识到民法典既是保护自身权益的法典，也是全体社会成员都必须遵循的规范，养成自觉守法的意识，形成遇事找法的习惯，培养解决问题靠法的意识和能力。要把民法典纳入国民教育体系，加强对青少年民法典教育。

民法典专业术语很多，要加强解读。要聚焦民法典总则编和各分编需要把握好的核心要义和重点问题，阐释好民法典关于民事活动平等、自愿、公平、诚信等基本原则，阐释好民法典关于坚持主体平等、保护财产权利、便利交易流转、维护人格尊严、促进家庭和谐、追究侵权责任等基本要求，阐释好民法典一系列新规定新概念新精神。

5. 加强我国民事法律制度理论研究

改革开放以来，我国民法理论研究和话语体系建设取得了明显成效，但同日新月异的民法实践相比还不完全适应。要坚持以中国特色社会主义法治理论为指导，立足我国国情和实际，加强对民事法律制度的理论研究，尽快构建体现我国社会主义性质，具有鲜明中国特色、实践特色、时代特色的民法理论体系和话语体系，为有效实施民法典、发展我国民事法律制度提供理论支撑。

第二节　深化党和国家机构改革

2018 年 2 月 26 日至 28 日，党的十九届三中全会审议通过了《中共中央关于深化党和国家机构改革的决定》，《决定》提出了许多新的观点和举措。

一、指导思想：坚持全面依法治国、推进党和国家机构职能优化协同高效

深化党和国家机构改革的指导思想是，坚持以中国特色社会主义理论为指导，坚持稳中求进工作总基调，坚持正确改革方向，坚持以人民为中心，坚持全面依法治国，以加强党的全面领导为统领，以国家治理体系和治理能力现代化为导向，以推进党和国家机构职能优化协同高效为着力点，改革机构设置，优化职能配置，深化转职能、转方式、转作风，提高效率效能。与以往不同的是，这次党和国家机构改革的指导思想，强调了坚持全面依法治国、推进党和国家机构职能优化协同高效为着力点等。

二、目标：形成总揽全局、协调各方的党的领导体系

深化党和国家机构改革的目标是：构建系统完备、科学规范、运行高效的党和国家机构职能体系，形成总揽全局、协调各方的党的领导体系，职责明确、

依法行政的政府治理体系，中国特色、世界一流的武装力量体系，联系广泛、服务群众的群团工作体系，推动人大、政府、政协、监察机关、审判机关、检察机关、人民团体、企事业单位、社会组织等在党的统一领导下协调行动、增强合力，全面提高国家治理能力和治理水平。

三、原则：坚持党的全面领导、优化协同高效和改革与法治相统一

1. 坚持党的全面领导。党的全面领导是深化党和国家机构改革的根本保证，把加强党对一切工作的领导贯穿改革各方面和全过程，完善保证党的全面领导的制度安排，改进党的领导方式和执政方式，提高党把方向、谋大局、定政策、促改革的能力和定力。

2. 坚持以人民为中心。必须坚持人民主体地位，健全人民当家作主制度体系，完善接受人民监督的体制机制，为人民依法管理国家事务、管理经济文化事业、管理社会事务提供更有力的保障。

3. 坚持优化协同高效。优化就是要科学合理、权责一致；协同就是要有统有分、有主有次；高效就是要履职到位、流程通畅。必须坚持问题导向，坚持一类事项原则上由一个部门统筹、一件事情原则上由一个部门负责，加强相关机构配合联动，避免政出多门。

4. 坚持全面依法治国。必须坚持改革和法治相统一、相促进，依法依规完善党和国家机构职能，依法履行职责，依法管理机构和编制，既发挥法治规范和保障改革的作用，在法治下推进改革，做到重大改革于法有据，又通过改革加强法治工作，做到在改革中完善和强化法治。

四、推进机构编制法定化

机构编制法定化是深化党和国家机构改革的重要保障。要依法管理各类组织机构，加快推进机构、职能、权限、程序、责任法定化。

（一）完善党和国家机构法规制度

加强党内法规制度建设，制定中国共产党机构编制工作条例。研究制定机构编制法。全面推行政府部门权责清单制度，实现权责清单同"三定"规定有机衔接，让权力在阳光下运行。

（二）强化机构编制管理刚性约束

强化党对机构编制工作的集中统一领导，统筹使用各类编制资源，加大部门间、地区间编制统筹调配力度，满足党和国家事业发展需要。

根据经济社会发展和推进国家治理体系现代化需要，建立编制管理动态调整机制。加强机构编制管理评估，优化编制资源配置。加快建立机构编制管理同组织人事、财政预算管理共享的信息平台，全面推行机构编制实名制管理，充分发挥机构编制在管理全流程中的基础性作用。

按照办事公开要求，及时公开机构编制有关信息，接受各方监督。严格机构编制管理权限和程序，严禁越权审批。严格执行机构限额、领导职数、编制种类和总量等规定，不得在限额外设置机构，不得超职数配备领导干部，不得擅自增加编制种类，不得突破总量增加编制。严格控制编外聘用人员，从严规范适用岗位、职责权限和各项管理制度。

（三）加大机构编制违纪违法行为查处力度

坚决整治上级部门通过项目资金分配、考核督查、评比表彰等方式干预下级机构设置、职能配置和编制配备的行为。全面清理部门规章和规范性文件，废除涉及条条干预条款。完善机构编制同纪检监察机关和组织人事、审计等部门的协作联动机制，形成监督检查合力。

五、深化党和国家机构改革中的几个理论问题

2018 年 2 月 28 日，习近平在党的十九届三中全会第二次全体会议上发表讲话，对深化党和国家机构改革中涉及的一些深层次理论问题作了阐释。

（一）党中央必须拥有一锤定音、定于一尊的权威

习近平指出，我们治国理政的本根，就是党的领导和社会主义制度。党的领导必须是全面的、系统的、整体的，必须体现到经济建设、政治建设、文化建设、社会建设、生态文明建设和国防军队、祖国统一、外交工作、党的建设等各个方面。

坚持党中央权威和集中统一领导，不是说不要发扬党内民主。党内民主是党的生命，发扬党内民主和实行集中统一领导是一致的。党中央高度重视党内民主、集思广益。重要文件和重大决策都要在党内一定范围征求意见，有些还要反复征求意见；党中央审议重大决策时都要求报告征求意见的情况，同意的要报告，不同意的也要报告。这些制度化、规范化的程序，党中央严格遵守。听了各方面的意见和建议，最后的决定权在党中央。在酝酿和讨论过程中要充分发扬民主，但一旦党中央作出决定，各方就要坚决贯彻执行。在坚决执行党中央决策部署的前提下，有意见、有问题还可以通过党内程序反映，直至向党中央反映。

如果没有党中央定于一尊的权威，党中央决定的事情都不去照办，那就什么事情也办不成了。在充分发扬民主的基础上进行集中，坚持党中央权威和集中统一领导，集中全党智慧，体现全党共同意志，是我们党的一大创举，也是中国共产党领导和我国社会主义制度的优势所在。这样做，既有利于做到科学决策、民主决策、依法决策，避免发生重大失误甚至颠覆性错误；又有利于克服分散主义、本位主义，避免议而不决、决而不行，形成推进党和国家事业发展的强大合力。①

（二）不能简单讲党政分开或党政合一

习近平总书记指出，党的集中统一领导权是不可分割的，不能简单讲党政分开或党政合一，而是要适应不同领域特点和基础条件，不断改进和完善党的

---

① 习近平：《切实把思想统一到党的十九届三中全会精神上来》，中共中央党史和文献研究院编：《十九大以来重要文献选编》，中央文献出版社 2019 年版，第 276—277 页。

领导方式和执政方式。这次深化党和国家机构改革，着力点就是要对加强党对一切工作的领导作出制度设计和安排，对一些领域设置过细、职能交叉重叠的党政机构进行整合，一些党中央决策议事协调机构就设在政府部门，打破所谓的党政界限，同一件事情弄到一块去干，增强党的领导力，提高政府执行力，理顺党政机构关系，建立健全党中央对重大工作的决策协调机制。这是党中央总结以往正反两方面经验作出的重大决策。①

（三）如何实现党和国家机构职能优化协同高效

习近平总书记指出，深化党和国家机构改革，就是要实现党和国家机构职能优化协同高效。优化就是要科学合理、权责一致，协同就是要有统有分，高效就是要履职到位、流程通畅。这其中需要把握好以下几个关系。

第一，要处理好统和分的关系。在深化党和国家机构改革中统和分是有机统一的。统得好，可以使不同部门有序运转，避免各自为政，提升系统整体效能。分得好，可以激发各单元各子系统的主动性、积极性、创造性。这次深化党和国家机构改革，我们建立健全党对重大工作的领导体制机制，优化党中央决策议事协调机构，负责重大工作的顶层设计、总体布局、统筹协调、整体推进。加强和优化党对深化改革、依法治国、经济、农业农村、纪检监察、组织、宣传思想文化、国家安全、政法、统战、民族宗教、教育、科技、网信、外交、审计等工作的领导。作出这样的安排，目的是要使党对涉及党和国家事业全局的重大工作实施更为有效的统领和协调，加强统的层次和力度，更好行使有关职权，提高工作效能，保证党中央令行禁止和工作高效。党对重大工作的领导是总揽，而不是事无巨细都抓在手上。

第二，要注重处理好局部和全局、当前和长远的关系。在这次深化党和国家机构改革中，有的部门要加强，有的部门要整合，有的部门要撤销，有的部

---

① 习近平：《切实把思想统一到党的十九届三中全会精神上来》，中共中央党史和文献研究院编：《十九大以来重要文献选编》，中央文献出版社2019年版，第277—278页。

门要改变隶属关系，等等。如果从局部、从现有工作格局和权限看，维持现状也能说出一大堆理由，但是面对新形势、新任务，着眼长远发展需要，如果仍然顺着既有思维考虑问题，觉得保持现状挺好，不需要改革了。这样不仅不能解决存在的突出问题，而且可能会误事。这次组建自然资源部、生态环境部、退役军人事务部、应急管理部、国家医疗保障局、国家国际发展合作署、国家移民管理局等，都是既考虑了解决当前最突出的问题，也考虑了顺应形势发展需要。这是立足党和国家事业全局作出的部署。既着眼于解决当前突出矛盾和问题，又为一些战略目标预置措施，以适应党和国家事业长远发展要求。

第三，要注重处理好大和小的关系。解决部门职责交叉分散，对机构进行综合设置，实现职能有机统一，更好发挥机构效能和优势，是这次深化党和国家机构改革的一个重要考虑，这次改革以很大力度在相关领域解决部门职责分散交叉问题。坚持了大部门制改革方向。大部门制要稳步推进，但也不是所有职能部门都要大，有些部门是专项职能部门，有些部门是综合部门。综合部门需要的，可以搞大部门制，但不是所有综合部门都要搞大部门制。不是所有相关职能都要往一个部门里装，关键是看怎样摆布符合实际，科学合理，更有效率。机构宜大则大，宜小则小。

第四，要处理好优化和协同的关系。这次深化党和国家机构改革，涉及党政军群各方面，涉及经济体制、政治体制、文化体制、社会体制、生态文明体制和党的建设制度，职能划转和机构调整紧密相连，改革的内在关联性和互动性很强，每一项改革既会对其他改革产生影响，又需要相关改革配合。这就要求我们在优化机构设置和职能配置的同时，更加注重各项改革，协同推进，加强党政军群各方面改革配合联动，使各项改革相互促进，相得益彰，形成总体效应，提高各类机构效率。[1]

---

[1] 习近平：《切实把思想统一到党的十九届三中全会精神上来》，中共中央党史和文献研究院编：《十九大以来重要文献选编》，中央文献出版社 2019 年版，第 279—281 页。

（四）正确理解和把握坚持社会主义市场经济改革方向要求

我国实行的是社会主义市场经济体制，必须着力构建市场机制有效、微观主体有活力、宏观调控有度的经济体制，为高质量发展提供制度保障。这次深化党和国家机构改革，以充分发挥市场和政府各自优势，努力使市场作用和政府作用有机统一、相互补充、相互协调、相互促进。强调要减少微观管理事务和具体审批事项，最大限度减少政府对市场资源的直接配置，最大限度减少政府对市场活动的直接干预。通过改革实现产权有效激励，要素自由流动，价格反应灵活，竞争公平有序，企业优胜劣汰，让各类市场主体有更多活力和更大空间发展经济、创造财富，实现资源配置效益最大化和效率最优化。

发展市场经济要发挥我国社会主义制度优越性，发挥党和政府积极作用，管好那些市场管不了或管不好的事情。在创新和完善宏观调控方面，这次改革对宏观部门调整较大，减少了微观管理事务和具体审批事项。宏观调控部门要把主要精力真正转到抓宏观上来，健全宏观调控体系，发挥国家发展规划的战略导向作用，健全财政、货币、产业、区域等经济政策协调机制，提高宏观调控的前瞻性、针对性、协同性。在加强市场监管方面，这次改革统筹考虑当前突出问题和未来发展需要，做出了市场监管体制改革顶层设计，组建国家市场监管总局，整合了工商、质检、食品药品监管部门的主要职责，对推进市场监管综合执法提出明确要求，集中管理反垄断统一执法和知识产权保护。这些举措将降低制度性交易成本，为经济社会发展提供强大的驱动力。[①]

（五）正确理解和把握以人民为中心的发展思想，切实解决人民最关心的问题

切实解决人民最关心最直接最现实的利益问题，是我们一切工作的出发点。这次深化党和国家机构改革，着眼于加强重点领域民生工作，立足建立健全更加公平、更可持续的社会保障制度和公共服务体系。在教育文化、卫生健康、

---

① 习近平：《切实把思想统一到党的十九届三中全会精神上来》，中共中央党史和文献研究院编：《十九大以来重要文献选编》，中央文献出版社 2019 年版，第 281—282 页。

医疗保障、退役军人服务、移民管理服务、生态环保、应急管理等人民群众普遍关心的领域，加大机构调整和优化力度。组建了一批新机构，强化政府公共服务、社会管理职能，以更好保障和改善民生，维护公共安全。执法是行政机关履行政府职能的重要方式，针对当前依然存在的执法不规范、不严格、不透明、不文明以及不作为、乱作为等突出问题，这次深化党和国家机构改革把深化综合执法改革作为专项任务，在市场监管、生态环保、文化市场、交通运输、农业等领域整合组建执法队伍，大幅减少执法队伍类别，合理配置执法力量，着力解决多头多层重复执法问题，努力做到严格规范公正文明执法，做到依法设定权力、规范权力、制约权力、监督权力。

（六）正确理解和把握充分发挥中央和地方两个积极性

中央和地方关系历来是我国政治生活中一对举足轻重的关系。深化地方党政机构改革，要维护党中央权威和集中统一领导，这是保证全国政令畅通的内在要求，我们是单一制国家，地方各级党委和政府首先要确保党中央决策部署落到实处。我们的国家性质和地方的职责特点，决定了省市县各级主要机构设置必须同中央保持基本对应。同时在上下对应设置的机构之外，各地可以在一些领域因地制宜设置机构，适应社会管理和公共服务需要，充分发挥地方积极性。这次改革在总结一些地方改革试点做法的基础上，提出了构建简约高效的基层管理体制的新要求，主要思路是整合基层的审批、服务、执法等方面力量，统筹机构编制资源，整合相关职能设立综合性机构。尽可能把资源、服务管理放到基层，保证基层事情基层办，基层权力给基层，基层事情有人办，努力实现让群众办事"只进一扇门"，"最多跑一次"。这次改革明确提出上级机关要优化对基层的领导方式，既允许"一对多"，由一个基层机构承接多个上级机构的任务；也允许"多对一"，由基层不同机构向同一个上级机构请示汇报。①

---

① 习近平：《切实把思想统一到党的十九届三中全会精神上来》，中共中央党史和文献研究院编：《十九大以来重要文献选编》，中央文献出版社 2019 年版，第 282—283 页。

从习近平总书记的讲话中，我们可以看到，我们党对党和国家机构改革问题的认识等有了很大的飞跃。

第一，党对政府职能的转变有了深刻的认识，它严格地区别了政府和市场的界限，政府管宏观调控、公共管理、公共服务、社会民生等市场管不了的事情，最大限度减少政府对市场资源的直接配置，最大限度减少政府对市场活动的直接干预。市场则管产权有效激励、要素自由流动、价格反应灵活、竞争公平有序、企业优胜劣汰等政府不便管的微观事务。

第二，党对如何执政有了深刻的认识。过去我们长期纠葛于党政合一和党政分开，到了新时代，我们终于摆脱了过去的纠结，对这一问题有了正确的认识。一是处理好党政关系，首先要坚持党的领导，在这个大前提下才是各有分工，而且无论怎么分工，出发点和落脚点都是坚持和完善党的领导。党的集中统一领导权是不可分割的，不能简单讲党政分开或党政合一，而是要适应不同领域特点和基础条件，不断改进和完善党的领导方式和执政方式。二是党和国家机构改革要实现党和国家机构职能优化协同高效。优化就是要科学合理、权责一致，协同就是要有统有分，高效就是要履职到位、流程通畅。为此要统筹兼顾，处理好统和分、局部和全局、当前和长远、大部门制和小的专项职能部门等之间的辩证关系。

第三，在把握充分发挥中央和地方两个积极性方面取得了长足的进步。一是按照宪法，我国是单一制国家，中央的政令，地方必须执行，因此，省市县各级主要机构设置必须同中央保持基本对应。但由于各地情况不一，允许各地在一些领域因地制宜设置机构。特别是为了保证基层事情基层办、基层权力给基层、基层事情有人办，努力实现让群众办事"只进一扇门"，"最多跑一次"，上级机关要优化对基层的领导方式，既允许"一对多"，由一个基层机构承接多个上级机构的任务；也允许"多对一"，由基层不同机构向同一个上级机构请示汇报。

总之，中国共产党人对执政规律的认识，驾驭市场经济的能力、依法执政的能力等在实践中不断地提高。

第三节 加强党中央对全面依法治国的全领域、全过程领导

根据党的十九大报告以及《中共中央关于深化党和国家机构改革的决定》，党中央成立了习近平任主任的中央全面依法治国委员会。

一、成立中央全面依法治国委员会的原因

为什么要成立中央全面依法治国委员会？习近平在中央全面依法治国委员会第一次会议上发表的讲话中指出了如下几方面的需要：[①]

第一，加强党中央对全面依法治国的集中统一领导。当前我国正处于实现"两个一百年"奋斗目标的历史交汇期，坚持和发展中国特色社会主义更加需要依靠法治，更加需要加强党对全面依法治国的领导。要健全党领导全面依法治国的制度和工作机制，继续推进党的领导制度化、法治化，把党的领导贯彻到全面依法治国全过程和各方面。

第二，成立中央全面依法治国委员会是研究解决依法治国重大事项重大问题、协调推进中国特色社会主义法治体系和社会主义法治国家建设的需要。2018 年 3 月中共中央印发的《深化党和国家机构改革方案》提到，中央全面依法治国委员会作为党中央决策议事协调机构，负责全面依法治国的顶层设计、总体布局、统筹协调、整体推进、督促落实。

[①] 习近平：《坚持以全面依法治国新理念新思想新战略为指导，坚定不移走中国特色社会主义法治道路》，《十九大以来重要文献选编》（上），中央文献出版社 2019 年版，第 621—624 页。

第三，成立中央全面依法治国委员会，是推动实现"两个一百年"奋斗目标、为中华民族伟大复兴中国梦提供法治保障，为全面建成小康社会（党的十九届五中全会改为全面建设社会主义现代化国家）、全面深化改革、全面从严治党提供长期稳定的法治保障的需要。

二、中央全面依法治国委员会的职责

根据 2018 年 3 月中共中央印发的《深化党和国家机构改革方案》，中央全面依法治国委员会的主要职责是，统筹协调全面依法治国工作，坚持依法治国、依法执政、依法行政共同推进，坚持法治国家、法治政府、法治社会一体建设，研究全面依法治国重大事项、重大问题，统筹推进科学立法、严格执法、公正司法、全民守法，协调推进中国特色社会主义法治体系和社会主义法治国家建设等。

2018 年 8 月 24 日，习近平在中央全面依法治国委员会第一次会议上的讲话指出，中央全面依法治国委员会要管宏观、谋全局、抓大事，既要破解当下突出问题，又要谋划长远工作，把主要精力放在顶层设计上；要主动谋划和确定中国特色社会主义法治体系建设的总体思路、重点任务，做好全面依法治国重大问题的运筹谋划、科学决策，实现集中领导、高效决策、统一部署，统筹整合各方面资源和力量推进全面依法治国。要推动把社会主义核心价值观贯穿立法、执法、司法、守法各环节，使社会主义法治成为良法善治；要支持人大、政府、政协、监察机关、审判机关、检察机关依法依章程履行职责，各有关部门要扎扎实实做好工作，形成工作合力；要压实地方落实全面依法治国的责任，确保党中央关于全面依法治国的决策部署落到实处；要加强对工作落实情况的指导督促、考核评价，及时了解进展、发现问题、提出建议。

三、中央全面依法治国委员会成立以来的主要工作

2018 年 8 月 24 日，中央全面依法治国委员会召开了第一次会议，会议审

议通过了《中央全面依法治国委员会工作规则》《中央全面依法治国委员会2018年工作要点》，审议了《中华人民共和国人民法院组织法（修订草案）》《中华人民共和国人民检察院组织法（修订草案）》，研究部署了委员会近期工作。习近平在会上强调，要研究制定法治中国建设规划，统筹考虑我国经济社会发展状况、法治建设总体进程、人民群众需求变化等综合因素，使规划更科学、更符合实际；要全面贯彻实施宪法，在全社会深入开展宪法宣传教育活动，弘扬宪法精神，加强宪法实施和监督；要围绕党的十九大作出的重大战略部署以及深化党和国家机构改革涉及的立法问题，完善全国人大常委会和国务院的立法规划，加强重点领域立法；要加强法治政府建设，健全依法决策机制，深化行政执法体制改革，完善党政主要负责人履行推进法治建设第一责任人职责的约束机制；要深化司法体制改革，深入研究司法责任制综合配套改革方案，加快构建权责一致的司法权运行新机制；要推进法治社会建设，依法防范风险、化解矛盾、维护权益，加快形成共建共治共享的现代基层社会治理新格局，建设社会主义法治文化；要加强法治工作队伍建设和法治人才培养，更好发挥法学教育基础性、先导性作用，确保立法、执法、司法工作者信念过硬、政治过硬、责任过硬、能力过硬、作风过硬。2018年9月24日，中央全面依法治国委员会办公室召开会议，对中央全面依法治国委员会第一次会议确定的重点工作进行分解细化，形成了工作任务清单，对各项工作任务落实作出部署。

2019年2月25日，中央全面依法治国委员会召开了第二次会议。会议审议通过了《中央全面依法治国委员会2018年工作总结报告》《中央全面依法治国委员会2019年工作要点》《2019年中央党内法规制定计划》《全国人大常委会2019年立法工作计划》《国务院2019年立法工作计划》《关于开展法治政府建设示范创建活动的意见》《关于全面推进海南法治建设、支持海南全面深化改革开放的意见》《重大行政决策程序暂行条例（草案）》等文件稿。习近平在会上发表讲话说，改革开放40年的经验告诉我们，做好改革发展稳定各项工作离不开法治，改革开放越深入越要强调法治。要完善法治建设规划，提高立法工作质量和效率，保障和服务改革发展，营造和谐稳定社会环境，加强涉外法治建设，为推进改革发展稳定工作营造良好法治环境。

会议指出，第一，中央全面依法治国委员会成立以来，坚持党对全面依法治国的集中统一领导，积极推进全面依法治国重点工作。各地区各部门和委员会各协调小组、成员单位履行责任，积极作为，推动委员会决策部署落地落实。委员会确定的年度工作任务基本完成，宪法学习宣传教育落点实、效果好，一批涉及高质量发展、保障和改善民生的重要法律法规陆续出台，法治政府建设扎实推进，司法体制改革蹄疾步稳，法治社会建设全面深化，全面依法治国迈出新的步伐。第二，发展要高质量，立法也要高质量。要积极推进重点领域立法，提高立法质量和效率，不断完善以宪法为核心的中国特色社会主义法律体系，推动形成比较完善的党内法规制度体系。第三，推进全面依法治国，法治政府建设是重点任务，对法治国家、法治社会建设具有示范带动作用。要加强法治政府建设，加强对示范创建活动的指导，杜绝形式主义。第四，规范重大行政决策程序，是依法治国的迫切需要。要把党的领导贯穿于重大行政决策全过程和各方面，履行决策法定程序，增强公众参与实效，提高专家论证质量，坚持合法性审查，防控决策风险。

会议强调，第一，法治建设规划要贯彻中国特色社会主义法治理论，贯彻新发展理念，同我国发展的战略目标相适应，同全面建成小康社会、全面深化改革、全面从严治党相协同，确保制度设计行得通、真管用，发挥法治固根本、稳预期、利长远的保障作用。第二，要以立法高质量发展保障和促进经济持续健康发展。要适应新时代构建开放型经济新体制的需要，制定统一的外资基础性法律。对改革开放先行先试地区相关立法授权工作要及早作出安排。知识产权保护、生物安全、土地制度改革、生态文明建设等方面的立法项目要统筹考虑，立改废释并举。第三，法治是最好的营商环境。要把平等保护贯彻到立法、执法、司法、守法等各个环节，依法平等保护各类市场主体产权和合法权益。要用法治来规范政府和市场的边界，尊重市场经济规律，通过市场化手段，在法治框架内调整各类市场主体的利益关系。要把工作重点放在完善制度环境上，健全法规制度、标准体系，加强社会信用体系建设，加强普法工作。对食品、药品等领域的重大安全问题，要拿出治本措施，对违法者用重典，用法治维护好人民群众生命安全和身体健康。要加快推进我国法域外适用的法律体系建设，加强涉外法治专业人才培养，积极发展涉外法律服务，强化企业合规意识，保障和服务高水平对外开放。第四，各地区各部门要结合实际，压实工作责任，贯彻落实党中央关于全面依法治国的决策部署。中央依法治国委协调小组要发挥好作用，推动本领域法治建设任务落地落实。中央依法治国办要认真履行职责，加强工作任务的协调、督促、检查、推动。督促检查要掌握正确方式方法，突出工作实效。

中央全面依法治国委员会第二次会议召开后，中央全面依法治国委员会办公室于 4 月 10 日召开会议，对照会议确定的重点工作，细化形成了任务清单，明确了 123 项工作任务。

2020 年 2 月 5 日，中央全面依法治国委员会召开了第三次会议。会议审议通过了《中央全面依法治国委员会关于依法防控新型冠状病毒感染肺炎疫情、切实保障人民群众生命健康安全的意见》《关于深化司法责任制综合配套改革的意见》《关于加强法治乡村建设的意见》《行政复议体制改革方案》和关于上海市推进法治化营商环境建设情况的报告、关于推进综合行政执法体制改革情况的报告。习近平在会上强调，第一，当前，疫情防控正处于关键时期，依法科学有序防控至关重要。疫情防控越是到最吃劲的时候，越要坚持依法防控，在法治轨道上统筹推进各项防控工作，保障疫情防控工作顺利开展。第二，要坚持运用法治思维和法治方式开展疫情防控工作，在处置重大突发事件中推进法治政府建设，提高依法执政、依法行政水平。各有关部门要明确责任分工，积极主动履职，提高疫情防控法治化水平。他指出，要完善疫情防控相关立法；要严格执行疫情防控和应急处置法律法规；要加大对危害疫情防控行为执法司法力度；要加强治安管理、市场监管等执法工作；要依法规范捐赠、受赠行为，确保受赠财物全部及时用于疫情防控；要按照法定内容、程序、方式、时限及时准确报告疫情信息；要加强对相关案件审理工作的指导；要加强疫情防控法治宣传和法律服务，依法支持和配合疫情防控工作；要强化疫情防控法律服务，为困难群众提供有效法律援助。

会议强调，第一，我国社会主义法治凝聚着我们党治国理政的理论成果和实践经验，是制度之治最基本最稳定最可靠的保障。要发挥法治在国家治理体系和治理能力现代化中的积极作用，逐步实现国家治理制度化、程序化、规范化、法治化；第二，要坚持顶层设计和法治实践相结合，健全保证宪法全面实施的体制机制，加强对法律实施的监督，健全社会公平正义法治保障制度，提升法治促进治理体系和治理能力现代化的效能；第三，要坚持依法治国和以德治国相结合，把社会主义核心价值观融入法治建设；第四，要加强国际法治领域合作，加快我国法域外适用的法律体系建设，加强国际法研究和运用，提高涉外工作法治化水平。

会议指出，第一，司法责任制综合配套改革是司法体制改革的重要内容，事关司法公正高效权威，要抓好改革任务落地见效；第二，加强法治乡村建设是实施乡村振兴战略、推进全面依法治国的基础性工作，要积极推进；第三，要落实行政复议体制改革方案，推进相关法律法规修订工作。

2020 年 6 月 9 日，中央依法治国办对照习近平总书记在中央全面依法治国委员会第三次会议上的重要讲话精神和会议确定的重点工作，召开了会议，细化形成了任务清单，分解到各责任单位。

上述三次中央全面依法治国委员会的会议内容表明，第一，它是党中央领导全面依法治国的决策机构。每次会议新闻稿中的"会议指出"部分，都是决策内容，是新任务。第二，它是党中央领导全面依法治国的议事机构。每次会议新闻稿中的"会议强调"部分，都是议事内容。第三，它是党中央领导全面依法治国的议事协调机构。每次会议后，中央全面依法治国委员会办公室就会根据习近平的讲话和会议确定的重点工作，召开会议，细化形成任务清单，分解到各责任单位。总之，中央全面依法治国委员会是党发挥总揽全局、协调各方的领导核心作用的一个生动体现。

第四节　在法治轨道上推进国家治理体系和治理能力现代化

2019 年 10 月 28 日至 31 日，党的十九届四中全会审议通过了《中共中央关于坚持和完善中国特色社会主义制度　推进国家治理体系和治理能力现代化若干重大问题的决定》(以下简称《决定》)。它第一次采用中央全会专题研究国家制度和国家治理体系；第一次系统描绘了中国特色社会主义的制度"图谱"；第一次全面揭示了中国特色社会主义制度和国家治理体系的显著优势；第一次全面回答了在我国国家制度和国家治理上应该"坚持和巩固什么""完善和发展什么"，等等。

一、党的十九届四中全会《决定》产生的三个原因

根据习近平在党的十九届四中全会所作的关于《中共中央关于坚持和完善中国特色社会主义制度　推进国家治理体系和治理能力现代化若干重大问题的决定》的说明，制定这个《决定》主要有三个原因：

第一，制定这个《决定》是一项历史使命。1992 年邓小平同志在南方谈话中说："恐怕再有三十年的时间，我们才会在各方面形成一整套更加成熟、更加定型的制度。"党的十四大提出："在九十年代，我们要初步建立起新的经济体

制，实现达到小康水平的第二步发展目标。再经过二十年的努力，到建党一百周年的时候，我们将在各方面形成一整套更加成熟更加定型的制度。"党的十五大、十六大、十七大都对制度建设提出明确要求。

党的十八大以来，党把制度建设摆到更加突出的位置。党的十八届三中全会首次提出"推进国家治理体系和治理能力现代化"这个重大命题，并把"完善和发展中国特色社会主义制度、推进国家治理体系和治理能力现代化"确定为全面深化改革的总目标。党的十八届五中全会进一步强调，"十三五"时期要实现"各方面制度更加成熟更加定型，国家治理体系和治理能力现代化取得重大进展，各领域基础性制度体系基本形成"。党的十九大作出到21世纪中叶把我国建成富强民主文明和谐美丽的社会主义现代化强国的战略安排，其中制度建设和治理能力建设的目标是：到2035年，"各方面制度更加完善，国家治理体系和治理能力现代化基本实现"；到21世纪中叶，"实现国家治理体系和治理能力现代化"。党的十九届二中、三中全会分别就修改宪法和深化党和国家机构改革作出部署，在制度建设和治理能力建设上迈出了新的重大步伐。党的十九届三中全会指出："我们党要更好领导人民进行伟大斗争、建设伟大工程、推进伟大事业、实现伟大梦想，必须加快推进国家治理体系和治理能力现代化，努力形成更加成熟更加定型的中国特色社会主义制度。这是摆在我们党面前的一项重大任务。"

第二，制定这个《决定》是把新时代改革开放向纵深推进的要求。习近平指出，相比过去，新时代改革开放具有许多新的内涵和特点，其中很重要的一点就是制度建设分量更重，改革更多面对的是深层次体制机制问题，对改革顶层设计的要求更高，对改革的系统性、整体性、协同性要求更强，相应地建章立制、构建体系的任务更重。新时代谋划全面深化改革，必须以坚持和完善中国特色社会主义制度、推进国家治理体系和治理能力现代化为主轴，深刻把握我国发展要求和时代潮流，把制度建设和治理能力建设摆到更加突出的位置。

第三，制定这个《决定》是运用制度威力应对风险挑战、赢得主动的有力保证。当今世界正经历百年未有之大变局，国际形势复杂多变，改革发展稳定、内政外交国防、治党治国治军各方面任务之繁重前所未有，我们面临的风险挑战之严峻前所未有。我们要打赢防范化解重大风险攻坚战，必须坚持和完善中国特色社会主义制度、推进国家治理体系和治理能力现代化，运用制度威力应对风险挑战的冲击。

这个《决定》把我国的社会主义制度体系分为根本制度、基本制度、重要制度三种，集中回答了"坚持和巩固什么、完善和发展什么"这一重大政治问题，对推动各方面制度更加成熟更加定型、把我国制度优势更好转化为国家治理效能必将产生重大而深远的影响，是一篇马克思主义的纲领性文献，也是一篇马克思主义的政治宣言书。

二、我国国家制度和国家治理体系的十三个显著优势

（一）坚持党的集中统一领导，坚持党的科学理论，保持政治稳定，确保国家始终沿着社会主义方向前进的显著优势。

（二）坚持人民当家作主，发展人民民主，密切联系群众，紧紧依靠人民推动国家发展的显著优势。

（三）坚持全面依法治国，建设社会主义法治国家，切实保障社会公平正义和人民权利的显著优势。

（四）坚持全国一盘棋，调动各方面积极性，集中力量办大事的显著优势。

（五）坚持各民族一律平等，铸牢中华民族共同体意识，实现共同团结奋斗、共同繁荣发展的显著优势。

（六）坚持公有制为主体、多种所有制经济共同发展和按劳分配为主体、多种分配方式并存，把社会主义制度和市场经济有机结合起来，不断解放和发展社会生产力的显著优势。

（七）坚持共同的理想信念、价值理念、道德观念，弘扬中华优秀传统文化、革命文化、社会主义先进文化，促进全体人民在思想上精神上紧紧团结在一起的显著优势。

（八）坚持以人民为中心的发展思想，不断保障和改善民生、增进人民福祉，走共同富裕道路的显著优势。

（九）坚持改革创新、与时俱进，善于自我完善、自我发展，使社会始终充满生机活力的显著优势。

（十）坚持德才兼备、选贤任能，聚天下英才而用之，培养造就更多更优秀人才的显著优势。

（十一）坚持党指挥枪，确保人民军队绝对忠诚于党和人民，有力保障国家主权、安全、发展利益的显著优势。

（十二）坚持"一国两制"，保持香港、澳门长期繁荣稳定，促进祖国和平统一的显著优势。

（十三）坚持独立自主和对外开放相统一，积极参与全球治理，为构建人类命运共同体不断作出贡献的显著优势。

《决定》指出，这些显著优势，是我们坚定中国特色社会主义道路自信、理论自信、制度自信、文化自信的基本依据。

三、推进国家治理体系和治理能力现代化的总体目标

《决定》指出，中国特色社会主义制度虽然已经形成，但还要进一步在此基础上坚持和完善支撑中国特色社会主义制度的根本制度、基本制度、重要制度，着力固根基、扬优势、补短板、强弱项，构建系统完备、科学规范、运行有效的制度体系，加强系统治理、依法治理、综合治理、源头治理，把我国制度优势更好转化为国家治理效能。

因此，《决定》规定，坚持和完善中国特色社会主义制度、推进国家治理体

系和治理能力现代化的总体目标是，到我们党成立 100 年时，在各方面制度更加成熟更加定型上取得明显成效；到 2035 年，各方面制度更加完善，基本实现国家治理体系和治理能力现代化；到新中国成立 100 年时，全面实现国家治理体系和治理能力现代化，使中国特色社会主义制度更加巩固、优越性充分展现。

四、中国特色社会主义制度与治理体系、治理能力

党的十九届四中全会《决定》首次提出，中国特色社会主义制度包括治理体系和治理能力两个部分。治理体系包括十三项制度，治理能力包括四个治理、一个效能。

坚持和完善的十三项制度是：1. 坚持和完善党的领导制度体系，提高党科学执政、民主执政、依法执政水平。2. 坚持和完善人民当家作主制度体系，发展社会主义民主政治。3. 坚持和完善中国特色社会主义法治体系，提高党依法治国、依法执政能力。4. 坚持和完善中国特色社会主义行政体制，构建职责明确、依法行政的政府治理体系。5. 坚持和完善社会主义基本经济制度，推动经济高质量发展。6. 坚持和完善繁荣发展社会主义先进文化的制度，巩固全体人民团结奋斗的共同思想基础。7. 坚持和完善统筹城乡的民生保障制度，满足人民日益增长的美好生活需要。8. 坚持和完善共建共治共享的社会治理制度，保持社会稳定、维护国家安全。9. 坚持和完善生态文明制度体系，促进人与自然和谐共生。10. 坚持和完善党对人民军队的绝对领导制度，确保人民军队忠实履行新时代使命任务。11. 坚持和完善"一国两制"制度体系，推进祖国和平统一。12. 坚持和完善独立自主的和平外交政策，推动构建人类命运共同体。13. 坚持和完善党和国家监督体系，强化对权力运行的制约和监督。

四个治理能力是：系统治理、依法治理、综合治理、源头治理。

一个效能是：把我国制度优势更好转化为国家治理效能。

五、加强党对推进国家治理体系和治理能力现代化工作的领导

《决定》最后一部分是"加强党对坚持和完善中国特色社会主义制度、推进国家治理体系和治理能力现代化的领导"。《决定》指出，坚持和完善中国特色社会主义制度、推进国家治理体系和治理能力现代化，是全党的一项重大战略任务。因此，作了如下强调：

（一）在党中央统一领导下远近结合地整体推进

必须在党中央统一领导下进行，科学谋划、精心组织、远近结合、整体推进，确保本次全会所确定的各项目标任务全面落实到位。

（二）强化制度意识

各级党委和政府以及各级领导干部要切实强化制度意识，带头维护制度权威，做制度执行的表率，带动全党全社会自觉尊崇制度、严格执行制度、坚决维护制度。

（三）健全权威高效的制度执行机制

健全权威高效的制度执行机制，加强对制度执行的监督，坚决杜绝做选择、搞变通、打折扣的现象。

（四）加强制度理论研究和宣传教育

引导全党全社会充分认识中国特色社会主义制度的本质特征和优越性，坚定制度自信。教育引导广大干部群众认识到，中国特色社会主义制度和国家治理体系经过长期实践检验，来之不易，必须倍加珍惜；完善和发展我国国家制度和治理体系，必须坚持从国情出发、从实际出发，既把握长期形成的历史传承，又把握党和人民在我国国家制度建设和国家治理方面走过的道路、积累的经验、形成的原则，不能照抄照搬他国制度模式，既不走封闭僵化的老路，也不走改旗易帜的邪路，坚定不移走中国特色社会主义道路。

（五）把提高治理能力作为新时代干部队伍建设的重大任务

通过加强思想淬炼、政治历练、实践锻炼、专业训练，推动广大干部严格

按照制度履行职责、行使权力、开展工作，提高推进"五位一体"总体布局和"四个全面"战略布局等各项工作能力和水平。

坚持党管干部原则，落实好干部标准，树立正确用人导向，把制度执行力和治理能力作为干部选拔任用、考核评价的重要依据。尊重知识、尊重人才，加快人才制度和政策创新，支持各类人才为推进国家治理体系和治理能力现代化贡献智慧和力量。

（六）抓紧制定有关制度

推进全面深化改革，既要保持中国特色社会主义制度和国家治理体系的稳定性和延续性，又要抓紧制定国家治理体系和治理能力现代化急需的制度、满足人民对美好生活新期待必备的制度，推动中国特色社会主义制度不断自我完善和发展、永葆生机活力。

六、党的十九届四中全会《决定》的主要创新点

党的十九届四中全会《决定》创造了历史若干个"第一次"。①

1. 党的中央全会专门研究我国国家制度和国家治理问题，这是党史上的第一次。

2. 阐明中国特色社会主义制度与国家治理体系、治理能力之间的关系，这在党史上是第一次。

虽然我国国家治理体系和治理能力是中国特色社会主义制度及其执行能力的集中体现，但是，如果没有有效的治理能力，再好的制度和治理体系也难以发挥作用。国家制度和国家治理体系同国家治理能力虽然有紧密联系，但又不是一回事，不是国家制度越成熟、国家治理体系越完善，国家治理能力就自然而然地越强。所以《决定》明确提出把提高治理能力作为新时代干部队伍建设

---

① 何毅亭：《党的十九届四中全会的"九个首次"》，《学习时报》2019 年 11 月 18 日。

的重大任务。

3. 从十三个方面凝练概括了我国国家制度和国家治理体系具有的显著优势，这是党史上第一次。

4.《决定》把中国特色社会主义治理体系中的制度分为"根本制度""基本制度""重要制度"三种。这在党史上是第一次。

虽然《决定》没有对"根本制度""基本制度""重要制度"等概念下定义，没有对治理体系中的每一个制度都进行逐一归类，但从《决定》的有关用语安排中，我们还是能看出"根本制度""基本制度""重要制度"的不同地位、作用及其要求。

所谓根本制度，是指定方向、管根本的，反映质的规定性的制度，不能有丝毫动摇，否则就不称其为社会主义。例如，党的领导制度在我国的制度体系中居于统领地位，当然属于根本制度；人民代表大会制度，《决定》明确为"根本政治制度"；马克思主义在意识形态领域的指导地位，《决定》明确为"根本制度"；党对人民军队实行绝对领导制度，尤其是明确"中央军委实行主席负责制是坚持党对人民军队绝对领导的根本实现形式"，因此，党领导军队制度显然也是一项根本制度。

所谓基本制度，是指那些从根本制度派生出来的，但又可以支撑根本制度运行的制度。党的十八大报告已经明确，中国共产党领导的多党合作和政治协商制度、民族区域自治制度以及基层群众自治制度是基本政治制度。这次《决定》把"公有制为主体、多种所有制经济共同发展，按劳分配为主体、多种分配方式并存，社会主义市场经济体制等"一并界定为社会主义基本经济制度的内容，丰富和发展了"社会主义基本经济制度"的内涵。

所谓重要制度，应是由基本制度派生的、规定基本制度下面某一方面事项的具体制度，从"排除法"的角度看，凡党的重要文献、特别是这次《决定》的内容里有，但又没有被明确为"根本制度""基本制度"的制度，都可以称之为"重要制度"。

根本制度、基本制度、重要制度，依其稳定度而言，根本制度是要坚守的，基本制度是要长期保持的，重要制度是要依据时代条件和实践经验需要不断调整、完善的。

5. 确立推进国家治理体系和治理能力现代化"三步走"的总体目标，这在党史上是第一次。

《决定》对标我们党已经确定的到建党 100 年时全面建成小康社会、到 2035 年基本实现社会主义现代化、到新中国成立 100 年时把我国建成富强民主文明和谐美丽的社会主义现代化强国的"三步走"战略目标，进一步明确：到建党 100 年时，在各方面制度更加成熟更加定型上取得明显成效；到 2035 年，各方面制度更加完善，基本实现国家治理体系和治理能力现代化；到新中国成立 100 年时，全面实现国家治理体系和治理能力现代化，使中国特色社会主义制度更加巩固、优越性充分展现。这是党的重要文献中第一次集中提出国家治理体系和治理能力现代化分"三步走"的总体目标，体现了中国共产党人对人类现代化规律的深刻认识和运用。

6. 明确党的领导制度是一个体系并在国家治理体系中居于统领地位，这在党史上是第一次。

《决定》首次提出"党的领导制度体系"这个重大概念，而且首次从六个方面阐述了坚持和完善党的领导制度体系的基本组成部分，体现了坚持和加强党的领导、做到"两个维护"的要求。这些新概括新规定，抓住了国家制度建设和国家治理的根本问题，有利于使党的领导制度从宏观、中观到微观都能覆盖中国特色社会主义事业的各领域各环节各方面。

7. 从所有制形式、分配方式和资源配置方式三个层次对社会主义基本经济制度予以界定，这在党史上是第一次。

党的十五大第一次明确提出"公有制为主体、多种所有制经济共同发展，是我国社会主义初级阶段的一项基本经济制度"，标志着我国社会主义基本经济制度的正式确立。党的十六大进一步明确提出"两个毫不动摇"的重要思想，即毫不动摇地巩固和发展公有制经济，毫不动摇地鼓励、支持和引导非公有制经济发展。党的十八届三中全会明确提出公有制经济和非公有制经济都是社会主义市场经济的重要组成部分。党的十九届四中全会《决定》对社会主义基本经济制度作出新概括，把按劳分配为主体、多种分配方式并存和社会主义市场经济体制上升为基本经济制度。这是对我国改革开放 40 多年经验的一个科学总结，是对马克思主义政治经济学、科学社会主义的一个重要贡献。

8. 马克思主义在意识形态领域的指导地位明确为一项根本制度，这在党史上是第一次。

马克思主义历来认为，一个民族要想站在科学的最高峰，就一刻也不能没有理论思维。对于一个政党来说，没有革命的理论，就没有革命的行动。政治上的坚定、党性上的坚定，都离不开理论上的坚定。

9. 把党和国家监督体系视为国家治理体系中十三个制度之一，这在党史上是第一次。

把党的监督和国家监督一体作为监督制度，规定为治理体系中的一种独立制度，这不仅在党史上、而且在科学社会主义发展史上也是第一次。它有两种意义，一是党要带头接受监督。正如邓小平 1957 年 4 月在谈到共产党要接受监督时所指出的那样：我们党是执政的党，威信很高。宪法上规定了党的领导，党要领导得好，就要不断地克服主观主义、官僚主义、宗派主义，就要受监督，就要扩大党和国家的民主生活。如果我们不受监督，不注意扩大党和国家的民主生活，就一定会脱离群众，犯大错误。[①]习近平总书记强调要把权力装进制度的笼子里，要抓住领导干部这个"关键少数"，破解对"一把手"监督和同级

---

① 邓小平：《共产党要接受监督》，《邓小平文选》第一卷，人民出版社 1993 年版，第 270 页。

监督难题。二是在党和国家各项监督制度中，要坚持以党内监督为主。因为党是执政党，只有坚持党内监督为主，才能推动各类监督有机贯通、相互协调。

10. 提出"人民当家作主制度体系"，指出这一制度体系包括坚持和完善人民代表大会制度这一根本政治制度、坚持和完善中国共产党领导的多党合作和政治协商制度（包括坚持社会主义协商民主的独特优势）、巩固和发展最广泛的爱国统一战线、坚持和完善民族区域自治制度、健全充满活力的基层群众自治制度等。这在党史上是第一次。

这样归纳的意义主要是：第一，要用制度体系保证人民当家作主，民主要制度化、法律化，成为有序的政治参与。第二，把中国革命、建设和改革实践中形成的巩固和发展最广泛的爱国统一战线、坚持和完善中国共产党领导的多党合作和政治协商制度（包括坚持社会主义协商民主的独特优势等）纳入人民当家作主制度体系之中，体现了中国特色社会主义民主。第三，人民当家作主制度体系不是封闭、到此为止的，而是《决定》提出的要不断地"健全民主制度，丰富民主形式，拓宽民主渠道"。

11. 把中国特色社会主义法治体系作为一种制度纳入国家治理体系之中，而且把建设中国特色社会主义法治体系、建设社会主义法治国家视为"坚持和发展中国特色社会主义的内在要求"，对各级党和国家机关以及领导干部提出要"提高运用法治思维和法治方式深化改革、推动发展、化解矛盾、维护稳定、应对风险的能力"，这在党史上是第一次。

12. 提出"繁荣发展社会主义先进文化的制度"这一概念，提出发展社会主义先进文化"是国家治理体系和治理能力现代化的深厚支撑"，这在党史上是第一次提出。

13. 把坚持和完善统筹城乡的民生保障制度视为我们党立党为公、执政为民的本质要求，一方面提出要构建健全幼有所育、学有所教、劳有所得、病有所医、老有所养、住有所居、弱有所扶等方面国家基本公共服务制度体系，另一方面也强调要尽力而为，量力而行，注重加强普惠性、基础性、兜底性民生建设，这在党史上是第一次。

这表明了中国共产党人坚持全心全意为人民服务的宗旨，既要树立远大目标，又要循序渐进。设置保障底线，量力而行。既不能出现贫富两极分化，也不能搞平均主义。

14. 提出"建设人人有责、人人尽责、人人享有的社会治理共同体"，"完善党委领导、政府负责、民主协商、社会协同、公众参与、法治保障、科技支撑的社会治理体系"，这在党史上是第一次。

过去我们使用的是"社会管理"的提法，而《决定》不仅改用"社会治理"，而且还提出"建设人人有责、人人尽责、人人享有的社会治理共同体"，完善党委领导下的社会协同、公众参与的社会治理体系，正如 2014 年 3 月 5 日习近平总书记在全国"两会"期间参加上海代表团审议时所说，"治理和管理一字之差，体现的是系统治理、依法治理、源头治理、综合施策"。[①] 坚持系统治理，从政府包揽向政府负责、社会共同治理转变；坚持依法治理，从管控规制向法治保障转变；坚持综合治理，从单一手段向多种手段综合运用转变；坚持源头治理，从根本上解决矛盾、防微杜渐。

15. 提出生态文明建设必须践行绿水青山就是金山银山的理念，坚持节约资源和保护环境的基本国策，坚持节约优先、保护优先、自然恢复为主的方针，坚定走生产发展、生活富裕、生态良好的文明发展道路。根据上述指导思想来构建包括最严格的生态环境保护制度、资源高效利用制度、生态保护和修复制度、生态环境保护责任制度等在内的生态文明制度体系，这在党史上是第一次。

---

① 《习近平参加上海代表团审议》，中央政府门户网站，www.gov.cn，2021 年 2 月 28 日访问。

七、中国特色社会主义法治体系在国家治理体系中的地位

（一）中国特色社会主义法治体系是国家治理体系的保障制度

中国特色社会主义法治体系是国家治理体系十三个制度中的一个，它对国家治理体系起着什么样的作用？《决定》没有概括。通过比较研究治理体系中十三个制度之间相互关系，可以发现，在治理体系的十三个制度中，只有党的领导制度和中国特色社会主义法治体系这两个制度贯穿于除自身之外的其他十二个制度之中，但党的领导制度在治理体系中所居地位是统领地位，对各个制度所起的作用是统领作用。[①] 中国特色社会主义法治体系与党的领导制度不能等量齐观，它的地位是基础性的，起的是支撑、保障作用。习近平总书记2020年2月5日在中央全面依法治国委员会第三次会议上的讲话中说，通过宪法法律确认和巩固国家根本制度、基本制度、重要制度，并运用国家强制力保证实施，保障了国家治理体系的系统性、规范性、协调性、稳定性。我国社会主义法治凝聚着我们党治国理政的理论成果和实践经验，是制度之治最基本最稳定最可靠的保障。[②] 这表明在国家治理体系中，宪法法律对治理体系中的根本制度、基本制度和重要制度所起的作用，一是确认，二是用强制力保证实施，从而成为制度之治最基本最稳定最可靠的保障。

这不仅仅是推论，我们还可以从国家治理体系中除了中国特色社会主义法治体系之外的其他十二个制度的内容中，看到法治通过立法、执法、司法、守法等各个环节，对其他十二个制度予以确认和实施保障。

1. 在党的领导制度体系中的第五项制度"健全提高党的执政能力和领导水

[①] 习近平：《坚持和完善中国特色社会主义制度，推进国家治理体系和治理能力现代化》，《求是》2020年第1期。

[②] 习近平：《推进全面依法治国，发挥法治在国家治理体系和治理能力现代化中的积极作用》，《求是》2020年第22期。

平制度"里，要求各级领导干部要掌握十项本领，其中第五项本领就是"依法执政本领"。

"依法执政本领"理应包括"科学立法、严格执法、公正司法、全民守法"等法治各个环节的工作。

2. 在人民当家作主制度体系中，提到要"依法实行民主选举、民主协商、民主决策、民主管理、民主监督"，"确保人民依法通过各种途径和形式管理国家事务，管理经济文化事业，管理社会事务"。在制度体系中的第一项制度"坚持和完善人民代表大会制度这一根本政治制度"里，提到要"支持和保证人大及其常委会依法行使职权"。在制度体系中的第四项制度"坚持和完善民族区域自治制度"里，提到要"保证民族自治地方依法行使自治权，保障少数民族合法权益"。在制度体系中的第五项制度"健全充满活力的基层群众自治制度"里，提到要"维护职工合法权益"。

这里多次提到的"依法"和"维护职工合法权益"理应涉及了立法、执法、司法和守法各个法治环节。

3. 在中国特色社会主义行政体制中的第一项制度"完善国家行政体制"里，提到了"深化行政执法体制改革，最大限度减少不必要的行政执法事项。进一步整合行政执法队伍，继续探索实行跨领域跨部门综合执法，推动执法重心下移，提高行政执法能力水平。落实行政执法责任制和责任追究制度"。在这一制度体系中的第二项制度"优化政府职责体系"里，提到了"加强违法惩戒"、"依法保护个人信息"等。在这一制度体系中的第三项制度"优化政府组织结构"里，提到了"推进机构、职能、权限、程序、责任法定化"。

这里提到的"最大限度减少不必要的行政执法事项"、"推进机构、职能、权限、程序、责任法定化"等涉及了立法、修改法律、废除有关不合时宜的等事项；提到的"探索实行跨领域跨部门综合执法，推动执法重心下移，提高行政执法能力水平"涉及了立法、执法体制改革和执法能力的提高。

4. 在社会主义基本经济制度中的第一项制度"毫不动摇巩固和发展公有制经济，毫不动摇鼓励、支持、引导非公有制经济发展"里，提到了"健全支持民营经济、外商投资企业发展的法治环境"，"营造各种所有制主体依法平等使用资源要素、公开公平公正参与竞争、同等受到法律保护的市场环境"等。在这一制度体系中的第二项制度"坚持按劳分配为主体、多种分配方式并存"里，提到了要"保护合法收入""取缔非法收入"等。在这一制度体系中的第三项制度"加快完善社会主义市场经济体制"里，提到了"加强和改进反垄断和反不正当竞争执法"，"建立知识产权侵权惩罚性赔偿制度"。在这一制度体系中的第五项制度"建设更高水平开放型经济新体制"里，提到了"保护外资合法权益"和"完善涉外经贸法律和规则体系"。

这里提到的"健全支持民营经济、外商投资企业发展的法治环境"、"营造各种所有制主体依法平等使用资源要素、公开公平公正参与竞争、同等受到法律保护的市场环境"、"加强和改进反垄断和反不正当竞争执法"等，涉及了有关立法、执法和司法工作；"保护合法收入"、"取缔非法收入"等涉及了执法和司法工作；"建立知识产权侵权惩罚性赔偿制度"、"完善涉外经贸法律和规则体系"等涉及了相关立法工作。

5. 在社会主义先进文化制度体系中的第二项制度"坚持以社会主义核心价值观引领文化建设制度"里，提到了"坚持依法治国和以德治国相结合，完善弘扬社会主义核心价值观的法律政策体系，把社会主义核心价值观要求融入法治建设和社会治理"，"完善诚信建设长效机制，健全覆盖全社会的征信体系，加强失信惩戒"。这一制度体系中的第三项制度本身就是"健全人民文化权益保障制度"。

这里提到的"坚持依法治国和以德治国相结合"、"把社会主义核心价值观要求融入法治建设和社会治理"、"完善诚信建设长效机制"等，都涉及了相关立法、执法和司法工作。

6. 在统筹城乡的民生保障制度体系中的第一项制度"健全有利于更充分更高质量就业的促进机制"里，提到了"坚决防止和纠正就业歧视，营造公平就业制度环境"。在这一制度体系中的第二项制度"构建服务全民终身学习的教育体系"里，提到了"推动城乡义务教育一体化发展"。在这一制度体系中的第三项制度"完善覆盖全民的社会保障体系"里，提到了"健全统筹城乡、可持续的基本养老保险制度、基本医疗保险制度"，"规范社保基金管理"，"坚持和完善促进男女平等、妇女全面发展的制度机制"。

这里提到的"坚决防止和纠正就业歧视"、"推动城乡义务教育一体化发展"等涉及了执法和司法工作；"规范社保基金管理"、"坚持和完善促进男女平等、妇女全面发展的制度机制"等，都涉及了立法和执法工作。

7. 在共建共治共享的社会治理制度中，《决定》提到要"完善党委领导、政府负责、民主协商、社会协同、公众参与、法治保障、科技支撑的社会治理体系"；在这一制度体系中的第一项制度"完善正确处理新形势下人民内部矛盾有效机制"里，提到了"畅通和规范群众诉求表达、利益协调、权益保障通道，完善信访制度，完善人民调解、行政调解、司法调解联动工作体系"；在这一制度体系中的第二项制度"完善社会治安防控体系"里，提到了"提高社会治安立体化、法治化、专业化、智能化水平"；在这一制度体系中的第三项制度"健全公共安全体制机制"里，提到了"加强和改进食品药品安全监管制度"；在这一制度体系中的第四项制度"构建基层社会治理新格局"里，提到了"健全党组织领导的自治、法治、德治相结合的城乡基层治理体系"；在这一制度体系中的第四项制度"完善国家安全体系"里，提到了"健全国家安全法律制度体系"。

这里提到的社会治理体系中的"法治保障"、"完善人民调解、行政调解、司法调解联动工作体系"、社会治安"法治化"、"加强和改进食品药品安全监管制度"、城乡基层治理体系中"自治、法治、德治相结合"等，都涉及了相关立法、执法和司法工作;"健全国家安全法律制度体系"涉及了立法、执法和司法工作。

8. 在生态文明制度体系中的第一项制度"实行最严格的生态环境保护制度"里,提到了"完善生态环境保护法律体系和执法司法制度"。在这一制度体系中的第二项制度"全面建立资源高效利用制度"里,提到了"推进自然资源统一确权登记法治化、规范化、标准化、信息化,健全自然资源产权制度"。在这一制度体系中的第四项制度"严明生态环境保护责任制度"里,提到了"推进生态环境保护综合行政执法,落实中央生态环境保护督察制度。健全生态环境监测和评价制度,完善生态环境公益诉讼制度,落实生态补偿和生态环境损害赔偿制度,实行生态环境损害责任终身追究制"。

这里提到的"完善生态环境保护法律体系和执法司法制度"涉及了立法、执法和司法工作;"推进自然资源统一确权登记法治化"涉及了执法和司法工作;"推进生态环境保护综合行政执法"涉及了执法工作;"完善生态环境公益诉讼制度"涉及了立法和司法工作。

9. 在党对军队绝对领导制度体系中的第三项制度"把党对人民军队的绝对领导贯彻到军队建设各领域全过程"里,提到了"加强中国特色军事法治建设"。

这里提到的"加强中国特色军事法治建设"涉及了立法、执法和司法工作。

10. 在"一国两制"制度体系中第一项制度"全面准确贯彻'一国两制'、'港人治港'、'澳人治澳'、高度自治的方针"里,提到了"坚持依法治港治澳,维护宪法和基本法确定的宪制秩序","完善特别行政区同宪法和基本法实施相关的制度和机制"。在这一制度体系中的第二项制度"健全中央依照宪法和基本法对特别行政区行使全面管治权的制度"里,提到了"完善中央对特别行政区行政长官和主要官员的任免制度和机制、全国人大常委会对基本法的解释制度,依法行使宪法和基本法赋予中央的各项权力。建立健全特别行政区维护国家安全的法律制度和执行机制，支持特别行政区强化执法力量。健全特别行政区行政长官对中央政府负责的制度，支持行政长官和特别行政区政府依法施政"，"加强对香港、澳门社会特别是公职人员和青少年的宪法和基本法教育、国情教育、中国历史和中华文化教育，增强香港、澳门同胞国家意识和爱国精神"。在这一制度体系中的第三项制度"坚定推进祖国和平统一进程"里，提到了"在确保国家主权、安全、发展利益的前提下，和平统一后，台湾同胞的社会制度和生活方式将得到充分尊重，台湾同胞的私人财产、宗教信仰、合法权益将得到充分保障"。

这里提到的"坚持依法治港治澳，维护宪法和基本法确定的宪制秩序"涉及了中央政府和港澳两个特区政府的依宪施政问题；"完善特别行政区同宪法和基本法实施相关的制度和机制"、"完善中央对特别行政区行政长官和主要官员的任免制度和机制"等，都涉及了立法或立法解释；完善"全国人大常委会对基本法的解释制度"涉及了立法解释；"依法行使宪法和基本法赋予中央的各项权力"涉及了立法和执法工作；"建立健全特别行政区维护国家安全的法律制度和执行机制，支持特别行政区强化执法力量"涉及了立法和执法工作；加强对香港、澳门社会特别是公职人员和青少年"宪法和基本法教育"涉及了特区政府的执法工作；和平统一后将保障台湾同胞的"合法权益"涉及了立法工作。

11. 在独立自主的和平外交政策中的第一项制度"健全党对外事工作领导体制机制"里，提到了"加强涉外法治工作，建立涉外工作法务制度，加强国际法研究和运用，提高涉外工作法治化水平"。

这里提到的"涉外法治工作"涉及了立法、执法、司法、法学教育和研究等工作。

12. 在党和国家监督体系中的第一项制度"健全党和国家监督制度"里，提到了"推进纪检监察工作规范化、法治化"，"健全人大监督、民主监督、行政监督、司法监督、群众监督、舆论监督制度"。在这一制度体系中的第二项制度

"完善权力配置和运行制约机制"里，提到了"坚持权责法定，健全分事行权、分岗设权、分级授权、定期轮岗制度，明晰权力边界，规范工作流程，强化权力制约"。在这一制度体系中的第三项制度"构建一体推进不敢腐、不能腐、不想腐体制机制"里，提到了"推动审批监管、执法司法、工程建设、资源开发、金融信贷、公共资源交易、公共财政支出等重点领域监督机制改革和制度建设"，"推进反腐败国家立法"，"加强思想道德和党纪国法教育"。

这里提到的推进纪检监察工作"法治化"、"健全人大监督、民主监督、行政监督、司法监督、群众监督、舆论监督制度"等，都涉及了立法、执法和司法工作；"坚持权责法定"涉及了立法工作；"构建一体推进不敢腐、不能腐、不想腐体制机制"涉及了立法、执法和司法工作；推动包括审批监管、执法司法等在内的"重点领域监督机制改革和制度建设"涉及了立法、执法工作。

总之，治理体系包括中国社会主义法治体系在内的十三个制度体系或制度、政策，都和法治密切相连，涉及了立法、执法、司法和守法各个法治环节。因此，说中国特色社会主义法治体系是中国特色社会主义的内在要求是完全正确的，因为中国特色社会主义法治覆盖了国家治理体系中各项制度的方方面面，贯穿了国家治理体系各项制度的整个运行过程。

（二）中国特色社会主义法治在国家治理体系中属于基本制度

《决定》把中国特色社会主义制度的各个组成部分，划分为根本制度、基本制度和重要制度三类。中国特色社会主义法治体系属于哪一类，《决定》没有明说。有的学者把它归为根本制度一类，[①] 笔者认为不妥。

《决定》点明属于根本制度的有两个：人民代表大会制度和马克思主义在意识形态领域中的指导地位。笔者认为，中国特色社会主义法治体系不能和人民代表大会制度放在一个位阶上，因为前者来源于后者，我国的"一府一委两院"

---

① 张文显：《国家制度建设和国家治理现代化的五个核心命题》，《法制与社会发展》2020年第1期。

都在人民代表大会制度之下，法治涉及的立法权、执法权、司法权都来源于人民代表大会制度的权力。法治包括立法、执法、司法、守法四个环节，从立法这一环节来看，法治作为一种制度不可能高于人民代表大会制度。因为按照《立法法》第七条规定，我国的国家立法权由全国人民代表大会和全国人民代表大会常务委员会行使；第九十七条第二款规定，全国人民代表大会常务委员会有权撤销同宪法和法律相抵触的行政法规，有权撤销同宪法、法律和行政法规相抵触的地方性法规，有权撤销省、自治区、直辖市的人民代表大会常务委员会批准的违背宪法和本法第七十五条第二款规定的自治条例和单行条例。从执法这一环节来看，国务院掌握最高的行政权，但按照《宪法》第八十五条规定，它是最高国家权力机关（全国人民代表大会及其常务委员会）的执行机关。从司法这一环节来看，"两院"（最高人民法院和最高人民检察院）和"一府一委"（国务院和监察委员会）一样，都由全国人大产生、对全国人大负责、受全国人大监督。因此，我国的"一府一委两院"都在人民代表大会制度之下，法治涉及的立法权、执法权、司法权都来源于人民代表大会制度的权力，把法治体系和人民代表大会制度放在一个位阶上，是不合适的。

法治体系和马克思主义在意识形态领域指导地位这一根本制度也不能等而视之。因为坚持马克思主义的指导地位是四项基本原则之一，居于立国之本之中，而且它也是中国特色社会主义法治的指导思想、根本遵循，这两者显然不应在一个层次上。

笔者认为，从我们长期约定俗成的惯例出发，可以把中国特色社会主义法治体系视为国家治理体系中的一种基本制度。

"依法治国"从被提出的开始，就被视为党领导人民治理国家的一个基本方略，而没有提到治国根本的地步。

党的十五大报告的提法是：依法治国，是党领导人民治理国家的基本方略。依法治国把坚持党的领导、发扬人民民主和严格依法办事统一起来，从制度和法律上保证党的基本路线和基本方针的贯彻实施，保证党始终发挥总揽全局、协调各方的领导核心作用。

党的十六大报告的提法是，"依法治国基本方略得到全面落实"是全面建设小康社会的目标之一。发展社会主义民主政治，最根本的是要把坚持党的领导、人民当家作主和依法治国有机统一起来。党的领导是人民当家作主和依法治国的根本保证，人民当家作主是社会主义民主政治的本质要求，依法治国是党领导人民治理国家的基本方略。在这里，党的领导是根本保证，用了"根本"一词，而依法治国是基本方略，用了"基本"一词。

党的十七大报告的提法是：坚持依法治国基本方略，树立社会主义法治理念，实现国家各项工作法治化，保障公民合法权益；全面落实依法治国基本方略，加快建设社会主义法治国家。

党的十八大报告将中国特色社会主义制度划分为根本制度、基本制度和具体制度三类，中国特色社会主义法律体系放在基本制度这一档：中国特色社会主义制度，就是人民代表大会制度的根本政治制度，中国共产党领导的多党合作和政治协商制度、民族区域自治制度以及基层群众自治制度等基本政治制度，中国特色社会主义法律体系，公有制为主体、多种所有制经济共同发展的基本经济制度，以及建立在这些制度基础上的经济体制、政治体制、文化体制、社会体制等各项具体制度。

党的十九大报告把依法治国基本方略改为基本方式：党的领导是人民当家作主和依法治国的根本保证，人民当家作主是社会主义民主政治的本质特征，依法治国是党领导人民治理国家的基本方式，三者统一于我国社会主义民主政治伟大实践。在这里，党的领导是根本保证，依法治国是基本方式，也不在同一个层次上，因此，把法治列为根本制度，显然与惯例不符。

综上所述，第一，党的十九大以前，党的重要文献历来都把依法治国定位为治国基本方略，十九大则定位为治国基本方式。第二，党的十八大把中国特色社会主义法律体系列于基本制度那一档。因此，笔者认为把中国特色社会主义法治体系在国家治理体系中归为基本制度这一档比较妥帖。

第五节　全面从严治党永远在路上

习近平总书记在党的十九大报告中指出："全面从严治党永远在路上。"党的十九大之后，党中央继续加强纪律建设，管住纪律、看住权力、匡正风气，真正做到真管真严、敢管敢严、长管长严。

一、全面从严治党的"六个统一"

2018 年 1 月 11 日，习近平总书记在党的十九届中央纪委二次会议上发表讲话，深刻总结了党的十八以来全面从严治党的经验。全国党建研究会也做了相应研究。①

（一）坚持思想建党和制度建党相统一

党的十八大以来，党中央高度重视党的思想建设，组织全党深入学习贯彻习近平总书记系列重要讲话精神和治国理政新理念新思想新战略，组织开展党的群众路线教育实践活动、"三严三实"专题教育和"两学一做"学习教育。在加强思想建党的同时，党中央把制度治党摆上突出位置，从全面从严治党的现实需要出发，出台了一批新的法规，党内法规体系初步形成。特别是党的十八届六中全会通过了《关于新形势下党内政治生活的若干准则》和《中国共产党党内监督条例》，谱写了制度治党的重要篇章。从严治党既靠教育，也靠制度，

---

① 习近平：《深刻把握党的十八大以来全面从严治党的重要经验》，中共中央党史和文献研究院编：《十九大以来重要文献选编》（上），中央文献出版社 2019 年版，第 188—191 页；全国党建研究会：《党的十八大以来全面从严治党的经验弥足珍贵》，《求是》2017 年第 11 期。

二者一柔一刚，同向发力、同时发力。这是全面从严治党的一个宝贵经验。

（二）坚持使命引领与问题导向相统一

党的十八大以来党中央对全面从严治党的部署，鲜明地体现了目标导向与问题导向的紧密结合。一方面指明了全面从严治党的目标是把党建设好、管理好，保持党的先进性和纯洁性，增强党的创造力凝聚力战斗力，提高党的领导水平和执政水平，确保党始终成为中国特色社会主义事业的坚强领导核心；另一方面是突出问题导向，党的十八大以来开展的集中教育活动和党内学习教育，都把查找和解决突出问题摆在重要位置，围绕解决问题提高思想认识，开展批评和自我批评，提出整改措施并抓好落实。

（三）坚持抓"关键少数"和管"绝大多数"相统一

党的十八大以来，党中央既对广大党员提出普遍性要求，同时又对"关键少数"特别是高级干部提出更严更高的标准。领导干部是党的执政骨干，只有管住"关键少数"特别是高级干部和各级主要领导干部，全面从严治党才有震慑力和说服力；广大党员是党的队伍的主体，管住这个"绝大多数"，全面从严治党才能保持良好氛围和环境。既讲"两点论"，又讲"重点论"。

（四）坚持行使权力和担当责任相统一

权力的行使与责任的担当相伴而生、紧密相连，有权必有责，权责要对等。党的十八大以来，党中央一方面要求领导干部要忠诚、干净、担当，克服懒政、庸政，另一方面又抓住"问责"这个要害，利用制度、清单和科技手段，以强有力问责唤醒责任意识，倒逼责任落实。

（五）坚持严格管理和关心信任相统一

党的十八大以来，党中央坚持以严格的纪律约束干部，抓早抓小，做到真管真严，使各项党内法规制度的优势充分释放出来。同时又在思想上、工作上、生活上对党员干部真诚关心和爱护，不断健全容错纠错机制，最大限度激发干部积极性，让广大党员干部充满信心，积极作为、敢于担当。

（六）坚持党内监督和群众监督相统一

党的十八大以来，党坚持自我革命和自我净化力，以党内监督带动其他监督，发挥巡视监督利剑作用和派驻监督探头作用，实现党内监督全覆盖；同时充分发挥群众监督、舆论监督作用，推动党内监督和人民群众监督有效衔接，形成监督合力。通过党内监督与人民群众监督相结合，实现政治清明、政府清廉、干部清正。

二、为党政领导干部选拔任用工作立规矩

2019 年 3 月，党中央颁布了新修订的《党政领导干部选拔任用工作条例》（以下简称《条例》）。① 《条例》修改的特点主要是：

（一）突出党的领导和把关定向作用

《条例》对加强党的领导、坚持党管干部原则作了进一步深化和规范，充实了动议要求，调整了民主推荐程序，突出了严格贯彻执行民主集中制有关内容，把党的领导进一步贯穿到分析研判和动议、民主推荐、考察、讨论决定、任职等各个环节以及依法推荐、提名等各项工作之中，使党管干部原则得到更好坚持，将党的领导和把关定向作用充分彰显出来。尤其是对谈话调研推荐、会议推荐顺序进行了优化，增强个别提拔任职和进一步使用民主推荐的灵活性，对公开选拔和竞争上岗的定位进行调整，有力贯彻了中央的新要求，体现了实事求是的精神，具有很强的针对性和指导性，为提高干部选拔任用工作质量、选好人用对人提供了坚实保障。

（二）明确好干部的标准和干部成长路径

《条例》积极推进素质培养体系建设，使干部成长的方向更加明确、路径更加优化。在总则部分就开宗明义提出建设忠诚干净担当的高素质专业化党政领

---

① 1995 年，党中央颁布了《党政干部选拔任用暂行条例》。此后于 2002 年、2014 年两次作出修订。

导干部队伍、树立重视基层和实践导向、注重发现和培养选拔优秀年轻干部等要求，同时完善选拔任用的基本条件和资格，强调突出政治素质、道德品行、专业素养、工作实绩和作风修养的考察，不仅很好地回答了新时代"选什么人"这一重大问题，也进一步指明了"如何培养人"的发力方向。

（三）突出政治素质和政治表现的了解

《条例》强调用好个别谈话等考察方式的同时，将与考察对象面谈作为一项程序单列并突出加以要求。特别是明确把政治素质考察作为重中之重，强化对干部道德品行考察，注重了解干部的专业素养，加强对廉政情况的核查。

（四）注重把合适的人放到合适的岗位

《条例》把"事业为上、人岗相适、人事相宜"作为重要原则之一，在提出深入考察干部政治素质、道德品行、作风素养、廉政情况的同时，强调要突出工作实绩、履职尽责等方面的考察，大力选拔敢于负责、勇于担当、善于作为、实绩突出的优秀干部。《条例》注意从企业、高等学校、科研院所等单位以及社会组织中发现选拔党政领导干部，并对推动国有企事业单位、社会组织干部人才进入党政机关作出制度性安排，努力把方方面面的优秀人才集聚到党和人民的事业中来。

（五）积极推进从严管理体系建设

《条例》适应全面从严治党的要求，提出在分析研判和动议环节就要严格把关、提前核查有关事项，延伸了从严选拔的链条，将"凡提四必""双签字"等要求固化下来，织密了制度防范的笼子；明确不得提交会议讨论的具体情形，完善了严格把关的措施；要求党委（党组）、组织人事部门、纪检监察机关、干部考察组切实履行职责，强化了选人主体的责任，充分体现了政策制度的权威性、规范性、严肃性。

（六）鼓励担当作为

《条例》坚持严管和厚爱结合、激励和约束并重，贯彻"大胆地用、坚决地调、该容的容"要求，将激励干部担当视作树立正确选人用人导向的应有之义，把推动改革创新、敢于担当纳入考察内容，强调推进领导干部能上能下，提出宽容干部在改革创新中的失误错误，对那些符合有关规定给予容错的干部，应当客观公正对待，有利于进一步形成"优者上、庸者下、劣者汰"的科学机制。

三、为党的纪律处分工作立规矩

1997 年 2 月 21 日，中共中央发布《中国共产党纪律处分条例（试行）》，这是党内第一个纪律处分条例。2003 年 12 月 31 日，中共中央印发《中国共产党纪律处分条例》，这是试行条例经过近七年的试行，必须要进一步调整、充实、完善，做到与时俱进。2015 年 10 月修订印发《中国共产党纪律处分条例》。2018 年 7 月 31 日，中共中央政治局审议通过《中国共产党纪律处分条例》。这次修改的特点是：

（一）强调"两个维护""四个意识"

第一，在《条例》总则中 3 处增写内容。一是增加指导思想，写入以"习近平新时代中国特色社会主义思想为指导"；二是增写"两个维护"，即"坚决维护习近平总书记党中央的核心、全党的核心地位，坚决维护党中央权威和集中统一领导"；三是增写"四个意识"，即"党组织和党员必须牢固树立政治意识、大局意识、核心意识、看齐意识"。

第二，对政治纪律进行了着重补充完善。一是落实《中共中央政治局关于加强和维护党中央集中统一领导的若干规定》，增加对在重大原则问题上不同党中央保持一致行为的处分规定；二是增加对搞山头主义、拒不执行党中央确定的大政方针，落实党中央决策部署打折扣、搞变通，以及制造传播政治谣言等危害党的团结统一行为的处分规定；三是增加对搞两面派、做两面人等对党不忠诚不老实行为的处分规定；四是增加干扰巡视巡察工作或者不落实巡视巡察整改要求的处分规定等。

新修订的条例作出的以上规定，有利于推动各级党组织和党员干部始终在政治立场、政治方向、政治原则、政治道路上同党中央保持高度一致，确保全党令行禁止。

（二）增加对污染防治、扶贫脱贫、扫黑除恶等领域典型违纪行为的处分规定

第一，在工作纪律中，增加规定："贯彻创新、协调、绿色、开放、共享的发展理念不力，对职责范围内的问题失察失责，造成较大损失或者重大损失的，从重或者加重处分。"

第二，在群众纪律中，增加了在扶贫领域有超标准、超范围向群众筹资筹劳、摊派费用，克扣群众财物、拖欠群众钱款，吃拿卡要等行为将从重或者加重处分的规定。

第三，从不断增强群众的幸福感、获得感、安全感出发，新增了对利用宗族或者黑恶势力欺压群众以及充当黑恶势力"保护伞"等行为的处分规定。

（三）新增对"两面人"、利用未公开信息买卖股票、形式主义、官僚主义、家风败坏等新型违纪行为的处分规定

统计显示，党的十九大以来全国处分党员干部中，十八大之后仍不收敛、不收手的占88.1%。针对这一点，条例规定了要重点查处的三类腐败案件：党的十八大以来不收敛、不收手，问题线索反映集中、群众反映强烈，政治问题和经济问题交织的腐败案件。

在组织纪律部分，针对故意规避集体决策、借集体决策名义集体违规等违反民主集中制原则的行为作出明确规定；廉洁纪律部分，针对以学习培训、考察调研为名变相公款旅游等违反中央八项规定精神新表现作出处分规定；强化党员干部从事营利活动的监督，增加对利用决策、审批过程中掌握的未公开信息买卖股票行为的处分规定，增加借用管理和服务对象钱款、通过民间借贷等金融活动获取大额回报等影响公正执行公务行为的处分条款；在工作纪律部分，增加对贯彻党中央决策部署只表态不落实、热衷于搞舆论造势、单纯以会议贯彻会议、以文件落实文件等形式主义、官僚主义行为的处分规定；在生活纪律部分，明确规定：党员领导干部不重视家风建设，对配偶、子女及其配偶失管失教，造成不良影响或者严重后果的，给予警告或者严重警告处分；情节严重的，给予撤销党内职务处分。

四、建立重大事项请示报告制度

请示报告制度是我们党的一项重要政治纪律、组织纪律、工作纪律，是执行民主集中制的有效工作机制。中共中央政治局2019年1月25日召开会议，审议通过了《中国共产党重大事项请示报告条例》（以下简称《条例》）。[①]《条例》对什么是请示报告、谁向谁请示报告、请示报告什么、怎么请示报告等基本问题作出明确规定，为开展请示报告工作提供了基本遵循，有利于推动请示报告工作全面走上制度化、规范化、科学化轨道。

（一）"重大事项""请示""报告"等基本概念

《条例》规定，明确超出自身职权范围的事项必须请示报告，在自身职权范围内的大部分事项无须请示报告，但关乎全局、影响广泛的重要事情和重要情况也应当请示报告。从内容上看，重大事项包括党组织贯彻执行党中央决策部署和上级党组织决定、领导经济社会发展事务、落实全面从严治党责任，党员履行义务、行使权利，领导干部行使权力、担负责任等重要事情和重要情况。同时，《条例》明确，请示包括两种情形，即请求指示或者批准；报告主要是将重要事情和重要情况向党组织呈报。

（二）请示报告工作应当遵循的四条基本原则

一是坚持政治导向。强调重大事项请示报告是加强党的政治建设的重要内容，具有鲜明的政治性，必须把请示报告作为重要政治纪律和政治规矩，把讲

---

①《中共中央关于印发〈中国共产党重大事项请示报告条例〉的通知》，中共中央党史和文献研究院编：《十九大以来重要文献选编（上）》，中央文献出版社2019年版，第584—619页。

政治要求贯彻到请示报告工作全过程和各方面，坚决维护习近平总书记党中央的核心、全党的核心地位，坚决维护党中央权威和集中统一领导。

二是坚持权责明晰。强调要把握好授权有限和守土有责的关系，分清楚必须由上级决定、让上级知晓的事项和必须由自己负责、靠自己担当的事项。

三是坚持客观真实。强调务必实事求是，做到既报喜又报忧、既报功又报过、既报结果又报过程。

四是坚持规范有序。强调要有规必依、照章办事，严格按照规定的主体、范围、程序和方式开展工作。

（三）规范谁向谁请示报告的问题

第一，《条例》明确了党组织请示报告主体应当遵循的共性要求。一是党组织请示报告工作一般应当以组织名义进行，向负有领导或者监督指导职责的上级党组织请示报告。二是请示报告应当逐级进行，一般不得越级请示报告。

第二，《条例》对几种特殊情形作了规定。一是双重领导情形，规定党组织应当根据事项性质和内容向负有主要领导职责的上级党组织请示报告，同时抄送另一个上级党组织，特殊情况下除外。二是归口领导、管理情形，规定接受归口领导、管理的单位党组织，必须服从批准其设立的党组织的领导，向其请示报告工作，并按照有关规定向归口领导、管理单位党组织请示报告。三是归口指导、协调或者监督情形，规定相关党组织向上级党组织请示报告一般应当抄送负有指导、协调或者监督职责的单位党组织。四是联合情形，规定多个党组织就跨区域、跨领域、跨行业、跨系统重大事项向共同上级党组织联合请示报告的，应当明确牵头党组织。

第三，《条例》明确了授权情形。党的决策议事协调机构和党的工作机关根据党内法规制度规定，可以在其职权范围内接受下级党组织的请示报告并作出处理。

（四）党组织请示报告的范围和内容

第一，《条例》明确规定，涉及党和国家工作全局的重大方针政策，经济、政治、文化、社会、生态文明建设和党的建设中的重大原则和问题，国家安全、港澳台侨、外交、国防、军队等党中央集中统一管理的事项，以及其他只能由党中央领导和决策的重大事项，必须向党中央请示报告。

第二，《条例》分三条规定了党组织的请示事项、报告事项、报备事项，并在每一条中分项列出各种情形，以利于党组织对照把握。

第三，《条例》要求中央各部门、有关中央国家机关党组（党委）应当对本领域、行业、系统内请示报告的具体事项提出明确要求，加强自上而下指导，同时，党组织应当结合上级要求和自身实际制定请示报告事项清单，增强可操作性。

（五）党组织请示报告的程序和方式

《条例》坚持能统则统、当分则分，针对请示报告程序和方式中的主要问题作出规定。一是坚持请示、报告的统分结合，对于请示报告的提出程序、口头和书面方式、载体等具有较多共性的问题，统一作出规定；对于行文要求、办理程序、请示答复、报告综合分析利用等个性问题，区分请示、报告分别进行规定。二是坚持各级各类党组织的统分结合，在面上作出规定的同时，充分考虑不同党组织的实际情况，提出基层党组织开展请示报告工作可以更加灵活便捷、突出实效。

（六）对党员、领导干部的请示报告的要求

《条例》设专章对党员、领导干部请示报告作出规定。《条例》规定，党员一般应当向所在党组织请示报告重大事项，党员应当向党组织请示的事项：一是从事党组织所分配的工作中的重要问题；二是代表党组织发表主张或者作出决定；三是按照规定需要请示的涉外工作交往活动；四是转移党的组织关系；五是其他应当向党组织请示的事项。

党员应当向党组织报告下列事项：一是贯彻执行党组织决议以及完成党组织交办工作任务情况；二是对党的工作和领导干部的意见建议；三是发现党员、

领导干部违纪违法线索情况；四是流动外出情况；五是其他应当向党组织报告的事项。

领导干部应当向党组织请示的事项：一是超出自身职权范围，应当由所在党组织或者上级党组织作出决定的重大事项；二是属于自身职权范围但事关重大的问题和情况；三是代表党组织对外发表重要意见；四是因故无法履职或者离开工作所在地；五是其他应当向党组织请示的事项。

领导干部应当向党组织报告下列事项：一是学习贯彻习近平新时代中国特色社会主义思想，贯彻落实党中央决策部署和党组织决定中的重要情况和问题；二是遵守政治纪律和政治规矩，坚决维护习近平总书记党中央的核心、全党的核心地位，坚决维护党中央权威和集中统一领导情况；三是坚持民主集中制，发扬党内民主，正确行使权力，参与集体领导情况；四是参加领导班子民主生活会和所在党支部（党小组）组织生活会情况；五是履行管党治党责任，加强党风廉政建设和反腐败工作以及遵守廉洁纪律情况；六是重大决策失误或者应对突发事件处置失当，纪检监察、巡视巡察和审计中发现重要问题，以及违纪违法情况；七是可能影响正常履职的重大疾病等情况；八是其他应当向党组织报告的事项。

党员、领导干部按照规定采用口头、书面方式进行请示报告。党组织应当及时办理党员、领导干部的请示事项，必要时可以对报告事项作出研究处理。

民主集中制是我们党的根本组织原则和领导制度，是马克思主义政党区别于其他政党的重要标志，贯彻民主集中制是全党的共同政治责任。制定出台《中国共产党重大事项请示报告条例》这部基础主干党内法规，全面规范和加强请示报告工作，是贯彻民主集中制的一项重要举措，对于全党统一意志和行动，对于维护习近平总书记党中央的核心、全党的核心地位，维护党中央权威和集中统一领导，具有重要意义。

五、为政法工作立规矩

2019 年 1 月，中共中央印发了《中国共产党政法工作条例》（以下简称《条例》），主要内容如下：

（一）制定《条例》的原因及意义

习近平总书记在党的十九大报告中明确指出："增强依法执政本领，加快形成覆盖党的领导和党的建设各方面的党内法规制度体系，加强和改善对国家政权机关的领导。"2018 年 2 月，《中央党内法规制定工作第二个五年规划（2018—2022 年）》将制定《条例》作为贯彻落实党的十九大精神、加强和改善党对政法机关领导的重要举措，要求坚持党对政法工作的领导不动摇，加强党中央对政法工作的集中统一领导，阐明党领导政法工作方针政策，规范党领导政法工作体制机制、主要内容、方式方法，明确党委政法委职能定位，支持和保障司法机关依法独立公正行使职权。这是起草《条例》的动因。

《条例》出台的意义：一是提高党领导政法工作法治化、制度化水平，是坚持和发展中国特色社会主义制度、推进国家治理体系和治理能力现代化的题中之义。二是推进依法治国与依规治党有机统一，有利于推动政法工作政治性、人民性和法治性在更高水平上深度融合。三是有利于从制度上保障政法工作始终坚持正确前进方向。

（二）《条例》主要遵循的原则

1. 突出党的领导这个最高原则，鲜明体现政法工作的政治性。《条例》规定党对政法工作的领导是"绝对领导"，必须坚持和加强；政法工作是党领导政法单位依法履行专政职能、管理职能、服务职能的重要方式和途径；党委政法委员会是党委领导和管理政法工作的职能部门，是实现党对政法工作领导的重要组织形式。政法单位是党领导下从事政法工作的专门力量。

2. 突出全局思维。《条例》规定政法工作应当遵循以下十个原则：一是坚持党的绝对领导，把党的领导贯彻到政法工作各方面和全过程；二是坚持以人民为中心，专门工作和群众路线相结合；三是坚定不移走中国特色社会主义法治道路；四是坚持服务和保障大局，为推动经济持续健康发展和保持社会长期稳定提供法治保障；五是坚持总体国家安全观，维护国家主权、安全、发展利益；六是严格区分和正确处理敌我矛盾和人民内部矛盾这两类不同性质的矛盾，准确行使人民民主专政职能；七是坚持走中国特色社会主义社会治理之路，推动形成共建共治共享的社会治理格局；八是坚持改革创新，建设和完善中国特色社会主义司法制度和政法工作运行体制机制；九是政法单位依法分工负责、互相配合、互相制约；十是坚持政治过硬、业务过硬、责任过硬、纪律过硬、作风过硬的要求，建设信念坚定、执法为民、敢于担当、清正廉洁的新时代政法队伍。

3. 突出问题导向，聚焦"谁来领导""领导什么""怎么领导"等重大问题，注重将领导主体具体化、职责清单化、工作运行机制化，为党领导新时代政法工作提供体制机制保障。

（三）关于党中央对政法工作的领导的规定

《条例》第七条规定，党中央对政法工作实施绝对领导，决定政法工作大政方针，决策部署事关政法工作全局和长远发展的重大举措，管理政法工作中央事权和由中央负责的重大事项。

《条例》第八条规定，党中央加强对政法工作的全面领导：一是坚持以习近平新时代中国特色社会主义思想为指导，为政法工作坚持正确方向提供根本遵循；二是确立政法工作的政治立场、政治方向、政治原则、政治道路，严明政治纪律和政治规矩，为政法工作科学发展提供政治保证；三是研究部署政法工作中事关国家政治安全、社会大局稳定、社会公平正义和人民安居乐业的重大方针政策、改革措施、专项行动等重大举措；四是加强政法系统组织建设和党风廉政建设，领导和推动建设忠诚干净担当的高素质专业化政法队伍，为政法工作提供组织保证。

（四）地方党委领导政法工作的职责

《条例》第九条规定，县级以上地方党委领导本地区政法工作，贯彻落实党中央关于政法工作大政方针，执行党中央以及上级党组织关于政法工作的决定、决策部署、指示等事项。

《条例》第十条规定，县级以上地方党委应当以贯彻党中央精神为前提，对本地区政法工作中的以下事项，落实领导责任：一是统筹政法工作中事关维护国家安全特别是以政权安全、制度安全为核心的重要事项；二是统筹维护社会稳定工作，及时妥善处理影响社会稳定的重要事项和突发事件；三是统筹规划平安建设、法治建设与经济社会发展，做到同部署、同推进、同督促、同考核、同奖惩；四是推动政法单位依法维护社会主义市场经济秩序，为经济高质量发展提供法治保障；五是组织实施党中央关于政法改革方案，推动完善社会主义司法制度和政法工作运行体制机制；六是完善党委领导、政府负责、社会协同、公众参与、法治保障的社会治理体制，提高社会治理社会化、法治化、智能化、专业化水平；七是完善党委、纪检监察机关、党委政法委员会对政法单位的监督机制，保证党的路线方针政策和党中央重大决策部署贯彻落实，保证宪法法律正确统一实施；八是加强党对政法队伍建设的领导，完善党委统一领导、政法单位主抓、有关部门各司其职的政法队伍建设工作格局；九是改善执法司法条件，满足政法工作形势和任务的需要；十是推动完善和落实保障政法干警依法履职、开展工作的制度和政策；十一是本地区政法工作中的其他重要事项。

（五）党委政法委员会的职责

《条例》第十一条规定，中央和县级以上地方党委设置政法委员会。中央政法委员会职能配置、内设机构和人员编制方案由党中央审批确定；地方党委政法委员会职能配置、内设机构和人员编制规定，由同级党委按照党中央精神以及上一级党委要求，结合本地区实际审批确定；乡镇（街道）党组织配备政法委员，在乡镇（街道）党组织领导和县级党委政法委员会指导下开展工作。

《条例》第十二条规定，党委政法委员会在党委领导下履行职责、开展工作，应当把握政治方向、协调各方职能、统筹政法工作、建设政法队伍、督促依法履职、创造公正司法环境，带头依法依规办事，保证党的路线方针政策和党中央重大决策部署贯彻落实，保证宪法法律正确统一实施。主要职责任务是：一是贯彻习近平新时代中国特色社会主义思想，坚持党对政法工作的绝对领导，坚决执行党的路线方针政策和党中央重大决策部署，推动完善和落实政治轮训和政治督察制度。二是贯彻党中央以及上级党组织决定，研究协调政法单位之间、政法单位和有关部门、地方之间有关重大事项，统一政法单位思想和行动。三是加强对政法领域重大实践和理论问题调查研究，提出重大决策部署和改革措施的意见和建议，协助党委决策和统筹推进政法改革等各项工作。四是了解掌握和分析研判社会稳定形势、政法工作情况动态，创新完善多部门参与的平安建设工作协调机制，协调推动预防、化解影响稳定的社会矛盾和风险，协调应对和妥善处置重大突发事件，协调指导政法单位和相关部门做好反邪教、反暴恐工作。五是加强对政法工作的督查，统筹协调社会治安综合治理、维护社会稳定、反邪教、反暴恐等有关国家法律法规和政策的实施工作。六是支持和监督政法单位依法行使职权，检查政法单位执行党的路线方针政策、党中央重大决策部署和国家法律法规的情况，指导和协调政法单位密切配合，完善与纪检监察机关工作衔接和协作配合机制，推进严格执法、公正司法。七是指导和推动政法单位党的建设和政法队伍建设，协助党委及其组织部门加强政法单位领导班子和干部队伍建设，协助党委和纪检监察机关做好监督检查、审查调查工作，派员列席同级政法单位党组（党委）民主生活会。八是落实中央和地方各级国家安全领导机构、全面依法治国领导机构的决策部署，支持配合其办事机构工作；指导政法单位加强国家政治安全战略研究、法治中国建设重大问题研究，提出建议和工作意见，指导和协调政法单位维护政治安全工作和执法司法相关工作。九是掌握分析政法舆情动态，指导和协调政法单位和有关部门做好依法办理、宣传报道和舆论引导等相关工作。十是完成党委和上级党委政法委员会交办的其他任务。

（六）政法单位党组（党委）的职责

《条例》规定，政法单位党组（党委）在领导和组织开展政法工作中，应当把方向、管大局、保落实，发挥好领导作用。其主要职责任务是：贯彻习近平新时代中国特色社会主义思想，执行党的路线方针政策和党中央决策部署，维护党对政法工作的领导；遵守和实施宪法法律，带头依法履职，推进严格执法、公正司法，维护国家法制的统一、尊严和权威；研究影响国家安全和社会稳定的重大事项或者重大案件，制定依法处理的原则政策和措施；研究推动本单位或者本系统全面深化改革，研究制定本单位或者本系统执法司法政策，提高执法司法质量、效率和公信力；履行全面从严治党主体责任，加强本单位或者本系统党的建设和政法队伍建设；完成上级党组（党委）和党委政法委员会交办的其他任务等。

（七）关于政法工作重大事项的请示报告

《条例》第十九条规定，中央政法委员会、中央政法单位党组（党委）应当及时向党中央报告以下事项：一是党中央决定、决策部署、指示等重大事项贯彻落实重要进展和结果情况；二是对影响党的路线方针政策和宪法法律正确统一实施重大问题的调查研究报告；三是具有全国性影响的重大突发案（事）件重要进展和结果情况；四是加强政法队伍建设的重大举措；五是半年和年度工作情况；六是党中央要求报告的其他事项。政法工作总体情况、中央政法委员会牵头办理或者统筹协调的重大事项情况，由中央政法委员会统一报告党中央，中央政法单位协助做好相关工作。最高人民法院党组、最高人民检察院党组按照有关规定，严格执行向党中央报告工作制度。各省（自治区、直辖市）党委按照有关规定，向党中央请示报告政法工作重大事项。

《条例》第二十条规定，中央政法单位党组（党委）和省（自治区、直辖市）党委政法委员会应当向中央政法委员会请示以下事项：一是涉及政法工作全局、需要提请中央政法委员会研究决定的重大事项；二是有关地区、部门之间存在分歧，经反复协商仍不能达成一致，需要中央政法委员会协调的重大事项；三是重大政法改革方案和措施；四是出台重要执法司法政策性文件、司法解释，提出涉及重大体制和重大政策调整的立法建议；五是党中央交办的重大事项和需要中央政法委员会统筹研究把握原则、政策的重大事项；六是政法工作中涉及国家安全特别是政治安全等重大事项的相关政策措施问题；七是拟以中央政法委员会名义召开会议或者印发文件；八是应当向中央政法委员会请示的其他重大事项。

（八）政法工作如何决策和执行

决策和执行是党领导和组织开展政法工作的重要环节。《条例》贯彻民主集中制原则，规定党委、党委政法委员会、政法单位党组（党委）应当按照集体领导、民主集中、个别酝酿、会议决定的原则，在各自职责权限范围内，及时研究作出决定、决策部署或者指示；对于党中央以及上级党组织决定、决策部署、指示等，各有关地方党委、党委政法委员会、政法单位党组（党委）必须坚决贯彻执行。同时，《条例》规定了地方党委应当建立健全委员会全体会议或者常委会会议研究部署政法工作的制度；党委政法委员会应当发挥统筹协调职能作用，协助党委指导、督促有关政法单位党组（党委）、下级党委政法委员会坚决执行党中央以及上级党组织决定、决策部署、指示等事项，推动工作落实。

（九）关于加强对政法工作的监督

《条例》第八章规定了监督和责任，明确了各级党委应当将领导和组织开展政法工作情况纳入党内监督体系，实行党内监督和外部监督相结合，增强监督合力；党委政法委员会应当指导、推动政法单位建立健全与执法司法权运行机制相适应的监督制约体系，构建权责清晰的执法司法责任体系，完善程序化、平台化、公开化管理监督方式；政法单位党组（党委）应当依法依规将政法工作情况纳入党务政务公开，依法有序推进审判执行公开、检务公开、警务公开、司法行政公开、狱（所）务公开，完善政法单位之间监督制约机制，确保政法工作在依法有效监督和约束环境下推进。此外，《条例》还对政法工作的督促检查、考评考核、督促整改、责任追究等作了具体规定。

《条例》的特色，一是规定党对政法工作的领导是绝对领导，《条例》将"坚持党的绝对领导"作为政法工作的最高原则，用专章规定了党中央对政法工作实施绝对领导，明确了党中央决定政法工作大政方针，决策部署事关政法工作全局和长远发展的重大举措，管理政法工作中央事权和由中央负责的重大事项。二是规定党中央对政法工作的领导是全面领导。《条例》第六章专门就政法工作重大事项请示报告制度作了规定，既与党内有关重大事项请示报告制度相衔接，确保党内法规之间协调一致，又对政法工作重大事项请示报告制度作出特别规定，规定了向党中央请示的主体和具体事项，向党中央报告的主体和具体事项，以及向中央政法委员会请示、报告的主体和具体事项。这些内容，《条例》第十八条、第十九条、第二十条、第二十一条作了详细的"清单化"制度设计，这即党对政法工作全面领导的表现。

第十章　中国共产党百年法治思想发展的基本经验

"雄关漫道真如铁，而今迈步从头越。"中国共产党从诞生到现在已走过风雨百年。它领导中国人民走过了站起来、富起来到强起来这样一段不同寻常的路程。在民主法治人权事业方面，它领导中国人民先是走出了世界上独特的新民主主义革命和新民主主义社会道路，然后又走出了世界上独特的中国特色社会主义法治道路。它为世界上的发展中国家的民族独立解放、迈向现代化之路提供了中国智慧和方案，值得我们深入研究。

第一节　既不能全盘苏化，也不能全盘西化

所谓全盘苏化，就是盲从苏共及共产国际的指挥，把苏联经验和斯大林的话神圣化；所谓全盘西化，就是照搬西方国家的发展模式。民主革命时期，由于中共纠正了全盘苏化倾向，走出一条中国特色的新民主主义革命道路，才最终取得了革命的胜利；社会主义建设和改革开放时期，由于中共纠正了全盘苏化和全盘西化倾向，走上了中国特色社会主义道路，才取得了从不对外侵略、

经济快速发展、社会长期稳定三大社会发展奇迹。

历史和现实都告诉我们，过去不能搞全盘苏化，现在也不能搞全盘西化或者其他什么化，而应坚定不移地走中国特色社会主义法治道路。[①]

（一）中国新民主主义革命的胜利是战胜全盘苏化的结果

笔者提出这样的观点，并不是要完全否认抹杀苏共[②]和共产国际对中国共产党的巨大帮助、对中国革命的历史贡献。第一，我们不曾忘记，"十月革命一声炮响，给我们送来了马克思主义"，使中国人民找到了人类最先进的理论和解放道路。第二，我们不曾忘记，中国共产党是在苏共及共产国际帮助下成立的。组建一个全国性中共政党的建议，是苏共及共产国际提出并指导建立的。第三，我们不曾忘记，苏共及共产国际促进了国共第一次合作。第四，我们不曾忘记，苏共及共产国际促成了中国抗日民族统一战线的形成。第五，我们不曾忘记，苏共为中共培养了一批优秀干部和军事人才。第六，我们不曾忘记，苏共及共产国际在中共早期的活动经费上给予了一定的支持。

但"得也共产国际，失也共产国际"。中国共产党是在1922年7月的二大上决定加入共产国际的，它是共产国际下属的一个支部。按照《共产国际章程》规定，加入共产国际的每一个支部必须绝对地、无条件地服从其指令。《共产国际章程》规定，上级党机关的决议，下级必须服从；共产国际及其机关的决议，各支部必须立即执行。在实践过程中，共产国际过分强调了集中的一面。1925年3月27日，斯大林在共产国际执行委员会第五次扩大会议上明确宣布，共产国际是无产阶级的战斗组织，它不能不干预各国党的事务。否认它的干预权力，那就是为共产主义的敌人效劳。[③]共产国际由此明确规定，共产国际对各国党

---

① 习近平：《关于坚持和发展中国特色社会主义的几个问题》，《求是》2019年第7期。

② 苏共创建于1917年4月24日，1918年改称俄国共产党（布尔什维克），简称俄共（布）；1925年改称全联盟共产党（布尔什维克），简称联共（布）；1952年改称苏联共产党，简称苏共。

③ 《斯大林全集》第七卷，人民出版社1958年版，第58页。

拥有更多的思想和组织控制干预权力。共产国际还非常强调，对各国党要实行高度集中的绝对领导，国际章程规定，加入国际的各组织的中央委员会应该经常向共产国际中央委员会寄送自己的会议记录和工作报告，各支部中央领导成员的任免，必须征得共产国际同意才能生效；各支部的纲领，须经共产国际执行委员会批准；各支部的例行代表大会和非常代表大会，须经共产国际执行委员会同意方可召开；共产国际执行委员会有权撤销和修改各支部代表大会和中央委员会的决议，并做出各该支部必须遵守的决议；共产国际代表大会执行委员会及其常设机关的决议，各支部必须遵守并立即贯彻执行；共产国际有权向各支部派出特派代表，特派代表有权参加被派往支部的中央和地方一切会议，监督该支部工作。[①] 坦率地说，共产国际章程的这些规定，破坏了革命导师倡导的各国共产党独立自主原则。

1. 共产国际及其代表的右倾与陈独秀的右倾机会主义

共产国际和陈独秀都犯了右倾机会主义错误，对大革命的失败各有其责。

（1）苏共及共产国际认为中国工人阶级和中国共产党的力量十分弱小，无力承担中国民主革命的领导责任，认为应由国民党领导中国民主革命。

大革命前期和中期，共产国际对中国革命作过一系列决议和指示，就目前见到的而言，从未提及列宁关于殖民地半殖民地国家革命的非资本主义前途的理论。1923 年 1 月共产国际执行委员会所作的《关于中国共产党与国民党的关系问题的决议》就认为"中国唯一重大的民族集团是国民党，它既依靠自由资产阶级民主派和小资产阶级，又依靠知识分子和工人"。而中国"国内独立的工人运动尚不强大"，"工人阶级尚未完全成为独立的社会力量"，因而"国民党与年轻的中国共产党合作是必要的"，"中国共产党党员留在国民党内是适宜的"。[②] 同年苏联特使越飞与孙中山会谈后发表的《孙文越飞宣言》提出"孙逸

---

① 孙武霞编著：《共产国际和中国革命关系史纲》，河南人民出版社 1988 年版，第 9 页。

② 同上书，第 64 页。

仙博士以为共产党主义组织，甚至苏维埃制度，事实上均不能引用于中国，因中国并无可使此项共产主义或苏维埃制度实施成功之情况。此项见解，越飞君完全同感"。1924 年 6 月 25 日，苏联政府派遣到中国担任孙中山国民政府首席政治顾问、国民党组织教练员的鲍罗廷与国民党右派谢持、张继谈话时说，共产国际认定中国革命只能用国民党党纲，不能用其他主义。中国国民党宗旨，中国可以用一百年。当出席国民党一大的中共代表团不同意宣言中的某些条文时，鲍罗廷传达了莫斯科的决定："国民党作为中国国民革命的体现，必须取得政权。"斯大林强调中国革命不能越过国民党主导阶段。[1] 在这种思想指导下，共产国际不仅不可能对中国革命的新民主主义性质及其规律有正确的认识，而且必然重视国民党、轻视共产党。

共产国际认为国民党内部有左派（蒋介石、汪精卫等）、中派（孙科、戴季陶、叶楚伧等）和右派（黄埔军校中的少数孙文主义学派和西山会议派），对此应该采取的政策是打击右派、扩大左派、团结中派的政策。中共的任务是辅助国民党中的左派去掌握国民革命的领导权，完成反帝反封建的任务。在此观点下，共产国际和鲍罗廷必然轻视中共，以牺牲中共利益为代价来换取统一战线的稳定。共产国际执委会和苏共中央指示其驻华代表：离开资产阶级，中共不可能取得革命胜利；革命取得胜利后，掌握全国政权的党不是共产党，而是国民党。在人民民主革命取得胜利时，中国无产阶级只能指望自己目前的常常是奴隶般的地位有一定的改善和进一步争取自己政治上和经济上的解放创造有利的条件。中国共产党的任务不是从国民党那里夺取群众，而是通过吸收新的阶层和阶级，来加强和巩固国民党本身。必须使国民党领导层真正相信，中共不是在从事反对他们的工作，相反是在为巩固和发展国民党本身。如果共产党人在国民革命事业中退出国民党并同他们在组织上彻底决裂，是很不恰当的。苏

---

[1]　本书编写组：《中国共产党历史上的 1000 个为什么》（上），中共党史出版社 2006 年版，第 72 页。

共及共产国际代表的意思很明白，中国共产党在国民革命中处于从属地位，应全力帮助资产阶级的国民党夺取政权，而自己仅仅在革命中使自己原来奴隶般的地位有一定改善。苏共及共产国际的这种指示，严重偏离了最初借助国民党组织来发展和壮大共产党的初衷。

由于苏共及共产国际错误地并且是一成不变地把蒋介石当成民族资产阶级的代表人物，把汪精卫当成小资产阶级的代表人物，在他们没有叛变之前，苏共及共产国际对他们尽力加以支持，抱有不切实际的幻想，甚至丧失了应有的警惕性，犯了右的错误；当他们叛变之后，就错误地断定中国民族资产阶级和小资产阶级叛变了革命，已经不是，而且永远不可能再是无产阶级在民主革命时期的同盟者了，这又犯了过左的错误。

1926年3月20日发生"中山舰事件"，打击了中共和莫斯科驻广州政府代表，是国共关系破裂的转折点。但苏共应对的方针是强调今后苏联顾问对国民党工作的领导要谨慎进行，共产党党团不要对自己的党员发号施令，要听国民党的，中共不要坚持让自己的党员担任国家和军队的领导职位，绝不允许国共分裂，等等。在1926年5月国民党二届二中全会上，在事先得到鲍罗廷同意的基础上，蒋介石提出了"整理党务案"，规定共产党员在国民党各级党部担任的执委人数，不得超过全部执委人数的三分之一；共产党员不得担任国民党中央各部部长；加入国民党的共产党员名单必须全部交出；共产国际对中共的指示，以及共产党对国民党中的共产党员的指示，必须事先提交给国共两党联席会议通过等。1926年6月，蒋介石提出了共产党人必须退出黄埔军校的最后通牒。而1926年11月召开的共产国际执委会第七次扩大全会通过的《关于中国形势问题的决议》，只是把原来认定蒋介石为左派代表修改为中派代表，但仍认为他"代表希望摆脱帝国主义，渴望独立自主的新生的工业资产阶级"，应由他为代表的左派领导军队、政权和土地改革。关于领导权问题，决议要求中共要努力使国民党"巩固左派并与之建立密切合作，但共产党人不在其中谋取领导地位"。①

在蒋介石背叛革命后，苏共及共产国际转而认为应由小资产阶级政治代表汪精卫来领导中国革命。在 1927 年 5 月召开的共产国际执委会第八次全会上，斯大林提出中共必须支持汪精卫领导的武汉国民党及其政府。全会通过的《中国问题的决议案》强调"国民党的旗帜是国内的一个举足轻重的政治因素"，中共应该巩固和发展同汪精卫国民党左派的合作，中共在农民协会等各个革命组织中"必须宣传参加国民党，使国民党成为革命小资产阶级民主派和工人阶级的强有力的群众组织"。②

虽然共产国际也曾多次指示中共要力争在民主革命中的领导权，但这种领导权有如下三个缺陷：

第一，它是和无产阶级夺取政权相脱离的所谓政治领导权。即是以共产党正确的纲领、路线、政策去影响国民党，使之更好地进行国民革命。

第二，这种领导权要通过国民党来实现，即共产党能否发挥领导作用，决定于国民党的态度，受国民党的制约。

第三，反对中共脱离国民党，似乎中共离开了国民党就没法活。1926 年 2月召开的共产国际执委会第六次全会接纳国民党以同情组织身份为共产国际的成员，蒋介石被大会列为主席团"名誉委员"。1926 年 3 月 20 日"中山舰事件"发生后，留守广州的苏联顾问们不认为是国民党右派篡权的行为，而视为蒋介石对苏联顾问和中共工作上的冒进或过多地包办不满的表现。1926 年 4 月鲍罗廷回到广州后，拒不采纳许多同志提出的组织反击和把苏联援助国民党军队的一部分军火交给农民的建议，反而接受蒋介石"整理党务案"的基本内容，向

---

① 《共产国际有关中国革命的文献资料（1919—1928）》第一辑，中国社会科学出版社 1981 年版，第 279—283 页。

② ［匈］贝拉·库恩：《共产国际文件汇编》第二册，中国人民大学编辑室译，三联书店 1965 年版，第 431 页。

蒋介石表达中共将始终维护国共合作，绝不做公开反对的举动。1926 年 6 月，维经斯基来华，主要任务就是根据共产国际执委会第六次全会精神，纠正中共党内主张脱离国民党的倾向。在他的参与下，中共中央于 7 月召开会议，提出"我们只能扶助左派而不能代替左派；只能联合左派控制中派，而不能希图消灭中派"。①1927 年 5 月召开的共产国际执委会第八次会议在蒋介石已背叛革命的条件下，仍对汪精卫还不提防，要求中共要"坚决反对那种退出国民党的要求"，巩固和发展同国民党左派的合作。

上述三个缺陷的本质是一个，重视国民党，不相信共产党。用鲍罗廷的话来说，现在是共产党为国民党当苦力的时候。②

（2）苏共及共产国际为了不得罪代表地主阶级利益的国民党，不愿意放手发展农民运动，不敢解决农民土地问题。

1926 年 2 月共产国际执委会召开的第六次扩大全会通过的《中国问题决议》提出应开展农民运动，但同年 10 月，斯大林向中共中央发来电函，要求"在占领上海以前，暂时不应当加强土地运动"。③这种前后矛盾的指示，让中共无所适从。1926 年 11 月召开的共产国际执委会第七次扩大全会通过的《关于中国形势问题的决议》虽然指出了农民土地问题是中国民主革命的中心问题，但主张照搬苏联实行土地国有化，而且要依靠国民党广州政府来解决；1927 年 5 月，共产国际执委会第八次全体会议，通过了《关于中国问题决议案》。根据决议，共产国际向其驻中国代表和中共两次发出紧急指示（"五月紧急指示"），要求中共要通过农会，没收大、中地主的土地，开展土地革命。但同时又规定开展土地革命的前提是坚持"国共合作"，在武汉国民政府领导下进行，以"不

---

① 《共产国际有关中国革命的文献资料（1918—1928）》第一辑，中国社会科学出版社 1981 年版，第 136 页。

② 本书编写组：《中国共产党历史上的 1000 个为什么》（上），中共党史出版社 2006 年版，第 73 页。

③ 《斯大林全集》第十卷，人民出版社 1954 年版，第 17 页。

过火"来保持合作，而不是要共产党独立地进行土地革命。苏共中央政治局直接致电汪精卫："恳请您运用您的全部威望对国民党的其他中央委员施加影响"，支持土地革命。建议汪精卫从"下面农民运动首领中"找人帮助政府的工作。① 这是不切实际的，因为武汉国民政府根本反对农民的土地革命运动。所以，鲍罗廷认为这一指示是"荒谬可笑"的，他以外交辞令的方式给莫斯科回电说："命令收到，一旦可行，立即照办。"陈独秀给共产国际回电称："贵方的意见是正确的，重要的，我们表示完全同意……但是，它在短期内是不可能实现的。"②

没有一支拥护土地革命的强大军队做后盾，没有坚决实行土地革命的政府，没有切实可以执行的土地革命纲领，中共凭什么能够颠覆数千年的封建土地所有制？

（3）苏共及共产国际为了维护国民党对中国革命的领导地位，长期不主张中共有自己的独立武装力量和开展武装斗争。

苏共及共产国际帮助国民党建立黄埔军校，给国民党的国民革命军以很大的物质和人力援助。但是，1923 年 1 月共产国际执委会所作的《关于中国共产党与国民党的关系问题的决议》，是关于国共合作的第一份文献，其中根本没有提及中共应建立自己的武装；1926 年 2 月共产国际执委会召开的第六次扩大全会通过的《中国问题决议》没有提及中共应建立自己的武装，只是提出发动农民进行武装斗争，但半年后斯大林又致电中共中央在占领上海之前暂时不要开展农民运动；1926 年 11 月召开的共产国际执委会第七次扩大全会通过的《关于中国形势问题的决议》没有提及中共应有自己的武装力量问题；1927 年 5 月召开的共产国际执委会第八次全会通过的《中国问题的决议》和会议期间发来的

① 张玲：《变奏——共产国际对中国革命的影响（1926—1935）》，上海交通大学出版社 2007 年版，第 57 页。

② 孙武霞编著：《共产国际和中国革命关系史纲》，河南人民出版社 1988 年版，第 163 页。

"五月指示"虽然提出"建立绝对忠诚的革命部队",但前提条件是保持和汪精卫、唐生智的联合。

"中山舰事件"发生后,陈独秀派人同鲍罗廷商量,要求把苏联援助蒋介石的枪械匀出 5000 支,来武装中共领导下的革命农民,鲍罗廷却怕此举引起国民党的不满而拒绝;当蒋介石军队进入上海下令停止总罢工和解除工人纠察队武装,而中共上海组织和总工会决定同蒋介石军队进行武装斗争时,却遭到苏共及共产国际的坚决反对,因为苏共此时还抱有"对蒋介石做出一些让步以保持统一和不让他完全倒向帝国主义者一边"的幻想。① 蒋介石叛变革命后,鲍罗廷不是帮助中共建立武装,而是扶持唐生智等,希望同冯玉祥在西北建立革命根据地。在汪精卫叛变革命的紧要关头,共产国际代表、苏联派驻国民政府的首席政治顾问鲍罗廷在一次中共中央政治局紧急会议上,竟提议将武汉工人纠察队的枪支主动交给国民党。

苏共及共产国际对陈独秀右倾机会主义的形成、中国革命的失败,负有不可推卸的责任,事后共产国际代表维经斯基承认:"对中国共产党所犯错误我要承担很大的责任,要承担比中国共产党领导更大的责任。"鲍罗廷也认为,在"四一二"反革命政变后未能集中力量打击蒋介石,是"当时我们在中国所犯的最致命的一个大错误"。②

陈独秀的右倾机会主义的形成,受到了上述苏共及共产国际观点的影响。

第一,受苏共及共产国际重视国民党、轻视中国工人阶级及共产党力量的影响,陈独秀长期忽视共产党对民主革命的领导权。1923 年 4 月和 12 月,陈独秀先后发表了《资产阶级的革命和革命的资产阶级》《中国国民革命与社会各

---

① 中共中央党史研究室第一研究部编:《联共(布)、共产国际与中国国民革命运动(1926—1927)》(4),国家图书馆出版社 1998 年版,第 167 页。

② 中共中央党史研究室:《中国共产党历史》第一卷(1921—1949)上册,中共党史出版社 2011 年版,第 222 页;本书编写组:《中国共产党历史上的 1000 个为什么》(上),中共党史出版社 2006 年版,第 77 页。

阶级》等文，正式形成了他的"二次革命论"的右倾理论观点。陈独秀把五四运动后中国的民主革命当作辛亥革命一样的旧民主主义革命。他认为中国工人阶级太幼稚，而资产阶级力量比农民集中，比工人雄厚。由此他得出了中国革命的公式："统率革命的资产阶级，联合革命的无产阶级，实现资产阶级的民主革命。"陈独秀认为民主革命的胜利，自然是资产阶级握得政权，无产阶级只不过"获得若干自由及扩大自己的能力之机会"。只有等到资本主义发达起来了，无产阶级才可能进行本阶级的社会主义革命，即第二次革命。直到 1926 年 9月，陈独秀在《我们现在为什么争斗？》中还在坚持"二次革命论"。他说应把"民族的资本主义之建设"作为"民族革命运动"应该争取的"前途"。这个前途的实现，就是胜利"归诸国民政府、国民军"，"只有到那时，真正中国的资本主义才能够自由发展"。文章表明，国民革命时期不会有共产党争取政权的事情，认为"共产党取得政权，乃是无产阶级革命时代的事"。[①]

1926 年 9 月，中共中央委托出席共产国际执委会第七次全会的谭平山请示共产国际，共产党员可否参加国民政府。在共产国际未予答复之前，中共根据此前共产国际的倾向，即国民党是国民革命的领导力量，中共必须立足在野党的地位，参加政府是猎取官位的机会主义，因而禁止共产党员加入政府。到了 1926 年年底，共产国际执委会第七次全会提出共产党员可以加入政府，中共才陆续派了谭平山等参加国民政府的工作，但在国民党日益右倾的形势下，没有发挥什么作用。1926 年 12 月中旬，中共中央在汉口召开了特别会议，通过了《政治问题议决案》，只字不提无产阶级领导权问题，强调要把党的工作重点放在"努力巩固和发展国民党左派的势力，帮助他们获得党的和政府的领导地位"。[②]

---

①　中共中央党史研究室：《中国共产党历史》第一卷（1921—1949）上册，中共党史出版社 2011 年版，第 199 页。

②　《关于国民党左派问题决议案》(1926 年 12 月），转引自孙武霞编著：《共产国际和中国革命关系史纲》，河南人民出版社 1988 年版，第 150 页。

第二，受苏共及共产国际长期不重视土地革命和照搬苏联土地改革模式的影响，陈独秀贬低农民土地问题，反对我党"包办"农民运动。陈独秀说："目前中国大多数农民群众所争的还是减租、减息、组织自卫、武装自卫、反抗土豪劣绅、反抗苛捐杂税这些问题，而不是根本的土地问题，他们都还未能直接了解到这个根本问题……若是马上拿农民群众还未能直接了解的土地问题作斗争口号，便是停止斗争。"①

1926 年 12 月中旬，在中共中央的汉口特别会议上，担任中共中央政治局候补委员、国民党中央农民运动委员会委员及书记的毛泽东，提出要支持湖南区委提出的进行土地革命的主张，但该主张与共产国际的指示不符，掌握会议的陈独秀、鲍罗廷和维经斯基都不赞成马上解决土地问题，认为土地还未成问题，目前的农民问题是减租减息。会议根据陈独秀的政治报告，通过决议，强调为了改善国共关系，中共对于农民运动的指导方式，只能是"向政府（尤在军事领袖）要求帮助农民斗争"；党对农民问题的策略是限制农民运动发展，反对"耕地农有"。1927 年 4 月，以国民党土地委员会成员的毛泽东为主体的五人专门委员会提出，解决土地问题"原则上是平均地权，耕者有其田，以至土地国有"，步骤上分为两步，即"政治上的没收"（没收土豪劣绅军阀等土地）和"经济上的没收"（没收一切不耕种而出租于他人的土地）。由于汪精卫等人的反对，只得同意全部用政治没收的办法解决土地问题。这个变通的方法，陈独秀和鲍罗廷只表示原则上赞同，却提出不能马上实行。他们强调解决土地问题须先有农民政权，需先由国民党政府农政部规定具体办法，由各省依据当地情况实施。②

第三，受苏共及共产国际长期忽视中共独立开展武装斗争工作的影响，陈

---

① 孙武霞编著：《共产国际和中国革命关系史纲》，河南人民出版社 1988 年版，第 150 页。

② 张玲：《变奏——共产国际对中国革命的影响（1926—1935）》，上海交通大学出版社 2007 年版，第 44—45 页。

独秀不注重中共建立自己的武装力量问题。

北伐前，黄埔军校毕业生中有共产党员和共青团员约 2000 人；两湖和江西的工农从败散的敌军手里夺得不少枪支弹药；国民革命军中不少军官也邀请共产党派人帮助工作，但陈独秀并没有抓住发展中共军队的这种有利时机。北伐开始后，陈独秀只让少数党员去黄埔军校学习，规定从事工运、农运的同志不能放下手中工作去军校学习，在国民军中从事政治工作的党团员不可干涉军事行政工作。① 这又没抓住建立发展中共武装的大好机会。1927 年共产国际的"五月指示"要求中共"武装二万共产党员"，陈独秀和鲍罗廷都不加分析地认为无法执行。其实在当时，武汉工人建立了一支拥有 5000 人、2000 支枪的工人纠察队，湖南、湖北的农民普遍建立了农民自卫军。如果陈独秀和共产国际代表能够接受党内许多同志的建议，迅速组建党的武装队伍，是可以阻击蒋介石对革命的进攻，防止国民党左派动摇的。"四一二"反革命政变后，武汉地区夏斗寅、长沙许克祥、江西朱培德等反动军官相继叛变革命，汪精卫为首的国民党上层日益走向反动。在此革命的紧急关头，罗易、鲍罗廷、陈独秀竟然还认为现在的中心问题不是军事问题，仍然是与国民党的左派关系问题。为此，陈独秀和国际代表跟着武汉政府去限制农民运动。

综上所述，苏共及共产国际不从中国实际出发，盲目指挥；陈独秀右倾机会主义也未能从中国实际出发，独立自主解决中国革命问题，盲从苏共及共产国际的思维方式和具体指示，导致了大革命的失败。谁应承担主要责任呢？笔者认为是苏共及共产国际。因为中共是共产国际的一个支部，共产国际的那些错误指令，怎能让中共承担？如果是中共自己犯了什么错误，共产国际也可以及时下令指正。1929 年 12 月 10 日陈独秀的《告全党同志书》认为，大革命失败的主要原因在于共产国际犯了右倾机会主义的错误，而他的错误则是遵守了

---

① 《中共中央文件选集》(2)，中共中央党校出版社 1989 年版，第 455 页。

共产国际下级绝对服从上级的纪律要求，忠实地执行了共产国际的右倾机会主义指令。[①] 这样的看法不能排除陈独秀有为自己推脱责任的成分，但大体上是符合实际情况的。即苏共及共产国际是全盘苏化的始作俑者，陈独秀等人是全盘苏化的执行者。

2. 斯大林的"三阶段论"和罗米纳兹"不断革命论"与瞿秋白"左"倾盲动主义

1927 年中国大革命失败前后，斯大林提出了中国革命经历了广州时期、武汉时期和苏维埃时期的"三阶段"理论。他认为，中国革命的第一阶段是广州时期，特点是全民族联合战线的革命；蒋介石叛变革命后，民族资产阶级转到反革命阵营，中国革命进入第二阶段——武汉时期。汪精卫叛变革命后，小资产阶级离开革命阵营，中国革命进入第三阶段——苏维埃革命阶段。这时无产阶级的同盟军是农民和城市贫民。根据这一理论，当时民族资产阶级、小资产阶级都被当作了革命对象。

在斯大林关于中国革命"三阶段"论的影响下，共产国际代表罗米纳兹在八七会议上提出了"不断革命论"，为"左"倾机会主义提供了理论根据。周恩来指出，罗米纳兹认为中国虽然是民主革命，但不间断地发展下去就是社会主义革命。他说广州时期是四个阶级联合；武汉时期是三个阶级联合；南昌起义只有工农两个阶级，中间不经任何停留，不经任何阶段，再发展下去就是社会主义。因此，革命形势不断高涨，要坚持继续进攻的策略。[②]1927 年 11 月召开的中央临时政治局扩大会议接受了这种观点，会议形成了以瞿秋白为代表的"左"倾盲动主义。主要表现在以下几个方面：

第一，在革命形势问题上，瞿秋白没有认识到当时革命处于低潮时期，相

---

① 陈独秀：《告全党同志书》，梁由之主编：《梦想与路径：1911—2011 百年文萃》，商务印书馆 2012 年版，第 234—246 页。

② 中共中央文献研究室编：《周恩来选集》上卷，人民出版社 1980 年版，第 160 页。

反，他却认为当时"是直接革命的形势"，"是高涨而不是低落"。他制定了举行全国总暴动的冒险计划，走上了盲动主义的道路。

第二，在革命性质和阶级关系问题上，瞿秋白认为中国革命是"无间断的革命"，从民主革命急转直下到社会主义革命，主张在城市没收反革命派的一切财产；没收中外大资本家的大工厂大商店银行矿山铁路等，收归国有，工厂归工人管，厉行劳动法等；在农村，准许工农自动独立地实行杀戮豪绅地主反革命派，征发没收地主豪绅财产等政策；对于豪绅工贼及一切反革命派应当采取歼灭政策；对于上层小资产阶级（店东商人）实行革命群众的制裁。

第三，在斗争的策略上，主张举行农民暴动和城市工人暴动，使之互相赞助。

不难看出，瞿秋白的"左"倾盲动主义是照搬斯大林"三阶段"论和罗米纳兹"不断革命论"的产物。

3. 共产国际"第三时期"理论与李立三"左"倾冒险错误

"第三时期"理论是 1928 年 7 月共产国际第六次代表大会提出的关于时代和共产国际任务的理论。这一理论认为，第一次世界大战结束后的世界形势分为三个时期，苏联十月革命为第一时期（1918—1923 年），是资本主义制度发生严重危机，无产阶级直接革命的时期；"资本主义局部的暂时稳定"时期（1923—1928 年）是第二时期，特点是资本主义渐趋稳定，无产阶级继续斗争的时期；1928 年以后进入第三时期，特点是帝国主义国家之间的战争、帝国主义的反苏战争、反对帝国主义及帝国主义者武装干涉的民族解放战争和大规模阶级搏斗时期，是无产阶级进行革命的好时机。共产国际六大制定了中共的战略和策略，认为中国最要紧的问题是应当开展反对机会主义倾向的有力斗争，即将来临的革命高潮将重新提出准备和进行武装起义作为党的当前的实际任务。共产国际六大是共产国际和苏共全面走向"左"倾的开始，共产国际执委会第十次全会则完成了向"左"的转变。在这次全会前后，共产国际连续给中共发来了多封指示信，要求中共"与富农斗争""推翻地主资产阶级联盟的政权""创立苏维埃形式的工农独裁"，现阶段的"特别危险是右倾"。1929 年 12 月，中共中央作出决议接受共产国际执委会第十次全会的一切决议，以李立三为代表的"左"倾冒险错误在党中央占据了统治地位。

第一，按照共产国际的指示，在中国革命性质和革命转变问题上，李立三"左"倾冒险错误认为中国革命可以跨越资产阶级民主革命阶段，从半殖民地半封建社会直接过渡到社会主义社会，没收中国资产阶级的工厂、企业、银行，从工农专政进到无产阶级专政。尊重革命转变的阶段论，是极端危险的右倾观念。

第二，照搬苏俄城市为中心的十月革命道路，认为只要在产业区域或政治中心突然爆发一个工人斗争，就可以立即通过武装起义实现一省或几省的首先胜利，建立全国性的革命政权，进而夺取全国所有省区的胜利。

第三，在中国革命对象上，李立三的"左"倾冒险错误仿照苏联做法，把中间势力当作革命的对象。

李立三"左"倾冒险错误直到中共六届三中全会（1930 年 9 月 24 日）前夕才得到纠正。为什么李立三执行了苏共及共产国际的"左"倾理论和决定，还遭到共产国际的否定呢？这是因为李立三的"左"倾冒险错误虽然来源于共产国际，但他走得比共产国际更远，他违背了共产国际以捍卫苏联利益为中心的根本宗旨，要求以中国革命为中心，为了他的"会师武汉，饮马长江"的冒险计划，向共产国际和苏联要求组织西伯利亚的华侨回国，要求外蒙古出兵参加中国苏维埃联邦，要求苏联出兵打日本，等等，这些都超出了共产国际的决议和冒犯了苏联的大国沙文主义权威。因此，开展了对李立三错误的批判和处分。李立三被罢免，被完全忠于共产国际路线的王明取而代之。

4. 从共产国际决议到王明《两条路线》

王明的"左"倾教条主义和李立三"左"倾冒险错误并无二致。王明"左"

倾教条主义理论和主张集中体现在他的《两条路线》小册子中，这本小册子是根据当时发表的共产国际几种决议材料写的，内容与共产国际路线没有原则上的任何不同，对于中国革命的根本问题和党的政策提出了一系列的错误主张。

第一，在中国革命性质和革命转变问题上，王明"左"倾教条主义不承认中国是半殖民地半封建性质的社会，只说中国是半殖民地国家，封建剥削关系已是余孽，资本主义生产关系有相当畸形的发展。中国可以越过资产阶级民主革命而直接到社会主义。

第二，在革命形势和道路问题上，王明强调全国性的革命高潮已经到来，要在全国范围内实行进攻路线，在湘鄂赣各省实现一省或几省的首先胜利，进而推进与争取全国范围内的胜利。他反对毛泽东同志开辟的建立农村根据地、以农村包围城市、最后夺取城市的革命道路。认为那是一种"和平割据观念""保守观念""地方观念"等，所建立的苏维埃政权不是真正的工农民主专政政权。

第三，在中国革命对象上，王明"左"倾教条主义强调反对一切资产阶级，鼓吹下层统一战线，打击中间势力。苏联帮助拟定的《中华苏维埃共和国宪法》明文规定：中国革命的力量，亦即可以享有国民权利与待遇的，只有工人和贫苦农民两部分人。这一极端政策把中共弄成了"孤家寡人"。

第四，在土地革命问题上，以王明为代表的"左"倾教条主义照搬苏联消灭富农的做法，他们于1931年3月与共产国际远东局共同起草并发布了《土地法草案》，规定了"地主不分田""富农分坏田"的"左"倾政策，提出"坚决打击富农""使得富农得到较坏的土地"。1933年初，临时中央迁入中央根据地后，又按照"地主不分田""富农分坏田"原则，开展查田运动。①

第五，配合苏联肃反运动，搞肃反扩大化，迫害无辜同志。他们通过苏联

---

①　中共中央党史研究室:《中国共产党历史》第一卷（1921—1949）上册，第373—375页，中共党史出版社2011年版。

公安机关任意捕杀自己的同志；在国内也实行"左"的肃反政策，以反 AB 团、改组派、取消派或社会民主党之名，捕杀了不少干部群众。

王明的每一个观点，几乎都可以从共产国际的文件中找到出处，是最典型的全盘苏化。

5. 苏共重视国民党与王明右倾投降主义 ①

抗日战争爆发之后，共产国际认为，这时的国民党较之大革命时期更有力量，不仅掌握了全国政权，拥有几百万军队，而且还得到了英、美等大国的援助。至于共产党，那是根本不能与之相比的。因此，要拖住日军，不让其进攻苏联，只有依靠国民党。王明回国时，斯大林同他谈话，要求他与蒋介石搞好统一战线。因此，王明一回国就以国际代表身份提议召开政治局会议，并作了《如何继续全面抗战与争取抗战胜利呢？》的报告，系统提出了"一切经过统一战线""一切服从统一战线"的右倾投降主义主张。他还再三声明，他的报告是贯彻斯大林和共产国际的指示精神，是"斯大林同志的意见"。上述情况说明，抗日战争初期中国共产党内出现的王明右倾投降主义，是王明贯彻斯大林、共产国际带有民族利己主义倾向的对华政策的结果。

6. 中国共产党人在民主革命时期反对全盘苏化的斗争

以毛泽东同志为代表的中国共产党人，不管是在大革命时期，还是在土地革命时期，同全盘苏化的"左"、右倾机会主义作了不懈的斗争，最后在抗日战争时期创建了马克思主义中国化，也是战胜全盘苏化倾向的重要成果——新民主主义理论。

（1）在中国革命性质问题上，新民主主义理论反对共产国际和斯大林曾经主张的中国革命是反对资产阶级的社会主义革命，而认为苏俄十月革命是社会主义革命，而中国革命是中国共产党领导的资产阶级民主革命。

---

① 周启先：《王明右倾投降主义与共产国际》，《荆州师专学报》1991 年第 4 期。

（2）在中国革命对象问题上，新民主主义理论反对共产国际和斯大林曾经主张的资产阶级、小资产阶级同帝国主义、封建主义都是革命的对象，以及对地主和富农的过激打击政策。认为资产阶级可以分为民族资产阶级和大资产阶级两部分，民族资产阶级是团结的对象，它具有革命和妥协两性，要支持它的革命性，防止它的妥协性。[①] 大资产阶级是革命的对象，但在抗战时期民族矛盾成为主要矛盾的时候，大资产阶级中的某些集团可以分化出来，成为既团结、又斗争的对象。地主阶级是革命的对象，但在抗战时期它们中的一部分愿意抗战，可以成为统一战线联合的开明绅士。不能笼统地搞什么"地主不分田""富农分坏田"。[②] 小资产阶级虽有缺点，但属于革命阵营。

（3）在中国革命的动力问题上，新民主主义理论反对共产国际和斯大林曾经主张的中国革命动力仅仅是工人阶级、农民阶级、民族资产阶级等"中间势力"是"最危险的势力"，而认为中国革命的动力是中国共产党领导的工农联盟为基础的人民大众，"人民是什么？在中国，在现阶段，是工人阶级，农民阶级，城市小资产阶级和民族资产阶级"。[③] 人民大众不仅包括民族资产阶级，也包括抗战时期一切愿意抗日的各阶级、各阶层集团，在解放战争时期的土地改革中，也要注意不伤害中农利益，对地主、富农的土地要平分，但对其工商业企业则要保护。

（4）在中国革命道路问题上，新民主主义理论反对共产国际和斯大林曾经主张的以城市工人起义为中心、一省或数省率先取得革命胜利的苏俄十月革命模式。认为中国革命必须按照中国半殖民地半封建社会的国情，走农村包围城市、最后武装夺取政权的道路，中国革命是无产阶级领导的农民革命。

---

① 《论人民民主专政》，《毛泽东选集》第四卷，人民出版社 1991 年版，第 1479 页。

② 毛泽东：《关于路线学习、工作作风和时局问题》，《毛泽东文集》第三卷，人民出版社 1996 年版，第 94—95 页。

③ 《论人民民主专政》，《毛泽东选集》第四卷，人民出版社 1991 年版，第 1475 页。

（5）在中国革命的统一战线问题上，新民主主义理论反对共产国际和斯大林曾经主张的开始是中共不保持自己独立性，不积极争取领导权，一味向蒋介石、汪精卫让步的统一战线，当蒋介石、汪精卫背叛革命后又完全否定同民族资产阶级合作的可能性，主张统一战线只能是"下层统一战线"，即与农民、小资产阶级组成的统一战线，除此之外都是革命打击的对象。汪精卫叛变革命后，小资产阶级一度也被列为革命对象。在国共合作统一战线中，要让国民党掌握革命的领导权。新民主主义理论认为不仅要搞"下层统一战线"，也要和一切可以团结的人搞统一战线，发展进步势力，争取中间势力，孤立顽固势力，特别是对民族资产阶级更要积极争取。在统一战线中，既要反对一切联合反对斗争的右的倾向；也要反对一切斗争反对联合的"左"的倾向，要坚持联合与斗争的综合，一拉一打，又打又拉，有理、有利、有节。

（6）在中国革命阶段问题上，新民主主义理论反对共产国际和斯大林曾经主张的中国革命要把资产阶级民主革命不间断地发展为社会主义革命，"毕其功于一役"。认为整个中国革命运动是包括民主主义革命和社会主义革命两个阶段在内的全部革命运动；这是两个性质不同的革命过程，只有完成了前一个革命过程才有可能去完成后一个革命过程。民主主义革命是社会主义革命的必要准备，社会主义革命是民主主义革命的必然趋势。①

（7）在如何看待蒋介石所代表的国民党统治集团问题上，苏共及共产国际长期认为国民党应该是中国革命的领导者，中国共产党要成为蒋介石统治集团的协助者，尤其是在全国解放战争即将取得胜利之际，斯大林还要求中共领导的军队不要打过长江去，与国民党政府"划江而治"。而新民主主义理论认为抗战胜利后的蒋介石统治集团，已演变为官僚资本主义的政治代表，是革命的对象，不能与其搞"划江而治"，中国人民解放军必须打过长江去，解放全中国。

---

① 《中国革命与中国共产党》，《毛泽东选集》第二卷，人民出版社 1991 年版，第 646 页。

　　总之，从某种意义上来说，中国革命史是反对全盘苏化的历史。如果中国共产党人把共产国际和斯大林的某些指示神圣化，把苏联经验绝对化，中国革命不知道还要在黑暗中徘徊多久。毛泽东同志说过："指导一个伟大的革命运动的政党，如果没有革命理论，没有历史知识，没有对于实际运动的深刻的了解，要取得胜利是不可能的。"[①]克服全盘苏化影响的新民主主义理论是指导中国革命的正确的理论，有了它的指引，中国革命才会走向胜利。

　　（二）中国特色社会主义道路始于对全盘苏化倾向的纠正

　　1949 年 6 月 30 日，毛泽东在《论人民民主专政》一文中，明确提出了"一边倒"的政策："一边倒，是孙中山的四十年经验和共产党的二十八年经验教给我们的，深知欲达到胜利和巩固胜利，必须一边倒。积四十年和二十八年的经验，中国人不是倒向帝国主义一边，就是倒向社会主义一边，绝无例外。骑墙是不行的，第三条道路是没有的。我们反对倒向帝国主义一边的蒋介石反动派，我们也反对第三条道路的幻想。"[②]于此可知，"一边倒"最初的含义是走社会主义道路，不走西方资本主义道路。

　　但由于我们对建设社会主义没有经验，一开始不可避免地在某些方面照搬苏联的模式。1960 年 6 月 18 日，毛泽东在《十年总结》中说，前八年照抄外国的经验（这里是指照抄苏联的经验）。[③]1956 年 2 月苏共二十大揭露斯大林晚年错误之后，中共开始思考要走符合中国实际的社会主义建设道路问题。毛泽东指出，对于马列主义理论，"对于外国的经验，也不能不加分析地一概排斥或者一概照搬。特别值得注意的是，最近苏联方面暴露了他们在建设社会主义过程中的一些缺点和错误，他们走过的弯路，你还想走"？[④]这就明确了建设社会

---

　　①　《中国共产党在民族战争中的地位》，《毛泽东选集》第二卷，人民出版社 1991 年版，第 521 页。
　　②　《论人民民主专政》，《毛泽东选集》第四卷，人民出版社 1991 年版，第 1473 页。
　　③　毛泽东：《十年总结》，《建国以来重要文献选编》（第十三册），中央文献出版社 1996 年版，第 418 页。
　　④　毛泽东：《论十大关系》，《建国以来重要文献选编》（第八册），中央文献出版社 1994 年版，第 243 页。

主义必须根据本国情况走自己的道路这一根本思想。

1. 苏共二十大促使中共开始要实现马克思主义和中国实际的第二次结合

1956 年 2 月，苏共召开了二十大。赫鲁晓夫在会上作了《关于个人崇拜及其后果》的报告，俗称《秘密报告》。揭露了斯大林违反法治、党规，造成大规模冤假错案问题。毛泽东对这件事的态度是：赫鲁晓夫这次揭了盖子，又捅了娄子。说他揭了盖子，就是讲，他的《秘密报告》表明，苏联、苏共、斯大林并不是一切都是正确的，这就破除了迷信。有利于反对教条主义。不要再硬搬苏联的一切了。应该用自己的头脑思索了。应该把马列主义的基本原理同中国革命和建设的具体实际结合起来，探索在我们国家里建设社会主义的道路了。说他捅了娄子，就是讲，他作的这个《秘密报告》，无论在内容上或方法上，都有严重错误。

毛泽东在中央政治局讨论《关于无产阶级专政的历史经验》一文的会议上说，最重要的是要独立思考，把马列主义的基本原理同中国革命和建设的具体实际相结合。民主革命时期我们在吃了大亏之后才成功地实现了这种结合，取得了中国新民主主义革命的胜利。现在是社会主义革命和建设时期，我们要进行第二次结合，找出在中国怎样建设社会主义的道路。这个问题我几年前就开始考虑，先在农业合作化问题上考虑怎样把合作社办得又多又快又好，后来又在建设上考虑能否不用或者少用苏联的拐杖，不像第一个五年计划那样照搬苏联的一套，而是自己根据中国的国情，建设得又多又快又好又省。现在感谢赫鲁晓夫揭开了盖子，我们应从各方面考虑如何按照中国的情况办事，不要再像过去那样迷信了。其实，过去我们也不是完全迷信，有自己的独创。现在更要努力找到中国建设社会主义的具体道路。①

---

① 《毛泽东与赫鲁晓夫决裂前后》第五章"赫鲁晓夫在苏共二十大上全面否定斯大林"，人民网，http://dangshi.people.com.cn/n/2013/0227/c85037-20616729-6.html，2021 年 4 月 29 日最后访问。

2.《论十大关系》明确提出不能全盘照搬苏联模式

毛泽东在 1956 年 4 月与 5 月发表了讲话，阐述了十大关系，即后来公开发表的《论十大关系》。

（1）不能学习照搬苏联的农业政策。

《论十大关系》首先讨论了经济问题。前三条讲重工业和轻工业、农业的关系，沿海工业和内地工业的关系，经济建设和国防建设的关系。毛泽东指出，在处理重工业和轻工业、农业的关系上，我们没有犯原则性的错误。我们比苏联和一些东欧国家做得好些。像苏联的粮食产量长期达不到革命前最高水平的问题，像一些东欧国家由于轻重工业发展太不平衡而产生的严重问题，我们这里是不存在的。在农业方面，苏联的办法把农民挖得很苦。他们采取所谓义务交售制等项办法，把农民生产的东西拿走太多，给的代价又极低。他们这样来积累资金，使农民的生产积极性受到极大的损害。我们对农民的政策不是苏联的那种政策，而是兼顾国家和农民的利益。我们的农业税历来比较轻。工农业品的交换，我们是采取缩小剪刀差，等价交换或者近乎等价交换的政策。我们统购农产品是按照正常的价格，农民并不吃亏，而且收购的价格还逐步有所增长。我们在向农民供应工业品方面，采取薄利多销、稳定物价或适当降价的政策，在向缺粮区农民供应粮食方面，一般略有补贴。但是就是这样，如果粗心大意，也还是会犯这种或那种错误。鉴于苏联在这个问题上犯了严重错误，我们必须更多地注意处理好国家同农民的关系。这里涉及的实际上是开辟一条跟苏联过去道路有所不同的中国工业化道路的问题。

（2）不能照搬苏联处理中央和地方关系的做法。

《论十大关系》第四条、第五条和第六条讲国家、生产单位和生产者个人的关系，中央和地方的关系，汉族和少数民族的关系，开始涉及经济体制的改革。毛泽东指出，我们的国家这样大，人口这样多，情况这样复杂，有中央和地方两个积极性，比只有一个积极性好得多。我们不能像苏联那样，把什么都集中到中央，把地方卡得死死的，一点机动权也没有。我们要诚心诚意地积极帮助少数民族发展经济建设和文化建设。在苏联，俄罗斯民族同少数民族的关系很不正常，我们应当接受这个教训。这样就初步提出了中国社会主义经济建设的若干新方针。

（3）不能照搬苏联的政党制度。

《论十大关系》讨论了党和非党的关系，毛泽东明确表示不赞成苏联共产党的一党制。他说："究竟是一个党好，还是几个党好？现在看来，恐怕是几个党好，不但过去如此，而且将来也可以如此，就是长期共存，互相监督。"[①]

（4）不能照搬斯大林一些对待镇压反革命的办法和对待犯错误同志的处理办法。

关于对待反革命分子的问题，《论十大关系》作出现在"还有反革命，但是已经大为减少"的判断，提出今后在社会上镇压反革命要少捉少捕少杀和在机关内部清查反革命分子要坚持"一个不杀，大部不抓"的方针。《论十大关系》提出党内党外都要分清是非。对于犯错误的同志，要采取"惩前毖后，治病救人"的方针，帮助他们改正错误，允许他们继续革命。过去，在以王明为首的教条主义者当权的时候，我们党在这个问题上犯了错误，学了斯大林作风中不好的一面。他们在社会上不要中间势力，在党内不允许人家改正错误，不准革命。[②]

（5）要区分苏联的长处和短处，取其长，避其短。

《论十大关系》讨论了中国和外国的关系。毛泽东指出，我们的方针是，一切民族、一切国家的长处都要学，政治、经济、科学、技术、文学、艺术的一切真正好的东西都要学。但是，必须有分析有批判地学，不能盲目地学，不能

---

① 毛泽东：《论十大关系》，《建国以来重要文献选编》（第八册），中央文献出版社1994年版，第255页。

② 同上书，第260页。

一切照抄，机械搬用。他们的短处、缺点，当然不要学。对于苏联和其他社会主义国家的经验，也应当采取这样的态度。过去我们一些人不清楚，人家的短处也去学。当着学到以为了不起的时候，人家那里已经不要了，结果栽了个斤斗，像孙悟空一样，翻过来了。比如，过去有人因为苏联是设电影部、文化局，我们是设文化部、电影局，就说我们犯了原则错误。他们没有料到，苏联不久也改设文化部，和我们一样。有些人对任何事物都不加分析，完全以"风"为准，自己毫无主见，往往由一个极端走到另一个极端。①

不难看出，毛泽东的《论十大关系》基本上是以苏联为鉴戒，论述中国应该走的道路，是对全盘苏化的批评和纠正。后来毛泽东回顾这段历史，多次说过，前几年经济建设主要学外国经验，1956 年 4 月的《论十大关系》开始提出自己的建设路线，有我们自己的一套内容。②

3. 1956 年中共中央第一次对苏联经验作了科学分析

1956 年 12 月 29 日，《人民日报》发表《再论无产阶级专政的历史经验》（以下简称《经验》）一文，该文是根据中共中央政治局扩大会议的讨论，由《人民日报》编辑部写成的。它把苏联的经验分为三种：一是在人类历史的现阶段具有普遍意义的正确经验；二是虽然正确，但不具有普遍意义的经验；三是一些错误的、失败的经验。

（1）苏联经验中对各国都具有普遍指导意义的内容。

《经验》指出有如下几点：一是无产阶级的先进分子组织成为共产主义的政党。这个政党，以马克思列宁主义为自己的行动指南，按照民主集中制建立起来，密切联系群众，力求成为劳动群众的核心，并且用马克思列宁主义教育自

---

① 毛泽东：《论十大关系》,《建国以来重要文献选编》（第八册），中央文献出版社 1994 年版，第 262—263 页。

② 本书编写组：《中国共产党历史上的 1000 个为什么》（下），中共党史出版社 2006 年版，第 618—619 页。

己的党员和人民群众。二是无产阶级在共产党领导之下，联合劳动人民，经过革命斗争从资产阶级手里取得政权。三是革命胜利以后，无产阶级在共产党领导之下，以工农联盟为基础，联合广大的人民群众，建立无产阶级对于地主、资产阶级的专政，镇压反革命分子的反抗，实现工业的国有化，逐步实现农业的集体化，从而消灭剥削制度和生产资料的私有制度，消灭阶级。四是无产阶级和共产党领导的国家，领导人民群众有计划地发展社会主义经济和社会主义文化，在这个基础上逐步地提高人民的生活水平，并且积极准备条件，为过渡到共产主义社会而奋斗。五是无产阶级和共产党领导的国家，坚持反对帝国主义侵略，承认各民族平等，维护世界和平，坚持无产阶级国际主义的原则，努力取得各国劳动人民的援助，并且努力援助各国劳动人民和被压迫民族。

（2）对苏联经验中具有普遍指导意义的内容，各国也不能照抄照搬。

《经验》指出，在人类社会的发展中虽有共同的基本规律，但在不同的国家和民族中间，又存在着千差万别的特点。马克思列宁主义的普遍真理只有通过一定的民族特点，才能在现实生活中具体地表现出来和发生作用。苏联的一切经验，包括基本的经验，都是同一定的民族特点结合在一起的，都是别的国家所不应该原样照抄的。否则，在苏联成功了的经验也可以在别的国家失败。

4. 中国改革开放就是为了进一步抛弃苏联模式中的弊端

（1）邓小平指出新中国深受苏联模式影响，国家体制存在不少需要改革的问题。

1980 年 8 月 18 日，邓小平在《党和国家领导制度的改革》中深刻总结了改革开放前三十年我国的一些具体制度中存在的主要弊端，即：官僚主义现象，权力过分集中的现象，家长制现象，干部领导职务终身制现象和形形色色的特权现象。邓小平明确指出了有些弊端与共产国际、苏联有关。比如，权力过分集中的现象"同我国历史上封建专制主义的影响有关，也同共产国际时期实行的各国党的工作中领导者个人高度集权的传统有关"。轻视法治问题，"斯大林严重破坏社会主义法制，毛泽东同志就说过，这样的事件在英、法、美这样的西方国家不可能发生"。[①]

1982年9月1日，在中国共产党第十二次全国代表大会开幕式上，邓小平在致开幕词时讲了这样一段话："我们的现代化建设，必须从中国的实际出发。无论是革命还是建设，都要注意学习和借鉴外国经验。但是，照抄照搬别国经验、别国模式，从来不能得到成功。这方面我们有过不少教训。把马克思主义的普遍真理同我国的具体实际结合起来，走自己的道路，建设有中国特色的社会主义，这就是我们总结长期历史经验得出的基本结论。""中国的事情要按照中国的情况来办，要依靠中国人自己的力量来办。独立自主，自力更生，无论过去、现在和将来，都是我们的立足点。中国人民珍惜同其他国家和人民的友谊和合作，更加珍惜自己经过长期奋斗得来的独立自主权利。任何外国不要指望中国做他们的附庸，不要指望中国会吞下损害我国利益的苦果。"[②]

邓小平提出"中国特色"，第一是为了抛弃苏联模式。邓小平认为，中国的社会主义主要是照搬了苏联模式，而实践已经证明，采取这种模式建设社会主义，不适合中国的国情，不能成功。他针对苏联模式，提出了"中国特色"。这意味着要建立一种适合中国情况的社会主义模式。

第二是为了取得独立自主地建设社会主义的主动权。苏联一向以社会主义的"老大哥"自居，强制其他社会主义国家照搬他们的一套，否则就给扣上"民族主义"、违背"普遍规律"等大帽子，并横加干涉。邓小平在党的十二大开幕词中说："中国的事情要按照中国的情况来办，要依靠中国人自己的力量来办。独立自主，自力更生，无论过去、现在和将来，都是我们的立足点。"这主要是告诫包括苏联在内的外国势力，不要干涉中国的社会主义建设事业。

"中国特色"的提法提出后不久就受到苏联方面的"关注"。1984年6月21

---

① 《邓小平文选》第二卷，人民出版社1994年版，第327、333、334页。

② 《邓小平文选》第三卷，人民出版社1993年版，第2—3页。

日，苏共中央机关报《真理报》发表了题为《世界革命进程的主导因素》的文章，大讲"世界社会主义体系及其团结一致"，特别讲到"其中包括中华人民共和国"。文章说："出现了企图从修正主义立场解释社会主义所有制问题，以及社会生产同私人生产的相互关系的现象。有些学者鼓吹削弱国家调节经济发展的杠杆，首先是削弱集中计划的作用，提倡市场竞争和扩大私人经济成分的比例。这种'探索'没有考虑主要的一点，即扩大私人成分孕育着严重的经济、社会和意识形态后果，首先是动摇社会主义经营的基础。"很明显，这是针对当时我国正在推行的多种经济成分的发展，针对我国市场趋向的改革。这篇文章进而指责："追求民族的独特性，机械地模仿或无视其他国家的经济也同样是危险的。"这更是明白地针对"中国特色"而言的。这篇文章对邓小平提出的中国特色社会主义基本理论观点作这样的负面评价，无疑就是苏共的观点和立场。这就是邓小平提出"中国特色"，强调"中国的事情要按照中国的情况来办，要依靠中国人自己的力量来办"的一个重要背景。

1985 年 8 月邓小平指出："社会主义究竟是个什么样子，苏联搞了很多年，也并没有完全搞清楚。可能列宁的思路比较好，搞了个新经济政策，但是后来苏联的模式僵化了。"

第三是为了实现马克思主义普遍真理与中国革命实践相结合的第二次飞跃。1956 年苏共二十大揭露了斯大林晚年所犯的错误，毛泽东同志在《论十大关系》中就提出要总结苏联建设社会主义中的经验教训，不要照搬苏联的模式，要实现马克思主义普遍真理与中国实际的第二次结合，但真正完成这一任务的，是以邓小平同志为主要代表的中国共产党人。

2014 年 8 月 20 日，习近平总书记在纪念邓小平同志诞辰 110 周年座谈会上的讲话中指出，邓小平同志紧紧抓住"什么是社会主义、怎样建设社会主义"这个基本问题，响亮提出"走自己的道路，建设有中国特色的社会主义"的伟大号召，领导我们党在新中国成立以来革命和建设实践的基础上，成功走出了一条中国特色社会主义新道路。邓小平同志强调必须坚持以经济建设为中心，坚持四项基本原则，坚持改革开放，领导我们党制定了党在社会主义初级阶段的基本路线。邓小平同志指导我们党正确认识我国所处的发展阶段和根本任务，制定了现代化建设"三步走"发展战略。邓小平同志突出强调"改革是中国的第二次革命"，领导我们党有步骤地展开各方面体制改革，勇敢打开对外开放的大门。邓小平同志反复强调"两手抓、两手都要硬"，必须抓好社会主义精神文明建设和民主法制建设，实现社会全面进步。他创造性提出"一国两制"科学构想，指导我们实现香港、澳门平稳过渡和顺利回归，推动海峡两岸关系打开新局面。邓小平同志明确提出和平与发展是当代世界的两大问题，领导我们党及时调整各方面政策，为改革开放和社会主义现代化建设创造了难得历史机遇和良好外部环境。邓小平同志强调加强党的领导必须改善党的领导，必须聚精会神抓党的建设，使党的建设充满新的生机活力。正是这些重大思想理论和实践，使 20 世纪的中国又一次发生天翻地覆的变化。

习近平总书记指出，邓小平同志留给我们的最重要的思想和政治遗产，就是他带领党和人民开创的中国特色社会主义，就是他创立的邓小平理论。邓小平理论是马克思列宁主义的基本原理同当代中国实践和时代特征相结合的产物，是毛泽东思想在新的历史条件下的继承和发展，是马克思主义在中国发展的新阶段，是当代中国的马克思主义，是中国共产党集体智慧的结晶，引导着我国社会主义现代化事业不断前进。

（2）《关于建国以来党的若干历史问题的决议》把"独立自主"视为毛泽东思想三个活的灵魂之一，是总结历史上中共与苏共、共产国际关系中经验教训而得出的深刻结论。

1981 年 6 月党的十一届六中全会通过的《关于建国以来党的若干历史问题的决议》指出："我们坚持独立自主，也尊重别国人民独立自主的权利。适合本国特点的革命道路和建设道路，只能由本国人民自己来寻找、创造和决定，任何人都无权把自己的意见强加于人。只有这样，才能有真正的国际主义，否则就只能是霸权主义。在今后的国际交往中，我们将永远坚持这样的原则立场。"

总之，中国特色社会主义是在反对照搬苏联模式的斗争中提出的，是战胜全盘苏化的胜利成果。

（三）中国共产党人在反对全盘西化的斗争中坚持了中国特色社会主义道路

全盘西化是中国近代知识分子中出现的一种思潮。全盘西化最早和最有力的倡导者是陈序经。他提出这一命题主要有两个依据：一是整体文化论，认为文化是一个整体，"它所表现出的各方面都有连带及密切的关系，它并不像一间房子，屋顶坏了，可以购买新瓦来补好。所以我们要格外努力去采纳西洋文化，诚心诚意地全盘接受它，因为它本身是一种系统，而它的趋势是全部的而非部分的"。[1] 在陈序经看来，若说中国传统文化不适合于现代，那就是整体的不适合，而不是局部的不适合；若说西方文化适合于中国，那就是整体的适合，而不是局部的适合，因此需要全盘西化。二是基础文化论，认为在多种多样的文化中有一个基础文化，这就是西洋文化。西洋文化就是现代的、世界的文化，是现代化的根本和干体。中国文化则是在闭关时代苟延残喘的文化，是不适宜现代世界的旧文化。我们由于因袭传统，积贫积弱，因此，只有走全盘西化的道路，"提倡全盘的和彻底的西化，使中国能够整个的西化"。[2] 在这里，他使用了"全盘""彻底""整个"等字眼来表示他的西化之意。

胡适讲全盘西化主要有两次，第一次是 1929 年，他在《中国今日的文化冲突》一文中提到对于西洋文化，中国曾有三派主张，一是抵抗西洋文化，二是选择折衷，三是全盘西化。他主张全盘西化，一心一意的世界化。第二次是 1935 年 3 月，他在《独立评论》第 142 号的《编辑后记》中声明，他是主张全

---

[1]　陈序经：《中国文化的出路》，商务印书馆 1934 年版，第 82 页。

[2]　陈序经：《对于一般怀疑西化论者的一个浅说》，《独立评论》第 79 号。

盘西化的，是完全赞成陈序经先生的全盘西化论的。[1]

全盘西化只是近代少部分知识分子中的一种文化思潮，对近代政治制度的变迁没有较大的影响，也没有在学术界居于支配地位。其历史作用，一般说来，具有反封建的进步性和阻碍马克思主义传播的反动性两重属性。

新中国成立后，全盘西化有了特定的含义，即：它是反对中国共产党的领导和社会主义道路的一种政治思潮。后被称为"资产阶级自由化"。

中国共产党建设社会主义的最低纲领和最终实现共产主义的最高纲领，决定了它对全盘西化必然坚持反对的态度。一部中国共产党的历史，就是一部坚持共产主义理想、坚决反对走资本主义道路的全盘西化的历史。

1. 新中国成立后毛泽东提出是否坚持党的领导和社会主义道路是辨别政治上香花与毒草的主要标准

早在 1940 年，毛泽东在《新民主主义论》中就明确表明了反对全盘西化的态度。他说，一切外国的东西，都应分解为精华和糟粕两部分，要排泄其糟粕，吸收其精华，决不能生吞活剥地毫无批判地吸收。所谓"全盘西化"的主张，乃是一种错误的观点。[2]1945 年 4 月，毛泽东在《论联合政府》中强调，对于外国文化，排外主义的方针是错误的，应当尽量吸收进步的外国文化，以为发展中国新文化的借镜；盲目搬用的方针也是错误的，应当以中国人民的实际需要为基础，批判地吸收外国文化。[3]

新中国成立后，毛泽东把全盘西化的含义定为否定党的领导和社会主义道路两条。1956 年毛泽东在《关于正确处理人民内部矛盾的问题》一文中提出了政治上辨别香花和毒草的六条标准：一是有利于团结全国各族人民，而不是分裂人民；二是有利于社会主义改造和社会主义建设，而不是不利于社会主义改

---

①　郭建宁：《陈序经、胡适全盘西化观比较研究》，《中州学刊》2020 年第 1 期。

②　毛泽东：《新民主主义论》，《毛泽东选集》第二卷，人民出版社 1991 年版，第 707 页。

③　毛泽东：《论联合政府》，《毛泽东选集》第三卷，人民出版社 1991 年版，第 1083 页。

造和社会主义建设；三是有利于巩固人民民主专政，而不是破坏或者削弱这个专政；四是有利于巩固民主集中制，而不是破坏或者削弱这个制度；五是有利于巩固共产党的领导，而不是摆脱或者削弱这种领导；六是有利于社会主义的国际团结和全世界爱好和平人民的国际团结，而不是有损于这些团结。这六条标准中，最重要的是社会主义道路和党的领导两条。

1956 年 2 月苏共二十大赫鲁晓夫的秘密报告发表后，毛泽东认为他一是揭开了盖子，打破了对斯大林的迷信，二是捅了娄子。为什么说是娄子？这不仅是指赫鲁晓夫反斯大林所采取的文过饰非、全盘否定方法不正确，更主要的是他的行为会导致一种反对社会主义制度、反对共产主义运动的思潮的兴起。由此他逐步形成社会主义国家存在人民内部之间和敌我之间两类性质不同的矛盾的观点。例如，关于 1956 年的波兰事件和匈牙利事件，他就认为二者的性质是不一样的，前者是人民内部矛盾激化的结果，后者则是反党反社会主义的反革命事件。具体来说，波兰事件是由于当时波兰政府没能正确处理好工人通过合法途径提出的经济和政治要求，导致工人不满情绪上升并失控所发生的悲剧事件，工人提出的意见实际上是要求摆脱苏联模式的束缚而探索适合波兰的社会主义道路，并没有否定波兰统一工人党的领导和否定社会主义道路，属于人民内部矛盾。而匈牙利事件最初的目的也是摆脱苏联模式的束缚，但在国内外反动势力的挑唆下，合法的游行请愿变成武装动乱，党的领导和社会主义道路被否定，同时领导层内部发生分裂，出现了以纳吉为首的右倾分子（提出实行多党制、放弃社会主义制度等）和以卡达尔为首的坚持走社会主义道路的共产党人。这就由人民内部矛盾演变为敌我矛盾。

同样，1957 年 4 月中共发动的"反官僚主义、反宗派主义和反主观主义"整风运动，本来是为了解决人民内部矛盾，但后来出现了少数人利用整风机会向党和社会主义道路发起猖狂进攻。如同《关于建国以来党的若干重大历史问题的决议》指出的那样："在全党开展整风运动，发动群众向党提出批评建议，是发扬社会主义民主的正常步骤。在整风过程中，极少数资产阶级右派分子乘机鼓吹所谓'大鸣大放'，向党的新生的社会主义制度放肆地发动进攻，妄图取代共产党的领导，对这种进攻进行坚决的反击是完全正确和必要的。但是反右派斗争被严重地扩大化了，把一批知识分子、爱国人士和党内干部错划为'右派分子'，造成了不幸的后果。"这个结论的要点有二：一是开展反右派斗争是必要的，因为有极少数资产阶级右派分子向党的新生的社会主义制度放肆地发动进攻，妄图取代共产党的领导；二是这场斗争犯了严重的扩大化错误，把一批知识分子、爱国人士和党内干部错划为"右派分子"，造成了不幸的后果。认识反右派斗争，这两点结论缺一不可。

1957 年 9 月 20 日至 10 月 9 日，党的八届三中全会在北京举行，邓小平代表党中央作关于整风运动的报告，对 5 月份以来的整风运动和反右派斗争作了总结。邓小平在报告中强调，这次反右派斗争解决了是否应走社会主义道路，要不要共产党领导，要不要无产阶级专政，要不要民主集中制等重大问题，我们如果不能在这次辩论中取得完全胜利，我们就不能继续前进。邓小平着重指出，应该把反右派斗争进行到底，但也要防止打击面过宽和简单粗暴的危险。①

事实表明，对极少数右派分子否定党的领导和社会主义道路的行为进行坚决反击，起到了稳定新建立起来的社会制度的作用。如果放弃这种斗争，就会造成思想上和政治上的严重混乱，在这方面党所取得的经验是具有长远意义的。但是，由于当时党对形势做了过分严重的估计，并且沿用革命时期大规模的急风暴雨式的群众性政治运动的斗争方式，致使反右派斗争被严重地扩大化。②

---

① 中共中央党史研究室：《中国共产党历史》第二卷（1949—1978）上册，中共党史出版社 2011 年版，第 454—456 页。

② 同上书，第 456—457 页。

2. 改革开放时期邓小平提出了必须反对资产阶级自由化的任务

邓小平在领导中国改革开放的进程中，率先提出要反对资产阶级自由化，并一次又一次地领导全党展开反对资产阶级自由化的斗争。

概括邓小平同志反对资产阶级自由化的论述，主要包括如下几点：

（1）反对资产阶级自由化是一个伴随整个实现四个现代化过程的长期任务。

邓小平在不同的时期，根据变化了的具体历史条件，作出了不同的判断，其间经历了五次大的变化：第一次是在 1983 年 10 月 12 日，邓小平在中共十二届二中全会上提出，通过三年整党，清除资产阶级精神污染。1984 年 2 月 28 日，他在同薄一波谈话中指出，对外开放、对内搞活经济的政策是长期的，资产阶级自由化思想的侵蚀也将会是长期的，因此反对思想上的精神污染也将是长期的。这是邓小平首次提出反对精神污染不以三年为限。第二次是 1986 年 9 月 28 日，邓小平在中共十二届六中全会提出，反对资产阶级自由化，不仅这次要讲，还要讲十年二十年。第三次是 1986 年 12 月 30 日，邓小平在与一些中央领导同志的谈话中提出，反对资产阶级自由化至少还要搞二十年。第四次是 1987 年 3 月，邓小平在与外宾的两次谈话中提出，在实现四个现代化的整个过程中，至少在本世纪剩下的十几年，再加上下个世纪的头五十年，都存在反对资产阶级自由化的问题。第五次是 1992 年，邓小平在南方谈话中提出，在整个改革开放的过程中，必须始终注意坚持四项基本原则，时间大约是一百年。

为什么反对资产阶级自由化是一个长期的任务呢？一是美国等西方资本主义国家对中国推行"和平演变"的企图是不会轻易改变的，这是两种社会制度的较量。二是国内一定范围内的阶级斗争还将长期存在。邓小平指出，社会主义社会中的阶级斗争是一个客观存在，不应该缩小，也不应该夸大。实践证明，无论缩小或者夸大，两者都要犯严重的错误。[1]而这一时期阶级斗争的主要内

---

① 邓小平：《坚持四项基本原则》，《邓小平文选》第二卷，人民出版社 1994 年版，第 182 页。

容就是搞全盘西化。三是我们社会主义"本身的力量在一个相当长时期内肯定弱于资本主义"，这就容易在一些人中产生资产阶级自由化的思想。邓小平指出，无产阶级作为一个新兴阶级夺取政权，建立社会主义，本身的力量在一个相当长时期内肯定弱于资本主义。① 因此，反对资产阶级自由化，既是斗争的过程，也是说服教育的过程，但最终说服不相信社会主义的人要靠我们的发展。②

（2）反对资产阶级自由化要坚持思想教育和依法处置相结合。

1987 年 3 月 3 日，邓小平在会见美国国务卿舒尔茨时指出，在整个四个现代化的过程中都存在一个反对资产阶级自由化的问题。既然是长期的事，不可能搞运动，只能靠经常性的说服教育，必要时采取一些行政手段和法律手段。③ 1989 年 3 月 4 日，邓小平在同中央负责同志的谈话中强调，控制局势要注意方法。特别要抓紧立法，包括集会、结社、游行、示威、新闻、出版等方面的法律和法规。违法的就要取缔。④

（3）有"左"反"左"，有右反右，注意一种倾向掩盖另一种倾向。

"左"是反对改革开放，右是搞全盘西化、资产阶级自由化。1987 年，邓小平在强调我们主要是反"左"的时候又指出，"同时也有右的干扰，概括起来就是全盘西化，打着拥护开放、改革的旗帜，想把中国引导到搞资本主义"；⑤ 1992 年，他在南方谈话中强调主要是防"左"的时候，仍然要求我们警惕右，防止帝国主义搞和平演变。⑥ 可以说，在提反"左"防"左"的同时不

---

① 邓小平：《善于利用时机解决发展问题》，《邓小平文选》第三卷，人民出版社 1993 年版，第 364—365 页。

② 邓小平：《用中国的历史教育青年》，《邓小平文选》第三卷，人民出版社 1993 年版，第 204 页。

③ 邓小平：《中国只能走社会主义道路》，《邓小平文选》第三卷，人民出版社 1993 年版，第 208 页。

④ 邓小平：《有领导有秩序地进行社会主义建设》，《邓小平文选》第三卷，人民出版社 1993 年版，第 211 页。

⑤ 邓小平：《吸取历史经验，防止错误倾向》，《邓小平文选》第三卷，人民出版社 1993 年版，第 229 页。

⑥ 邓小平：《在武昌、深圳、珠海、上海等地的谈话要点》，《邓小平文选》第三卷，人民出版社 1993 年版，第 379 页。

忘记提反右防右，这是邓小平坚持辩证法两点论的一贯特点。

（4）反对资产阶级自由化不要惧怕西方某些人士的攻击。

1986 年底，针对学潮事件，邓小平同中央几位领导同志谈话，严肃指出：不要怕外国人攻击我们反对资产阶级自由化。走自己的路，建设有中国特色的社会主义，中国才有希望。要让外国人看到中国政局是稳定的。如果搞得乱七八糟、一盘散沙，那还有什么希望？过去帝国主义欺侮我们，还不是因为我们是一盘散沙？

（5）要重点对青年人进行反对资产阶级自由化的教育。

1987 年 2 月 18 日，邓小平在会见加蓬总统邦戈时，阐释了近代中国救亡图存的历程，说："这个历史告诉我们，中国走资本主义道路不行，中国除了走社会主义道路没有别的道路可走。一旦中国抛弃社会主义，就要回到半殖民地半封建社会，不要说实现'小康'，就连温饱也没有保证。"所以，他提出："青年人不了解这些历史，我们要用历史教育青年，教育人民。"[①]1989 年 3 月 4 日，邓小平在同中央负责同志的谈话中指出，十年来我们的最大失误是在教育方面，对青年的政治思想教育抓得不够，教育发展不够。[②]

（6）不要把反对资产阶级自由化与改革开放对立起来。

改革开放之后，邓小平多次强调，要搞现代化建设使中国兴旺发达起来，第一，必须实行改革、开放政策；第二，必须坚持四项基本原则，主要是坚持党的领导，坚持社会主义道路，反对资产阶级自由化，反对走资本主义道路。这两个基本点是相互依存的。[③]"中国的政策基本上是两个方面，说不变不是一个方面不变，而是两个方面不变。人们忽略的一个方面，就是坚持四项基本原

---

① 邓小平：《用中国的历史教育青年》，《邓小平文选》第三卷，人民出版社 1993 年版，第 205 页。

② 邓小平：《中国不允许乱》，《邓小平文选》第三卷，人民出版社 1993 年版，第 286—287 页。

③ 邓小平：《我国方针政策的两个基本点》，《邓小平文选》第三卷，人民出版社 1993 年版，第 248 页。

则，坚持社会主义制度，坚持共产党领导。"①

3. 江泽民和胡锦涛同志强调要注意防止敌对势力的"西化"和"分化"活动

江泽民同志指出，四项基本原则是现代化建设最重要的政治保证。中国是世界上最大的社会主义国家，西方敌对势力加紧以各种手段和方式对我国实行"西化""分化"，企图颠覆中国共产党的领导和社会主义制度。他们的这种政治图谋是绝不会改变的。②

为了更好地反对"西化""分化"思潮，江泽民同志根据党的十三届四中全会以来的实践，对坚持四项基本原则作了新的阐释。他说，关于坚持社会主义道路，这个问题的实质，就是全党同志要坚定不移地走建设有中国特色社会主义的道路；关于坚持人民民主专政，这个问题的实质，就是要不断发展社会主义民主，切实保护人民的利益，维护国家主权、安全、统一和稳定；关于坚持党的领导，这个问题的实质，就是要坚持党在建设有中国特色社会主义事业中的领导核心地位，发挥党总揽全局、协调各方的作用；关于坚持马列主义、毛泽东思想、邓小平理论，就是要坚持马克思主义的指导地位，并在实践中不断丰富和发展马克思主义。③江泽民对四项基本原则内容的丰富和发展，有利于人们与时俱进地把握和遵循它们。

1995年7月21日，胡锦涛同志为中央机关部（委）、局（司）级领导干部上党课时强调，共产党人讲党性，就是要在事关党的基本路线和社会主义现代化建设大局、事关政治方向的根本原则问题上，始终保持清醒头脑，见微知著，善于识别从"左"的或右的方面干扰党的基本路线、危害中国特色社会主义事

---

① 邓小平：《会见香港特别行政区基本法起草委员会委员时的讲话》，《邓小平文选》第三卷，人民出版社1993年版，第217页。

② 中共中央文献研究室编：《江泽民论有中国特色社会主义（专题摘编）》，中央文献出版社2002年版，第34页。

③ 同上书，第35、36、37页。

业的思想和行为，并进行坚决的斗争。我们要坚持对外开放，大胆吸收、借鉴、利用世界各国一切对我们有用的东西，同时坚决维护国家主权，抵制资本主义腐朽思想和敌对势力对我国"西化""分化"战略。我们的党员、干部这样做得越自觉越好，就越证明党性坚强。①

2007 年 10 月，胡锦涛同志在党的十七大报告中把坚持四项基本原则列为中国特色社会主义道路的重要内容。他指出，改革开放以来我们取得一切成绩和进步的根本原因，归结起来就是：开辟了中国特色社会主义道路，形成了中国特色社会主义理论体系。高举中国特色社会主义伟大旗帜，最根本的就是要坚持这条道路和这个理论体系。所谓中国特色社会主义道路，就是在中国共产党领导下，立足基本国情，以经济建设为中心，坚持四项基本原则，坚持改革开放，解放和发展社会生产力，巩固和完善社会主义制度，建设社会主义市场经济、社会主义民主政治、社会主义先进文化、社会主义和谐社会，建设富强民主文明和谐的社会主义现代化国家。在当代中国，坚持中国特色社会主义道路，就是真正坚持社会主义。

4. 习近平同志提出要注意防止西方的颜色革命、掉进"西化分化陷阱"

随着中国由站起来到富起来、再到强起来的历史演进，西方敌对势力加紧了对中国的"西化、分化"等颠覆活动。为此，习近平同志多次强调我们要提高警惕，坚定不移地坚持党的全面领导，走中国特色社会主义道路。

（1）我们应树立对中国特色社会主义的制度自信、道路自信、理论自信和文化自信。

2014 年 2 月 17 日，习近平在省部级主要领导干部学习贯彻十八届三中全会精神全面深化改革专题研讨班上的讲话中指出，中国特色社会主义现代化道路宣告了各国最终都要以西方制度模式为归宿的历史观的破产。他说，我国的

---

① 胡锦涛：《领导干部要带头增强党性》，《胡锦涛文选》第二卷，人民出版社 2016 年版，第 170、171 页。

实践向世界说明了一个道理：治理一个国家，推动一个国家实现现代化，并不只有西方制度模式这一条道，各国完全可以走出自己的道路来。可以说，我们用事实宣告了"历史终结论"的破产，宣告了各国最终都要以西方制度模式为归宿的单线式历史观的破产。①

（2）全面依法治国要走中国特色社会主义道路，不搞全盘西化。

习近平同志强调，全面依法治国决不能搞"全盘西化"，他说，我们要学习借鉴世界上优秀的法治文明成果。但是，学习借鉴不等于是简单的拿来主义，必须坚持以我为主、为我所用，认真鉴别、合理吸收，不能搞"全盘西化"，不能搞"全面移植"，不能照搬照抄。②

（3）党的领导是中国特色社会主义法治之魂，是我们的法治同西方资本主义国家的法治最大的区别。

2015年2月2日习近平在省部级主要领导干部学习贯彻党的十八届四中全会精神全面推进依法治国专题研讨班上的讲话中指出，我们必须牢记，党的领导是中国特色社会主义法治之魂，是我们的法治同西方资本主义国家的法治最大的区别。③

（4）要警惕西方策划的颜色革命。

习近平同志提醒全党同志要警惕西方的颜色革命。2015年5月18日，他在中共统战工作会议上的讲话中指出，西方国家策划"颜色革命"，往往从国家的政治制度，特别是政党制度开始发难，大造舆论，把不同于他们的政治制度和政党制度打入另类，煽动民众搞街头政治。一些发展中国家照搬西方政治制度和政党制度模式，结果如何呢？很多国家陷入政治动荡、社会动乱，人民流

---

① 中共中央文献研究室编：《习近平关于社会主义政治建设论述摘编》，中央文献出版社2017年版，第7页。

② 习近平：《加快建设社会主义法治国家》，《求是》2015年第1期。

③ 中共中央文献研究室编：《习近平关于全面依法治国论述摘编》，中央文献出版社2015年版，第35页。

离失所。活生生的例子就在眼前。我们头脑一定要清醒、一定要坚定。[①]

（四）全盘苏化和全盘西化的实质是让中国沦为苏联或西方的附庸

对于不能全盘苏化和全盘西化这一问题，过去学界只是从国情不同的角度来加以论证，而忽略了全盘苏化和全盘西化的实质不是让中共和中国强大，而是让中共和中国沦为它们的附庸。

1. 苏共及共产国际长期把中共视为维护苏联国家利益的一个工具

1956 年 3 月 24 日，毛泽东在中共中央政治局扩大会议上，批评了斯大林对中国革命所犯的错误。他指出，斯大林一共整了我们四次，第一次是土地革命时期，斯大林支持王明，把当时我们根据地的力量搞垮百分之九十，把白区搞垮了百分之百。第二次是抗日战争时期，斯大林把王明从莫斯科派回来，王明从"左"倾转向搞右倾。第三次是第二次世界大战结束后，斯大林决定把中国"全都交给美国，给蒋介石"。第四次"就是说我是半个铁托或准铁托"。斯大林曾把铁托看作帝国主义的代理人，中国新民主主义革命胜利之后，斯大林并不把我们看作共产主义者，而是把我们看作属于铁托一类的人。

在中共、苏共、共产国际三者的关系上，我们不能否认他们具有共同的利益，即最终都是为了共产主义运动的胜利。但由于共产主义运动是一个长期的历史过程，因此在这一过程中的不同历史阶段，三者的利益必然会有一定的冲突。苏共从根本上维护的是苏联国家利益，共产国际作为世界共产党组织，一方面注意共产主义运动在全世界的普遍性开展，另一方面由于苏共毕竟握有领导共产国际的实权，有时它也不得不为了维护苏联的利益而作出牺牲别国共产党利益的指令。这样一来，三者之中最难做事的就是中共了。中共是共产国际的一个支部，不能不听共产国际的指令；苏共是凌驾于共产国际之上的领导者，中共更是不敢不听。这不仅仅是一个思想观念问题，更是一个组织体制问题。

---

① 中共中央文献研究室编：《习近平关于社会主义政治建设论述摘编》，中央文献出版社 2017 年版，第 19 页。

苏共控制共产国际、共产国际控制各国共产党的组织体制，最后必然导致中共独立自主地位的丧失。

最能表现苏共把主要以维护苏联国家利益为目的来作为处理与中共关系的原则的事情，就是斯大林要求中共在解放战争时期与蒋介石"划江而治"，因为他怀疑毛泽东会成为不听他话的"铁托"。

在共产主义社会到来之前，苏联在一定程度上追求国家利益是情有可原的，而中国人民反帝反封的民主革命与苏联的国家利益在根本上没有矛盾。但是苏联和中国毕竟是两个国家，各有自己的国家利益，不可能事事一致。历史表明，国家利益的差别深刻影响着共产国际和苏共指导中国革命的路线，当两党利益一致时，苏联能较好地帮助中国革命，但当两党利益发生冲突时，他们会毫不犹豫地要求中国革命服从苏联的利益，造成中国共产党和中国革命不应该有的损失。所以，亲身经历过那段历史的邓小平才会说："我们一直反对苏共搞老子党和大国沙文主义那一套。他们在对外关系上奉行的是霸权主义的路线和政策。""各国的事情，一定要尊重各国的党，由他们自己去寻找道路，去探索，去解决问题，不能由别的党充当老子党，去发号施令。我们反对人家对我们发号施令，我们也决不能对人家发号施令。这应该成为一条重要原则。"[①]

2. 美国绝不允许包括中国在内的任何国家在国家综合实力上超过自己

为什么中国不能全盘西化？邓小平较早指出了不少人忽视的一个观点，即："如果我们不坚持社会主义，最终发展起来也不过成为一个附庸国，而且就连想要发展起来也不容易。现在国际市场已经被占得满满的，打进去都很不容易。只有社会主义才能救中国，只有社会主义才能发展中国。"[②]

近年来，张宇燕等部分学者提出，如果世界上最大的两个经济体按市场汇

---

① 邓小平：《处理兄弟党关系的一条重要原则》，《邓小平文选》第二卷，人民出版社 1994 年版，第 319 页。

② 邓小平：《第三代领导集体的当务之急》，《邓小平文选》第三卷，人民出版社 1993 年版，第 311 页。

率计算的 GDP 之比达到了 3∶2，那么这两个国家之间的关系往往随之发生深刻且朝向冲突对抗的变化。在第二次世界大战以来的七十多年间，中国不是第一个达到世界超强国美国 GDP 的 2/3 的国家。在中国之前，日本和苏联的GDP 都曾经达到过美国的 2/3。然而，不管是日本还是苏联，当其经济规模达到美国的 2/3 的时候，美国对其政策都迅速做出了重大调整。美国强迫日本与其签订广场协议，希望通过美元贬值来增加产品的出口竞争力，以改善美国国际收支不平衡状况。同时美国指责日本操纵汇率日元被严重低估，必须立刻升值。结果日元大幅升值。日本产品的价格优势减弱，出口大幅下降，对严重依赖出口的日本经济来说是致命打击。国内泡沫急剧扩大，最终由于房地产泡沫的破灭造成了日本经济的长期停滞。美国拖垮苏联经济的办法，是提出针对苏联的《战略防御倡议》，也称"星球大战计划"。美国是想凭借其强大的经济实力，通过旷日持久的、耗资巨大的太空武器竞争，把苏联的经济拖垮。苏联在发展太空武器方面起步比美国早，但由于经济实力不如美国，不可能像美国那样投入巨额资金毫无节制地发展下去，因而主张禁止太空军事化。在"星球大战计划"出笼后的几年内，禁止太空军事化问题一直是历次美苏首脑会议和核会谈的主要议题。苏联要求美国放弃"星球大战计划"，美国则以此为"王牌"，压迫苏联在陆基洲际导弹方面让步，双方对此争吵不休。苏联解体后，俄罗斯的谈判地位大大削弱，美俄终于在 1993 年达成了对美有利的《进一步削减和限制进攻性战略武器条约》，美国达到了预期的目的。

1993 年 5 月 13 日美国国防部长阿斯平宣布"星球大战计划"已经结束，美国放弃在空间建立反导弹防御系统的计划。随着美国中央情报局冷战密件曝光，"星球大战计划"被证实是一场彻底的骗局，一时间舆论哗然。大多数人开始相信，"星球大战计划"只是美国政府为了拖垮苏联而采取的一种宣传手段而已。

尽管手段各不相同、实施强度各异，但结果便是我们看到的，2018 年日本和俄罗斯与美国的经济规模之差今非昔比，日本只占美国的不到 1/4，俄罗斯为美国的 1/14。这或许就是"修昔底德陷阱"受到全球普遍关注的重要原因。[①]

3. 全盘苏化和全盘西化是很少成功的

林毅夫在《发展经济学的反思与重构》一文[②]中指出，第二次世界大战后，很多原来西方列强的殖民地或半殖民地取得政治上的独立，开始追求自己国家的现代化。当时不论是发达国家还是发展中国家的知识分子，普遍认为发达国家之所以发达，一定有其道理。对于发展中国家而言，只要把阐述发达国家成功道理的理论学会，拿回来应用，就能帮助发展中国家实现现代化，也就是抱有一种"西天取经"的心态。

第二次世界大战结束至今已 70 多年，发展中国家和地区的经济发展绩效到底如何？世界银行一项研究表明，在第二次世界大战后的 200 多个发展中经济体中，从 1950 年到 2008 年，只有两个从低收入进入中等收入，再发展成高收入，一个是韩国，另一个是中国台湾地区。

1960 年有 101 个中等收入经济体，到 2008 年，只有 13 个进入高收入阶段，其中 8 个是西欧周边的欧洲国家，本来差距就不大，或是石油生产国，另外 5 个是日本和亚洲"四小龙"。由此可见，经过 70 年的努力，第二次世界大战后 200 多个发展中经济体中至少有 180 个仍未能摆脱中等收入陷阱或低收入陷阱。通过多年的研究，林毅夫发现一个事实：即至今没有一个发展中经济体按照西方主流的发展理论制定政策，实现追赶上发达国家的愿望；少数几个发展或转型绩效较好的经济体，其推行的主要政策从主流理论来看是错误的。

全盘苏化发生于第二次世界大战后到 20 世纪 80 年代之前。此时的发展经济学认为，发达国家收入水平高、发展中国家收入水平低的原因在于，发达国家的劳动生产率水平高，发展中国家劳动生产率水平低。而发达国家劳动生产

---

① 张宇燕：《怎样理解百年未遇之变局》，澎拜新闻，https：//www.thepaper.cn/newsDetail_forward_4443314，2021 年 5 月 1 日最后访问。

② 林毅夫：《发展经济学的反思与重构》，《济南大学学报（社会科学版）》2018 年第 1 期。

率水平高是因为他们有当时先进的资本密集型大工业，以农业或自然资源产业为主的发展中国家劳动生产率水平必然较低。当时认为，发达国家与发展中国家收入水平存在差别是产业结构不同所致。因此，发展中国家为了赶超发达国家，必须依靠政府克服市场失灵，直接动员资源、配置资源，以发展现代化大产业。第二次世界大战后，苏联带头走了优先发展重工业的赶超战略。拉美、非洲、南亚国家所采取的政策框架都一样，即通过政府的直接干预，动员资源、配置资源，以发展现代化的先进产业。对于发展中国家，现代化先进产业的产品本来是不生产的，主要通过进口，当时的政策主张本国发展这种产业，以替代进口。所以，当时的政策称为"重工业优先发展"或"进口替代战略"。这种政策框架下，通常能在开始时带来五至十年由投资拉动的快速经济增长，等把这些产业建立起来以后，就陷入停滞，危机频发，导致与发达国家的差距不仅未缩小，反而拉大。

到了20世纪80年代，发展经济学认为发展中国家与发达国家差距不断加大的原因是，发展中国家政府干预过多，造成政府失灵，市场作用未能充分发挥。这在理论上似乎也合理，因为发达国家政府干预较少，市场作用发挥较充分，而发展中国家第二次世界大战后大多采用结构主义，政府干预较多，不仅会导致资源错配，也会创造租金，导致寻租、腐败和贪污现象随之产生。资源错误配置和寻租行为，致使效率低下，不能有效增加国民财富，寻租、腐败还会拉大收入分配差距。所以，新自由主义者认为，发展中国家经济发展不好，就是因为太多政府干预，导致政府失灵的问题，因此建议取消政府各种不当干预，形成了以新自由主义为理论依据的"华盛顿共识"，在20世纪八九十年代广为传播，认为发展中国家要改善发展绩效，就必须以"休克疗法"推行市场化、自由化与私有化，一次性地消除各种政府干预，并要紧缩政府开支，保持财政收支平衡，这样才能把市场经济成功地建立起来。

回首过去几十年，少数在转型期中实现经济稳定快速发展的经济体采取的却是被当时主流理论认为是最糟糕的改革方式，中国、越南、柬埔寨即为典型代表。最早开始采用渐进双轨制的国家是非洲的毛里求斯。20世纪60年代，与其他发展中国家一样，毛里求斯采取的也是重工业优先发展的进口替代战略，存在诸多扭曲，20世纪70年代开始转型，转型方式也是"老人老办法，新人新办法"，设立一个加工出口区，通过招商引资，专门发展成衣和纺织业，将中国台湾和香港地区的成衣业和纺织业引进毛里求斯生产，加工出口区内一切放开，但园区外保留原有方式，也同样实现了快速稳定发展。20世纪80年代，中国和越南等社会主义国家启动改革，实现经济稳定并快速发展。但我国并未采取新自由主义的"华盛顿共识"所主张的取消所有保护补贴，而是推行所谓的"老人老办法、新人新办法"的双轨制。对需要保护补贴的大型国有企业，继续给予保护补贴，同时放开传统的、受到抑制的劳动密集型轻工业的准入，并招商引资，政府因势利导支持其发展。

综上所述，中国共产党的百年法治思想和实践的历史，贯穿着一根主线：既不能全盘苏化，也不能全盘西化，必须坚持马克思主义中国化的原则，走符合国情的中国革命、建设和改革道路。

第二节　社会主义基本经济制度是法治的经济基础

坚持公有制为主体、多种所有制经济共同发展，坚持按劳分配为主体、多种分配方式共存，坚持发展社会主义市场经济体制，这是社会主义法治的经济基础。

一、自然经济和计划经济都是人治经济

（一）自然经济年代主要靠风俗习惯等德治

自然经济具有如下的特征：1. 它与社会生产力水平低下相适应，人们的经

济联系和经济活动基本局限在经济单位内部，通常是以个体家庭为单位进行生产，生产规模十分狭小，因而具有分散性。2. 它以自给自足为生产目的，物质生产的自给自足是这种经济形态的本质特征，很少与市场联系，所以具有封闭性。3. 自然经济中的劳动交换和经济联系形式是直接的。由于其分工简单，规模小，很难扩大再生产，也没有改进技术的愿望，因而具有保守性；但正因如此，它也有着顽强的再生性。

孟德斯鸠在《论法的精神》一书中说过，法律和各民族谋生的方式有着密切的关系，一个从事商业与航海的民族比一个只满足于耕种土地的民族所需要的法典范围广泛得多，从事农业的民族比以畜牧业为生的民族所需要的法典内容要多得多。从事畜牧业的民族比以狩猎为生的民族所需要的法典的内容就更多了。孟德斯鸠的这段话是符合唯物史观的，法律源于经济生活。狩猎、畜牧、农业等都属于自给自足，范围较窄，属于熟人社会，生产生活秩序主要靠道德、宗教、风俗习惯等，没有发达的商品交换，不与陌生人发生经济活动，所以，不需要私法，公法也只是需要一点维持治安的刑法。正因如此，梅因在《古代法》中阐释这样一个道理：如果一个社会的刑罚发达、私法不发达，这个民族的文明程度较低，相对野蛮；如果一个社会的私法发达，这个民族的文明程度就较高。

（二）计划经济年代主要靠行政审批等人治方式

计划经济，或计划经济体制，又称指令型经济，是对生产、资源分配以及产品消费事先进行计划的经济体制。由于几乎所有计划经济体制都依赖于指令性计划，因此计划经济也被称为指令性经济。计划经济一般是政府按事先制定的计划，提出国民经济和社会发展的总体目标，制定合理的政策和措施，有计划地安排重大经济活动，引导和调节经济运行方向。计划经济资源的分配，包括生产什么、生产多少，都由政府计划决定。

党的十四大报告中曾这样评价我国以往实行的计划经济体制："原有的经济

体制有它的历史由来，起过重要的积极作用，但是随着条件的变化，越来越不适应现代化建设的要求。"因为，制定计划需要根据人们的需求，政府没有能力能够掌握几亿人的衣食住行等方面的实际需求，因此没有能力制定符合实际的生产、分配计划，特别是在没有人工智能、互联网、大数据的年代，制定计划不可避免地带有"拍脑袋决策"的人治特色。没有切实的大数据，就没有切实可行的计划。

官僚主义是人治的一种表现。它与计划经济体制是吻合的。邓小平在《党和国家领导制度的改革》中指出，我们现在的官僚主义现象，除了同历史上的官僚主义有共同点以外，还有自己的特点，既不同于旧中国的官僚主义，也不同于资本主义国家中的官僚主义。它同我们长期认为社会主义制度和计划管理制度必须对经济、政治、文化、社会都实行中央高度集权的管理体制有密切关系。我们的各级领导机关，都管了很多不该管、管不好、管不了的事，这些事只要有一定的规章，放在下面，放在企业、事业、社会单位，让他们真正按民主集中制自行处理，本来可以很好办，但是统统拿到党政领导机关、拿到中央部门来，就很难办。谁也没有这样的神通，能够办这么繁重而生疏的事情。这可以说是目前我们所特有的官僚主义的一个总病根。[1]

二、市场经济是法治经济

（一）作为市场主体的多种所有制、多个所有权需要法律平等保护

市场经济之所以是法治经济，首先就是因为它建立在多种所有制、多个所有权基础之上。商品交换本质上就是所有权的交换，如果只有一个所有制、一个所有权，是不需要进行交换的，是无法进行真正的商品交换的。

多种所有制、多个所有权的存在，就要求受到法律的平等保护。如果各个

---

[1] 《邓小平文选》第二卷，人民出版社 1994 年版，第 327 页。

市场主体的地位贵贱不一，那商品交换中必定发生强买强卖、以强凌弱的事情，就不会是真正的商品交换。多种所有制、多个所有权呼唤法治的平等保护。因此，2020 年 7 月 21 日，习近平在企业家座谈会上的讲话中指出，打造市场化、法治化、国际化营商环境。要实施好民法典和相关法律法规，依法平等保护国有、民营、外资等各种所有制企业产权和自主经营权，完善各类市场主体公平竞争的法治环境。要依法保护企业家合法权益，加强产权和知识产权保护，形成长期稳定发展预期，鼓励创新、宽容失败，营造激励企业家干事创业的浓厚氛围。[①]

（二）市场主体在商品交换中需要立法、执法和司法公正

市场主体在进行商品交换中，难免发生纠纷，这就需要依法解决。首先是需要立法者提供一套公平的法律规则，做到：同样的情况同样对待，不同的情况不同对待，不能因为出身、性别、种族、地域等不同而有所歧视，让一些市场主体非因能力而输在起跑线上。其次，发生纠纷的市场主体需要行政机关公正执法。如同习近平在企业家座谈会上的讲话中指出的那样：政府是市场规则的制定者，也是市场公平的维护者，要更多提供优质公共服务。要推进简政放权，全面实施市场准入负面清单制度，支持企业更好参与市场合作和竞争。要实施好外商投资法，放宽市场准入，推动贸易和投资便利化。对在中国注册的企业要一视同仁，完善公平竞争环境。最后，发生纠纷的市场主体需要司法机关公正司法。司法是维护社会公平正义的最后一道防线。英国哲学家培根说："一次不公正的审判，其恶果甚至超过十次犯罪。因为犯罪虽是无视法律——好比污染了水流，而不公正的审判则毁坏法律——好比污染了水源。"

（三）市场主体要信奉诚实信用、契约自由等法律文化观念

习近平指出，社会主义市场经济是信用经济、法治经济。企业家要同方方面面打交道，调动人、财、物等各种资源，没有诚信则寸步难行。法治精神、

---

① 习近平：《论坚持全面依法治国》，中央文献出版社 2020 年版，第 29 页。

契约精神、守约观念是现代经济活动的重要规范，也是信用经济、法治经济的重要要求。[①]

由多种所有制、多个所有权构成的市场主体必须相互讲信用，不能坑蒙拐骗、弄虚作假，这样才能有良好的营商环境。所以，市场经济首先是信用经济，信用经济必须是法治经济。要通过推进社会信用体系建设，加强诚信建设、营造公平诚信的市场环境和社会环境。因此，要坚持依法合规、保护权益、审慎适度、清单管理，规范和完善失信约束制度，有序健康推进社会信用体系建设。

经济是政治的基础，政治是经济的集中表现。市场经济是法治的经济基础，法治是市场经济的政治表现。

第三节　法治的关键是抓住"关键少数"

纵观社会主义国家的历史，能否有效约束公权力、管住各级一把手，是社会主义国家能否建成法治国家的一个关键问题。邓小平指出，我们过去的一些制度，实际上受了封建主义的影响，包括个人迷信、家长制或家长作风，甚至包括干部职务终身制。我们这个国家有几千年封建社会的历史，缺乏社会主义的民主和法制。往往把领导人说的话当作"法"，不赞成领导人说的话就叫做"违法"，领导人的话改变了，"法"也就跟着改变。为了保障人民民主，必须加强法制。必须使民主制度化、法律化，使这种制度和法律不因领导人的改变而改变，不因领导人的看法和注意力的改变而改变。[②] 这"两个不改变"深刻总结了社会主义国家民主法治的历史经验教训。

[①] 习近平：《论坚持全面依法治国》，中央文献出版社 2020 年版，第 30 页。

[②] 《邓小平论民主法制建设》，法律出版社 1994 年版，第 2、38、54 页。

一、苏联列宁重视法治，但斯大林则轻视法治

列宁是世界上第一个社会主义国家的缔造者，也是社会主义法治实践的开创者。他指出："假使我们拒绝用法令指明道路，那我们就会是社会主义的叛徒。"① "工人阶级夺取政权之后，象任何阶级一样，要通过改变同所有制的关系和实行新宪法来掌握和保持政权，巩固政权。这是我的第一个无可争辩的基本论点！"② "我们的政权愈趋向稳固，民事流转愈发展，就愈需要提出加强革命法制这个坚定不移的口号。"③ 可见，列宁把法律看作是无产阶级掌握、保持和巩固政权的一种方法，主张依靠法律来治理国家，用法律来管理社会事务。④

列宁认为，全体公民、所有苏维埃政权机关和一切公职人员都要严格遵守国家法律、条例和命令，任何人只要触犯了法律，都要追究法律责任。根据列宁的直接建议，全俄苏维埃第六次非常代表大会于 1918 年 11 月 8 日通过了《关于严格遵守法律》的专门决议，指出："共和国全体公民、所有苏维埃机关和一切公职人员，都严格遵守俄罗斯社会主义联邦苏维埃共和国的法律和中央政权机关过去和现在所颁布的决议、条例和命令。"⑤ 列宁指出，无论是谁，只要触犯了刑律，该治罪的治罪，该处刑的处刑，无一例外，对共产党员更是严格要求，要消除任何利用执政党地位从轻判罪的可能性。不仅如此，列宁还要求在同样情况下，要加重对共产党员的判罪。"对共产党员的惩办应比对非党人员加倍严厉，这同样是起码的常识。"⑥

---

① 《列宁全集》第三十六卷，人民出版社 1985 年版，第 188 页。

② 《列宁全集》第三十八卷，人民出版社 1986 年版，第 299—300 页。

③ 《列宁全集》第四十二卷，人民出版社 1987 年版，第 353 页。

④ 张国安：《论列宁法治思想中的法理观》，《云南大学学报》2009 年第 3 期。

⑤ ［苏］A. 盖尔青仲：《苏联和苏俄刑事立法史料汇编》，郑华、王增润、赵涵兴译，法律出版社 1956 年版，第 98 页。

⑥ 《列宁全集》第四十二卷，人民出版社 1987 年版，第 426 页。

列宁认为执政党应在法律的范围活动，"在党的代表大会上是不能制定法律的"，[①]"我们的任务只是规定原则路线，提出口号"，[②]"党应当通过苏维埃机关在苏维埃宪法的范围内来贯彻自己的决定。党努力领导苏维埃的工作，但不是代替苏维埃"。[③]

列宁认为，民主对社会主义非常重要。他在 1916 年所写《论面目全非的马克思主义和"帝国主义经济主义"》一文中提出了"没有民主，就不可能有社会主义"的著名论断。[④]

列宁主张加强党对法律工作的领导和监督。列宁在《论"双重"领导和法制》一文中明确指出：地方检察机关只受中央领导，地方检察长由中央任命。中央总检察长、最高法庭和司法人民委员部委员，要受党中央组织局、中央政治局和中央监察委员会这三个党机关的最密切的监督；中央监察委员会作为党内的最高监督机关，只对党的代表大会负责。为了使中央监察委员会有效地发挥监督作用，它的任何委员都不得在任何人民委员部、任何主管机关及任何苏维埃政权机关中兼职。列宁认为，只有这样才能"实际有效地抵制地方影响，地方的和其他一切的官僚主义，使全共和国、全联邦真正统一地实行法制"。[⑤]

列宁比较重视法治，但到了斯大林就改变了，这是邓小平所说的法制随着领导人的改变而改变的典型事例。苏共二十大赫鲁晓夫所作报告《关于个人崇拜及其后果》指出，"斯大林首创'人民敌人'这个概念。这一名词可以使犯了思想错误或只卷入争论的人毋须证明自己所犯错误的性质，它可以自动给这些人加上这个罪名，可以破坏革命法制的一切准则，对他们实施最残酷的迫害，

---

① 《列宁全集》第四十一卷，人民出版社 1986 年版，第 64 页。

② 同上书，第 55 页。

③ 《苏联共产党代表大会、代表会议和中央全会决议汇编》（第 1 分册），人民出版社 1964 年版，第 571 页。

④ 《列宁全集》第二十八卷，人民出版社 1990 年版，第 168 页。

⑤ 《列宁全集》第四十三卷，人民出版社 1987 年版，第 197 页。

以对付在某一点上不同意斯大林的人，对付那些只是被怀疑有敌意的人，对付那些受到诬陷的人"。"当社会主义已经基本上在我国建成，剥削阶级基本上被消灭，苏维埃社会的社会结构发生了根本的变化，敌对的政党、政治派别和集团的社会基础已大大缩小，党的思想敌人在政治上早已粉碎的情况下，反而对他们开始采取镇压的措施。"

二、毛泽东同志在新中国成立初期比较重视法制

新中国成立初期，毛主席重视社会主义民主和法制。他给各个地方党组织发了八封电报，催促在召开人民代表大会的条件成熟之前，各地要先召开各界人民代表会议。

1949年9月29日，中国人民政治协商会议第一届全体会议通过了《中国人民政治协商会议共同纲领》（以下简称《共同纲领》）。《共同纲领》以毛泽东关于中国新民主主义革命和建设的理论为基础，特别是以七届二中全会报告和《论人民民主专政》为基础。毛泽东对《共同纲领》的起草工作十分关心，他多次审阅了起草中的纲领草案，并作了多次修改。"共同纲领"这个名称，就是毛泽东提出来的。作为一部具有根本法性质的临时宪法，《共同纲领》第一次从法律的层面明确中华人民共和国的政治制度是民主集中制的人民代表大会制度。它的颁布施行为国家政权建设提供了法制依据，也为人民代表大会制度的最终确定奠定了基础。

毛泽东提出了一系列的社会主义法律思想和原则。第一，明确了我国社会主义法律的本质和价值。毛泽东同志强调指出："我们的法律，是劳动人民自己制定的。它是维护革命秩序，保护劳动人民利益，保护社会主义经济基础，保护生产力的。"[1] 第二，创立了比较系统的人民民主专政理论。毛泽东同志深刻

---

① 毛泽东：《在省市自治区党委书记会议上的讲话》，载《毛泽东文集》第七卷，人民出版社1999年版，第197—198页。

揭示了国体和政体的科学内涵与阶级本质，创造性地提出了人民民主专政的重要思想。他明确指出，中华人民共和国的国体就是"工人阶级（经过共产党）领导的以工农联盟为基础的人民民主专政"，政体就是以民主集中制为基础的人民代表大会制度。第三，提出了法律面前人人平等、运用法律手段正确处理敌我矛盾和人民内部矛盾等思想。第四，确立了实事求是、走群众路线、原则性与灵活性相结合等重要的立法原则。这些重要的法律思想和原则，为新中国的社会主义法制建设指明了方向。[①]

毛泽东重视立法。1950 年 4 月 13 日，中央人民政府委员会第七次会议通过了《中华人民共和国婚姻法》，毛泽东主席签署命令，自 1950 年 5 月 1 日公布施行。毛泽东对制定婚姻法非常重视，在起草过程中，他曾两次亲自主持召开由中央人民政府副主席、委员会委员、政务院总理、副总理及全国政协常委等参加的联席座谈会，讨论草案。这部法律出台后，他又评价说，婚姻法是关系到千家万户、男女老少切身利益的，是普遍性仅次于宪法的根本大法。婚姻法体现了毛泽东婚姻立法思想，如男女平等、婚姻自由、保护妇女和子女合法权益等。它的颁布实施，对于革除相沿数千年的封建陋习，彻底解放广大妇女，建立新型的家庭关系，并在此基础之上，推动社会进步，具有十分重要的作用。为保障婚姻法的顺利实施，中共中央和政务院还下发了一系列关于宣传婚姻法和检查婚姻法执行情况的通知和指示，并于 1953 年开展了贯彻婚姻法运动月活动。

就在婚姻法实施不到两个月，毛泽东于 1950 年 6 月 29 日签署主席令，公布了《中华人民共和国工会法》。工会法规定了工会的性质与组织原则、建立工会的程序、集体合同、工会参与企业管理、政府和企业拨给工会办公活动设施、工会到有关单位视察、工会干部的编制、工会活动的保障、劳动争议的处理和

[①]　曹康泰：《新中国六十年法治建设的探索和发展》,《求是》2009 年第 14 期。

工会经费的来源等，明确了工会在新中国的法律地位。它的颁布实施，对于建立和发展工会组织，团结教育广大职工积极投身社会主义革命和建设，巩固人民民主专政的政权，维护职工的合法权益，起了重要作用。

工会法公布的第二天，毛泽东再次签署主席令，公布了《中华人民共和国土地改革法》。土地改革法规定，废除地主阶级封建剥削的土地所有制，实行农民的土地所有制，借以解放农村生产力，发展农业生产，为新中国的工业化开辟道路。这部法律贯穿了毛泽东关于土地改革的一系列主张。其中关于"保存富农经济"的规定，展示了他高超的政治智慧和策略。根据土地改革法，中国共产党领导全国人民开展了一场彻底铲除封建土地剥削制度的深刻革命。至1952年年底，土地改革工作基本完成，3亿多无地或少地的农民分得了约7亿亩土地和其他生产资料。

从历史的角度看，婚姻法、工会法、土地改革法这三部法律，不论是对我们新生的共和国而言，还是对普通百姓而言，都有着极为特殊的意义。如果说婚姻法让广大妇女获得了解放，工会法确立了工人阶级国家主人翁的地位，那么，土地改革法则是让亿万农民从经济上翻了身。因此，这三部法律的出台，改变了中华民族几千年的历史，从法律上保障中国人民真正站了起来，扬眉吐气，当家作主。①

1953年1月13日，中央人民政府委员会举行会议，毛泽东在会上作了重要讲话，他说，就全国范围来说，大陆上的军事行动已经结束，土地改革已经基本完成，因此，根据中国人民政治协商会议共同纲领的规定，召开全国人民代表大会及地方各级人民代表大会的条件，已经成熟了，这是中国人民流血牺牲，为民主奋斗历数十年之久才得到的伟大胜利。经过讨论，中央人民政府委员会通过了《关于召开全国人民代表大会及地方各级人民代表大会的决议》，决

---

① 汪轶民：《毛泽东与新中国的法治建设》，中国网，http://www.china.com.cn/legal/2014-06/18/content_32698994.htm，2021年3月7日访问。

定于 1953 年召开由人民普选产生的乡、县、省（市）各级人民代表大会，然后在此基础上召开全国人民代表大会。根据毛泽东提议，会议决定成立以周恩来为主席的中华人民共和国选举法起草委员会。1953 年 3 月 1 日，以中央人民政府命令公布实施了选举法。这次会议成立了以毛泽东同志为首的宪法起草委员会。

毛泽东亲自主持宪法起草工作。宪法起草委员会成立之后，中央又指定了一个宪法起草小组。1954 年 1 月 9 日，宪法起草小组集中到杭州正式开展工作，毛泽东亲自领导了这个小组的工作，宪法草案的每一章、每一节、每一条，他都亲自参加了讨论。1 月 15 日，毛泽东给在京的刘少奇等同志写信，通报了宪法起草小组的工作计划，并要政治局委员及在京中央委员阅看下列主要参考文件：（1）1936 年苏联宪法及斯大林报告；（2）1919 年苏俄宪法；（3）罗马尼亚、波兰、民主德国、捷克等国宪法；（4）1913 年天坛宪法草案、1923 年曹锟宪法、1946 年蒋介石宪法；（5）法国 1946 年宪法，以做好讨论宪法草案初稿的准备。

1954 年 3 月 23 日，宪法起草委员会举行第一次会议，毛泽东代表中国共产党向会议提出了草案初稿。毛泽东在这次会上说，宪法的起草，前后差不多进行了七个月。最初的第一个稿子是在 1953 年十一、十二月间写的。第二次稿是在西湖的两个月，那是宪法起草小组搞的。第三次稿是在北京，就是中共中央提出的宪法草案初稿，到现在又修改了许多。每一次稿本身都有许多修改，在西湖那一次稿，就有七八次稿子。前后总算起来，恐怕有一二十个稿子了。大家尽了很多力量，全国有八千多人讨论，今天还要依靠在座的各位讨论修改，总之是，反复研究，不厌其详。这个草案大体上是适合我们国家的情况的。

6 月 14 日，中央人民政府委员会召开第三十次会议，一致通过《中华人民共和国宪法草案》，并决定向全国公布，交付全国人民讨论。会上毛泽东作了重要讲话，他说，"这个宪法草案所以得到大家拥护，大家所以说它好，就是因为有这两条：一条是正确地恰当地总结了经验，一条是正确地恰当地结合了原则性和灵活性"。并指出："一个团体要有一个章程，一个国家也要有一个章程，宪法就是一个总章程，是根本大法。用宪法这样一个根本大法的形式，把人民民主和社会主义原则固定下来，使全国人民有一条清楚的轨道，使全国人民感到有一条清楚的明确的和正确的道路可走，就可以提高全国人民的积极性。"9月14日，在全国人大会议上，一些代表对宪法草案又提出了两处修改意见。毛泽东主持召开了一次中央人民政府委员会临时会议，决定同意这两处修改意见。毛泽东在会上谈到宪法起草过程时说："这是一个比较完整的法了。最先是中共中央起草，然后是北京五百多高级干部讨论，全国八千多人讨论，然后是三个月的全国人民讨论，这一次全国人民代表大会代表一千多人又讨论。宪法的起草是慎重的，每一条每一个字都是认真搞了的，但也不必讲是毫无缺点，天衣无缝。"

在全面废除旧法统的同时，新中国也抛弃了旧的法学教育制度，在学习借鉴苏联的基础上建立起了新的社会主义法学教育、研究机构和队伍。从1949年到1957年，新中国建立了10个全国高等政法院系，政法院校毕业生达13000多人，研究生近300人，轮训了10多万名司法干部。

党的八大更是以毛泽东同志为主要代表的中国共产党人重视发展民主法制建设的思想高峰体现。《中国共产党第八次全国代表大会关于政治报告的决议》（以下简称《决议》）宣布：我们国内的主要矛盾，已经是人民对于建立先进的工业国的要求同落后的农业国的现实之间的矛盾，已经是人民对于经济文化迅速发展的需要同当前经济文化不能满足人民需要的状况之间的矛盾。这一矛盾的实质，在我国社会主义制度已经建立的情况下，也就是先进的社会主义制度同落后的社会生产力之间的矛盾。党和全国人民的当前的主要任务，就是要集中力量来解决这个矛盾，把我国尽快地从落后的农业国变为先进的工业国。

与此相应的是在政治方面，必须加强社会主义民主，健全社会主义法制。《决议》指出，在我国进入社会主义建设时期以后，进一步地扩大国家的民主生活，开展反对官僚主义的斗争，有迫切的、重要的意义。必须用加强党对于国家机关的领导和监督的方法，用加强各级人民代表大会对于各级国家机关的监督的方法，用加强各级国家机关的由上而下和由下而上的监督的方法，用加强人民群众和机关中的下级工作人员对于国家机关的批评和监督的方法，来同脱离群众、脱离实际的官僚主义现象作坚持不懈的斗争。由于社会主义革命已经基本上完成，国家的主要任务已经由解放生产力变为保护和发展生产力，我们必须进一步加强人民民主的法制，巩固社会主义建设的秩序。国家必须根据需要，逐步地系统地制定完备的法律。一切国家机关和国家工作人员必须严格遵守国家的法律，使人民的民主权利充分地受到国家的保护。

三、加强对"一把手"教育的针对性、管理的经常性和监督的有效性

习近平总书记2018年1月5日在新进中央委员会的委员、候补委员和省部级主要领导干部学习贯彻习近平新时代中国特色社会主义思想和党的十九大精神研讨班上讲话中引经据典，要求中央委员会、特别是党政一把手要"敢于进行自我革命，敢于刀刃向内，敢于刮骨疗伤，敢于壮士断腕，防止祸起萧墙"。[1]

（一）一把手是各项重大工作的第一责任人

习近平认为，各项工作要抓出成效，就必须抓住领导干部这个"关键少数"。"四个全面"[2]国家战略布局是以习近平同志为核心的党中央治国理政的总体框架，在每一个"全面"的实施中，习近平同志都认为一把手是"关键人""第一责任人"等。

---

① 习近平：《推进党的建设新的伟大工程要一以贯之》，《求是》2019年第19期。

② "四个全面"即：全面建成小康社会、全面深化改革、全面依法治国、全面从严治党，2020年脱贫攻坚目标实现之后，全面建设小康社会改为"全面建设社会主义现代化"。

1. 一把手是扶贫开发工作第一责任人

关于全面建成小康社会中的脱贫攻坚，2015 年 6 月 18 日在贵州召开部分省区市党委主要负责同志座谈会上的讲话中强调，党政一把手特别是贫困问题较突出地区的党政主要负责同志，肩上有沉甸甸的担子，身后有群众眼巴巴的目光。职责所系、群众所盼，不能有丝毫懈怠。要当好扶贫开发工作第一责任人，履行领导职责，深入贫困乡村进行调查研究，因地制宜提出措施办法，亲自部署和协调落实。

2. 一把手是抓改革的关键

关于全面深化改革，在 2017 年年初召开的中央全面深化改革领导小组第三十二次会议上，习近平同志强调，党政主要负责同志是抓改革的关键，要把改革放在更加突出位置来抓，不仅亲自抓、带头干，还要勇于挑最重要的担子、啃最硬的骨头，做到重要改革亲自部署、重大方案亲自把关、关键环节亲自协调、落实情况亲自督查，扑下身子，狠抓落实。他还强调，各级主要负责同志要自觉从全局高度谋划推进改革，做到实事求是、求真务实，善始善终、善作善成，把准方向、敢于担当，亲力亲为、抓实工作。①

2016 年，中央深改组召开了二十次会议，习近平强调党政负责人要落实主体责任的就占一大半。2017 年 2 月 6 日，中央深改组召开第三十二次会议，习近平在会上严肃指出，党政主要负责同志要亲力亲为抓改革，扑下身子抓落实。

3. 一把手是推进法治建设第一责任人

关于全面依法治国，2015 年 2 月 2 日，习近平同志在省部级主要领导干部学习贯彻党的十八届四中全会精神全面推进依法治国专题研讨班上的讲话中强

---

① 《习近平谈治国理政》（第二卷），外文出版社 2017 年版，第 106 页。

调，全面依法治国，必须抓住领导干部这个"关键少数"。这也就是我们党一直强调的，政治路线确定之后，干部就是决定因素。① 党政主要负责人要履行推进法治建设第一责任人职责。这是推进法治建设的重要组织保证。党政主要负责人要亲力亲为，不能当甩手掌柜。要加强和改进对法治建设的领导，统筹推进科学立法、严格执法、公正司法、全民守法，每年都确定重点任务，明确完成时间，做到年初有分工、年中有督察、年末有考核，全年有台账。对不认真履行第一负责人职责的党政主要负责人，上级党委要及时告诫和约谈，严肃批评。对一个地方、一个部门接二连三发生重大违法案件、造成严重社会后果的，必须严肃问责、依法追究。② 要制定具体规定，讲清楚党政主要负责人在推进法治建设方面要履行的具体职责，让大家明白需要做什么、怎么做。③

4. 一把手是从严治党第一责任人

单位的一把手在执行民主集中制的以身作则中作用很关键。2013 年 6 月 28 日，习近平在全国组织工作会议上的讲话中指出，执行民主集中制，一把手以身作则很关键。要把一把手带头执行民主集中制作为加强领导班子思想政治建设的重要内容，推动各级一把手自觉坚持集体领导，带头发扬党内民主，严格按程序办事、按规矩办事，坚决反对和防止个人或少数人专断。④

县委书记要带头执行民主集中制。2015 年 1 月 12 日，习近平同志指出，县委书记是一班之长，要带头执行民主集中制，不把"班长"当成"家长"。要按照程序进行决策，特别是涉及资金、项目、用人等重大问题，要经过集体研

---

① 中共中央文献研究室编：《习近平关于全面依法治国论述摘编》，中央文献出版社 2015 年版，第 118 页。

② 同上书，第 126 页。

③ 同上书，第 127 页。

④ 习近平：《在全国组织工作会议上的讲话》，《十八大以来重要文献选编》（上），中央文献出版社 2014 年版，第 353 页。

究，不搞个人专权。要善于把党委一班人、几大家班子和各级干部智慧集中起来，做到总揽不包揽、分工不分家、放手不撒手。要有胸怀，能容人容事，注意听取班子成员意见，带头增进和维护县委班子团结。当然，讲团结不是要搞一团和气，讲和谐不是要"和稀泥"。在大是大非问题上，要有正确立场和鲜明态度，敢于站出来说话，敢于表明自己的态度。①

党委书记是从严治党第一责任人。关于全面从严治党，2016 年 10 月 27 日，习近平同志在十八届中央纪委六次全会上强调，党要管党，党委书记要在其位、谋其政，履行好第一责任人职责。②党委主要负责同志要管好班子，带好队伍，管好自己，当好廉洁从政的表率。各级党委特别是主要负责同志必须树立不抓党风廉政建设就是严重失职的意识，常研究、常部署，抓领导、领导抓，抓具体、具体抓，种好自己的责任田。③党委书记要做管党治党的书记，当好第一责任人，对党负责，对本地区本单位的政治生态负责，对干部健康成长负责。要把责任传导给所有班子成员，压给下面的书记，确保责任落到实处。④

2016 年 1 月 12 日，习近平在第十八届中央纪律检查委员会第六次全体会议上的讲话中指出，县委是我们党执政兴国的"一线指挥部"，县委书记就是"一线总指挥"。省市两级党委要落实主体责任，抓好县委这个关键，特别是要强化县委书记的责任担当，加强基层组织和干部队伍建设，把基层党组织建设成坚强战斗堡垒，充分发挥广大党员、干部先锋模范作用。⑤

要抓好一把手遵守纪律的示范表率作用。2016 年 10 月 27 日，习近平在党

---

① 习近平：《做焦裕禄式的县委书记》，中央文献出版社 2015 年版，第 10—11 页。

② 中共中央文献研究室编：《习近平关于全面从严治党论述摘编》，中央文献出版社 2016 年版，第 221 页。

③ 同上书，第 222 页。

④⑤ 习近平：《在第十八届中央纪律检查委员会第六次全体会议上的讲话》，《人民日报》2016 年 1 月 12 日。

的十八届六中全会第二次全体会议上指出，在领导干部中，发挥好"一把手"在贯彻落实准则、条例上的示范表率作用，对管理好领导班子和领导干部具有重要意义。①

一把手是搞好巡视工作的重要环节。习近平同志指出，省区市党委书记和中央部委部长（主任）、国家机关部门党组（党委）书记对巡视发现的重点问题，要点出具体人头、提出具体意见，不能点个卯、表个态就完事。②

（二）一把手是党纪国法重点约束的"关键少数"中的"关键少数"

1. 从大量案例来看，一把手容易违法乱纪

2015 年 1 月 13 日，习近平在第十八届中央纪律检查委员会第五次全体会议上的讲话中指出，从大量案件看，领导干部违纪违法问题大多发生在担任一把手期间。有的践踏民主集中制，搞家长制、一言堂，居高临下、当"太上皇"，手伸得老长，个人说了算，顺我者昌、逆我者亡，处心积虑树立所谓"绝对权威"，大有独霸一方之势。有的人被查处后讲："我的一个批示可以让一个企业获得巨大利益，可以让亲朋好友获取好处，可以让一个人改变处境，可以办事顺利、一路绿灯。"有的人就反省说，省委领导对地市一把手多是给政策，多是鼓励，而少有严格要求，少有监督；同级和下级根本不敢监督一把手，这就造成一把手权力失控。一把手位高权重，一旦出问题，最容易带坏班子、搞乱风纪。一把手权力集中，受到的监督很少，遵章守纪基本上靠自觉，这样能不犯错误、不出问题吗？我们必须用刚性制度把一把手管住，保证一把手正确用权、廉洁用权。这不是对干部要求苛刻，而是爱护和保护干部。领导干部要自觉接受组织和群众监督，这对自己有好处，可以警醒自己始终秉公用权，避免跌入腐败的陷阱。

2016 年 6 月 28 日，习近平在十八届中央政治局第三十三次集体学习时的讲话中指出，有的领导班子成员特别是一把手不正确理解和执行民主集中制，搞家长制、一言堂或自由主义、分散主义、宗派主义，有的甚至把所在地方和分管领域当做"独立王国""私人领地"。①

要破解一把手监督难题。2016 年 10 月 27 日，习近平同志在十八届中央纪委六次全会上强调，要抓住"关键少数"，破解一把手监督难题。各级领导班子一把手是"关键少数"中的"关键少数"。一把手违纪违法最容易产生催化、连锁反应，甚至造成区域性、系统性、塌方式腐败。许多违纪违法的一把手之所以从"好干部"沦为"阶下囚"，有理想信念动摇、外部"围猎"的原因，更有日常管理监督不力的原因。领导干部责任越重大、岗位越重要，就越要加强监督。②

2. 要加强对"一把手"教育的针对性、管理的经常性、监督的有效性

2016 年 10 月 27 日，习近平在党的十八届六中全会第二次全体会议上指出，要加强对"一把手"教育的针对性、管理的经常性、监督的有效性，促使各级"一把手"带头遵守党章党规和宪法法律，认真贯彻执行民主集中制，不断增强党性修养，做到位高不擅权、权重不谋私。③

3. 上级对下级尤其是上级一把手对下级一把手的监督最管用、最有效

2016 年 10 月 27 日，习近平同志在十八届中央纪委六次全会上强调，各级党组织要多设置一些监督"探头"，使一把手置身于党组织、党员、群众监督之下。上级对下级尤其是上级一把手对下级一把手的监督最管用、最有效。上级党组织要多了解下级一把手日常的思想、工作、生活状况，多注意干部群众对

---

① 中共中央文献研究室编：《习近平关于全面从严治党论述摘编》，中央文献出版社 2016 年版，第 39 页。
② 同上书，第 211 页。
③ 同上书，第 52 页。

下级一把手问题的反映，多听取下级领导班子成员对一把手的意见。党员、干部可在党的会议上和干部提拔、领导干部述职述廉等环节对一把手实施监督。①

一般党员、干部在对一把手的监督中也可以发挥作用。2016 年 10 月 27 日，习近平同志在第十八届中央纪委六次全会上强调，党员、干部可在党的会议上和干部提拔、领导干部述职述廉等环节对一把手实施监督。②

4. 纪委要把一把手纳入监督重点

习近平同志在第十八届中央纪律检查委员会第六次全体会议上的讲话中还指出，上级纪委要把下级一把手纳入监督重点，发现问题线索及时处置。同级纪委要定期将同级领导班子成员特别是一把手落实主体责任、执行民主集中制、廉洁自律等情况向上级纪委报告；平时掌握了对下级一把手的反映，就要及时报告同级党委书记。要健全对一把手的监督制度，完善领导班子议事制度，对集体讨论事项，每个班子成员必须亮明态度并记录在案。③

（三）从严治党就从中央政治局抓起

习近平常说，"己不正，焉能正人"，他将中央委员会、中央政治局、中央政治局常委会的组成人员视为关键。他说，把这部分人抓好了，能够在全党作出表率，很多事情就好办了。④纵观习近平近年来抓"关键少数"的重要部署，无论是抓制度、抓信念，还是抓学习、抓责任，他都要求中央政治局首先做好。中央八项规定刚刚出台，习近平就坚定地说，"中央政治局同志从我本人做起"。⑤

2014 年 1 月 14 日，习近平在第十八届中央纪律检查委员会第三次全体会议上的讲话中强调，党要管党、从严治党怎么抓？就从中央政治局抓起，正所

---

①② 习近平：《在第十八届中央纪律检查委员会第六次全体会议上的讲话》，《人民日报》2016 年 1 月 12 日。

③ 中共中央文献研究室编：《习近平关于全面从严治党论述摘编》，中央文献出版社 2016 年版，第 212 页。

④⑤《党的十八大以来，习近平这样抓"关键少数"》，新华网，http：//www.xinhuanet.com/politics/2017-02/20/c_1120493407.htm，2017 年 2 月 20 日访问。

谓"子帅以正，孰敢不正"？上面没有先做到，要求下边就没有说服力和号召力。在十八届中央政治局第一次会议上，他就说过，我们党作为马克思主义执政党，不但要有强大的真理力量，而且要有强大的人格力量；真理力量集中体现为我们党的正确理论，人格力量集中体现为我们党的优良作风；中央政治局的同志要带头把党的优良作风继承下来、发扬下去，敏于行、慎于言，降虚火、求实效，实一点，再实一点。全党看着中央政治局，要求全党做到的，中央政治局首先要做到。

2016年10月27日，习近平在党的十八届六中全会第二次全体会议上的讲话中指出，在高级干部中，中央委员会、中央政治局、中央政治局常委会组成人员首当其责。我们中央委员会的同志，必须保持理想信念的坚定执着，必须坚决捍卫和全面贯彻党的基本路线，必须坚决听从党中央号令、维护党中央权威，必须加强道德修养、模范践行社会主义核心价值观，必须严守党的政治纪律和政治规矩，必须带头尊法学法守法用法，必须持之以恒反对"四风"，必须坚决同特权思想、特权现象作斗争，必须注重家风建设、教育管理好亲属和身边工作人员，必须诚恳接受各方面监督。我们要从党和国家兴旺发达、长治久安的高度来认识建设好中央委员会、中央政治局、中央政治局常委会的重大意义，切实把我们这个层面的党内政治生活、党内监督搞好，以令人信服的表率作用，推动全党开创全面从严治党新局面。[1]

（四）建章立制，约束一把手

2012年12月4日，习近平主持中央政治局会议，通过了八项规定，要求领导干部带头改进工作作风。近年来，许多党内法规相继制定修订，针对"关键少数"作出了许多"硬约束"。2016年10月27日，党的十八届六中全会审

---

[1]　中共中央文献研究室编：《习近平关于全面从严治党论述摘编》，中央文献出版社2016年版，第52—53页。

议通过了《关于新形势下党内政治生活的若干准则》和《中国共产党党内监督条例》。准则中提及"高级干部"的有 20 多处，条例中专门就党的中央组织的监督单设一章，突出强调。这两个文件起草组的组长正是习近平。

1.《中国共产党党内监督条例》：一把手是重点监督对象

《条例》第六条规定，党内监督的重点对象是党的领导机关和领导干部特别是主要领导干部。

《条例》第十条规定，中央委员会全体会议每年听取中央政治局工作报告，监督中央政治局工作。

《条例》第十二条规定，中央委员会成员对中央政治局委员的意见，署真实姓名以书面形式或者其他形式向中央政治局常务委员会或者中央纪律检查委员会常务委员会反映。

《条例》第十四条规定，中央政治局委员应当严格执行中央八项规定，自觉参加双重组织生活，如实向党中央报告个人重要事项。带头树立良好家风，加强对亲属和身边工作人员的教育和约束，严格要求配偶、子女及其配偶不得违规经商办企业，不得违规任职、兼职取酬。

《条例》第十五条规定，党委（党组）在党内监督中负主体责任，书记是第一责任人。

《条例》第十七条第一款规定，党内监督必须加强对党组织主要负责人和关键岗位领导干部的监督，重点监督其政治立场、加强党的建设、从严治党，执行党的决议，公道正派选人用人，责任担当、廉洁自律，落实意识形态工作责任制情况。

《条例》第十七条第二款规定，上级党组织特别是其主要负责人，对下级党组织主要负责人应当平时多过问、多提醒，发现问题及时纠正。领导班子成员发现班子主要负责人存在问题，应当及时向其提出，必要时可以直接向上级党组织报告。

《条例》第十七条第二款规定，党组织主要负责人个人有关事项应当在党内一定范围公开，主动接受监督。

《条例》第二十六条第三款规定，强化上级纪委对下级纪委的领导，纪委发现同级党委主要领导干部的问题，可以直接向上级纪委报告。

《条例》第二十八条第二款规定，派出机关应当加强对派驻纪检组工作的领导，定期约谈被监督单位党组织主要负责人、派驻纪检组组长，督促其落实管党治党责任。

2.《中国共产党巡视工作条例》：把各级一把手规定为重点巡视对象

《条例》第十三条规定，中央巡视组的巡视对象和范围是：（1）省、自治区、直辖市党委和人大常委会、政府、政协党组领导班子及其成员，省、自治区、直辖市高级人民法院、人民检察院党组主要负责人，副省级城市党委和人大常委会、政府、政协党组主要负责人；（2）中央部委领导班子及其成员，中央国家机关部委、人民团体党组（党委）领导班子及其成员；（3）中央管理的国有重要骨干企业、金融企业、事业单位党委（党组）领导班子及其成员。

《条例》第十四条规定，省、自治区、直辖市党委巡视组的巡视对象和范围是：（1）市（地、州、盟）、县（市、区、旗）党委和人大常委会、政府、政协党组领导班子及其成员，市（地、州、盟）中级人民法院、人民检察院和县（市、区、旗）人民法院、人民检察院党组主要负责人；（2）省、自治区、直辖市党委工作部门领导班子及其成员，政府部门、人民团体党组（党委、党工委）领导班子及其成员；（3）省、自治区、直辖市管理的国有企业、事业单位党委（党组）领导班子及其成员。

第二十七条第二款规定，被巡视党组织主要负责人为落实整改工作的第一责任人。

《中国共产党纪律处分条例》：把违纪行为有关责任人员划分为直接责任者、主要领导责任者、重要领导责任者，绝不宽恕主要领导和重要领导的责任。

《条例》第三十七条规定，违纪行为有关责任人员的区分为：（1）直接责任者，是指在其职责范围内，不履行或者不正确履行自己的职责，对造成的损失或者后果起决定性作用的党员或者党员领导干部。（2）主要领导责任者，是指在其职责范围内，对直接主管的工作不履行或者不正确履行职责，对造成的损失或者后果负直接领导责任的党员领导干部。（3）重要领导责任者，是指在其职责范围内，对应管的工作或者参与决定的工作不履行或者不正确履行职责，对造成的损失或者后果负次要领导责任的党员领导干部。《条例》所称领导责任者，包括主要领导责任者和重要领导责任者。

对一把手或包括一把手在内的领导干部违反政治纪律行为的，《条例》给予如下处分：

《条例》第六十七条规定，不履行全面从严治党主体责任、监督责任或者履行全面从严治党主体责任、监督责任不力，给党组织造成严重损害或者严重不良影响的，对直接责任者和领导责任者，给予警告或者严重警告处分；情节严重的，给予撤销党内职务或者留党察看处分。

对一把手或包括一把手在内的领导干部违反组织纪律行为的，《条例》给予如下处分：

《条例》第七十一条规定，下级党组织拒不执行或者擅自改变上级党组织决定的，对直接责任者和领导责任者，给予警告或者严重警告处分；情节严重的，给予撤销党内职务或者留党察看处分。

《条例》第七十六条规定，用人失察失误造成严重后果的，对直接责任者和领导责任者，情节较轻的，给予警告或者严重警告处分；情节较重的，给予撤销党内职务或者留党察看处分；情节严重的，给予开除党籍处分。

《条例》第七十九条规定，党组织有下述行为的，对直接责任者和领导责任者，给予警告或者严重警告处分；情节较重的，给予撤销党内职务或者留党察看处分；情节严重的，给予开除党籍处分：（1）对批评、检举、控告进行阻挠、压制，或者将批评、检举、控告材料私自扣压、销毁，或者故意将其泄露给他人的；（2）对党员的申辩、辩护、作证等进行压制，造成不良后果的；（3）压制党员申诉，造成不良后果的，或者不按照有关规定处理党员申诉的；（4）有其他侵犯党员权利行为，造成不良后果的。对批评人、检举人、控告人、证人及其他人员打击报复的，从重或者加重处分。

《条例》第八十条规定，违反党章和其他党内法规的规定，采取弄虚作假或者其他手段把不符合党员条件的人发展为党员，或者为非党员出具党员身份证明的，对直接责任者和领导责任者，给予警告或者严重警告处分；情节严重的，给予撤销党内职务处分。违反有关规定程序发展党员的，对直接责任者和领导责任者，给予警告或者严重警告处分；情节严重的，给予撤销党内职务处分。

对一把手或包括一把手在内的领导干部违反廉洁纪律行为的，《条例》给予如下处分：

《条例》第九十六条规定，党员领导干部离职或者退（离）休后违反有关规定接受原任职务管辖的地区和业务范围内的企业和中介机构的聘任，或者个人从事与原任职务管辖业务相关的营利活动，情节较轻的，给予警告或者严重警告处分；情节较重的，给予撤销党内职务处分；情节严重的，给予留党察看处分。党员领导干部离职或者退（离）休后违反有关规定担任上市公司、基金管理公司独立董事、独立监事等职务，情节较轻的，给予警告或者严重警告处分；情节较重的，给予撤销党内职务处分；情节严重的，给予留党察看处分。

《条例》第九十八条规定，党和国家机关违反有关规定经商办企业的，对直接责任者和领导责任者，给予警告或者严重警告处分；情节严重的，给予撤销党内职务处分。

《条例》第九十九条规定，党员领导干部违反工作、生活保障制度，在交通、医疗、警卫等方面为本人、配偶、子女及其配偶等亲属和其他特定关系人谋求特殊待遇，情节较重的，给予警告或者严重警告处分；情节严重的，给予撤销党内职务或者留党察看处分。

《条例》第一百零三条规定，违反有关规定组织、参加用公款支付的宴请、高消费娱乐、健身活动，或者用公款购买赠送或者发放礼品、消费卡（券）等，对直接责任者和领导责任者，情节较轻的，给予警告或者严重警告处分；情节较重的，给予撤销党内职务或者留党察看处分；情节严重的，给予开除党籍处分。

《条例》第一百零四条规定，违反有关规定自定薪酬或者滥发津贴、补贴、奖金等，对直接责任者和领导责任者，情节较轻的，给予警告或者严重警告处分；情节较重的，给予撤销党内职务或者留党察看处分；情节严重的，给予开除党籍处分。

《条例》第一百零六条规定，违反公务接待管理规定，超标准、超范围接待或者借机大吃大喝，对直接责任者和领导责任者，情节较重的，给予警告或者严重警告处分；情节严重的，给予撤销党内职务处分。

《条例》第一百零七条规定，违反有关规定配备、购买、更换、装饰、使用公务交通工具或者有其他违反公务交通工具管理规定的行为，对直接责任者和领导责任者，情节较重的，给予警告或者严重警告处分；情节严重的，给予撤销党内职务或者留党察看处分。

《条例》第一百零八条规定，违反会议活动管理规定，有下列行为之一，对直接责任者和领导责任者，情节较重的，给予警告或者严重警告处分；情节严重的，给予撤销党内职务处分：（1）到禁止召开会议的风景名胜区开会的；（2）决定或者批准举办各类节会、庆典活动的。擅自举办评比达标表彰活动或者借评比达标表彰活动收取费用的，依照前款规定处理。

《条例》第一百零九条规定，违反办公用房管理等规定，有下列行为之一，对直接责任者和领导责任者，情节较重的，给予警告或者严重警告处分；情节严重的，给予撤销党内职务处分：（1）决定或者批准兴建、装修办公楼、培训中心等楼堂馆所的;(2)超标准配备、使用办公用房的;(3)用公款包租、占用客房或者其他场所供个人使用的。

对一把手或包括一把手在内的领导干部违反群众纪律行为的,《条例》给予如下处分:

《条例》第一百一十二条规定,有下列行为之一,对直接责任者和领导责任者,情节较轻的,给予警告或者严重警告处分;情节较重的,给予撤销党内职务或者留党察看处分;情节严重的,给予开除党籍处分:(1)超标准、超范围向群众筹资筹劳、摊派费用,加重群众负担的;(2)违反有关规定扣留、收缴群众款物或者处罚群众的;(3)克扣群众财物,或者违反有关规定拖欠群众钱款的;(4)在管理、服务活动中违反有关规定收取费用的;(5)在办理涉及群众事务时刁难群众、吃拿卡要的;(6)有其他侵害群众利益行为的。在扶贫领域有上述行为的,从重或者加重处分。

《条例》第一百一十三条规定,干涉生产经营自主权,致使群众财产遭受较大损失的,对直接责任者和领导责任者,给予警告或者严重警告处分;情节严重的,给予撤销党内职务或者留党察看处分。

《条例》第一百一十七条规定,盲目举债、铺摊子、上项目,搞劳民伤财的"形象工程""政绩工程",致使国家、集体或者群众财产和利益遭受较大损失的,对直接责任者和领导责任者,给予警告或者严重警告处分;情节严重的,给予撤销党内职务、留党察看或者开除党籍处分。

《条例》第一百一十九条规定,不按照规定公开党务、政务、厂务、村(居)务等,侵犯群众知情权,对直接责任者和领导责任者,情节较重的,给予警告或者严重警告处分;情节严重的,给予撤销党内职务或者留党察看处分。

对一把手或包括一把手在内的领导干部违反工作纪律行为的,《条例》给予处分如下:

《条例》第一百二十一条规定,工作中不负责任或者疏于管理,贯彻执行、检查督促落实上级决策部署不力，给党、国家和人民利益以及公共财产造成较大损失的，对直接责任者和领导责任者，给予警告或者严重警告处分；造成重大损失的，给予撤销党内职务、留党察看或者开除党籍处分。贯彻创新、协调、绿色、开放、共享的发展理念不力，对职责范围内的问题失察失责，造成较大损失或者重大损失的，从重或者加重处分。

《条例》第一百二十二条规定，有下列行为之一，造成严重不良影响，对直接责任者和领导责任者，情节较轻的，给予警告或者严重警告处分；情节较重的，给予撤销党内职务或者留党察看处分；情节严重的，给予开除党籍处分：（1）贯彻党中央决策部署只表态不落实的；（2）热衷于搞舆论造势、浮在表面的；（3）单纯以会议贯彻会议、以文件落实文件，在实际工作中不见诸行动的；（4）工作中有其他形式主义、官僚主义行为的。

《条例》第一百二十四条规定，因工作不负责任致使所管理的人员叛逃的，对直接责任者和领导责任者，给予警告或者严重警告处分；情节严重的，给予撤销党内职务处分。因工作不负责任致使所管理的人员出走，对直接责任者和领导责任者，情节较重的，给予警告或者严重警告处分；情节严重的，给予撤销党内职务处分。

《条例》第一百二十五条规定，在上级检查、视察工作或者向上级汇报、报告工作时对应当报告的事项不报告或者不如实报告，造成严重损害或者严重不良影响的，对直接责任者和领导责任者，给予警告或者严重警告处分；情节严重的，给予撤销党内职务或者留党察看处分。在上级检查、视察工作或者向上级汇报、报告工作时纵容、唆使、暗示、强迫下级说假话、报假情的，从重或者加重处分。

《条例》第一百二十七条规定，党员领导干部违反有关规定干预和插手司法活动、执纪执法活动，向有关地方或者部门打听案情、打招呼、说情，或者以其他方式对司法活动、执纪执法活动施加影响，情节较轻的，给予严重警告处分；情节较重的，给予撤销党内职务或者留党察看处分；情节严重的，给予开除党籍处分。党员领导干部违反有关规定干预和插手公共财政资金分配、项目立项评审、政府奖励表彰等活动，造成重大损失或者不良影响的，依照前款规定处理。

总之，注重对领导干部，尤其是主要领导干部的监督，是中国共产党法规的显著特色。

第四节　坚持党的领导、人民当家作主和依法治国的有机统一

"坚持党的领导、人民当家作主、依法治国有机统一"是极具中国特色的一个重要理论命题。自党的十五大报告首次提出这一命题，历经党的十六大报告、十七大报告、十八大报告和十九大报告，都继续强调。习近平同志非常重视这一理论命题，他说："把坚持党的领导、人民当家作主、依法治国有机统一起来是我国社会主义法治的一条基本经验。"① 在庆祝中国共产党成立九十五周年大会上的讲话中，习近平强调："全面依法治国，核心是坚持党的领导、人民当家作主、依法治国有机统一。"②

一、中国共产党的领导为人民当家做主和依法治国提供了根本保证

马克思说过，"不是社会以法律为基础，那是法学家的幻想。相反，法律应该以社会为基础，法律应该是社会共同的，由一定的物质生产方式所产生的利

---

① 中共中央文献研究室编：《习近平关于全面依法治国论述摘编》，中央文献出版社 2015 年版，第 24 页。

② 中共中央文献研究室编：《习近平关于社会主义政治建设论述摘编》，中央文献出版社 2017 年版，第 104 页。

益需要的表现，而不是单个人的恣意横行"。① 国家的统一、社会的稳定和经济的发展，这是任何一个国家民主法治赖以运行的前提条件。曾任美国政治学学会会长的亨廷顿和他的学生福山对此都有论著，他们一致认为，发展中国家不要机械照搬西方政治模式，第一位的任务是保持稳定的社会，建立一个权威的、管理有效的政府。但这一最浅显易懂的道理，却为我国不少学者所忽略。

中国古代和近代的社会长期一盘散沙，军阀割据不断，国家的统一和分裂周而复始地循环，这是几千年来所未解决的一道历史性难题。而中国共产党则通过支部建在基层和民主集中制的组织建设，以及实行党指挥枪原则，实现了社会稳定、民族团结、国家统一，不仅解决了历史难题，更为民主法治的推行提供了前提条件。

中国几千年来一直存在一个梁启超、孙中山等许多有识之士指出的问题：社会一盘散沙，由此问题又连带产生国家常常出现军阀割据、四分五裂。梁启超在《中国积弱溯源论》中指出：一个国家的强弱和这个国家国民的强弱成正比。他发现，中国人缺少爱国心是国家积弱的最大根源。因为三大误区支配着中国人的思想：一曰不知道国家与天下的差别。二曰不知道国家与朝廷是有区别的。三曰不知道国家与国民之间关系究竟如何。② 这三大误区使一些国人养成了以奴性、愚昧、自私、好伪、怯懦、被动为特征的劣根性。这些人不仅不会要求自由、平等和民主，即便有人替他争取到自由、平等和民主，他也不会享用，甚至拒绝享用。

孙中山在《建国方略·民权初步·序》中也指出："中国四万万之众，等于一盘散沙。此岂天生而然耶？实异族之专制有以致之也。在满清之世，集会有禁，文字成狱，偶语弃市，是人民之集会自由、出版自由、思想自由皆已削夺净尽，至二百六十余年之久。"在笔者看来，一盘散沙除了孙先生所讲原因之

---

① 《马克思恩格斯全集》第六卷，人民出版社 1961 年版，第 291—292 页。

② 解玺璋：《梁启超传》，上海文化出版社 2012 年版，第 127 页。

外，还与古代和近代的祖宗崇拜有关。每个家族只尊重自己的祖先，家家户户供奉着自己祖先的牌位，结果出现了梁启超、费孝通等所指出的国人没有公德、仅有私德；只有私人生活，没有公共生活；只有熟人社会，没有陌生人生活。①

谁解决了中国历史的这道难题？中国共产党。中国共产党一靠在社会各个层次、各个领域中建立党支部，打破了血缘、地缘、业缘对国民的束缚。二靠民主集中制组织原则，把分布在社会各个领域、各个角落的基层党组织构筑成了一个上下左右的治理网络。三靠党指挥枪原则，打破了军阀把军队私人化的藩篱。

在各个层次、领域建立党支部，通过民主集中制把各个支部组织起来，坚持党指挥枪，中国共产党用此三个措施解决了社会一盘散沙、军阀分裂割据等历史难题，这在中国历史上是首创。

党的领导是中国特色社会主义事业的根本保证，是国家统一、民族团结、社会稳定的根本保证。苏联解散了共产党，苏联就马上分裂了，战争的硝烟弥漫了；南斯拉夫共产党解体了，南斯拉夫国家就解体了，战争的枪炮打响了；捷克斯洛伐克共产党解体了，捷克斯洛伐克就分裂了。中国之所以没有发生这些事情，就是因为中国 56 个民族都有共产党员，56 个民族的共产党员把 56 个民族团结在共产党的领导下，聚精会神搞建设，一心一意谋发展。

有秩序，不一定有现代民主法治，但无秩序，则断无民主法治。②

中国共产党的民主集中制的组织原则，使得政府可以集中力量办大事、办难事和办急事，保证了中国"赶超型"现代化的顺利进行，为推进民主法治提供了根本动力。③

---

① 费孝通：《乡土中国》，上海人民出版社 2019 年版，第 30—35 页。
② 郝铁川：《秩序与渐进——中国社会主义初级阶段依法治国研究报告》，法律出版社 2004 年版，第 5—20 页。
③ 郝铁川：《既能办大事难事，又要注意防错纠错》，《解放日报》2017 年 4 月 11 日。

中、西现代化之间存在时间和道路的不同。就时间而言，英、法、美、德等西方第一波现代化国家比中国早了三百年；就道路而言，西方由于资本主义生产方式内生于封建社会内部，近代化可以通过先产生资本主义社会，然后再由资产阶级起来夺取政权这样一种社会主导、从下而上的现代化道路。而中国在鸦片战争以前，对西方资本主义社会一无所知，社会内部的资本主义萌芽没有茁壮成长，鸦片战争一声炮响，使中国痛感落后，才奋起直追，由政府出面，通过向海外招商引资的方式，把资本主义生产方式引进中国，走了一条政府主导、从上到下推进现代化的道路。

清朝落后于世界并非始于 1840 年，而是 1636 年的时候就已存在。16 世纪欧洲开始文艺复兴，当清朝还在刚刚步入"康乾盛世"而沾沾自喜的时候，英国颁布《权利法案》，确立君主立宪制，建立资本主义制度，率先跨入资本主义社会。乾隆四十一年（1776 年），乾隆皇帝还在大搞文字狱，禁锢天下士人思想之时，美国大陆会议接受《独立宣言》，宣布人人生而平等，造物主赋予所有公民生存权、自由权和追求幸福的权利。嘉庆九年（1804 年），当嘉庆皇帝沉浸于镇压白莲教起义余部成功的喜悦时，拿破仑拿着他的《法国民法典》向所有法国人宣布：公民一律平等；保护私有财产；公民可以自主择业；废除农奴制，保障农民权益。

由于时间上比西方晚了 300 年，1840 年侵入中国的列强又欲把中国变为殖民地，中国面临千余年来未有之变局，这就决定了中国必须尽快赶上和超过西方，捍卫自己生存和发展的权利。如何赶超呢？最快的办法就是政府主导，向西方国家招商引资，引进市场经济，引进资本主义生产方式。为了能够招到商、引到资，政府就必须有力量维护社会稳定，使投资者感到安全；就必须有财力打造投资所需要的交通便利、通水通电等软环境，使投资者感到便利。因此，中国不可能选择西方那种"最好的政府、最少管理"理念，不可能实行旨在让政府不容易做事的分权制衡、多党竞争的政治体制，而只能选择以民主集中制为核心的政治体制，让国家在民主的基础上能够集中力量办大事、办难事、办急事，既充分利用市场这只看不见的手，还要充分利用政府这只看得见的手，能够以较快的速度追赶发达国家。这样的国情，上百年的摸索决定了我们的政治体制必须坚持民主基础上的集中。因此，我们的政治体制就存在两个"最高"，即：全国人民代表大会是最高的权力机关，中国共产党是最高的政治领导力量。这两个"最高"确保了社会主义制度下能够集中力量办大事的优势，确保了中国以较快速度、较好质量追赶并超过发达国家，实现中国梦。[①]这已不仅仅是一种理论分析，而是当下确凿无疑的事实了。

二、党的主张经过人民民主制度的程序检验而实现了民主执政，人民利益经过党的领导而避免了碎片化

党的领导和人民当家作主是一种相辅相成、不可分割的关系。党的性质是"两个先锋队"（即：中国工人阶级的先锋队，中华民族和中国人民的先锋队），宗旨是全心全意为人民服务，这就决定了党的领导从根本上就是支持人民当家作主，同时通过民主制度接受人民的选择、检验和认可；由于党是中华民族和中国人民的先锋队，从根本上维护的是人民的长远、整体利益，所以，人民当家作主离不开党的引领，否则，人民利益由于人民内部存在不同的阶层、群体而碎片化。

（一）共产党的主张需要经过人民民主制度的程序检验而实现民主执政要求

民主主要有票决和协商两大方式，票决更为重要。简而言之，民主说到底就是投票，执政说到底就是抓票。抓不住人民的选票，就当选不了人民代表；抓不住人民代表大会代表的选票，就当选不了国家机关的领导人；抓不住人大代表或人大常委会委员的赞成票，党的主张就不会变成法律。人民民主制度是

---

① 郝铁川：《中国当下依法治国对孙中山"训政"思想的新发展——关于中国法治现代化阶段论的思考》，《云南大学学报》2017年第2期。

检验我们党是否执政为民的重要方式。

从操作层面来看，执政党要依照法律进入国家政权去执政，然后依照法律管理国家及其社会有关活动。主要表现为：一是党通过制定大政方针、提出立法建议、推荐重要干部等执政权力的行使，经过人民代表大会审议，使党的主张变成国家意志；经过人民政协的协商，使党的主张变成社会各界共识。二是党通过在国家机关中设立党组，支持和保证人大、政府、政协、司法机关依法履行职能，最终实现党的正确领导；三是在治理国家和社会事务中，党通过自己的组织工作、宣传工作、统战工作、基层工作等方面的优势，运用法律手段，解决社会矛盾，协调利益关系，促进社会生产发展，引导社会整体进步。

党的十九届四中全会通过的《中共中央关于坚持和完善中国特色社会主义制度　推进国家治理体系和治理能力现代化若干重大问题的决定》指出我国人民当家作主制度体系包括五项制度：人民代表大会制度，中国共产党领导的多党合作和政治协商制度、最广泛的爱国统一战线、民族区域自治制度和基层群众自治制度。有关党的主张在许多情况下都要经过这些民主制度的运行，才能变成人民的共识。

1. 党是否反映了人民要求，人民代表大会制度是一个重要的检验方式

人民代表大会制度是检验党是否代表人民的一个程序性规定，是沟通党的意志和人民意志之间的桥梁。因此，党的十八届四中全会通过的《关于全面推进依法治国若干重大问题的决定》提出了"四善于"：一是善于使党的主张通过法定程序成为国家意志，二是善于使党组织推荐的人选通过法定程序成为国家政权机关的领导人员，三是善于通过国家政权机关实施党对国家和社会的领导，四是善于运用民主集中制原则维护中央权威、维护全党全国团结统一。人民代表大会制度是坚持党的领导、人民当家作主、依法治国有机统一的根本政治制度安排，在党中央集中统一领导下，通过人民代表大会制度把三者真正打通、有机统一起来。

2. 中国共产党需要经常听取民主党派的建议、意见，形成或完善自己的主张

中国共产党领导的多党合作和政治协商制度是我国的一项基本政治制度，《关于进一步加强中国共产党领导的多党合作和政治协商制度建设的意见》对进一步完善中国共产党与各民主党派进行政治协商的内容、形式和程序，充分发挥民主党派和无党派人士的参政议政和民主监督作用等方面都作了规范。政治协商是中国共产党领导的多党合作和政治协商制度的重要组成部分，是实行科学民主决策的重要环节，是中国共产党提高执政能力的重要途径。把政治协商纳入决策程序，就重大问题在决策前和决策执行中进行协商，是政治协商的重要原则。中国共产党同各民主党派政治协商，主要采取民主协商会、小范围谈心会、座谈会等形式。除会议协商外，民主党派中央可向中共中央提出书面建议。协商的内容包括：中共全国代表大会、中共中央委员会的重要文件；宪法和重要法律的修改建议；国家领导人的建议人选；关于推进改革开放的重要决定；国民经济和社会发展的中长期规划；关系国家全局的一些重大问题；通报重要文件和重要情况并听取意见，以及其他需要同民主党派协商的重要问题等。要进一步完善协商的程序。中共中央根据年度工作重点，研究提出全年政治协商规划；协商的议题提前通知各民主党派和有关无党派代表人士，并提供相关材料；各民主党派应对协商议题集体研究后提出意见和建议；在协商过程中充分发扬民主，广泛听取意见，求同存异，求得共识；对民主党派和无党派人士提出的意见和建议要认真研究，并及时反馈情况。

3. 中国共产党的许多主张需要经过中国人民政治协商会议的民主程序，转变成社会各界的共识

社会主义协商民主是我国人民民主的重要形式，是我国社会主义民主政治的特有形式和独特优势，是实现党的领导的重要方式。中国人民政治协商会议全国委员会和地方委员会的主要职能是政治协商、民主监督、参政议政。政治协商是对国家大政方针和地方的重要举措以及经济建设、政治建设、文化建设、

社会建设、生态文明建设中的重要问题，在决策之前和决策实施之中进行协商。民主监督是对国家宪法、法律和法规的实施，重大方针政策、重大改革举措、重要决策部署的贯彻执行情况，涉及人民群众切身利益的实际问题解决落实情况，国家机关及其工作人员的工作等，通过提出意见、批评、建议的方式进行的协商式监督。参政议政是对政治、经济、文化、社会生活和生态环境等方面的重要问题以及人民群众普遍关心的问题，开展调查研究，反映社情民意，进行协商讨论。通过调研报告、提案、建议案或其他形式，向中国共产党和国家机关提出意见和建议。中国人民政治协商会议全国委员会和地方委员会全体会议的议案，应经全体委员过半数通过。常务委员会的议案，应经常务委员会全体组成人员过半数通过。各参加单位和个人对会议的决议，都有遵守和履行的义务。如有不同意见，在坚决执行的前提下可以声明保留。

4. 民族区域自治制度是我国的一项基本政治制度。习近平总书记强调指出，我们党采取民族区域自治这个新办法，既保证了国家团结统一，又实现了各民族共同当家作主

目前，我国共有 5 个自治区、30 个自治州、120 个自治县（旗），还有将近 1000 个民族乡作为民族区域自治的重要补充形式。许多党的主张要通过民族自治区的人民代表大会变成各民族的共识。

5. 党的主张能否在社会基层落地，一个重要方面就是能否把党的主张通过基层民主变成基层群众的村规民约、共同行动

基层群众自治制度是依照宪法和法律，由居民（村民）选举的成员组成居民（村民）委员会，实行自我管理，自我教育，自我服务，自我监督的制度。他们通过行业自律公约、村规民约进行自我管理、统一行动。[①]

[①]　郝铁川：《秩序与渐进——中国社会主义初级阶段依法治国研究报告》，法律出版社 2004 年版，第 30 页。

为什么说党的主张必须通过人民民主制度的程序检验，才能体现党代表人民、全心全意为人民服务的宗旨呢？因为民主是人民按照程序和少数服从多数的原则集中民意最大公约数的重要方式，是人类迄今最普遍采用的国家治理方式。我们不能仅从一个群体的自我表白来考察它是否代表多数人的想法，而应在执政的条件下，尽可能通过民主方式体现党执政为民的本质。

（二）人民只有在党的引领下才能提炼出来各阶层利益最大公约数，克服"山头主义""码头文化"等忽视人民整体、长远利益的落后观念

人民的碎片化利益需要有人来整合，寻找人民内部各个阶层利益的最大公约数。资产阶级民主的一个缺陷就是多党制下的各个政党为了争夺席位，必须把选民利益碎片化，守住某一部分选民就能赢得一定席位，缺乏一个提炼全体选民利益最大公约数的办法。而中国共产党通过协商民主、通过覆盖各个阶层的党组织网络，可以提炼人民内部各个阶层、群体利益的最大公约数。因此，没有党的领导，人民利益容易碎片化。

毛泽东在 1948 年纠正土地改革宣传中的"左"倾错误时，明确地说过："在领导者和群众的关系问题上，关于既反对命令主义、又反对尾巴主义的宣传，有些地区是注意了；但在许多地区却错误地强调所谓'群众要怎样办就怎样办'，迁就群众中的错误意见。甚至对于并非群众的、而只是少数人的错误意见，也无批判地接受。否定了党的领导作用，助长了尾巴主义。"这种尾巴主义，在当时的具体政治表现形式就是绝对平均主义："现在农村中流行的一种破坏工商业、在分配土地问题上主张绝对平均主义的思想，是一种农业社会主义的思想，这种思想的性质是反动的、落后的，倒退的。我们必须批判这种思想。"当年新华社在"关于农业社会主义的问答"中也是这样解释的。因此，毛泽东反对笼统地提"群众要怎么办就怎么办"的口号，认为应当是"凡属人民群众的正确的意见，党必须依据情况，领导群众，予以实现；而对于人民群众

中发生的不正确的意见，则必须教育群众，予以改正"。① 习近平同志也强调既要服务群众，也要教育群众"要树立以人民为中心的工作导向，把服务群众同教育引导群众结合起来，把满足需求同提高素养结合起来"。②

三、党的领导为依法治国提供思想、政治、组织保证，依法治国为党长期执政提供制度支撑

每一种法治形态背后都有一套政治理论，每一种法治模式当中都有一种政治逻辑，每一条法治道路底下都有一种政治立场。③ 党的领导是依法治国的政治（方向）保证、组织（人事）保证和思想（理论）保证，依法治国是党的主要领导方式，是保证党长期执政的一种重要制度。这两者相辅相成，不可分割。

（一）党的领导为依法治国提供正确政治方向保证、组织人事保证和思想理论支撑

1. 党的领导为全面依法治国提供正确政治方向保证

习近平同志指出，全面推进依法治国，必须走对路；如果路走错了，南辕北辙了，那再提什么要求和举措也都没有意义了。④ 我们既不要"苏化"，也不要"西化"。中国特色社会主义法治道路的核心要义是：

第一，坚持党的领导是根本原则。党的领导是中国特色社会主义最本质的特征，是社会主义法治最根本的保证。把党的领导贯彻到依法治国全过程和各

---

① 毛泽东：《在晋绥干部会议上的讲话》（1948 年 4 月 1 日），《毛泽东选集》第四卷，人民出版社1991 年版，第 1310 页。

② 中共中央党史和文献研究院编：《十八大以来重要文献选编》（下），中央文献出版社 2018 年版，第 213 页。

③ 中共中央文献研究室编：《习近平关于全面依法治国论述摘编》，中央文献出版社 2015 年版，第 34 页。

④ 同上书，第 26 页。

方面，是我国社会主义法治建设的一条基本经验；坚持党的领导，是社会主义法治的根本要求；党的领导和社会主义法治是一致的，社会主义法治必须坚持党的领导，党的领导必须依靠社会主义法治。苏联东欧社会主义国家发生的剧变，就是从削弱、取消党的领导开始的；中国改革开放取得举世公认的成就，就是我们把坚持四项基本原则与改革开放有机相统一，改革而不改向。

第二，坚持中国特色社会主义制度。法律是制度、习惯的固定化、稳定化，是对人民奋斗成功经验的承认和制度化、规范化。党的十九届四中全会通过的《关于坚持和完善中国特色社会主义制度　推进国家治理体系和治理能力现代化的决定》（以下简称《决定》）指出，中国特色社会主义制度是党和人民在长期实践探索中形成的科学制度体系，我国国家治理一切工作和活动都依照中国特色社会主义制度展开，我国国家治理体系和治理能力是中国特色社会主义制度及其执行能力的集中体现。《决定》把我国的根本制度、基本制度和重要制度分为十三项，治理能力分为四项（即：系统治理、依法治理、综合治理、源头治理），中国特色社会主义法治体系是十三项制度中的一项，依法治理是四项治理能力中的一种。[①] 因此，笔者认为，中国特色社会主义法治体系是治理体系（制度体系）中的一种基础性制度，依法治理能力是四种治理能力中的一种基础性能力。所谓基础性制度，是指其他十二项制度在一些方面需要借助法律的认可或制定，方可制度化、固定化、规范化、权威化；所谓基础性治理能力，是指其他三种治理能力都离不开依法治理能力的最后保障作用。

坚持中国特色社会主义法治道路有五大原则要求，即：必须坚持中国共产党的领导，必须坚持人民主体地位，必须坚持法律面前人人平等，必须坚持依法治国和以德治国相结合，必须坚持从中国实际出发。这其中只有"坚持法律

---

① 《中共中央关于坚持和完善中国特色社会主义制度　推进国家治理体系和治理能力现代化若干重大问题的决定》辅导读本，人民出版社 2019 年版，第 1—47 页。

面前人人平等"是与国际社会法治公理相通的，其他四点都是中国特色的体现。这表明中国特色社会主义道路是一条不同于西方的另一条法治道路。

第三，贯彻中国特色社会主义法治理论。党的十八届四中全会审议通过的《关于全面推进依法治国若干重大问题的决定》已经为中国法治理论建设的基础性、根本性问题定下了总基调：坚持党的领导，坚持人民主体地位，坚持法律面前人人平等，坚持依法治国与以德治国相结合，坚持从中国实际出发。2017年5月，习近平视察中国政法大学时指出，要加强法治及其相关领域基础性问题的研究，对复杂现实进行深入分析、作出科学总结，提炼规律性认识，为完善中国特色社会主义法治体系、建设社会主义法治国家提供理论支撑。他还说，法学学科体系建设对于法治人才培养至关重要。我们有我们的历史文化，有我们的体制机制，有我们的国情，我们的国家治理有其他国家不可比拟的特殊性和复杂性，也有我们自己长期积累的经验和优势，在法学学科体系建设上要有底气、有自信。要以我为主、兼收并蓄、突出特色，努力以中国智慧、中国实践为世界法治文明建设作出贡献。对世界上的优秀法治文明成果，要积极吸收借鉴，也要加以甄别，有选择地吸收和转化，不能囫囵吞枣、照搬照抄。[1]

2. 党的领导是全面依法治国的组织保证

党把依法治国确立为治国基本方式之后，法治建设队伍就成了决定因素。为此，2017年1月，中共中央印发了《关于新形势下加强政法队伍建设的意见》（以下简称《意见》），并发出通知，要求各级党委和政府加强对《意见》实施的组织领导，各地区各部门采取有效措施，把《意见》提出的各项任务落到实处。《意见》强调，要努力建设一支信念坚定、执法为民、敢于担当、清正廉洁的政法队伍。为此，一要加强思想政治建设。二要加强履职能力建设。三要

---

[1] 《习近平在中国政法大学考察时强调　立德树人德法兼修抓好法治人才培养　励志勤学刻苦磨炼促进青年成长进步》，《人民日报》2017年5月4日。

加强纪律作风建设。四要加强政法领导班子和领导干部队伍建设。五要健全职业保障体系。

3. 党的领导是全面依法治国的思想保证

习近平新时代中国特色社会主义思想是当代马克思主义中国化的最新成果，2017 年 10 月，党的十九大通过了关于《中国共产党章程（修正案）》的决议，该思想被写入党章。2018 年 3 月，第十三届全国人民代表大会第一次会议通过《中华人民共和国宪法修正案》，该思想被写入《中华人民共和国宪法》。该思想的内容主要是"八个明确"：一是明确坚持和发展中国特色社会主义，总任务是实现社会主义现代化和中华民族伟大复兴，在全面建成小康社会的基础上，分两步走在 21 世纪中叶建成富强民主文明和谐美丽的社会主义现代化强国；二是明确新时代我国社会主要矛盾是人民日益增长的美好生活需要和不平衡不充分的发展之间的矛盾，必须坚持以人民为中心的发展思想，不断促进人的全面发展、全体人民共同富裕；三是要明确中国特色社会主义事业总体布局是"五位一体"、战略布局是"四个全面"，强调坚定道路自信、理论自信、制度自信、文化自信；四是要明确全面深化改革总目标是完善和发展中国特色社会主义制度、推进国家治理体系和治理能力现代化；五是要明确全面推进依法治国总目标是建设中国特色社会主义法治体系、建设社会主义法治国家；六是要明确党在新时代的强军目标是建设一支听党指挥、能打胜仗、作风优良的人民军队，把人民军队建设成为世界一流军队；七是要明确中国特色大国外交要推动构建新型国际关系，推动构建人类命运共同体；八是要明确中国特色社会主义最本质的特征是中国共产党领导，中国特色社会主义制度的最大优势是中国共产党领导，党是最高政治领导力量，要突出政治建设在党的建设中的重要地位。这"八个明确"是全面推进依法治国的根本遵循。

（二）依法治国是党实现长期执政的制度保证，是党实现有效领导的重要方式和落实从严治党的有力措施

1. 依法治国和依规治党相结合、执纪和执法相贯通是党实现长期执政的制度保证

邓小平指出，我国还处在社会主义初级阶段，巩固和发展社会主义制度需要我们几代人、十几代人，甚至几十代人坚持不懈地努力奋斗。[①] 如果一代人的时间按 20 年计算，巩固和发展社会主义制度需要几十代人计算的话，那巩固和发展社会主义制度则需要千年以上。加之党的最高理想和最终目标是实现共产主义，因此，中国共产党必须长期连续执政才能实现党的最低目标和最高目标。

怎样才能长期执政呢？这当然需要政治、经济、文化等许多方面的措施，但法治无疑是其中不可缺少的重要举措。20 世纪 80 年代初，邓小平同志就在题为《党和国家领导制度的改革》的讲话中指出，领导制度、组织制度问题更带有根本性、全局性、稳定性和长期性。这种制度问题，关系到党和国家是否改变颜色，必须引起全党的高度重视。[②] 人类历史的经验告诉我们，只有法治最有利于长治久安。法治严则国兴，法治弛则国衰。而"人存政举，人亡政息"的人治是无法实现长治久安的。所以党中央反复强调，要实现科学执政、民主执政和依法执政的统一，在此基础上实现党和国家的长治久安。所谓依法执政，就是党要紧紧抓住制度建设这个带有根本性、全局性、稳定性、长期性的重要环节，不断推进国家经济、政治、文化、社会生活的法制化、规范化，从制度上、法律上保证党的路线方针政策的贯彻实施，使这种制度和法律不因领导人的改变而改变，不因领导人的看法和注意力的改变而改变。[③] 依法执政与科学

---

① 《邓小平文选》第三卷，人民出版社 1993 年版，第 379 页。

② 《邓小平文选》第二卷，人民出版社 1994 年版，第 333 页。

③ 《邓小平论民主法制建设》，法律出版社 1994 年版，第 38 页。

执政、民主执政之间是辩证统一的：科学执政是要求人们按照科学发展规律，经常注意研究少数人的意见，因为如同毛主席所说：真理一开始往往掌握在少数人手里。民主执政是要通过一定的说服、示范工作，把一开始掌握在少数人手里的真理转变为多数人的共识。依法执政就是要把多数人的共识转变为法律和制度。

把执纪和执法相贯通，是中国共产党创造的能够长期执政的一种新事物。习近平同志指出，党的十八大以来，我们探索出一条长期执政条件下解决自身问题、跳出历史周期律的成功道路，构建起一套行之有效的权力监督制度和执纪执法体系，这条道路、这套制度必须长期坚持并不断巩固发展。[①] 笔者认为，这套制度的显著特点之一是执纪在前，执法司法断后，做好纪法贯通。所谓执纪和执法贯通，首要的就是坚持纪严于法、纪在法前、纪法分开，既要着重强化日常管理和监督，抓早抓小、防微杜渐，释放纪律的强力震慑和刚性约束，让党员少犯错误少违纪，又要保持高压惩治不放松，树立法律权威，使干部少违法少犯罪，真正把纪律挺在法律前面，注重过程管理。

2. 依法治国是党实现有效领导的重要方式。在夺取政权之后，依法执政是党的主要领导方式，也是最有效的领导方式

这是因为，党只有通过立法，才能对包括非党员在内的人民产生有效的约束力，真正实现党的领导。党和国家是不同的范畴，党是通过党章组织起来的团体，国家是按照法律组织起来的组织。党是通过党纪党规约束自己的党员，国家是通过法律约束自己的国民。党纪党规不能直接约束非党员公民，只有法律才能约束包括党员在内的全体人民。列宁也曾指出，共产党是不能在自己的代表大会上直接制定法律的。[②]1941 年 4 月，邓小平在《党与抗日民主政权》

---

① 《习近平谈治国理政》第三卷，外文出版社 2020 年版。

② 《列宁全集》第二十六卷，人民出版社 1998 年版，第 467 页。

一文中批评一些同志把党的领导解释为党权高于一切，遇事干涉政府工作，随便改变上级政府的法令，甚至把党权高于一切发展成党员高于一切。他认为，党对政权的正确领导原则是指导与监督政策，党的领导责任是放在政治原则上，而不是包办，不是遇事干涉，不是党权高于一切。这是与以党治国完全相反的政策。① 因此，党要把自己的意志贯彻到全体人民中去，必须通过人民的立法机关，通过依法立法、民主立法和科学立法，把党的意志上升为国家意志（本质上也是人民意志），才能对全体人民产生强制性的约束力。否则，党的要求对非党员来说，只有号召力。

3. 依法治国是落实从严治党的有力措施

执政党的党风问题关系到了党的生死存亡问题。从严治党包括两层意思，一是依规治党，二是依法制裁违法行为。依规治党虽然可以把党纪挺在前面，抓早抓小，但党纪处分是一种"资格罚"，最严重处分也只是开除其党籍。单靠党纪党规是难以遏制腐败势头的。要想震慑违纪违法行为，必须依靠法律的财产、自由乃至生命方面的处罚。

从严治党同依法治国一样，都要抓住关键的少数，把"权力装进制度的笼子里"。"关键的少数"包括处级以上领导干部和各个单位的一把手，而各个单位的一把手又是关键少数人的关键少数。② 党的巡视、巡察制度主要是管住一把手，依法治国也重在管住一把手，从严治党是执政为民的第一道防线，而法治则是公平正义的最后一道防线。因此，依法治国与从严治党密不可分。

总之，党的领导、人民当家作主与依法治国有着不可分割的逻辑统一关系。党的领导意味着国家的统一、民族的团结和社会的稳定，这是人民当家作主、

---

① 《邓小平文选》第一卷，人民出版社 1994 年版，第 19 页。

② 中共中央文献研究室编：《习近平关于全面依法治国论述摘编》，中央文献出版社 2015 年版，第 113 页。

依法治国的前提条件和根本保证；人民当家作主是党执政的宗旨，是检验党是否做到处处时时代表人民的制度。而人民当家作主通过坚持党的领导避免了人民利益的碎片化；依法治国和依规治党相结合、执纪和执法相贯通是党长期执政的制度保证。党的领导、人民民主是依法治国实现良法善治的基础。

图书在版编目(CIP)数据

中国法治现代化道路的探索/郝铁川著.—上海：
上海人民出版社,2021
(人民至上·中国共产党百年奋进研究丛书)
ISBN 978-7-208-17454-2

Ⅰ.①中⋯ Ⅱ.①郝⋯ Ⅲ.①社会主义法治-建设-
研究-中国 Ⅳ.①D920.0

中国版本图书馆 CIP 数据核字(2021)第 230432 号

责任编辑 夏红梅
封面设计 汪 昊

人民至上·中国共产党百年奋进研究丛书
上 海 市 哲 学 社 会 科 学 规 划 办 公 室
上海市中国特色社会主义理论体系研究中心 组编

中国法治现代化道路的探索
郝铁川 著

出 版 上海人民出版社
 (201101 上海市闵行区号景路 159 弄 C 座)
发 行 上海人民出版社发行中心
印 刷 商务印书馆上海印刷有限公司
开 本 787×1092 1/16
印 张 38.25
插 页 3
字 数 514,000
版 次 2021 年 12 月第 1 版
印 次 2021 年 12 月第 1 次印刷
ISBN 978-7-208-17454-2/D·3874
定 价 152.00 元